인간의 긍정적 성품

긍정 심리학의 관점

권석만 지음

학지사

머리말

21세기를 살아가는 현대인의 중요한 관심사 중 하나는 행복이다. 행복에 관한 많은 책들이 베스트셀러 대열에 오르고 행복을 주된 가치로 표방하는 지방자치단체와 기업이 늘어나고 있다. 심지어 국가의 발전수준을 국민의 행복지수로 평가하자는 주장이 제기되고 있다. 국민총생산(GNP), 국내총생산(GDP), 국민총소득(GNI)과 같은 경제적 지표가 높다고 해서 그에 비례하여 국민의 행복도가 높아지는 것은 아니기 때문이다. 우리나라의 경우, 지난 반세기 동안 개인소득이 100배 이상 증가했지만 불행하게도 한국인의 자살률과 이혼율 그리고 직장인의 스트레스 수준은 OECD 국가 중 최상위권이다.

행복은 모든 인간이 추구하는 궁극적인 목표다. 우리가 바쁘고 힘들게 일하며 살아가는 것은 궁극적으로 행복한 삶을 위한 것이다. 행복추구권은 생명권·자유권과 더불어 헌법에도 명시되어 있는 3대 기본권 중 하나다. 그렇다면 과연 행복이란 무엇일까? 어떻게 행복한 삶을 이룰 것인가? 어떤 조건을 지닌 사람들이 행복할까? 지속가능한 행복은 어떻게 가능할까? 개인의 행복과 사회의 번영을 함께 이룰 수 있는 방법은 무엇인가?

최근 심리학계에는 행복에 대한 관심이 급증하고 있다. 과거의 심리학이 정신장애를 비롯한 인간의 어두운 측면에만 편향적인 관심을 기울여 왔다는 반성 속에서 인간의 밝은 측면을 탐구하는 긍정 심리학(positive psychology)이 태동되었다. 인간의 긍정적 성품은 긍정 심리학의 주된 연구주제 중 하나다. 인간의 부정적 성품을 극복하는 것도 중요하지만 긍정적 성품을 계발하여 발휘하는 것이 개인의 행복뿐만 아니라 사회의 번영을 위해서 더 중요하기 때문이다. 인간을 불행으로 몰아가는 부정적 성품에 대해서는 정교한 분류체계가 정립되어 있을 만큼 많은 연구가 이루어졌지만, 인간의 긍정적 성품에 대한 체계적인 학문적 접근은 초보적인 단계라고 할 수 있다.

인간을 위대하고 고결하며 아름다운 존재로 이끄는 긍정적인 성품에는 어떤 것들이 있을까? 행복하고 충만한 삶을 살아가는 사람들은 어떤 긍정적 성품을 지니고 있을까? 인간 공동체의 안녕과 번영을 위해 커다란 기여를 한 사람들의 긍정적 성품은 무엇일까? 이러한 긍정적 성품은 어떤 심리적 요인으로 구성되어 있으며 어떻게 형성되는 것일까? 그러한 긍정적 성품을 우리 자신과 후손에게 함양하기 위해서는 어떤 노력이 필요한 것일까? 이러한 물음들이 바로 인간의 긍정적 성품을 탐구하는 긍정 심리학자들의 주요한 관심사다.

이 책은 인간의 긍정적 성품에 대한 긍정 심리학의 연구 성과를 조명하기 위한 것이다. 미국의 긍정 심리학자인 Christopher Peterson과 Martin Seligman은 2004년에 긍정적 성품에 대한 분류체계를 제시하는 기념비적 저술인 『성격강점과 덕목(*Character Strengths and Virtues*)』을 발간하였다. 이들은 방대한 문헌조사를 통해 동서고금의 사회에서 보편적으로 긍정적 성품으로 여기는 6개 핵심덕목(지혜, 인애, 용기, 절제, 정의, 초월)을 추출하였다. 그리고 각 덕목과 관련된 24개의 성격강점을 제시함으로써 인간의 긍정적 성품에 대한 최초의 분류체계를 구축하였다.

이 책의 일차적 목적은 Peterson과 Seligman(2004)이 제시한 24개 긍정적 성품에 대한 최근의 연구결과를 소개하는 것이다. 저자는 『긍정 심리학: 행복의 과학적 탐구』(학지사, 2008)라는 저서를 발간하면서 이들이 제시한 긍정적 성품을 간략히 소개한 바 있다. 그 당시 지면의 제한으로 충분히 다루지 못한 국내외의 연구들을 좀 더 자세하고 심도 있게 소개하는 것이 이 책의 주된 목적이다. 아울러 다양한 긍정적 성품을 통합적으로 이해할 수 있는 이론적 체계를 탐색하였으며, 긍정적 성품을 함양할 수 있는 방법들을 고찰하면서 긍정적 성품에 대한 연구가 한국사회에 시사하는 점들을 논의하였다.

이 책은 8부로 나누어진 30개의 장으로 구성되어 있다. 1부에서는 긍정 심리학의 태동과정과 긍정적 성품에 대한 심리학적 연구의 배경을 소개하였고, 긍정적 성품에 대한 동서양의 다양한 견해를 살펴보았다. 아울러 Peterson과 Seligman이 제시한 긍정적 성품의 분류체계를 소상하게 소개하였다. 2부부터 7부까지는 이들이 제시하고 있는 6개의 핵심덕목과 24개의 성격강점에 관한 국내외의 연구 성과를 소개하였다. 2부에서는 지성(知性)과 관련된 성격강점으로 분류되고 있는 창의성, 호기심, 개방성, 학구열, 지혜를 소개했으며, 3부에서 인애(仁愛)와 관련된 성격강점인 사랑, 이타성, 정서지능을 살펴보았다. 4부에서는 용기(勇氣)와 관련된 네 가지 성격강점, 즉 용감성, 진실성, 끈기, 활력을 소개했으며 5부에서는 절제(節制)의 덕목과 관련된 겸손, 신중성, 용서, 자기조절에 대해서 살펴보았다. 6부에서는 정의(正義)와 관련된 공정성, 시민의식, 리더십에 관해서, 그리고 7부에서는 초월(超越)의 덕목과 관련된 감사, 낙관성, 심미안, 유머감각, 영성에 대해서 살펴보았다. 마지막으로 8부에서는 다양한 긍정적 성품을 통합적으로 이해할 수 있는 이론적 체계를 탐색하였으며, 긍정적 성품의 함양방법과 인성교육에 대해서 논의하였다. 아울러 긍정적 성품이 개인의 행복과 사회의 번영에 기여할 수 있는 역할과 한국사회에 대한 시사점을 살펴보았다.

인간의 긍정적 성품에 대한 심리학의 연구 성과를 한국의 독자들에게 소개하고자 하는 바람으로 저술을 시작했으나 방대한 자료를 접하며 능력의 한계를 절감했다. 최선을 다했으나 처음의 의도에 비해 부족함이 많은 책을 출간하게 되었다. 저술을 마무리할 수 있도록 지난 2년간 지속적인 후원을 해 주신 아산사회복지재단에 각별한 감사의 마음을 전한다. 아울러 이 책의 출간을 지원해 주신 학지사 김진환 사장님과 정성을 다해 세심하게 편집을 맡아주신 이세희 차장님께 감사드린다.* 미흡함이 많은 저술이지만 한국의 독자들이 인간의 긍정적 성품에 대한 관심과 이해를 높이는 데 작은 도움이 되기를 소망한다.

2011년 9월

권석만

---

* 이 책은 본래 학지사에서 출간하기로 약속되어 있었으나 저술을 후원한 아산사회복지재단의 요청에 따라 협의 하에 첫 판은 아산재단연구총서로 집문당에서 출간하고 이후부터는 학지사에서 출간하게 되었음을 밝힙니다.

차 례

차 례

제2부 지성(知性)과 관련된 긍정적 성품

제3부 인애(仁愛)와 관련된 긍정적 성품

제4부 용기(勇氣)와 관련된 긍정적 성품

제6부 정의(正義)와 관련된 긍정적 성품

제7부 초월(超越)과 관련된 긍정적 성품

제8부 긍정적 성품의 이해와 활용

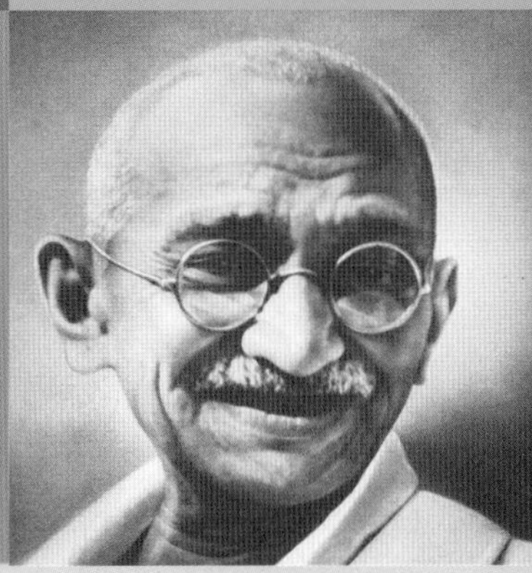
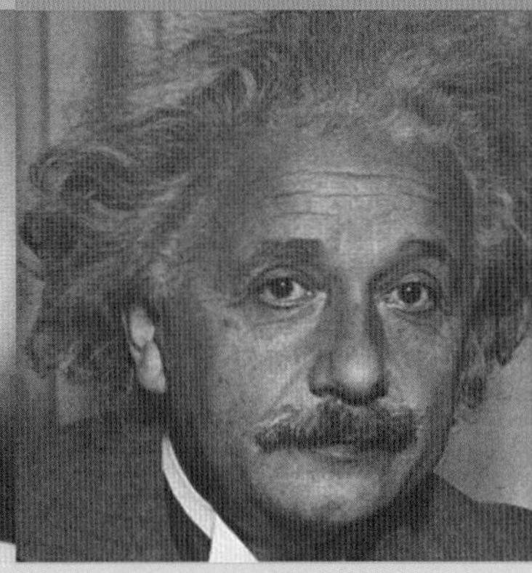

제 1 부

인간의 긍정적 성품에 대한 관심

제1장 | 인간의 긍정적 성품에 대한 심리학의 관심

제2장 | 동양 및 서양 문화의 주요한 덕목

제3장 | 인간의 긍정적 성품에 대한 과학적 탐구

제 1 장

인간의 긍정적 성품에 대한 심리학의 관심

심리학은 인간의 약점과 장애에 대한 학문만이 아니라
인간의 강점과 덕성에 대한 학문이기도 해야 한다.
진정한 치료는 손상된 것을 고치는 것이 아니라
우리 안에 있는 최선의 가능성을 이끌어내는 것이어야 한다.
-Martin Seligman-

인간은 참으로 다양한 성품을 지닌 존재다. 인간의 본성에 대해서 동서고금을 통해 성악설과 성선설이 공존해 왔듯이, 인간은 사악하고 나약한 부정적인 측면을 지니는 동시에 고결하고 강인한 긍정적인 측면을 지니고 있다. 인류의 역사에는 세상을 고통의 소용돌이로 몰아간 악인(惡人)도 많지만, 많은 사람의 행복과 사회의 번영을 위해 헌신했던 선인(善人)도 많다. 소중한 삶을 무기력하고 비참한 모습으로 허비하며 살아가는 사람도 많지만, 고난과 역경을 이겨내고 탁월한 성취와 인격적 성숙을 이룬 사람도 많다.

인간은 개인적으로든 전체적으로든 긍정적 성품과 부정적 성품의 양면성을 지닌 존재다. 그런데 인간의 마음과 행동에 대한 학문인 심리학은 인간의 부정적 측면에 편향적인 관심을 보여 왔다. 그 결과, 인간의 심리적 약점, 부적응, 이상심리와 정신장애에 대한 많은 연구가 이루어졌으며 DSM(Diagnostic and Statistical Manual of Mental Disorders: American Psychiatric Association, 2000)과 같은 정신장애 분류체계가 수차례의 개정과정을 거치면서 정교하게 발전되었다. 뿐만 아니라 이상행동과 정신장애를 이해하고 치료하는 이론과 방법은 수를 헤아릴 수 없을 만큼 다양하게 개발되었다. 반면에 인간의 긍정적 측면은 심리학자의 연구관심사에서 소외되어 왔다. Myers와 Diener(1995)에 따르면, 1990년대까지 이루어진 심리학 연구 중에서 인간의 부정적 측면을 다룬 논문이 긍정적 측면을 다룬 논문보다 17배나 더 많았다.

과거의 심리학이 인간의 어둡고 부정적인 측면에 편향적인 관심을 기울여 왔다는 반성 속에서 인간의 밝고 긍정적인 측면을 연구하는 심리학의 분야가 새롭게 태동되었다. 그러한 분야가 바로 긍정 심리학(positive psychology)이다. 긍정 심리학의 창시자인 Martin Seligman(1999)은 "심리학은 인간의 약점과 장애에 대한 학문만이 아니라 인간의 강점과 덕성에 대한 학문이기도 해야 한다. 진정한 치료는 손상된 것을 고치는 것이 아니라 우리 안에 있는 최선의 가능성을 이끌어 내는 것이어야 한다."고 제안하고 있다. 이러한 긍정 심리학의 핵심적인 탐구주제가 바로 인간의 긍정적 성품이다. 21세기에 들어서야 비로소 인간의 긍정적 성품에 대한 과학적 탐구가 본격적으로 시작된 것이다.

인간이 부정적 측면에 편향적 관심을 보이는 이유

"나쁜 것은 좋은 것보다 강하다(The bad is stronger than the good)." 이 말은 인간의 생명과 행복을 훼손하는 부정적인 나쁜 세력이 그것을 증진하는 긍정적인 좋은 세력보다 더 강력하다는 의미를 담고 있다. 우리가 살고 있는 우주의 자연세계는 자체의 원리에 따라 무심하게 운행될 뿐이다. 그러나 인간의 관점에서 보면, 자연세계는 모든 것을 무질서와 혼돈으로 몰아가는 거대한 세력과 원리에 의해 운행된다. 자연과학적인 용어로 말하면, 열역학의 제2법칙 즉 엔트로피 증대의 법칙이 그것이다. 그래서 생명이든 건축물이든 성취이든, 창조보다 파괴가 더 쉽다. 무언가를 창조하기 위해서는 애써서 여러 가지 조건을 절묘하게 결합해야 하지만, 그것을 파괴하기 위해서는 그러한 조건 중 한 가지만 제거하는 것으로 족하다.

인간은 좋은 것보다 나쁜 것에 더 민감하다(Baumeister, Bratslavsky, Finkenauer, & Vohs, 2001). 이득보다 손실에 더 예민하게 반응하고, 성취보다 실패에 더 강렬한 정서적 반응을 보인다. 인간의 속성에 대한 지각에 있어서도 그러하다. 우리는 자신이든 타인이든 긍정적 특성보다 부정적 특성을 더 예리하게 포착하고 더 민감하게 반응한다. 이러한 현상을 긍정-부정 비대칭 효과(positive-negative asymmetry effect)라고 한다.

학문적 관심에 있어서도 마찬가지다. 인간과 사회에 부정적인 영향을 미치는 문제점에 대해서는 많은 학술적 연구가 이루어졌다. 인간의 행동과 심리적 현상을 연구하는 심리학 분야에서도 마찬가지다. 인간의 결함, 손상, 장애에 대해서는 많은 연구가 이루어졌다. 현대의 심리학은 인간의 부적응 문제와 정신장애를 기술하는 정교한 용어와 분류체계를 구축하였으며 그 원인을 밝히고 치료방법을 개발하는 일에 있어서 상당한 성과를 이루었다. 인간의 부정적 측면에 학문적 관심을 집중한 것은 우리를 불행으로 이끌어가는 강력한 세력에 대항하기 위한 노력이 더 시급했기 때문일 것이다.

그러나 불행을 극복하는 것만으로 행복이 보장되는 것은 아니다. 인간의 행복과 사회의 번영을 위해서는 부정적 요인을 극복하는 노력만큼 긍정적 요인을 함양하는 노력 역시 중요하다. 인간을 불행으로 몰아가는 부정적 특성을 이해하고 극복하는 것만큼 인간을 행복으로 인도하는 긍정적 특성을 이해하고 함양하는 것은 개인의 행복뿐만 아니라 사회의 번영을 위해서 중요한 일이다.

1 긍정 심리학: 21세기 심리학의 새로운 흐름

심리학은 19세기 후반에 철학으로부터 독립하여 인간의 정신세계를 과학적으로 탐구하는 학문으로 탄생되었다. 제2차 세계 대전 이전의 초기 심리학은 인간의 의식과 행동에 대한 과학적 연구를 통해서 구현하고자 하는 세 가지의 실천적 사명을 지니고 있었다(권석만, 2008a; Seligman, 2000, 2002a). 그 첫째는 정신장애를 치료하는 일이었고, 둘째는 탁월한 재능과 천재성을 발견하여 육성하는 일이었으며, 셋째는 모든 사람들이 좀 더 행복한 삶을 살도록 돕는 일이었다.

그러나 세계를 혼란의 소용돌이로 몰아넣은 제2차 세계 대전을 겪으면서, 심리학은 마지막 두 가지의 사명을 망각하게 되었다. 미국의 경우, 전쟁에서 돌아온 수많은 퇴역군인들이 참전 후유증으로 다양한 심리적 장애를 나타내게 되었다. 이들을 돕기 위한 퇴역군인 지원법이 1946년에 제정되었고, 그 결과 많은 심리학자들이 심리적 장애를 치료하는 일에 종사하게 되었다. 1947년에 창설된 국립정신보건원(National Institute of Mental Health: NIMH)은 질병모델에 근거하여 정신장애의 연구와 치료에 집중적인 투자를 하였다. 많은 학자들 역시 연구비를 받기 위해서 정신장애에 관한 연구에 학술적 관심을 집중하게 되었다. 그 결과, 심리학의 첫 번째 사명과 관련된 많은 성과가 이루어졌다. 다양한 정신장애의 원인에 대한 이해가 증대되었으며, 1950년대 초까지 적절한 치료방법이 없었던 주요한 정신장애를 효과적으로 치료할 수 있는 다양한 방법들이 개발되었다. 이렇게 정신장애의 연구와 치료에 관심을 집중하는 과정에서 심리학은 초기의 두 가지 사명을 망각한 채 길을 잃게 되었다.

인간의 다양한 재능과 천재성을 규명하고 육성하고자 했던 두 번째의 사명은 심리학의 초기에 지능 발달과 창의성에 대한 연구를 통해 부분적으로 이행되었다. 그러나 극소수의 연구를 통해서 재능과 천재성을 어떻게 육성할 것인지에 대한 관심이 이어져 왔을 뿐, 두 번째 사명은 오랫동안 심리학자들의 주된 관심사에서 잊혀지게 되었다.

인간의 행복 증진이라는 세 번째 사명 역시 정신장애에 대한 편향적 관심 속에서 망각되었다. 대다수의 심리학자들은 부정적 정서와 정신장애에 대한 연구에 노력을 집중했다. 심리치료자들은 정신장애 환자의 부적응적 증상을 제거하는 일에 주된 관심을 쏟았을 뿐 이들의 행복과 성장 증진에는 깊은 관심을 갖지 못했다. 즉, 심리학은 모든 사람들이 좀 더 행복하고 만족스러운 삶을 영위하도록 돕는 사명을 망각하게 되었다.

이러한 역사적 배경 속에서 심리학은 인간의 부정적인 측면만을 다루는 학문 분야로 전락하게 되었다. 심리학자들은 정신장애, 심리적 결함, 부적응 행동, 이상 심리와 같이 인간의 부정적 측면에만 관심을 지니는 사람들로 여겨지게 되었다. 물론 인간의 부정적 측면을 이해하고 극복하려는 학술적 노력은 소중한 것이며 그동안 눈부신 성과를 거둔 것도 사실이다. 그러나 심리학은 인간의 긍정적 측면을 탐구하고 육성하는 두 가지 중요한 사명을 망각한 채 반쪽짜리 심리학으로 전락하게 되었다.

1998년에 미국심리학회의 회장으로 취임한 Martin Seligman은 그동안 심리학자들이 망각하고 있던 사명을 상기시키면서 심리학의 새로운 방향과 입장을 제시하였다. "심리학은 인간의 약점과 장애에 대한 학문만이 아니라 인간의 강점과 미덕에 대한 학문이기도 해야 한다. 진정한 치료는 손상된 것을 고치는 것만이 아니라 우리 안에 있는 최선의 역량을 이끌어내는 것이어야 한다."라고 제안하면서, 이러한 심리학의 새로운 방향을 긍정 심리학(Positive Psychology)이라고 명명하였다. 긍정 심리학은 인간의 강점과 재능을 함양하고 행복을 증진시키는 심리학의 중요한 사명을 재확인하고 구현하려는 노력이라는 것이다. Seligman의 제안을 계기로 인간의 행복과 긍정적 성품에 대한 연구가 급격하게 증가하였다.

2 긍정 심리학의 연구주제

긍정 심리학은 인간의 긍정적인 측면을 과학적으로 탐구함으로써 인간의 행복과 성장을 증진하고자 하는 학문분야다. Sheldon 등(2000)은 긍정 심리학을 "인간이 나타낼 수 있는 최선의 기능 상태에 대한 과학적 연구"라고 정의한 바 있다.

긍정 심리학의 목표는 개인, 집단 그리고 사회가 성장하고 번창하도록 만드는 요인들을 발견하고 촉진하는 것이다. 긍정 심리학을 소개한 *American Psychologist* 특집호에서, Sheldon과 King(2001)은 긍정 심리학을 다음과 같이 소개하고 있다.

> 긍정 심리학이란 무엇인가? 그것은 보통 사람들이 지니는 강점과 미덕에 대한 과학적인 연구다. 긍정 심리학은 '평범한 사람들'에게 있어서 그들이 잘 기능하고, 올바르게 행동하며, 그들의 삶을 향상시키도록 만드는 것이 무엇인지를 밝혀내는 것이다. "타고난 적응능력과 학습한 기술들을 성공적으로 활용하면서 효율적으로 잘 살아가는 사람의 특징은 무엇인가? 여러 가지 역경에도 불구하고 목적의식을 가지고 의연하게 살아가는 많은 사람들의 삶을 어떻게 심리학적으로 설명할 것인가?"라는 물음을 탐구한다……. 이런 점에서 긍정 심리학은 심리학자들로 하여금 인간이 지니는 잠재력, 동기 그리고 능력을 좀 더 열린 마음으로 높이 평가하는 관점을 취하도록 촉구하는 노력이다(p. 216).

긍정 심리학은 매우 광범위한 주제에 관심을 지니지만, 인간의 삶을 좀 더 행복하고 풍요롭게 하기 위한 세 가지 주제에 초점을 맞추고 있다(Seligman & Csikszentmihalyi, 2000). 그것은 긍정 상태(positive states), 긍정 특질(positive traits), 긍정 기관(positive institutions)으로서 '긍정 심리학의 세 기둥'이라고 불린다.

첫째, 긍정 심리학은 인간이 경험하는 다양한 긍정적인 심리상태를 연구한다. 이러한 긍정 상태로는 행복감, 안락감, 만족감, 사랑, 친밀감 등과 같은 긍정적 정서를 비롯하여 자신과 미래에 대한 낙관적 생각과 희망, 몰입, 열정, 인생의 의미 등이 포함된다. 긍정 심리학자들은 다양한 긍정 상태의 구성 요소, 유발 요인, 심리적 과정, 심리적 또는 신체적 효과, 증진 방법 등을 밝히고자 한다.

둘째, 긍정 심리학은 인간이 지니는 긍정적인 특질의 연구에 초점을 맞추고 있다. 긍정 특질이란 일시적인 심리상태가 아니라 개인이 지속적으로 지니고 있는 긍정적인 성품과 행동양식, 성격강점과 미덕 그리고 탁월한 재능을 의미한다. 긍정 심리학자들은 창의성, 지혜, 끈기, 진실성, 겸손, 용기, 열정, 리더십, 낙관성, 유머감각, 영성 등과 같은 다양한 긍정 특질에 관심을 지니고 있다. 긍정 특질에 대한 긍정 심리학자들의 연구 성과를 소개하는 것이 이 책의 주된 목적이다.

마지막으로, 긍정 심리학은 구성원의 행복을 지원하는 동시에 번성하는 긍정적인 기관과 조직에 대해서 관심을 지닌다. 개인과 조직은 불가분의 관계에 있으며 상호적인 영향을 미친다. 긍정 기관은 구성원의 행복과 능력발휘를 효과적으로 지원할 뿐만 아니라 구성원의 역량을 결집하여 번영하는 조직을 의미한다. 긍정적으로 기능하는 가족, 학교, 직장, 지역사회의 조직적 특성, 연결구조, 의사소통, 관리방식 등에 대한 연구와 더불어 그 실현방법을 탐구한다.

긍정 심리학이 철학자나 종교인에 의해서 제시된 행복 담론과 구별되는 점은 과학적인 연구방법을 적용하여 인간의 행복과 긍정적 성품을 체계적으로 탐구한다는 점이다. 긍정 심리학자들은 기존의 심리학에서 사용하고 있는 다양한 연구방법론을 사용하여 연구한다. 인간의 행동과 특성을 객관적으로 측정하기 위해서 면접법, 행동관찰법, 질문지법, 과제수행법 등과 같은 다양한 심리측정법을 사용한다. 아울러 행복이나 긍정적 성품과 관련된 요인들을 탐구하기 위해서 상관연구와 실험연구를 수행할 뿐만 아니라 양적 또는 질적 연구방법론을 적용한다. 또한 행복과 긍정적 성품을 향상시키는 구체적인 개입방법을 개발하고 그 효과를 검증하는 노력을 기울인다.

3 긍정적 성품: 개인의 행복과 사회의 번영을 이루는 바탕

인간의 긍정적 성품은 긍정 심리학의 중심적인 연구주제다. 그 이유는 긍정적 성품이 개인의 행복과 사회의 번영을 실현하는 바탕이기 때문이다. "행복이 삶의 목표라면, 덕성은 행복의 바탕이다."라는 Thomas Jefferson의 말처럼, 긍정적 성품을 계발하여 일상생활에 활용하는 것은 행복한 삶을 구현하는 핵심적 조건이라고 할 수 있다. 또한 사회의 발전과 번영은 구성원들이 지닌 역량과 긍정적 성품의 발휘를 통해서 이루어질 수 있는 것이다.

행복에 대한 긍정 심리학의 접근은 두 갈래로 구분될 수 있다(권석만, 2008a). 그 하나는 주관적 안녕(subjective well-being)에 대한 연구다. 이러한 연구들은 쾌락주의적인 행복관에 근거하고 있다. 행복이란 기본적으로 개인의 주관적인 경험으로서 자신의 삶에 대해서 만족스럽게 여기는 긍정적인 심리상태라는 입장이다. 주관적 안녕은 삶 전반에 대한 만족도와 긍정적 정서로 정의되며 긍정 심리학의 세 기둥 중 하나인 긍정 상태의 주요한 연구주제다. 이러한 관점을 지닌 연구자들은 주관적 안녕에 영향을 미치는 요인들, 주관적 안녕의 심리적 과정과 효과, 그리고 그 증진방법에 초점을 맞추고 있다.

행복에 대한 다른 접근은 자기실현적 행복관에 근거하고 있다. 인간이 궁극적으로 추구해야 할 행복한 삶은 개인이 지닌 긍정적 성품과 잠재능력을 충분히 발현함으로써 자신의 인격적 성숙과 더불어 사회적 번영에 기여하는 도덕적인 삶이라는 입장이다. 이러한 자기실현적 삶을 추구하는 과정의 부산물로서 얻게 되는 것이 주관적 안녕이라는 것이다. 이러한 입장을 지닌 연구자들의 주요한 관심사가 바로 긍정적 성품이며 긍정 심리학의 세 기둥 중 하나인 긍정 특질이다. 자기실현적 입장의 긍정 심리학자들은 긍정적 성품과 덕성을 함양하고 발휘함으로써 타자와의 관계 속에서 가치 있는 삶을 구현하는 것이 바로 행복한 삶이라고 본다. 따라서 이들은 긍정적 성품과 덕성의 심리적 구성요소와 발달과정 그리고 그 함양 및 활용 방법에 깊은 관심을 지닌다.

긍정 심리학의 연구 동향을 이렇게 두 갈래로 구분해 볼 수 있지만 두 입장이 상충하는 것은 아니다. 최근의 연구결과에 따르면, 주관적 안녕과 긍정적 성품은 밀접한 상관관계를 나타내고 있다. 삶의 만족도가 높은 사람들은 낙관성, 감사, 정서적 안정성, 성실성과 같은 긍정적 성품을 지니고 있는 것으로 보고되고 있다(Diener & Lucas, 1999; Diener, Suh, Lucas, & Smith, 1999). 또한 활력, 감사, 낙관성, 사랑과 같은 긍정적 성품을 지닌 사람들은 삶의 만족도가 높은 것으로 나타나고 있다(Park & Peterson, 2005; Park, Peterson, & Seligman, 2004, 2005). 아울러 긍정 정서와 긍정적 성품은 상호촉진적인 관계를 지닌다. Barbara Fredrickson(1998, 2000, 2001)은 실험실 연구를 통해서 긍정 정서가 인지적 기능뿐만 아니라 창의적이고 이타적인 행동을 촉진한다는 것을 입증하였다. 그녀가 제시한 긍정 정서의 확장 및 축적 이론(broaden-and-build theory)에 따르면, 긍정 정서를 경험하게 되면 일시적인 사고기능과 행동양식이 확장되며 그 결과로서 얻어진 학습경험을 통해서 미래의 상황에 효과적으로 대처할 수 있는 인지적·정서적 자원을 축적하게 된다. 즉, 긍정 정서 경험은 미래의 다른 상황에서 사용될 수 있는 개인적 자원을 축적하고 증대시키는 효과를 지닌다. 따라서 이러한 자원 증대로 인해 개인의 상향적 발전과 성장이 일어나며 새로운 상황에 대한 효과적인 대응으로 인해서 다시 긍정 정서를 경험하게 되는 선순환을 통해 적응을 돕게 된다. 긍정 정서는 긍정적 성품의 축적을 촉진하고, 긍정적 성품의 활용은 긍정 정서의 경험을 증가시키게 된다.

긍정 심리학의 창시자인 Seligman(2002b)은 진정한 행복(authentic happiness)이란 사람마다 자신의 긍정적 성품을 발견하여 일, 사랑, 놀이, 자녀양육과 같은 중요한 삶의 영역에 활용함으로써 만족감과 행복감을 경험하는 것이라고 제시하고 있다. 긍정적 성품을 꾸준히 계발하여 활용하게 되면, 시간이 흐름에 따라 더욱 발전하여 개인의 대표적인 강점과 탁월한 재능이 될 수 있다. 만족(gratification)은 대표 강점과 재능을 발휘하면서 느끼는 정서적 반응이라고 할 수 있다. 좋은 삶(good life)이란 자신의 특징적 강점을 활용하면서 삶의 여러 중요한 영역에서 만족을 얻는 삶이며, 의미 있는 삶(meaningful life)은 자신보다 더 크고 중요한 어떤 것을 위해서 특징적 강점을 사용하여 기여하는 삶이다. 충만한 삶(full life)은 과거, 현재, 미래에 대해서 긍정적인 정서를 느끼고 최대한의 만족감을 누리는 삶이다. 즉, 충만한 삶은 자신의 긍정적 성품을 계발하고 그러한 성품을 활용함으로써 성취할 수 있다는 것이다.

긍정적 성품을 계발하고 발휘하는 것은 개인의 행복뿐만 아니라 사회의 번영을 위해서도 중요하다. 가족, 학교, 직장, 지역사회를 비롯한 모든 사회적 조직은 구성원의 긍정적 성품과 역량의 결집을 통해서 발전하고 번영한다. 사회의 번영을 위해서는 구성원으로 하여금 긍정적 성품과 역량을 함양하고 발휘하도록 촉진하는 것이 필수적이다.

사회의 번영과 구성원의 행복이 항상 공존하는 것은 아니다. 사회적 번영을 반영하는 국민총생산(GNP), 국내총생산(GDP), 국민총소득(GNI)과 같은 경제적 지표가 높다고 해서 그에 비례하여 국민의 행복도가 높아지는 것은 아니다. 동유럽의 국가들은 1인당 국민소득에 비해서 행복도가 낮은 반면, 남미의 여러 나라는 국민의 행복도에 비해서 1인당 국민소득은 낮은 것으로 나타나고 있다(Inglehart & Klingemann, 2000). 우리나라의 경우도 경제적 규모는 세계 10위권에 육박할 정도로 발전했지만, 한국인의 행복도는 세계의 여러 나라 중에서 중하위권일 뿐만 아니라 자살률과 이혼율 그리고 직장인의 스트레스 수준은 OECD 국가 중 최상위권이다.

진정으로 번영하는 사회는 구성원의 행복도와 조직의 생산적 효율성이 함께 높은 사회일 것이다. 긍정적 성품은 개인적 행복과 사회적 번영의 상호촉진적 관계를 증진하는 촉매제의 역할을 할 수 있다. 긍정 조직의 중요한 특징 중 하나는 구성원으로 하여금 긍정적 성품을 계발하고 발휘하도록 촉진하는 것이다(Park & Peterson, 2003). 구성원들이 긍정적 성품을 발휘함으로써 긍정 정서가 경험되고 조직의 활기와 생산성이 증대된다. 구성원의 긍정적 성품과 역량을 발휘할 수 있도록 지원하는 조직은 구성원의 행복과 더불어 조직의 번영을 함께 실현할 수 있을 것이다.

긍정적 성품은 개인의 행복과 사회의 번영을 이루는 바탕이다. 인간의 긍정적 성품을 이해하는 일은 그 자체로도 흥미로운 것이지만 개인의 행복과 사회의 번영을 증진하는 필수적 요건이다. 긍정 심리학의 세 기둥 중 긍정 특질은 긍정 상태와 긍정 조직을 이루는 핵심적 요소다. 개인이 지닌 긍정적 성품을 자각하고 계발하여 삶의 장면에 활용함으로써 행복이라는 긍정 상태에 이를 수 있을 뿐만 아니라 구성원의 긍정적 성품을 발휘하도록 촉진함으로써 조직은 구성원의 만족과 조직의 번영을 이룰 수 있기 때문이다.

제2장

동양 및 서양 문화의 주요한 덕목

인간의 어떤 성품이 긍정적인 것일까? '긍정적' 이라는 용어에는 평가적인 요소가 포함되어 있으며, 평가에는 기준이 필요하다. 인간이 지닌 다양한 성품의 긍정성을 평가하는 기준은 개인, 집단 그리고 문화에 따라 다를 뿐만 아니라 시대와 역사적 상황에 따라 달라질 수 있다.

문화는 오랜 기간 특정한 지역에 거주하는 인간들이 독특한 환경에 적응하며 나름대로 구축한 전통적 가치와 관습을 반영한다. 세계 각국의 문화는 사회가 지향하는 주요한 가치와 더불어 이상적인 인간상, 바람직한 덕목과 행동양식 그리고 그러한 덕목을 함양하기 위한 관습과 교육제도를 포함하고 있다. Hofstede(1980, 1991) 이래로 문화심리학자들은 세계의 다양한 문화를 개인주의-집단주의의 문화유형으로 구분하고 있다. 개인주의(individualism)는 개인의 자유와 선택을 중시하는 심리적 성향으로서 유럽과 북미지역의 국가들에서 지배적인 문화적 특성인 반면, 집단주의(collectivism)는 다른 사람과의 사회적 조화와 균형을 중시하는 심리적 성향으로서 아시아와 남미 및 아프리카 지역의 국가들에서 지배적인 문화적 특성이다.

현대사회의 주요한 특징 중 하나는 세계화다. 교통운송 기술과 전자통신 문명의 눈부신 발전으로 인해서 현대사회는 지구촌이라고 지칭될 만큼 전 세계의 문화와 상품이 활발하게 교류되고 있다. 이러한 세계화의 과정에서 세계 각국의 문화와 가치가 혼합되어 가고 있다. 그러나 세계화의 흐름 속에서도 지역마다 독특한 문화적 전통이 유지되고 있으며 그러한 문화적 바탕은 인간의 행동에 지대한 영향을 미치고 있다.

동서고금을 막론하고 모든 사회는 구성원의 긍정적 성품을 함양하기 위한 노력을 기울여왔다. 그러나 지역과 시대에 따라서 긍정적인 성품으로 중시되는 덕목들이 다르다. 긍정 심리학에서 제시하는 긍정적 성품을 논의하기 전에 동양과 서양의 문화적 전통에서 중시했던 인간의 긍정적 성품과 덕목을 살펴보고자 한다.

1 동양 문화에서 중시하는 긍정적 성품과 덕목

세계의 문화는 매우 다양한 방식으로 유형화될 수 있지만 크게 동양 문화와 서양 문화로 구분할 수 있다. 동양과 서양의 구분은 지역적인 것이다. 고대 그리스인들이 자신의 관점에서 에게 해 동쪽의 지역을 '오리엔트(Orient)'라고 지칭하면서 동서양의 구분이 시작되었다. 동양에는 다양한 국가와 문화가 존재하지만 주요한 문화적 전통을 이루고 있는 중국문화, 인도문화 그리고 이슬람문화에서 중시하는 덕목을 살펴보기로 한다. 중국문화에서는 공맹(孔孟)사상을 중심으로 한 유학의 전통과 노장(老壯)사상을 중심으로 한 도가의 전통을 살펴보고, 인도문화에서는 불교와 힌두교의 전통을, 그리고 서남아시아 이슬람문화의 전통을 살펴보고자 한다.

1) 유학의 관점

오랜 기간 중국문화의 골격을 이루어 온 유학은 인간이 지켜야 할 기본적인 다섯 가지 덕목으로 오상(五常), 즉 인(仁) · 의(義) · 예(禮) · 지(智) · 신(信)을 강조하고 있다. 유학(儒學)은 중국 춘추시대의 인물인 공자(孔子: 552~479 B.C.)에 의해서 제창된 철학체계이자 윤리학이며 정치학이라고 할 수 있다. 극심한 정치적 혼란기에 살았던 공자는 조화로운 사회적 관계를 중시하면서 평화롭고 안정된 사회의 구현을 지향하였다. 이를 위해서 인(仁)을 최고의 덕목으로 삼았으며 수신(修身) · 제가(齊家) · 치국(治國) · 평천하(平天下)의 실현을 목표로 하였다. 그에 따르면, 인(仁)은 '사람을 사랑하는 것'으로서 효제(孝悌), 즉 부모에 대한 효도와 형제간의 우애를 실천함으로써 함양되는 것이다. 가족 구성원 간의 진정한 애정을 중시하는 이러한 가족 윤리를 출발점으로 하여, 공자는 인애(仁愛)를 인간사회의 조화와 평화를 이루는 원리로 삼아 정치에도 확대하여 적용하였다. 공자에게 있어서 최선의 삶은 긍정적이고 조화로운 인간관계 속에서 평화로운 사회와 국가를 위해 공헌하는 것이라고 할 수 있다.

그 후에 맹자(孟子: 372~289 B.C.)는 성선설을 주장하면서 사단(四端)과 사덕(四德)을 제시하였다. 그에 따르면, 인간은 본래 네 가지의 선한 심성, 즉 곤경에 처한 사람을 보고 불쌍히 여기며 그냥 지나치지 않는 측은의 마음(惻隱之心), 사악한 것을 혐오하고 선하지 못한 것을 부끄럽게 여기는 수오의 마음(羞惡之心), 서로 양보하며 자신을 낮추는 사양의 마음(辭讓之心), 옳고 그른 것을 분별하는 시비의 마음(是非之心)을 지니는데, 이것이 바로 사단이다. 인간은 누구나 이러한 심성을 지니고 있으므로 이러한 씨앗을 잘 키워나가면, 군자가 지녀야 할 네 가지 덕목인 인의예지(仁義禮智)의 사덕을 갖추게 된다는 것이다. 나중에 동중서(董仲舒)가 맹자의 사덕에 신(信)을 더하여 오상(五常)이 되었다. 유학에서 이상적인 인간상을 지칭하는 군자(君子)는 덕(德)을 지닌 사람, 즉 인간을 인간답게 만드는 인의예지신의 오상을 항상 지키고 실천하는 사람을 뜻한다.

오상의 첫째인 인(仁)은 사람에 대한 사랑을 의미한다. 공자는 타인에 대한 관심과 배려를 의미하는 인(仁)을 가장 중요한 덕목으로 여겼으며 이에 관해서 '자기가 원하지 않는 것을 남에게 하지 않는 일' '자기가 서고자 하면 남을 먼저 세워주고, 자기가 이루고자 하면 남이 먼저 이루게 해 주는 일' '남을 사랑하는 일' 이라고 언급한 바 있다(조긍호, 2006). 영어권에서는 인을 humanity, human-heartedness, benevolence로 번역하고 있다. 공자는 인의 실천원리로서 충서(忠恕)를 제시하였다. 충(忠)이란 흔들림과 흐트러짐이 없는 일관된 진심을 유지하는 것을 의미하며, 서(恕)는 자신이 원하지 않는 바를 타인에게 하지 않는 것에서 출발하여 보다 적극적으로는 자신이 원하는 것을 타인에게 베푸는 것을 뜻한다.

오상의 두 번째인 의(義)는 부끄러움을 아는 것, 특히 인을 실천하지 못하는 것을 부끄러워하는 것이다. 인간으로서 마땅히 해야 할 의무를 다하지 못하는 것에 부끄러움을 느끼며 사회적 공익과 의무에 충실하려는 마음자세를 의미한다. 공자는 의에 관해서 "군자는 의무에 대해서 분명하고, 소인은 이익에 대하여 분명하다." 고 언급한 바 있다. 즉, 의(義)는 불의한 방법으로 이익을 도모하지 않으려는 정의로움과 유혹에 흔들리지 않는 의연함으로써 인(仁)을 실천하게 만드는 덕목이라고 할 수 있다.

세 번째 덕목인 예(禮)는 겸손과 절제를 통해서 인간관계의 도리를 다하는 것을 뜻한다. 마치 제기에 제물을 담아서 신에게 공경심을 표하듯이, 당시의 주요한 인간관계였던 부모와 자녀, 임금과 신하, 남편과 아내, 어른과 아이, 친구 사이에서 효(孝), 충(忠), 별(別), 서(序), 신(信)의 태도를 지니고 행하는 것을 의미한다. 이를 위해서는 자신을 낮추는 겸손과 충동을 조절하는 절제가 바탕이 되어야 한다. 사회적 조화를 중시하는 유학에서는 겸손하고 공경하는 자세를 지니며 극단에 치우치지 않는 절제를 통해서 다양한 인간관계를 원만하게 유지하는 것을 강조하였다. 예(禮)는 다른 사람을 존중하고 배려하는 세심한 태도를 뜻하며 관습적 규범과 의례를 잘 준수하는 것뿐 아니라 일상적 행동에서의 공손함과 공경함을 포함한다.

오상의 넷째인 지(智)는 옳고 그름을 구분하여 바른 것을 취하고 그렇지 않은 것을 버릴 수 있는 분별력을 뜻한다. 옳고 그름을 판단할 수 있는 배움을 좋아하는 호학(好學)의 태도와 그 결과로 얻게 되는 지혜(智慧)를 포함한다. 공자는 스스로 배우는 것을 즐기고 남을 가르치는 일에 싫증을 내지 않았을 뿐만 아니라 도덕적 인격의 함양과 지혜의 확충을 위해서 배움의 태도를 강조하고 있다. 지(智)는 인, 의, 예를 구체적인 상황에 잘 적용하는 현명함과 지혜로움을 의미한다고 볼 수 있다.

오상의 마지막 덕목인 신(信)은 정직하고 진실한 태도로서 사람들에게 신뢰감을 주는 것을 의미한다. 공자는 정직함이 군자가 갖추어야 할 가장 기본적인 요건임을 강조한다. 정직은 자신이 아는 것을 안다고 하고 모르는 것을 모른다고 할 수 있는 용기뿐만 아니라 다른 사람을 얼마나 진실한 마음으로 대하고 있는지를 반성하는 자세를 포함한다. 이러한 태도를 통해서 윗사람에게는 신임을 얻게 되고, 아랫사람에게는 존경을 받게 된다.

군자는 수기치인(修己治人) 또는 수기안인(修己安人), 즉 자신을 수양하고 다른 사람들을 편안하게 하는 것을 지향하며 이를 실현하기 위한 절차가 『대학(大學)』에 제시된 팔조목(八條目)이다. 밝은 덕(明德)을 세상에 펼치고자 하는 자는 격물(格物: 사물의 이치를 궁구함), 치지(致知: 지식을 지극히 함), 성의(誠意: 뜻을 성실히 함), 정심(正心: 마음을 바르게 함), 수신(修身: 몸을 닦음), 제가(齊家: 집안을 가지런히 함), 치국(治國: 나라를 잘 다스림), 평천하(平天下: 세상을 평화롭게 함)의 순서로 노력해야 한다. 주자학(朱子學)은 주요한 수양방법으로 거경과 궁리를 제시하고 있다. 거경(居敬)은 내적인 수양방법으로서 항상 몸과 마음을 삼가며 바르게 가지는 일이며, 궁리(窮理)는 외적인 수양방법으로서 널리 사물의 이치를 궁구하여 정확한 지식을 지니는 일이다. 송(宋) 나라 시대에 기록된 『근사록(近思錄)』에 따르면, "수양(修養)은 모름지기 경(敬)으로써 하여야 하고 진학(進學)은 치지(致知)에 달려 있다." 거경의 경(敬)이란 주일무적(主一無適), 즉 마음을 한 군데에 집중하여 잡념을 버리는 것을 뜻하며 주희(朱熹)는 그 구체적인 방법으로서 정좌(靜座)를 권하였다. 궁리란 이른바 격물치지(格物致知)이며 그 방법으로는 박학(博學: 널리 배움), 심문(審問: 의문을 지니고 질문함), 신사(愼思: 깊이 생각함), 명변(明辨: 분명하게 말함), 독행(篤行: 배운 바에 따라 행동함)이 제시되고 있다. 거경과 궁리는 수레의 두 바퀴와 같이 함께 있어야 비로소 인(仁)을 실천할 수 있다고 보았다.

유학은 궁극적으로 인간세계의 조화와 평화를 추구하고 있으며 그에 필요한 개인의 덕목들을 제시하고 있다. 개인적 성취보다는 원만한 인간관계를 중시하고 있을 뿐만 아니라 종교적이고 초월적인 태도보다는 현세적이고 이성적인 태도를 강조하고 있다. 아울러 공자는 인간의 삶에 있어서 절제와 중용을 강조하면서 극단적인 태도보다는 욕망을 잘 조절하며 삼가는 자기조절을 중시했다. 유학에서 중시하는 덕목들은 주로 인간사회의 조화와 평화를 이루는 데 필요한 긍정적 성품으로 이루어져 있다고 볼 수 있다.

2) 도가의 관점

중국문화의 또 다른 중요한 축은 노장사상에 바탕을 두고 있는 도가의 전통이다. 도가(道家)는 노자(老子: 580?~480? B.C.)와 장자(莊子: 369~289 B.C.)의 사상에 바탕을 두고 있다. 노자는 공자와 같은 시대를 살았던 사람으로서 그의 가르침은 『도덕경(道德經)』에 전해지고 있으며, 장자는 맹자와 비슷한 시대를 살았던 사람으로 알려지고 있으며 저서인 『장자(莊子)』를 남겼다.

도가는 무위자연(無爲自然)을 통한 초월적인 삶을 지향한다. 우주만물을 생성하고 운행하는 원리인 도(道)를 따르는 삶을 지향한다. 도(道)는 언어로 표현할 수 없는 심오한 것으로서 우주만물의 운행을 관장하면서도 의도적인 노력 없이 자연스럽게 이루어진다. 노자는 이러한 도를 따르며 살아가는 자연(自然)의 태도를 가장 중요한 덕목으로 여겼다. 인위적 노력을 기울이지 않는 무위(無爲)는 자연의 태도를 사회적 삶에 실현하는 방법이라고 할 수 있다.

노장사상에 따르면, 인간의 지식과 신념은 시대, 지역, 교육 등의 환경에 의해 좌우되는 것이므로 보편적 타당성을 보장할 수 없는 것이다. 이러한 지식과 신념에 입각한 행위를 인위(人爲)라고 한다. 인간은 편향적인 지식과 신념에 사로잡혀 우주만물을 인식하고 인위적으로 가치판단을 함으로써 도로부터 멀어지게 되며 타고난 덕을 망각하게 되어 사회적으로도 많은 쟁탈과 갈등을 초래한다.

도(道)는 천지만물의 근본원리로서 어떤 것을 의도하지 않기 때문에 무위(無爲)하다. 아울러 스스로 자기존재를 성립시키며 저절로 움직이므로 자연(自然)하다. 이러한 도가 개별적 존재에 발현된 것을 덕(德)이라고 본다. 도가 천지만물의 공통된 본성이라면, 덕은 개별적인 존재의 본성이라고 할 수 있다. 이러한 덕을 회복하려면 외부적 환경으로부터 오염된 심성(心性)을 닦아야 하는데, 이를 수성반덕(修性反德)이라고 한다. 덕을 회복하게 되면 도에 도달하게 되는데, 그 대표적인 득도방법은 심재(心齋)와 좌망(坐忘)이다. 심재는 제사를 지내기 전에 목욕재계를 하듯이 마음을 비워 깨끗이 한다는 뜻이다. 감각작용을 쉬게 하고 마음을 비움으로써 궁극적으로 허(虛)의 경지에 이르게 되면, 자신과 대상 사이의 간격이 없어지는 물아일체(物我一體)의 상태가 실현된다. 좌망은 조용히 앉아서 자신을 구속하는 일체의 것들을 잊어버리는 것을 의미한다. 앉은 채로 무아의 경지에 들어 모든 시비와 차별을 잊어버리는 상태를 뜻한다. 도가에 따르면, 최선의 삶은 도와 덕을 회복하여 무위자연의 삶을 사는 것이다. 이러한 경지에 이르러 정신적 자유를 누리는 사람을 도가에서는 도인(道人) 또는 지인(至人)이라고 부른다.

노장사상은 몰락한 주(周) 나라의 문물제도가 지닌 허위성과 형식성을 비판하며 나타난 사상이라고 할 수 있다. 유학과는 달리, 노장사상은 반문명적(反文明的)이고 탈가치적(脫價値的)이며 반형식적(反形式的)인 경향을 지닌다. 또한 인의예지(仁義禮智)와 같이 사회의 질서 유지를 위한 인위적 형식을 비판하면서 집단중심적 태도로부터 개인 중심적인 태도를 지향하고 있다. 개인적인 삶에 있어서 모든 인위(人爲)를 거부하고 세속적인 생활과 가치 체계를 초월함으로써 자연의 흐름에 내맡기고 살아가는 것을 이상적인 삶으로 여긴다. "최고의 선은 물과 같다. 물은 만물을 이롭게 하면서도 서로 다투는 법이 없고, 뭇 사람들이 싫어하는 낮은 곳을 지향한다."는 『도덕경』의 문구처럼, 물이 흘러가는 것처럼 자연스럽게 살아가는 상선약수(上善若水)의 삶을 최선의 삶으로 여긴다. 서로 다투지 않는 조화의 미덕과 낮은 곳을 선호하는 겸손의 자세를 강조하고 있다.

노장사상에서 무위자연은 도의 속성을 표현한 것인 동시에 도에 이르는 방법론을 의미한다. 개인적 차원에서 득도에 이르는 방법을 뜻할 뿐만 아니라 사회적 차원에서 이상적인 사회를 실현하기 위한 무위정치(無爲政治)라는 통치방법을 제시하고 있다. 노자는 "천하에서 가장 부드러운 것은 천하에서 제일 굳은 것을 마음대로 부리고, 형체가 없는 것은 틈이 없는 데까지 들어간다. 나는 이런 까닭으로 인위적으로 하지 않음이 유익하다는 것을 알게 되었다." 고 말하고 있다. 노자는 도를 물에 비유하며 무위(無爲)와 불언(不言)의 중요성을 강조한다. 세상을 다스리는 방법은 물이 흐르듯이 자연스러워야 하며, 백성을 교화하는 방식 역시 지시적인 언어보다는 무위자연의 도를 따르는 것이 최선이라고 제시한다. "만족할 줄 알면 욕됨이 없고, 그칠 줄 알면 위태롭지 않아 오래갈 수 있다. 만족함을 모르는 것보다 더 큰 재앙은 없다." 고 말하고 있는 노자는 무위자연과 절제의 미덕을 강조하고 있다.

3) 불교의 관점

불교(佛敎)는 인도에서 발원한 종교로서 한국을 비롯하여 중국, 일본, 태국, 미얀마, 티베트 등의 동양 문화에 심대한 영향을 미쳤다. 불교는 인도의 북부 카필라 왕국의 고타마 싯다르타(563~484 B.C.)에 의해 창시되었으며 궁극적으로 생로병사(生老病死)의 고통에서 벗어나 해탈에 이르는 길을 추구하는 종교이자 철학체계라고 할 수 있다. 불교의 가르침은 네 가지의 진리를 뜻하는 사성제(四聖諦), 즉 고(苦: 인생은 고통스러운 것이다.), 집(集: 모든 고통은 집착에서 비롯한다.), 멸(滅: 집착을 없애면 열반에 이를 수 있다.), 도(道: 열반에 이르는 길은 팔정도를 따르는 것이다.)로 집약될 수 있다.

불교는 부처라는 이상적인 인간상을 지향한다. 부처(Buddha)는 깨달은 사람을 의미하며 각자(覺者)라고 불리기도 한다. 부처는 사법인(四法印), 즉 제행무상(諸行無常: 이 세상 모든 것은 끊임없이 변한다), 제법무아(諸法無我: 모든 것은 인연에 따라 모이고 흩어지는 것이므로 '나' 라고 할 것이 없다.), 일체개고(一切皆苦: 항상 존재하는 것을 바라고 '나' 에 집착하는 것은 헛된 생각으로 고통일 뿐이다.), 열반적정(涅槃寂靜: 헛된 집착에서 벗어나면 고요하고 맑은 해탈의 경지에 이른다.)의 사법인(四法印)의 네 가지 깨달음을 증험함으로써 해탈의 경지에 이른 사람을 뜻한다. 대승불교에서는 개인적인 해탈뿐만 아니라 모든 사람의 해탈을 돕는 보살(菩薩)을 이상적인 인간으로 강조한다. 보살은 상구보리 하화중생(上求菩堤 下化衆生), 즉 자신의 해탈뿐만 아니라 모든 중생을 고통에서 벗어나 해탈에 이르도록 돕는 자비(慈悲)를 실천하는 사람을 뜻한다.

불교의 이상적 인간상인 부처와 보살의 핵심적 덕목은 지혜와 자비라고 할 수 있다. 지혜(智慧)는 인간 존재의 실상에 대한 깨달음과 모든 집착으로부터의 초월을 의미하며, 자비(慈悲)는 모든 사람에 대한 평등한 애정과 더불어 그들이 겪는 고통에 대한 깊은 이해와 연민 그리고 헌신을 뜻한다. 자비는 사무량심(四無量心)의 덕목으로 이루어진다. 사무량심은 다른 사람의 행복을 증진하고 불행을 줄이려는 네 가지의 이타적인 마음, 즉 자비희사(慈悲喜捨)의 마음을 의미한다. 자무량심(慈無量心)은 모든 사람에게 우애를 느끼며 즐거움을 주려는 마음을 뜻하며, 비무량심(悲無量心)은 다른 사람의 고통을 자신의 고통처럼 느끼며 제거해 주려는 연민의 마음을 말한다. 희무량심(喜無量心)은 다른 사람의 행복을 자신의 행복처럼 기뻐하는 마음을 의미하며, 사무량심(捨無量心)은 다른 사람에 대한 미움과 원한을 버리고 모든 사람을 평등하게 대하는 마음을 뜻한다.

불교에서는 해탈의 경지에 이르기 위해 노력하는 수행자의 실천덕목을 매우 다양하게 제시하고 있다. 그 첫째는 팔정도(八正道)다. 팔정도는 고통의 근원인 욕망과 집착에서 벗어나 해탈에 이르는 여덟 가지 덕목으로서 ① 정견(正見: 올바로 보는 것), ② 정사(正思: 올바로 생각하는 것), ③ 정어(正語: 올바로 말하는 것), ④ 정업(正業: 올바로 행동하는 것), ⑤ 정명(正命: 올바로 생계를 유지하는 것), ⑥ 정근(正勤 또는 正精進: 올바로 부지런히 수행하는 것), ⑦ 정념(正念: 올바로 마음을 바라보는 것), ⑧ 정정(正定: 올바로 마음을 평정하게 하는 것)을 말한다.

둘째는 육바라밀(六波羅蜜)이다. 육바라밀은 특히 대승불교의 보살이 행해야 할 6가지 수행덕목인 보시(布施), 지계(持戒), 인욕(忍辱), 정진(精進), 선정(禪定),

지혜(智慧)를 의미한다. 그 첫째인 보시(布施)는 다른 사람에게 베풀어 주는 것이다. 재물, 위로, 가르침 등을 필요로 하는 사람에게 베푼다는 마음 없이 베푸는 이타적 행동을 뜻한다. 둘째는 지계(持戒)로서 수행자로서 지켜야 할 계율을 준수하는 것이다. 계율을 다양하지만 살생하지 않으며, 음란한 짓을 하지 않으며, 거짓말을 하지 않으며, 남을 괴롭히는 나쁜 말을 하지 않으며, 탐욕을 부리지 않을 뿐만 아니라 죽어가는 것을 살리고 적극적으로 베풀며 정결한 삶을 살아가는 것이다. 셋째인 인욕(忍辱)은 욕된 일을 당하여도 잘 참는 것을 말한다. 인내하고 남을 용서하며 어려운 일을 당하여도 좌절하지 않는 자세를 의미한다. 넷째는 정진(精進)으로서 끊임없는 노력을 말한다. 게으르고 나태해지려는 자신을 채찍질하면서 생사해탈을 위해 수행을 꾸준히 매진해나가는 것이다. 다섯째인 선정(禪定)은 마음을 고요히 가라앉히고 한 곳에 집중하는 것을 뜻한다. 번뇌와 망상으로 산란해진 마음을 가라앉히고 정신을 집중함으로써 평정한 마음을 유지하는 것이다. 마지막으로 지혜(智慧)는 분별적 사유를 떠나 인간 존재의 실상을 직관하여 얻게 되는 깨달음을 의미한다. 즉, 인간의 근원적 예지가 환히 밝아져서 존재하는 실상의 모든 모습을 투철하게 깨닫는 것을 뜻한다.

팔정도와 육바라밀은 계정혜(戒定慧)의 삼학(三學)이라고 집약되어 지칭되기도 한다. 팔정도의 여덟 가지 실천덕목은 계(戒: 정어, 정업, 정명), 정(定: 정근, 정념, 정정), 혜(慧: 정견, 정사)로 구분되기도 한다. 또한 육바라밀의 보시, 지계, 인욕, 정진은 망념과 집착을 강화하는 생활방식을 멀리하고 깨달음을 위한 본격적 수행을 지원하는 행위적 실천덕목으로 볼 수 있기 때문에 한데 묶어 계(戒)에 포함시키고, 깨달음에 이르는 핵심수행인 선정과 지혜를 각각 정(定)과 혜(慧)로 지칭하기도 한다.

불교는 하나의 종교로서 세속적인 행복과 성공보다 생로병사의 고통에서 벗어난 초월적인 삶을 추구하며 지혜와 자비를 핵심덕목으로 강조한다. 또한 불교는 불살생(不殺生)의 계율에서 볼 수 있듯이 살아 있는 모든 생명을 소중히 여기는 생명존중의 덕목을 중시하는 대표적인 종교라고 할 수 있다.

4) 힌두교의 관점

힌두교(Hinduism)는 인도에서 고대부터 전해 내려오는 바라문교가 복잡한 민간신앙과 결합되며 발전한 종교로서 그 기본적 사상은 『리그베다』와 『우파니샤드』를 비롯한 여러 경전에 바탕을 두고 있다. 신성한 최고신인 브라만(Brahman)을 숭배하는 브라만교에 다양한 신을 모시는 민간신앙과 더불어 윤회, 업, 해탈의 철학사상이 결합되면서 힌두교는 교리와 수행법에 있어서 매우 다양한 양상을 나타내고 있다. 힌두교는 다양한 신에 대한 숭배와 봉헌을 중시하는 유신론적 측면을 지닐 뿐만 아니라 지혜와 자기수련을 강조하는 철학적 측면을 지니고 있다.

힌두교는 생명이 죽은 뒤에서도 세상으로 회귀한다는 윤회(輪廻)와 현재의 삶은 과거의 행위에 의해 결정된다는 업(業: Karma)의 사상에 바탕을 두고 있으며 윤회의 사슬로부터 영원히 벗어나는 해탈(解脫, Moksa)을 궁극적인 목표로 삼는다. 이러한 힌두교의 유신론적 측면과 철학적 측면은 범아일여(梵我一如)의 사상, 즉 대우주의 본체인 브라만(brahman, 梵)과 개인 영혼인 아트만(atman, 我)이 하나라는 베단타 철학으로 통합되었다. 심신수련을 통해서 개인이 최고신과 하나임을 깨닫는 신비한 직관을 체득함으로써 해탈에 이를 수 있다는 입장이다.

힌두교는 윤회의 속박에서 벗어나 해탈에 이르는 다양한 수행방법을 제시하고 있다. 그 대표적인 수행체계가 요가로서 그 기저의 철학과 수행방법에 따라 다양한 유파가 있다. 신에 대한 사랑과 헌신을 강조하는 박티 요가(Bhakti yoga), 지식과 지혜의 계발을 중시하는 지나나 요가(Jnana yoga), 선하고 올바른 행위를 강조하는 카르마 요가(Karma yoga), 금욕과 신체의 정화를 강조하는 하타 요가(Hatha yoga), 정신집중과 명상을 중시하는 라자 요가(Rāja yoga) 등이 있다.

요가의 경전인 『요가수트라』에 따르면, 일반적으로 요가수행은 8단계로 구성되어 있다. 제1단계는 금계(禁戒, yama)로서 생명을 죽이지 말고 남의 물건을 훔치지 않으며 탐욕을 내지 않는 것과 같은 부정적인 행위를 금하는 사회적 계율을 잘 따르는 것이다. 제2단계는 권계(勸戒, niyama)로서 청정(淸淨), 만족(滿足), 학습(學習), 고행(苦行), 헌신(獻身)과 같은 긍정적인 행위를 권하는 개인적 규범을 따르는 것이다. 제3단계인 좌법(坐法, asana)은 요가체조를 뜻하며 신체동작을 통해서 몸의 긴장과 이완을 조절하는 수행법이다. 제4단계는 조식(調息, pranayama)으로서 호흡을 통해서 우주의 에너지를 축적하는 수련을 의미한다. 이 단계에서는 신체를 정화하기 위해서 위장, 구강, 비강을 청정하게 하는 여러 방법과 더불어 단식 수행을 하기도 한다. 1~2단계가 도덕적 통제력을 함양하는 수행이라면, 3~4단계는 육체적 통제력을 육성하는 수행이라고 할 수 있다.

제5단계인 제감(制感, pratyahara)은 감각기관에 대한 자극을 차단하여 심신의 평정을 이루게 하는 수행이다. 6단계 이후는 수련의 심화과정에 해당되는데, 제6단계인 응념(凝念, dharana)은 하나의 대상에 정신을 집중하여 통일하는 수행이다. 제7단계는 선정(禪定, dhyana)으로서 의식의 대상을 초월하여 무념, 무상, 무심의 상태에 이르는 것이다. 이러한 수행과정을 통한 심신의 평정상태에서 절대 진아(眞我)와 합일되어 무아상태에 이르는 삼매(三昧, samadhi)가 최후의 8단계다. 이 단계에서는 자아와 우주가 하나로 통일되는 범아일여의 경지에 이르게 된다.

힌두교는 궁극적으로 최고의 신인 브라만과 개인의 영혼인 아트만의 합일을 추구하는 종교로서 초월과 영성을 핵심덕목으로 중시한다. 또한 죽은 뒤에서도 생명은 계속하여 순환하며 현생의 업(karma)이 내세의 삶을 결정한다는 윤회사상에 근거하는 힌두교에서는 좀 더 나은 내세의 삶을 위한 자기정화로서 고행과 금욕 등의 실천적 덕목을 강조한다. 그러나 인도의 카스트 계급사회에서는 각 계층마다 중시하는 덕목에 차이가 있었다. 예컨대, 교육받은 귀족계층인 브라만에서는 속죄, 회개, 절제, 관용, 청렴, 공정, 지식, 영성이 중시되었고, 무사계급인 크샤트리아에서는 전쟁에서의 용맹, 명예, 활력, 인내가 강조되었으며, 하층계급에서는 노동의 의무를 충실히 따르는 것이 중요했다.

힌두교에서는 신도들이 한 평생 동안에 반드시 거쳐야 하는 네 단계의 생활기를 규정하고 있다. 즉, 배움에 집중하는 학생기(學生期), 성인이 되어 가족을 부양하는 가장기(家長期), 자녀가 성장하면 숲 속에 들어가 수행을 하는 임주기(林住期), 그리고 인생의 노년에 세상을 떠도는 유행기(遊行期)로 나누고 있다. 인생의 전반기에는 세속적인 삶의 의무에 충실한 반면, 인생의 후반기에는 영적인 수행에 집중하는 것을 권장하고 있다. 이처럼 힌두교는 신에 대한 헌신, 진언과 주문, 금욕과 신체수련, 선한 행위, 정신집중과 명상을 중시하는 다양한 요가수행법이 제시되고 있으나 모두 범아일여의 체득을 통한 해탈을 지향하고 있다(Smart, 1998).

2 서양 문화에서 중시하는 긍정적 성품과 덕목

유럽을 중심으로 발달한 서양 문화는 헬레니즘과 헤브라이즘의 문화적 전통에 그 뿌리를 두고 있다. 헬레니즘(Hellenism)은 고대 그리스인과 로마인의 문화적 전통을 의미한다. 헬레니즘의 전통은 이성적이고 과학적이며 심미적인 특성을 지니며 서양 문화의 철학, 과학, 예술의 토대를 이루고 있다. 헤브라이즘(Hebraism)은 고대 이스라엘인의 문화적 전통을 의미하며 유대교와 기독교의 유일신 사상이 근간을 이루고 있다. 헤브라이즘의 전통은 종교적이고 윤리적이며 의지적인 특성을 지니며 서양사회의 종교와 윤리의 바탕을 이루고 있다.

1) 헬레니즘 전통의 관점

헬레니즘은 고대 그리스 철학에 그 사상적 바탕을 두고 있다. 헬레니즘의 문화는 그리스 반도를 중심으로 기원전 6세기경부터 시작되어 알렉산더 대왕(356~323 B.C.)이 유럽과 아시아를 정복한 시대에 정점을 이루었으며 기원전 2세기에 로마제국에 편입되어 발전하였다. 고대 그리스 철학자들은 정치철학을 비롯하여 윤리학, 논리학, 형이상학, 존재론, 논리학, 생물학, 미학에 이르기까지 매우 다양한 주제에 대한 철학적 이론을 제시하였다.

고대 그리스 철학자들은 이성적 사유와 성찰을 통해서 행복에 이르는 길을 발견할 수 있다고 믿었다. 절대자인 신에 의지하기보다는 인간 자신이 스스로의 이성적 노력을 통해서 행복한 삶을 성취할 수 있다는 인본주의적 입장을 취했다. 소크라테스(Socrates, 469~399 B.C.)는 진정한 행복이 자기성찰을 통해서 성취될 수 있다고 믿었다. "너 자신을 알라."는 그의 말에 이러한 믿음이 잘 드러나 있다. 자기성찰을 통해서 지혜가 계발되고 인간 영혼의 진정한 본질이 드러날 수 있다는 것이다. 지혜는 인간이 영원불변한 진리를 파악할 수 있는 이성적 능력이다. 이를 통해서 인간 삶의 핵심적 요소를 인식하고 그것을 실천하며 사는 것이 행복한 삶이라고 보았다.

소크라테스의 수제자인 플라톤(Plato, 427~347 B.C.)은 진정한 지혜의 바탕을 이성과 직관으로 보았다. '동굴과 그림자의 비유'를 제시한 바 있듯이, 감각경험은 그림자와 같이 가변적이어서 신뢰할 만한 것이 아니라고 보았다. 이러한 감각세계를 초월한 불변의 본질, 즉 영원한 진리는 지혜에 의해서 발견될 수 있다고 믿었다. 그리고 진정한 지혜는 인간의 이성과 직관에 바탕을 두고 있다. 이러한 플라톤의 생각은 감각적 쾌락을 추구하기보다 인생의 본질과 의미를 지향하는 오늘날의 행복관에 영향을 미쳤다. 예컨대, 진정한 자기를 발견하고 실현하려는 노력, 행복에 영향을 미치는 무의식적 동기를 이해하려는 노력, 그리고 인생의 심오한 의미를 체득하려는 영적인 노력은 플라톤의 철학적 전통을 이어받은 것이라고 할 수 있다.

고대 그리스 철학자들은 인간을 선한 존재로 만드는 덕목에 대해서 탐구했다. 서구문화에서 중시하는 덕목들은 플라톤의 대표작인 『국가론(*Republic*)』에서 처음으로 제시되었다. 플라톤은 소크라테스를 화자로 내세워 지혜, 용기, 절제, 정의를 이상적인 도시국가의 네 가지 핵심 덕목으로 제안했다. 그는 신체의 부위마다 기능이 다르듯이 사회를 구성하는 계층마다 시민적 덕목이 다르다고 생각했다. 예컨대, 지혜는 통치자의 덕목이며, 용기는 군인의 덕목으로 보았다. 계급과 직업에 따라 덕목을 분류했다는 점에서 플라톤의 주장은 힌두교의 입장과 비슷하다고 볼 수 있다.

플라톤의 제자인 아리스토텔레스(Aristotle, 383~322 B.C.)에 이르러 행복에 대한 좀 더 구체적인 철학적 견해가 나타나게 된다. 그에 따르면, 보편적 진리는 세상의 다양한 현상 속에 내재하는 질서를 의미하며 이러한 진리를 발견하기 위해서는 감각과 이성에 근거할 수밖에 없다. 감정이나 직관은 신뢰할 수 없는 것으로서 이성에 근거한 엄격한 자기수양에 의해 길들여져야 한다. 진리를 발견하는 최선의 방법은 오감에 의해 경험된 내용을 이성적으로 분석하는 것이다. 인생에서는 순간적인 경험들보다 일관성 있는 삶의 전체적 흐름이 중요하다. 따라서 최선의 삶은 일시적인 욕망 충족보다 도덕적 완성이나 인격적 덕성을 구현하는 것으로서, 아리스토텔레스는 이러한 삶의 상태를 '유대모니아(Eudaimonia)'라고 칭했다. 흔히 '행복'이라고 번역되는 유대모니아는 번영하는 완전한 삶의 상태로서 지속적인 진정한 행복감을 주게 된다(Robinson, 1989). 욕구충족을 위한 쾌락적 경험을 추구하는 것이 아니라 어떤 이상적 목표를 향해 인생 전체를 지향하는 삶이다. 그 목표는 인생의 중요한 영역에서 '중용(golden mean)'을 이룰 수 있는 도덕적 완성이나 덕성을 구현하는 것이다.

아리스토텔레스는 유대모니아로 이끌 수 있는 12가지 덕성(용기, 관용, 자존, 친밀, 재치, 정의, 절제, 희망, 온유, 정직, 양심, 고결)을 제시하였다. 이러한 덕성들은 양 극단의 사이에 위치하는 중용적인 것이다. 예컨대, 용기는 무모함과 비겁함 사이의 중용을 의미하며, 관용은 방관적임과 가혹함 사이의 중용을 뜻한다. 이러한 덕성은 누구나 타고나는 것으로서 잠재된 덕성을 발견하여 계발함으로써 행복에 이를 수 있다는 것이다. 이러한 주장을 행복의 덕성 이론(virtue theory of happiness)이라고 부른다. 즉, 덕성의 계발과 함양을 통해서 가장 행복하고 바람직한 삶을 살 수 있다는 생각이다. 아리스토텔레스의 행복관은 오늘날 긍정 심리학에서 성격적 강점과 덕성의 계발을 중시하는 자기실현적 행복관의 철학적 기반을 이루고 있다.

그리스 시대에는 즐겁고 안락한 삶을 중시하는 철학자들도 있었다. 아리스티포스(Aristippos, 435~366 B.C.)는 즉각적인 감각의 만족을 중시하면서 고통을 최소화하고 쾌락을 최대화하는 것이 행복의 관건이라고 주장하였다. 이후 에피쿠로스(Epicouros, 341~270 B.C.)는 이러한 주장을 발전시켜 쾌락주의(hedonism)를 제창하였다. 그에 따르면, 행복이란 권력투쟁의 정치적 세계로부터 벗어나서 친구들과 어울리면서 안락한 상태에 평온하게 머무름으로써 얻어지는 것이다. 쾌락주의 학파는 안락한 여가를 중시했으며 정원에서 토론을 즐겼기 때문에 '정원 철학자들(Garden philosophers)'이라고 불리기도 했다. 오늘날에도 편안함, 절제된 쾌락, 고통이나 걱정으로부터의 자유, 좋은 친구들과의 교제가 행복한 삶의 핵심적 요소로 여겨지고 있다. 긍정 심리학은 행복의 주요한 측면으로서 긍정적 정서와 주관적 만족감을 중시하고 있는데, 이는 에피쿠로스의 쾌락주의적 전통을 이어받은 것이라고 할 수 있다.

쾌락주의 학파가 생겨난 비슷한 시기에 제논(Zeno, 334~262 B.C.)은 스토아 철학을 주창하였다. 스토아 철학자들은 이성에 의한 감정조절을 행복의 핵심적 요건으로 보았다. 감정은 눈먼 야생마 같은 것이어서 필연적으로 인간을 불행으로 이끌기 때문에, 마음의 지속적인 평안을 얻기 위해서는 이성을 사용하여 감정을 조절하는 훈련이 필수적이라고 여겼다. 스토아 철학자인 세네카(Seneca, 4 B.C.~65 A.D.)는 "인간의 비극은 이성에 대한 감정의 승리에 기인한다."고 말한 바 있다. 또한 에픽테토스(Epiktētos: 55~135)는 "인간은 사건 자체에 의해 고통 받는 것이 아니라 그러한 사건에 대한 생각에 의해 고통 받는다."고 주장하면서 합리적이고 이성적인 사고를 중시하였다. 에피쿠로스를 비롯한 쾌락주의자들은 안락과 평안을 추구했으며 절제된 쾌락, 고통이나 걱정으로부터의 자유, 좋은 친구들과의 교제를 중시한 반면, 제논을 비롯한 스토아 철학자들은 이성에 의한 감정조절을 강조했으며 절제와 지혜를 중시했다.

2) 헤브라이즘 전통의 관점

헤브라이즘은 팔레스타인 지역에 살던 유대민족의 정신, 습관, 문화에 바탕을 두고 있다. 헤브라이즘의 주요한 특징은 유대민족과 신의 계약에 근거한 메시아 사상이다. 유대민족은 세상만물을 창조하고 관장하는 유일신 하나님의 보살핌을 받고 있으며 메시아, 즉 구세주를 통해 구원을 받아 영생을 누리게 된다는 종교적 신앙과 선민사상을 지니고 있었다.

『구약성서』를 경전으로 하는 유대교의 경우, 유일신 하나님의 뜻에 따라 복종하며 사는 것을 최선의 삶으로 여겼으며 이를 위한 많은 계율과 금지사항을 제시하고 있다. 그 대표적인 것이 십계명으로서, 하나님을 유일신으로 받아들이는 것뿐만 아니라 자기중심성, 부적절한 욕망, 비합리적 분노 등을 금지하는 사항들로 이루어져 있다. 이러한 계율에 순종하면 보상이 주어지고, 어기면 처벌이 주어진다. 진정한 행복은 하나님이라는 절대 권위에 순종하면서 자기중심적이고 쾌락추구적인 행동을 억제하는 금욕주의적인 삶 속에서 얻게 되는 것이라는 관점이다.

기독교는 유대교의 메시아 사상에 바탕을 두고 있으며 예수(Jesus, 4? B.C.~29 A.D.)를 구세주로 믿는다. 예수는 타락한 인간의 구원을 위해 하나님이 보낸 진정한 구세주이며 십자가에 못 박혀 죽음으로써 모든 인간의 죄를 대속하였으므로 하나님과 예수에 대한 믿음을 통해 구원과 영생을 얻을 수 있다는 것이 기독교 신앙의 근간이다. 진정한 행복에 이르는 길은 예수의 가르침과 생애에서 발견될 수 있다는 것이다. 예수의 가르침은 "하나님이 세상을 사랑한 것과 같이 다른 사람을 사랑하라" "네 이웃을 네 몸과 같이 사랑하라"는 말에서 나타나듯이 사랑과 연민에 관한 것이었다. 기독교인들은 하나님과의 관계 속에서 사랑을 표현하고 타인과의 나눔을 통해 평화와 행복, 나아가서 구원을 얻을 수 있다고 믿는다. 기독교는 예수와 제자들의 행적을 기록한 『신약성서』를 신앙의 기반으로 삼고 있다. 선민사상에 근거한 유대교와 달리, 기독교는 하나님을 두려움의 대상이 아니라 모든 인간에게 깊은 애정을 지닌 존재로 발전시키면서 세계종교로서의 기틀을 마련하였다.

유대교는 헤브라이즘 문화의 원조라고 할 수 있으나 예수를 구세주로 인정하지 않는다는 점에서 기독교와 구별된다. 그러나 유대교와 기독교는 신과의 관계를 중시하는 헤브라이즘의 전통을 공유하고 있다. 유일신을 숭배하는 유대교와 기독교는 모두 신앙과 관련된 덕목들을 강조한다. 『구약성서』에 나타나는 모세의 십계에서는 다른 신을 믿는 일, 우상을 숭배하는 일, 신을 모독하는 일, 살인, 간통, 절도, 사기, 탐욕을 금하고 있으며 안식일 준수와 부모 공경을 명하고 있다.

또한 도덕적이고 종교적인 행동에 대한 교훈을 담고 있는 잠언에서는 신에 대한 경외뿐만 아니라 정직, 의로움, 사랑, 배려, 근면, 겸손, 절제, 희망, 지혜 등과 같은 다양한 덕목이 강조되고 있다. 이처럼 초월적 존재가 정한 계율이나 규범을 따르며 살게 되면 행복을 얻게 된다는 주장을 철학에서는 '신성한 계율 이론(divine command theory)'이라고 부른다. 헬레니즘이 현세적이고 이성적이며 인간 중심적인 성향을 지니는 반면, 헤브라이즘은 내세적이고 신 중심적인 종교적 성향을 지니고 있다. 이러한 헤브라이즘의 문화적 전통은 서양인의 삶에 깊은 영향을 미치고 있다.

3) 헬레니즘과 헤브라이즘 전통의 갈등과 융합

헬레니즘과 헤브라이즘의 두 문화는 독자적으로 발전하였으나 기독교가 로마제국에 전래되면서 융합되기 시작했다. 예수의 제자들에 의해서 로마제국으로 전파된 기독교는 헬레니즘과의 접목을 통해 이론적, 철학적 체계를 형성하면서 기독교 신학을 발전시켰다. 헬레니즘과 헤브라이즘의 두 전통은 서로 대립하기도 하고 융합되기도 하면서 서양 문화의 양대 근간을 이루었다.

기독교가 주도하던 유럽의 중세 시대에는 헬레니즘 사상이 혼합된 헤브라이즘이 문화적 근간을 이루었다. 중세 기독교의 관점에 따르면, 진정한 행복은 세속적인 쾌락과 반대되는 것으로서 육체의 사망 이후 천국에서 부활할 때까지 미루어진 것이었다. 인간은 육체적 욕망과 영적 추구라는 대립적 성향을 지니는 존재로서 영혼이 육체에 머무르는 한 이러한 두 가지 성향 간의 갈등은 지속될 수밖에 없다고 보았다. 이처럼 인생의 본질을 육체적 욕망과 영적 추구 간의 투쟁으로 생각한 기독교 지도자들은 세속적인 쾌락의 위험을 경고하기 위해서 7대 죄악(seven deadly sins)을 제시했다(Compton, 2005; Schimmel, 1997). 7대 죄악은 분노, 질투, 나태, 교만, 성욕, 방종, 물욕으로서 인격을 파괴할 뿐만 아니라 종교적 타락으로 인도하는 근본적인 악을 의미하며 그 핵심에는 쾌락추구와 자기중심성이 있다.

중세시대의 신학자인 아퀴나스(Thomas Aquinas, 1224~1274)는 『신학대전(*Summa Theologie*)』에서 인간의 죄악을 극복하게 만드는 칠덕(七德, seven heavenly virtues)을 주장했다. 칠덕은 플라톤이 제시한 네 가지 보편적 덕목(four cardinal virtues, 신중, 용기, 절제, 정의)과 사도 바울이 제안한 세 가지 신학적 덕목(three theological virtues, 믿음, 사랑, 소망)을 추가한 것이다. 이러한 7가지 덕목은 서구 문화에 널리 퍼져 있는 윤리적 규범의 기초가 되었다. 즉, 내세에서의 구원과 영생을 얻기 위해 현생에서는 하나님과의 관계 속에서 이러한 덕목을 구현하며 살아가는 것이 최선의 삶이라고 보았다. 인생의 본질을 육체적 욕망과 영적 추구 간의 갈등적 투쟁이라고 보았으며, 이러한 관점은 오늘날에도 상당히 넓게 퍼져 있다. Freud의 정신분석 이론도 육체적 쾌락을 추구하는 원초아(Id)와 종교-문화적 윤리를 반영하는 초자아(Superego) 간의 내면적 투쟁을 자아(Ego)가 중재하는 역학적 구조로 인생의 본질을 설명하려는 시도라고 할 수 있다.

중세에 기독교가 지배하던 유럽은 근대에 접어들면서 헬레니즘의 문화적 전통이 부활하게 된다. 15세기경부터 시작된 르네상스 시대에는 문예부흥이 일어나면서 인간의 예술가적 측면이 부각되었다. 예술가들의 사회적 지위가 상승하고 인간의 예술적 재능이 중시되면서 개인의 재능과 창의성이 높이 평가되기 시작했다. 많은 예술가들이 다양한 장르에서 개인적 독특성과 창의성을 표현하게 되었으며, 그 결과 개인적인 관점과 특성이 중요하게 부각되었다.

17세기 말에 산업혁명과 더불어 과학의 발전이 거듭되면서 인간의 이성에 대한 믿음이 높아졌다. 인간은 이성에 의해서 스스로 옳고 그름과 궁극적으로 가치 있는 것을 판단할 수 있다는 이성주의(rationalism)가 확산되었다. 또한 진리는 이성적인 논리뿐만 아니라 오감에 근거한 경험에서 비롯된다는 경험주의(empiricism) 철학이 부각되었다. 아울러 우주 전체는 시계장치와 같이 어떤 법칙에 의해 움직이는 하나의 거대한 기계일 뿐만 아니라 그 모든 부분은 기계적 인과관계라는 냉혹한 법칙에 의해 지배된다는 기계주의(mechanism) 철학이 생겨났으며, 이러한 관점은 자연세계뿐만 아니라 인간의 심리세계에도 동일하게 적용되기 시작했다.

18세기 중반에는 국가의 정치적 권력과 개인의 행복이 충돌하는 사회적 사건들이 많이 발생하였다. 그 결과, 미국 독립선언(1775년)과 프랑스 시민혁명(1789년)이 계기가 되어 사회구성원 개인의 자유와 행복이 중요하다는 인식이 확산되었다. 미국 독립선언문에는 "모든 인간은 평등하게 창조되었으며 생명, 자유, 행복을 추구하는 권리는 절대로 침해될 수 없는 것으로서 창조주로부터 부여받았다." 라고 명시되어 있다. 또한 삶에 대한 개인의 자기결정권을 허용하는 정부가 수립됨으로써 행복의 추구는 개인의 선택이자 권리가 되었다. 이러한 민주주의(democracy)는 공리주의와 더불어 최대 다수의 최대 행복을 창출하는 새로운 정부 체계를 탄생시켰다.

한편으로 프랑스 혁명의 격렬한 혼란으로 인한 정신적 폐허 위에서, 19세기 초에는 자기 발견과 내면 경험에 충실하려는 낭만주의(romanticism)가 태동되었다. 또한 개인주의의 확산과 더불어 개인의 정서적 경험과 표현이 중요시되었다. 사회적 환경은 개성과 정서적 표현을 억압하는 경향이 있기 때문에, 사람들은 사회적 가면을 쓰고 살아가며 '진정한 자아'는 그 이면에 숨겨져 있다는 것이다. 따라서 행복을 위해서는 자신의 진정한 자아를 발견하고 표현하는 것이 중요하다는 생각이 확산되었으며, 이러한 생각은 오늘날의 행복 이론에 영향을 미쳤다. 또한 엄격한 가부장적인 사회의 결혼관이 변화하기 시작하여, 사랑이 결혼의 가장 중요한 동기가 되어야 한다는 생각이 생겨났다. 그 결과, 오늘날에는 사랑과 친밀감의 추구가 삶의 중요한 목표인 동시에 행복의 핵심적 요건으로 여겨지게 되었다.

서양 문화는 과학과 종교로 대표되는 헬레니즘과 헤브라이즘이 혼재된 문화라고 할 수 있다. 서구사회의 주요한 역사적 사건들은 헬레니즘과 헤브라이즘의 가치가 충돌하며 융합되어 가는 과정이라고 이해될 수 있다. 20세기의 제국주의 흐름 속에서 한국사회에도 서양의 문물과 문화가 전래되었다. 이러한 역사적 배경과 더불어 현재 진행 중인 세계화 과정을 통해서 한국사회는 동서양의 다양한 문화와 가치가 혼재하는 복잡한 양상을 나타내고 있다.

이슬람교에서 중시하는 덕목

이슬람교는 서남아시아의 토착적 문화와 헤브라이즘의 종교적 전통이 혼합된 독특한 종교라고 할 수 있다. 서남아시아는 지역적으로 동양과 서양을 연결하는 중간지대로서 페르시아 전쟁을 비롯하여 고래로 지중해권의 문명과 빈번한 충돌과 교류가 이루어진 곳이다. 이런 점에서 서남아시아 지역에 널리 퍼져 있는 이슬람교는 메소포타미아 문명의 토착적 문화와 동서양의 문화가 혼합된 독특한 양상을 나타내고 있다.

이슬람교는 7세기 초 아라비아에서 무하마드(Muhammad, 570~632)에 의해 비롯된 유일신교다. 이슬람이란 단어가 '순종' 또는 '절대 귀의' 라는 의미를 지니고 있듯이, 이슬람교는 유일신에 대한 순종을 강조하는 종교로서 유일신 '알라' 를 신앙의 대상으로 삼으며 『코란』을 경전으로 삼는다.

이슬람교는 신행(信行), 즉 신앙적 믿음과 행동적 실천을 중시한다. 이슬람교도를 의미하는 무슬림은 "알라 외에 신은 없으며, 무하마드는 알라의 사도다." 라는 기본적 믿음을 지닌다. 이슬람교는 인간의 창조에서 최후의 심판 및 내세에 이르기까지 기독교와 거의 동일한 교리를 지니지만, 예수를 무하마드와 마찬가지로 신이 아닌 예언자로 여긴다. 이슬람교는 무하마드를 한 명의 인간으로서 유일신 알라의 가르침을 가장 완전하게 전한 가장 위대한 마지막 예언자로 여기며 알라와 인간 사이의 직접적인 접촉과 구원을 강조한다.

무슬림의 신행은 육신과 오주로 표현되고 있다. 육신(六信)이란 무슬림이 반드시 지녀야 하는 여섯 가지의 믿음을 의미하는데, 그것은 유일신 알라, 천사들, 예언자들, 성전 그리고 최후의 심판의 날이 오는 것에 대한 믿음이다. 오주(五柱)는 무슬림이 반드시 지켜야 하는 신앙행동의 다섯 가지 기둥을 뜻하는데 그 내용은 다음과 같다: (1) 신앙고백(Shahada: 알라에 대한 믿음을 말로 표현하는 것), (2) 예배(Salat: 매일 다섯 번씩 행하는 예배와 기도), (3) 희사(Zakat: 가난한 이들을 도울 수 있도록 소득의 일정 부분을 헌납하는 것), (4) 금식(Saum: 음력으로 아홉째 달인 라마단 기간 동안 일출부터 일몰까지 금식하는 것), (5) 성지순례(Hajj: 평생에 한 번은 메카의 성지를 순례하는 것)이다. 아울러 이교도나 불신도와 싸워야 하는 의무를 뜻하는 성전(Jihad)을 신행의 여섯 번째의 기둥으로 삼기도 한다.

이밖에도 이슬람교는 무슬림이 지켜야 할 일상생활의 세부적인 규범들을 제시하여 율법으로 정하고 있다. 율법(Shari' a)에는 음식, 가정생활, 결혼과 이혼, 도박 및 고리 대금 금지 등을 비롯하여 출생에서 장례에 이르기까지 무슬림이 지켜야 할 규율과 생활양식이 규정되어 있다. 이슬람교에 있어서 도덕이란 알라의 인도에 따라 평화롭고 정의로운 사회를 건설하는 데 필요한 행동규범을 의미하며, 율법은 이슬람의 모든 사회와 역사를 관통하고 있다. 이러한 율법은 『코란』과 『하디스』(Hadith, 무하마드의 일대기)에 근거하여 제정된 것으로서 무슬림은 출생에서 사망에 이르기까지 이러한 율법에 따라 생활하도록 요구된다. 무하마드는 무슬림의 모범으로서 그의 생애를 전하는 『하디스』는 도덕률의 원천으로 여겨지고 있다.

현대적 평가에 의하면, 무하마드는 이슬람의 창시자인 동시에 전통 사회의 악습과 부도덕한 관행을 폐지하고자 노력했던 사회개혁 운동가였으며, 평등주의를 주창한 박애주의자였다. 그의 인품은 인자, 중용, 인내, 용맹 등으로 묘사되는데, 이는 알라의 사도로서뿐만 아니라 가족과 교우들 속의 한 구성원으로서, 정치가, 행정가, 군인으로서 모든 무슬림들이 본받아야 할 인생의 표본이 되고 있다. 특히 그는 메카 정복 이후 알라의 사도라는 지위를 빌려 인간 위에 군림하는 초월적 존재나 절대군주의 자리에 오를 수도 있었으나 오히려 평범한 지도자이기를 자처했다. 그는 왕관을 쓰지 않았으며, 옥좌 대신 마룻바닥에 앉아 통치했고, 옷과 신발을 스스로 수선하여 착용했으며, 대추야자와 보리빵을 즐겨먹는 소박하고 겸손한 인간으로 남기를 원했다.

이슬람교의 탁월한 신학자인 Alfarabi(870~950)는 그리스 철학자들의 주장을 차용하여 중요한 덕목을 제안하고 있다. 그에 따르면, 인간의 영혼은 이성과 욕망으로 나누어지며 각각 이성적 덕목과 도덕적 덕목을 구현하는 주체가 된다. 이성적 덕목에는 지혜, 지성, 명민함, 재치, 우수한 이해력과 같은 개인적인 덕목들이 포함되는 반면, 도덕적 덕목은 온건함, 용기, 관대함, 정의와 같이 대인관계에 필요한 사회적인 덕목들로 구성된다. 그는 종교와 철학이 통합될 수 있다고 믿었으며 이러한 덕목들을 실천하는 것은 초월을 위한 영적 행위라고 주장했다.

제3장

인간의 긍정적 성품에 대한 과학적 탐구

19세기 말에 독립적인 학문으로 태동하게 된 심리학은 인간의 심리적 특성과 과정을 과학적으로 연구하기 시작한 인류문명의 새로운 시도라고 할 수 있다. 인간의 마음과 본성에 대해서 사변적인 탐색을 해온 과거의 철학자나 종교인과 달리 실증적인 방법을 통해 과학적인 탐구를 한다는 점에서 심리학은 인간을 이해하는 새로운 시도라고 할 수 있다. 지난 20세기에 심리학은 눈부신 발전을 이루었다. 수많은 과학적 연구를 통해서 인간의 다양한 심리적 측면에 대한 이론적 이해가 깊어졌을 뿐만 아니라 삶의 질을 개선하기 위한 다양한 개입방법이 개발되어 시행되었다.

그러나 인간의 긍정적 측면에 대한 연구는 상대적으로 미흡했다. 1장에서 언급한 바와 같이, 양차 세계 대전과 같은 인류의 불행을 겪으면서 심리학자들은 인간의 부정적 측면에 편향적인 관심을 갖게 되었다. 그 결과, 이상행동과 정신장애의 심리적 원인에 대한 이해가 깊어지고 다양한 치료방법이 개발되는 성과를 거두었으나 인간의 긍정적 측면에 대한 이해는 커다란 진전을 이루지 못했다. 하지만 그러한 편향적 흐름 속에서도 인간의 긍정적 측면에 깊은 관심을 지녔던 여러 심리학자들이 존재했다.

이 장에서는 긍정 심리학이 태동하기 전인 20세기에 인간의 긍정적 성품에서 대해서 연구한 주요한 심리학자들의 견해를 살펴보고자 한다. 이들의 연구는 훗날 긍정 심리학이 태동하는 밑거름이 되었다. 아울러 21세기의 긍정 심리학자들이 제시하고 있는 긍정적 성품의 분류체계를 소개할 것이다. Peterson과 Seligman(2004)이 제시한 VIA 분류체계는 이 책을 구성하는 골격을 이루고 있을 뿐만 아니라 앞으로 긍정적 성품을 연구하는 기틀이 될 것으로 예상된다.

1 20세기에 심리학자들이 제시한 긍정적 성품

대다수의 심리학자들이 정신장애의 연구와 치료에 관심을 집중하고 있던 1950년대에 Marie Jahoda는 심리학자들이 인간의 부정적 측면에 초점을 맞추기보다 긍정적 측면에 주목해야 한다고 주장하였다. 긍정 심리학이 태동하기 40여 년 전인 1958년에 Jahoda는 그 당시로는 도발적인 저서라고 할 수 있는 『긍정적 정신건강의 현대적 개념(*Current concepts of Positive Mental Health*)』을 출간하였다. 이 책에서 그녀는 임상가들이 인간의 결함과 장애에 초점을 맞추기보다 심리적으로 건강하다고 할 수 있는 상태와 특질에 주목해야 한다고 주장하면서, 긍정적인 정신건강의 공통적 요소를 다음과 같이 여섯 가지로 정리하여 소개하였다: (1) 자기수용, (2) 성장과 발달, (3) 성격 통합, (4) 자율성, (5) 정확한 현실지각, (6) 환경적 통제. 그녀의 이러한 분석은 탁월한 것이었지만 오랜 기간 관심을 끌지 못한 채 40년이 흐른 후에야 긍정 심리학자들에 의해서 주목을 받게 되었다.

정신분석과 행동주의가 심리학의 양대 조류를 이루고 있던 1950~60년대에 인간의 긍정적 측면을 강조하는 인본주의 심리학이 새롭게 등장했다. 인본주의 심리학자들은 인간을 근본적으로 자기실현을 추구하는 성장지향적인 존재라고 간주했으며 그 대표적인 학자는 Abraham Maslow와 Carl Rogers다. Maslow(1954,

1962, 1970)는 욕구의 위계설을 제시하면서 자기실현을 가장 상위의 동기라고 주장했다. 그에 따르면, 인간의 다양한 욕구들은 생리적 욕구, 안전의 욕구, 애정과 소속감의 욕구, 자존감의 욕구, 자기실현의 욕구의 위계로 배열될 수 있으며 하위 욕구가 충족되어야 상위 욕구가 부각된다. 인간은 궁극적으로 자기실현을 추구하는 존재이며, 다만 많은 사람들이 하위 동기의 좌절로 인해 자기실현 동기가 활성화되는 수준의 삶에 이르지 못할 뿐이다. 그는 자기실현을 이룬 사람들의 16가지 특성을 다음과 같이 제시한 바 있다: 정확한 현실지각, 자기 수용, 자발성, 문제 중심적 태도, 사생활의 욕구, 자율성, 심미안, 절정 경험, 인간애 및 타인존중, 동료의식, 깊이 있는 대인관계, 윤리의식, 수단보다 목적에 초점을 두는 성향, 공격적이지 않은 유머감각, 창의성, 개방적 태도. 그는 말년에 욕구 위계의 최정상에는 초월의 욕구가 존재한다고 주장했다.

Rogers(1957, 1961) 역시 자기실현 성향을 인간의 가장 근본적인 동기로 보았다. 그에 따르면, 인간은 자신을 좀 더 가치 있는 존재로 성장시키기 위해서 자신의 모든 잠재력을 발현시켜 좀 더 유능한 인간이 되려는 생득적인 성향을 지니는데, 이것이 바로 자기실현 성향(self-actualization tendency)이다. 인간이 이상행동과 정신장애를 나타내는 것은 자기실현적 성향이 차단되고 봉쇄되었기 때문이다. 그는 무조건적인 긍정적 존중, 공감적 이해, 진솔함을 통해서 개인의 자기실현 성향이 표출되도록 함으로써 심리적 장애를 극복할 수 있다는 인간 중심 치료(person-centered therapy)를 제시하였다.

인본주의 심리학은 긍정 심리학의 선구자라고 할 수 있으며 그 당시에는 제3의 심리학으로 여겨지며 커다란 주목을 받았다. 그러나 인본주의 심리학자들은 과학적인 연구방법으로는 인간의 중요한 측면을 접근하기 어렵다는 현상학적인 입장을 취하며 객관적인 검증보다는 개인의 의식적 경험을 기술하는 데에 주력했다. 이러한 연구방법의 한계로 인해서 인본주의 심리학자의 주장은 실증적인 연구를 통해 입증되거나 발전되지 못했다.

정신분석학자인 Erikson(1963, 1968, 1982)은 인간의 심리사회적 발달단계이론을 제시하면서 인생의 단계마다 겪게 되는 도전적 과제와 그 결과로 생성되는 긍정적인 성격특질을 주장하였다. 〈표 3-1〉에서 볼 수 있듯이, 인생의 발달단계마다 각기 다른 심리사회적 덕목들이 발달한다. 예를 들어, 신생아기에 일관성 있고 애정 어린 양육자로부터 안전감과 안락감을 반복적으로 경험하게 되면, 세상에 대한 신뢰를 형성하게 된다. 이러한 신뢰는 주어진 것에 대해서 감사하고 미래에 대해 희망을 갖는 성격적 강점의 기반이 될 수 있다.

〈표 3-1〉 Erickson이 제시한 심리사회적 발달단계와 결과적 덕목

발달 연령	발달 과제	결과적 덕목
생후~18개월	유아는 양육자가 안락을 제공한다고 신뢰하면서 안전감을 성취해야 한다.	신뢰
18개월~3세	아동은 자신의 의지를 선택하고 행위를 통해서 그것이 실현되는 것을 배워야 한다.	자율성
3~6세	아동은 자신의 행위를 주도하고 그 결과 자신에 대한 신뢰감을 얻는 것을 배워야 한다.	주도성
6~12세	아동은 자신의 기술과 능력을 체계적으로 탐색하는 것을 배워야 한다.	유능성
12~18세	청소년은 일관성 있는 정체감을 반영하는 개인적 가치관과 목표를 정립해야 한다.	자기정체성
18~35세	청년은 다른 사람과 자신의 정체감을 융합하는 것을 배워야 한다.	친밀감
35~60세	중년은 자신이 세상과 다음 세대에 기여하는 것을 배워야 한다.	다산성/공헌성
60~사망	노년은 그들의 이전의 주제들을 해결해온 방식과 화해해야 한다.	자기통합

George Vaillant(1971, 1977, 1993, 2000)는 정신역동적 관점에서 심리적 건강에 기여하는 성숙한 방어기제들을 제시하고 있다. 그는 다양한 방어기제들을 부정과 같이 미성숙한 것에서부터 승화와 같이 성숙한 것에 이르기까지 현실왜곡 정도에 따라 적응도를 평가할 수 있다고 가정하였다. 성숙한 방어기제들은 심리적

행복뿐 아니라 육체적 건강과 연관되어 있으며 인격적 장점으로 정착될 수 있다고 보았다. 그는 대표적인 성숙한 방어기제로서 이타주의(altruism), 유머(humor), 승화(sublimation), 억제(suppression), 기대(anticipation) 등을 제시하였다. Vaillant의 주장은 정신분석적 입장에서도 인간의 긍정적 특성을 제시할 수 있다는 점을 보여 주었으며 긍정 심리학의 발전에 기여하였다.

Carol Ryff와 동료들(Ryff, 1989, 1995; Ryff & Keyes, 1995; Ryff & Singer, 1996, 1998)은 심리적 안녕이라는 개념을 제안하면서 그 구성요소를 제시하였다. 심리적 안녕(psychological well-being)은 삶의 만족도에 초점을 맞추는 주관적 안녕(subjective well-being)에 대비되는 개념으로서 인생 전반에 대한 긍정적인 적응상태를 의미한다. 그녀는 행복에 대한 다양한 이론을 종합하고 실증적인 자료에 근거하여 심리적 안녕의 여섯 가지 구성요소들을 다음과 같이 제시하였다: (1) 자기수용, (2) 타인과의 긍정적 관계, (3) 자율성, (4) 환경적 통제, (5) 인생의 목적의식, (6) 개인적 성장. 이러한 목록은 수십 년 전 Jahoda가 제시했던 요소들과 상당 부분 일치하고 있지만, Ryff 등은 이러한 심리적 요소들을 측정할 수 있는 평가도구를 개발하여 여러 실증적 연구를 시행함으로써 심리적 안녕의 개념적 토대를 제공하고 있다.

인간의 긍정적 성품은 성격에 대한 연구와 밀접한 관계를 맺고 있다. 그러나 초기의 성격 심리학자들은 가치중립적인 입장을 고수하면서 긍정적인 평가의 의미를 담고 있는 덕성(character)이나 미덕(virtue)이라는 용어를 배제하였다. 성격을 특질의 집합체로 여기는 심리학자들은 어휘사전에 나타나는 성격 기술 용어들을 사용하여 요인분석을 하고 그 결과를 통해서 성격의 기본 구조를 밝히려고 시도하였다. 특히 Norman(1963)의 노력에 의해서 다섯 가지 기본적인 성격특질(Big Five)이 존재한다는 성격의 5요인설이 제기되었다. 그 다섯 가지 성격특질은 외향성(extroversion: 사교적인, 재미를 추구하는, 활동적인), 개방성(openness: 독창적인, 창의적인, 예술적인), 우호성(agreeableness: 호의적인, 온화한, 동정적인), 성실성(conscientiousness: 믿음직한, 근면한, 시간을 잘 지키는), 신경증 성향(neuroticism: 걱정이 많은, 신경질적인, 감정적인)이다. 5요인설은 성격적 강점이나 덕성을 찾기 위한 것이 아니라 일반적인 성격특성의 기본적 요소를 발견하기 위한 것이다.

최근에는 긍정적인 것으로 여겨지는 성격특질에 대한 연구가 이루어지고 있다. 예컨대, Cawley, Martin과 Johnson(2000)은 어휘사전을 통해 덕목을 나타내는 140여 개의 용어들을 선별하여 덕목 척도(virtue scale)를 개발하였다. 이러한 척도로 측정된 덕목들을 요인분석한 결과, 다음과 같은 네 개의 요인을 추출하였다: 공감(empathy: 관심, 동정, 친절), 질서(order: 절제, 신중, 조심), 행동력(resourcefulness: 목적의식, 끈기, 집요성), 편안(serenity: 온화함, 용서, 참을성).

근래에 커다란 주목을 받고 있는 진화 심리학에서도 인간의 강점과 매력에 대한 연구가 이루어지고 있다. 특히 진화심리학자들의 주된 관심사는 배우자에게 매력으로 여겨지는 특징들이다. 즉, 진화과정에서 어떤 특징들이 적응적 가치를 지니며 이성에게 매력적으로 느껴지는지에 대한 관심이다. Buss 등(1990)은 37개국의 9,474명을 대상으로 배우자의 바람직한 특성을 조사한 바 있다. 성별과 국가에 따라 차이가 있었지만, 대다수 응답자들이 바람직한 것으로 평가한 특성들은 다음과 같다: 야망과 근면성, 신뢰로운 성품, 가정과 자녀에 대한 애정, 교육과 지능, 정서적 안정성, 좋은 요리솜씨와 가정관리, 재정적 능력, 건강, 외모, 상호 매력과 애정, 유쾌한 성격, 세련됨, 사교성.

지능과 긍정적 성품: Gardner의 다중지능 이론

플라톤 이래로 인간의 특성은 지(智) · 덕(德) · 체(體)라는 서로 다른 세 가지 측면의 구성요소로 구분되어 왔다. 이러한 구분에 따르면, 긍정적 성품은 덕과 관련된 인간의 특성을 의미한다. 심리학에서는 인간의 지적인 능력은 지능이라는 개념으로 연구되어 왔다. 그러나 최근에 지능에 대한 개념이 확대되면서 지 · 덕 · 체의 세 측면에 대한 구분이 모호해지고 있다.

삶을 긍정적인 것으로 만드는 인간의 다양한 능력을 지능이라는 개념에 포함시키려는 경향이 나타나고 있다. Howard Gardner(1983)는 지능에 대한 개념이 주로 학습지능에만 제한되어 있다는 점을 비판하면서 다양한 지적 능력을 포함하는 다중지능 이론

(theory of multiple intelligence)을 제시하였다. 그는 다양한 삶의 영역에서 탁월한 성취를 이루게 하는 8가지 유형의 지능을 제시하고 있다.

그 첫째는 언어 지능(linguistic intelligence)으로서 말과 글이라는 상징체계에 대한 소견과 적성이 뛰어난 사람이 갖고 있는 능력을 뜻한다. 언어지능이 높은 사람은 말이나 글을 통해 자신의 생각이나 느낌을 잘 표현하고 언어를 기능적으로 구사하며 탁월한 언어적 기억력을 지닌다.

둘째는 논리수학 지능(logical-mathematical intelligence)으로서 숫자나 규칙, 명제 등의 상징체계를 잘 익히고 창조하며 그와 관련된 문제를 손쉽게 해결하는 능력을 의미한다. 달리 말하면, 수학이나 사회 현상 등 여러 대상에 관심을 가지고 논리적으로 추론하며 규칙이나 법칙을 발견하거나 체계를 마련할 수 있는 능력을 뜻한다.

셋째는 음악 지능(musical intelligence)으로서 가락, 리듬, 소리 등 음악적 상징체계에 민감하고 그러한 상징들을 창조할 수 있는 능력이다. 노래를 부르고 악기를 다루거나 새로운 곡을 창작하고 감상하는 데 필요한 능력을 말한다.

다중 지능의 네 번째는 공간 지능(spacial intelligence)이다. 공간 지능은 도형, 그림, 지도, 입체 설계 등 공간적 상징체계에 소질과 적성을 보이는 사람이 지니는 능력을 의미한다.

다섯째는 신체운동 지능(bodily-kinesthetic intelligence)으로서 춤, 운동, 연기 등의 상징체계를 잘 익히고 창조하는 능력을 뜻한다. 이러한 지능은 신체활동에 쉽게 몰입하고 무용이나 연극 등 신체로 자신의 내면세계를 표현하는 일에 뛰어난 재능을 포함한다.

여섯째는 인간친화 지능(interpersonal intelligence)으로서 다른 사람의 기분이나 동기, 바람을 잘 이해하고 그에 적절하게 반응할 수 있는 능력이다. 이러한 지능이 높은 사람은 대인관계를 잘 이끌어가는 사람의 사회적 능력이 우수하다.

일곱째는 자기성찰 지능(intrapersonal intelligence)으로서 자신의 내면세계를 잘 관찰하고 인식하는 능력을 의미한다. 자신의 생각과 감정을 자각하고 자신이 느끼는 감정의 범위와 종류를 구별해 내며 그런 감정에 이름을 붙이고 자신과 관련된 문제를 잘 풀어내는 데 필요한 능력을 뜻한다.

Gardner는 마지막으로 자연친화 지능(naturalist intelligence)을 제시하고 있다. 자연친화 지능은 식물이나 동물 또는 주변 환경에 관심을 지니고 그 인식과 분류에 탁월한 전문지식과 기술을 발휘하는 능력을 의미한다.

Gardner의 다중지능 이론은 지능의 개념을 확대하여 인간의 다양한 적응 능력을 세분화했다는 점에서는 주목할 만하다. 그러나 일부 학자들(예: Eysenck, 1994; Sternberg, 1991)은 Gardner가 지능(intelligence)과 능력(ability)의 개념을 혼동하고 있을 뿐만 아니라 그의 이론을 뒷받침할 만한 실증적인 근거가 없다는 점을 비판하고 있다.

2 긍정 심리학에서 제시하는 긍정적 성품의 분류체계

인간의 긍정적 성품에 대한 심리학의 연구들은 그동안 다양한 맥락에서 산발적으로 이루어져 왔다. 그러나 최근에 긍정 심리학자들은 긍정적 성품에 대한 체계적인 과학적 연구를 위해서 그 분류체계를 구축할 뿐만 아니라 측정도구를 개발하는 노력을 기울이고 있다. 그 대표적인 긍정 심리학자가 Christopher Peterson과 Martin Seligman이다.

인간의 심리적 결함과 장애에 대해서는 DMS(Diagnostic and Statistical Manual of Mental Disorders)이라는 방대한 분류체계가 구성되어 수차례의 개정작업을 거치며 발전하고 있지만, 정작 인간의 강점과 미덕에 대해서는 그동안 체계적인 분류작업이 이루어지지 않았다. 이러한 반성 속에서 긍정 심리학자들은 인간의 강점과 덕성에 대한 탐구를 해왔으며 그 분류체계를 구축하기 위해 노력해왔다.

학술연구를 지원하고 있는 미국의 Mayerson 재단 이사장인 Niel Mayerson은 1999년에 Seligman이 신문에 기고한 긍정 심리학에 관한 칼럼을 읽고 깊은 인상을 받았다. 그리고는 Seligman에게 연락하여 긍정 심리학에 관한 연구를 지원하겠다고 제안하였다. Mayerson과 Seligman은 처음에 청소년의 행복과 정신건강을 증진하기 위한 프로그램의 개발과 보급 사업을 하기로 결정했다.

이러한 사업을 진행할 연구자를 선정하는 과정에서 심사자들은 성격적 강점과 덕성에 대한 분류체계와 측정방법을 개발하는 것이 급선무라는 데 의견을 모으게 되었다. 과거에 DSM의 분류체계가 발전하기 이전에 정신장애의 진단에 있어서 많은 혼란이 있었듯이, 긍정적 특질에 대한 신뢰할 만한 분류체계가 없이는 체계적인 연구뿐만 아니라 효과적인 덕성함양 프로그램을 개발하는 것이 어렵다. 왜냐하면 청소년을 위한 여러 프로그램들이 육성하고자 하는 심리적 특성들이 어떻게 다른지를 평가하기 어려울 뿐만 아니라 프로그램의 효과를 검증할 수 있는 평가방법이 없기 때문이다.

이러한 긍정적 특질의 분류체계를 개발하는 연구책임자로 선임된 사람이 미시간 대학의 심리학과 교수인 Christopher Peterson이다. 희망과 낙관주의에 관한 연구의 세계적 권위자인 Peterson은 당시에 세계적으로 명성을 떨치고 있던 미시간 대학 부설 임상심리학 연구소의 소장이었다. Seligman의 제안을 받아들인 Peterson은 대학에 휴직계를 내고 3년간 성격적 강점과 덕성의 분류체계를 개발하기 위한 노력에 매진하였다. 이를 위해서 2000년에 Values-in-Action(VIA) 연구소가 창립되었으며 우수한 많은 연구자들이 이러한 분류체계의 개발을 위한 VIA 프로젝트에 참여하였다.

Peterson을 비롯한 연구자들은 세계의 주요 종교와 철학자들이 제시하는 덕목들을 광범위하게 조사하였으며 심리학자들의 연구자료를 검토하였다. 그 결과, 200여 개의 덕목을 찾아냈으며 이들 중에서 비교적 보편적인 덕목들을 10가지 기준에 근거하여 선별하였다. 그 결과, 6개 덕목의 24개 성격강점이 최종적으로 선발되었다. Peterson과 Seligman의 주도하에 진행된 VIA 프로젝트의 결과물 중 하나가 2004년에 발간된 『성격강점과 덕목(*Character Strengths and Virtues*)』이다.

인간이 나타내는 심리적 강점과 탁월성은 매우 다양하다. 예를 들어, 언어 지능, 공간 지능, 예술적 재능, 운동 능력, 강인한 체력 등은 개인의 탁월한 능력에 속한다. 그러나 Peterson과 Seligman은 성격적 강점과 덕성을 능력(ability)이나 재능(talent)과는 구분되어야 한다고 주장한다. 물론 구분이 모호한 경우도 있지만 다음과 같은 두 가지 점에서 다르다고 할 수 있다. 첫째, 재능과 능력은 강점과 덕목에 비해서 좀 더 선천적으로 타고나는 것이며 환경에 의해 변화되기 어렵고 의도적으로 나타내기 어려운 것이다. 예를 들어, 지능은 다분히 선천적이며 자신이 지능을 높이고자 노력한다고 해서 지능이 증가되는 것이 아니다. 둘째, 강점과 덕목은 그 자체로 가치를 긍정적인 가치를 지니는 반면, 재능과 능력은 그 자체보다 그 구체적 성과에 의해서 가치를 지닌다. 예를 들어, 우수한 지능(IQ)은 학업이나 업무를 통해서 탁월한 성과를 나타낼 때 그 가치를 인정받는다. 우수한 지능을 지녔더라도 전혀 노력하지 않는다거나 그 지능을 발휘하지 못할 경우에는 가치를 인정받기 어렵다. 때로는 우수한 지능으로 범죄나 해로운 행위를 범했을 경우에는 오히려 사회적인 해악을 미칠 수도 있다. 반면에, 이타성, 정직성, 지혜와 같은 강점과 덕목은 그 자체적으로 가치를 지닌 것이며 대부분 도덕적으로 긍정적인 것이다.

긍정적 특질의 분류체계를 구성하기 위해서, Peterson과 Seligman을 비롯한 VIA 연구진들은 다양한 시대와 문화에서 소중하게 여겨졌던 수십 개의 성격적 강점들을 추출했다. 그리고 이러한 강점들을 다음과 같은 10가지 기준에 따라 세밀하게 검토하였다(권석만, 2008a; Peterson & Seligman, 2004).

① 보편성: 이러한 강점은 대다수 문화에서 긍정적 덕목으로 여겨지고 있는가?
② 행복 공헌도: 이러한 강점은 다양한 긍정적 행동과 성취를 촉진함으로써 그 소유자와 다른 사람의 행복에 기여하는가?
③ 도덕성: 이러한 강점은 그 자체로 도덕적 가치를 지니는가?
④ 타인에의 영향: 이러한 강점이 한 사람에 의해서 표현될 경우, 다른 사람에게 부정적인 영향을 미치지는 않는가?
⑤ 반대말의 부정성: 이러한 강점의 반대말이 확실히 부정적인 것으로 간주되는가?
⑥ 측정가능성: 이러한 강점은 측정될 수 있도록 개인의 행동(생각, 감정, 행위)으로 표출되는 것인가? 또한 상황과 시간의 변화에도 안정성을 나타내는가?

⑦ 특수성: 이러한 강점은 다른 강점들과 잘 구별되는 것인가? 다른 강점들로 분해될 수 있는 것은 아닌가?

⑧ 모범의 존재: 이러한 강점은 모범적 인물에 의해서 구체화될 수 있는가?

⑨ 결핍자의 존재: 이러한 강점이 현저하게 부족한 사람들이 존재하는가?

⑩ 풍습과 제도: 사회는 이러한 강점을 육성하기 위한 풍습이나 제도를 지니고 있는가?

Peterson과 Seligman은 이러한 기준들을 잘 충족시키는 6개의 핵심 덕목과 24개의 강점으로 구성된 분류체계를 구성하였다. 그것이 성격적 강점과 덕성에 대한 VIA 분류체계(Values-in-Action Classification of Character Strengths and Virtues)다. 이 분류체계에 포함된 6개의 핵심 덕목은 지혜(wisdom), 인애(humanity), 용기(courage), 절제(temperance), 정의(justice), 초월(transcendence)이다. Peterson과 Seligman(2004)에 따르면, 이 핵심 덕목은 방대한 문헌을 조사한 결과 시대와 문화를 통틀어 놀라울 정도의 공통성을 보인 것들로서 '상위 6개 덕목(the High Six)'이라고 불린다. 각 핵심 덕목에서 각각 3~5개의 하위 강점으로 구성되어 있다. VIA 분류체계에 포함된 6개의 핵심덕목과 그 하위요소인 24개인 성격적 강점과 덕성을 소개하면 다음과 같다(권석만, 2008a).

1) 지성(知性)과 관련된 강점들

지혜 및 지식(wisdom & knowledge), 즉 지성과 관련된 강점들은 더 나은 삶을 위해서 지식을 습득하고 활용하는 것과 관련된 인지적 강점들이다. 많은 철학자들은 지혜와 이성을 다른 덕목의 구현을 지원하는 최상의 덕목으로 여겼다. 이러한 성격강점들은 삶에서의 지혜로운 판단과 지적인 성취를 돕는 강점들이다. 이 덕목은 5개의 강점, 즉 창의성, 호기심, 개방성, 학구열, 지혜로 구성되어 있다.

① 창의성(creativity): 어떤 일을 하면서 새롭고 생산적인 방식으로 생각하는 능

력으로서 참신한 사고와 생산적인 행동방식을 포함한다.

② 호기심(curiosity): 일어나고 있는 모든 경험과 현상에 대해서 흥미를 느끼는 능력으로서 다양한 주제와 화제에서 매혹되어 조사하고 발견하는 것을 포함한다.

③ 개방성(open-mindedness): 사물이나 현상을 다양한 측면에서 철저하게 생각하고 검토하는 능력으로서 모든 증거를 동등하게 취급하고 새로운 증거에 따라 신념을 수정하는 태도를 포함한다.

④ 학구열(love of learning): 새로운 기술, 주제, 지식을 배우고 숙달하려는 동기와 능력을 의미한다.

⑤ 지혜(wisdom): 사물이나 현상을 전체적인 관점에서 생각하고 다른 사람에게 현명한 조언을 제공해 주는 능력을 뜻한다.

2) 인애(仁愛)와 관련된 강점들

인애 또는 인간애(humanity)와 관련된 강점들은 다른 사람을 보살피고 친밀해지는 것과 관련된 대인관계적 강점들을 의미한다. 정의와 관련된 강점들은 다수의 타인을 대상으로 하는 광범위한 사회적 강점인 반면에, 인애와 관련된 성격강점은 일대일 관계에서 나타나는 개인적인 사회적 강점이라고 할 수 있다. 이 덕목은 3개의 강점, 즉 사랑, 이타성, 정서지능으로 구성되어 있다.

① 사랑(love): 다른 사람과의 친밀한 관계를 소중하게 여기고 실천하는 능력을 뜻한다. 즉, 다른 사람을 사랑할 수 있고 다른 사람으로부터 사랑을 받아들일 수 있는 능력을 의미한다.

② 이타성(altruism, kindness): 다른 사람을 위해서 호의를 보이고 선한 행동을 하려는 동기와 실천력으로서 다른 사람을 돕고 보살피는 행동을 포함한다.

③ 정서지능(emotional intelligence): 자신과 다른 사람의 동기와 감정을 잘 파악할 뿐만 아니라 다양한 사회적 상황에서 어떻게 행동하는 것이 적절한지를

잘 아는 능력을 의미한다.

3) 용기(勇氣)와 관련된 강점들

용기(courage)와 관련된 강점들은 내면적 · 외부적 난관에 직면하더라도 추구하는 목표를 성취하려는 의지와 관련된 강점들이다. 용기의 덕목은 4가지의 성격강점, 즉 용감성, 진실성, 끈기, 활력으로 구성되어 있다.

① **용감성**(bravery): 위협, 도전, 난관, 고통으로부터 위축되지 않고 이를 극복하는 능력을 의미하며 저항이 있더라도 무엇이 옳은지 이야기하고 인기가 없을지라도 신념에 따라 행동하는 것을 포함한다.

② **진실성**(authenticity): 진실을 말하고 자신을 진실한 방식으로 제시하는 능력으로 자신을 거짓 없이 드러내고 행동이나 감정을 수용하고 책임지는 것을 포함한다.

③ **끈기**(persistence): 시작한 일을 마무리하여 완성하는 능력을 말하며 장애에도 불구하고 일련의 계획된 행동을 지속하거나 과업을 성취하는 과정에서 기쁨을 느끼는 것을 포함한다.

④ **활력**(vitality): 활기와 에너지를 가지고 삶과 일을 접근하는 태도를 의미하며, 생기와 생동감을 느끼며 삶을 모험적으로 사는 것을 포함한다.

4) 절제(節制)와 관련된 강점들

절제(temperance)와 관련된 강점들은 지나침으로부터 우리를 보호해 주는 긍정적 특질들로서 극단적인 독단에 빠지지 않는 중용적인 강점들이다. 이에는 4개의 강점, 즉 겸손, 신중성, 용서, 자기조절이 포함된다. 겸손은 교만으로부터 우리를 보호하며, 신중성은 단기적 쾌락으로부터, 용서는 미움과 증오로부터, 그리고 자기조절은 모든 극단적인 감정적 동요로부터 우리를 보호한다.

① 겸손(modesty): 자신이 이루어낸 성취에 대해서 불필요하게 과장된 허세를 부리지 않는 태도로서 자신의 성취나 업적을 떠벌리지 않고, 세인의 주목을 구하지 않으며, 스스로를 특별한 존재로 생각하지 않는 것을 포함한다.

② 신중성(prudence): 선택을 조심스럽게 함으로써 불필요한 위험을 다루지 않으며 나중에 후회할 일을 말하거나 행하지 않는 능력을 말한다.

③ 용서(forgiveness): 나쁜 일을 한 사람들을 용서하는 능력으로서 잘못을 행한 자를 용서하고, 사람들에게 다시 기회를 주며, 앙심을 품지 않는 것을 포함한다.

④ 자기조절(self-regulation): 자신의 다양한 감정, 욕구, 행동을 적절하게 잘 조절하는 능력을 의미한다.

5) 정의(正義)와 관련된 강점들

정의(justice)와 관련된 강점들은 건강한 공동체 생활과 관련된 사회적 강점을 말한다. 이는 개인과 집단 간의 상호작용을 건강하게 만드는 사회적 강점으로서 3개의 성격강점, 즉 공정성, 시민의식, 리더십으로 구성되어 있다.

① 공정성(fairness): 편향된 개인적 감정의 개입 없이 모든 사람을 동등하게 대하고 모두에게 공평한 기회를 주는 태도를 의미한다.

② 시민의식(citizenship): 자신이 속한 집단의 이익을 추구하고자 하는 책임의식으로서 사회나 조직 속에서 자신에게 주어진 임무와 역할을 인식하고 부응하려는 태도를 뜻한다.

③ 리더십(leadership): 집단활동을 조직화하고 그러한 활동이 진행되는 것을 파악하여 관리하는 능력으로서 구성원을 고무시켜 좋은 관계를 창출해내고 사기를 진작시켜 각자의 일을 해내도록 지휘하는 것을 포함한다.

6) 초월(超越)과 관련된 강점들

초월(transcendence)과 관련된 강점들은 현상과 행위에 대해 의미를 부여하고 커다란 세계인 우주와의 연결성을 추구하는 초월적 또는 영적 강점을 의미한다. 이러한 덕목은 5개의 성격강점, 즉 감사, 낙관성, 심미안, 유머감각, 영성을 포함한다.

① 감사(gratitude): 좋은 일을 잘 알아차리고 그에 대해 감사하는 태도를 뜻한다.

② 낙관성(optimism): 최선을 예상하고 그것을 성취하기 위해 노력하는 태도를 의미한다.

③ 심미안(appreciation of beauty and excellence): 다양한 삶의 영역에서 나타나는 아름다움, 수월성, 뛰어난 수행을 인식하고 평가하는 능력을 의미한다.

④ 유머감각(humor): 웃고 장난치는 일을 좋아하며 다른 사람에게 웃음을 선사하는 능력을 말한다.

⑤ 영성(spirituality): 인생의 궁극적 목적과 의미에 대한 일관성 있는 신념을 가지고 살아가는 태도를 말한다.

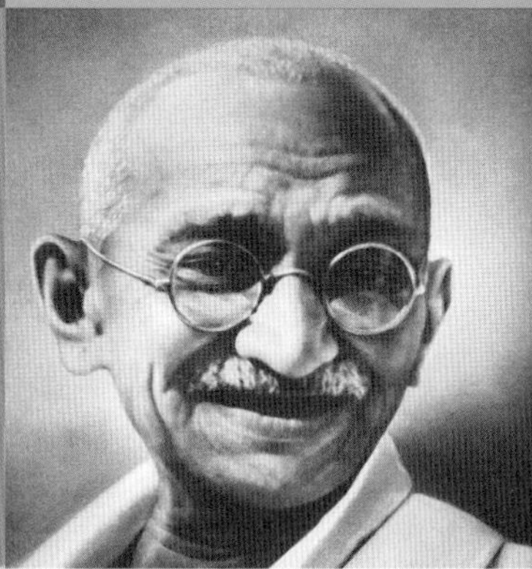
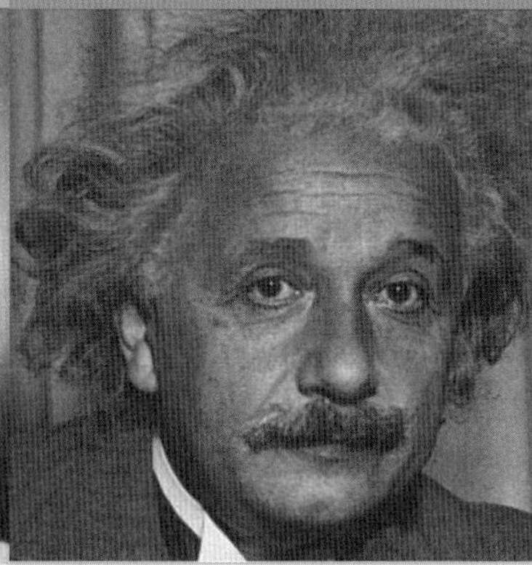

제 2 부

지성(知性)과 관련된 긍정적 성품

인간이 지구상의 다른 생명체와 구별되는 가장 큰 강점은 뛰어난 지적 능력이다. 인간은 진화과정에서 커다란 두뇌를 발달시켰으며 환경과의 상호작용에서 발생하는 다양한 문제들을 효율적으로 해결할 수 있는 능력을 지니게 되었다. 맹수에 비해 신체적으로 열등한 인간이 만물의 영장이 된 것은 우수한 지적인 능력 때문일 것이다. 그러나 인간이 탁월한 기억과 계산 능력을 지닌 컴퓨터와 다른 점은 스스로 새로운 것을 만들어내고 세상을 탐색하며 지식을 확장할 뿐만 아니라 이러한 지식을 인생의 복잡한 문제에 효율적으로 활용한다는 점이다.

인간의 긍정적 성품에 대한 VIA 분류체계(Peterson & Seligman, 2004)에서 제시하고 있는 '지혜 및 지식(wisdom and knowledge)과 관련된 강점들'은 더 나은 삶을 위해서 지식을 습득하고 활용하는 것과 관련된 지적인 성격적 강점들을 의미한다. 많은 철학자들은 지혜와 이성을 다른 덕목의 구현을 지원하는 최상의 덕목으로 여겼다. 이러한 성격강점들은 삶에서의 지혜로운 판단과 지적인 성취를 돕는 것으로서 VIA 분류체계에서는 5개의 강점, 즉 창의성, 호기심, 개방성, 학구열, 지혜를 제시하고 있다.

이러한 성격강점들은 지능과 구분된다. 지능(intelligence)은 추상적 사고, 추리, 계획, 문제해결, 학습에 필요한 인지적 능력(cognitive ability)을 의미한다. 즉, 지능은 지식과 기술을 좀 더 쉽게 습득할 수 있는 학습 능력을 뜻한다. 지능은 다분히 선천적으로 타고나는 것이며 환경에 의해 변화되기 어렵고 의도적으로 나타내기 어려운 것이다. 예를 들어, 개인이 자신의 지능을 높이고자 노력한다고 해서 지능이 증가되는 것이 아니다. 반면에 여기에서 논의되는 성격강점들은 경험과 노력에 의해 함양될 수 있은 좀 더 후천적인 강점들로서 지능이 생산적인 형태로 발현되도록 돕거나 인격의 지적인 특성을 포함하고 있다. 예컨대, 창의성, 호기심, 개방성, 학구열은 지능의 발현을 도울 뿐만 아니라 삶의 다양한 측면에서 긍정적인 영향을 미치는 개인의 특성이며 지혜는 지능과 구별되는 개인적 특성으로서 인격의 중요한 요소로 여겨지고 있다.

창의성은 새로운 것을 생각해내고 만들어내는 성품으로서 인류문명을 풍성하게 만든 창조적 활동의 바탕이며, 호기심은 새로운 것에 관심과 흥미를 느끼며 삶의 영역을 확장하는 탐색적이고 도전적인 활동을 촉진하는 긍정적 성품이다. 개방성은 자신의 감정이나 입장에 구애됨이 없이 어떤 현상의 양면성을 객관적이고 균형적으로 이해하고 판단하는 열린 마음자세를 의미하며, 학구열은 새로운 지식과 기술을 배우고 익혀 자신을 성장시키려는 긍정적 성품을 말한다. 지혜는 삶의 어려운 문제들을 종합적인 시각에서 이해하고 그 해결책을 발견할 뿐만 아니라 다른 사람에게 현명한 조언을 해 줄 수 있는 능력을 뜻한다.

제4장

창의성

지구상의 수많은 종(種) 중에서 인간이 만물의 영장으로 성장한 이유는 무엇일까? 육체적인 측면에서 보면 매우 나약한 인간이 사자나 호랑이와 같이 날카로운 이빨과 발톱을 지닌 맹수를 이겨내고 지구 생명체의 압도적인 지배자가 된 이유는 무엇일까? 직립을 하게 됨으로써 가능해진 커다란 두뇌의 발달, 집단으로 군거생활을 하면서 경험을 축적한 문화의 형성, 정교한 손을 사용한 다양한 도구의 개발 등이 열거되고 있다. 그러나 오늘날과 같은 인류문명을 형성한 가장 중요한 이유 중 하나는 인간이 지닌 창의성일 것이다. 인간은 주어진 익숙한 것에 만족하며 답습하지 않고 항상 새로운 것을 추구하며 만들어낸다. 이러한 창의성은 오늘날의 풍성한 인류문명을 발달시키게 한 인간의 중요한 성품 중 하나다.

창의성은 새로운 것을 추구하고 만들어내는 지적인 능력을 뜻한다. 주어진 익숙한 것에 만족하며 답습하지 않고 항상 새로움을 추구하는 특성이다. 지구상에 인류가 출현한 200만 년 전부터 인간은 야생의 상태에서 새로운 도구를 만들어 사용하고, 문자라는 새로운 소통 수단을 만들어내고, 식물의 씨앗을 뿌려 농업이라는 새로운 식량조달 방법을 고안하고, 생필품을 대량으로 생산할 수 있는 새로운 기계를 발명함으로써 오늘날과 같은 눈부신 문명을 형성하게 된 중요한 원인은 창의성이라는 인간의 탁월한 성품 때문이라고 할 수 있다.

21세기의 현대사회에서도 창의성은 개인적 성공과 사회적 발전의 가장 중요한 자산이자 원동력으로 여겨지고 있다. 창의성은 인간이 지닌 보편적인 특성인 동시에 사람에 따라 커다란 차이를 나타내는 개인적인 역량이라고 할 수 있다. 과연 창의성이란 무엇일까? 창의성은 어떤 심리적 과정을 통해서 나타나는 것일까? 창의적인 사람은 어떤 심리적 특성을 지니고 있을까? 창의성을 함양하려면 어떤 노력이 필요한 것일까?

1 창의성의 정의와 유형

창의성(創意性, creativity)은 독창적이면서도 적응적인 생각과 행동을 만들어내는 개인적인 특성을 의미한다. 창의성의 가장 핵심적 요소는 바로 독창성이다. 창의적인 사람은 평범하지 않은 기발하고 놀라운 독창적인 생각이나 행동을 나타낸다. 그러나 이러한 특성만으로 창의적이라고 할 수는 없다. 독창적인 것이라고 해서 항상 창의적인 것은 아니다. 예를 들어, 정신분열증을 지닌 사람들도 보통사람들과 현저하게 다른 매우 독특한 생각이나 행동을 나타낼 수 있다. 따라서 독특한 생각이나 행동들은 독창적이면서 동시에 적응적이어야 한다. 그것이 문제해결에 적절할 때에만 창의적인 것이라고 할 수 있다. 창의성은 자신이나 타인의 삶에 긍정적인 영향을 미치는 것이어야 한다. 창의성이란 독창적이면서도 유용한 산물을 생성해내는 능력이라고 할 수 있다. 이처럼 창의성은 '독창성'과 '적응성'이라는 두 가지 요건을 모두 충족시키는 것이어야 한다.

창의성은 개인에 따라 상당한 차이가 있으며 다양한 양상으로 나타난다. 심리학자들은 창의성을 두 가지 유형, 즉 일상적 창의성과 위대한 창의성으로 구분한다(Simonton, 2000). 일상적 창의성(everyday creativity)은 가정이나 직장에서 부딪히는 일상적인 문제들을 독창적으로 해결하는 능력을 의미하며 그 영향력이 가정이나 직장에 한정된다. 반면에, 위대한 창의성(Big Creativity)은 보통 사람들이 지니지 못하는 탁월한 독창적 능력으로서 많은 사람들과 인류에게 광범위한 영향을 미치는 역사적인 공헌을 하는 경우를 말한다. 위대한 또는 역사적 창의성은 이전에 존재하지 않았던 것을 처음으로 발명하거나 생각해내어 많은 사람들에게 긍정적인 영향을 미침으로써 사회적으로 인정받는 창의성이다. 위대한 창의성은 그 영역에 따라 과학적 창의성(scientific creativity)과 예술적 창의성(artistic creativity)으로 구분되기도 한다. 위대한 창의성을 지닌 대표적인 인물로는 미켈란젤로, 에디슨, 퀴리 부인, 비트겐슈타인, 아인슈타인, 피카소, 빌 게이츠 등 무수히 많으며 모차르트처럼 어린 시절부터 창의성을 나타내는 신동도 있다.

창의성은 그것이 발현되는 상황에 따라 다양하게 구분될 수 있다. Unsworth (2001)는 창의성이 발현되는 양상에 따라 창의성을 두 가지 차원에 근거하여 네 가지 유형으로 구분하였다. 첫째 차원은 창의성 발현의 촉발요인으로서 "사람들이 왜 창의적인 활동에 몰두하게 되는가?" 라는 물음에 대한 것이다. 즉, 창의적인 활동이 자발적으로 선택한 것인가 아니면 외부의 요구에 의한 것인가 하는 점이다. 둘째 차원은 창의성이 발현되는 과제의 특성이다. 즉, 창의적 활동을 시작할 때 문제해결의 범위에 아무런 제한이 없는 개방형 문제인가 아니면 문제해결 범위가 어느 정도 제한되어 있는 폐쇄형 과제인가에 관한 점이다. 전자는 사람들이 이전에 생각하지 못한 전혀 새로운 것을 발명하거나 창작하는 경우가 해당되는 반면, 후자는 명확하게 주어진 문제의 해결방법을 새롭게 생각해내는 경우가 해당된다. 이러한 두 가지 차원에 따라서 〈표 4-1〉과 같이 네 가지 유형의 창의성이 구분될 수 있다.

그 첫째는 능동적 창의성(proactive creativity)으로서 이전에 사람들이 생각하지 못한 전혀 새로운 것을 자발적인 동기와 노력에 의해서 발명하거나 창작하는 경우다. 둘째는 기대된 창의성(expected creativity)으로서 문제가 명확하게 주어지지는 않았지만 외부의 요구나 압력에 응하여 창의성을 발휘하는 경우다. 셋째는 기여적 창의성(contributory creativity)으로서 분명하게 규정된 문제에 대해서 자발

〈표 4-1〉 발현 상황에 따른 창의성의 네 가지 유형

		창의성 생성의 촉발요인	
		자발적 노력	타율적 노력
문제 유형	개방형 문제	능동적 창의성	기대된 창의성
	폐쇄형 문제	기여적 창의성	반응적 창의성

출처: 장재윤, 박지영(2007).

적으로 아이디어를 제안하는 경우가 해당된다. 마지막 유형은 반응적 창의성(responsive creativity)으로서 명확하게 정해진 문제를 해결해야 하는 외부적 요구와 압박이 있는 상황에서 창의적인 해결책을 제시하는 경우다. 이처럼 창의성은 다양한 상황과 동기에 의해서 발현될 수 있다.

창의성은 '천재'라는 개념과 밀접한 연관성을 지니고 있다. 고대에는 창의적 천재성이 신의 영향에 의해서 생겨난다고 여겨졌다. 그러나 근대에 들어 창의성의 원천이 신으로부터 인간으로 옮겨지면서 현대에 이르기까지 인간의 중요한 덕목이자 강점으로 여겨지게 되었다. 천재에 대한 학술적 관심에 힘입어 창의성은 초기 심리학자들(예: Francis Galton, William James, Sigmund Freud, Wolfgang Koehler, Max Wertheimer, B. F. Skinner, J. P. Guilford)이 깊은 관심을 보였던 주제이기도 하다.

1950년대에 들어서 Guilford가 미국심리학회의 회장 취임사에서 창의성에 대한 당시의 고정관념을 깨고 창의성이란 개인에 따라 차이가 있을 뿐 모든 사람들이 지니고 있는 능력이라고 주장하며, 새로운 시각에서 창의성 연구에 관심을 가질 것을 촉구한 이후, 창의성에 관한 연구는 심리측정적 접근을 통하여 구체적이고 과학적인 양상을 띠게 되었다. 현대에 들어서 심리학자들은 창의성을 나타내게 만드는 다양한 심리적 요인들에 깊은 관심을 보이고 있다.

2 창의성에 대한 심리학적 이론

창의성은 천재에 대한 학술적 관심에 힘입어 William James, Wolfgang Koehler, Max Wertheimer와 같은 초기 심리학자들이 깊은 관심을 보였던 주제다. 현대에 들어서 심리학자들은 창의성을 나타내게 만드는 기저의 사고과정, 창의성과 관련된 심리적 요인들(동기, 흥미, 가치, 성격특징 등), 창의성의 발달과정, 창의성을 촉진하거나 억제하는 사회적 환경, 창의성을 증진하는 방법 등에 관한 다양한 이론들을 제시하고 있다.

1926년에 Graham Wallas가 『사고의 기술(*The Art of Thought*)』이라는 저술을 발간하면서 창의적인 사고과정에 대한 체계적인 논의가 시작되었다. 그는 창의적인 사고과정을 5단계로 나누어 제시하였다. 그 첫째는 준비(preparation) 단계로서 해결문제에 집중하며 문제해결과 관련된 정보들을 수집하며 준비하는 과정이다. 둘째는 부화(incubation) 단계로서 문제를 무의식 속에 내면화하면서 암중모색을 하는 과정이다. 셋째는 예견(intimation) 단계로서 무언가 좋은 해결책이 나타날 듯한 느낌을 감지하는 과정이며, 넷째는 통찰(illumination) 단계로서 창의적인 생각이 갑자기 의식에 떠오르며 해결책을 발견하는 과정이다. 마지막은 검증(verification) 단계로서 창의적인 생각을 검토하고 정교화하여 적용하는 과정이다.

창의성은 개인에 따라 차이가 있을 뿐 모든 사람들이 지니고 있는 능력이라는 Guilford(1950)의 주장이 제기되면서, 창의성에 관한 연구는 심리측정적 접근을 통하여 구체적이고 과학적인 양상을 띠게 되었다. Guilford(1950) 이래로 창의성의 핵심요인으로서 확산적 사고가 중요하다는 주장이 제기되었다. 확산적 사고(divergent thinking)는 상상력을 통해 다양한 해결책을 만들어내는 사고 양식을 뜻한다. 확산적 사고는 가능한 한 많은 해결책을 만들어내는 유창성, 다양한 범주의 해결책을 만들어내는 융통성, 그리고 독특한 해결책을 만들어내는 독창성으로 구성된다. 그러나 창의성에는 지식, 동기, 과제유형 등의 다른 요인들이 관여한다는 점이 밝혀지면서 그 중요성이 약화되었다. 하지만 연구자들은 확산적 사고가 창의성의 충분요인은 아니지만 필요조건이라는 점에 동의하고 있다(성은현, 2003; Vincent et al., 2002).

창의적 문제해결 모델

Osborn(1953)과 Parnes(1967, 1981)는 Osborn-Parnes의 창의적 문제해결(Creative Problem Solving) 모델을 통해서 〈표 4-2〉와 같은 창의적 과정의 6단계를 제시했다.

창의적인 문제해결 모델은 발산적 사고뿐만 아니라 수렴적 사고 역시 중요함을 강조한다. 창의적 문제해결 과정은 매 단계마다 발산적 사고와 수렴적 사고가 번갈아가면서 적용된다. 예를 들어, 문제발견 단계의 경우, 발산적 사고를 통해 다양한 문제를 발견하고 수렴적 사고를 통해서 가장 핵심적인 문제를 선택해야 한다. Basadur(1994)는 창의적 문제해결 과정을 3단계로 축약하여 제시하고 있다. 즉, 1~3단계는 문제 발견(problem finding)에 이르는 단계이며, 4단계는 문제

〈표 4-2〉 창의적 과정의 6단계

단계	내용
1단계: 혼란 발견 (mess finding)	막연하지만 혼란스러운 도전적인 상황을 인식하는 단계
2단계: 자료 발견 (data finding)	도전적인 상황과 관련된 사실과 정보를 수집하는 단계
3단계: 문제 발견 (problem finding)	도전적인 상황과 관련된 가장 핵심적인 문제를 발견하여 명료화하는 단계
4단계: 아이디어 발견 (idea finding)	문제의 해결에 초점을 맞추며 다양한 해결책을 추구하는 단계
5단계: 해결책 발견 (solution finding)	다양한 대안 중에서 일련의 기준에 따라 최선의 해결책을 발견하는 단계
6단계: 수용 발견 (acceptance finding)	해결책에 대한 수용과 인정을 받고 해결책을 문제 상황에 적용하는 단계

해결(problem solution)을 추구하는 단계이고, 5~6단계는 해결책 적용(solution implementation)과 관련된 단계라고 보았다. 그에 따르면, 각 단계가 고착된 순서로 진행되기보다 서로 영향을 미치는 순환적인 과정으로 일어나며 각 단계마다 아이디어를 생성(creation)하고 평가(evaluation)하는 과정이 관여한다고 주장했다.

Sternberg(1988)는 창의적 사고과정으로 선택적 비교, 선택적 조합, 선택적 부호화를 제시하고 있다. 선택적 비교(selective comparison)는 최근에 얻은 정보를 과거의 정보와 연관시키는 것이며, 선택적 조합(selective combination)은 연관이 없을 것 같은 정보들을 통합하여 새로운 아이디어를 만들어내는 것이다. 그리고 선택적 부호화(selective encoding)는 다양한 정보 중에서 적절하고 중요한 것만을 추출하는 것을 말한다.

창의성의 구성요소

Amabile(1989, 1997)은 창의적 결과물을 생성하기 위해서는 창의적 사고력뿐만 아니라 내재적 동기, 독립성, 위험 감수, 실패 인내 등과 같은 비인지적인 요인이 중요함을 강조하면서 창의성의 3요소를 제시하였다. 창의성의 첫째 요소는 지식과 경험이다. 지식과 경험은 창의성이 발현되기 위한 원재료라고 할 수 있다. 정규교육에서 배우게 되는 지식과 이론뿐만 아니라 창의성이 발휘되는 특정 분야에서 오랜 경험을 통해 터득하고 축적한 경험과 기술을 포함한다. 그러나 창의성을 발현하기 위해서는 이러한 지식과 경험에 매몰되어 자유로운 상상력을 억제하지 않는 것이 중요하다. 둘째는 내재적 동기로서 새로운 것을 창출하려는 내면적 의도와 열의를 말한다. 창의적 작업을 하는 과정에서 겪게 되는 도전과 장애를 이겨낼 뿐만 아니라 지속적인 노력을 기울이게 만드는 강렬한 동기가 중요하다. 창의적인 사람들은 외부적인 성과나 보상에 집착하기보다 새로운 것을 만들어내는 창조적 과정에서 느끼는 내면적인 만족이 중요한 동기로 작용하는 경우가 흔하다. 셋째 요소가 창의적 사고력이다. 확산적 또는 발산적 사고를 통해서 어떤 문제를 해결한 다양한 방안을 다각적인 관점에서 모색하는 노력과 능력을 뜻한다. Amabile에 따르면, 어떤 문제나 과제를 수행할 때 그와 관련된 지식과 경험을 갖추고 내재적 동기와 열정이 충만한 상태에서 창의적 사고력을 발휘할 때 비로소 창의적인 성과가 나타날 수 있다.

Sternberg(1985)는 전통적 사고의 틀에서 벗어나 새로운 방법으로 문제를 보는 종합적 능력(synthetic ability), 어떤 아이디어가 추구할 가치가 있고 어떤 것은 가치가 없는지를 구분하는 분석적 능력(analytic ability), 그리고 아이디어의 가치를 다른 사람에게 설득시킬 수 있는 실용적-맥락적 능력(practical-contextual ability)이라는 지적 능력이 창의성에 관여한다고 지적했다. Sternberg와 Lubart(1995)는 이러한 지적 능력뿐만 아니라 지식, 사고방식, 성격특성, 동기, 환경이라는 다양한 요소가 창의성 발현에 기여한다는 투자이론을 제시했다.

창의성의 체계이론

Csikszentmihalyi(1988)는 좀 더 거시적인 관점에서 창의성이 발현되는 사회적 맥락을 고려한 체계이론(system theory)을 제시하였다. 그는 "창의성이란 무엇인가?" 라는 물음보다 "창의성이라는 것이 어디에 존재하는가?" 라는 물음을 던지면서 역사적 창의성에 관한 설명을 하고 있다. 그에 따르면, 창의적 결과물은 세 하위체계, 즉 개인(individual), 영역(domain), 분야(field)의 상호작용의 결과로 이루어진다. 어떤 창의적인 개인이 특정한 영역에서 제시한 새로운 아이디어나 창작물은 그 분야에서 평가된다. 여기서 분야는 새로운 아이디어나 창작물에 대한 평가자들을 의미한다. 이러한 평가자들에 의해서 수용되었을 경우에 창의성으로 인정받게 된다. 창의성의 판단기준에는 절대적인 기준이 없다는 것을 의미한다. 그 당시에 평가받지 못하고 후대에 평가받는 창의적 인물이나 창작품이 존재한다. 창의성은 개인, 영역, 분야라는 세 요소의 상호작용과 시간의 흐름에 따른 진화적 변화를 통해서 창의성에 대한 평가가 이루어진다.

Urban(1995)은 창조적 과정에 관여하는 다양한 요소를 좀 더 거시적인 시각에서 제시하고 있다. 그에 따르면, 창의성을 이해하기 위해서는 문제, 성품, 과정,

결과, 환경이라는 5가지의 구성요소를 고려해야 한다. 즉, 창의성이 발현되려면, 우선 창의적으로 해결해야 할 문제(Problem)가 존재해야 하고, 그러한 문제를 해결하려는 의지와 능력을 지닌 창의적 성품(Personality)이 중요하며, 그러한 창의적 성품을 지닌 사람이 문제를 해결해 나가는 창의적 과정(Process)을 거쳐서 창의적인 결과물(Product)이 산출되어야 한다. 아울러 환경(Environment)이 중요한 역할을 하는데, 개인적 환경을 비롯하여 지역적, 사회적, 역사적 측면의 환경적 요소가 문제의 범위를 결정하고 개인의 성품에 영향을 미치며 결과물을 만들어내는 방법과 과정에도 영향을 미치기 때문이다. 이러한 5가지 요소가 상호작용하면서 창의성이 발현될 수 있다. Urban의 주장은 5요소의 첫 글자를 따서 창의성의 4PE 모델이라고 지칭하기도 한다. 그는 개인의 창의적 성품으로서 세 가지의 인지적 요소(확산적 사고와 행동, 일반적 지식과 사고기반, 특정 영역에서의 지식기반과 기술)와 세 가지의 성격적 요소(집중 및 과제 집착력, 동기와 동기화, 개방성과 모호성에 대한 인내력)를 제시하고 있다. Urban은 창조성에 영향을 미치는 여러 수준의 다양한 요인들이 상호작용적으로 기능함으로써 창조적 결과물이 산출될 수 있다는 점을 강조하고 있다.

창의성의 측정도구

창의성의 정도는 사람마다 다르다. 또한 창의성을 나타내는 영역도 다르다. 개인이 지니고 있는 창의성의 정도는 어떻게 측정될 수 있을까? 창의성에 대한 문헌과 주장은 수없이 많다. 그러나 긍정 심리학자들은 창의성을 비롯한 인간의 긍정적 성품에 대해서 과학적인 연구방법론을 통해 창의성의 실체를 밝히려고 노력한다. 과학적 연구의 가장 기본적 요건은 연구대상을 측정하는 것이다. 측정을 통해서 연구대상과 관련된 다양한 요인들 간의 관계를 좀 더 정밀하게 밝힐 수 있기 때문이다. 이러한 양적인 연구방법뿐만 아니라 사례연구 등을 통한 질적인 연구방법을 사용함으로써 연구대상에 대한 심도 있는 이해를 추구한다.

개인의 창의성을 측정하는 도구들은 매우 다양하게 개발되어 있다. 우선 창의성 측정도구는 평가 대상의 연령 대에 따라서 아동 · 청소년용 또는 성인용으로 나누어진다. 또한 창의성의 영역에 따라서 크게 예술적 창의성과 과학적 창의성으로 구분된다. 예술적 창의성은 음악, 미술, 문학 등의 영역으로 나누어지며 과학적 창의성은 수학 영역을 비롯한 과학의 학문 영역과 발명 영역으로 구분될 수 있다.

창의성의 측정도구는 그 평가 측면에 따라 크게 세 가지의 형태, 즉 창의성의 구체적인 성과, 인지적 과정, 그리고 개인적 성격을 평가하는 것으로 구분될 수 있다.

성과 중심 척도들은 개인이 만들어 낸 성과물을 대상으로 창의성을 평가하고 있다. Amabile(1982)가 개발한 합의적 평가기법(Consensual Assessment Technique: CAT)에 따르면, 피평가자에게 어떤 과제를 주고 창의적인 결과물을 내놓도록 하며 이 결과물을 대상으로 여러 전문가들이 창의성을 평가한다. 이 기법은 한 개의 과제를 통해서 개인의 창의성을 평가한다는 점과 주어진 과제가 개인의 전문분야가 아닐 수도 있다는 점이 단점으로 지적되고 있다. 다른 방법은 전생애 창의성 척도(Lifetime Creativity Scale)로서 개인이 오랜 시간에 걸쳐 창작한 작품들을 평정하는 기법이다(Richards, Kinney, Lunde, Benet, & Merzel, 1988). 자신의 창의성이 잘 반영된 성과물들을 제시하게 하여 이를 근거로 창의성을 평가한다. 위대한 창의성(Big C)을 측정하는 방법으로는 개인이 성취한 업적의 양과 질을 평가하는 생산성 척도(Productivity Measure)가 사용되기도 한다. 예를 들어, 과학자의 창의성은 학술지에 발표한 논문의 수나 내용의 질을 통해서 평가될 수 있다.

과정 중심 척도는 외적인 성과물보다 창의성에 관여하는 심리적 과정을 평가한다. Mednick(1962)이 고안한 원격 연합 검사(Remote Association Test: RAT)에서는 실험 참여자로 하여금 기준 단어와 세 개의 자극 단어 간의 관련성을 찾아내도록 한다. 예를 들어, 기준 단어인 '의자'와 자극 단어인 '바퀴, 전기, 높이'와의 연관성을 찾아내도록 함으로써 개념들 간의 연관성을 찾아내어 이를 독창적으로 결합시키는 과정을 평가하는 것이다. Guilford(1967)는 창의성의 기초가 되는 '확산적 사고'를 측정하는 검사를 개발한 바 있다. 확산적 사고란 주어진 문제에 대해서 매우 다양한 응답을 만들어내는 능력으로서, 가장 적절한 한 가지 응답을 찾아내는 '수렴적 사고'와 대비되는 것이다. 예를 들어, 특이한 용도 검사(Unusual Uses Test)는 이쑤시개나 클립과 같은 일상적인 물건을 활용할 수 있는 다양한 용도를 가능한 한 많이 찾아내게 하는 방법으로서 참여자가 제시한 응답은 다양성(응답의 수), 융통성(응답이 해당되는 범주의 수), 독창성(응답의 희귀성)의 기준에 의해서 평가된다.

성격 중심 척도는 창의성과 관련된 개인적 특질을 측정한다. Gough(1979)가 개발한 창의적 성격검사(Creative Personality Scale)는 창의성과 밀접한 관련성을 지닌 성격특성을 기술하는 형용사 체크리스트(예: 유능한, 영리한, 자신만만한, 통찰력 있는, 독창적인)를 통해서 개인의 특성을 평가한다. Davis(1975)가 개발한 'How Do You Think Scale'은 창의성과 관련된 개인의 흥미, 가치관, 활력, 자신감, 유머, 유연성, 쾌활함, 비인습성, 개방성 등을 평가한다.

Jellen과 Urban(1986)에 의해 만들어진 TCT-DP 검사(Test for Creative Thinking Drawing Production)는 영역 일반적인 창의성을 측정하기 위하여 세계적으로 널리 사용되고 있다. 6개의 불완전한 부분 도형을 보여 주고 자유로운 상상과 해석을 유도하여 창의성을 측정하는 검사다. 연속성, 완성도, 새로운 요소의 첨가, 유머, 비관습성 등의 14개 기준에 의해서 채점된다.

국내에서 개발된 척도로는 정은이와 박용한(2002)이 개발한 일상적 창의성 척도(Everyday Creativity Scale)가 있다. 총 36문항이며, 독창적 유연성과 대안적 해결력의 인지적 요인과 모험적 자유추구, 이타적 자아확신, 관계적 개방성, 개성적 독립성, 탐구적 몰입의 인성적 요인으로 이루어져 있다. 이신동(2002)은 대학생용 창의적 성격검사를 개발하였는데, 이 검사는 46문항으로 구성된 자기보고형 검사다. 6개의 창의적 성격특성(개방성, 정서불안정성, 추진력, 독립성, 비사회성, 자기확신)과 문학/예술 영역과 수학/과학 영역의 창의정 성격을 분류하여 측정하고 있다.

김영채(2004)가 토렌스 창의력 검사를 편역하여 표준화한 한국판 TTCT(Torrance Test of Creative Thinking)가 있다. 이 검사는 4개의 대표적인 창의적 요소(유창성, 융통성, 독창성, 정교성)를 2개의 표현양식(언어, 도형)으로 구분하여 평가하도록 되어 있다. 7문항의 언어검사와 3문항의 도형검사로 구성되어 있다. 피검사자는 되도록 남들이 생각하지 못하는 독특하고 다양한 방법을 많이 생각해 내도록 요구받는다. 채점자는 유창성, 융통성, 독창성, 정교성 등의 측면에서 채점한다.

이밖에도 과학영역의 확산적 사고와 논리적 사고, 과제 집착력 등을 측정하는 과학 창의적 문제해결력 검사(김주훈 외, 1996)가 한국교육개발원에서 개발되어 사용되고 있다. 초등학생부터 고등학생용까지 여러 수준의 검사가 개발되어 있다.

3 창의성과 관련된 심리적 특성

창의성과 관련된 심리적 특성에 관해서는 수많은 연구가 이루어졌지만 두 가지의 일관된 결과가 나타나고 있다(Simonton, 1999, 2000, 2002). 그 하나는 창의적인 사람들이 반드시 높은 지능을 지니지는 않는다는 점이며, 다른 하나는 창의성이 지능보다 성격특징과 밀접한 관련성을 지닌다는 점이다.

창의성이 높다고 해서 반드시 천재적인 높은 수준의 지능을 지니는 것은 아니다. 또한 지능이 높다고 해서 창의성 검사에서 높은 점수를 얻는 것도 아니다. 그러나 창의성이 높은 사람은 낮은 지능을 나타내지 않으며, 최소한 평균 이상의 지능 수준을 보인다. 문학 영역의 경우는 IQ 120 이상이면 최고도의 창의성을 나타낼 수 있는데, IQ 120은 대학교 졸업자들의 평균적인 지능 수준이다. 또한 지능이 다소 낮더라도 일상적인 수준의 창의성을 나타내는 데는 어려움이 없다. 다만 지능 수준이 현저하게 낮은 경우에는 창의성을 나타내기 어렵다. 또한 창의성이 높다고 해서 학업성취도가 높은 것은 아니다. 국내의 연구(이신동, 김기명, 2006)에 따르면, 학업성취도는 창의성보다 지능과 높은 상관을 보였으며 고창의성 집단은 보통 창의성 집단에 비해 유의하게 높은 학업성취도를 나타내지 않았다.

창의성은 지능 수준보다 성격특성과 더 밀접한 관련성을 지니는 것으로 보고되고 있다(Feist, 1998). 창의적인 사람들은 독립적이고, 비순응적이며, 비인습적일 뿐만 아니라 관심분야가 넓고 새로운 경험에 대한 개방성을 지니며 행동적·인지적 유연성과 모험적 성향을 가지고 있다. 이러한 일련의 특성들은 '창의적 성격' 이라고 불리기도 한다. 그러나 이러한 성격특성들은 창의성의 영역, 정도, 성과물 형태에 따라 차이가 있다. 예를 들어, 과학자는 예술가에 비해 덜 독립적이고, 더 관습적이며, 새로운 경험에 대해 덜 개방적이고, 더 지능이 높다. 반면에 예술가는 과학자에 비해 정서적으로 더 섬세하며 더 독특한 성격을 지니는 경향이 있다. 또한 창의성의 정도에 따라서 성격특성의 목록이 달라지는데, 일상적 창의성은 평범한 사람들의 특성과 연관되는 반면, 비범한 창의성을 지닌 사람들은 평균에서 벗어난 독특한 성격특성을 지닌다.

Davis(1999)는 창의적인 사람의 다양한 성격특징을 다음과 같이 제시하고 있다: (1) 자신이 창의적인 사람이라고 확신한다, (2) 개방적이고 독창적이다, (3) 독립적이다, (4) 상상력이 뛰어나며 모험을 즐긴다, (5) 에너지 수준이 높다, (6) 호기심이 많다, (7) 복잡하고 모호한 것에 끌린다, (8) 예술에 대한 관심과 미적 감각이 있다, (9) 유머가 있다. 그러나 창의적인 사람들은 이러한 긍정적인 특질뿐 아니라 다양한 부정적인 특성을 지니고 있다. 자기중심적이고, 잘난 척 하며, 냉소적이기도 하며, 충동적이어서 변덕이 심하고, 어린아이처럼 무질서하고 철없이 보이기도 하고, 신경질적이며, 지나치게 자기주장을 함으로써 다른 사람들을 무시하기도 한다.

이신동(2002)은 문학/예술 영역과 수학/과학 영역에서 창의적인 사람들의 성격특성이 다름을 지적하면서 여러 연구문헌을 근거하여 두 영역의 창의적 성격특성을 제시하고 있다. 그에 따르면, 문학/예술 영역의 창의적 성격특성으로는 새로운 경험에 대한 개방성, 충동성과 질서의식의 결여, 불안 및 정서적 혼란, 추진력과 야망, 규범의 무시, 타인에 대한 적대감과 냉담성, 내향성 등이 있는 반면, 수학/과학 영역의 창의적 성격특성으로는 경험에 대한 개방성과 사고의 융통성, 추진력과 야망, 자기 확신(지배성, 자신감, 거만함), 내향성 또는 비사회성, 자율성, 독립심 등을 들고 있다. 개방성, 추진력, 독립성은 공통적인 창의적 성격에 해당하지만 문학/예술 영역은 정서불안정성과 비사회성이 특징적인 반면, 수학/과학 영역은 자기확신이 특징적이라고 정리하였다.

창의성과 정신병리는 관련성이 있는 것으로 알려져 있다. 특히 매우 높은 수준의 창의성을 지니는 사람들은 보통사람들에 비해서 정신병리(극심한 정서적 변화, 대인관계의 결여, 반사회적 행동 등)를 나타내는 경우가 더 많으며, 정신병리를 많이 보이는 가문에서 뛰어난 창의성을 지닌 사람이 나올 확률이 더 높다(Peterson & Seligman, 2004). 그러나 창의성이 정신병리와 필연적인 관련성을 지니는 것은 아니다. 우선 정신병리의 발생 빈도는 창의성의 영역에 따라 많은 차이를 보인다. 시인과 같은 예술가들은 우울증과 같은 정신병리에 매우 취약한 반면, 과학자들은 정서적으로 훨씬 더 안정되어 있다. 또한 창의성이 정신병리에 근거하는 것은 아니다. 대다수의 창의적인 사람들은 전혀 정신병리를 나타내지 않을 뿐만 아니라 설혹 정신병리를 나타내더라도 그것은 창의성의 원인이기보다 결과인 경우가 많다. 일반적으로 창의적인 개인들은 평범한 사람들에 비해서 더 많은 갈등과 비판에 시달리는 경우가 많기 때문이다. 또한 창의적인 사람들은 자신의 약점을 상쇄하거나 보완하는 독특한 특성을 지니는 경우가 많다. 즉, 기괴한 사고나 조증적인 열정을 창의적인 활동으로 잘 활용하는 것이다. Maslow나 Rogers와 같은 인본주의 심리학자들이 주장하듯이, 창의성은 '자기실현'을 위한 긍정적인 성향일 뿐만 아니라 정신병리적 성향에 대한 효과적인 대처방식일 수도 있다. 즉, 창의성은 잠재적인 정신병리적 성향이 오히려 비범한 개인적 장점으로 발현되어 활용된 것일 수도 있다.

Csikszentmihalyi(1988)는 창의적인 사람들이 내향성과 외향성, 활기와 조용함 등과 같은 모순적이고 양면적인 특성을 나타낸다고 강조한다. 최근에 창의성을 연구하는 학자들은 창의적인 성격의 전형은 없다는 데 대부분 동의하고 있다. 그러나 몇 가지 공통점은 자신의 경험에 대해서 개방적인 태도를 취하고, 세상에 대한 사고가 유연하며, 새로운 것을 만들겠다는 목표에 대한 의욕으로 가득 차 있다는 것이다.

창의성이 발현되는 정도는 환경의 영향을 많이 받는 것으로 알려져 있다. 일반적으로, 지적이고 문화적이며 심미적인 자극을 풍부하게 제공하는 가정환경은 창의성을 촉진한다. 예를 들어, 다양한 많은 책과 잡지를 구비하고 있고 예술 공연, 전시회, 박물관, 여행과 같은 문화활동을 많이 하는 가정환경이 그러하다. 부모는 평균보다 높은 교육 수준을 지니고, 자녀의 자발적 관심사에 초점을 맞추며 양육한다. 학교에서 교사는 융통성을 지니면서 새로운 모험을 장려하는 것이 바람직하다. 그러나 창의성이 일상적 수준을 넘어 발휘되기 위해서는 특정한 영역의 전문적 기술을 습득해야 한다. 즉, 특정한 영역에서 최소한 10년간 필수적인 지식과 기술을 습득해야만 창의적인 공헌을 할 수 있는데, 이를 '10년 법칙(10-

year-rule)' 이라고 부른다(Hayes, 1989). 이러한 전문적 기술을 습득하는 단계에서 좋은 스승이나 조언자의 역할이 창의성 함양에 매우 중요하다.

창의성에 관한 실증적 연구에서 가장 오래된 관심사 중 하나는 연령대와 창의적 성취 간의 관계다. 연구결과에 의하면, 창의적 업적은 30대 후반부터 40대 초반에 절정에 이르렀다가 그 이후에 하강한다. 그 하강 정도는 전성기의 창의성 정도, 창의성의 영역, 개인이 직업을 갖게 된 연령 등의 요인에 따라 달라진다.

4 창의성의 촉진요인 및 함양방법

창의성은 비교적 안정된 특성이지만 환경적 요인에 의해 촉진되거나 억제될 수 있다. 창의성을 촉진하고 발현시키는 것은 개인의 성공적인 삶뿐만 아니라 사회와 국가에도 커다란 영향을 미치게 된다. 창의성을 꽃피우는 사회는 종종 황금기를 맞이하게 되지만, 창의성이 결여된 사회는 암흑기에 접어들게 된다. 창의성 증가는 사회의 활기와 생산성을 증대시켜 사회적 발전을 촉진한다.

창의성은 지지적이고 개방적이며 격식을 따지지 않는 자유스러운 환경에서 촉진된다. 창의성 검사에서는 '창의성을 발휘해 보라' 는 간단한 지시만으로도 과제에 대한 반응이 풍부해진다. 반면에, 시간적 제약의 압박, 계속적인 감독, 비판적인 판단, 해결책에 대한 엄격한 제한이 주어지면 창의성이 떨어진다. 일반적으로 창의성을 억제하는 것은 촉진하는 것보다 훨씬 더 쉽다.

일반적으로 창의성을 육성하기 위해서는 지지적인 멘토가 필요하며, 해당 분야의 전문적 기술을 가르치고, 창의성 억제 요인을 제거하는 것이 중요하다. 또한 집단적으로 창의성을 고양시켜주는 '브레인스토밍(brainstorming)' 을 활용할 수 있다. 브레인스토밍은 BBOD라는 광고회사의 부사장이던 Alex Osborn이 제안하여 1950년대에 출간된 그의 저서를 통해서 널리 알려진 기법이다. 브레인스토밍은 두 가지 원리에 기초하고 있는데, 그것은 판단연기와 양우선 원리라는 것이다. 무비판적인 분위기 속에서 구성원 개개인의 아이디어를 자유롭게 제시하도록 하는 방법으로서, 이렇게 제시된 아이디어는 다른 사람들의 생각을 자극하여 새로운 아이디어가 떠오르도록 촉진한다. 브레인스토밍은 다음과 같은 네 가지의 기본규칙에 따라서 진행된다. 첫째, 다른 사람의 아이디어에 대해서 절대 평가하거나 비판하지 않는다. 둘째, 떠오르는 생각이 아무리 이상하거나 조잡하거나 엉뚱해도 표현한다. 셋째, 아이디어는 많으면 많을수록 좋다. 넷째, 다른 사람들이 제안한 것을 개선하고 확장하거나 그것과 결합된 새로운 아이디어를 내놓는 것을 장려한다.

브레인스토밍을 통해서 새로운 아이디어들이 떠오르게 된다는 증거들은 있지만, 이를 통해서 실제로 창의적인 결과물이 산출된다는 증거는 부족하다. 브레인스토밍에 관한 연구결과는 매우 복잡하며, 어떤 진행방법이 창의성 발현에 기여하는지는 분명하게 알려져 있지 않다. 브레인스토밍이 개별적으로 아이디어를 산출하는 방식과 결과물에서 별 차이가 없다는 연구결과도 제시되고 있다. 브레인스토밍의 단점에 대해서도 지적되고 있다. 첫째, 집단적 대화로 인해서 개인은 다른 사람의 의견을 경청하면서 자신의 자유로운 사고가 방해를 받을 수 있다. 둘째, 집단적 대화에서는 평가하지 말라는 규칙에도 불구하고 자신의 의견에 대한 타인의 평가가 염려되어 자유로운 의견을 개진하는 데 어려움을 겪을 수 있다. 셋째, 집단적 대화에서는 적극적으로 집단 활동에 참여하지 않고 다른 사람의 아이디어에 편승하거나 말을 아끼며 무임승차하는 사람들이 나타날 수 있다. 이러한 단점을 개선하기 위한 방법으로 Brainwriting(용지에 각자 의견을 써서 돌려가며 개진하는 방법)이나 Electronic Brainstorming(이메일을 통한 의견개진)이 사용되기도 한다.

개인적 수준에서 문제해결을 하는 경우에도 브레인스토밍과 유사한 방법이 적용될 수 있는데, 문제해결의 초기 단계에서는 해결안의 적절성에 대한 판단을 보류하고 자유롭게 다양한 방안을 떠올리는 것이 중요하다(Parnes, 1963). 예를 들어, 작가들은 토해내기 방법(spew method)을 사용하곤 하는데, 일단 마음에 떠오르는 문장들을 마음대로 토해내어 기록하되 편집이나 철자 교정 등을 하지 않는 것이다. 이런 방식은 미술과 같이 비언어적인 작업보다 글쓰기와 같은 언어적인 창조적 작업에 적합하며, 위대한 창의성(Big C)보다는 일상적 창의성(Small C)에 더 적합한 것으로 보인다.

창의성을 촉진하는 다른 개인적인 방식은 창의적인 사람들이 흔히 사용하는 문제해결적 발견법(heuristics)으로서 'SCAMPER' 라는 약자로 표현되기도 한다. SCAMPER는 다음과 같은 7개 단계의 물음을 통해서 문제의 창의적 해결책을 발견하도록 돕는 방법이다(Eberle, 1977).

(1) 대체(Substitution): 다른 것으로 대체하면 어떻게 될까?
(2) 조합(Combination): 두 가지 또는 그 이상의 아이디어를 혼합하면 어떻게 될까?
(3) 적용(Adaptation): 다른 분야의 원리나 방법을 현재의 문제에 적용할 수는 없을까?
(4) 수정(Modification): 아이디어나 제품의 특성을 축소하거나 확대하면 어떻게 될까?
(5) 용도변경(Putting to other uses): 아이디어나 사물을 다른 방법으로 활용할 수는 없을까?
(6) 제거(Elimination): 아이디어나 사물의 일부분을 삭제하면 어떻게 될까?
(7) 재배열(Rearrangement): 아이디어나 사물의 순서, 형식, 구성을 재배열하거나 거꾸로 하면 어떻게 될까?

Nickerson(1999)은 아동의 창의성을 촉진하기 위해서 '생산적 사고 프로그램(Productive Thinking Program)' 'CoRT 사고 교육프로그램(Cognitive Research Trust Program)' '지능 프로젝트(Project Intelligence)' 등의 방법을 개발한 바 있다. 이러한 프로그램들은 다양한 영역에서 창의적 사고를 통해 문제를 해결하도록 촉진하는데, 단기적으로는 효과가 있는 것으로 밝혀졌지만 장기적인 효과는 확인되지 않았을 뿐만 아니라 검사문제를 잘 풀도록 가르치는 것이 아니냐는 비판도 있다. Nickerson은 정형화된 규칙을 통해서 창의적인 문제해결을 하도록 유도하는 것보다 호기심, 내재적 동기, 모험심, 자기관리 등을 육성하는 것이 창의성 증진에 더 많은 도움이 된다고 주장하였다. 또한 아무리 천재적인 재능을 지녔더라고 매우 창의적인 결과물이 산출되기 위해서는 수년간의 훈련과 노력이 필수적이라는 점을 강조하고 있다.

창의성 증진 방법(Rashid & Anjum, 2005)

- 자신의 관심분야에서 매주 최소한 한 가지 이상의 독창적인 아이디어를 생각해내고 다듬는다.
- 다양하고 창의적인 방식으로 매주 적어도 한 가지의 숙제를 한다.
- 일주일에 한 번은 논문이나 에세이 또는 시를 쓰거나 그림을 그린다.
- 가족이나 친구가 겪고 있는 문제에 대해 창의적인 해결책을 제안한다.
- 어려운 과제를 할 때 친구들과 브레인스토밍(brain-storming)을 한다.
- 자신의 방이나 집을 새롭게 꾸민다.
- 도예, 사진술, 조각, 회화, 서예를 가르치는 교육 프로그램에 등록한다.
- 창의적인 저명인사에 관한 책을 읽어 보고 그들의 독특성을 확인한다.
- 남은 음식과 같은 재료들을 사용하여 새로운 것을 만들어본다.
- 카드나 편지지, 블로그 화면 등을 구입하는 대신 직접 제작해 본다.

제5장

호기심

인간은 호기심이 많은 존재다. 무엇이든 새로운 것에 대해서 흥미와 관심을 지닌다. 그리고 그것을 좀 더 자세히 알기 위해 탐색하는 행동을 나타낸다. 많은 동물들이 호기심 어린 행동을 나타내지만, 인간은 가장 호기심이 많은 동물이라고 할 수 있다.

인간은 미지의 것을 알아내려는 강렬한 열정과 도전의식을 지니고 있다. 넓고 넓은 지구에서 인간의 발길이 닿지 않은 곳은 드물다. 8,000m 이상의 히말라야 고봉에서부터 남극과 북극, 그리고 깊은 바다 속에 이르기까지 인간의 호기심이 닿지 않은 곳이 없다. 심지어 지구를 벗어나 달에 사람의 발자국을 남기게 되었고 먼 우주에도 탐사선을 보내고 있다.

"호기심은 배움이라는 등불의 심지다." 라는 말이 있듯이, 호기심은 탐험, 조사, 학습과 같은 도전적 행동을 유발하는 심리적 속성으로서 과학을 비롯한 모든 학문의 원동력이다. 앞 장에서 다룬 창의성이 발명으로 이어지는 성격강점이라면, 호기심은 발견으로 이어지는 성격강점이라고 할 수 있다.

특히 어린 아동들은 호기심이 많다. 호기심은 새로운 것에 대한 관심과 흥미를 갖게 함으로써 아동의 학습과 지적 성장을 돕는다. 이처럼 호기심은 새로운 세계에 대한 탐색과 도전을 촉발하고 그 결과 새로운 발견과 개척을 통해서 인간세계의 영역을 확장하는 기능을 지닌 인간의 주요한 긍정적 성품이라고 할 수 있다. 그러나 호기심은 개인에 따라 커다란 차이가 있을 뿐만 아니라 환경적 요인에 의해서 영향을 받는 심리적 요인이기도 하다. 심리학자들은 메타-호기심(meta-curiosity), 즉 호기심에 대한 호기심으로 인해서 그동안 호기심이라는 성품에 대한 많은 연구를 수행하였다. 이 장에서 소개하고 있는 내용은 호기심에 대한 호기심이 낳은 연구결과라고 할 수 있다.

1 호기심의 정의와 유형

국어사전에 따르면, 호기심(好奇心, curiosity)은 새롭고 신기한 것을 좋아하는 마음을 의미한다. 심리학의 연구문헌(Litman & Spielberger, 2003)에 따르면, 호기심(curiosity)은 새로운 정보, 지식, 경험을 얻고자 하는 욕구로서 탐색적인 행동을 유발하는 심리적 성향을 뜻한다. 호기심은 다면적으로 정의될 수 있다. 이 정의에서는 호기심은 긍정적인 정서(활력, 즐거움), 새로운 경험에 대한 수용성, 넓어진 인지적 과정, 과제 몰입, 흥미 원천에 대한 적극적 탐구 등의 요소로 이루어진다.

호기심과 관련된 개념으로는 흥미, 몰입, 내재적 동기 등의 개념들이 있고 많은 경우 이들 어휘들은 엄격한 구별 없이 사용되어 왔다. 대체로 호기심은 새롭고 도전적인 기회를 인식하고 추구하며 자신을 조절하는 것으로 정의할 수 있다. 즉, 어떤 자극을 새롭고 도전적인 것으로 판단하고, 이러한 자극을 경험하기 위해서 노력하며, 이 자극을 만들어내거나 유지하도록 하는 내면적인 자기조절 과정을 통칭하여 호기심이라고 한다.

또한 호기심은 흥미(interest), 새로운 것에 대한 추구(novelty-seeking), 경험에 대한 개방성(openness to experience) 등과 혼용되어 사용되고 있지만, 서로 같은 개념이라고 할 수는 없다. 일반적으로 흥미는 호기심과 비슷한 의미로 사용되고 있으며, 새로운 것에 대한 추구는 호기심보다 좁은 의미다. 그리고 경험에 대한 개방성은 호기심보다 넓은 의미로서 새로운 공상, 느낌, 사고, 가치에 대한 수용성을 뜻한다. 호기심은 경험에 대한 개방성의 동기적 요소만을 지칭하는 것이라고 할 수 있다.

Berlyne(1954, 1962)는 호기심이 다양한 양상을 지니고 있으며 두 차원에서 분류될 수 있다고 주장했다. 그 하나는 지각적 호기심과 인식적 호기심의 차원이다. 지각적 호기심(perceptual curiosity)은 새로운 자극에 의해서 각성되는 것으로서 이러한 자극에 지속적으로 노출되면 감소하는 경향이 있는 반면, 인식적 호기심(epistemic curiosity)은 지식을 추구하는 것으로서 인간에게만 해당되는 것이다. Byman(1993)은 호기심을 그 초점에 따라 정보 추구, 경험 추구, 신체적 스릴 추구의 세 요인으로 구분하기도 했다. 또 다른 차원은 흥미와 관심의 범위에 따른 것으로서 구체적 호기심과 일반적 호기심의 차원이다. 구체적 호기심(specific curiosity)은 특정한 주제나 영역에 대한 초점적 호기심으로서 그 대상에 따라서 학문적 호기심, 환경적 호기심, 내면적 호기심으로 구분되기도 한다. 반면에 일반적 호기심(diversive curiosity)은 다양한 주제와 영역에 대한 일반적인 관심과 흥미를 뜻한다. 호기심은 두 차원의 교차에 따라 네 가지 유형으로 구분될 수 있다.

또한 호기심을 그것이 일시적 것인지 아니면 지속적인 성격적 특질인지에 따라 구분될 수 있다. Naylor(1981)는 평소에 다양한 상황에서 호기심을 느끼는 개인의 성향인 특질 호기심(trait curiosity)과 호기심을 야기하는 상황에 대한 반응인 상태 호기심(state curiosity)을 구분하고 있다. 일반적으로 특질 호기심이 높은 사람은 새롭고 복잡하며 불확실한 것을 선호하고, 이러한 특성을 가진 행동들을 찾고, 이미 알고 있는 것과 아직 알지 못하는 것 사이의 간격을 민감하게 파악하는 성격을 지니고 있다. 상황 호기심은 다른 사람의 요구와 같은 상황적 압력과 죄책감이나 두려움과 같은 내적 갈등이 없는 상태에서 즐거움을 추구하는 적극적인 상태라고 할 수 있다. 상황 호기심에 대한 강화 반응에 의해서 특질 호기심이 형성된다. 즉, 어떤 대상에 대해서 적극적으로 즐거움을 추구한 뒤 그 활동에 대해서 만족하고 행복감을 경험하는 것을 반복하는 사람은 특질 호기심이 높은 사람이 될 가능성이 커진다.

호기심은 인간의 마음을 수동적이기보다 능동적이고 적극적으로 만듦으로서 인간의 삶에 다양한 긍정적인 효과를 제공한다. 호기심을 지닌 사람은 항상 의문을 지니며 그 해답을 얻기 위해 추구한다. 호기심은 새로운 생각에 대해서 주목하게 만들어 창의성을 증진시킨다. 또한 호기심은 우리의 삶을 신선하고 즐거운 것으로 만드는 흥분감을 전해 준다. 호기심을 지닌 사람들은 자신의 삶을 지루해하기보다 항상 도전적이고 탐색적인 즐거움을 느끼게 된다. 이런 점에서 호기심은 새로운 경험과 학습을 촉진하며 내재적인 만족과 성취를 이루게 하는 긍정적인 심리적 특성이다.

모든 호기심이 항상 긍정적인 결과를 유발하는 것은 아니다. 호기심은 양날을 지닌 칼과 같다. 호기심은 위험을 떠맡는 무모한 행동을 유발할 수 있기 때문이다. 스카이다이빙을 하거나 향정신성 약물을 실험적으로 복용하는 등 위험하거나 무모한 활동에 참여하게 함으로써 손상을 입거나 자기파괴적인 결과를 초래할 수도 있다.

그러나 호기심은 "배움이라는 등불의 심지(the wick in the candle of learning)"라는 말이 있듯이, 대부분의 경우 새로운 발견을 촉발하여 개인과 사회에 기여하게 된다. Perry는 호기심이 특히 아동의 성장에 기여하는 연쇄적 과정을 다음과 같이 제시하고 있다(www.ChildTrauma.org). 호기심(curiosity)은 탐색행동(exploration)을 낳고, 탐색행동은 발견(discovery)을 낳으며, 발견은 즐거움(pleasure)을 낳고, 즐거움은 반복행동(repetition)을 낳으며, 반복행동은 숙달(mastery)을 낳고, 숙달은 새로운 기술(new skills)을 낳으며, 새로운 기술은 유능감(competence)을 낳고, 유능감은 자존감(self-esteem)을 낳으며, 자존감은 안전감(security)을 낳고, 안전감은 새로운 탐색행동(new exploration)을 낳는다.

호기심을 통해서 성취를 이룬 대표적 인물로는 콜럼버스, 마젤란, 에드먼드 힐러리와 같은 탐험가들과 수많은 발명가들이 있다. 또한 헬렌 켈러는 청각과 시각의 장애를 지녔음에도 불구하고 세상에 대한 놀라운 호기심으로 장애를 극복한 대표적 인물이다.

2 호기심에 대한 심리학적 이론

호기심은 심리학의 선구자인 William James를 비롯하여 많은 심리학자들이 깊은 관심을 지녔던 주제다. 초기 연구자들은 호기심을 일종의 욕구로 보았다. 즉, 호기심은 일종의 각성상태로서 불쾌한 감정을 수반하며 이를 해소하기 위해서 탐색적 행동을 유발하는 것으로 여겼다. 학자에 따라서 호기심을 일차적 또는 이차적 욕구로 간주하는 견해차이가 있었다. William James는 호기심이 두려움과 관련되어 있으며 유기체로 하여금 환경을 탐색하도록 만드는 욕구로 보았다. 이와 유사한 관점에서 McDougall(1918)은 호기심을 기본적인 본능적 욕구의 하나로 간주했다. 반면에 Freud는 호기심을 성적인 욕구의 파생물로 여겼다. 그는 유아의 성적인 욕구가 사회적 압력에 의해서 억압되면서 승화된 형태로 나타난 것이 호기심이라고 설명하였다. 그러나 심리학자들은 호기심을 일차적인 욕구로 보는 경향이 우세하다.

그러나 호기심에 대한 실증적인 연구는 1950~60년대에 들어서 심리학자에 의해 이루어지기 시작했다. Berlyne(1954)은 호기심을 외부적 요인에 의해서 촉발되는 욕구로 보았다. 그에 따르면, 호기심 욕구는 자극의 갈등 또는 불일치성에 의해서 촉발된다. 실증적인 연구에 근거하여, 그는 호기심과 탐색행동의 강도는 자극의 복잡성, 새로움, 놀라움의 정도에 의해서 결정된다고 주장하였다. Berlyne의 이러한 주장은 Fowler(1965)에 의해서 반박되었는데, 그는 동물의 탐색행동이 어떤 자극에 노출하기 이전에 나타난다는 것을 관찰하였다. 또한 탐색행동은 감각박탈(sensory deprivation)의 기간이 길어질수록 증가한다는 현상이 관찰되었다. 이러한 관찰은 호기심이 적어도 내면적으로 촉발되는 것이라는 점을 시사한다.

호기심의 불일치성 이론

1950~60년대에 일련의 심리학자들(Hebb, 1955; Piaget, 1969; Hunt, 1963)에 의해서 호기심의 불일치성 이론(incongruity theory)이 제기되었다(Loewenstein, 1994). 이 이론은 세 가지의 기본적 가정에 근거하고 있다. 첫째, 호기심은 세상을 이해하려는 인간의 선천적인 욕구다. 둘째, 이러한 욕구는 항상 존재하는 것이 아니라 어긋난 기대(violated expectation)에 의해서 촉발된다. 셋째, 호기심과 어긋난 기대 사이에는 역U자 관계가 존재한다. 즉, 어긋난 기대의 정도가 작으면 이완이나 권태를 느끼고, 그 정도가 지나치게 크면 불안을 느끼며, 그 정도가 중간 정도일 때 호기심을 느끼게 된다는 것이다. 그 관계를 그림으로 제시하면 [그림 5-1]과 같다.

Hebb(1955)는 심리학과 신경학을 연결하는 연구를 통해서 인간에게는 가장 효과적으로 기능할 수 있는 불일치의 적정 수준이 있으며 그 수준 이하나 이상의 불일치는 혐오적인 것으로 여긴다고 주장하였다. 아동의 인지발달 연구자인 Piaget(1969)에 따르면, 아동들은 세상을 이해하려는 기본적 동기를 지니는데 호기심은 새로운 정보를 기존의 인지도식에 동화시키려는 노력에 의해서 촉발된

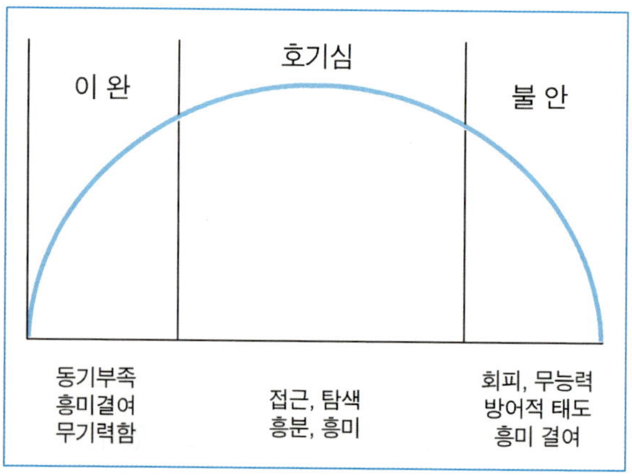

[그림 5-1] 기대와 호기심의 관계

인지적 불일치의 산물이라는 것이다. 새로운 정보와 기존 인지도식의 불일치 정도가 적정 수준일 경우에 아동의 호기심이 가장 높아진다는 것이다. Hunt(1963)는 어긋난 기대에 의해서 호기심이 촉발되며 호기심의 강도는 인지적 불일치의 정도와 역U자 관계를 지닌다고 주장했다. Kagan(1972)은 인간의 네 가지 기본적 욕구를 불확실성을 해소하려는 욕구, 감각적 욕구, 공격 및 적대심, 숙달의 욕구로 구분하면서 호기심을 첫 번째 욕구와 동일한 것으로 보았다. 그는 불확실성의 원천으로 생각 간의 불일치, 생각과 행동의 불일치, 미래 예측의 무능감을 추가하였다.

이러한 주장은 불확실성 혐오의 개념과도 관련되어 있다. 불확실성 혐오(uncertainty aversion)는 어떤 결정과 관련된 정보가 부족하다고 생각할 때 그러한 상황을 회피하려는 경향성을 뜻한다(Frisch & Baron, 1988). 호기심은 불확실성 혐오와 관련되어 있으며 정보부족 상태를 회피하기보다 정보탐색을 통해 극복하려는 적극적인 노력으로 이해될 수 있다는 것이다.

호기심의 불일치 이론은 인간이 예측하기 어렵거나 설명할 수 없는 사건에 대해서 호기심을 지니게 된다는 주장으로서 호기심과 불일치 정도가 역U자 관계를 갖는다는 것이다. 그러나 인지적 불일치가 호기심을 촉발하는 중요한 요인이지만 유일한 요인은 아니다.

호기심의 이중과정 모델

Spielberger와 Starr(1994)는 호기심에 대한 이중과정 모델(dual-process model of optimal stimulation)을 제안하였다. 우리는 새롭고 도전적인 상황에서 불안과 호기심을 함께 느끼게 된다. 불안과 호기심의 강도는 새로운 자극의 네 가지 속성, 즉 새로움, 복잡성, 불확실성, 모순성에 비례한다. 새로운 자극을 위협적인 것으로 인식하게 되면 그것으로부터 회피하려고 하지만, 새로운 학습의 기회로 여기게 되면 그것에 접근하려고 할 것이다. 자극 수준이 낮을 경우에는 호기심이 촉발되지 않으며, 자극 수준이 적당한 경우에 호기심이 생겨나면서 경미한 불안감이 동반된다. 자극 수준이 과도한 경우에는 불안감이 호기심을 압도하여 회피적인 행동을 하게 된다.

White(1959)에 따르면, 호기심은 개인이 주변 환경을 숙지하고 조절하려는 동기, 즉 유능성 동기(competence motive)에 의해서 유발된다. 그는 호기심을 개별적인 동기로 인식하기보다 이러한 유능성 동기의 파생물로 보았다. 이러한 관점은 Deci(1975; Deci & Ryan, 1985)에 의해서 확장되었다. 그에 따르면, 인간은 외부적 보상에 의해서 유발되기보다 자체적인 보상에 의해 유발되는 내재적 동기들이 있으며 호기심은 그러한 동기에 의해 파생되는 현상이라고 보았다.

Deci와 Ryan(1985)은 인간의 주요한 내재적 동기로서 유능성, 관계성, 자율성의 욕구를 제시하고 있다. 이러한 내재적 동기는 주변환경에 대한 호기심을 촉발한다. 유능성(competence)은 자신이 유능한 존재라는 것을 스스로 확인하려는 경향성으로서 도전적인 과제에 대해서 흥미를 느끼며 탐색하고 숙달하려는 호기심을 유발하게 된다. 관계성(relatedness)은 친밀한 관계를 형성하고자 하는 성향으로서 대인관계에서 다른 사람에 대한 호기심을 촉발하는 원천으로 작용한다. 자율성(autonomy)은 자신의 행동을 스스로 주도하려는 성향으로써 호기심에 영향을 미친다. 인간은 강요된 경우보다 자율적으로 선택한 것에 대해서 더 강한 호기심을 느낀다. 특히 위협, 처벌, 부정적 피드백, 감시 등에 의해서 자율성이 확보되지 않은 상황에서는 호기심이 줄어든다.

호기심의 측정도구

호기심은 자기보고형 질문지의 형태로 측정되는 것이 일반적이며 매우 다양한 측정도구들이 개발되어 있다. Day(1971)는 특질 호기심을 측정하기 위해서 온타리오 내재적 동기검사(Ontario Test of Intrinsic Motivation)를 개발했다. 이 검사는 '그렇다' 또는 '아니다'로 평정되는 110문항으로 구성되어 있으며 구체적 호기심과 일반적 호기심을 측정한다. Leherissey(1972)는 학생들이 지식에 대한 동기를 측정하기 위해서 상태 호기심 척도(State Epistemic Curiosity Scale: SECS)를 개발하였다. 이 검사는 4점 척도로 평정되는 20문항으로 구성되어 있으며 인식적 상태 호기심을 측정한다. 문항의 예로는 "이해하기 힘든 글을 접하면, 나는 그것이 이해될 때까지 계속해서 읽는다." "반복적인 내용을 접하면, 나는 쉽게 지루함을 느낀다." (역채점 문항) 등이 있다. Naylor (1981)에 의해서 개발된 Melbourne 호기심 척도(MCI)는 40문항으로 구성되어 있으며 4점 척도로 평정된다.

감각적 호기심을 측정하는 자기보고형 검사로는 Zuckerman 등(1978)이 개발한 감각 추구 척도(Sensation-Seeking Scale)가 있다. 이 검사는 40문항으로 구성되어 있으며 감각적 호기심의 네 가지 요소, 즉 스릴과 모험의 추구, 새로운 경험의 추구, 쾌락적 감각의 탈억제, 권태감정의 경험을 측정하고 있다.

상태-특질 호기심 척도(State-Trait Curiosity Inventory; Spielberger, 1979)는 호기심을 상태 호기심과 특질 호기심으로 구분하여 측정하고 있으며, 호기심 및 탐색 척도(Curiosity and Exploration Inventory; Kashdan, Rose, & Fincham, 2002)는 구체적 호기심과 일반적 호기심을 측정하고 있다. 인지 욕구 척도(Need for Cognition Scale; Cacioppo & Petty, 1982)는 일반적 호기심을 위주로 측정하고 있으며, NEO-PI-R의 경험 개방성 척도(Openness to Experience Scale)는 좀 더 포괄적으로 새로운 공상, 느낌, 사고, 가치에 대한 수용성을 측성한다.

국내에서는 호기심에 대한 측정도구를 개발하거나 사용한 연구는 발견하기 어렵다. 도영임과 윤진(1995)은 20대와 60대의 호기심을 측정하기 위해서 Singer와 Antrobus (1970)의 Imaginal Processes Inventory 중 호기심 동기를 측정하는 4개의 하위척도를 번역하여 사용한 바 있다. 5점 척도로 평정되는 20문항을 사용했으며, 호기심과 관련된 4개의 요인, 즉 대인적 호기심(문항의 예: "유명한 사람들의 생활에 대해서 자주 생각한다."), 기계적 호기심("새로 나온 첨단 기계제품을 조작해 보는 데 관심이 있다."), 권태 민감성("쉽게 지루해하는 경향이 있다."), 외부자극에 대한 요구("시간을 보내는 가장 좋은 방법은 집에 가만히 있는 것이다.")를 측정하고 있다.

호기심을 실험실에서 유도하여 측정하려는 방법도 시도되고 있다(Loewenstein, 1994). 예를 들어, 얼굴 사진을 조각으로 나누어 뒤섞어 뒤집어 놓은 다음에 피험자로 하여금 한 장씩 뒤집도록 한다. 계속 뒤집게 하다가 어느 시점에서 사진 주인공의 나이가 얼마인지 추측해 보도록 묻는다. 동시에 피험자에게 다음의 세 가지 질문을 던진다. (1) 주인공의 나이가 얼마나 궁금한가? (2) 주인공의 나머지 사진 조각을 다 보고 싶은가? (3) 만약 50센트를 내야 나머지 사진 조각을 다 볼 수 있다면, 50센트를 내겠는가? 이러한 질문의 대한 응답을 수치화하여 호기심의 정도를 측정한다(Peterson & Seligman, 2004).

3 호기심과 관련된 심리적 특성

호기심은 다양한 긍정적인 심리적 특성과 밀접한 관계를 지닌 것으로 보고되고 있다. 예를 들어, 호기심은 긍정 정서, 창의성, 통제감, 일이나 놀이에서의 적극성, 고정관념에 도전하는 성향 등과 정적인 상관을 보이는 반면, 스트레스나 권태와는 부적인 상관을 보였다(Cacioppo, Petty, Feinstein, & Jarvis, 1996; McCrae & Costa, 1997). 호기심은 흥분, 즐거움, 주의력을 향상시키고(Kashdan & Roberts, 2002), 복잡한 의사결정을 수월하게 하며 목표를 오랜 기간 유지하도록 하는 데 도움을 주었다(Sansone & Smith, 2000). 호기심은 학업 수행이나 자발적 직업 선택과 같은 행동적 변인과도 정적인 상관을 지닐 뿐만 아니라 대인관계에서 다른 사람과의 친밀한 관계를 유도하며, 특히 낯선 사람과 친밀감을 형성하는 데 큰 도움을 준다. 호기심은 지능, 자존감, 주관적인 안녕감, 독립성, 문제해결능력과 같은 긍정적 요인과도 정적 상관을 보였다(Kashdan et al., 2002).

그러나 호기심이 부정적인 결과를 초래할 수 있다는 점도 보고되고 있다. 호기심은 충동성, 폭력적 행동이나 성적 행동에 대한 선호, 분노 표현, 욕구 지연의 어려움, 비행 행동 등의 부정적 행동이나 성향과 관련이 되는 경우도 있었다(Aluja-Fabregat, 2000; Zuckerman, 1994).

호기심은 유아에서도 관찰되는 것으로서 선천적이고 보편적인 정서적 현상으로 여겨지고 있다(Izard, 1977). 새롭고 흥미로운 자극이 제시되면, 인간은 생리적 흥분과 주관적 쾌감을 느끼며 환경에 대한 탐색행동을 나타낸다. 유아의 경우, 새로운 자극을 시각적으로 탐색하고 그에 관여하려는 행동을 통해서 호기심을 표출한다. 기본적으로 호기심은 개인과 환경의 상호작용에 의해 촉발되는데, 새로운 환경적 자극에 의해 유발된 정서적 흥분은 그 자극이 위험한 것인지 아니면 보상적인 것인지의 평가에 따라 호기심 또는 두려움으로 구체화되는데 이 과정에서 유아의 기질이 관여한다. 새로운 상황, 사람, 대상에 대해서 두려움을 느끼고 위축되는 성향을 의미하는 행동억제 기질은 생후 21개월부터 뚜렷하게 나타나게 된다(Kagan, 1989). 일반적으로 모호하거나 복잡한 사회적 상황은 호기심을 유발하게 되는데, 억제적 기질을 지닌 아동들은 이러한 상황에 대해서 불편감을 느끼며 위축된다(Reznick et al., 1986).

호기심의 개인차는 생후 첫해에 형성되는 양육자와의 애착과 밀접히 관련되는 것으로 여겨지고 있다. 양육자가 호의적이고 허용적이라고 느끼는 아동은 새로운 자극에 대한 불안을 잘 견딜 뿐만 아니라 새로운 경험에 대해 개방적인 자세를 지니게 되며 발달적 과제를 더 잘 해결하게 된다. 애착연구에 따르면, 인간관계에서 안전감을 느끼는 정도가 호기심과 밀접히 연관되어 있다(Mikulincer, 1997). 이러한 연구결과들은 어린 시절의 긍정적인 부모-자녀관계가 호기심에 영향을 미친다는 점을 시사한다.

장기적인 연구는 드물지만, 호기심은 전 생애를 통해서 상당히 안정적인 것으로 보인다. 그러나 새로운 경험을 추구하는 성향, 즉 쾌락이나 모험을 추구하고 지루함을 잘 견디지 못하는 성향은 나이가 많아짐에 따라 감소한다.

생물학적으로 호기심은 생물행동 접근체계(biobehavioral approach system: BAS)와 관련되어 있는 것으로 보고되고 있다. BAS는 어떤 유인 자극이 있을 때 이에 접근하도록 만드는 역할을 담당하며 외향성, 충동성, 자극추구 성향과 관련되어 있다. 또한 호기심은 신경전도물질인 Dopamine의 활동과 관련되어 있는 것으로 알려져 있다(Benjamin, Ebstein, & Belmaker, 1997). 새로움의 추구 성향은 D4 도파민 수용기 유전자(D4DR)와 관련된 것으로 보고되는데, D4DR는 주의력 결핍 및 과잉행동 장애(ADHD)의 유전적 징표로 알려져 있다. ADHD는 새로움을 추구하는 극단적인 성향으로서 높은 충동행동과 낮은 행동억제를 나타낸다.

쌍둥이 연구에서는 호기심과 유사한 요인인 경험에 대한 개방성에 관한 연구가 이루어진 바 있는데, 경험에 대한 개방성은 43%가 유전적인 영향으로 설명된다고 한다(Loehlin, 1992). 경험에 대한 개방성은 유전적인 영향으로 설명되는 비율이 다른 Big 5 성격 변인에 비해 높은 편인데, 경험에 대한 개방성이 BAS 체계, 진화적 생존 가치, 지능 등과 관련성이 높기 때문이다.

4 호기심의 촉진요인 및 함양방법

호기심은 다양한 요인에 의해서 촉진되거나 억제될 수 있다. 일반적으로 호기심은 자극이 새롭고 복잡하며 불확실하고 상충되는 면이 많을수록 증가한다. 그러나 이러한 자극의 강도가 적정 수준이어야 하며, 과도하게 높은 강도의 자극은 오히려 호기심을 저하시킨다. 또한 호기심의 수준은 특정한 대상으로부터 새로운 지식을 학습할 수 있을 것이라고 지각하고 새로운 지식의 학습에 높은 가치를 부여할수록 증가된다. 호기심은 그 상황에서의 행동 선택이 자발적이라는 믿음과도 관련된다. 외부적인 처벌, 위협, 보상이 없을 뿐만 아니라 내부적 두려움과 죄책감이 없는 상태에서 개인이 자발적으로 행동할 수 있다고 느낄 때 호기심은 더 잘 유발된다.

아동은 그들의 세계가 혼란스럽거나 두려울 때 새로운 것을 좋아하지 않는다. 친숙한 것을 추구하고 안전지대에 머물며 새로운 것을 탐색하려 들지 않는다. 전쟁, 자연재해, 가족갈등, 폭력 등으로 상처를 입은 아동들은 호기심이 제한되는 경향을 보인다. 또한 아동은 어른들의 공포, 편견, 태도를 감지하고 반응한다. 아동의 탐색행동에 대해서 부모가 혐오감을 나타내게 되면, 아동의 호기심과 탐색행동은 감소한다.

보살핌의 부재 역시 호기심을 억제한다. 아동이 호기심을 지니고 적절한 탐색 행동을 하는 데에는 두 가지의 조건이 필요하다. 그 하나는 안전감으로서 새로운 것을 발견하기 위해 시도하는 심리적 토대가 된다. 다른 하나는 아동의 발견을 함께 공유하며 강화하는 부모의 능력이다. 아동의 발견에 대해서 기쁨과 강화를 제공해 주는 것이 필요하다.

반면에 불안은 호기심을 억제한다. 특히 사회적 상호작용에 대한 불안은 호기심을 억제하는 것으로 알려져 있다. 또한 자기-초점적 주의 성향도 호기심을 억제하는 것으로 알려져 있는데, 그 이유는 누구나 제한된 용량의 주의력을 지니고 있으며 과도한 자기-초점적 주의로 인해서 호기심에 필요한 주의력이 소진되기 때문이다(Rodrigue, Olson, & Markley, 1987).

호기심은 학업성취와 업무성과에 영향을 미치므로 학교, 학원, 직장 등의 장면에서는 호기심을 증진시키는 노력이 필요하다. 또한 호기심은 긍정적 정서를 고양시키는 기능을 하므로 정서적 문제를 지닌 사람들을 위해서 호기심을 높이는 개입도 유용할 것이다. 예를 들어, 정서적 문제로 비행행동을 할 수 있는 빈민가의 청소년들에게 심야에 농구 게임을 하게 하거나 인지 기능이 어느 정도 유지되고 있는 정신과 환자에게 장기를 두게 하는 것 등의 개입방법은 정서적 문제의 해소에 도움이 될 것이다.

상태 호기심은 실험실에서의 조작을 통해서 유발될 수 있다. Silvia(2006)는 환경 특성(예: 위험성 수준, 자율성 지원 정도)과 활동 특성(예: 경쟁 수준, 의미를 부여하는 정도)을 조작함으로써 상태 호기심을 변화시킬 수 있었다. 이러한 연구결과에 따른다면, 호기심을 높이기 위한 다양한 개입방법이 가능하다. 개인의 능력을 가장 잘 발휘할 수 있는 심리적 상태는 과제의 난이도가 그 사람의 기술 수준과 잘 맞아떨어져서 내재적 동기와 호기심을 유발할 뿐만 아니라 통제감을 줄 수 있을 때 가능하다. 또한 호기심은 개인이 중요한 의미를 느끼면서 참여하고 있는 영역에서 알고 싶은 것과 현재 알고 있는 것 간의 괴리를 느낄 때 증대된다.

이러한 연구결과들을 종합하면, 호기심을 증진하기 위해서 (1) 현재 알고 있는 것과 모르고 있는 것에 대한 자각을 높이고, (2) 자율성과 유능감을 느끼는 경험을 하도록 촉진하며, (3) 개인적으로 중요한 의미를 느끼는 영역에서 멘토와 지지적인 관계를 맺도록 하는 것이 필요하다. 호기심을 통해 학습을 육성할 수 있는 활동은 정서적 어려움을 이겨내는 데 도움이 될 뿐만 아니라 개인의 성장을 돕는 기회가 될 수 있다.

직접적으로 호기심을 진작시키는 방법은 실패할 가능성이 높다(Kashdan & Fincham, 2004). 호기심이 유발되는 대상에 있어서 개인차가 너무 크기 때문이다. 아동의 호기심을 유발하기 위해서 추리소설이나 복잡한 퍼즐 게임을 아동에게 제시하는 부모의 전략이 실패 가능성이 높은 까닭도 그 이유다. 그보다는 호기심이 배양되기에 적합한 조건을 마련하는 것이 호기심 개입의 주요 전략이다. 이 조건은 앞서 언급한 자율성, 유능성, 관계성을 증진시키는 조건에 해당한다. Kashdan과 Fincham(2004)은 그러한 조건에 부합하는 호기심 증진 방법을 다음과 같이 제시하고 있다.

1. 새로움, 복잡함, 모호함, 다양성, 놀라움 등을 구비한 과제를 제공한다.
2. 개인의 이전 경험과는 다른 상황에 처하도록 한다.
3. 독립적으로 실행할 수 있는 과제를 제안한다.
4. 개인적으로 의미 있는 과제를 수행하도록 한다.
5. 현재 기술로서 가능하거나 아주 조금 어려운 과제를 하도록 이끈다.
6. 즐거운 집단 활동이 가미된 과제를 한다.
7. 의사결정과정에 선택과 참여가 보장되어야 한다.
8. 어떤 행동에 있어 책임이 부여되도록 한다.
9. 과제의 전체 구조에 대한 지식이 주어져야 한다.
10. 노력에 따른 즉각적인 피드백이 주어지도록 한다.
11. 발전하고 증진되는 것에 대해서 집중하도록 한다.
12. 긍정적인 자기 말을 하도록 장려한다.
13. 활동과 노력의 의미를 강조한다.
14. 모니터링을 함께 한다.

15. 위협, 판단, 가혹한 평가, 비난 등을 피한다.
16. 열려 있는 대화를 한다.
17. 타인의 감정, 욕구, 기대에 대해서 공감한다.
18. 따뜻하고 수용하며 지지적이어야 한다.
19. 사회관계에 대한 정보를 제공한다.
20. 사람들에 대한 관심을 보여 주는 모델이 된다.

상담기법 중 하나인 동기강화면접(Motivational Interviewing)은 호기심을 유발하는 데 사용될 수 있다. 동기강화면접은 자기결정이론의 3요소를 증진시키는 것을 목적으로 한다. 자율성을 기르기 위해서 치료자는 내담자로 하여금 치료의 의제를 스스로 선택하는 것을 장려한다. 유능감을 고양하기 위해서 내담자는 여러 번의 공식적인 평가의 결과와 진행 과정에 대한 피드백을 얻게 된다. 마지막으로 관계성 증진을 위해서 치료자는 직면을 피하고 비지시적인 태도를 유지하며 공감적 반응을 반복적으로 택한다. 예를 들어, 회기 중 치료자가 말을 많이 하기보다는 듣는 행동을 보이는 것은 내담자의 유능성과 관계성을 동시에 배가시키는 효과적인 방법이다.

치료자는 끊임없이 내담자가 지니고 있는 양가감정과 비일치성에 대해서 내담자가 스스로 탐색하여 '불일치감'을 스스로 만들 수 있도록 노력해야 한다. 동기강화 면접에서는 변화에 앞서 해결해야 하는 문제가 양가감정이므로 양가감정을 해결하는 방향으로 의도적이고 지시적으로 치료가 이루어진다. 내담자의 관점에서 본 자신의 현재 행동과 자신의 목적과 가치관 사이에 불일치감을 만들어서 이를 증폭시키는 것이다. 내담자가 현재의 자기 행동이나 그 행동으로 인해 치르고 있는 대가를 깨닫게 되거나 그런 상황이 불만스러울 때 또는 행동이 변함으로 생기는 이로운 점을 느끼게 된다면 이 깨달음으로 인해 아마도 불일치감이 생기게 될 것이다. 한 개인의 행동과 그 사람의 중요한 가치관(건강, 성공, 가족 행복, 긍정적 자아상)이 갈등하면 행동이 변화할 가능성이 더 높아진다.

호기심 증진 방법(Rashid & Anjum, 2005)

- 매주 세 차례 30분 정도 책, 학술지, 잡지, TV, 라디오 또는 인터넷을 통해 관심 분야의 지식을 확장시킨다.
- 잘 모르는 낯선 주제에 관한 강의, 세미나, 행사 등에 참석한다.
- 자신의 관심사를 공유할 수 있는 사람을 찾아서 그 분야에서 전문 지식을 쌓는 그 사람의 노하우를 배운다.
- 잘 모르는 음식을 하는 음식점에 가본다.
- 자신이 좋아하는 주제에 관해서 아직 잘 모르고 있는 것들의 목록을 만들어 본다.
- 자신의 지식과 기술에 대해 도전적인 일을 시도해 본다.
- 다른 문화권에 있는 사람과 연락하고 지내면서 그 문화권에 대해 배워 본다.
- 매년 적어도 한 번은 새로운 장소를 방문한다.
- 자신의 호기심을 감소시켰던 요인들을 파악하고, 호기심을 다시 불러일으킬 수 있는 세 가지의 새로운 방법을 찾아본다.
- 숲이나 공원, 개천 등에서 매주 한 시간 정도 거닐면서 자연의 변화를 탐구한다.

제6장

개방성

모든 현상은 대부분의 경우 많은 정보를 포함하고 있다. 또한 모든 사건은 다양한 측면을 지니고 있어서 관찰자의 관점에 따라서 달리 보일 수 있다. 그러나 인간의 정보처리용량은 매우 제한되어 있기 때문에 선택적으로 정보를 수십하여 처리한다. 인간은 특히 자신의 입장이나 신념과 일치하는 정보에 우선적으로 주의를 기울이는 경향을 지닌다. 아울러 자신의 이익과 자존감을 유지하는 데 유리한 정보에 선택적으로 주의의 초점을 맞추는 경향이 있다. 반면에, 자신의 신념과 배치되거나 자존감을 위협하는 정보들은 의식적 또는 무의식적으로 외면하거나 배제하는 성향을 지닌다.

이러한 편향적인 정보처리 경향으로 인해서 인간은 사실을 왜곡하여 이해하고 잘못된 판단을 하게 된다. 인간이 범하는 잘못된 판단과 결정은 편견과 선입견에 의한 경우가 대부분이다. 인간은 선입견이나 편견으로부터 자유롭기 어려운 존재다. 누구나 나름대로의 색안경을 끼고 있어서 어떤 상황의 다양한 측면을 객관적으로 파악하기가 어렵다.

개방성은 현상을 있는 그대로 객관적으로 인식하려는 냉철한 태도를 의미한다. 설혹 자신의 신념에 반대되거나 불리한 정보라 하더라도 그것이 현상을 정확히 이해하는 데 필요한 것이라면, 수용적으로 받아들여 자신의 신념을 수정하려는 열린 마음자세를 말한다. 이러한 개방성은 인간의 편향적 경향과 왜곡을 바로잡는 중요한 교정적 덕목(corrective virtue)으로 여겨지고 있다.

1 개방성의 정의와 유형

개방성(open-mindedness)은 자신이 지지하는 신념, 계획, 목표에 반대되는 증거들을 적극적으로 탐색하며 그것이 적절한 것이라면 기꺼이 수용하려는 열린 마음자세를 뜻한다(Peterson & Seligman, 2004). 이러한 특성은 경직된 편견적 태도와 대비되는 것으로서 사실을 있는 그대로 받아들이고자 하는 객관적이고 냉철한 태도를 의미한다.

우리 사회에는 광우병 파동이나 4대강 사업과 같이 찬반양론이 격렬하게 대립하는 사회적 쟁점들이 존재한다. 이러한 쟁점들에 대한 주장과 결론은 각자의 입장(예: 보수파와 진보파, 우파와 좌파 등)에 따라서 현저하게 다르다. 아울러 이러한 쟁점에 대한 토론회나 학술적 논의가 이루어지고 있으나 적절한 합의점을 찾지 못하고 서로의 입장을 고수한 채로 마무리되는 경우가 흔하다. 개인적인 선택이든 정책적 판단이든 관련된 정보를 충분히 수집하여 객관적으로 평가함으로써 최선의 선택과 판단이 가능하다. 개방성은 지혜로운 판단에 이르게 하는 중요한 지적 덕목이라고 할 수 있다.

Francis Bacon은 인간의 편향적 성향을 다음과 같이 잘 묘사하고 있다. "인간은 일단 어떤 견해를 채택하게 되면 그것을 지지하고 옹호하기 위해서 모든 것들을 끌어들인다. 그와 반대되는 중요한 사례들이 무수히 생겨나더라도, 이를 무시하거나 폄하하거나 어떤 이유로든 배제하고 거부한다. 이처럼 거대한 치명적인 성향에 의해서 이전에 내린 결론은 수정되지 않은 채 권위적인 것으로 남게 된다."

이처럼 사람들은 자신의 마음에 강력하게 자리 잡은 생각에 집착하여 현명한 판단을 하지 못하는 경향을 지니기 때문에, 개방성이 중요한 강점으로 인식되고 있다. 개방성은 자신의 생각과 믿음을 옹호하려는 강력한 편견적 성향을 거슬러 교정하려는 것이기에 성격적 강점으로 여겨지고 있다(Perkins, Bushey, & Faraday, 1986). 따라서 개방성은 현명한 판단에 기여하게 되며 적응적인 기능을 지닌다. 우리 사회에 만연되어 있는 편견, 고정관념, 완고성, 편협성, 교조주의, 권위주의 등의 부정적 영향을 인식한다면, 개방성과 열린 마음자세의 중요성을 알게 될 것이다. 개방성은 현실을 냉철히 파악하여 체계적으로 분석하는 비판적 사고(critical thinking)와 밀접히 관련되어 있으며 교육영역에서 중시하는 덕목인 동시에 과학자에게 필수적인 덕목이라고 할 수 있다.

개방성에 대해서 수많은 성현들과 철학자들이 중요한 덕목으로 강조해왔다. 20세기 초에 개방성의 중요성을 강조한 John Dewey(1933)의 생각은 심리학계의 많은 사람들에게 깊은 영향을 미쳤다. 이후 개방성에 대한 대표적인 학자인 Irving Janis(1982)는 편견적 태도를 유발하는 집단사고(groupthink)가 미국의 쿠바 침공과 같은 외교정책의 커다란 실패를 초래한 원인이라고 주장했다. 그는 미국 대통령의 자문 집단과 같이 중요한 판단과 결정을 하는 집단의 경우 일부 구성원으로 하여금 반대의견을 내는 임무를 부여해서 상반된 의견을 경청하여 고려할 수 있도록 보장함으로써 집단의 의사결정이 개선될 수 있다고 제안했다.

Herek, Janis와 Huth(1987)는 1947년의 그리스 내전부터 1973년의 제4차 중동전쟁에 이르는 19차례의 국제적 위기에 미국 대통령과 자문집단이 어떻게 생각하고 대응했는지를 조사했다. 특히 현명하지 못했던 의사결정이 이루어진 과정에 관한 역사적 기록을 평가한 결과, 대응 목표의 부적절한 선택, 그러한 선택의 비용과 위험에 대한 고려 부족, 대안에 대한 고려 부족, 정보에 대한 편향된 해석 등의 특징이 드러났다. 이들의 연구는 개방성의 결여로 인해서 부적절한 판단과 국제적 재난이 초래될 수 있음을 보여 주고 있다.

개방성은 우유부단함이나 신념의 부재와는 구별되어야 한다. 개방성을 지닌 사람들은 다양한 정보를 충분히 수집하여 여러 가지 대안을 고려한 후에 확고한 판단을 하여 일관성 있는 과감한 행동을 할 수 있다. 개방성의 반대에 해당되는 심리적 성향은 독단주의, 권위주의, 편견과 선입견, 인지적 경직성과 완고성 등이다. 특히 대부분의 사람들은 자신의 신념과 일치하는 정보를 선택적으로 추구하고 그러한 정보를 과도하게 중시하는 자기중심적 편향(myside bias)을 지닌다. 이러한 자기중심적 편향과 이러한 편향으로부터 자유로운 정도에서 상당한 개인차가 존재한다.

2 개방성에 대한 심리학적 이론

개방성이라는 성격적 특성은 다양한 심리학적 관점에서 이해될 수 있다. 인지발달의 관점에서 보면, 개방성은 성숙한 사고과정을 의미한다. 개방적인 사람은 환경, 즉 사실적 정보에 따라 자신의 생각과 신념을 유연하게 변화시킬 수 있는 사고능력을 지닌 사람이다. 개방성은 어떤 현상의 다면성과 복잡성을 종합적으로 고려할 수 있는 인지적 복잡성(cognitive complexity)과 타인의 관점에서 현상을 바라보고 추리할 수 있는 조망 능력(perspective-taking ability)이 개방성과 밀접하게 관련되어 있다. 인지발달 심리학자인 Piaget(1932, 1962)에 따르면, 인지발달과 더불어 사고능력이 성숙하게 되면 단차원적인 사고보다는 다차원인 사고를, 절대적 또는 도덕적 판단보다는 상대적 또는 비판단적 사고를 하게 될 뿐만 아니라 어떤 현상을 불변적 또는 불가역적인 것으로 여기기보다는 가변적 또는 가역적인 것으로 생각하게 된다. 또한 개방성을 지니기 위해서는 타인의 관점에서 현상을 바라보고 추리할 수 있는 조망 능력이 필요하다. 즉, 역지사지(易地思之)의 태도와 능력이 필요하다. 이러한 성숙한 사고능력의 발달은 개방성의 인지적 조건이 될 수 있다.

개방성과 비판적 사고

개방성은 비판적 사고(critical thinking)와 밀접한 관계를 지니고 있다. 비판적 사고에 대해서 논리주의자들은 형식논리적 관점, 즉 귀납적 또는 연역적 추론, 오류 인식, 통계적 계산, 증거 평가, 논쟁 분석과 같은 논리적 원리와 방법에 의해서 이해하고자 했다. 비판적 사고는 비판적 사고기술(skills)과 비판적 사고 성향(dispositions)으로 구분될 수 있다(Facione, 1990). 즉, 비판적 사고는 인지능력뿐만 아니라 성격적 성향을 함께 고려하여 이해되어야 한다(Halpern, 1989).

그러나 Walters(1994)는 좋은 사고(good thinking)를 하기 위해서 창의적 상상력, 공감, 자기 의견에 대한 반성적 자각이 중요하다고 주장했다. 좋은 사고자(good thinker)는 (1) 주어진 정보와 주장을 넘어서 다른 가능성을 모색한다, (2) 자신의 견해와 반대되는 관점을 취하며 상대방의 입장을 고려한다, (3) 자신의 가정과 주장을 고수하려고 시도하지 않는다, (4) 자기견해의 근거가 되고 있는 가정이나 신념을 자각하여 자기비판적 반성을 한다, (5) 어떤 주장이 제기된 사회적, 역사적, 개인적 맥락을 고려한다.

최근에 Bohlin(2009)은 비판적 사고가 관점(perspective), 즉 개인이 사유하거나 토론을 할 때 지니고 있는 기본적 가정에 의해 영향을 받는다고 주장했다. 논리주의자(logicists)는 어떤 주장이 '옳거나 그르거나 둘 중의 하나'라는 흑백논리적 관점을 지니고 사유한다. 반면에 관점주의자들은 모든 주장이 '옳지도 그르지도 않을 수 있다.' 또는 '모든 주장은 각자의 관점에서는 옳은 것이다.'라는 관점을 취한다. 따라서 이런 관점을 지닌 사람들은 어떤 의견에 대해서 흑백논리적으로 접근하기보다 유연한 태도를 취하며 상대방의 관점에서는 다른 의견이 가능하다는 점을 잘 인식하고 있다. 그 결과, 자신의 의견에 대해서 반성적 태도를 취할 수 있고 상대방의 의견에 대해서 수용적인 태도를 취할 수 있으며 좀 더 좋은 사고를 통해 지혜로운 판단과 선택이 가능해진다.

Stanovich와 West(1997)의 연구에서는 불확실성에 대해 관용적이고 다른 사람의 주장을 평가하기 위한 인지적 노력의 가치를 인식하는 사람일수록 제기된 논쟁의 질을 더 잘 평가하는 것으로 나타났다. 또한 Schommer와 Hutter(2002)는 고1 학생을 대상으로 논쟁을 가능하게 하는 사고성향(타인의 조망 수용, 전문가 견해에 대한 유보적 판단, 변화하는 지식의 본질에 대한 인식 등)과 인식론적 신념의 관계를 분석하였는데, 다양한 조망 수용, 이슈의 복잡성에 대한 인식, 반성적 사고 성향을 지닌 학생일수록 인식이 복잡하고 불확실할 수 있다는 신념을 지녔다.

개방성은 사람들이 흔히 나타내는 보편적인 인지적 경향성에 의해서 억제될 수 있다. 그 첫째는 선택적 노출(selective exposure)로서 자신이 믿고 싶어 하는 것을 지지하는 정보에 스스로를 노출시킴으로써 신념을 유지하려는 경향성이다. 보수주의자들은 보수주의 신문을 읽고, 진보주의자들은 진보주의 신문을 읽는 것이 그 예다. 둘째는 초두 효과(primacy effects)로서 처음에 접하게 된 정보에 더 강한 영향을 받는 현상을 의미한다. 실험실에서 어떤 믿음을 형성하게 된 피험자들은 그다음에 주어지는 반증 정보를 무시하는 경향이 있다. 즉, 처음에 제시되는 증거가 훨씬 더 중요한 영향을 미치게 된다. 셋째는 극단화(polarization)로서 중립적 정보보다 극단적 정보가 더 강력한 영향을 미치는 현상을 말한다. 서로 대립하는 강력한 두 입장을 절충한 중립적 정보는 그 영향력이 감소된다. 이러한 인지적 경향성으로 인해서 사람들은 판단이나 사고에서 자주 실수를 범하게 된다. 개방성은 이러한 경향성에 저항하는 능력으로서 편향된 견해로 인한 잘못된 판단과 실수를 방지하도록 돕는다. 이런 점에서 윤리학자들은 개방성을 교정적 덕목(corrective virtues)이라고 부른다.

개방성은 인지 부조화의 관점에서 이해될 수 있다. 인지 부조화(cognitive dissonance)는 개인의 생각이나 행동과 불일치하거나 상반되는 정보를 접했을 때 느끼는 불편감을 의미한다(Festinger, 1957). 따라서 사람들은 인지 부조화를 감소시키는 동시에 부조화를 증가하는 정보나 상황을 회피하려는 심리적 압박감을 경험하게 된다.

Festinger는 인지적 부조화에 대응하는 방식에 상당한 개인차가 있다고 지적하면서 부조화에 대한 인내력(tolerance for dissonance)이라는 개념을 제시하였다. 성격요인이 부조화에 대한 인내력과 관련되어 있는 것으로 알려지고 있다.

Norman과 Watson(1976)은 외향성을 지닌 사람이 내향성의 소유자보다 부조화를 잘 인내한다고 주장했으며, 자유로운 선택이 가능한 조건에서 자신의 신념과 상반되는 글을 쓰고 난 후에 외향형은 태도의 변화가 내향형보다 더 적었다는 연구결과를 보고했다.

개방성과 비방어적 성향

정신분석적 관점에서 보면 개방성은 방어적 성향이 적은 상태라고 할 수 있다. 방어성(defensiveness)은 자존감을 유지하기 위해서 자신에게 위협적인 정보를 의식적 또는 무의식적으로 회피하거나 억압하려는 태도를 의미한다. 방어적인 사람은 자신의 신념이나 입장과 위배되는 정보를 외면하거나 왜곡하는 경향이 있다. 그러한 정보가 위협적으로 느껴져 불안을 야기하기 때문이다. 이러한 방어성은 독단주의, 배타주의, 자기중심주의, 완고성, 편견 등과 연결된다.

인간은 불안을 감소시키기 위한 다양한 방어적 책략, 즉 방어기제(defense mechanism)를 사용한다. 주요한 방어기제로는 수용할 수 없는 내면적인 욕구나 외부적 정보를 부정하는 부인(denial), 위협적인 욕구나 정보를 무의식 속에 눌러 놓고 의식하지 않으려는 억압(repression), 수용하기 어려운 사실에 대해서 그럴듯한 현실적 이유를 붙여 회피하는 합리화(rationalization), 자신이 지닌 욕구나 신념을 다른 대상이 지닌 것으로 간주하는 투사(projection) 등이 있으며 매우 다양하다. 미숙한 방어기제를 자주 사용하는 사람은 현실을 편향적으로 왜곡하게 된다. 이런 점에서 개방성이 높은 사람은 미숙하고 경직된 방어기제를 사용하지 않는 성숙한 자아 기능을 지닌 사람이라고 할 수 있다. 달리 말하면, 자신의 신념에 위배되는 정보를 접하더라도 위협감을 느끼지 않을 만큼 성숙한 자기통합 능력과 자신감을 지닌 사람이라고 볼 수 있다. 현실적이고 합리적인 사고를 담당하는 자아(ego)의 기능이 성숙한 사람일수록 개방성이 높다고 할 수 있다.

이처럼 개방성은 인지적 발달, 창의적 상상력, 공감적 조망능력, 자기반성적 태도, 유연한 안목, 부조화의 인내력 등의 성숙한 사고능력을 기반으로 하고 있다. 이런 점에서 개방성은 이성 또는 지성의 중요한 요건이라고 할 수 있다. 진실을 이해하기 위해서는 자신의 자존감이나 이익을 희생할 수 있고 반대의견의 옳은 점을 수용할 줄 아는 열린 마음자세가 필수적이기 때문이다.

개방성의 측정도구

개방성은 개인차가 매우 현저한 특성으로 알려져 있다. 개인의 개방성을 측정하는 방법은 크게 세 가지 유형으로 구분될 수 있다. 첫 번째 방법은 사람들의 신념을 묻는 자기보고형 검사다. 개방성의 강점을 지닌 사람들은 "우리는 항상 자신의 신념에 반대되는 증거들을 고려해야 한다." "신념은 새로운 증거에 따라 수정되어야 한다." "기존의 신념을 사실적 증거에 근거하여 포기하는 것은 훌륭한 인격의 징표다."라는 신념을 지니고 있다. 그 대표적인 검사는 Haiman's Open-mindedness Scale(Haiman, 1963)로서 10문항으로 구성되어 있는 자기보고형 검사다. 이 척도는 세 가지의 성향, 즉 (1) 소수 의견에 대한 허용성, (2) 반대 의견에 대한 존중과 인내, (3) 자신의 의견에 대한 동조나 순종을 중요시하지 않는 성향을 측정하고 있다. Frandsen(1967)은 이 척도의 변별력을 높이기 위해서 30문항으로 구성된 Haiman's Revised Open-mindedness Scale을 개발하였다.

개방성을 측정하는 또 다른 척도는 Actively Open-minded Thinking Scale(Stanovich & West, 1998)로서 개인의 개방적 사고성향을 측정하는 41문항으로 구성되어 있으며 각 문항에 대한 동의정도를 6점 척도 상에서 평정한다. 이 척도에 포함된 문항의 예는 다음과 같다. "법이나 사회적 정책은 변화하는 세계의 요구에 따라 변화되어야 한다고 믿는다." "기존의 의견을 포기하는 것은 강한 성품의 징표다." "사람은 항상 새로운 가능성을 고려해야 한다." "마음을 바꾸는 것은 나약함의 증표다."(역채점), "나는 사람들을 내 의견에 찬성하는 사람과 반대하는 사람으로 구분하는 경향이 있다."(역채점)

개방성은 그와 반대되는 독단주의 척도를 통해서 측정되기도 한다. 즉, 독단주의 성향이 낮은 사람들이 개방성이 높다는 가정하에 개방성을 간접적으로 측정하는 방법이다. 권위주의 성향을 측정하는 대표적인 검사로는 F 척도(F-scale; Adorno et al., 1950)와 독단주의적 생각에 동의하는 정도를 측정하는 독단주의 척도(Dogmatism Scale; Rokeach, 1960)가 있다.

개방성을 평가하는 두 번째 방법은 다양한 주제에 대한 언어적 진술의 내용분석을 함으로써 사고방식의 개방성을 평가한다. 예컨대, "여러 대안적 관점을 고려하고 있는가?" "찬성과 반대의 증거들을 모두 고려하고 있는가?" 등의 측면에서 언어적 진술을 분석한다. 이러한 대표적 측정방법은 통합적 복합성(Integrative Complexity) 평가법이다(Suedfeld & Tetlock, 1977; Suedfeld, Tetlock, & Streufert, 1992). 통합적 복합성은 사람들이 어떤 주제(예: 낙태, 사형제도 등)에 대해서 생각하는 방법의 두 가지 측면인 분화와 통합을 포함한다. 분화(differentiation)는 특정한 주제에 대해서 여러 가지 다른 관점을 적용할 수 있는 개인의 능력을 말하며, 통합(integration)은 이러한 여러 가지 관점들 간의 연결성을 고려할 수 있는 능력을 의미한다. 통합적 복합성이 낮은 사람들은 주어진 주제에 대해서 융통성 없는 단순한 견해를 나타낸다.

개방성을 측정하는 세 번째 방법은 피평가자들로 하여금 어떤 주제에 대해서 토론을 하게하고 전문가가 이들의 개방성 정도를 판단하는 방법이다. 이러한 대표적인 측정도구는 토론평가 검사(Argument Evaluation Test; Stanovich & West, 1998)다. 이 검사의 점수는 개방성을 측정하는 자기보고형 검사의 점수와도 비교적 높은 상관을 보인다.

3 개방성과 관련된 심리적 특성

개방성은 인지적 발달과 밀접한 관계를 지니고 있다. 여러 연구들을 종합하면, 개방성은 나이가 많아지고 교육수준이 높을수록 증가하는 경향이 있다. Kuhn (1991)은 사회적 쟁점에 관한 논의를 통해서 개방적 사고방식의 특징을 살펴보고자 했다. 그는 나이와 교육적 배경이 각기 다른 사람들에게 "죄수들이 석방된 후에 다시 범죄를 저지르는 이유는 무엇인가?" 와 같은 주제에 관한 구조화된 면접을 실시했다. 이들이 과연 자신이 지지하는 입장 이외의 대안을 생각해낼 수 있는지, 자신의 입장을 지지하거나 반대하는 증거들이 무엇이라고 생각하는지, 비판자들이 자신의 견해에 대해 무엇이라고 논박할 것으로 예상하는지, 그러한 비판자들에게 무엇이라고 응수할 것인지 등의 측면에서 면접내용을 평가했다. 나이가 어리거나 교육수준이 낮은 사람들은 자발적으로 대안을 만들어내지 못했으며, 대안을 생각해 보도록 요청하더라도 자신의 원래 입장을 단지 다른 단어로 바꾸어 말했으며, 입장 자체에 관한 질문과 그 증거에 관한 질문을 잘 구분하지 못했다.

이러한 결과는 Kuhn, Amsel과 O' Loughlin(1988)의 연구결과와 일치되는 것이다. 이 연구에서는 사람들에게 그들의 입장과 다른 어떤 과학적 사실을 제시하면서 그 의미는 무엇이며 과연 어떤 입장이 옳은지에 관해서 말해 보도록 했다. 그리고 자신의 견해에 대해서 얼마나 확신하는지, 전문가들의 견해가 옳은지, 사람마다 다른 견해를 지닐 수 있는지, 그리고 여러 다른 견해들이 모두 옳을 수 있는지에 관해서 물었다. 이들의 반응에 근거하여 연구자들은 사람들이 지식에 관한 사고방식에 따라 크게 세 가지 유형으로 구분될 수 있다고 제안했다.

그 첫째는 자신의 견해에 대해서 가장 강한 확신을 지니고 있는 절대주의자들(absolutists)이다. 이들은 전문가들의 견해가 옳을 가능성이 높으며 자신의 견해가 그와 일치한다고 믿는다. 그런데 역설적이게도 이들 중 대다수는 다른 견해들이 옳을 수 있다는 점에도 동의한다. 아마도 사람들은 각기 나름대로의 관점을 지니고 있으며 그들의 견해가 그들 자신에게는 진실이라고 여겨지기 때문일 수 있다. 대학생을 비롯한 대다수의 응답자가 이러한 절대주의자에 속했다.

둘째 유형은 자신의 견해에 대해서 중간정도의 확신을 나타낸 다중주의자들(multiplists)인데, 이들은 전문가의 견해가 잘못된 것일 수도 있으며 상충되는 견해들이 동시에 옳을 수 있다고 주장한다. 이러한 사람들은 개인적인 경험이나 느낌을 자신의 견해에 대한 근거로 여겼다. 또한 사람마다 각기 다른 입장에 있기 때문에 다른 사람의 견해가 잘못되었다는 것을 증명하기가 어렵다는 입장을 보였다.

세 번째 유형인 평가적인 이론가들(evaluative theorists)은 자신의 견해가 전문가들의 견해보다 잘못된 것일 가능성이 높다고 생각했다. 이들은 비록 절대적 진실은 알 수 없더라도 "견해들은 서로 비교될 수 있고 그 적절성이나 장점에 따라 평가될 수 있다."는 입장을 보였다. 대학생의 14%만이 이 범주에 속했으며, 이들은 다른 사람들에 비해서 자신의 견해가 옳다는 확신을 보이지 않았다.

Kuhn 등은 반성(reflection)의 유용성을 강조하고 있는데, 반성이란 최소한 한 가지 이상의 대안을 고려할 뿐만 아니라 자신의 견해를 채택하고 대안을 기각하게 되는 구체적인 근거들을 찾는 노력을 말한다. 이러한 반성을 하기 위해서는 토론과 논쟁이 올바른 인식으로 인도하는 가치 있는 일이라는 암묵적인 믿음을 지니고 있어야 한다. 모든 사람의 의견이 똑같이 타당하다는 입장을 지닌 사람들은 토론이나 진리 추구에 대한 열의를 갖기 어렵다.

개방적인 사고방식은 긍정적인 결과를 유발하는 것으로 보고되고 있다. Stanovich와 West(1997, 1998)는 토론평가 검사에 의해서 측정된 개방성이 여러 다른 과제들에서의 긍정적 결과들과 정적인 상관을 보인다는 점을 발견했다. 자신의 입장에 대한 편향성이 적은 학생들은 논리적인 삼단논법 테스트에서 더 좋은 성적을 보였다. 또한 이들은 일반적인 인지 능력 검사에서도 더 좋은 점수를 얻었는데, 이러한 결과들은 개방적인 사고방식이 다양한 과제에서의 긍정적인 결과를 가져올 수 있다는 점을 보여 준다.

개방성은 여러 가지 이득을 제공한다. 내용분석 방법을 사용한 통합적 복합성 연구에 따르면, 복합적으로 사고하는 개방적인 사람들이 다양한 영역에서 효과적인 수행을 나타내는데, 그 이유는 이들이 더 많은 정보, 특히 모순되는 견해에 대해서 주의를 기울이기 때문이다(Winter, 1996). 개방성이 높은 복합적인 사유자들은 단일한 사건에 의해서 쉽게 흔들리지 않고 영향을 덜 받으며 단순한 사유자들에 비해서 암시와 조작에 잘 넘어가지 않는다. 인지적으로 복합적인 사람들은 다른 사람들이 어떻게 행동할 것인지를 더 잘 예측할 수 있으며 자신의 생각을 다른 사람에게 투사하는 경향이 적을 뿐만 아니라 스트레스에도 더 잘 대응하는 것으로 알려져 있다(Bieri, 1955; Suedfeld & Piedrahita, 1984). 또한 개방성이 높은 사람은 상대방의 주장이나 입장에 대한 허용적인 태도를 지님으로써 타인에 대한 분노나 적개심을 덜 지닐 뿐만 아니라 좀 더 원만하고 조화로운 대인관계를 나타낼 수 있다.

개방성은 편견에 대한 연구를 통해서 간접적으로 탐색되었다. 개방성이나 편견의 발달은 부모의 양육방식과 밀접한 관계를 지닌다. 가정의 분위기는 아동의 개방성에 영향을 미친다. 다양한 의견이 허용되는 민주적인 가족에서 성장한 자녀는 개방성이 발달하는 반면, 강압적이고 엄격하거나 방임적 또는 비일관적 양육 환경은 편견을 발달시킨다(Allport, 1961).

개방성은 개인이 성장하는 문화권의 영향을 받는다는 점을 시사하는 연구들이 있다. 집단주의적 문화권의 구성원들이 개인주의 문화권의 구성원보다 좀 더 다양한 의견을 종합적으로 고려하는 경향이 있다. Nisbett, Peng, Choi와 Norenzayan (2001)의 연구에 따르면, 동양인들이 서양인들보다 상반된 모순에 대해서 좀 더 적응하는 경향이 있다. 이러한 연구결과가 동양인의 높은 개방성을 입증하는 것으로 해석할 수는 없겠으나, 일반적으로 집단주의적 문화는 사회적 조화와 균형을 중시하기 때문에 개인주의 문화에 비해서 상대방의 의견에 대해 좀 더 수용적이고 상반된 의견을 절충하거나 종합하려는 노력을 가치 있는 것으로 여기는 경향이 있다. 타인과의 상호작용과 조화로운 관계를 강조하는 양육방식은 통합적 사고능력을 촉진하는 것으로 알려져 있다(Harvey & Felknor, 1970).

개방성의 강점을 지닌 사람들은 "우리는 항상 자신의 신념에 반대되는 증거들을 고려해야 한다." "신념은 새로운 증거에 따라 수정되어야 한다." "기존의 신념을 사실적 증거에 근거하여 포기하는 것은 훌륭한 인격의 징표다."라는 신념을 지니고 있다.

개방성과 연령의 관계에 있어서 노인이 되면 개방성이 감소하여 완고한 사고경향이 증가하는 것으로 여겨지고 있으나 그에 관한 일관성 있는 실증적 증거는 존재하지 않는다. 또한 개방성의 성차에 관한 증거 역시 부재하다.

4 개방성의 촉진요인 및 함양방법

개방성은 다양한 상황적 요인이나 사고를 조직화하는 방식에 의해서 촉진될 수도 있고 억제될 수도 있다. Janis와 Mann(1977)에 따르면, 중요한 결정을 해야 하고 그러한 결정을 내릴 충분한 시간이 있으며 긍정적인 결과가 예상될 때 사람들은 더 개방적인 사고를 하는 경향이 있다. 심한 시간적 압력을 받거나 희망을 지닐 수 없을 때, 자기중심적 편향이 더 극단적이거나 혼란스러운 형태로 일어나는 경향이 있다. Tetlock(1986)의 연구에 따르면, 사람들은 상충되는 강렬한 가치나 목표에 관해서 어떤 판단을 해야 할 때 더 적극적으로 개방적인 사고를 한다.

개방성은 생각을 조직화하는 방식에 따라 촉진되거나 억제될 수 있다. 어떤 주제에 대해서 상반된 입장의 주장들을 열거해 보라고 하면, 사람들은 대부분 주로 자신이 지지하는 입장의 주장들을 나열한다. 그러나 양측의 입장을 모두 말해 보라고 좀 더 격려하면, 사람들은 자신과 반대되는 입장에 관한 주장들을 더 많이 만들어냈다(Perkins et al., 1986). 사람들은 반대의견의 주장들을 인식하고는 있지만 처음의 요청에는 잘 생각해내지 않는 경향이 있다. 이처럼 상반된 주장을 개진하도록 요구하는 훈련은 개방성을 증진시킬 수 있다.

개방성과 판단력은 교육에 의해 증진시킬 수 있다는 견해가 일반적이다. 여러 연구에 의하면, 개방성은 나이가 많아지고 교육을 많이 받을수록 증가한다. Perkins 등(1986)은 고등학생을 대상으로 16회의 개방성 훈련을 시행하여 긍정적인 성과를 거둔 바 있다. 이 훈련에서 학생들은 논쟁이 되는 주제에 대해서 토론을 했으며, 상반된 입장의 주장을 가능한 한 많이 제시하고 그에 대한 평가를 하게 했다. 그 결과 학생들은 이 훈련과정에서 논의한 바 없는 주제에 관해서도 상대방 입장의 주장들을 두 배나 많이 생각해냈다.

Kuhn(1991)의 연구에 따르면, 철학과 대학원생은 다른 학생들에 비해서 과학적 사고에서 자기중심적 편향을 덜 보였다. 상반된 견해를 함께 고려하는 객관적인 탐구 과정을 통해서 진리가 발견될 수 있다는 신념은 교육에 의해서 가르칠 수 있는 것으로 여겨지고 있다. 예컨대, 학생들에게 자기중심적 편향의 실증적 근거를 제시할 뿐만 아니라 개방적 사고성향이 이러한 편향을 감소하고 올바른 사고를 증진한다고 가르친다. 또한 열린 사고의 중요성을 강조하면서 마음을 바꾸거나 자신의 신념에 반대되는 증거에 열린 자세를 취하는 것이 좋은 사고자(good thinker)의 특성이란 점을 가르친다. 아울러 다지선택형 질문을 주고, 흑백 논리적 기준에 따라 옳고 그름을 따지기보다 자신의 선택에 반하는 증거를 적극적으로 찾아보고 다른 대안을 주의 깊게 고려하도록 장려한다.

사람들은 시간적 압력이 주어지면 덜 개방적이 된다. 개방성을 촉진하기 위해서는 시간적인 여유를 주는 것이 필요하다. 아무리 직관력이 뛰어난 사람이라 하더라도 짧은 시간 내에 하는 판단은 흔히 실수를 범하게 된다. 또한 사람들은 자신이 중요한 결정을 한다고 생각할 때 더 개방적이 된다. 아울러 생각을 제시하는 방식에 따라서 개인의 개방성이 영향을 받을 수 있다. 실험실에서 참여자들에게 복잡한 주제(예: 사형제도, 낙태문제, 동물실험 등)에 대한 찬반론의 주장들을 열거하라고 하면, 그들이 선호하는 입장에 대한 주장들이 훨씬 더 많이 제시된다. 그러나 연구자가 참여자들에게 그들과 반대되는 입장의 주장을 좀 더 제시해 보라고 하면, 대부분의 사람들은 큰 어려움 없이 더 많은 주장을 제시한다. 이러한 결과는 사람들이 반대 입장의 주장을 기억 속에 저장하고 있었지만 첫 번째 조건에서는 그러한 주장들을 끌어내지 않았다는 것을 보여 준다.

개방성을 증진하기 위해서는 다음과 같은 구체적인 노력을 기울일 수 있다.

(1) 정서적으로 개입되어 있고 논란의 쟁점이 되는 한 가지 주제(예: 4대강 사업, 사형제도, 낙태문제, 학교에서의 두발자유화 등)를 택하고 자신의 입장과 반대되는 입장을 취해 본다. 이러한 반대 입장을 지지하는 다섯 가지 이유를 생각하여 적어 본다.

(2) 자신이 과거에 어떤 사람으로부터 부당한 대우를 받은 상황을 떠올린다. 이 사람이 우연히 또는 의도적으로 자신에게 부당한 대우를 했을 그럴듯한

이유를 세 가지 생각해 본다.

(3) 부모의 경우는 자녀와 흔히 논쟁을 하게 되는 주제를 생각해 보고 자녀의 입장이 되어 그들의 입장이 타당한 세 가지의 실제적 이유를 생각해 본다. 이러한 논의는 배우자나 가족 구성원 간에 서로 논쟁을 하게 되는 주제를 택하여 상대방의 입장이 되어 주장의 이유를 생각해 볼 수 있다.

개방성 증진 방법(Rashid & Anjum, 2005)

- 최근 들어 만족스럽지 못했던 세 가지 행동의 이유를 밝히고 보다 나은 대안을 브레인스토밍 해 본다.
- 대화를 하면서 자신의 의견과 반대되는 입장을 취해서 주장을 해 본다.
- 적어도 일주일에 한 번씩 중요한 주제에 대해 연설이나 토론을 한다.
- 중요한 결정을 할 때, 각각의 장점과 단점을 분석하고 기록한다.
- 자신과 다른 문화나 배경을 지닌 사람에게 멘토 역할을 해 준다.
- 자신이 강력하게 믿고 있는 의견을 생각해 보고, 그것이 잘못된 것일 수 있는 가능성을 생각해 본다.
- 자신과 다른 정치적 입장을 선전하는 신문을 읽어보거나 라디오 방송을 들어 본다.
- 위기에 처할 때, 먼저 최선의 시나리오와 최악의 시나리오를 상상한 뒤에 가장 현실적인 대처방식을 결정한다.

제7장

학구열

인간이 오늘날과 같은 놀라운 문명과 문화를 이룩하게 된 것은 한 세대가 습득한 지식과 기술을 후속세대에게 전달한 노력 때문이다. 인류의 조상이 지구상에 출현한 200만 년 전의 인간은 짐승과 다를 바가 없었다. 그러나 주변 환경과의 접촉을 통해 습득한 지식과 더불어 편리한 도구를 만드는 기술을 대대손손 전달함으로써 현대사회와 같이 다양한 학문이 발전하고 놀라운 기술문명을 이루게 되었다.

동서고금을 막론하고 모든 사회는 후속세대에게 지식과 기술을 전수하는 교육을 중요시했다. 특히 현대사회와 같이 다양한 지식과 기술이 새롭게 개발되는 시대에는 교육의 역할이 더욱 중요하다. 교육을 통해 전수되는 지식과 기술을 배워 익히는 것은 개인의 성공과 행복뿐만 아니라 사회의 발전과 번영을 위해서도 필수적이다.

인간은 호기심이 많은 존재인 동시에 주변 환경에 대한 지식과 기술을 배워 익히려는 욕구가 강한 존재이기도 하다. 어린 아동은 자발적으로 세상을 배워나가고 지식을 빨아들이며 성장한다. 새로운 것을 배우고자 하는 학구열은 성장과정에서 더욱 강화되기도 하고 퇴색되기도 한다. "소를 물가까지 끌고 갈 수는 있어도 물을 마시게 할 수는 없다." 는 속담이 있듯이, 아무리 좋은 교육환경이 조성되더라도 배움에 대한 열의를 지니지 않으면 효과적인 교육과 성장이 이루어질 수 없다. 학구열, 즉 배움에 대한 열망은 현대사회에서 매우 중요한 덕목이라고 할 수 있다.

1 학구열의 정의와 유형

학구열(學究熱) 또는 배움에 대한 사랑(love of learning)은 새로운 지식과 기술을 배우는 것에 대한 갈망과 더불어 그러한 지식과 기술을 숙달하면서 긍정 정서를 경험하는 성향을 의미한다. 이러한 강점을 지닌 사람들은 지식을 배우며 호기심을 충족시키고 새로운 기술을 익히면서 즐거움과 기쁨을 느낀다. 무언가를 배우는 과정에서는 긍정 정서뿐만 아니라 좌절과 관련된 부정 정서를 경험할 수도 있다. 학구열은 이러한 좌절과 난관에 직면해서도 학습을 지속하도록 돕는다는 점에서 동기적 추진력을 제공한다. 학구열은 즉각적인 성과를 얻을 수도 있고 그렇지 않을 수도 있는 내용을 배우려는 노력으로서 결국에는 깊고 넓은 지식을 발전시켜 실제적이고 창의적인 기여를 하도록 돕는다. 이러한 학구열은 일생 동안 비교적 안정적이라는 점에서 성격적 특질이라고 할 수 있다.

학구열은 호기심과 밀접한 관계를 지니지만 구별되어야 한다. 새로운 것에 대한 흥미와 매혹을 의미하는 호기심은 흔히 학구열로 연결된다. 호기심은 탐색행동이라는 운동기능을 촉진함으로써 새로운 세계를 탐색하게 만들며 학구열로 진전될 수 있기 때문이다. 호기심, 특히 지적인 호기심은 학구열의 씨앗이 될 수 있다. 그러나 호기심이 항상 학구열로 이어지는 것은 아니다. 학구열은 체계적인 지식과 기술의 습득에 대한 열망으로서 집중적인 탐구와 천착 행동으로 이어진다. 호기심은 새롭고 다양한 것에 대한 넓은 흥미라면, 학구열은 흥미로운 초점적 주제에 대한 깊은 관심이라고 할 수 있다. 호기심이 감각적 또는 운동적 만족에 대한 욕구라면, 호기심은 인지적 만족에 대한 욕구라고 할 수 있다.

학구열은 흥미와 밀접한 관련성을 지닌다. 흥미(interest)는 어떤 종류의 활동이나 사물에 대해서 특별한 주의나 관심을 갖게 하는 개인의 일반화된 행동경향을 의미한다(Renninger, 1990, 2000). 흥미는 일에 대한 몰두와 성과 그리고 직업만족도에 영향을 미치는 중요한 요인으로서 개인이 종사하는 직업에 대한 만족도, 노력의 투여량, 지속적 종사기간을 결정하는 중요한 요인으로 알려져 있다.

흥미는 내재적인 만족뿐만 아니라 여러 가지 장기적인 이득을 준다. 명백한 이득은 특정 분야에서 남다른 성취를 나타내는 것이다. 흥미는 도전과 좌절을 잘 견디며 극복하게 만든다(McCombs, 1991). 새로운 것을 배우는 동안 흥미를 많이 느낄수록 스트레스를 덜 경험하며 장기적으로 신체적 · 심리적 안녕이 증대된다(Helson & Srivastava, 2001; Sansone, Wiebe, & Morgan, 1999). 흥미를 지속적으로 유지하고 새로운 흥미를 계발하는 능력은 건강하고 생산적인 노화에도 중요하다(Snowdon, 2001).

진로발달 이론가인 Holland(1966, 1985)는 직업선택에 있어서 개인과 직업의 부합성을 강조하면서 개인의 흥미와 직업유형의 관점에서 사람들을 크게 6가지 기본 유형으로 구분하였다. 개인의 흥미 유형과 직업 특성이 일치할 때 직업 만족도가 가장 높으며 수행성과 역시 최고 수준으로 높아진다(Smart, 1982).

(1) **현실형**(realistic type)은 물체, 도구, 기계를 사용하거나 동물을 사육하는 일에 각별한 흥미를 느낀다. 이러한 유형에게 적절한 직업으로는 엔지니어, 건축업자, 차량 운전자나 수리자, 농장경영자 등이 있다.

(2) **탐구형**(investigative type)은 물리학, 생물학, 사회과학 등의 분야에서 조직적인 일이나 창의적인 연구에 각별한 흥미를 지닌다. 이러한 사람들은 합리적이고 분석적이며 독립적인 성향을 지닌다. 이들에게 적합한 직업으로는 다양한 분야의 과학자나 교수다.

(3) **사회형**(social type)은 사람들을 보살피고 도우며 가르치는 일에 흥미를 가진

다. 언어적 기술과 대인관계 기술이 풍부하며 대표적 직업으로는 교사, 상담사, 임상심리학자, 사회복지사 등이 있다.

(4) 예술형(artistic type)은 언어, 음악, 미술 등과 관련된 예술적 활동에 흥미를 느끼며 상상력이 풍부하다. 이들에게 적절한 대표적인 직업으로는 시인, 소설가, 음악가, 조각가, 극작가, 작곡가, 무대지휘자, 디자이너 등이 있다.

(5) 사업형(enterprising type)은 경제적 이익창출을 위해서 조직적인 활동을 하거나 다른 사람을 설득하는 일을 좋아한다. 자신감과 야심을 지니며 활동적인 성향을 지닌다. 사업가, 정치인, 판매업자, 사회자, 관리자 등이 대표적인 직업이다.

(6) 관습형(conventional type)은 자료를 정연하게 분류하여 정리하고 보관하는 사무적인 일에 흥미를 느끼며 규범적이고 성실한 성향을 지닌다. 대표적인 직업으로는 회계사, 은행가, 도서관 사서 등이 있다.

학구열은 그 자체로 가치가 있는 것이지만 개인에게 다양한 이득을 제공한다(Fried, 2001; Peterson & Seligman, 2004). 우선, 학구열이 높은 사람들은 새로운 것을 배우는 것에 대해서 긍정적인 정서를 느낀다. 둘째, 역경과 좌절이 있더라도 배움의 과정을 인내하며 자신을 조절할 수 있는 능력을 지닌다. 셋째, 배움의 과정에서 자율감과 도전감을 느낀다. 넷째, 배움의 과정에서 다른 사람(교사, 부모 등)으로부터 지원을 받고 있다고 느낀다. 다섯째, 학습과정에서 교사나 부모로부터 긍정적인 피드백을 받게 된다. 이러한 이득으로 인해서 새로운 지식과 기술의 습득과정에서 긍정적인 경험을 하게 될 뿐만 아니라 학업적 또는 직업적 성과에서 긍정적인 결과를 얻게 된다. 이러한 점에서 학구열은 교사들이 가장 소중하게 여기는 학생의 장점 중 하나다.

배움에 대한 사랑을 뜻하는 학구열은 어떤 정당화도 불필요한 진정한 덕목으로 여겨져 왔다. 따라서 학구열은 모든 사회에서 중요시되었다. 공자의 어록을 정리한 논어(論語)의 학이(學而)편에서는 맨 처음에 다음과 같이 배움의 즐거움을 강조한 문구가 있다.

학이시습지(學而時習之)면 불역열호(不亦說乎)아,
유붕자원방래(有朋自遠方來)면 불역낙호(不亦樂乎)아,
인부지이불온(人不知而不慍)이면 불역군자호(不亦君子乎)아.

배우고 때에 맞춰 익히면 이 또한 즐겁지 아니한가,
친한 벗들이 먼 곳에서 찾아오니 이 또한 즐겁지 아니한가,
사람들이 나를 알아주지 않아도 화를 내지 않으면
이 또한 군자가 아니겠는가.

공자는 인생의 다양한 즐거움 중에서도 배움의 즐거움을 가장 중요시했던 대표적 인물이라고 할 수 있다. 서양사회에서 학구열이 높았던 유명한 인물로는 문법책을 빌리기 위해 30여 Km를 걸어 도서관에 다녀온 젊은 시절의 에이브러햄 링컨이나 대학설립에 커다란 기여를 한 벤저민 프랭클린과 토머스 제퍼슨 등이 있다. 11살에 학술적 논문을 발표한 프랑스의 발달심리학자 피아제는 이러한 강점을 지닌 신동이라고 할 수 있다.

2 학구열에 대한 심리학적 이론

학구열에 대한 체계적인 심리학적 이론은 드물다. 그러나 학구열은 배움의 과정에서 자체적인 즐거움과 만족감을 경험하게 만드는 태도라는 점에서 학습에 대한 내재적 동기라고 할 수 있다. Deci와 Ryan(1985; Ryan & Deci, 2000)은 인간의 행동을 유발하는 동기를 두 가지 유형, 즉 외재적 동기와 내재적 동기로 구분하고 있다. 이들이 제시하는 내재적 동기는 학구열의 심리적 과정을 이해하는 바탕이 될 수 있다.

외재적 동기(extrinsic motivation)는 외적인 보상을 얻기 위해 행동할 때 작동한

다. 외적 보상은 돈이나 소유물, 지위와 권력, 사회적 인정과 명예 등과 같이 외부에서 주어지는 행동 유인 요인을 의미한다. 반면에, 내재적 동기(intrinsic motivation)는 우리가 어떤 외부적 보상과도 상관없이 그 일 자체를 위한 어떤 활동에 참여하도록 이끌릴 때 작용되는 것이다. 내재적 동기는 기본적인 심리적 욕구에 의해서 생겨나는 것으로서 그러한 동기를 충족시키기 위한 행위 속에서 자체적으로 만족감을 느낄 수 있는 것이다. 이러한 동기는 인간에게 내재해 있는 심리적 성장과 자기실현 욕구를 반영한다.

동일한 행위를 하더라도 그 행위를 하는 동기가 다를 수 있다. 이러한 동기의 유형에 따라 행위에 대한 흥미나 만족감이 달라질 수 있다. Lepper, Greene 및 Nesbitt(1973)의 연구는 이러한 점을 잘 보여 주고 있다. 그들은 아동들의 자유놀이 시간에 재미있는 그림 그리기 활동을 하도록 했다. 아동들의 활동을 관찰한 후, 연구자들은 그림 그리기를 좋아하며 내재적 만족을 얻은 것처럼 보이는 아이들을 선발했다. 그런 다음에 아이들을 세 조건 중 하나에 할당했다. 첫 번째 조건에서는 아동들에게 '훌륭한 화가' 인정서를 보여 주면서 그림을 열심히 그리면 이러한 상을 주겠다고 했다. 즉, 보상을 얻기 위해서 자신이 좋아하는 일을 하도록 한 것이다. 두 번째 조건에서는 아무런 지시 없이 단지 그림을 그리도록 한 후 나중에 '훌륭한 화가' 인정서를 주었다. 그리고 세 번째 조건에서는 단지 그림을 그리도록 했으며 아무런 보상도 주지 않았다. 2주 후에 다시 그림 그리기 활동에 참여하게 된 아동들을 관찰한 결과, 상을 받기 위해서 그림을 그렸던 첫 번째 조건의 아동들은 그리기에 별로 흥미를 보이지 않았다. 더구나 보상이 주어지지 않는 상황에서 이 아이들은 그림 그리기를 그만두었는데, 외적인 보상이 그림 그리기에 대한 본래의 내재적 동기를 없애버린 것처럼 보였다. 그러나 다른 두 조건의 아동들은 2주 후에도 그림 그리기에 대해 비슷한 수준의 흥미를 나타냈다.

첫 번째 조건의 경우처럼 내재적 동기가 외적인 보상에 의해 대체되는 현상을 과잉정당화(overjustification)라고 한다. 우리가 어떤 일을 하게 되는 동기는 그 일 자체를 좋아하기 때문이거나 어떤 보상을 기대하기 때문일 수 있다. 동일한 일을 하더라도 외적인 보상에 대한 기대를 갖게 하면, 그 일 자체에 대한 흥미나 선호가 오히려 떨어지게 된다. 왜냐하면 그 일을 하게 되는 이유가 일 자체에 대한 흥미 외에도 외적 보상이라는 이유로 정당화될 수 있기 때문이다. Lepper와 Greene(1978)은 이러한 현상에 관한 연구들을 종합하여, 내재적인 만족을 얻고 있는 활동에 대해서 보상을 주게 되면 이후에 그 활동에 참여하게 만드는 내재적 동기가 저하될 수 있다고 결론지었다. 이러한 결과는 외적인 보상이 사람들로 하여금 어떤 행동을 하게 만드는 유일한 동기가 아니라는 점을 분명하게 보여 준다. 사실 우리를 행복하게 만드는 것은 어떤 보상의 기대보다 그 자체에 대한 만족이나 재미를 느껴서 참여하게 되는 활동들이다.

학구열과 자기결정이론

내재적 동기와 외재적 동기의 구분은 학구열을 이해하는 데에 중요하다. Deci와 Ryan(1985; Ryan & Deci, 2000)에 따르면, 내재적 동기를 지니는 사람들은 외적인 보상에 의해 동기가 부여된 사람들에 비해서 업무성과, 끈기, 창의성, 자존감, 활기가 향상되었으며 전반적 행복 수준을 더 높게 보고했다. 동일한 과제를 수행하는 경우에도 두 집단은 이러한 차이를 나타냈다. 또한 내재적 동기를 지닌 사람들은 건강증진 행동, 종교적 참여, 친밀한 인간관계, 정치적 활동과 같은 다양한 영역에서도 긍정적인 결과를 나타내는 경향이 있었다. 내재적 동기를 지니고 흥미로운 일에 전념하게 될 때, 몰입이라는 독특한 긍정적 심리상태를 경험하게 된다.

이러한 일관된 결과를 근거하여, Ryan과 Deci(2000)는 내재적 동기를 '새롭고 도전적인 것을 추구하고, 자신의 능력을 확장하여 연마하며, 항상 탐구하고 배우고자 하는 선천적 성향' 이라고 정의하면서 인간의 대표적인 긍정적 속성으로 간주했다. 이러한 내재적 동기를 구성하는 세 가지의 기본적 욕구를 제시하였다. 그 첫째는 유능성(competence)의 욕구로서 환경에 효과적으로 대응할 수 있는 숙달된 경험을 추구하는 성향이고, 둘째는 관계성(relatedness)의 욕구로서 서로에게 지지적인 인간관계를 형성하고자 하는 성향이며, 셋째는 자율성(autonomy)의 욕구로서 삶의 중요한 문제에 관해서 독립적이고 자주적인 결정을 내리고자 하는 성향이다. 이러한 성향은 자발적인 동기(self-motivation)와 성격 통합의 바탕이 된다.

이러한 욕구들이 충족될 수 있을 때, 내재적 동기가 촉진된다. 예를 들어, 과제의 목표와 수행방식을 스스로 선택할 수 있게 하여 자율성의 욕구를 충족시키고 수행성과에 대한 긍정적 피드백을 통해 유능감을 증진시킬 때, 내재적 동기가 강화된다. 반면에, 내재적 동기는 처벌이나 처벌의 위협 또는 평가의 압박을 가하면 약화된다. 또한 정해진 목표나 완성시간을 강요하게 되면 약화된다. 놀라운 결과는 흥미로운 과제를 수행한 것에 대해서 보상을 주게 되면, 내재적 동기가 약화된다는 점이다(Deci, Koestner, & Ryan, 1999). 즉, 보상적인 것이든 처벌적인 것이든 외부적인 유인가는 내재적 동기를 감소시킨다. 왜냐하면 자신의 수행이 자발적인 내면적 흥미에 의한 것이기보다 외부적 보상이나 처벌에 의한 것이라고 지각하도록 만들기 때문이다. Deci와 Ryan(1985; Ryan & Deci, 2000)은 내재적 동기를 증진하는 요인들을 설명하기 위해서 자기결정이론(self-determination theory)을 제시한 바 있다.

자기결정이론은 행동을 안내하는 동기적 지향이 행동 조절과 심리적 안녕에 중요하다고 주장한다. 자기결정이론은 어떤 행동을 하는 이유에 따라 동기의 유형을 구분하고 있으며 자율성의 수준을 중요한 기준으로 여기고 있다. 자발적인 의지에 의해서 자율적으로 동기화된 행동이 자기결정행동이라고 할 수 있다.

자기결정이론에서는 동기를 연속선 상에서 세분하고 있다. 자기결정이론은 하위이론인 유기체적 통합이론(Organismic Integration Theory)에 근거하고 있다. 이 이론은 행동조절의 통합과 내면화의 맥락에서 동기의 연속선을 세부적으로 [그림 7-1]과 같이 제시하고 있다.

한 극단에는 동기 결여(amotivation)가 있는데, 이는 의지가 전혀 개입되지 않으며 자기조절이 이루어지지 않는 상태를 뜻한다. 개인이 자신의 행동에 아무런 의미나 가치를 두지 않을 때, 행동을 옮길 능력이 없다고 생각할 때, 행동에 따른 만족스런 결과를 얻을 수 없다고 생각할 때 동기 결여가 생겨난다. 다른 극단에

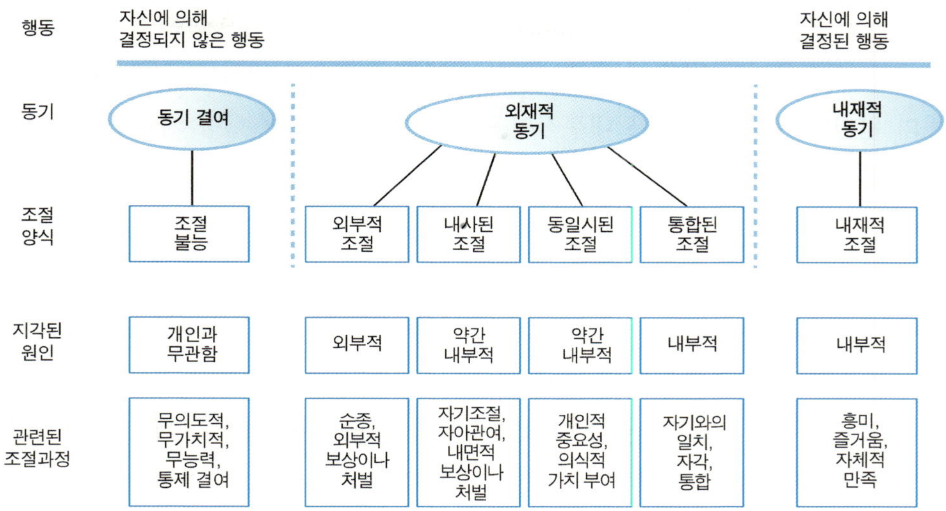

[그림 7-1] 자기결정이론

있는 내재적 조절(intrinsic motivation)은 활동 자체에 내재된 즐거움과 흥미 때문에 행동을 하는 것으로서 매우 자율적인 것이라고 할 수 있다. 내재적 동기는 다양한 긍정적 결과, 즉 창조성, 과제 수행도의 향상, 높은 수준의 심리적 안녕감과 관련되어 있다.

이러한 두 극단 사이에 외재적 동기에 의해 유발되는 네 가지 유형의 조절양식이 있다. 외재적 조절(external regulation)은 보상을 얻거나 처벌을 피하기 위해 행동하는 것을 뜻하며, 이러한 경우에 개인은 자기 외부의 힘이나 압박에 의해서 통제된다는 느낌을 갖는다. 내사된 조절(introjected regulation)은 자존심과 같은 자기보상을 얻거나 죄책감, 불안, 불인정을 피하기 위해서 행동하는 것이다. 이 경우에 관련되는 자존감은 외부적 보상이 내사 또는 내면화된 것이라고 할 수 있다. 동일시된 조절(identified regulation)은 보다 자율적인 형태로서 개인이 의식적으로 중요성을 인식하고 가치를 부여하여 행동하는 경우를 말한다. 이러한 경우에는 내사된 조절의 경우보다 본인의 의지가 더 많이 개입된 것으로 느껴지며 더 높은 수준의 끈기와 수행, 그리고 긍정적 감정을 나타낸다. 통합된 조절(integrated regulation)은 행동이 가치와 의미를 지닐 뿐만 아니라 의식적으로 자신의 다른 가치나 목표와 조화를 이루며 자기(self)와 일치하는 경우를 말한다. 통합된 조절행동의 원인에 대해서 개인은 내부적인 귀인을 하게 되지만, 행동 자체를 위한 것이라기보다는 그와 구별되는 결과를 얻기 위한 것이라는 점에서는 여전히 외재적인 것으로 간주된다.

자기결정이론에 따르면, 아동이 발달해감에 따라 대부분의 사회화된 행동이 보다 자율적인 방향으로 조절되어 간다. 왜냐하면 자기를 향해 행동조절이 통합되어 가는 발달적 경향성이 있기 때문이다. 그러나 이러한 통합과정이 항상 일어나는 것은 아니다. 여러 가지 방해요인이 있기 때문이다. 일반적으로 조절과정이 내면화되고 통합될수록, 행동은 자기 결정된 것으로 느낀다.

Ryan과 Connell(1989)은 초등학생을 대상으로 성취행동을 연구했다. 학업행동(예: 숙제)을 하는 4가지 이유(외재적 이유, 내사된 이유, 동일시된 이유, 내재적 이유)를 측정했는데, 연구결과 연속선 이론이 경험적으로 지지되었다. 또한 외재적 이유 때문에 숙제를 하는 아이들은 흥미도가 저하되었으며 노력을 덜 하며 낮은 학업성취에 대해서 교사나 타인을 원망하는 경향이 있었다. 내사된 이유를 가진 학생들의 경우, 노력은 더 많이 했지만 실패에 대한 불안과 더불어 역기능적인 적응상태를 나타냈다. 동일시된 이유를 가진 학생들은 학교생활에 더 많은 흥미, 즐거움, 노력을 보였을 뿐만 아니라 보다 적응적인 것으로 드러났다.

최근의 연구에 따르면, 여러 문화권에서 보다 자율적인 동기를 지닐수록 더 적극적인 학업활동, 더 높은 수행을 나타냈으며 낮은 중퇴 비율, 높은 수준의 학습과 심리적 안녕감을 나타냈다(Ryan & La Guardia, 2000).

자기결정이론의 또 다른 하위이론인 인지적 평가이론(Cognitive Evaluation Theory)은 내재적 동기에 긍정적 또는 부정적 영향을 미치는 사회적 맥락의 특성을 제시하고 있다. 내재적 동기는 인간의 타고난 경향성이지만 환경에 따라서 촉진될 수도 있고 억제될 수도 있다. 내재적 동기를 촉진하는 첫째 요인은 자율성 또는 내부적 귀인의 지각이다. 자율적 선택에 의해 행동할 수 있는 환경에서는 내재적 동기가 촉진된다. 여러 실험연구나 현장연구에 따르면, 선택권을 주고 스스로 주도할 수 있는 기회를 부여하며 자신만의 관점과 기분을 존중하는 것은 더 많은 자율성을 부여함으로써 내재적 동기를 증가시킨다. 자율성을 지원하는 교사들은 학생의 호기심, 도전 욕구, 내재적 동기를 불러일으키는 것으로 나타났다(Reeve, Bolt, & Cai, 1999). 반면에 지배적인 교사 밑에서 학생들은 주도성을 상실하고 비효과적인 학습을 보였다. 이러한 경향성은 학습내용이 복잡하고 개념적으로 창의적 과정을 요구할 때 더욱 그러했다.

내재적 동기를 촉진하는 또 다른 요인은 유능감의 경험이다. 자신이 잘할 수 있다고 생각되는 과제나 상황에서 내재적 동기가 더욱 강화된다. 적절한 수준의 도전적 과제를 제시하고, 긍정적인 피드백을 부여하며, 통제적인 평가를 하지 않을 때 내재적 동기가 촉진된 반면, 부정적인 평가는 내재적 동기를 훼손하는 것을 나타났는데, 이러한 효과는 개인의 지각된 유능감에 의해서 매개되었다(Vallerand & Reid, 1984). 아울러 내재적 동기는 대인관계에서 지지를 받을 때 나타났다. 교사, 부모, 상사와 같은 사람들이 배려와 수용을 보여 주었을 때, 학생, 자녀, 부하 직원들이 자유롭게 관심사에 매진하는 것으로 드러났다.

반면에 행동을 통제하는 데 사용되는 보상은 오히려 내재적 동기를 손상시킨다. 이는 보상이 개인으로 하여금 행동의 이유가 자기 외부의 힘에 있다고 지각하도록 만들기 때문이다. 이밖에도 위협, 시간제한, 요구, 외부평가, 부과된 목표는 모두 내재적 동기를 저해한다(Deci & Ryan, 2000).

학구열과 몰입

학구열은 배움에 대한 즐거움이나 몰입과 밀접히 연관되어 있다. 몰입의 심리적 과정을 살펴보는 것은 학구열의 심리적 기제를 이해하는 데 도움이 될 수 있다. 학구열이 높은 사람들은 어떤 것을 배울 때 깊이 집중하고 몰두하여 몰입한다. Csikszentmihalyi(1975, 1997)에 따르면, 몰입은 '무언가에 흠뻑 빠져 있는 심리적 상태'를 의미한다. 현재 하고 있는 일에 심취한 무아지경 상태라고 할 수 있다. 이러한 몰입 상태에서는 평소와 다른 독특한 심리적 특성이 나타난다.

첫째, 몰입 상태에서는 현재 과업에 대한 강렬한 주의집중이 일어난다. 모든 주의 용량이 완전하게 현재 과업에 투여되기 때문에 과업 이외의 활동에 대한 인식이 현저하게 약화된다. 이러한 주의집중은 애써 노력하여 일어나는 것이 아니라 과제에 대한 흥미와 즐거움으로 인해 자발적으로 일어난다.

둘째, 몰입 상태에서는 행위와 인식의 융합이 일어난다. 현재 하고 있는 활동에 푹 빠져서 그 활동을 관찰하고 평가하는 관찰자적 인식이 존재하지 않는다. 따라서 자아의식도 사라지게 되어 흔히 이러한 상태를 '무아지경' 또는 '몰아지경' 이라고 부른다. 그러나 의식을 잃은 혼수상태와는 다른 것이다. Csikszentmihalyi에 따르면, 몰입 상태에서 자아는 완전히 기능하지만 스스로 그것을 인식하지 못할 뿐이다.

셋째, 몰입 상태에서는 자기와 환경의 구분이 거의 사라질 뿐만 아니라 시간의 흐름도 망각하게 된다. 시간의 흐름에 대한 지각이 변형되어 시간이 보통 때보다 빨리 지나가고 많은 일들이 짧은 시간 안에 펼쳐지는 것처럼 느껴진다.

넷째, 몰입 상태에서는 현재 하고 있는 활동을 장악하고 있는 듯한 강력한 통제감을 느끼게 된다. 활동의 진행이나 성과에 대한 걱정이 사라지고 주의집중이 일어남에 따라 완전한 통제력을 지니고 있는 것처럼 느끼게 된다.

마지막으로, 몰입 경험은 그 자체가 즐거운 것으로서 자기충족적인 속성을 지닌다. 몰입하고 있는 활동은 다른 목적을 위한 것이 아니라 그 자체를 위한 내재적 동기에 의해서 일어난다.

몰입은 많은 사람들이 보고하는 상당히 보편적인 경험이다. 사람들에게 "당신은 무언가에 깊이 빠져서 다른 모든 것을 잊은 채 시간이 흘러가는 줄도 몰랐던 경험이 있습니까?" 라고 물은 결과, 약 20%의 사람들이 종종 그와 유사한 경험을 한다고 보고했으며 이러한 경험을 해 본 적이 없다고 대답한 사람들은 15%에 불과했다(Csikszentmihalyi, 1997).

그러나 자신이 하는 일에 적극적으로 전념하여 몰입 경험을 자주 하는 사람들이 있다. Csikszentmihalyi(1990)는 이렇게 몰입을 잘하는 사람의 성격특성을 제시하며 자기목적적 성격(autotelic personality)라고 지칭한 바 있다. 이러한 성격을 지닌 사람들은 어떤 일을 하더라도 적극적이고 열정적으로 임한다. 내재적 동기가 강한 사람들이어서 외부적 보상보다 일 그 자체를 위해서 열심히 끈기 있게 일한다. 이들은 자율성과 독립성이 강해서 다른 사람의 간섭을 싫어하며 개인적 목표나 야망으로부터 자유로운 경향이 있다. 즉, 성과에 집착하지 않으며 다른 사람의 시선과 평가에 신경을 쓰지 않는 경향이 있다.

몰입 경험은 개인의 성격적 특성보다 과제의 특성에 의해서 유발되는 경향이 더 강하다. 자기목적적 성격을 지닌 사람들이 모든 활동에 몰입을 하는 것도 아니며, 보통 사람들도 어떤 활동을 할 때는 몰입을 경험할 수 있다. 즉, 몰입을 촉진하는 과제의 특성이나 조건들이 존재한다(Csikszentmihalyi, 1975, 1997).

첫째, 분명한 목표가 있는 활동에서 몰입이 잘 일어난다. 현재 하고 있는 일의 목표가 모호하거나 장기적인 경우에는 몰입이 잘 일어나지 않는다. 너무 거창하고 원대한 목표보다는 그것을 이루기 위한 분명한 단기적 목표들을 위한 활동을 할 때 몰입이 쉬워진다. 예를 들어, "성적을 올려야겠다."는 막연한 목표로 공부하는 학생보다는 "이번 중간고사에서 수학점수를 90점 이상으로 올려야겠다."는 목표로 공부하는 학생이 몰입경험을 할 가능성이 높다.

둘째, 즉각적인 피드백이 주어지는 활동에서 몰입이 잘 일어난다. 스포츠나 전자오락을 할 때 쉽게 몰입하게 되는 이유는 추구해야 할 분명한 목표가 있을 뿐만 아니라 순간순간마다 즉각적인 피드백이 주어지기 때문이다. 즉각적인 피드백은 목표달성을 위해서 현재 자신이 어떤 위치에 있으며 어떤 행위를 해야 하는지를 분명하게 알려주는 기능을 한다.

셋째, 몰입 상태를 촉발하기 위해서는 개인의 기술 수준과 과제의 난이도가 적절한 균형을 이루는 것이 매우 중요하다. 분명한 목표와 즉각적 피드백이 주어지더라도 너무 쉬운 과제는 몰입하기 어렵고 너무 어려운 과제는 흥미를 상실하고 포기하게 될 것이다. 우리는 상당한 기술을 요구하는 도전적인 과제를 할 때 몰입 을 경험하게 된다. 즉, 개인의 기술(skill)과 과제의 도전(challenge) 간의 균형이 몰입을 촉발하는 중요한 조건이다(Moneta & Csikszentmihalyi, 1996).

[그림 7-2]에서 볼 수 있듯이, 과제의 도전 수준과 개인의 기술 수준은 모두 높을 경우에 몰입 상태를 경험하게 된다. 기술 수준에 비해서 과제의 도전 수준이 높으면 걱정이나 불안을 경험하게 된다. 그와 반대로 기술 수준에 비해서 과제의 도전 수준이 매우 낮으면 권태감을 느끼게 되고, 적당히 낮으면 편안한 이완감을 느끼게 된다.

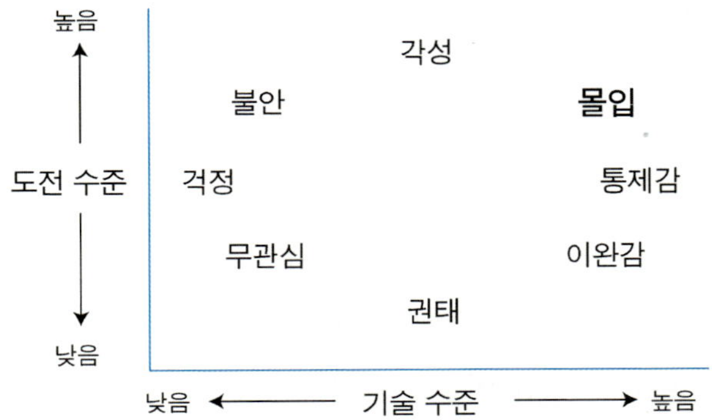

[그림 7-2] **몰입 경험과 도전 및 기술 수준의 관계**(Csikszentmihalyi, 1997)

개인이 지닌 최고의 기술 수준을 발휘해야 하는 도전적 과제를 수행할 때 몰입이 잘 이루어진다. 특히 강렬한 몰입경험은 상황적 요구가 그 사람의 기술 수준에 압박을 가할 때 발생된다. 좀 더 자세히 설명하면, 다음과 같은 두 가지 조건이 충족될 때 몰입의 상태에 들어가게 된다. 첫째, 상황적 요구의 수준이 너무 높아서 잠시도 한눈을 팔지 못하고 매순간 그 과제에 정밀한 주의를 기울이도록 강요해야 한다. 둘째, 과제수행 자체와 그러한 수행에 대한 평가가 분리되지 않도록 해야 한다. 즉, 과제수행에 주의가 완전히 집중되어 과제를 어떻게 수행하고 있는지 관찰하지 못하도록 강요할 만큼 상황적 요구 수준이 높아야 한다. 과제에 완전히 집중하지 못한 채로 자아의식이 과제를 수행하는 자신을 관찰하고 평가하게 되면 몰입이 일어나기 어렵다.

이밖에도 몰입 경험을 촉진하는 다양한 요인들이 존재한다. 개인의 흥미와 과제의 특성이 잘 일치해야 한다. 우리는 흥미를 느끼는 활동에서 즐거움을 느끼며 몰입하게 된다. 또한 과제에 대한 내재적 동기와 호기심이 몰입을 촉진한다. 몰입의 가능성을 높일 수 있도록 산만한 자극을 제거하고 집중할 수 있는 상황을 조성하는 것도 도움이 된다.

몰입에는 여러 가지 유형과 수준이 존재한다. 장시간의 강렬한 몰입에서부터 단기간의 불완전한 몰입까지 다양하다. Csikszentmihalyi는 일시적으로 자주 경험하는 단순한 몰두 경험을 '가벼운 몰입(microflow)'이라고 지칭한 바 있다. 흔히 이러한 작은 몰입경험으로부터 강렬한 몰입으로 발전될 수 있다. Galway(1974)는 테니스 게임에 몰입하게 되는 네 가지 단계를 통해서 그러한 진전과정을 설명하고 있다. 첫 단계는 주의를 기울이는 단계로서 새롭게 시작한 활동에 관심을 갖게 되고 참여하게 된다. 둘째는 흥미를 느끼는 단계로서 그러한 활동에서 즐거움을 느끼게 되며 지속적인 주의를 기울이게 된다. 이 단계에서 가벼운 몰입을 경험하게 되며 즐거움과 주의집중이 증가하게 된다. 셋째는 주의가 완전히 집중되는 단계다. 이 단계에서는 지속하는 활동에 몰두하게 되며 주변 상황에 대한 인식이 약화되고 시간과 공간에 대한 지각이 변형된다. 마지막은 자아와 활동의 융합이 일어나는 단계로서 진정한 몰입의 상태를 의미한다. 이 단계에서 활동에 흠뻑 빠져 자아의식이 사라지는 무아지경의 상태에 이르게 된다.

학구열의 측정도구

학구열을 측정하는 도구들은 학구열과 관련된 세 가지의 측면, 즉 동기, 가치, 유능감을 평가하는 것으로 구분될 수 있다. 첫 번째 유형의 측정도구들은 내재적 동기의 측정을 통해서 학구열을 평가하고 있다. 내재적 동기란 외적인 보상보다 학습과정 자체에 관심과 흥미를 느끼고 호기심을 충족시키며 만족을 얻는 동기를 의미한다. 이러한 동기적 성향을 평가하는 가장 일반적인 측정도구는 작업 선호 척도(Work Preference Inventory; Amabile, Hill, Hennessey, & Tighe, 1994)다. 이 척도는 내재적 동기를 평가하는 문항들(예: 나는 새롭게 느껴지는 문제를 해결하는 것을 좋아한다.)과 외재적 동기를 평가하는 문항들(예: 다른 사람으로부터 인정을 받게 위해서 열심히 일한다.)로 구성되어 있다. 내재적 동기 척도는 즐거움(enjoyment)과 도전(challenge)의 하위척도로 구성되며, 외재적 동기 척도는 외부지향(outward)과 보상(compensation)의 하위척도로 이루어져 있다. 내재적 동기 척도에서 더 높은 점수를 얻을수록 학구열이 강한 것으로 평가된다.

학업동기 척도(Academic Motivation Scale; Vallerand et al., 1992)는 Deci와 Ryan(1985)의 자기결정이론에 근거하고 있으며 대학에 다니는 이유를 나타내는 문항들로 구성되어 있다. 여러 유형의 내재적 동기와 외재적 동기를 평가하고 있으며, 이 척도의 점수를 통해서 한 사람이 대학에 다니는 주요한 동기가 내재적 동기에 근거한 학구열인지를 알 수 있다.

두 번째 유형의 측정도구는 학구열과 관련된 가치관을 측정하고 있다. Eccles 등(1984; Eccles & Jacobs, 2000)에 의해 개발된 과제가치 척도(Task Value Scale)는 과제에 부여하는 가치를 반영하는 네 차원, 즉 유용성(예: 당신이 수업에서 배우고 있는 것이 얼마나 유용한가?), 중요성(예: 공부를 잘하기 위해 들이는 노력이 당신에게 얼마나 소중한가?), 흥미(예: 수업에서 배우는 내용을 당신은 얼마나 좋아하는가?), 지각된 비용(예: 공부하기 위한 시간 때문에 당신이 좋아하는 일을 얼마나 하지 못하고 있는가?)을 측정한다. 과제를 통한 배움의 가치를 높게 평가하는 사람은 학구열이 높은 사람이라고 할 수 있을 것이다.

세 번째 유형의 도구들에는 유능감의 평가를 통해서 학구열을 측정하고 있다. 유능감의 연구자들에 따르면, 학구열을 지니기 위해서는 배움의 과정에서 유능감이나 효능감을 경험해야 한다. 또한 어떤 일을 하는 기술을 익히려는 숙달 지향성 역시 학구열과 밀접한 관련성을 지닌다. 예를 들어, 숙달 지향성을 지닌 학생은 정교화 방략(예: 독서할 때, 나는 내가 이미 아는 것과 읽는 것을 연결시키려고 노력한다)을 사용할 뿐만 아니라 현재 배우고 있는 영역에 대해서 더 큰 관심과 즐거움을 보고한다. 또한 어떤 기술을 숙달하려는 접근 목표를 지닌 사람들은 회피 목표를 지닌 사람들보다 학구열이 더 강할 것이다. 이러한 전제하에서 유능감이나 숙달 지향성의 평가를 통해 학구열을 측정하기도 한다.

학업적 자기효능감 척도(김아영, 2001)는 초등학생부터 대학생까지를 대상으로 학업상황 전반에 관한 학생들의 지각된 효능감을 측정한다. 이 척도는 세 개의 하위척도, 즉 자신감 척도(8문항), 자기조절 효능감 척도(10문항), 과제수준 선호 척도(9문항)로 구성되어 있다. 자신감 척도는 학업상황에 어떻게 대처할 수 있는가에 대한 확신이나 신념을 측정하며 "수업시간 중에 선생님이 문제를 풀라고 시킬까 봐 불안하다." (역채점 문항)와 같은 문항이 그 예다. 자기조절 효능감 척도는 자기관찰, 자기판단, 자기반응과 같은 자기조절 기제를 잘 수행할 수 있는가에 대한 개인의 지각된 자심감을 평가하며 "나는 수업시간에 배운 내용 중 중요한 것이 무엇인지 잘 파악할 수 있다." 와 같은 문항을 포함하고 있다. 과제수준 선호 척도는 학업상황에서 개인의 과제 난이도에 대한 선호도를 평가하며 "나는 쉬운 문제를 여러 개 푸는 것보다 어려운 문제 하나를 푸는 것을 더 좋아한다." 와 같은 문항으로 측정된다. 이 척도의 응답양식은 '매우 그렇다' 에서부터 '전혀 아니다' 까지 6점 척도 상에서 이루어져 있다.

3 학구열과 관련된 심리적 특성

학구열이 다양한 긍정적 경험을 촉진하며 심리적 · 신체적 안녕에 기여한다는 증거들이 보고되고 있다. 일반적으로 학구열이 높은 사람들은 낮은 사람들에 비해서 다음과 같은 심리적 특성을 더 많이 지니는 것으로 알려져 있다(Peterson & Seligman, 2004): 새로운 것을 배우는 것에 대한 긍정적인 감정, 도전과 좌절에도 불구하고 자기 조절을 잘 해나갈 수 있는 능력, 학습한 내용의 의미를 찾아내고 음미하는 노력, 자율감과 도전의식, 유능감과 효능감, 다른 사람으로부터 지원을 받는다는 인식. 이러한 점들을 고려한다면, 학구열은 심리적 · 신체적 건강에 긍정적인 영향을 미칠 것으로 예상된다. 또한 배움에 대한 관심을 유지하고 발전시키는 것은 건강하고 생산적인 노화로 이어질 수 있다. 직업에서 요구하는 지식과 기술이 빠르게 변화하기 때문에, 지속적인 교육과 학습이 더욱 중요해지고 있다. 따라서 학구열이 강한 사람들은 이러한 도전을 더 신속하게 대응하여 극복할 수 있을 것이다.

누구나 새로운 것을 배우고자 하는 학구열을 어느 정도 지니고 있다. 그러나 사람에 따라서 특수한 영역에 각별한 관심을 지닐 수 있다. Travers(1978)에 따르면, 어떤 영역에도 특별한 관심을 보이지 않는 사람은 그 자체로 정신병리를 지닌 것으로 볼 수 있다. 특수한 영역에 대한 각별한 관심을 지속시키기 위해서는 양육과 교육이 필요하다. Fried(2001)에 따르면, 학습 환경은 여러 가지 관계들, 즉 교사와 학생의 관계, 학생과 학습내용의 관계, 교사와 학습내용의 관계, 그리고 학생, 부모, 교사 간의 관계 등으로 구성된다. 학생의 학구열을 강화하기 위해서 이러한 여러 가지 관계들이 서로 협동적이고 유기적으로 이루어질 필요가 있다.

학구열이 나이의 증가와 더불어 감소한다는 보고가 있다. 특히 학생이 중 · 고등학교에 들어가면서 학문적인 내용에 대한 관심이 감소한다(Krapp, 2000; Sansone & Morgan, 1992). 그러나 학교 환경(교수법, 성적, 선택과목의 제한)에 따라서 배움에 대한 관심이 달라질 수 있다. 성인의 경우, 학구열은 그 관심사가 어떠한 것이든 상관없이 개인의 성장, 직업 활동, 가족관계에 긍정적인 영향을 미친다(Krapp & Lewalter, 2001; Renninger & Shumar, 2002).

학구열이 현저하게 결핍된 상태 중 하나가 학습된 무기력이다. 최근 학교장면에서 수업에 주의를 기울이지 못하고 수업준비를 하지 않으며 뚜렷한 목표의식 없이 방황하고 친구들과 잘 어울리지 못하는 학생들이 증가하고 있다. 이러한 학생들은 낮은 학업성취를 보이고 학업의욕을 상실하여 결국 학교학습에 대한 무기력으로 이어진다(문은식, 배정희, 2010). 학업장면에서의 무기력은 다양한 요인과 관련되어 있는 것으로 보고되고 있다.

그 첫째는 학습사 변인이다. 학습사는 초등학교부터 현재에 이르기까지 학교생활을 하면서 학교학습과 관련된 학업성취의 누적된 결과를 의미한다. 학교에서 계속 실패하고 지속적으로 부적절한 경험을 맛본 학생들은 부정적인 자아개념을 발전시킨다(Bloom, 1967). 학교에서 학업성취의 성공 또는 실패 경험의 누적은 학습동기에 영향을 미치게 된다. 학업성적이 일관되게 상위권에 속해온 학생 집단이 하위권에 속해온 집단보다 자아개념과 학교에서의 학습태도가 더 긍정적이었다(임한영, 1986).

둘째는 대인관계 변인으로서 자녀에 대한 관심과 애정이 부족한 부모의 양육이다. 학생들이 가정의 분위기, 부모-자녀 관계, 부모의 부부관계를 보다 긍정적으로 지각할수록 학습된 무기력이 낮다(임경희, 2004). 반면에, 부모가 자녀에 대해 적절한 관심을 갖고 자녀를 이해하고 사랑하며 자녀와 함께 시간을 많이 보낼수록 학생들이 우울하지 않고 긍정적 인지를 갖게 되며 책임성 있고 통제력이 있으며 자신감이 증가한다(정수자, 1995). 또한 교사의 지지적 도움에 대한 지각이 높을수록 학습된 무기력이 낮은 반면, 교사의 부정적 피드백은 아동의 학습된 무기력을 증가시킨다(송창우, 1997).

셋째는 동기적 변인으로서 실패귀인, 학업적 자기효능감, 자기조절동기가 있다. 학업에서의 성공을 내부(능력이나 노력)에 귀인하는 것은 후속성취를 위한 동기를 높여주는 반면, 실패를 내부적 원인에 귀인하는 것은 동기를 저하시키며 특히 부정적 정서를 초래할 수 있다(Covington & Omelich, 1979). 동기유발에 있어 가장 심각한 문제는 실패를 내부적 · 안정적 · 통제 불가능한 원인에 귀인하는 경우에 발생한다.

학업적 자기효능감은 학습자가 학업적 과제의 수행을 위해 필요한 행위를 조직하고 실행해 나가는 자신의 능력에 대해 내리는 판단을 뜻한다(Bandura, 1986). 학업적 자기효능감이 높은 학습자는 도전적인 과제를 선택하고, 주어진 과제를 성공적으로 수행하기 위해 더 많은 노력을 기울이며, 어려운 일이 닥쳐도 끈기 있게 과제를 지속한다(Schunk, 1990). 또한 학업적 자기효능감이 높을수록 불안을 느끼는 정도가 낮고 보다 효과적인 학습전략을 사용한다(Pintrich & De Groor, 1990). 실패경험 후에 일반적 자기효능감이 높은 학생일수록 실패에 대한 내성이 높다(김아영, 1997).

학습에 임하는 내재적 또는 외재적 동기 역시 학습된 무기력에 영향을 미치는 중요한 요인이다. Ryan과 Connell(1989)에 따르면, 내재적 동기는 어떤 행동을 수행함으로써 갖게 되는 만족감이나 기쁨과 같은 거인적 요인들에서 유래하는 동기로서 개인의 자기결정성이나 자율적 판단의 결과 수행되는 행동들과 관련된다. 반면에 외재적 동기는 목적을 달성하기 위한 수단으로 발생하며, 자기결정성의 부재상태에서 수행되는 행동과 관련된다. 자기결정동기가 낮은 학생들이나 외재적 동기가 강한 학생들은 외적 도움 없이는 실패를 극복하지 못하여 결과적으로 수동적 대처행동이나 부적응적 대처행동을 보이는 반면, 자기결정 동기가 높은 학생들이나 내재적 동기가 강한 학생들은 능동적 대처행동으로 그들의 실패에 잘 대처해 나간다(Hayamizu, 1997).

4 학구열의 촉진요인 및 함양방법

학구열은 다양한 방법을 통해서 촉진할 수 있다. 대부분의 사람들은 일반적인 학구열이 높지 않더라도 특수한 분야에 대해서는 배우려는 흥미를 느낀다. 이러한 특수한 분야의 학습 흥미는 그 분야의 지식이 발달하고 그로 인한 유능감과 가치를 경험하면서 자연스럽게 증가한다. 또한 학구열은 개인이 속해 있는 국가나 문화에 따라 그 초점이 달라질 수 있다. 예를 들어, 독립성을 강조하는 서구문화에서는 개인적 역량을 육성하는 학습을 장려하는 반면, 상호의존성을 중시하는 동양 문화에서는 대인관계 역량을 증진하는 학습을 장려한다. 학구열이나 성취동기에 있어서 성별의 차이는 없는 것으로 알려져 있다. 물론 남자와 여자는 성별에 따른 경험의 차이로 인해서 특정한 주제에 관한 관심이나 성공하고자 하는 영역이 다를 수 있다. 이러한 연구결과들은 개인의 사회문화적 배경에 따라 학구열을 발달시키고 유지시키는 요인이 다를 수 있다는 점을 보여 준다.

학습 동기는 상황적 요인에 의해서 촉진될 수 있다. 교사가 사용하는 교육방법, 학생의 강점이나 흥미를 충족시키는 과제 부여, 그리고 학생이 학습과정을 스스로 조절하는 방법 등에 의해서 촉진될 수 있다(Sansone et al., 1992). 일반적으로 개인의 학습 의욕을 촉진하기 위해서는 다음과 같은 조건들이 필요하다: 특정한 영역에 대한 긍정적인 관심, 그 영역에 대한 지식, 과제를 해낼 수 있다는 믿음, 과제에 대한 호기심, 과제 수행을 위해 필요한 강점을 찾아내고 활용하는 능력.

학구열을 증진하기 위해서는 현재의 감정, 과거 경험, 잘못된 믿음, 고정관념 등을 잘 극복하는 일이 필요하다. Dewey(1933)가 언급한 바 있듯이, 학생으로 하여금 학습내용을 잘 이해하도록 돕는 것이 학구열을 증진시키는 데 필수적이다. 교사는 학습내용에 따라 교습방법을 적절하게 적용하고, 학습내용을 학생들의 흥미와 수준에 맞도록 조정하며, 학생들로 하여금 스스로 공부할 수 있는 능력을 지원하는 것이 중요하다. 또한 교사는 학생의 재능을 발견하고 발현되도록 촉진하는 역할을 해야 한다.

학구열을 유지하기 위해서는 좌절을 잘 견딜 수 있도록 지원하는 것이 필요하다. Steele(1997)은 대학 신입생들이 학구열을 유지하면서 대학생활을 잘 해나갈 수 있는 학교생활 지원 프로그램(wise schooling intervention)을 시행한 바 있다. 학생들에게 이 프로그램은 높은 학습 잠재력을 지닌 학생들에게만 제공되는 것이라고 알려줌으로써 도전의식을 부여하여 학생들의 학습 기대수준을 높이고자 했다. 또한 학생들이 사회적 관계망을 구축하고 관심사에 따라 관계형성을 하도록 지원하면서 학생들의 대인관계 욕구를 충족시키도록 도왔다. 예를 들어, 공동의 주제에 대해서 독서를 하고 토론하는 그룹에서 동료들을 매주 만날 뿐만 아니라 첫 학기 동안 같은 동의 기숙사에 살도록 하였다. 상당한 비용과 집중적인 노력이 필요했지만, 이 프로그램을 통해서 학생들의 학습 의욕이 현저하게 증진되었다.

숙달 지향성에 관한 연구자들은 교실 환경의 변화에 의해서 학습 의욕이 증진될 수 있음을 시사하고 있다. 교사는 학생들에게 학습에 관한 권한을 상당 부분 넘겨주고, 질문하는 것을 장려하며, 더 깊은 이해를 위해 도움을 청하는 것을 권장하는 것이 바람직하다. 또한 학생들 간의 협동을 촉진하여 학습 권한을 공유하고 공동의 목표를 달성하도록 교실 환경을 유도하는 것이 중요하다. 이처럼 성취뿐만 아니라 대인관계를 향상시킬 수 있도록 교실 분위기가 조성될 때, 학생들의 학습 흥미가 효과적으로 증진될 수 있다(Isaac, Sansone, & Smith, 1999). 학습 의욕을 향상시키는 프로그램은 소속감, 유능감, 긍정 감정을 경험하려는 학생들의 욕구를 잘 다루어 주어야 한다.

성인이나 고학년 학생들은 배움에 대한 관심과 흥미를 능동적으로 조절할 수 있는 능력을 지닌다. 흥미를 느끼지 못하는 분야에서 일을 하는 사람들에게는 그러한 업무를 해야 할 훌륭한 이유와 더불어 업무를 보다 흥미롭게 할 수 있는 방법을 선택하게 함으로써 업무에 대한 흥미를 고양시킬 수 있다. 흥미는 지속적인 관심 유지에 강력한 영향을 미치기 때문에, 배움에 대한 흥미를 스스로 잘 관리하도록 지원하는 것은 장기적으로 동기 유지와 성과 향상에 도움이 된다.

학구열 증진 방법(Rashid & Anjum, 2005)

- 학생이라면, '요구되는 것' 이 아니라 '추천되는 것' 을 읽어 본다.
- 최소한 일주일에 두 번씩 5개 새로운 어휘를 배우고 활용해 본다.
- 매달 논픽션 책을 읽어 본다.
- 매달 새로운 박물관이나 전시장을 참관하고 그곳에서 배운 새로운 지식에 대해 기록한다.
- 적어도 일주일에 한 번씩 도서관에 가서 관심 주제에 관해 읽고 연구한다.
- 다른 사람과 함께 상호 관심사에 대해 대화한다.
- 신문, TV 또는 인터넷을 통해 전 세계에서 일어나고 있는 소식을 접한다.
- 독서클럽에 참여한다.
- 친구와 함께 각자가 잘 아는 것을 가르치고 서로 배울 수 있는 시간을 갖는다.
- 좋아하는 사람들과 함께 책 등을 소리 내어 읽는다.
- 관심분야의 세미나, 워크숍, 토론회에 참석한다.
- 공장이나 연구소를 방문하여 제품의 생산과정을 이해한다.

제8장

지 혜

우리의 인생은 수많은 선택으로 이루어진다. 쉬운 선택도 있지만 어려운 선택도 있다. 특히 자신뿐만 아니라 다른 사람의 삶이 복잡하게 얽혀 있거나 어떤 선택을 하든 고통스런 결과가 예상되는 딜레마 상황에서는 선택이 매우 어렵다. 이처럼 선택하기 어려운 상황에 처하게 되면, 우리는 다른 사람에게 조언과 도움을 구한다. 이 경우, 수많은 사람들 중에서 어떤 사람에게 조언을 구하게 되는가? 우리가 조언을 구하기 위해 찾게 되는 사람은 어떤 사람일까? 그것은 바로 지혜로운 사람일 것이다. 지혜라는 긍정적 성품을 지닌 사람에게 도움을 청하게 된다.

Robert Nozick(1974)은 지혜로운 사람의 특성에 대해서 다음과 같이 말한 바 있다. "지혜로운 사람은 모든 것에 담겨 있는 깊은 의미와 가치를 인식하고 음미할 수 있고, 즉각적인 가치뿐만 아니라 궁극적인 가치를 이해하며, 이러한 관점에서 세상을 바라보는 사람이다." 지혜는 복잡한 인생사를 좀 더 높은 관점에서 종합적으로 바라볼 수 있어서 직면한 문제를 바람직한 방향으로 해결하거나 조언을 해 줄 수 있는 인격적 덕목이라고 할 수 있다.

지혜는 동서고금을 막론하고 모든 사회에서 가장 중요한 덕목으로 여겨지고 있다. 그래서 지혜는 덕목 중의 덕목 또는 덕목의 왕이라고 불린다. 그러나 지혜는 매우 다양한 관점에서 정의될 수 있는 모호한 심리적 특성으로 여겨졌기 때문에 과거에는 심리학자의 관심을 받지 못했다. 그러나 최근에 이르러 지혜는 심리학자의 주요한 관심사로 떠오르고 있으며 지혜에 관한 다양한 연구들이 이루어지고 있다.

1 지혜의 정의와 유형

지혜(智慧, wisdom)는 동서고금을 막론하고 인간의 주요한 덕목으로 여겨져 왔지만, 그것이 무엇을 의미하는지에 대해서는 다양한 주장이 제기되어 왔다. 그리스 철학자들(예: Socrates, Plato, Aristotle)은 지혜의 핵심적인 요소로서 학문적 태도를 강조했다. Aristotle은 지혜를 실천지(phronesis)와 이론지(sophia)로 구분했다. 히브리 전통과 중동 문명에서는 효율적인 삶을 살도록 돕는 판단력을 중시했다. 불교에서는 삶의 헛된 집착을 끊고 인간 존재의 실상을 통찰하는 초월적 깨달음을 지혜라고 보았으며 이를 인간이 추구해야 할 가장 중요한 덕목으로 여겼다. Saint Augustine과 같은 초기 그리스도교 신학자들은 실용적인 기능보다 초월적인 목적을 위한 통찰력을 강조했다. 서양의 일부 사상가들은 전통적 사상과 기독교적 입장을 혼합하여, 세속적인 실용적 지혜뿐만 아니라 신성한 초월적 지혜를 겸비하는 것이 가능하다고 주장하기도 했다. 이 경우, 실용적 지혜는 초월적 지혜를 위한 바탕이 된다고 주장했다.

Descartes는 지혜를 과학적인 지식과 구별했는데, 지식은 사실들을 축적하는 것인 반면에 지혜는 그러한 사실들을 해석하고 조직화하는 것이라고 보았다. 지혜는 세속적인 것에서 신성한 것까지 다양하며, 개인은 기민한 지각능력에서부터 깊은 이해력과 탁월한 판단력에 이르는 다양한 수준의 지혜를 지닐 수 있다고 보았다. 이처럼 지혜에는 합의된 정의가 존재하지 않는다. 상식적인 수준에서 지혜는 박학다식함, 올바르게 판단하는 능력 또는 진실하고 중요한 것이 무엇인지를 아는 능력 등으로 다양하게 정의되어 왔다.

현대의 심리학자들은 지혜가 (1) 지능(intelligence)과는 다른 것으로서, (2) 뛰어난 수준의 지식과 판단 및 조언 능력을 의미하며, (3) 인생의 의미는 무엇이며 어떻게 살아야 하는가 하는 어렵고도 중요한 물음에 대해서 현명한 대답을 지니게 하고, (4) 자신 또는 다른 사람의 행복을 위해 유익하게 활용될 수 있는 덕목이라는 점에서 대부분 동의하고 있다(Peterson & Seligman, 2004). 특히 심리학자들은 지혜라는 용어가 너무 다양하고 모호한 의미를 내포하고 있어 실증적 연구를 하기 어렵기 때문에 지혜로운 사람들이 지니는 유용한 세계관에 주목하여 안목(perspective)이라는 용어를 선호하기도 한다. 이 용어는 지혜로운 사람들이 세상을 바라보는 관점이나 시각을 강조하는 것이다.

지혜는 개인과 사회를 위해 유익한 기능을 지니는 것으로서 특히 복잡하고 혼란스러운 상황에서 현명한 판단과 대응을 하게 해 주는 심리적인 능력이다. 그래서 우리는 어떻게 해야 할지 판단하기 어려운 혼란 상태에 빠지게 되면 지혜로운 사람을 찾아가 조언을 구하게 된다. 이러한 지혜는 시간과 상황에 상관없이 일관성을 지니는 비교적 지속적인 성격특질로 여겨지고 있다. 인류 역사에 있어서 지혜로운 사람들로는 예수, 붓다, 노자와 같은 종교적인 지도자나 윈스턴 처칠, 지미 카터와 같은 세속적인 정치인들을 들고 있다. 일반적으로 지혜는 나이가 듦에 따라 증대되는 것으로 여겨지고 있으나 나이와 상관없이 어리석은 사람들도 있기 때문에 나이와 지혜가 반드시 비례하는 것은 아니다.

심리학에서는 지혜를 크게 세 가지 측면, 즉 지혜의 심리적 과정, 지혜의 결과, 지혜로운 사람의 특성으로 나누어 연구한다. 다행히도 세 가지 측면에서 밝혀진 지혜의 특성이 상당히 일치하고 있다. 특히 지혜로운 사람의 긍정적 특성에 대해서는 상당한 일치가 이루어지고 있다(Peterson & Seligman, 2004). 즉, 지혜로운 사람은 (1) 자기 이해를 잘하고 있으며, (2) 어떤 결정을 할 때 감성과 이성을 모두 잘 활용하며, (3) 의미나 관계의 거시적 양상을 잘 이해하고 있으며, (4) 폭넓은 안목이나 관점을 지니며, (5) 다른 사람과 사회를 위해 기여하려는 강한 욕구를 지니며, (6) 다른 사람들의 욕구를 배려하며, (7) 자신이 알 수 있는 것과 할 수 있는 것의 한계를 잘 알고 있으며, (8) 중요한 문제들의 핵심을 파악할 수 있으며, (9) 자신의 강점과 약점에 대한 정확한 식견을 지니며, (10) 다른 사람에게 현명한 조언을 해 줄 수 있으며, (11) 자신의 개인적인 규범과 일치하는 행동을 한다.

2 지혜에 대한 심리학적 이론

지혜에 관한 체계적인 심리학적 연구가 이루어진 것은 최근의 일이다. 그러나 여러 심리학자들이 지혜의 다양한 측면, 즉 그 구성요소, 심리적 처리과정, 발달 및 기능에 대한 연구를 진행하여 괄목할 만한 성과를 제시하고 있다. 지혜에 관한 대표적인 연구라고 할 수 있는 Adelt의 3차원 모델, Sternberg의 균형이론 그리고 Baltes를 위시한 베를린 지혜 패러다임을 중심으로 살펴보기로 한다.

지혜의 3차원 모델

지혜의 심리적 구성요소에 깊은 관심을 보인 대표적인 심리학자는 Monika Ardelt다. Ardelt(1997, 2003)는 지혜를 일종의 성격특질로 여겼으며 소수의 사람들만이 지혜를 지닌다고 보았다. 그녀는 지혜의 3차원 모델(Three-dimensional Model)을 제시하며 지혜가 인지적, 반성적, 정서적 요소의 조합으로 구성된다고 주장하였다. 지혜의 인지적 차원은 인생과 사건을 이해하는 능력으로서 개인내적인 사건과 개인간 사건의 의미를 통합적으로 이해하는 역량을 의미한다. 여기에는 인간 본성의 긍정적 측면과 부정적 측면, 지식의 본질적인 한계, 인생의 예측불가능성과 불확실성을 아는 것 등이 포함된다. 지혜의 반성적 차원은 자신에 대한 자각과 통찰 능력을 뜻한다. 반성적 사고는 현상이나 사건에 대해 다양한 관점을 취하는 능력과 더불어 자신의 현재 상황에 대해서 타인이나 주변조건을 탓하지 않는 것을 포함한다. 반성적 사고는 인지적 차원의 발달을 위한 선행조건으로서 자기 인식과 자기 통찰을 통해서 사건과 현상을 다양한 관점에서 바라볼 수 있다. 지혜의 정서적 차원은 다른 존재에 대한 공감능력을 의미한다. 다른 사람의 상황에 대해서 공감, 동정, 연민과 같은 긍정적 정서를 느끼고 그들에게 도움이 될 수 있는 긍정적인 행동을 하는 것과 더불어 다른 사람에 대해 냉담하고 부정적인 정서를 지니지 않는 것을 포함한다. Ardelt는 사람들이 이러한 이상적 상태에 가까운 정도를 평정할 수 있다고 보았으며 지혜의 세 요소를 측정할 수 있는 자기보고형 검사인 3차원 지혜 척도(3D-WS)를 개발한 바 있다.

지혜는 다양한 심리적 요소를 구성되어 있는 것으로 여겨지고 있다. 지혜를 구성하는 첫 번째 요인은 인지적 요인으로서 연구자에 따라 '인지적 능력' (Clayton & Birren, 1980), '전반적 유능감' (Holliday & Chandler, 1986), '추론 능력' (Sternberg, 1980) 등으로 명명되지만 모든 연구에서 공통적으로 나타나는 것이다. 두 번째 요인은 통찰, 즉 문제를 분명하게 간파하고 핵심을 잡아냄으로써 문제를 명확하게 이해하려는 동기와 능력이다. 이러한 측면은 자신의 생각과 동기뿐만 아니라 직관, 다른 사람의 관점에 대한 깊은 이해, 더 깊이 이해하기 위해 추가적인 정보를 수집하는 것을 의미한다. 세 번째 요인은 반성적 태도인데 이것은 사람, 사물, 그리고 자신에 대해 깊이 생각하고, 행동하거나 말하기 전에 생각하는 것이다. 이것은 종종 겸손함이나 자신을 조용한 방식으로 드러내는 것을 포함한다. 네 번째 요인은 다른 사람에 대한 배려로서 다른 사람에 대한 공정함과 존중뿐만 아니라 다른 사람에 대한 친절과 관심을 지니는 태도, 다른 사람의 관점을 보고 그들의 감정을 이해하는 능력을 포함한다. 다섯째 요인은 문제해결 기술인데, 이것은 현실 생활에 모든 다른 요소들을 적용하는 것을 의미한다. 이것은 문제를 이해하는 데 있어서 훌륭한 판단, 민감성, 자신의 한계에 대한 이해, 바람직한 실용적 조언을 제공하는 데 필요한 사회적 기술을 포함하고 있다(Bluck & Gluck, 2005).

지혜의 균형이론

Robert Sternberg(1998)는 개인의 지혜로운 판단과정을 설명하기 위한 지혜의 균형이론(Balance Theory of Wisdom)을 제시하였다. 그에 따르면, 지혜는 공통선(common good)을 지향하며 다양한 사람의 이익과 그 추구방식을 균형적으로 고려하기 위해서 개인의 지식과 경험을 적용하는 능력이라고 정의하였다. 그의 지혜이론을 도식적으로 제시하면 [그림 8-1]과 같다.

Sternberg는 지혜의 핵심적 특성이 균형(balance)이라고 주장한다. 지혜는 문제상황에서 어떤 선택과 행동을 하기 위한 판단과 의사결정 과정으로서 공동선을 지향하며 관련된 요소를 균형적으로 고려할 수 있는 능력이라고 보았다. 지혜를 이해하기 위한 첫 번째 요인은 개인이 지향하는 가치다. 올바른 균형적 선택에는 개인의 가치 체계가 개입하기 때문이다. 지혜로운 개인은 생명이나 공정성 같이 핵심적인 인간적 가치와 더불어 공동선을 중시하는 가치체계를 지닌다. 두

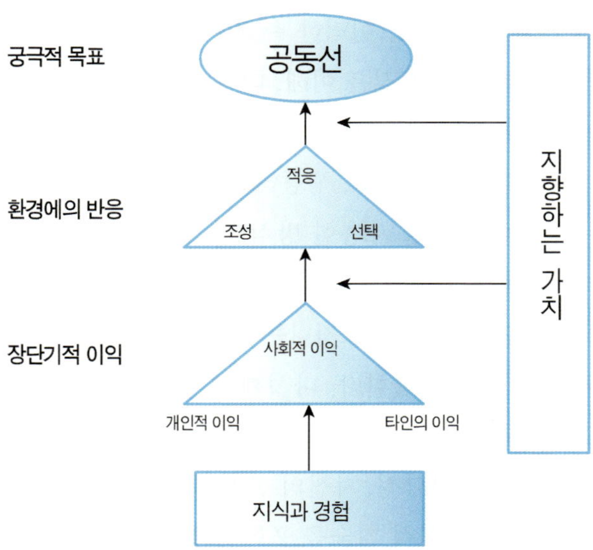

[그림 8-1] Sternberg가 제시한 지혜의 균형이론

번째 요인은 암묵적 지식(tacit knowledge)으로서 개인이 지닌 지식과 경험을 의미하며 지혜로운 의사 결정에 중대한 영향을 미친다. 암묵적 지식은 정규교육이나 의식적 자각 없이 획득된 것으로서 특정한 목표의 성취를 위한 절차와 방법을 위시한 도구적 지식을 뜻한다. 이러한 암묵적 지식은 언어나 공식화된 표현을 통해 제시되지 않는 문제 상황의 미묘한 속성을 감지하도록 한다.

지혜로운 사람은 문제에 직면했을 때 자신의 가치와 지식에 근거하여 세 가지의 이익, 즉 개인내적, 개인간, 개인외적 이익의 균형을 이룰 수 있는 해결책을 모색한다. 개인내 이익(Intrapersonal interests)은 개인에게만 영향을 미치는 이익으로서 개인의 정체감과 관련된 재물, 명예, 권력, 쾌락 등을 포함할 수 있다. 개인간 이익(Interpersonal interests)은 문제 상황에 관련된 다른 사람의 이익과 더불어 다른 사람과의 바람직한 관계를 포함한다. 개인외적 이익(Extrapersonal interests)은 더 광범위한 조직, 공동체, 국가, 환경에 미치는 영향을 의미한다. 예를 들어, 흡연자는 담배가 자신에 미치는 개인적 영향과 더불어 주변 사람 또는 그들의 관계를 고려하는 개인간 이익뿐만 아니라 담배연기가 환경을 오염시키는 개인외적 영향을 고려할 수 있다. 지혜는 세 가지 측면의 단기적, 장기적 이익을 균형적으로 고려하여 해결책을 모색하는 과정이라고 할 수 있다.

개인은 문제 상황에서 자신의 가치와 지식을 적용하여 다양한 이익과 결과를 고려함으로써 특정한 행동을 선택하게 된다. 환경에 대한 반응 방식은 크게 세 가지의 행동, 즉 환경의 적응, 조성 그리고 선택이 있다. 적응(adaptation)은 주어진 환경에 맞도록 자신을 변화시키는 것을 포함한다. 직장에서의 흡연 제한에 따라 금연하기로 결정하는 것이 그 예다. 그와 반대로, 조성(shaping)은 개인의 이익에 맞도록 환경의 일부를 변화시키는 것이다. 흡연자가 회사의 휴게실 내에 흡연 구역을 제공하도록 요구하는 것이 예가 될 수 있다. 현재의 환경에 적응하거나 그들의 욕구에 맞도록 환경을 변화시킬 수 없을 때, 사람들은 새로운 환경을 선택(selection)할 수 있다. 흡연자들은 금연지역을 떠나 흡연이 가능한 곳으로 갈 수 있다. Sternberg의 균형모델은 이러한 행동방식의 균형이 지혜에 중요함을 제시하고 있다.

대부분의 문제 상황은 특정한 환경적 맥락에서 여러 가지 이익이 상충하는 상황으로써 다양한 행동적 반응이 가능하다. 지혜의 균형 이론은 의사결정 과정에 개입하는 중요한 요소들을 포함하고 있어 사람들의 결정과 행동을 이해하고 평가하는 좋은 지침이 될 수 있다. 예컨대, 흡연자가 금연지역을 피해 밖으로 나가 흡연하기로 한 결정은 개인내적 이익과 개인간 이익의 균형에서는 높은 점수를 얻을 수 있지만, 개인내적 이익의 단기적, 장기적 결과에 대한 고려에서는 낮은 점수를 얻을 수 있다.

지혜의 균형 이론은 과거에 논의된 철학적, 심리학적 문헌에서 주장된 지혜의 개념에 근거하여 균형과 조화를 지혜의 핵심적 요인으로 제시하고 있다. 지혜의 균형 이론은 아직 발전의 초기 단계에 있으며 지혜로운 사고의 연구를 위한 의미 있는 출발점을 제공하고 있다. 앞으로 모델의 각 구성요소들의 관계가 이론적 진전과 경험적 연구를 통해서 더 정교화될 필요가 있다.

지혜의 통합적 모델

지혜에 대한 좀 더 통합적인 접근은 Baltes와 그의 동료들(Baltes & Smith, 1990; Baltes & Staudinger, 1993; Baltes & Kunzmann, 2004)이 제시하고 있는 베를린 지혜 패러다임(Berlin Wisdom Paradigm)이다. 독일 베를린에 있는 막스프랭크 인간발달 연구소(Max Planck Institute for Human Development)를 중심으로 수행된 연구라는 점에서 이러한 명칭이 붙게 되었으며 Baltes를 비롯한 연구자들을 베를린 그룹이라고 지칭한다.

베를린 그룹은 지혜를 '삶의 중요한 실제적 문제에 대한 전문적인 지식체계' 라고 정의한다(Baltes & Staudinger, 2000). 지혜란 삶의 의미와 처세와 관련된 근본적인 물음에 대한 전문적인 지식을 의미한다는 것이다. 이들은 실증적인 연구결과에 근거하여 지혜 관련 지식의 5가지 기준을 제시하고 있다.

그 첫째는 삶에 대한 풍부한 사실적 지식(factual knowledge)으로서 인간의 본성, 행동, 발달 그리고 사회적 규범과 같은 주제에 대한 해박한 지식을 의미한다.

둘째는 삶에 대한 풍부한 절차적 지식(procedural knowledge)으로서 의사결정과 문제해결을 위한 다양한 방법에 대한 다양한 경험과 지식을 뜻한다. 이러한 두 가지 기준은 모든 유형의 전문적 지식이 지니는 특징적 요소들이며 지혜의 필수 조건이지만 충분조건은 아니다.

셋째는 생애 맥락주의(lifespan contextualism)로서 삶의 다양한 상황에 대한 지식과 더불어 그러한 상황들이 어떻게 서로 연결되어 있으며 일생에 걸쳐 어떻게 변화해 가는지에 대한 지식을 의미한다. 넷째는 가치 상대주의와 관용(value relativism and tolerance)으로서 가치와 삶의 목적에 대한 문화적, 개인적 차이를 인식하고 삶의 의미와 처세와 관련된 문제들을 해결할 때 이러한 점을 고려하는 것을 말한다. 마지막으로 다섯째 기준은 불확실성의 자각 및 관리(awareness and management of uncertainty)로서 삶의 모든 것은 어느 정도의 불확실성을 내포하고 있으며 그럼에도 불구하고 결정을 내리며 살아가야 한다는 사실에 대한 이해를 의미한다. 이러한 세 기준은 모두 지혜 관련 지식에서만 발견되는 독특한 것이다.

이러한 기준의 지혜를 갖춘 사람은 지적 판단력과 긍정적 성품의 조화를 통해서 삶에서 직면하는 실제적 문제들을 효과적으로 해결한다. 그 결과로서 지혜로운 사람들은 인생의 문제를 해결할 수 있는 전문적인 능력을 지니게 된다.

[그림 8-2]에는 이러한 이론적 관점들이 도식적으로 요약되어 있다. 이 모델은 지혜 관련 지식의 발달에 영향을 미치는 세 가지 유형의 요인들을 보여 주고 있다. 첫 번째는 환경적 요인으로서 지혜의 발달을 촉진하는 교육적, 문화적, 종교적 환경을 의미한다. 둘째는 경험적 요인으로서 개인이 삶의 과정에서 겪은 나름대로의 인생경험과 더불어 전문적인 훈련경험을 포함한다. 셋째는 개인적 요인으로서 개인이 지닌 지능, 성격, 동기, 정서조절 능력 등을 말한다. 이러한 세 유형의 요인들은 개인이 세상을 경험하는 방식을 결정하게 되며, 개인이 삶을 계획하고 관리하고 성찰함으로써 지혜 관련 지식을 발달시키는 데 영향을 미치게 된다.

베를린 그룹은 생애 발달의 관점에서 지혜의 발달과 관련하여 중요한 특징들

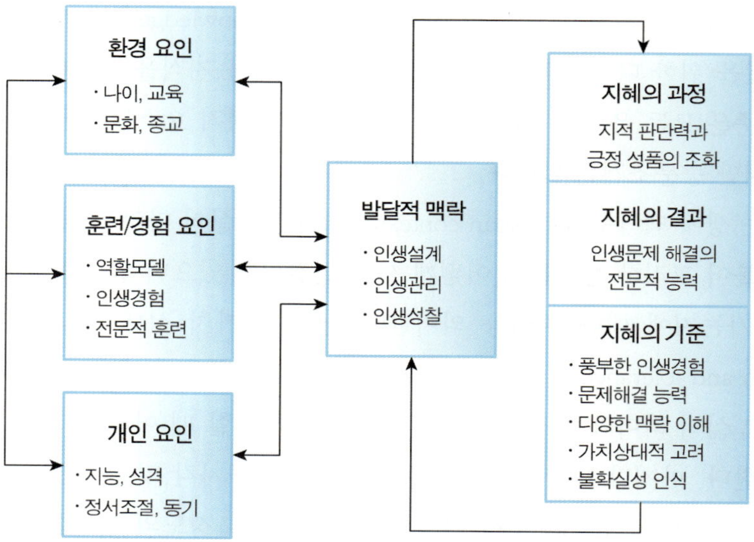

[그림 8-2] 지혜의 발달, 구조, 기능에 대한 베를린 지혜 패러다임

을 제시하고 있다. 첫째, 지혜는 다른 전문지식과 마찬가지로 장기간에 걸친 강도 높은 학습과 훈련을 통해 습득될 수 있다. 둘째, 지혜는 다른 긍정적인 특성과 달리 지성과 덕성(virtue)의 조화를 포함하기 때문에 이를 개발하려면 지적인 능력뿐만 아니라 멘토의 도움, 중요한 인생문제의 해결, 새로운 경험에 대한 개방성, 봉사와 관용 등과 같은 다양한 요인이 필요하다. 셋째, 지혜에 이르는 길은 하나가 아니라 다양하다. 이는 지혜를 촉진하는 요인과 과정의 서로 다른 조합을 통해서 비슷한 수준의 지혜를 성취할 수 있음을 의미한다.

이러한 이론적 모델은 베를린 그룹이 지난 20여 년간 수행한 경험적 연구의 기본적인 틀이 되었다. 이러한 연구의 결과에 따르면, 지혜 관련 지식은 청소년기와 청년기에 급격하게 증가하며 성인기 동안에는 대부분의 경우 더 이상 증가하지 않는다(Pasupathi, Staudinger, & Baltes, 2001). 이러한 결과는 연령의 증가보다는 지혜와 관련된 지식을 습득하는 인생경험이 중요함을 의미한다. Baltes와 그의 동료들(Staudinger, Smith, & Baltes, 1992)은 지혜 관련 지식의 습득을 촉진하는 인생경험에도 깊은 관심을 가졌다. 특히 그들은 어려운 삶의 문제들을 다루도록 훈련받고 현장에서 지속적으로 그러한 문제를 다루게 되는 전문인 집단인 임상심리학자들을 조사한 바 있다. 이 연구에서는 어려운 삶의 문제를 다루는 것과는 관련성이 적은 다른 전문인 집단과 임상심리학자 집단을 비교했는데, 그 결과 임상심리학자들의 지혜 수준이 다른 전문인들보다 더 높은 것으로 나타났다. 이러한 결과는 어려운 삶의 문제를 다루는 것에 관한 훈련과 경험이 지혜 관련 지식의 습득을 촉진한다는 견해를 지지하는 것이다.

Staudinger, Lopez와 Baltes(1997)는 제안된 모델의 일부를 검증하기 위해 세 가지 개인 요인과 지혜관련 지식의 상관을 살펴보았다. 이 연구에 포함된 세 요인은 지능, 성격특질, 사회적 인지 스타일이었다. 이 연구의 목적은 지능보다는 성격특질과 사회적 인지 스타일이 지혜관련 지식을 결정하는 보다 중요한 요인임을 검증하는 것이었다. 연구는 125명의 성인을 대상으로 지혜관련 지식과 지능(예: 정보 처리 속도, 논리적 사고력, 실제적 지식), 성격특질(예: 신경증성향, 외향성, 경험에 대한 개방성), 사회적 인지 스타일(예: 사회 지능, 다른 사람의 욕구에 대한 관심)을 측정하여 상관관계를 따지는 것으로 구성되었다. 연구결과, 포함된 일부 변인들(예: 정보처리 속도, 신경증 성향, 외향성, 우호성, 성실성)은 상관관계가 유의미하지 않은 것으로 나타났다. 성격특질 중에서는 경험에 대한 개방성이 유일하게 지혜관련 지식과 관련이 있는 것으로 확인되었다. 사회적 인지 스타일의 독자적인 설명량은 15% 정도로 높은 수준을 나타냈다. 이러한 연구결과는 지혜 관련 지식이 지능의 한 변형일 뿐이라는 견해에 대한 반증이 된다. 지능보다는 사회적 인지 스타일과 특정한 성격특질(경험에 대한 개방성)이 제시된 지혜개념을 더 잘 설명한다는 것을 의미하기 때문이다.

Kunzmann과 Baltes(2003)는 지혜 관련 지식과 정서적, 동기적 성향과의 관계를 탐색했다. 여기에는 감정적 경험(유쾌함, 흥미, 부정적 감정), 가치 지향(쾌락적인 삶, 개인적 성장, 통찰, 친구의 행복, 환경 보호, 사회 활동), 선호하는 갈등관리 모델(지배, 복종, 회피, 협력)이 포함되었다. 주요한 연구결과는 다음과 같다. 첫째, 지혜로운 사람은 긍정적인 감정 구조를 보고했다. 즉, 자기중심적이고 결과 위주의 평가보다는 과정과 더불어 타인과 환경을 중요하게 여기는 경향이 있었다. 둘째, 지혜로운 사람은 쾌락적이고 안락한 삶보다는 개인적인 성장과 통찰, 타인의 행복을 지향하는 가치체계를 나타냈다. 셋째, 지혜로운 사람은 대인 간의 갈등을 조절할 때 지배적, 복종적, 회피적 태도보다 협력적인 태도를 취했다. 또한 지혜로운 사람들은 공감적인 경향이 나타났다. 이들은 사건이나 현상의 중요성과 깊은 의미를 인식하기 때문에, 다른 사람의 심각한 삶의 문제를 접했을 때 초연한 태도를 취하기보다 상당히 공감적인 정서적 반응을 보이며 다른 사람들의 심경을 깊이 공감하는 경향이 있었다.

지혜의 측정도구

지혜는 그 정의가 다양하기 때문에 학자들마다 자신의 이론적 관점에 따라 다양한 방식으로 측정되고 있다. 지혜의 측정도구는 크게 세 가지의 측면, 즉 지혜로운 사람의 특성, 지혜와 관련된 심리적 과정, 그리고 지혜의 결과에 초점을 맞추어 평가하고 있다.

지혜로운 사람을 연구하는 심리학자들은 지혜를 일종의 성격적 특성으로 간주하고 이러한 특성들을 평가하고 한다(Hartman, 2000; Wink & Helson, 1997). 예를 들어, 연구 참가자에게 그들이 알고 있는 사람 중에서 '지혜로운' 인물들을 지목하도록 하고 그들의 특성을 자세히 기술하게 한다. 또는 참가자들에게 그들이 생각하는 지혜의 속성을 이야기하게 하고, 이러한 속성을 평가하는 성격척도를 개발하여 사용하기도 한다. 이러한 척도로는 삼차원 지혜 척도(Ardelt, 2000), 획득된 지혜 척도(Acquired Wisdom Scale; Hartman, 2000), 실용적 지혜 척도(Practical Wisdom Scale; Wink & Helson, 1997), 초월적 지혜 척도(Transcendent Wisdom Scale; Wink & Helson, 1997) 등이 있다.

Ardelt(2003)의 3차원 지혜 척도(three-dimensional wisdom scale: 3D-WS)에서는 지혜의 세 차원, 즉 인지적, 반성적, 정서적 차원을 평가한다. 지혜의 인지적 차원은 인생을 이해하는 능력을 의미하며 특히 개인이나 대인관계에서 발생하는 사건의 중요성과 깊은 의미를 이해하는 능력을 반영한다. 반성적 차원은 자기인식과 자기통찰을 발달시키기 위해서 사건과 현상을 다양한 관점에서 바라보는 노력을 뜻하며, 정서적 차원은 다른 사람에 대해서 공감적이고 동정적인 애정을 지니는 태도를 포함한다. 3D-WS는 모두 39문항으로 구성되어 있는 자기보고형 검사로서 피검자는 두 가지 형태의 평가, 즉 문항 내용에 동의하는 정도와 문항 내용이 자신에게 해당되는 정도를 각각 5점 척도 상에서 평정하게 된다. 예컨대, "변화시킬 수 없는 것에 대해서는 너무 많이 알지 않는 것이 더 낫다." "내가 아무런 잘못을 하지 않아도 상황은 종종 나에게 불리하게 변하곤 한다." "내가 아는 사람 중에는 결코 좋아할 수 없는 사람들이 있다." 와 같은 문항은 각각 지혜의 인지적, 반성적, 정서적 차원을 측정하며 피검자는 이러한 문항에 대해서 동의하는 정도를 평정한다. 반면에 "나는 해결책이 있다고 생각하지 않으면 그러한 문제에 매력을 느끼지 않는다." "나는 항상 문제의 모든 측면을 고려하려고 노력한다." "때때로 나는 모든 사람에 대해서 진정한 연민을 느낀다." 와 같은 문항에 대해서는 자신이 해당되는 정도를 평정하게 된다.

국내에서 개발된 지혜 관련 척도로는 권유경(1996)이 개발한 지혜 질문지(Wisdom Inventory)가 있다. 이 질문지는 Maciel 등(1992)에 의해 수집된 지혜 속성 목록 60문항 중 '지혜로운 사람' 을 가장 잘 나타내는 것으로 평정된 15개 문항을 선정하여 구성하였다. 최근에 김민희(2008)는 일반인들이 지혜롭다고 생각하는 사람들의 특성에 대한 요인분석을 통해서 네 가지 요인을 추출하여 지혜 척도(Kim & Min Wisdom Scale: KMWS)를 개발하였다. 지혜의 첫 번째 요인은 인지적 역량으로서 "나는 정확하고 빠른 상황판단을 내린다." "나는 통찰력이 있다." "나는 지식을 일상생활에 유연하게 적용할 수 있다." "나는 전체를 볼 수 있는 능력이 있다." 등의 문항으로 평가된다. 두 번째 요인은 절제와 균형으로서 "나는 어떤 상황에서도 침착을 잃지 않는다." "나는 자기절제를 할 줄 안다." "나는 삶의 모든 측면에서 치우치지 않고 균형을 잘 이룬다." 등의 문항을 포함한다. 세 번째 요인은 긍정적 인생태도이며 "나는 미래에 대한 목표와 비전이 있다." "나는 항상 자기계발과 향상을 위해 노력한다." "나는 나만의 인생철학을 가지고 있다." 는 문항, 마지막 네 번째 요인은 공감적 대인관계로서 "나는 상대방의 입장에서 생각할 줄 안다." "나는 다른 사람의 감정을 이해하고 공감한다." "나는 상대방을 존중할 줄 안다." 와 같은 문항으로 측정된다. 이 척도는 모두 43문항으로 구성되어 있으며 7점 척도 상에서 평정된다.

Hartman(2000)은 심리전문가들이 생각하는 지혜로운 사람의 전형적 특성들을 Q-sort 방법(특성 형용사가 적힌 카드들을 어떤 기준에 따라 분류하는 방법)으로 구성한 다음, 연구 참가자들에게 이러한 특성들이 얼마나 자신에게 해당되는지를 평정하게 했다. 심리전문가들이 지혜로운 사람의 특성이라고 의견 일치를 보인 특성은 (1) 중요한 문제의 핵심을 파악하는 능력, (2) 자신의 동기와 행동에 대한 이해력, (3) 타인과의 진솔하고 효과적인 관계 형성, (4) 조언을 해 주고 확신을 심어주는 능력, (5) 윤리적으로 일관성 있는 행동 등이었다. 이러한 특성에 근거한 Q-sort 방법으로 연구 참가자에 관한 다른 정보(면접자료, 성격검사 점수, 생활사건 등)를 전문가들이 평정한다. 그렇게 평정된 점수를 통해서 참가자의 지혜 점수가 할당되는데, 평정자 간 신뢰도가 상당히 높은 것으로 보고되었다.

지혜의 심리적 과정과 결과를 연구하는 심리학자들은 지혜로운 사고의 변증법적 과정, 대화적 양식, 고차원적인 인지과정에 주목하고 있다(Assmann, 1994; Sternberg, 1998, 1999; Valera, 1999). 지혜의 과정에 초점을 맞추는 연구자들은 복잡한 딜레마 상황에서 개인이 어떻게 판단하고 행동하는지를 관찰하고 그러한 반응내용을 전문가들이 명시적인 기준에 따라 평가한다. 예를 들면, Max Planck 연구팀(Baltes & Staudinger, 2000)은 연구 참가자에게 "절친한 친구가 전화를 해서 이렇게는 계속 살 수 없다고 호소하면서 자살을 결심했다고 말합니다." 라는 상황을 제시하고 "이 전화를 받은 사람은 무엇을 고려해야 하며 어떻게 해야 할까요?" 라는 질문을 던진다. 그리고 참가자로 하여금 자신의 생각과 판단을 소리 내어 말하게 하고 그 응답을 녹음한다. 나중에 글로 옮겨진 응답내용을 훈련된 평가자들이 다음과 같은 5개의 기준에 따라 7점 척도에서 평정한다: (1) 참가자가 제공한 사실적 정보의 양, (2) 판단과 조언의 다양성, (3) 상대방 삶의 배경을 다양하게 탐색하는 정도, (4) 인생의 가치에 대한 상대성과 우선순위 인식 정도, (5) 불확실성의 인식과 대응 방법의 적절성. 물론 평가자들은 다양한 대상과 딜레마 상황에서 평가자들 간의 평정점수가 일치되도록 충분한 훈련을 받는다.

Sternberg(1998)도 이와 비슷한 방법을 사용하고 있다. 예를 들어, 연구 참가자에게 특정한 삶의 영역(예: 가정이나 직업 장면)에서 겪게 되는 어렵고 중요한 상황을 어떻게 헤쳐 나갔는지 면담을 통해 이야기하게 하고, 그 내용을 다양한 기준에 따라 전문가들이 평정함으로써 지혜를 평가하고자 했다. 즉, 이러한 유형의 평가방법은 특정한 문제 상황을 제시하고 피검자들이 어떤 심리적 과정을 통해서 문제해결을 추구하며 그 결과 어떤 해결책을 제시하는지를 평가함으로써 지혜의 과정과 결과를 측정한다.

전반적으로 지혜로운 사람의 특성, 지혜의 심리적 과정, 지혜의 결과에 대한 연구결과들은 상당히 일치하고 있다. Hartman(2000)과 Baltes 등(1995)에 따르면, 세 측면을 측정하는 도구들은 서로 상관이 높다. 즉, 지혜로운 사람은 지혜로운 과정을 통해서 지혜로운 결과를 나타낸다는 것이다.

3 지혜와 관련된 심리적 특성

지혜는 실증적인 연구를 통해서 인간의 삶에 긍정적인 영향을 미치는 것으로 나타나고 있다. 특히 지혜는 노년기의 삶을 만족스럽게 영위하는 데 기여하는 것으로 보고되고 있다. Ardelt(1997)와 Hartman(2000)의 횡단적 연구에 따르면, 노년기의 삶의 만족도는 신체적 건강, 사회경제적인 지위, 재정상태와 그 밖의 사회환경적 지표들보다 지혜에 의해서 더 큰 영향을 받는 것으로 나타났다. 또한 59~81세의 성인을 대상으로 한 종단적인 연구(Ardelt, 2000)에서는 지혜는 삶의 만족과 가족관계뿐만 아니라 신체적 건강에도 긍정적인 영향을 미치는 것으로 나타났다. Hartman(2000)의 종단적 연구에 따르면, 43세에 측정된 여성들의 지혜 점수로 통해서 10년 후인 53세의 행복도를 예측할 수 있었다. 특히 지혜로운 중년 여성들은 폐경기에 성공적으로 대처하는 경향이 있었다. 한국인 청년을 대상으로 한 김민희(2008)의 연구에서는 KMWS로 측정된 지혜 점수가 삶의 만족, 안녕감, 죽음 수용, 긍정 정서 경험과 정적인 상관을 나타냈다.

지혜는 지능보다 성격요인과 더 밀접한 관련성을 지니는 것으로 보인다. Sternberg(2000)에 따르면, 지혜는 IQ 검사로 측정된 지능과 약간의 중복은 있었지만 상당히 독립적인 것으로 나타났다. 반면에 지혜는 심리적 성숙도, 개방성, 정서 안정성, 사교성, 정서지능과 같은 성격특성과도 연관되어 있는 것으로 나타났다(Staudinger et al., 1997). Helson과 Wink(1997)에 따르면, 실용적 지혜는 리더십, 주도성, 공감능력, 생산성과 상관을 보였으며, 초월적 지혜는 경험에 대한 개방성, 직관력, 생산성과 관련되어 있었다. 한국인을 대상으로 한 김민희(2008)의 연구에서도 지혜는 성격의 5요인 중 성실성과 가장 높은 상관을 보였으며 개방성, 우호성, 외향성, 정서적 안정성 순으로 유의미한 상관을 보였다.

지혜는 나이가 많아짐에 따라 증가하는 것으로 여겨지고 있다. 다양한 인생경험을 통해서 지혜가 성장할 수 있기 때문이다. 그러나 이러한 상식적인 견해는 실증적 연구에서 입증되지 않고 있다. 20대부터 90대까지의 연령층을 대상으로 한 연구에서는 지혜가 나이와 연관된다는 점이 발견되지 않았다(Orwoll & Perlmutter, 1990; Staudinger et al., 1998). Hartman(2000)에 따르면, 일부 사람들의 경우 젊은 나이에도 상당히 높은 지혜의 수준에 도달할 수 있다. 최근의 연구(Pasupathi et al., 2001)에 따르면, 지혜와 관련된 지식이 발달하는 주요한 시기는 15~25세 사이인 것으로 추정되고 있다. 그러나 일반적으로 지혜는 40대에 최고조에 도달하는 것으로 여겨지고 있다. 40대에 지혜가 발달하는 주요한 이유는 30대에서 40대로 이행하는 과정에서 겪게 되는 직업경험과 대인관계의 변화뿐만 아니라 40대에 경험하게 되는 스트레스 사건들, 특히 직업에서 경험하는 사건들 때문인 것으로 나타났다. 아울러 30대부터 50대에 이르는 과정에서 겪게 되는 다양한 인생경험들을 얼마나 잘 통합하여 성격적 성숙을 이루느냐에 따라 50대의 지혜수준이 상당부분 결정되는 것으로 나타났다. 이러한 결과는 지혜수준이 나이에 비례하여 증가하는 것이 아님을 보여 준다. 지혜는 많은 연령과 인생경험에 의해서 자동적으로 증대되는 것이 아니라 어떤 인생경험을 통해서 어떠한 교훈과 깨달음을 체득했느냐에 달려 있는 듯하다.

지혜는 어려움에 처한 사람을 조언하거나 조언을 받는 경험을 통해서 발달하는 것으로 알려져 있다. Staudinger 등(1992)은 특정한 직업이나 사회적 위치가 지혜를 발달시키는 데 기여할 수 있다고 주장한다. 특히 어려운 삶의 문제들을 다루며 그에 관한 이론과 개입방법을 공부하고 체계적 훈련과 실제적 경험을 하게 되는 직업이 그러할 수 있다. 그러한 직업의 대표적인 예가 임상심리학이다.

Wink와 Helson(1997)은 나이와 직업경험이 지혜에 미치는 영향을 연구했는데, 임상심리학자의 경우 20대 후반부터 50대 초반에 이르기까지 다른 집단에 비해서 지혜가 더 급격하게 증가하는 것으로 나타났다. 그러나 직업과 지혜의 관계는 장기적인 종단 연구를 통해서 좀 더 구체적으로 밝혀질 필요가 있다.

한국인을 대상으로 한 김민희(2008)의 연구에서는 노년기 성인이 자기보고형 지혜검사(KMWS)에서 청년기 성인보다 더 높은 점수가 나타냈다. 특히 노년기 성인들은 청년기 성인에 비해서 지혜의 요인 중 절제와 균형, 공감적 대인관계에서 유의미하게 더 높은 점수를 나타낸 반면, 인지적 역량과 긍정적 인생태도에서는 별다른 차이가 나타나지 않았다. 중년기와 노년기 성인의 지혜 점수는 연령, 건강수준, 경제수준과 유의미한 관계가 없었으며 교육수준과는 약한 상관을 나타냈다. 중·노년기의 성인들은 지혜를 발달시키는 인생경험으로 부정적인 경험뿐만 아니라 긍정적인 경험이 중요하다고 지각했으며, 지혜 점수가 높은 사람일수록 과거의 부정적인 인생경험에 대해서 현재에는 긍정적인 경험으로 받아들이는 경향이 있었다. 노년기 성인이 실제적인 삶에서 경험한 지혜에 대한 이야기를 분석한 결과, 남자는 직업적 성취와 관련된 사건을 많이 보고한 반면, 여자는 자녀와 관련된 사건을 가장 많이 보고했다.

김민희(2008)의 연구에서 주목할 만한 결과는 한국인의 경우 지혜에 대한 개념에 있어서 성차와 연령차가 나타났다는 점이다. 남자는 지혜의 요인 중 인지적 역량을 더 중요한 것으로 생각하는 반면, 여자는 절제와 균형, 공감적 대인관계와 같은 요인을 더 중요하게 여겼다. 또한 청년들은 인지적 역량을 중시하는 반면, 중년들은 공감적 대인관계 요인을 더 중시했다. 지혜의 개념에 대한 이러한 차이는 단순히 성별과 연령에 의한 영향이라기보다 그들이 실제의 삶에서 상호작용했던 특정한 인물의 특징과 행동에 의해서 영향을 받는 것으로 해석되고 있다.

4 지혜의 촉진요인 및 함양방법

지혜는 인간의 최고 덕목으로 여겨지듯이 단기간에 쉽게 함양될 수 있는 것은 아니다. 다양한 인생경험과 성찰을 통해서 함양될 수 있는 것이다. 그러나 심리학의 연구결과에 따르면, 나이가 증가한다고 해서 지혜가 늘어나는 것은 아니다. 나이가 듦에 따라 자동적으로 변화하는 것은 주름밖에 없다.

Kramer(1990)에 따르면, 지혜는 인지발달과 더불어 정서발달에 기반을 두고 있다. 지혜는 상대주의적이고 변증법적인 사고에 기반을 두고 있다. 지혜의 본질은 앎(knowing)과 회의(doubting) 사이의 균형을 잡으려는 노력이라고 할 수 있다(Meacham, 1990). 자신의 앎에 대한 과도한 독단적 확신과 지나치게 조심스러운 회의라는 양 극단을 피하며 중도를 찾는 것이 중요하다. 이를 위해서는 자신이 획득한 지식, 자신이 거둔 성공의 가치 그리고 자신이 누리는 권력과 권위의 기반에 대해서 물음을 던지는 노력이 필요하다. 즉, 자신의 앎과 신념에 대해서 일정한 거리를 두는 노력이 중요하다. 상대주의적 또는 변증법적 인지과정은 변화, 불확실성, 모순에 대한 이해를 촉진한다.

또한 지혜에는 정서적 요소가 중요하다. 지혜는 자신의 내면적 갈등과 정서를 잘 조절할 수 있는 정서적 능력을 포함하고 있다. Meacham(1990)에 따르면, 지혜의 기원은 대인관계에 있다. 지혜는 고립된 아동의 마음속에서 발달하는 것이 아니라 아동이 맺고 있는 대인관계의 틀 안에서 발달하는 것이다. 부모와의 양육경험을 위시한 다양한 대인관계 경험을 통해서 획득하게 되는 정서적 능력이 지혜의 발달에 중요하다. 지혜는 자신의 입장뿐만 아니라 타인의 입장도 고려하는 탈중심적 관점에서 타인의 문제들을 공감적이고 직관적으로 경험하는 능력이라고 할 수 있다(Arlin, 1990).

Kramer(1990)는 이러한 인지적 · 정서적 바탕이 지혜로운 판단을 촉진한다고 주장하면서 [그림 8-3]과 같은 지혜의 모델을 제시하였다. 어떤 문제 상황에 직

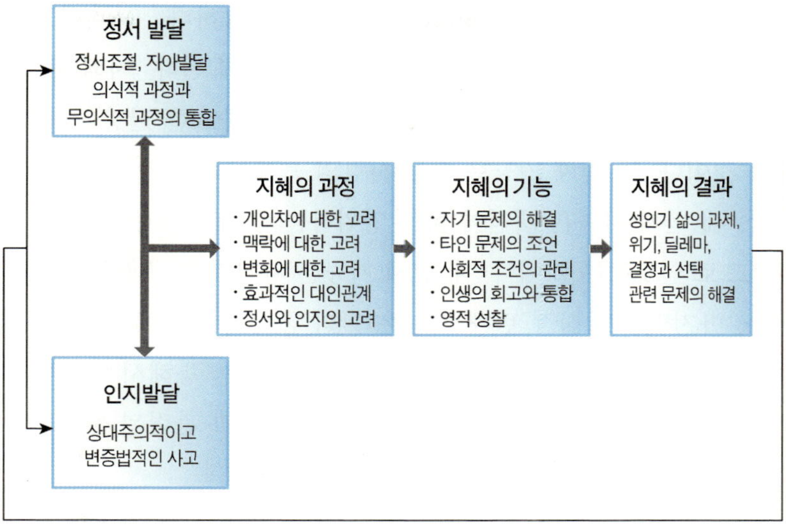

[그림 8-3] 지혜의 모델(Kramer, 1990)

면할 경우, 지혜로운 판단을 위해서 우선 개인차를 고려하는 것이 중요하다. 모든 시대의 모든 개인들에게 공통적으로 효과적인 해결책은 없다. 적절한 해결책을 찾기 위해서는 문제에 처한 개인의 욕구와 가치의 우선순위를 고려해야 한다. 둘째는문제의 맥락을 잘 이해해야 한다. 지혜는 문제를 넓은 맥락에서 이해하고 해결하는 능력이라고 할 수 있다. 타인의 문제에 조언을 하기 위해서는 문제에 처한 사람의 발달수준과 생활여건, 시대적 상황과 문화적 조건, 사회에서 수용 가능한 행동방식 등을 고려하면서 여러 가지 선택을 평가하는 것이 중요하다. 셋째는 다양한 변화 가능성을 고려하는 것이다. 모든 것은 변한다는 사실을 인정하는 사유방식은 다양한 변화에 잘 대비하도록 해 주기 때문이다. 상대주의적이고 변증법적인 사고는 모두 인간이 끊임없는 변화 속에서 살고 있다는 견해를 촉진한다. 아울러 다른 사람과 효과적인 상호작용을 통해서 모두가 만족할 수 있는 해결책을 모색할 수 있다. 이러한 과정에는 자신과 타인의 감정을 잘 이해하고 조절하는 정서적 능력이 중요한 역할을 한다. 마지막으로, 문제 상황의 인지적 차원과 정서적 차원 모두에 주의를 기울이는 것이 필요하다.

지혜로운 심리적 과정은 다양한 긍정적 기능을 하게 된다. 지혜의 첫 번째 기능은 개인의 삶에서 만나게 되는 딜레마를 해결하고 중요한 결정을 내리는 데 도움을 주는 것이다. 두 번째 기능은 다른 사람의 문제를 해결할 수 있는 조언을 주는 것이다. 세 번째 기능은 개인이 삶을 영위하는 주변 환경과 사회를 잘 관리하고 효과적으로 인도하는 것이다. 네 번째 기능은 자신의 인생을 돌아보며 통합하는 것이다. 마지막으로 다섯 번째 기능은 삶의 궁극적 의미에 대해서 물음을 던지며 영적인 성찰을 하는 것이다. 이러한 지혜의 기능을 통해서 인생에서 직면하게 되는 다양한 삶의 문제, 위기, 딜레마, 결정과 선택과 관련된 문제들을 지혜롭게 해결하는 긍정적인 결과를 얻게 된다.

Hartman(2000)은 중년 여성에 대한 종단적 연구를 통해서 지혜를 촉진하는 몇 가지 요인들이 제시하고 있다. 중년 여성의 경우, 지혜의 발달에는 개인의 성격, 창의적 능력, 자녀양육 동기가 영향을 미쳤으나 다양한 성인기 경험이 중요한 토대가 되는 것으로 나타났다.

첫째, 지혜는 인생의 각 단계에서 겪게 되는 삶의 과업들(life tasks)을 적극적으로 잘 해결하는 경험을 통해서 발달한다. 50대 초반 여성의 지혜 수준은 40세 전후에 겪게 되는 삶의 과제에 대한 적극적 관여도에 의해서 가장 잘 예측되었다. 특히 인생의 단계마다 사회에서 일반적으로 기대되는 삶의 과제들을 잘 헤쳐 나가는 것이 중요했다. 아울러 40세 전후의 직업 활동 경험이 40대 중반의 지혜에 의미 있는 영향을 미쳤다.

둘째, 적응 수준은 지혜와 무관한 것으로 나타났다. 사회적 관습을 어느 정도 잘 따르는 것은 지혜 발달과 관련이 있었지만, 사회적 기대에 부응하여 잘 적응하는 것은 지혜의 발달에 별 영향을 미치지 않는 것으로 나타났다. 심리적 또는 신체적 장애의 경험 유무는 중년기 여성의 지혜 발달과 특별한 관계를 보이지 않았다. 예를 들어, 심리적 문제로 상담을 받아야 했거나 신체적 질병으로 병원에 입원해야 했던 경험의 유무는 지혜에 영향을 미치지 않았다. 그보다는 그러한 심리적, 신체적 어려움에 어떻게 대처했느냐가 지혜 발달에 중요한 영향을 미쳤다.

그리고 결혼기간, 자녀 유무와 같은 사회적 적응의 객관적 지표는 지혜와 무관한 것으로 나타났다.

셋째, 인생의 커다란 변화 경험은 지혜를 발달시키는 것으로 보인다. Freud는 인생의 중요한 과제를 사랑과 일이라고 보았다. 사랑과 직업에 있어서 커다란 변화를 경험한 사람들이 중년기에 더 높은 지혜 수준을 나타냈다(Hartman, 2000). 특히 30대에 경험한 주요한 삶의 변화들이 지혜 발달에 긍정적인 영향을 미치는 것으로 나타났다. 또한 인생에서 결정한 중요한 선택을 수용하는 것이 지혜에 중요한 영향을 미친다. Birren과 Fisher(1990)에 따르면, 지혜는 변증법적으로 생겨난다. 한 극단은 자신의 한계를 넘어서는 것이고, 다른 한 극단은 자신의 한계를 수용하는 것이다. 지혜는 무엇이 변화시킬 수 있는 것이고 무엇이 그럴 수 없는 것인지를 결정해야 하는 상황에서 발휘되는 것이다. Hartman(2000)의 연구에서는 자신의 결정에 후회를 했었지만 50대 초반에 수용하게 된 사람들이 후회를 했지만 수용을 하지 못했거나 후회경험이 없는 사람들에 비해서 50대 초반에 더 지혜로운 것으로 나타났다.

넷째, 스트레스 경험은 지혜 발달에 도움이 된다. 스트레스가 항상 나쁜 것만은 아니다. 스트레스는 개인을 자극하여 도전에 적응하도록 촉진하고 변화시키는 기능을 할 수 있다. Ardelt(1998)에 따르면, 대공황 시기에 심한 경제적 곤란을 겪었던 사람들이 그렇지 않은 사람들에 비해서 그 10년 이후에는 더 심리적으로 건강했으며 노년기에도 더 높은 지혜 수준을 나타냈다. 그는 지혜와 심리적 건강이 서로 밀접한 관계를 지닐 뿐만 아니라 위기와 고난을 성공적으로 해결해 나가면서 지혜가 획득된다고 주장했다.

Hartman(2000)도 스트레스 사건의 경험이 지혜의 발달을 촉진할 수 있다는 것을 발견했다. 그러나 부정적인 스트레스가 과도하게 많거나 자아 탄력성이 낮은 사람들에서는 반대의 결과가 나타났다. 스트레스 경험으로부터 의미를 발견하고 자기 성장으로 통합시키는 능력을 의미하는 자아 탄력성(ego-resilience)이 스트레스의 양이나 비율에 상관없이 지혜의 발달에 중요한 것으로 나타났다. 이런 점에서 자아 탄력성은 스트레스에 유연하고 효과적으로 적응하는 일반적인 능력으로서 지혜의 발달에 중요한 성격적 요인이라고 할 수 있다.

Staudinger와 Baltes(1996)는 사회적인 협동이 지혜를 촉진한다는 사실을 실험적으로 입증한 바 있다. 나이가 많은 사람들이 젊은 사람들보다 대화를 통해서 더 많은 긍정적 효과를 나타냈다. 이러한 사실은 지혜를 함양하기 위해서 집단적 또는 대인관계적인 접근이 중요함을 시사한다.

Sternberg(1999, 2001)는 지혜를 육성하기 위해서 지혜 교육 프로그램(Teaching for Wisdom Program)을 시행하고 있다. 이 프로그램은 많은 학생들이 지적으로는 우수하지만 지혜롭지 못하다는 가정에서 출발한다. 이러한 학생들은 학교에서 뛰어난 성적을 나타내고 직업에서도 탁월한 성과를 거두지만 자신의 삶에 있어서 미숙한 판단을 하여 자신과 타인의 삶을 불행하게 만든다. Sternberg는 자신이 주장한 지혜의 균형이론에 근거하여 개발한 이 프로그램을 중학교 학생들에게 적용하고 있다. 이 프로그램은 학생들에게 문학과 철학의 고전적 작품을 통해서 '위대한 지혜'가 어떤 것인지를 보여 주고, 독서를 통해 배운 교훈들을 이끌어내기 위해서 글을 쓰거나 토론하게 하며, 자신에게 의미를 지니는 진실과 가치에 대해서 성찰해 보도록 권장하고, 지혜가 사회적 목적을 위한 활용될 수 있음을 강조하며, 교사는 소크라테스식 교수법을 통해 지혜의 모범을 보이는 것으로 구성되어 있다. Sternberg는 '지혜로운 사람'을 양성하는 것이 교육의 목적이라면 지혜 교육 프로그램이 정규 교육과정에 포함되어야 한다고 주장하고 있다.

지혜 증진 방법(Rashid & Anjum, 2005)

- 내가 알고 있는 가장 지혜로운 사람을 생각해 본다. 그리고 내가 그 사람인 것처럼 하루를 살아보도록 노력한다.
- 요청된 경우에만 조언을 해 준다. 그러나 그 경우에 내가 할 수 있는 한 가장 사려 깊게 조언을 해 준다.
- 친구이든 가족이든 아니면 직장동료이든 두 사람 간의 갈등을 해결하도록 노력한다.
- 가장 최근에 내가 한 5가지 중요한 행동과 결정의 목적을 찾아본다.
- 지혜에 관한 인용문을 읽고 이를 실천하기 위한 세부 단계로 다시 적어본다.
- 자신의 삶에 직접적인 영향을 미치는 과학적 연구들이 갖는 도덕적 함의에 대해 생각해 본다.
- 역사적, 문화적, 경제적 관점에서 세계사를 탐구한다.
- 최소한 석 달에 한 번씩 다른 사람들을 자문해 주는 역할을 찾아서 한다.
- 어떤 결정을 할 때 감성과 이성을 모두 활용한다.
- 나보다 어린 사람의 멘토가 되어준다.

제 3 부
인애(仁愛)와 관련된 긍정적 성품

인간의 가장 큰 특성 중 하나는 사회적 동물이라는 점이다. 인간(人間)은 서로 의지하며 인간관계 속에서 삶을 펼쳐가는 존재다. 인간관계는 인간의 행복과 불행에 영향을 미치는 가장 중요한 삶의 영역으로 알려져 있다. 행복에 관한 방대한 연구자료를 분석한 Diener(2001)에 따르면, 인간관계가 주관적 안녕을 가장 잘 예측하는 요인이었다. 긍정적인 인간관계는 행복의 필수적 요소일 뿐만 아니라 행복에 기여하는 가장 중요한 원천이라는 점에 많은 심리학자들(Allport, 1955; Fromm, 1947; Maslow, 1971; Reis & Gable, 2003; Ryff, 1989)은 동의하고 있다.

인간은 타인과 유대관계를 맺고자 하는 선천적인 욕구를 지니고 있다. 현대 정신분석학의 주된 조류인 대상관계 이론(Klein, 1957; Mahler, 1968; Winnicott, 1965)은 타자와 관계를 맺고자 하는 욕구를 인간의 가장 기본적인 욕구로 여기고 있다. 진화심리학의 관점에서도 인간은 개체의 생존과 종족의 보존을 위해서 인간관계를 중시할 수밖에 없는 존재다(Shackelford & Buss, 1996). 인간은 동물 중에서 가장 미숙하고 무력한 상태로 태어나기 때문에 오랜 기간 부모의 전폭적인 관심과 보호를 필요로 하는 의존적인 존재이며 부모 역시 어린 자녀의 양육에 집중해야 한다. 또한 인류의 조상들은 신체적으로 나약한 존재였기 때문에 맹수들의 위협으로부터 생존하기 위해서는 집단생활을 통해서 협동해야 했다. 아울러 인간은 자손의 번식을 위해 짝지을 대상을 유혹해야 할 뿐만 아니라 자손을 보호하고 양육하기 위해서 지속적인 유대관계를 형성해야 했다. 이처럼 인간은 다른 사람과 원활한 인간관계를 형성할 수 있는 긍정적인 성품을 지니고 있다.

VIA 분류체계(Peterson & Seligman, 2004)에서 제시하고 있는 '인애(humanity: 仁愛)와 관련된 강점들'은 다른 사람을 보살피고 이해하며 그들과 따뜻하고 친밀한 관계를 형성하도록 돕는 강점들이다. 인간의 이기적이고 공격적인 성향으로부터 인간 세상을 조화와 균형 속에서 좀 더 따뜻하도록 만드는 데 기여하는 것들이다. 긍정적인 인간관계를 위해서는 다양한 심리적 능력이 필요하다. VIA 분류체계는 다른 사람과 호의적인 관계를 형성하고 심화시키는 데 기여하는 세 개의 강점, 즉 사랑, 이타성, 정서지능을 제시하고 있다. 사랑은 다른 사람과 호의적인 관심과 애정을 주고받으며 친밀한 관계로 발전시키는 능력을 의미하며, 이타성은 어려운 상황에 있는 사람을 보살피고 돕는 긍정적 성품을 뜻한다. 또한 정서지능은 다른 사람의 마음을 잘 이해하고 효과적으로 행동하는 능력으로서 긍정적인 인간관계를 위해 필수적인 것이다.

제9장

사랑

인간은 근본적으로 고독한 존재다. 육체적으로나 심리적으로 세상과 분리되어 독립적인 개체로 스스로의 삶을 영위해야 하는 외로운 존재다. 고독감은 가장 견디기 어려운 고통스러운 감정 중 하나다. 다른 존재와의 연결이 끊어진 채 자신에게 관심과 애정을 기울여 주는 사람이 아무도 없다는 느낌, 즉 자신이 황량한 벌판에 버려져 있다는 쓸쓸한 느낌이 고독감이자 외로움이다.

사랑은 외로움을 해독하고 삶의 기쁨과 의미를 선사하는 묘약이다. "가장 큰 행복은 우리가 누군가를 사랑하고 우리 자신이 누군가로부터 사랑받고 있다는 믿음에서 생겨난다."는 프랑스의 대문호 빅토르 위고(Victor Hugo)의 말처럼, 사랑은 행복의 가장 주된 원천이다. 사랑은 고독한 존재인 개인과 개인을 연결하여 유대감을 형성하는 심리적 교량으로서 긍정적인 인간관계의 핵심이다. 동서고금의 모든 사회가 사랑을 인생의 소중한 가치로 여기는 까닭이 여기에 있다.

인간은 누구나 사랑하는 관계를 추구한다. 그러나 진정한 사랑의 관계를 형성하는 것은 쉽지 않다. 사랑은 아무나 쉽게 할 수 있는 것이 아니다. 사랑을 나눌 수 있는 능력이 필요하다. 긍정적 성품으로서의 사랑은 다른 사람과 애정을 주고받을 수 있는 능력을 말한다. 즉, 긍정적인 인간관계를 형성하고 심화시켜 안정적으로 유지할 수 있는 개인적 능력을 의미한다. 사랑의 능력은 개인차가 매우 심한 심리적 특성으로서 개인의 행복에 강력한 영향을 미친다.

1 사랑의 정의와 유형

'사랑(love)' 이라는 단어는 흔히 서로를 좋아하고 보살피는 마음이나 행위를 의미한다. 그러나 긍정적 성품으로서의 사랑은 그러한 마음과 행위를 나눌 수 있는 심리적 능력을 말한다. 사랑은 다른 사람과 깊은 애정과 신뢰를 형성하고 심화하며 유지할 수 있는 심리적인 능력을 의미한다.

타인과의 친밀한 유대관계는 만남을 통해서 자동적으로 형성되는 것이 아니다. '사랑은 아무나 하나' 라는 유행가요가 있듯이, 사랑은 다른 사람에게 애정을 느끼고 전달할 뿐만 아니라 상대방의 애정을 받아들임으로써 깊이 있는 애착관계를 안정적으로 유지할 수 있는 능력이 뒷받침되어야 한다. 이렇게 사랑을 주고받으며 나누는 능력은 개인의 성격적 강점으로서 연인관계와 부부관계를 비롯하여 다양한 인간관계의 기반이 된다.

사랑은 세 가지 형태의 인간관계 경험에 뿌리를 두고 있다. 그 첫째는 부모에 대한 아이의 사랑이다. 어린아이는 부모에게 매달리며 의지하고 보살핌을 받으려 한다. 이처럼 애정, 보호, 보살핌을 제공하는 사람들에 대해서 애정을 느끼고 접근하는 사랑의 경험이다. 인간은 사랑하는 사람에게 의지할 뿐만 아니라 함께 있을 때 안전감을 느끼기 때문에 그들이 항상 곁에 있어주기를 원한다.

사랑의 두 번째 유형은 자녀에 대한 부모의 사랑이다. 자신이 보살펴야 할 어린아이에 대해서 애정을 느끼며 지극한 정성으로 보살피는 부모의 사랑이다. 이처럼 사랑은 호감을 느끼는 사람에게 애정과 보살핌을 제공하려는 마음을 포함한다. 인간은 사랑하는 사람을 보호하고 지원할 뿐만 아니라 그들을 위해 기꺼이 희생하려는 자세를 지닌다. 사랑하는 사람을 행복한 상태로 만드는 것이 자신의 행복으로 느껴진다.

마지막 세 번째 유형은 연인들이 느끼는 낭만적인 사랑이다. 두 남녀가 서로에게 호감과 애정을 느끼며 정서적인 친밀감뿐만 아니라 성적인 열정을 나누는 사랑이다. 이러한 사랑은 두 사람이 대등한 입장에서 서로를 특별한 존재로 여기면서 애정과 보살핌을 주고받는 애착관계를 의미한다.

진화심리학의 관점에서 보면, 이러한 세 가지 유형의 사랑은 인간의 생존과 종족보전을 위해서 중요한 적응적 기능을 지니고 있다. 인간은 진화과정에서 종의 존속을 위해서 세 가지의 도전적 과제를 성공적으로 해결해야만 했다. 첫째, 인간은 동물 중에서 가장 미성숙한 상태로 태어나 가장 오랜 기간 타자에게 의존하면서 살아남아야 했다. 둘째, 인간은 매우 미성숙한 상태로 태어난 자손들이 생존하여 성장할 수 있도록 적절한 보호와 보살핌을 제공해야만 했다. 셋째, 인간은 번식을 위해서 이성 짝을 찾고 그 관계를 충분히 오래 유지하면서 자손을 낳아 양육해야만 했다. 이러한 도전적인 과제에 적응하는 과정에서 인간은 사랑의 능력을 발달시켜 온 것으로 여겨지고 있다.

그러나 사랑의 능력은 성장과정에서 억제될 수도 있고 촉진될 수도 있다. 타인과 관계를 맺고자 하는 선천적인 욕구는 양육과정에서 잘 충족될 수도 있지만 좌절될 수도 있다. 이러한 후천적인 경험은 사랑의 능력에 강력한 영향을 미쳐서 개인차를 형성하게 된다. 인간관계의 양상과 질이 다양한 이유는 사람마다 사랑의 능력에 상당한 차이가 있기 때문이다.

사랑을 주고 사랑을 받아들일 수 있는 능력은 상당히 안정된 성격적 특질로 여겨지고 있다. 유아기에 형성된 부모와의 애착 유형이 성인기의 낭만적인 연인 관계에서 유사한 형태로 나타난다는 실증적인 연구결과들이 보고되고 있다(George, Kaplan, & Main, 1985). 안정된 결혼생활을 유지하지 못하고 결혼과 이혼을 여러 차례 반복하는 사람들이 있다. 사랑의 능력이 부족한 사람들은 친밀하고 안정된 인간관계를 형성하지 못한다. 특히 자기애성, 반사회성, 분열성 성격장애를 지닌 사람들은 상호적인 애착관계를 형성하지 못하는 경향이 있다.

행복의 가장 중요한 원천인 긍정적인 인간관계를 위해서는 사랑의 능력이 필수적이다. 사랑의 능력은 부모-자녀관계, 부부관계, 이성교제, 친구관계, 사제관계, 동료관계와 같은 다양한 인간관계를 원만하게 영위하도록 돕는 긍정적 성품이라고 할 수 있다.

2 사랑에 대한 심리학적 이론

사랑은 신비의 영역으로서 오랜 기간 심리학의 연구대상에서 배제되어 왔다. 그러나 30여 년 전부터 사랑에 대한 과학적인 연구가 시작되었다. 그동안 이루어진 사랑의 연구는 크게 두 가지의 흐름으로 구분될 수 있다.

첫째는 아동과 부모의 유대관계를 연구하는 흐름으로서 Bowlby(1969, 1973, 1980)의 애착이론이 그 중심에 있다. Bowlby는 어린 시절에 적어도 한 명의 양육자와 따뜻하고 지속적인 애착관계를 형성하는 것이 성인기의 건강한 인간관계에 필수적이라고 주장했다. 두 번째의 흐름은 성인의 낭만적 사랑에 대한 연구다. 1975년에 Ellen Berscheid와 Elaine Hatfield가 연구비를 지원받아 사랑과 매혹에 관한 연구를 수행한 것이 효시이며 그 이후로 많은 연구가 이루어졌다. 친밀한 관계형성에는 자기공개와 반응성이 중요하다는 친밀감 이론(Reis & Patrick, 1996; Reis & Shaver, 1988)과 낭만적 사랑이 친밀감, 열정, 투신이라는 세 가지 구성요소로 이루어진다는 사랑의 삼각형 이론(Aron & Westbay, 1996; Sternberg, 1986)이 그 대표적인 예라고 할 수 있다. 최근에 두 가지의 연구 흐름이 통합되기 시작하여 의미 있는 결실을 일궈내고 있다. 아동기의 관계경험에 의해서 형성된 애착 패턴은 노년기에 이르기까지 다양한 인간관계의 양상과 질에 영향을 미치는 것으로 알려지고 있다.

애착이론

애착이론은 아이와 엄마의 유대관계를 설명하기 위해 John Bowlby(1969, 1973, 1980)가 처음으로 제시한 이론이다. 그는 전쟁고아들의 정신건강에 대한 연구를 수행하면서 고아원에서 자란 아이들이 음식과 안전한 환경에 제공되었음에도 불구하고 우울증을 비롯한 다양한 심리적 문제를 나타낸다는 것을 발견했다. 심지어 상당수의 고아들은 신체적 발육이 저하되었으며 일부는 사망하기도 했다. 이러한 불행한 결과를 발견한 Bowlby는 아동들이 지속적인 정서적 유대관계를 형성할 수 없었기 때문인 것으로 추론하면서, 아동의 정상적인 발달을 위해서는 적어도 한 명의 성인 양육자와의 따뜻하고 지속적인 애착관계가 필요하다고 주장했다.

Bowlby(1969, 1973, 1980)는 애착(attachment)을 특정한 두 사람 간에 형성되는 정서적인 유대관계로 정의하면서 어린아이가 애착을 느끼는 특정 인물은 세상을 탐색하는 안전기지의 역할을 한다는 애착 이론(attachment theory)을 제시했다. 유아는 엄마가 어디에 있는지를 끊임없이 살피며 엄마가 가까이 있으면 안전감을 느끼면서 잘 논다. 그러나 엄마와 너무 멀어지게 되면 유아는 불안해하며 엄마에게 가까이 가려고 노력한다. 이처럼 애착은 유아가 양육자와의 거리를 잘 조절하면서 독립적인 존재로 성장하는 바탕을 형성하게 된다.

그에 따르면, 애착관계는 다음과 같은 네 가지 특징을 나타낸다는 점에서 다른 인간관계와 구분된다. 첫 번째 특징은 근접성 유지(proximity maintenance)로서 애착 대상에 가까이 있거나 붙어 있기를 원하는 것이다. 둘째는 애착대상을 안전한 피난처(safe haven)로 여기며 위안이나 확신을 얻기 위해 의지한다. 세 번째 특징은 이별 고통(separation distress)으로서 애착 대상과 예기치 못한 또는 장기간의 이별을 하게 되면 괴로움을 느낀다는 점이다. 마지막으로, 애착 대상은 안전기지(secure base)의 역할을 하게 되며 세상을 적극적으로 탐색하고 활동하는 기반이 된다. 애착과 탐색의 균형은 발달단계에 따라 달라지는데, 성장할수록 애착 대상으로부터 떨어져 편안하게 견딜 수 있는 시간과 거리가 증가한다. 평균적으로 12개월의 유아는 3세 아동에 비해서 엄마와의 짧은 이별에도 더 많은 스트레스를 경험할 뿐만 아니라 엄마로부터 떨어져 탐색하는 범위가 더 좁다. 일반적으로 아동기 후기나 청소년기에 이르면 분리불안이 감소되면서 장기간의 이별이 가능해진다. 이처럼 아동은 부모와의 관계경험을 통해서 자신과 타인에 대한 내면적 표상체계를 형성하게 되는데, Bowlby (1973)는 이를 내적 작동 모델(internal working model)이라고 지칭했다. 개인의 애착 유형은 내적 작동 모델에 근거하여 요람부터 무덤까지 전 생애를 통해 지속된다고 주장했다.

Ainsworth와 그녀의 동료들(Ainsworth, Blehar, Waters, & Wall, 1978)은 유아를 대상으로 한 낯선 상황 검사를 통해서 애착의 세 가지 유형을 발견했다. 그 첫째는 이 검사상황에서 엄마와 함께 있을 때 편안해하며 잘 놀고 이별에는 적절한 불안을 보이며 엄마의 복귀로 불안이 신속하게 완화되는 아동의 행동패턴으로서 안정 애착(secure attachment)이라고 지칭되었다. 둘째 유형은 엄마가 곁에 있는지 항상 신경을 쓸 뿐만 아니라 엄마와의 이별에 극심한 불안을 나타내고 엄마가 돌아와서 달래도 밀쳐내며 저항하는 아동의 경우로서 불안 애착(anxious attachment)을 나타낸다. 셋째는 엄마와의 이별에 무관심할 뿐만 아니라 엄마가 돌아와도 품속에 안기기를 회피하는 아동의 경우로서 회피 애착(avoidant attachment)을 뜻한다. 이후의 연구에서 몸을 흔들거나 얼어붙는 모습을 나타내는 등 일관성 없는 행동을 보이는 아동의 유형이 발견되었는데, 이는 혼란 애착(disorganized attachment)으로 명명되어 네 번째의 애착 유형으로 추가되었다(Main & Solomon, 1990). 마지막 세 가지 유형은 불안정 애착(insecure attachment)으로 분류되고 있다.

유아의 애착 유형은 엄마의 양육행동과 밀접하게 관련되어 있다. 일관성 있는 행동을 통해서 지지적인 애정을 나타내는 엄마의 유아는 안정 애착을 형성한다. 반면에, 엄마가 일관성이 없이 변덕스런 행동을 나타내거나 비판적이고 거부적인 행동을 통해 양육하면, 유아는 불안 애착이나 회피 애착을 형성한다. 이렇게 형성된 애착 패턴은 아동이 타인과 관계 맺는 방식에 지속적인 영향을 미친다. 예컨대, 유아기에 안정 애착을 형성한 아동은 부모에게 적절한 방식으로 자기주장을 할 뿐만 아니라 세상을 적극적으로 탐색하며 문제해결에서도 끈기를 보인다. 이들은 좌절을 경험하게 되면 다른 사람에게 도움을 청하거나 위안을 구하는 행동을 나타낸다. 안정 애착을 형성한 아동들은 의존성과 자율성의 균형을 적절하게 잘 유지한다. 반면에 유아기에 불안정 애착을 형성한 아동들은 또래들과 잘 어울리지 못하며 융통성 없고 고집스러운 모습을 보이거나 우울하고 위축된 모습을 나타내는 경향이 있다.

유아기에 형성된 애착 유형은 전 생애에 걸쳐 지속적인 영향을 미치는 것으로 보고되고 있다. George 등(1985)은 성인 애착 면접(Adult Attachment Interview)을 통해서 성인의 애착 유형이 유아기의 애착패턴과 상당히 일치한다는 것을 발견했다. 특히 흥미로운 것은 유아기에 형성된 애착 유형이 성인기의 이성관계에서 두드러지게 나타난다는 사실이다. Bartholomew와 Horowitz(1991)는 성인의 애착 유형과 내적 작동 모델의 관계를 구체적으로 제시하고 있다. 자신과 타인에 대한 긍정적 또는 부정적 표상이 성인의 애착 유형에 영향을 미친다는 것이다. 안정 애착을 형성한 사람은 자신과 타인에 대해서 모두 긍정적인 표상을 형성한다. 그러나 자신과 타인 모두에 대해서 부정적인 표상을 형성하게 되면, 타인을 두려워하며 회피하는 공포-회피 유형(fearful-avoidant prototype)을 나타내게 된다. 자신에 대해서 부정적인 표상을 지니지만 타인에 대해서 긍정적인 표상을 지닌 사람은 타인과의 과도한 친밀감을 추구하는 동시에 거부에 대한 불안을 지니는 집착 유형(preoccupied prototype)을 나타낸다. 자신에 대해서는 긍정적인 표상을 지니지만 타인에 대해서 부정적인 표상을 지닌 사람은 타인과의 친밀한 관계를 불편해하며 과도하게 독립적인 삶을 추구하는 거부-회피 유형(dismissing-avoidant prototype)을 나타내게 된다. 이처럼 어린 시절의 양육경험을 통해서 형성한 내면적 표상체계는 성장과정에서 수정되지 않으면 성인기까지 지속되어 영향을 미치게 된다.

안정 애착을 형성한 사람은 자신과 타인에 대한 긍정적인 표상을 지니고 있기 때문에 자신감을 지니고 다른 사람에게 쉽게 다가간다. 이들은 상대방의 생각이나 욕구를 고려하여 호의적으로 반응하는 따뜻한 상호작용 패턴을 지니고 있으며 상대방을 신뢰하기 때문에 사소한 갈등이나 좌절에 대해 과도한 감정반응을 나타내지 않는다. 또한 상대방과의 친밀한 관계를 편안하게 느낄 뿐만 아니라 서로의 독립성을 인정하며 상대방에게 과도하게 집착하지 않는다. 안정된 애착패턴을 지닌 사람은 대인관계에서 의존과 독립의 균형을 잘 이룰 수 있는 사람이라고 할 수 있다. 이러한 안정 애착의 특성이 사랑 능력의 핵심적 요소라고 할 수 있다.

친밀감의 대인관계 과정 모델

애착이론이 사랑의 발달적 기원과 인간관계 유형에 대한 연구결과라면, 친밀한 유대관계가 형성되는 상호작용 과정에 초점을 맞추고 있는 것이 친밀감에 대한 연구들이다. Reis와 그의 동료들(Reis & Patrick, 1996; Reis & Shaver, 1988)은 자기공개와 그에 대한 반응성이 친밀한 관계를 형성하는 핵심적인 요인이라는 친밀감의 대인관계 과정 모델(interpersonal process model of intimacy)을 제시하였다.

친밀감은 모든 인간관계의 필수적 측면이다. 친밀감은 대인관계에서 일어나는 상호작용의 산물이다. 친밀감 모델에 따르면, 친밀감이 형성되기 위해서는 먼저 한 사람이 자신에 관한 정보와 감정을 전달해야 하고 상대방은 그에 대해서 호의적인 적절한 반응을 나타내는 지속적인 상호작용이 일어나야 한다. 즉, 자기공개와 반응성이 친밀감 형성에 필수적이다.

자기공개(self-disclosure)는 개인적인 정보, 생각, 감정을 상대방에게 언어적 또는 비언어적 행동을 통해서 전달하는 행위를 의미한다. 자기공개에는 크게 두 가지 유형이 있다. 그 하나는 사실적 자기공개(factual self-disclosure)로서 자신에 관한 객관적인 사실을 위시한 기술적인 정보를 전달하는 것이며, 다른 하나는 정서적 자기공개(emotional self-disclosure)로서 자신의 사적인 감정, 생각, 판단을 포함하는 평가적인 정보를 전달하는 것이다. 두 유형의 자기공개는 개인의 사적인 측면을 나타내는 것이지만, 정서적 자기공개는 개인의 좀 더 핵심적이고 심층적인 측면을 전달하는 것으로서 친밀감 형성에 더 중요한 역할을 한다.

반응성(responsiveness)은 상대방의 자기공개에 대해서 적절하고 호의적인 반응을 나타내는 것을 뜻한다. Reis와 Shaver(1988)에 의하면, 자기공개에 대해서 상대방이 잘 이해하고 긍정적인 반응을 나타낼 때 친밀감이 증진된다. 친밀감을 증진하기 위해서는 이해 반응(예: 상대방의 바람, 감정, 상황을 정확하게 잘 이해했다는 것), 인정 반응(예: 상대방을 잘 수용하고 긍정적으로 평가하고 있다는 것), 지지 반응(예: 상대방에 대해서 관심, 애정, 보살핌, 도움을 나타내는 것)이 중요하다. Reis와 Shaver(1988)는 이러한 반응을 보여 주는 것도 중요하지만 이러한 반응에 대한 상대방의 지각이 친밀감 형성에 더 중요하다고 주장한다. 자기공개에 대해서 진정한 반응을 나타내더라도, 상대방은 자신의 욕구나 바람을 잘 이해하고 인정해 주는 것으로 지각하지 않을 수 있다. 친밀감 형성을 위해서는 사실적인 행동보다 그에 대한 지각이 더 중요하다(Laurenceau, Barret, & Pietromonaco, 1998). 상대방으로부터 이해, 인정 그리고 보살핌을 받고 있다고 지각하는 것이 친밀감 형성의 핵심적 요소라고 할 수 있다.

친밀감은 자기공개와 호의적 반응을 주고받는 상호작용을 통해서 점차적으로 증진된다. 실증적인 연구(Reis et al., 2000)에 따르면, 친밀감을 느끼게 만드는 가장 중요한 요인은 "상대방으로부터 이해받고 인정받는다는 느낌" 이었으며 이밖에 "중요한 일에 관해서 이야기를 나누는 것" "즐겁거나 재미있는 활동을 함께 하는 것" 이 중요하다. 그러나 관계에서 겪은 갈등이나 거부 경험의 많고 적음은 친밀감과 아무런 관계가 없는 것으로 나타났다.

Harvey, Pauwels와 Zickmund(2002)는 친밀한 관계를 유지하고 발전시켜 나가기 위해서 세심한 배려가 중요함을 강조하고 있다. 세심한 배려(minding)는 두 사람의 관계에서 생각과 행동이 교류되는 특유의 패턴으로써 관계의 '친밀감' 과 '안정성' 을 촉진한다(Harvey & Omarzu, 1997, 1999). 세심한 배려는 크게 세 가지 요소로 구성되어 있다. 첫째는 서로를 알고 알림으로써 서로를 잘 이해하는 것이다. 이를 위해서는 자기 공개와 더불어 상대방의 생각, 감정 그리고 과거 경험을 물어보고 아는 것이 중요하다. 빈번한 대화를 통해서 정확하고 원활한 의사소통을 하는 것이 중요하며 그 결과 알게 된 정보는 관계증진에 활용될 수 있다. 둘째는 상대방의 행동에 대한 귀인, 즉 해석이 중요하다. 일반적으로 상대방의 긍정적 행동은 내부적 요인에 귀인하고 부정적 행동은 외부적 요인에 귀인하는 것이 관계를 증진한다. 예를 들어, 연인이 약속시간보다 일찍 나타난 것에 대해서는 자신과 함께 좀 더 많은 시간을 보내기 위한 애정으로 여기는 반면, 약속시간보다 늦게 나타난 것에 대해서는 바쁜 직장생활 때문인 것으로 해석하는 것이 바람직하다. 상대방에 대한 깊은 이해에 근거하여 유연하고 신중한 귀인을 하는 것이 관계발전에 중요하다. 잘못된 귀인에 의해서 상대방의 의도를 오해하지 않는 것이 중요하다. 마지막으로, 수용과 존중이 중요하다. 수용과 존중은 친밀한 관계의 전형적 특성이다(Fehr, 1988). 상대방의 행동과 감정을 있는 그대로 수용하고 존중하는 것이 중요하다. 이를 위해서는 상대방의 마음을 잘 이해하고 그의 입장에서 생각해 보는 공감적 태도가 필요하다(Ickes, 1996). 이렇게 서로를 배려하게 되면, 두 사람은 시간이 흐름에 따라 그들의 관계가 매우 특별할 뿐만 아니라 소중하다는 느낌을 갖게 되면서 더 친밀한 관계로 나아가게 된다.

사랑의 삼각형 이론

사랑은 매우 다양하고 미묘한 체험이라서 그 실체를 파악하기 어렵다. 그러나 사랑의 기본적인 구성요소와 사랑의 다양한 형태를 명쾌하게 설명하는 이론이 Sternberg(1986; Sternberg & Grajek, 1984)에 의해 제시된 사랑의 삼각형 이론(triangular theory of love)이다. Sternberg는 적어도 한 번 이상 사랑을 해 본 경험이 있는 여러 연령층의 사람들을 대상으로 하여 설문지와 면접을 통해 사랑을 연구하였다.

Sternberg는 사랑이 친밀감, 열정, 투신이라는 세 가지 요소로 구성되어 있다고 주장한다. 첫째, 친밀감(intimacy)은 가깝고 편하게 느낌, 서로를 잘 이해함, 함께 공유함, 원활한 의사소통, 긍정적인 지지 등을 의미한다. 친밀감은 사랑의 '따뜻한' 측면으로서 사랑이 따뜻하고 푸근하게 느껴지는 것은 이러한 친밀감 때문이다. 친밀감은 사랑의 정서적 측면을 반영하는 특성이다. 이러한 친밀감은 만남의 횟수와 교제기간에 비례하여 서서히 증가된다. 그러나 친밀감은 어느 정도 이상의 높은 친밀수준에 이르면 더 이상 증가하지 않으며 서로 친밀하다는 것을 의식하지 않게 되는 상태로 발전한다.

둘째, 사랑의 동기적 측면을 이루는 것이 열정(passion)이다. 사랑의 '뜨거운' 측면이다. 열정은 연인들을 생리적으로 흥분시켜 들뜨게 하고 사랑하는 사람과 함께 있고 싶고 일체가 되고 싶은 강렬한 욕망을 불러일으킨다. 열정은 친밀감과 달리 급속히 발전하다. 때로는 상대방을 처음 만난 순간부터 강렬한 열정을 느끼게 되기도 한다. 그러나 열정은 오래 지속되기 어렵다. 연인과의 교제기간이 길어짐에 따라 열정의 강도는 감소하거나 다른 형태로 변화되는 것이 일반적이다.

셋째, 투신(commitment)은 상대방을 사랑하겠다는 결정과 행동적 표현을 의미한다. 투신은 사랑하는 사람과의 사랑을 지키겠다는 선택이자 결정이며 책임의식이기도 하다. 이러한 투신은 사랑의 '차가운' 측면을 반영하는 동시에 사랑의 인지적 측면을 나타낸다. 아울러 투신은 사랑하는 사람과의 지속적인 관계를 위해 자신을 구속시키는 행위를 포함한다. 사랑의 가장 대표적인 투신행위는 약혼과 결혼이며 그밖에 사랑의 약속과 맹세, 사랑의 징표나 선물의 교환, 주변 사람들에게 연인을 소개하는 일, 연인과 함께 고통스런 일을 돕고 견디는 일 등이 이에 해당한다.

사랑의 삼각형 이론은 사랑의 유형을 분류하는 데에도 흥미로운 관점을 제공한다. 세 요소 각각의 존재여부에 따라서 다양한 사랑의 형태가 나타날 수 있다. 완전한 사랑(consummate love)은 사랑의 세 요소를 모두 갖춘 경우의 완벽하고 이상적인 사랑이라고 할 수 있다. 사랑의 형태는 시간이 흐르고 관계가 지속됨에 따라 한 형태에서 다른 형태로 변해가는 것이 일반적이다. 완전한 사랑으로 결혼한 부부의 경우, 세월이 흐름에 따라 열정은 식고 친밀감과 투신만 남아 우애적 사랑으로 변하는 것이 일반적인 현상이다. 완전한 사랑으로 결혼했으나 부부간의 갈등으로 열정과 친밀감마저 상실한 채 자식들을 위해 살아가는 부부는 공허한 사랑으로 변한다. 사랑하는 사람들은 완전한 사랑을 어떻게 지속적으로 유지하느냐는 문제에 부딪히게 된다. 결론적으로 Sternberg는 사랑을 유지하고 키워나가기 위해서 사랑의 표현이 중요함을 강조하고 있다.

사랑의 측정도구

사랑을 측정하는 도구는 다양하다. 긍정적 성품으로서의 사랑, 즉 사랑하고 사랑받을 수 있는 능력은 주로 애착 유형의 평가로 이루어지고 있다. 애착의 개인차를 측정하기 위하여 다양한 측정도구들이 개발되었다. 이러한 측정도구들은 안정 애착이 사랑의 능력과 밀접한 관계를 맺고 있다는 가정에 근거하고 있다.

영아와 유아의 애착 유형을 평가하는 대표적인 측정방법은 낯선 상황 검사(Strange Situation Test; Ainsworth et al., 1978)로서 다음과 같은 8개의 단계로 이루어져 있다: (1) 낯선 사람이 어머니와 아이를 실험실로 데려간다; (2) 엄마와 아이 둘만이 남게 된다; (3) 낯선 사람이 들어온다; (4) 엄마가 떠나고, 아이는 낯선 사람과 남는다; (5) 엄마가 돌아오고 낯선 사람이 실험실을 나간다; (6) 엄마가 다시 떠나고 이번에는 아이가 혼자 남는다; (7) 낯선 사람이 돌아온다; (8) 엄마가 돌아오고 낯선 사람이 떠난다. 이러한 상황에서 어린아이가 나타내는 행동을 녹화하여, 훈련된 평가자가 엄마에 대한 아이의 행동을 근접성 추구, 접촉 유지, 저항, 회피의 네 차원에서 평가한다. 이러한 평가결과에 근거하여 아동의 애착 유형은 안정 애착, 불안 애착, 회피 애착, 혼란 애착으로 구분된다. 엄마와 함께 있을 때는 편안함을 느끼고 이별에는 적절한 불안을 보이며 엄마의 복귀로 불안이 신속하게 완화되는 아동은 안정 애착으로 평가되고, 엄마와의 이별에 극심한 불안을 경험하고 엄마가 돌아와서 달래도 밀쳐내며 저항하는 아동은 불안 애착, 엄마와의 이별에 무관심할 뿐만 아니라 엄마가 돌아와도 품속에 안기기를 회피하는 아동은 회피 애착, 그리고 일관성 없는 행동을 나타내는 경우에는 혼란 애착으로 분류된다.

애착이론에 따르면, 아동기 초기의 애착경험이 내면적인 심리적 표상으로 형성되어 성인기의 인간관계에 영향을 미친다. 이러한 이론적 근거에 따라서 성인기 애착은 외적인 행동보다 심리적 표상에 초점을 맞추어 측정된다. George 등(1985)은 성인 애착면접(Adult Attachment Interview)을 개발했다. 면접자는 아동기에 경험한 부모와의 관계에 관해서 일련의 질문을 하게 되는데, 응답 내용보다는 응답하는 방식에 따라 네 가지 애착 유형 중 하나로 분류한다. 아동기 경험의 긍정성과 부정성에 상관없이 질문에 관해서 신뢰할 만한 태도로 명확하고 자세한 응답을 한 사람들은 자율형(autonomous)으로 분류되며, 긍정적 내용과 부정적 내용을 오가며 불필요한 세부사항을 과도하게 설명하면서 부모에 대한 분노를 나타낸 사람들은 집착형(preoccupied)으로 명명된다. 면접 주제를 불편하게 여기고 부모를 이상적으로 묘사하지만 그를 입증하는 구체적인 내용을 제시하지 못하며 인간관계의 중요성을 축소시키는 경우는 거부형(dismissing)으로 분류되며, 상실이나 학대와 같은 고통스러운 경험을 보고하면서 그것에 대해 이야기하는 것을 혼란스러워하는 사람들은 미해결형(unresolved)으로 명명된다. 낯선 상황 검사와 성인애착 면접의 유형 간에는 높은 일치도가 보고되고 있다. 즉, 자율형은 안정 애착에 해당되고, 집착형은 불안 애착, 거부형은 회피 애착, 그리고 미해결형은 혼란 애착에 해당되는 것으로 여겨지고 있다(Van Ijzendoorn, 1992).

성인의 애착 유형을 평가하는 자기보고형 검사도 개발되어 있다. 그 대표적인 검사는 Hazan과 Shaver(1987)에 의해 개발된 성인 애착 원형(Adult Attachment Prototypes) 질문지다. 이들은 성인의 사랑 유형이 Ainsworth가 제시한 아동기의 애착 유형과 유사하다는 점에 착안하여, 〈표 9-1〉에 제시된 바와 같이 세 가지의 애착 양식을 적절한 문구로 제시하고 피검자로 하여금 자신에게 가장 잘 해당되는 것을 고르게 함으로써 애착 유형을 평가하고 있다. 이러한 질문지를 통해서 성인들이 나타내는 인간관계의 접근방식을 안정적, 양가적, 회피적 유형으로 분류한다.

〈표 9-1〉 성인 애착 원형 질문지의 문항

아래의 문장을 읽고, 당신이 주변 사람들과 관계 맺는 방식을 가장 잘 기술한 문장이 어떤 것인지 선택하시오.

(1) 다른 사람들과 가까워지는 것이 상대적으로 쉽다. 다른 사람들에게 편안하게 의존할 수 있고, 그들이 나에게 의존하는 것도 편안하다. 내가 다른 사람들에게 버림받을까 봐 혹은 누군가가 내게 너무 가까이 다가올까 봐 걱정하지 않는다.

(2) 다른 사람들을 완전히 신뢰하는 것이 어렵다. 다른 사람들과 가까워지는 것이 다소 불편하다. 사람들과 가까워지기 시작하면 긴장된다. 사람들은 내가 편안하게 여기는 수준보다는 좀 더 많이 나와 친밀해지고 싶어 하는 것 같다. 다른 사람들에게 의존하는 것이 어렵다.

(3) 다른 사람들은 내가 원하는 만큼 나와 가까워지려고 하지 않는다. 내가 가깝게 느끼는 사람이 나를 정말로 사랑하지 않는 것 같고 혹은 나와 함께 있고 싶어 하지 않는 것 같아서 걱정된다. 다른 사람과 완전히 하나가 되기를 바라지만, 그것이 때때로 사람들을 멀어지게 하는 것 같다.

Brennan, Clark와 Shaver(1998)는 성인의 애착 유형을 측정하기 위해서 친밀한 관계 경험 척도(Experiences in Close Relationships Scale)를 개발하였다. 이 척도는 36문항으로 구성된 자기보고형 검사로서 성인애착의 두 차원인 애착 불안(문항의 예: 나는 파트너를 잃지 않을까 매우 많이 걱정하고 있다)과 애착 회피(문항의 예: 낭만적 파트너에게 나를 열어 보이는 것이 편안하지 않다)를 측정하고 있다.

이밖에도 이성관계에서 나타나는 다양한 사랑의 형태를 평가하기 위한 자기보고형 검사들이 있다. Hendrick과 Hendrick(1986)은 John Lee가 구분한 6가지의 사랑 유형을 측정하기 위한 사랑 태도 척도(Love Attitudes Scale)를 개발하였다. Lee(1977)는 사랑의 의미를 지니고 있는 다양한 그리스어에 근거하여 이성 간의 사랑을 다음과 같은 6가지 유형으로 구분하였다: 낭만적 사랑(EROS: 뜨거운 열정과 욕망이 중요한 요소가 되는 강렬한 사랑), 우애적 사랑(STORGE: 친한 친구에게서 느끼는 친밀감과 우정이 주된 요소가 되는 사랑), 유희적 사랑(LUDUS: 마치 놀이를 하듯이 재미와 쾌락을 중요시하며 즐기는 사랑), 실용적 사랑(PRAGMA: 이성에 근거한 현실주의적이고 합리주의적인 사랑), 이타적 사랑(AGAPE: 무조건적이고 헌신적으로 타인을 위하고 보살피는 사랑), 소유적 사랑(MANIA: 상대방에 대한 강렬한 소유욕과 집착을 중요한 요소를 하는 강렬한 사랑). 사랑 태도 척도는 이러한 6가지 유형의 사랑 방식을 측정하고 있으며 5점 척도에서 평정되는 52문항으로 구성되어 있다. 이 검사는 24문항으로 이루어진 단축형도 개발되어 있다(Hendrick, Hendrick, & Dicke, 1998).

Sternberg(1990)는 사랑의 세 가지 구성요소를 측정하는 사랑의 삼각형 이론 척도(Triangle Theory of Love Scale)를 개발하였다. 그는 사랑이 친밀감, 열정, 투신의 세 요소로 구성되며 이러한 요소의 존재 여부에 따라 사랑을 다양한 유형으로 구분할 수 있다는 사랑의 삼각형 이론을 제시한 바 있다. 예컨대, 친밀감과 투신은 존재하지만 열정이 결여되어 있는 사랑은 우애적 사랑(companionate love)이며, 친밀감과 열정은 있지만 투신이 결여된 사랑은 낭만적 사랑(romantic love), 헌신만 존재하는 사랑은 공허한 사랑(empty love), 세 요소를 모두 갖춘 사랑은 온전한 사랑(consummate love)이라고 구분하고 있다. 사랑의 삼각형 이론 척도는 이러한 세 가지의 구성요소를 측정하는 자기보고형 검사로서 45문항으로 구성되어 있으며 9점 척도 상에서 평정된다.

3 사랑과 관련된 심리적 특성

사랑을 주고 사랑을 받아들이는 건강한 능력은 어린 시절의 안정 애착과 밀접한 관계를 지니는 것으로 여겨지고 있다. 안정 애착은 다양한 인간관계에 긍정적인 영향을 미치는 것으로 보고되고 있다. 유아기에 안정 애착을 형성한 아동들은 그렇지 못한 아동에 비해서 나중에 부모와의 관계에게 자율적 탐색과 의존적 접촉의 건강한 균형을 더 잘 유지하는 것으로 나타났다. 이러한 아동들은 보다 적극적이고 끈기 있게 도전적 과제들을 탐색하는 동시에 필요할 때에는 도움을 요청하고 위안을 받을 수 있는 접촉을 추구하는 모습을 보였다(Londerville & Main, 1981; Waters, Wippman, & Sroufe, 1979). 즉, 교사와의 관계에서 이들은 주의를 끌려는 행동, 충동성, 무력감 등을 덜 나타냈으며 교사들로부터 호감과 애정을 더 많이 받았다(Pierrehumbert, Iannotti, Cummings, & Zahn-Waxler, 1989). 또한 이들은 친구가 많고 인기가 있으며(Sroufe, 1983), 왕따를 시키거나 왕따 피해자가 될 가능성이 적었다(Troy & Sroufe, 1987). 영유아기의 안정 애착이 양호한 발달을 보장하는 것은 아니지만, 이후의 삶에서 부모, 교사, 또래와의 관계에 긍정적 영향을 미치는 것으로 나타났다.

청소년기와 성인기의 안정된 애착은 다른 영역의 긍정적 특성과 상관을 나타내고 있다. 안정 애착의 관계 패턴을 지닌 사람들은 그렇지 않은 사람들에 비해서 공동과제를 수행하면서 상대방에게 더 많은 지지를 보내는 반면 거부적 행동을 더 적게 나타냈다(Kobak & Hazan, 1991). 또한 더 안전한 성행위를 하고, 스트레스를 받았을 때 심리신체적 증상을 덜 나타내며, 어려움에 직면하면 도움을 더 잘 요청하고, 갈등상황에서 파괴적인 전략보다 타협적 전략을 사용하며, 자기존중감이 더 높고, 이혼할 가능성이 더 적었다. 요컨대, 안정 애착을 맺는 청소년과 성인들은 삶의 스트레스에 더욱 효과적으로 대처하고, 신뢰와 친밀감으로 구성된 만족스러운 인간관계를 형성하는 데 더 능숙하다(Peterson & Seligman, 2004).

일반적으로 남성 아동은 여성 아동에 비해서 부정적인 양육경험에 의해서 불안정한 애착을 형성할 가능성이 더 높은 것으로 알려져 있다. Colin(1996)에 따르면, 여성 아동에 비해 남성 아동은 낮은 사회경제적 상태, 의붓아버지, 하루 종일 탁아소에 맡겨진 경험, 학대나 폭행과 같은 다양한 심리사회적 요인에 의해서 불안정한 애착을 형성하는 경향이 나타났다. 또한 한 장기 종단연구(Turner, 1991)에서는 불안정한 애착의 행동적 결과가 성별에 따라 다르게 나타났다. 불안정한 애착의 남성 아동은 공격적인 행동을 많이 나타낸 반면, 여성 아동은 의존적 행동을 나타내는 경향이 있다.

애착 유형은 성격요인과 밀접한 관계를 지니는 것으로 보고되고 있다. 애착 유형과 성격 5요인과의 관계를 살펴보는 많은 연구들(예: Carver, 1997; Gallo, Smith, & Ruiz, 2003; Shaver & Brennan, 1992)이 진행되었다. 연구에서 사용한 검사와 표본에 따라서 다소의 차이는 있으나 전반적으로 안정 애착 유형은 신경증 성향과 강한 부적인 상관을 보였으며, 외향성 및 우호성과는 강한 정적 상관을, 그리고 성실성과는 보통수준의 정적인 상관을 보였다. 반면에 불안 애착 유형은 신경증 성향과 강한 정적인 상관을 나타냈고, 외향성, 우호성, 성실성과는 보통수준의 정적인 상관을 보였다. 회피 애착 유형의 경우는 외향성과 우호성과 강한 부적인 상관을 나타냈으며 신경증 성향과는 보통 수준의 정적 상관을 나타냈다.

최근에 Noftle과 Shaver(2006)는 친밀한 관계경험 척도(ECR)와 NEO-PI-R을 사용하여 성인 애착 유형과 성격 5요인의 관계를 살펴보았다. ECR은 애착 불안과 애착 회피를 측정하고 있다. 연구결과, 애착 불안은 신경증 성향과 가장 높은 정적 상관(r=.52)을 나타냈으며 성실성(r=–.34), 외향성(r=–.14)과는 부적인 상관을 나타냈다. 애착 회피는 외향성과 가장 높은 부적 상관(r=–.26)을 나타냈으며 성실성(r=–.23)과 경험에 대한 개방성(r=–.16)과는 부적 상관을 보인 반면, 신경증 성향(r=.17)과는 정적인 상관을 나타냈다. 또한 인간관계의 만족도, 투신, 친밀감, 신뢰, 열정, 사랑과 같은 6개 영역을 반영한 전반적인 인간관계의 질은 애착 회피(r=–.51)와 강한 부적 상관을 보였으며 애착 불안(r=–.22)과도 유의미한 부적 상관을 나타냈다.

애착하는 대상은 성장함에 따라 변화하는 양상이 나타난다. 유아는 일차적 애착대상인 부모 외에 친척, 보모, 보육원 교사 등과 같은 이차적, 삼차적 애착대상에게 애착하게 된다. 일반적으로 청소년기에 애착대상이 부모로부터 또래친구에게로 이전되는 경향이 나타난다. Hazan과 Zeifman(1994)에 따르면, 대부분의 아동과 청소년은 부모보다 친구들과 함께 시간 보내기를 선호하는 등 근접성 유지에서는 또래 지향적인 양상을 보였다. 또한 위로와 확신을 주는 피난처로서의 주요 애착대상은 10~14세 사이에 부모로부터 또래 친구로 옮겨갔다. 그러나 대부분의 경우, 사춘기까지는 부모가 안전기지인 동시에 분리불안의 일차적인 원천으로 남아 있었다. 10대 후반부터 주된 애착대상이 부모로부터 또래친구 또는 애인으로 전환되는 경향이 나타났다. 적어도 2년 이상 교제한 애인이 있는 성인의 경우에는 애인이 분리불안의 원천이자 안전기지라는 반응을 나타낸 반면, 애인이 없거나 교제기간이 짧은 사람들은 여전히 부모를 주요한 애착대상으로 꼽았다. 이러한 연구결과에 따르면, 청소년기 또는 청년기 초기가 부모와의 애착이 약화되고 또래에 대한 애착으로 전환되는 시기로 여겨진다.

그러나 애착대상에 따라 애착의 양상이 다르다. 근접성 유지, 피난처, 이별고통, 안전기지라는 애착의 네 가지 기준에 비추어 보면, 또래친구에 대한 애착은 부모에 대한 애착과 그 양상이 다르다. 또래에 대한 애착에는 이별고통과 안전기지의 요소가 결여되어 있다. 애착의 네 가지 기준을 충족시키는 성인기의 관계는 애인과의 낭만적 관계에 한정된다. Freud는 부모-자녀 관계와 연인 관계가 신체적 친밀감의 측면에서 유사하다는 점을 지적하고 있다. 살을 맞댄 상태에서 서로를 바라보고 껴안고 입을 맞추거나 성기부위를 만지는 친밀한 관계는 우리 문화에서 부모-자녀 관계와 연인 관계밖에 없다. 이러한 두 관계의 유사성은 신체적 접촉 시에 나타나는 생화학적 현상에서도 찾을 수 있다. 엄마가 자녀에게 젖을 주고 아이가 젖을 빨 때 분비되는 화학물질인 옥시토신(Oxytocin)은 어머니의 모성애와 유아의 애착을 자극하는 것으로 여겨지는데, 옥시토신은 성적인 애무나 절정상태에서도 분비된다(Carter, 1992). 요컨대, 연인 관계와 유아-양육자 관계에서의 애착은 신체적 접촉이 중요한 요소라는 점에서 유사성을 지닌다. 이러한 독특한 관계에서 맺게 되는 친밀한 유대감이 바로 애착이며 사랑의 심리적 바탕이라고 할 수 있다(Hazan & Shaver, 1990).

4 사랑의 촉진요인 및 함양방법

사랑의 능력은 영유아기에 양육자와 형성한 안정 애착에 바탕을 이루고 있다. 이러한 연구결과는 양육자의 양육태도가 사랑의 능력을 배양하는 데 중요함을 의미한다. 아동으로 하여금 안정 애착과 불안정 애착을 형성하게 하는 양육태도에는 현저한 차이가 있는 것으로 알려지고 있다. 신생아를 생후 1년간 면밀하게 관찰한 Ainsworth 등(1978)의 연구결과에 따르면, 안정 애착의 형성을 위해서는 양육자의 감수성(caregiver' s sensitivity)이 매우 중요하다. 양육자가 유아의 요구에 대해서, 특히 유아가 스트레스를 받고 있을 때, 이를 신속하게 지각하여 따뜻하고 일관된 반응을 보여 주는 경우에는 안정 애착을 발달시키는 경향이 있었다. 안정 애착을 형성한 아동들은 낯선 상황 검사에서 양육자가 곁에 있을 때에는 편안한 모습으로 주변을 탐색하였으며, 양육자와 떨어지게 되는 경우에는 다소 불안해했지만 안아주며 달래면 곧 불안이 진정되는 모습을 보였다. 이러한 현상은 아동이 양육경험을 통하여 양육자가 의지할 만한 존재라는 긍정적인 내면적 표상을 형성하기 때문인 것으로 해석되고 있다. 반면에 양육자가 유아의 요구에 둔감하거나 일관성 없이 변덕스러운 반응을 보이게 되면, 아동은 불안 애착을 형성할 가능성이 높다. 또는 양육자가 유아의 신체적 접촉을 회피하거나 유아의 불안을 달래주지 않고 일관되게 거부적인 태도를 보이게 되면, 회피 애착을 발달시키는 경향이 있다.

낯선 상황 검사에서 영아들이 나타내는 행동의 개인차가 양육자의 반응방식 때문인지 아니면 영아의 타고난 기질 때문인지를 규명하려는 연구들이 진행되었다. 한 연구(Vaughn, Lefever, Seifer, & Barglow, 1989)에 따르면, 쉽게 짜증을 잘 내는 기질을 타고난 영아들은 달래기가 어렵고 평균 이상의 양육 노력을 기울여야 하기 때문에 그러한 영아들은 불안정 애착을 발달시킬 가능성이 높다. 그러나 영아의 기질보다 양육자의 행동이 애착 유형을 형성하는 데 더 중요한 것으로 나타났다. van den Boom(1994)은 까다로운 기질을 지닌 6~9개월 된 영아의 어머니를 대상으로 아이의 요구에 민감하게 반응하는 훈련을 시켰다. 그러한 훈련을 받지 못한 통제집단과 비교하여, 이러한 훈련을 받은 실험집단의 경우는 약 6개월 후에 자녀들이 안정 애착을 발달시킬 확률이 3배 정도 높았다. 추적 연구(van den Boom, 1995)에 따르면, 이러한 훈련의 긍정적 효과는 2년 후에도 아동과 부모의 관계뿐만 아니라 아동의 또래 관계에서도 지속되었다.

Bowlby(1969, 1973)는 애착 형성이 이루어지는 민감한 시기를 생후 6개월부터 2~3세까지의 기간이라고 제시한 바 있다. 그러나 이후의 연구에서는 좀 더 폭넓은 시기의 양육 경험이 애착 형성에 영향을 미치는 것으로 밝혀지고 있다. Ainsworth 등(1978)이 제시한 애착 유형은 자신과 타인에 대한 내적 표상체계를 통해서 이후의 대인관계에 지속적인 영향을 미치게 된다. 내적 작동 모델은 개인의 대인행동에 영향을 미쳐 자신과 타인에 대한 표상을 유지하거나 강화하는 경향을 나타낸다. 예컨대, 안정 애착을 형성한 사람은 다른 사람들이 자신의 요구에 따뜻한 수용적 반응을 보일 것이라는 기대를 지니고 접근적인 행동을 나타내고 그 결과 상대방으로부터 호의적인 반응을 얻어내게 된다. 그러나 불안정 애착 유형을 지닌 사람은 다른 사람들이 예측 불가능하고 거부적일 것이라고 예상하기 때문에 과도하게 의존하거나 회피적인 행동을 나타내어 상대방으로부터 부정적인 반응을 이끌어내게 된다. 이처럼 내적 작동 모델은 새로운 사람에게 행동하는 반응 방식(reactive pattern), 다른 사람으로부터 특정한 반응을 불러일으키는 촉발 방식(evocative pattern) 그리고 미리 예상하여 특정한 대인관계 상황을 찾거나 피하는 지향 방식(proactive pattern)에 영향을 미침으로써 기존의 표상체계를 유지하거나 강화하는 경향이 있다.

이처럼 유아기에 형성된 애착 유형은 전 생애에 걸쳐 지속적인 영향을 미치는 것으로 보고되고 있다. 그러나 애착 패턴의 지속성에 대해서 이의를 제기하는 연구자들도 있다. Feeney와 Noller(1996)는 유아기의 애착 유형이 이후의 친구, 교사, 연인과의 관계를 통해서 변화될 수 있을 뿐만 아니라 성인기의 노력을 통해서 변화될 수 있다는 연구결과를 보고한 바 있다. Bowlby(1973) 역시 내적 작동모델은 유아기, 아동기, 청소년기의 경험을 통해서 점진적으로 구축되는 것으로서 쉽게 변화되지 않지만 변화가 불가능한 것은 아니라고 보았다. 현대의 애착 연구자들은 다양한 발달단계에서 경험하는 대인관계 경험을 통해서 애착의 내적 작동 모델이 수정될 수 있는 것으로 여기고 있다.

심리학자들은 성인기의 인간관계와 사랑을 증진하는 다양한 방법을 개발해왔다. 그 대표적인 예가 애착이론에 근거하여 개발된 정서 초점적 커플치료(emotionally focused couple therapy; Johnson & Greenberg, 1985)다. 정서 초점적 커플 치료는 갈등을 겪는 커플들이 부정적인 상호작용 패턴으로 인해 유대감 형성에 필요한 정서적 경험이 결여되어 있다는 가정에 근거하고 있다. 따라서 안정된 유대관계를 형성할 수 있도록 새로운 정서경험을 제공함으로써 커플의 관계를 좀 더 효과적으로 개선하는 다양한 방법들로 구성되어 있다(Johnson, 1996). 좀 더 구체적으로 설명하면, 이러한 커플치료는 커플의 상호작용에 대한 체계적 평가, 부정적인 상호작용 패턴의 단계적 축소, 상호작용 패턴의 긍정적 변화 유도, 유대감 경험의 증진, 그리고 긍정적 변화를 일상생활에 통합시키는 작업으로 구성되어 있다. 정서 초점적 커플치료의 효과를 검증한 연구(예: Johnson, Hunsley, Greenberg, & Schindler, 1999)에 따르면, 70% 가량의 커플에서 유의미한 관계 개선이 나타냈으며 3개월 이후에 그 효과가 더욱 뚜렷해지는 것으로 나타났다. 이러한 연구결과는 성인의 애착패턴도 훈련과 치료를 통해서 변화될 수 있음을 보여 주고 있다.

사랑 증진 방법(Rashid & Anjum, 2005)

- 누군가가 나를 칭찬하면 어색해하거나 주저하지 말고 '고맙다' 고 말하며 칭찬을 받아들인다.
- 사랑하는 사람에게 나의 애정을 표현하는 간단한 메모를 적는다. 그리고 그것을 볼 수 있는 곳에 놓아둔다.
- 가장 친한 친구에게 그가 정말 좋아할 수 있는 어떤 일을 해 본다.
- 사랑하는 사람에게 어떠한 일이든지 언어적 또는 비언어적으로 표현함으로써 무조건적인 사랑을 경험해 보도록 한다.
- 포옹이나 키스와 같은 신체적 동작을 통해 사랑을 표현해 본다.
- 사랑하는 사람의 행동 보다는 내재된 동기에 집중한다.
- 사랑하는 사람의 강점을 찾아내어 높이 평가해 준다.
- 나와 연인의 강점을 모두 축하해 주는 데이트 약속을 잡는다.
- 선물을 통해 사랑을 표현해 본다. 가능하다면 선물을 직접 만들어 본다.
- 서로에게 중요한 날이나 일이 있으면 항상 축하해 준다.
- 시나 그림, 사진과 같은 창의적인 방식으로 사랑을 표현한다.
- 사랑하는 사람의 자기계발 계획(체중감량, 운동, 경력 쌓기)을 돕는다.
- 나에게 중요한 사람들을 초대하여 저녁식사를 대접할 계획을 세운다.
- 하루를 어떻게 지냈는지 서로 이야기한다.
- 사랑하는 사람과 콘서트, 연극, 영화를 보러 가거나 취미 활동을 함께 한다.

제 10 장

이타성

인간은 기본적으로 자신의 생명과 행복을 우선시하는 이기적인 존재다. 그러나 인간은 어려움에 처한 사람을 자발적으로 돕는 이타적인 심성을 지닌 존재이기도 하다. 때로는 자신의 안락과 이익을 희생하면서까지 다른 사람을 돕는 고귀한 성품을 지닌 사람들도 있다. 인류의 역사에는 불행에 빠진 사람들에게 헌신적인 도움을 베푼 위인들이 무수하게 많다.

이타성은 인간사회를 좀 더 따뜻하고 훈훈하게 만드는 긍정적 성품이다. 이기적인 이익만을 추구하는 약육강식의 사회는 갈등과 투쟁이 심화될 뿐이다. 이러한 갈등과 투쟁은 인간사회를 불행과 파멸로 이끌어 가게 된다. 인간사회를 투쟁과 불행으로 몰아가는 인간의 이기성에 대한 해독제가 바로 이타성이다. 물질중심적인 이기적 성취를 추구하는 경향으로 인해 양극화가 심화되는 현대사회에서 이타성은 더욱 주목해야 할 인간의 긍정적 성품이라고 할 수 있다.

이타적 행위는 다른 사람의 행복을 증진할 뿐만 아니라 행위자 자신의 행복을 증진하는 것으로 알려지고 있다. 자신의 행위로 인해 다른 사람이 행복해하는 모습을 목격하는 것은 행복의 중요한 원천 중 하나다. 타인과 사회를 위해 기여하고 있다는 인식은 커다란 보람일 뿐만 아니라 자신의 존재를 가치 있고 의미 있는 것으로 만들기 때문이다. 이런 점에서 이타성은 타인의 행복과 더불어 자신의 행복을 증진하는 소중한 덕목이라고 할 수 있다.

1 이타성의 정의와 유형

이타성(altruism)은 다른 사람의 행복을 위해서 호의적인 행동을 하고자 하는 개인의 성향을 뜻한다. 이타성은 타인을 배려하는 친절한 행동으로 나타나기 때문에 긍정 심리학자들은 친절성(kindness)이라는 용어를 사용하고 있다. 친절성은 다양한 행동으로 나타날 수 있다. 예컨대, 버스에서 노인에게 자리를 양보하는 행동과 같이 낯선 사람과의 관계에서 일어나기도 하고, 가까운 친척에게 신장을 기증하는 행동처럼 친밀한 지인과의 관계에서 나타나기도 한다. 밝은 표정을 보여 주거나 길을 안내해 주는 행동처럼 많은 노력이 필요하지 않은 것도 있지만, 부당하게 박해당하는 사람을 도와주거나 숨겨주는 행동과 같이 심각한 처벌을 감수해야 하는 것도 있다. 이러한 친절성은 이타적 사랑(altruistic love), 관대성(generosity), 양육(nurturance), 보살핌(care), 연민(compassion) 등과 밀접하게 관련되어 있으며 '이기성'과 대비되는 것으로서 자신의 이익에 상관없이 다른 사람에게 호의를 베푸는 태도를 뜻한다. 진정한 친절성은 단순히 의무나 규범에 따른 배려와 구별되는 것일 뿐만 아니라 개인적 이익이나 명예와 평판을 얻기 위한 것이 아니다.

친절성은 크고 작은 역경에 처한 사람들에게 자발적으로 이타적 행동을 베푸는 성품을 의미하며 동서고금을 통해 모든 사회에서 중요한 덕목으로 강조되었다. 공자(孔子)는 타인에 대한 관심과 배려를 의미하는 인(仁)을 가장 중요한 덕목으로 여겼다. 맹자(孟子)는 성선설을 주장하면서 인간이 본래부터 지니고 있는 네 가지의 선한 심성, 즉 사단(四端)의 첫째로서 곤경에 처한 사람을 보고 불쌍히 여기며 그냥 지나치지 않는 측은의 마음(惻隱之心)을 들고 있다. 이러한 심성을 잘 키워나가면, 군자가 지녀야 할 가장 중요한 덕목인 인(仁)을 발현할 수 있다고 주장한다. 이타성은 이러한 인애(仁愛)의 가장 핵심적 구성요소라고 할 수 있다.

불교에서도 타인의 고통을 자신의 고통처럼 여기며 돕는 자비(慈悲)의 심성을 중요한 덕목으로 여기고 있다. 자비와 관련된 덕목으로서 사무량심(四無量心)을 들 수 있다. 사무량심은 다른 사람의 행복을 지원하고 불행을 제거하려는 네 가지의 이타적인 마음, 즉 자비희사(慈悲喜捨)의 마음을 의미한다. 자무량심(慈無量心)은 모든 사람에게 우애를 느끼며 즐거움을 주려는 끝없는 마음이며, 비무량심(悲無量心)은 다른 사람의 고통을 자신의 고통처럼 느끼며 제거해 주려는 연민의 마음이고, 희무량심(喜無量心)은 다른 사람의 행복을 보고 자신의 행복처럼 기뻐하는 마음이며, 사무량심(捨無量心)은 다른 사람에 대한 미움과 원한을 버리고 모든 사람을 평등하게 대하는 마음을 말한다.

그리스어로 '아가페(Agape)'는 무제한의 헌신적이고 포용하는 사랑을 뜻하며, 이는 초기 기독교 정신을 형성한 중요한 개념이다. 친절성과 이타심은 이슬람교, 힌두교, 도교를 포함한 모든 종교에서 중요한 덕목으로 여기고 있다.

친절성은 매우 생산적인 것이라고 할 수 있다. Erikson(1963)은 사회심리적 발달이론에서 '다산성(generativity)' 이라는 개념을 강조하고 있는데, 이것은 개인이 자신을 넘어서서 다음 세대와 후손의 안녕을 위해 노력하는 행동을 뜻한다. 이처럼 개인적 이익을 넘어서서 가족이나 다른 사람들의 안녕을 위해서 배려하고 보살피려는 친절성은 사회적 안정과 발전에 기여하는 성격적 강점이라고 할 수 있다. 이러한 친절성에 반대되는 개념으로는 이기성, 인색함, 간악함, 공격성 등을 들 수 있다.

친절성은 동기적 측면과 행동적 측면으로 나누어 이해될 수 있다. 이타적인 동기를 지닌 사람은 대부분의 경우 이타적인 행동을 나타낸다. 이타적 동기는 다른 사람을 돕고 아무런 보상 없이 선한 행동을 하고자 하는 내면적인 심리상태를 의미한다. 친절성의 본질은 이러한 이타적 동기와 그에 따른 이타적 행동이다. 그러나 이타적 행동이 반드시 이타적 동기에 의해서만 유발되는 것은 아니다. 이타적 행동은 다양한 동기에 의해서 유발될 수 있다. 그 첫째는 자신의 이익과 명성을 증대하기 위한 이기적 동기에 의해서 나타나는 계산적 이타행동이다. 둘째는 사회적 동조나 압력에 의해서 나타내는 상황적 이타행동이다. 셋째는 자신이 속한 종교의 계율이나 조직의 도덕적 규범에 순응하기 위해서 나타내는 의무적 이타행동이다. 넷째는 자신과 타인의 이익을 동시에 고려하여 상호 호혜적 이타행동이다. 이러한 이타행동들은 아무런 이익이나 보상의 고려 없이 곤경에 처한 사람에 대한 연민에 의해 나타내는 순수한 이타행동과 구별되어야 한다. 이타행동은 이처럼 다양한 동기에 의해서 유발될 뿐만 아니라 여러 동기의 혼합에 의해서 나타나는 경우가 흔하다.

또한 이타행동이 전달되는 수혜자의 범위나 범주에 따라서 구분되기도 한다. 혈연이나 지연에 의해서 자신과 연결된 일부의 사람들에게만 이타행동을 나타내는 제한적 이타주의가 있는 반면, 아무런 조건이나 제한 없이 곤경에 처한 모든 사람에게 도움을 베푸는 보편적 이타주의가 있다.

이타행동에 대한 본격적인 논의는 1970년대부터 이루어지기 시작했는데, Staub (1978)는 이타주의를 '타인에게 유익함을 주는 행위로서 자신의 이익이나 사회적 보상을 얻기보다 오히려 다른 사람에게 유익함을 주려는 것' 이라고 정의하였다. Bar-Tal(1982)은 도움행동을 그 도움행동이 일어나는 동기와 관련지어 구체적으로 구분하였다. 즉, 친사회적 행동이 이타적으로 불리기 위해서는 (1) 타인에게 이득을 주어야 하고, (2) 자발적으로 행해야 하며, (3) 행위 자체가 목적이 되어야 하며, (4) 개인적 이득을 바라지 말아야 하며, (5) 어느 정도 자기희생이 뒤따라야 한다고 주장했다. 이러한 조건을 갖춘 높은 수준의 이타적 행동은 친사회적 행동으로 나타나지만, 친사회적 행동이라고 해서 반드시 이타적 동기에 의해서 나타나는 것은 아니라고 보았다. Batson(1991)은 이타주의를 '외적 보상을 바라지 않고 타인을 이롭게 하려는 의도로 수행된 자발적이고 의도적인 행동' 이라고 정의한 바 있다.

이타적 사랑을 몸소 실천한 대표적 예로는 길에서 만난 나병환자의 몸을 자신의 체온으로 녹여주었던 성 프란체스코, 가난과 질병에 시달리는 사람들을 위해 헌신했던 슈바이처 박사와 마더 테레사 수녀, 외롭게 죽어가는 사람들을 돕는 호스피스 운동을 시작한 시실리 선더스(Cicely Saunders)를 들 수 있다. 이밖에도 병들고 가난하며 핍박 받는 이들을 위해 기부활동이나 봉사활동을 많은 사람들이 해당된다.

2 이타성에 대한 심리학적 이론

인간의 이타성은 생물학적, 심리적, 사회적 요인에 의해 영향을 받는 것으로 알려지고 있다. 동물행동학의 연구에 따르면, 동물들도 이타행동을 나타낸다. 흡혈박쥐는 40시간 동안 피를 공급받지 못하면 죽게 되는데, 피를 먹은 박쥐는 피를 토해내어 피가 부족한 다른 박쥐에게 준다. 또한 피를 제공한 박쥐는 나중에 피를 제공받은 박쥐로부터 반드시 보답을 받게 되는 반면, 피를 나누어 주지 않은 박쥐는 다른 박쥐로부터 피를 얻지 못한다. 사향고양이과에 속하는 몽구스(mongoose)의 파수꾼은 동료들이 마음 놓고 식량을 찾는 일에 전념할 수 있도록 배려하지만 자신은 굶주림을 견뎌낸다고 한다. 몽구스의 67%는 파수꾼 역할을 하다가 다른 동물에 의해 먹혀 죽는다고 한다. 땅다람쥐도 적을 보면 자신은 잡아먹힐지언정 소리를 질러 무리를 대피시킨다. 이처럼 동물들도 이타행동을 나타낸다. 진화심리학에 따르면, 유기체는 적자생존의 투쟁을 위해서 경쟁적인 행동을 나타낼 뿐만 아니라 이타적인 협동적 행동을 나타낸다.

이타성의 진화론적 설명

동물들이 이타적 행동을 나타내는 이유는 크게 네 가지의 방식으로 설명되고 있다(Stevens, Cushman, & Hauser, 2005). 첫째는 상호성(mutuality)에 근거한 가장 단순한 설명방식으로서 이타적 행위가 서로에게 직접적인 혜택이 주기 때문이라는 것이다. 서로가 도움을 주고받는 윈-윈(Win-Win) 관계에서 이타적 협동행동이 나타난다는 것이다. 악어와 악어새는 서로에게 혜택을 주기 때문에 협동적인 관계를 맺는다. 이러한 설명방식은 서로에게 도움이 된다면 이타행동의 대상이 누구냐는 것은 문제되지 않는다고 가정한다.

두 번째의 설명은 친족 선택(kin selection)을 중시한다. 이타적 행위를 통해서 모두가 혜택을 받지 못하는 경우도 많다. 자신에게 도움이 되기는커녕 커다란 희생을 치러야 함에도 불구하고 다른 사람을 돕는 이유는 무엇일까? 종족보전을 위해서 유전자를 공유한 친족에게 선택적으로 희생적인 협동행동을 나타내게 된다는 것이다(Hamilton, 1964). Dawkins(1976)는 『이기적 유전자(*The Selfish Gene*)』에서 '모든 유전자는 자신을 희생시켜서라도 자손을 남기려는 이타적인 행동을 한다.' 고 주장했다. 이는 혈연요인에 근거한 일방적 이타성이라고 할 수 있다. 개인의 입장에서는 희생이지만 유전자의 입장에서는 자기보전의 혜택이 주어지는 것이다. 이러한 설명은 유전자를 공유한 개체들 사이에만 선택적으로 나타나는 이타적 협동행위를 설명하는 제한점이 있다.

세 번째의 설명은 상호호혜성(reciprocity)으로서 이타행동의 단기적 희생을 통해서 미래의 이익을 얻기 때문이라는 설명이다. 흡혈박쥐는 자신의 피를 굶주린 박쥐에게 주지만, 자신이 굶주릴 경우에는 다른 박쥐로부터 피를 받는다. 인간의 이타적 협동행위는 이러한 상호호혜성에 근거한 경우가 흔하다. Trivers(1971)는 다음과 같은 경우에 협동행위가 증진될 수 있다고 주장한다: (1) 수혜자의 이익이 도움 제공자의 비용보다 클 경우, (2) 도움을 주고받는 당사자들이 서로를 잘 알고 있는 경우, (3) 당사자들이 반복적으로 상호작용하는 경우. Wright(1994)는 『도덕적 동물(*The Moral Animal*)』에서 상호적 이타주의 이론을 통해서 혈연관계가 전혀 없는 개체들 사이에서 나타나는 이타적 행동을 설명하였다. 그에 따르면, 이기적인 개체들은 상호적 이타성 또는 호혜성으로 인해서 협력적인 이타행동이 나타난다.

마지막 네 번째의 설명은 사회적인 장려와 처벌을 중요한 요인으로 여긴다. 사회에서 이타적 협동행위가 의무적인 행동으로 장려되고 협동행위를 이행하지 않을 경우 처벌이 주어지기 때문이라는 설명이다(Clutton-Brock & Parker, 1995). 여왕벌이 게으른 일벌을 공격하듯이, 인간사회에서도 조직의 위기상황에서 협력하지 않는 구성원은 지탄의 대상이 될 수 있다.

이타성의 사회 교환 이론

이타행동을 촉발하는 동기는 이기적인 것과 이타적인 것으로 구분될 수 있다. 이타행동을 비롯한 사회적 행동을 이기적 동기에 근거한 것으로 설명하는 이론이 사회 교환 이론(social exchange theory; Ekeh, 1974)이다. 이 이론에 따르면, 이기심이 모든 대인관계의 바탕을 이루고 있으며 사회적 행동의 목표는 보상을 극대화하고 비용을 최소화하는 것이다(Foa & Foa, 1975). 이타행동의 궁극적인 목적은 타인을 돕지 않은 것에 대한 죄의식, 자책감, 수치심을 감소시키거나 사회적 인정과 자존감 상승 등과 같은 보상을 얻기 위한 것이다. 예컨대, 헌혈 여부를 결정해야 하는 경우, 헌혈에 드는 비용(시간, 불편함, 불안 등)과 이득(죄책감 감소, 사회적 인정, 긍정적 감정 등)을 비교하여 이득이 비용보다 클 것이라고 예상될 때 헌혈을 하기로 결정한다는 것이다.

사회적 규범도 이타행동을 유발할 수 있다. 모든 사회는 구성원 상호 간의 이득을 증대하기 위한 행동규범을 제시하고 있다. 이러한 규범은 사회화과정을 통해서 개인의 신념이나 가치로 내면화되어 이타적 행동을 유발할 수 있다. 이타행동을 유발하는 주된 규범으로는 사회적 책임과 호혜성 규범이 있다.

사회적 책임 규범(social-responsibility norm)은 비용이 이득보다 크더라도 도움을 필요로 하는 사람들을 도와주어야 한다는 규범을 뜻한다. 강자는 약자를 도와야 하며 부유한 사람은 가난한 사람을 도와야 한다는 사회적 규범이다. 사회는 공동체의 안녕을 위해서 구성원에게 이타행동을 하도록 크고 작은 희생을 요구한다. 갤럽조사에 따르면, 매주 종교집회에 참석하는 사람들이 그렇지 않은 사람들에 비해서 사회적 책임 규범에 더 순응적이며 가난하고 노쇠한 사람을 돕는 자원봉사활동에 더 많은 시간을 할애하고 더 많은 돈을 기부했다(Hodgkinson & Weitzman, 1992; Independent Sector, 2002).

호혜성 규범(reciprocity norm)은 우리를 도운 사람에게는 해를 끼치지 말고 도움을 되돌려주어야 한다는 행동규범을 말한다. 도움을 주는 행위는 이후에 도움을 받을 수 있다는 것을 의미하기 때문에 자발적인 이타행동을 유발할 수 있다. 호혜성 규범은 유사한 지위에 있는 사람들의 관계에서 나타나는 이타행동을 이해하는 데 도움이 된다.

이처럼 사회적 책임과 호혜성 규범은 이기적인 인간으로 하여금 이타행동을 하도록 촉진한다. 우리 사회는 주변 사람들에게 도움을 주어야 한다는 책임과 의무를 명시적으로나 암묵적으로 부과하고 있다. 또한 도움을 받은 사람은 도움을 준 사람에게 어떤 형식으로든 보답을 해야 한다는 도덕적 의무감을 심어준다. 이러한 사회적 규범은 이타적인 행동을 통해서 구성원 모두가 이익과 도움을 주고받도록 장려하고 있다.

이타성과 공감

이타행동이 계산적이고 이기적인 동기에 의해서만 유발되는 것은 아니다. 사람들은 도움을 주지 않아도 비난을 받거나 죄책감을 느끼지 않을 수 있는 상황에서 이타행동을 나타낼 뿐만 아니라 아무도 보지 않는 상황에서도 곤경에 빠진 사람을 돕는다. 심지어 도움을 주기 위해서 커다란 비용과 희생을 치러야 하는 경우에도 이타행동을 나타낸다.

Rushton(1980)은 이타행동에 영향을 미치는 주요한 심리적 요인으로 공감, 조망능력, 자기도식 등을 제시하고 있다. 이타행동을 야기하는 가장 직접적인 요인의 하나는 공감이다. 공감은 곤경에 처한 사람의 고통을 대리적으로 체험함으로써 그러한 고통을 감소시키고자 하는 이타행동을 유발하게 된다. 공감적 고통은 이타행동을 일으키는 중요한 정서적 기제로 여겨지고 있다. 실증적인 연구에서도 공감적 고통을 경험한 집단은 그렇지 않은 집단에 비해서 도움을 행동을 더 많이 나타냈다. Hoffman(1981)은 다른 사람의 고통을 관찰할 때 공감적 반응이 일어나면 그 사람의 처지와 감정을 같이 느끼게 되므로 그 사람의 고통을 감소시키고 행복을 증진시키기 위해 도움을 주게 된다고 주장한다. 이러한 동기는 타인의 고통 감소와 행복 증진이 궁극적인 목적이기 때문에 진정한 이타적 속성을 지닌다.

공감은 두 가지의 심리적 경로를 통해 이루어지는 것으로 여겨지고 있다(Ickes, 2003). 그 하나는 신경학적 기제를 통해서 직감적으로 상대방의 감정을 동일하게 체험하는 것이다. 심한 신체적 상처를 입은 사람을 보는 즉시 그 아픔이 자신의 몸에 느껴지는 경우가 이에 해당한다. 이러한 직감적인 공감능력은 선천적인 신경학적 특성에 따라 상당한 개인차가 나타난다. 다른 하나는 논리적인 추론을 통해 상대방의 곤경을 헤아리는 것이다. 즉, 곤경에 처한 사람의 입장이 되어 그가 지닐 생각과 감정을 헤아림으로써 그 사람의 아픔과 난처함을 이해하는 것이다. 이러한 과정에서 중요한 것이 조망 취하기(perspective taking)다. 다른 사람의 관점에서 상황을 바라보는 역지사지(易地思之)의 태도를 의미한다. 이런 점에서 조망 취하기 능력은 다른 사람이 처한 곤경과 아픔을 좀 더 구체적이고 생생하게 인식하도록 만듦으로써 이타행동을 촉진하게 된다.

또한 자기도식 역시 이타행동을 야기할 수 있다. 자기도식(self schema)은 자신의 속성에 대한 인식과 믿음을 의미한다. 예컨대, 자신을 이타적인 선한 사람이라고 믿고 있는 사람은 곤경에 처한 사람을 보게 될 경우에 이타행동을 나타낼 가능성이 높다. 인간은 자기도식을 유지하려는 경향이 있기 때문이다.

이타성과 도덕성 발달이론

이타성은 도덕성의 핵심적 요소 중 하나다. 도덕성(morality)은 선하고 옳은 것을 추구하려는 의도, 판단, 행동을 포괄하는 광범위한 긍정적 성품이다. 곤경과 고통에 처한 사람을 돕는 이타적 동기와 행동은 자명하게 선하고 옳은 것이다. 이타성은 도덕발달의 수준과 밀접한 관계를 지니고 있다. 도덕발달 수준이 높은 사람일수록 이타적 행동을 더 많이 나타낸다. 한 연구(Miller, Eisenberg, Shell, & Fabes, 1996)에 따르면, 타인지향적인 도덕적 신념을 지닌 학생들이 그렇지 않은 학생들보다 친구에게 더 많은 도움을 제공했다. 또한 타인의 곤경에 초점을 맞추는 도덕적 신념을 내면화한 학생들은 친사회적 행동을 더 많이 나타냈다. 반면에 쾌락주의적인 관점을 지닌 학생들, 즉 이타행동을 함으로써 잃게 되는 만족과 즐거움의 양에 따라 행동을 결정하는 학생들은 친사회적인 행동을 덜 나타내는 경향이 있었다.

Kohlberg(1984)는 도덕발달의 단계를 세 수준의 6단계로 구분하여 제시하고 있다. 첫 번째 수준은 전 인습적 도덕성(preconventional morality)으로서 외적 기준에 의해 옳고 그름을 판단하는 수준이다. 1단계는 복종과 처벌 지향의 단계로서 처벌을 피하기 위해서 권위의 명령에 복종하며 행위의 옳고 그름을 그 결과에 의해 판단한다. 2단계는 개인주의와 교환의 단계로서 자신에게 이익이 되는 것을 좋은 것이라고 생각하며 보상받을 일은 하고 처벌받을 일은 피한다.

두 번째 수준은 인습적 도덕성(conventional morality)이다. 선한 행동 또는 사회적 질서를 유지한 것에 대해서 칭찬과 인정을 받기 위해서 도덕적 규칙을 따르고자 한다. 3단계는 좋은 대인관계의 단계로서 자신과 가까운 사람들의 기대에 따라 행동하는 것을 도덕적 행위라고 판단하며 신뢰, 충성, 존경, 감사, 관계유지를 중시한다. 4단계는 사회적 질서 유지의 단계로서 스스로 동의한 현실적 의무를 준수하는 것을 중시한다. 사회, 집단, 제도에 공헌하는 것을 올바른 행동으로 여긴다.

세 번째 수준은 후 인습적 도덕성(postconventional morality)으로서 도덕적 기준이 내면되어 자신의 판단과 원칙을 중시한다. 5단계는 사회적 계약과 개인적 권리의 단계로서 사람들은 다양한 가치와 의견을 지니고 있으며 대부분의 가치와 규칙은 상대적인 것이라는 점을 인식한다. 사회질서를 위해 법과 규칙은 준수되어야 하지만 변화될 수 있는 것이라고 생각한다. 6단계는 보편적 원칙의 단계로서 스스로 선택한 윤리적 원칙에 따르고 그 원칙에 의해서 정의를 판단한다. 법이 그러한 원칙과 일치하기 때문에 따르지만, 이 원리와 충돌할 때는 자신의 원리에 따라 행동한다. 보편적 원리, 즉 인권평등과 인격체로서의 인간의 존엄성을 중시한다. 이타행동은 여러 가지 동기에 의해서 야기될 수 있듯이 다양한 도덕발달 수준에서 나타날 수 있다. 도덕발달의 전 인습적 단계에서는 사회적 처벌을 피하고 보상을 위해서 이타행동을 나타낼 수 있으며, 인습적 단계에서는 사회적 인정을 추구하거나 사회적 규범의 준수를 위해서 이타행동을 할 수 있다. 후 인습적 단계에서는 자신의 내면적 가치와 인간의 존엄성을 위해서 이타행동을 하게 된다. 이타성의 덕목은 높은 수준의 도덕성과 관련되어 있다. 진정한 이타성을 지닌 사람은 후 인습적 수준의 도덕성을 지닌 사람이라고 할 수 있다. 이들은 모든 사람을 존엄한 인격체로 여기며 고통 받는 사람의 사람다운 삶을 위해서 자발적으로 그리고 때로는 희생을 감수하며 이타행동을 하게 되는 것이다.

이타성의 측정도구

이타성과 친절성의 측정도구는 실제적인 행동에 초점을 맞추어 평가하는 것과 성격 특질의 하나로 평가하는 것으로 구분될 수 있다. 이타적 행동에 초점을 맞추어 측정하는 대표적인 검사는 자기보고 이타성 척도(Self-Report Altruism Scale; Rushton, Chrisjohn & Fekken, 1981)다. 이 척도는 20개의 상황을 제시하는 질문으로 구성되어 있으며, 각 상황에서 응답자가 이타적인 행동을 보인 빈도에 대해서 물어본다. 예를 들어, '모르는 사람에게 길을 가르쳐 준 경험' 과 같은 상황을 제시하면서 그 빈도를 5점 척도로 평정하게 한다. 이 척도는 응답자 자신의 보고와 제3의 관찰자에 의한 보고가 높은 상관을 나타내고 있으며 개인이 특정한 상황에서 도움을 제공할 것인지 여부를 잘 예측하는 것으로 알려져 있다.

청소년의 친사회적 행동 성향을 측정하기 위한 자기보고형 검사에는 Carlo과 Randall (2002)이 개발한 친사회적 성향 척도(Prosocial Tendencies Measure)가 있다. 이 검사는 친사회적 행동의 6가지 측면, 즉 일반적 이타성향, 공공 상황에서의 도움 행동, 모르는 사람에 대한 도움 행동, 위급상황에 대한 도움 행동, 요청에 응한 순응적 도움 행동, 정서적 도움행동을 측정하고 있다. 23개의 문항으로 구성되어 있으며 5점 척도상에서 평정된다.

국내에서는 김택호(2004)가 Bar-Tal과 Raviv(1979)에 의해 개발된 도움 행동 척도를 번안하여 이타성 척도를 개발한 바 있다. 이타성 척도는 청소년을 대상으로 공감, 협력 및 조력, 기부의 세 요인을 측정하는 자기보고형 검사로서 18문항으로 구성되어 있으며 5점 척도 상에서 평정된다. 문항의 예로는 "나는 친구가 아플 때나 어려운 일을 당했을 때 위로해 준다." "나는 낯선 사람이 들고 가는 물건을 들어준 적이 있다." "친구를 위해서라면 손해를 보더라도 자주 도와주는 편이다." "내 일이 밀려 있는 경우라도 다른 사람이 요청하면 잘 도와주는 편이다." 등이 있다.

성격특질로서의 이타성을 측정하는 대표적인 척도로는 NEO-PI-R의 이타성 척도(Altruism Facet Scale; Costa & McCrae, 1992)가 있다. 이 척도는 성격 5요인 중 우호성(agreeableness) 차원의 하위척도로서 높은 신뢰도와 타당도를 나타내고 있다. 앞에서 소개한 자기보고 이타성 척도와 마찬가지로 여러 나라의 언어로 번역되어 널리 쓰이고 있다(McCrae & Costa, 1997). NEO-PI-R의 이타성 척도는 다른 사람들의 행복을 위해 적극적으로 행동하는 정도를 묻는 8개의 문항으로 구성되어 있으며 5점 척도로 평정된다.

자기보고형 질문지의 형태로 이타성을 측정하는 경우에는 피검자의 긍정 왜곡 성향을 고려해야 한다. 이타성은 사회적으로 바람직하게 여겨지는 경향이기 때문에 자기보고가 긍정적인 방향으로 과장될 수 있기 때문이다. 따라서 자기보고형 질문지는 주위 사람들의 보고나 실제적인 이타 행동의 관찰을 통해 보완될 필요가 있다.

Sawyer(1966)는 상당히 독특한 방식의 평가방법을 사용하는 이타성 척도(Altruism Scale)를 개발하였다. 이 척도는 두 사람의 이익을 나누어야 하는 상황을 제시하고 그 분배방식에 근거하여 개인의 이타적 성향을 평가하고 있다. 예컨대, 두 사람만이 참석하는 세미나에서 학점을 받게 되는 상황을 제시하고 피검자로 하여금 자신이 A, B, C 학점을 받게 되는 각각의 경우, 상대방이 받기를 원하는 학점 상황을 3×3 표로 제시하고 그 우선순위를 정하게 함으로써 협동적, 개인주의적, 경쟁적 성향을 평가한다.

3 이타성과 관련된 심리적 특성

이타행동은 개인의 행복을 증진하며 행복한 사람은 이타행동을 많이 하는 것으로 보고되고 있다(Carlson, Charlin, & Miller, 1988). 자원봉사와 같이 다른 사람을 돕는 이타행동은 기분을 긍정적으로 변화시키는 기능을 지닌다(Weiss et al., 1973). 봉사활동을 하는 성인들을 대상으로 한 연구(Newman, Vasudev, & Onawola, 1985)에 따르면, 봉사자의 76%는 자신에 대해서 더 긍정적인 느낌을 갖게 되었고, 65%는 삶의 만족도가 향상되었으며, 32%는 정신건강이 향상되었다고 보고했다. 또한 행복한 사람이 이타행동을 많이 나타낸다. 행복하고 긍정 정서를 느끼는 사람은 그렇지 않은 사람에 비해서 더 관대하고 기꺼이 다른 사람을 더 잘 도와준다. 이러한 현상은 여러 심리학 연구에서 가장 일관성 있게 얻어지는 결과 중 하나다.

이타성의 긍정적 결과는 계량적인 수치로 양화될 수 있다. 이타성은 자원봉사 활동에 참여하게 하는 가장 주요한 요인으로 알려져 있다(Omoto & Snyder, 1995). 미국의 경우, 1998년 한 해 동안 사람들이 자원봉사 활동을 한 시간은 200억 시간에 이르는데, 이는 2,260억 달러의 경제적 가치를 지닌다(Independent Sector, 1999). 자원봉사 활동은 이러한 사회적 · 경제적 효과 외에도 개인의 신체적 · 정신적 건강을 증진한다.

이타성은 다양한 성격특성과 관련된 것으로 보고되고 있다. Hogan(1973)은 이타행동을 비롯한 도덕적 행위를 이해하려면 성격구조를 이해해야 한다고 제안했다. 사회집단의 규범, 가치, 금기 등의 내면화가 성격발달과정에 영향을 미치며, 이러한 성격구조가 이타행동을 결정하는 중요한 요인으로 작용한다고 주장했다. Rushton(1980)은 이타행동에 영향을 미치는 성격요인으로 지속성, 끈기, 자기통제감, 자기효능감 등을 들고 있다. 이타성이 높은 사람은 일관성 있고 독립적이며 지속성과 끈기가 있고 자기통제감이 잘 발달되어 있으며 자기효능감이 높아서 바람직한 결과를 얻기 위해 어떻게 행동해야 하는지를 잘 알고 있다는 것이다. 이타성이 높은 사람들은 자신을 보다 긍정적으로 생각하며, 주위에서 일어난 일들에 대해서 더 큰 통제감을 느끼며, 미래에 대해 낙관적이다.

이타성은 다양한 요인에 의해서 영향을 받지만 비교적 안정적인 성격적 특질로 여겨지고 있다. 한 연구(Eisenberg et al., 2002)에 따르면, 아동기나 청소년기의 이타행동 성향을 통해서 성인기의 이타행동 성향을 예측할 수 있었다. 청년을 대상으로 친사회적 행동을 자기보고로 측정한 결과, 이것은 수년 전에 실시한 검사 결과와 유의미한 상관을 나타냈다. 뿐만 아니라 취학 전에 측정한 친사회적 행동 성향으로도 성인기의 친사회적인 도덕적 판단을 예측할 수 있었다.

이타성은 유전적 영향을 받는 것으로 여겨지고 있다. 자기보고 이타성 척도를 사용한 쌍둥이 연구에서, 이타적 행동성향의 변량 중 약 50%는 유전적인 요인에 의한 것으로 추산되었다(Rushton, Fulker, Neale, Nias, & Eysenck, 1986). 나머지 변량은 대부분 쌍둥이의 공통적인 경험에 의한 것이기보다 각자의 독특한 개인적 경험에 의한 것이었다. 또한 성격의 5요인 중 이타성과 가장 깊은 관련을 맺고 있는 우호성도 상당 부분 유전적 요인에 의해 영향을 받는 것으로 알려져 있다(Plomin & Caspi, 1999). 그러나 이타성은 형제자매의 수와 관련성을 지닌다는 주장도 있다. 외동으로 자란 사람들보다는 많은 형제자매들 속에서 자란 사람들이 더 높은 이타성을 나타내는 것으로 보고되었다(Dunn & Munn, 1986).

이타성의 성차는 오랜 기간 연구자들 사이에서 논란이 많았던 주제였다. Eagly와 Crowley(1986)는 여러 연구결과를 요약하면서, 남자가 여자에 비해 도움을 제공하는 경향이 약간 더 높다고 결론지었다. 그러나 이러한 차이는 통계적으로 매우 작은 것일 뿐만 아니라, 연구들이 주로 다른 사람에 대한 '기사도적인 도움'을 측정하는 것이어서 성별에 대한 고정관념이 포함될 수 있다. 흥미로운 점은 여자가 남자보다 도움을 많이 받는 경향이 있다는 것이다. 도움을 주는 쪽이 어떤 성별이든, 여자가 남자보다 더 많은 도움을 받았다.

Johnson 등(1989)은 여러 문화에서 도움을 주는 행동에 차이가 있음을 발견하였다. 그는 호주, 이집트, 한국, 대만, 미국, 유고슬라비아의 학생들에게 56가지의 도움행동을 실천한 빈도에 대해서 물어보았는데, 국가 간에 약간의 통계적 차이가 있음을 발견하였다. 또 다른 연구에서는 종교문화적 차이를 밝혀냈는데, 자기보고식 설문조사에서 기독교도들이 힌두교도나 이슬람교도들보다 높은 이타성 점수를 나타냈다.

4 이타성의 촉진요인 및 함양방법

이타성은 비교적 안정된 성격적 특질로 알려져 있지만 다양한 심리적 요인에 의해서 촉진될 수도 있고 억제될 수도 있다. 이타성은 크게 세 가지 요인, 즉 공감과 연민, 사회적 책임감, 도덕적 추론과 밀접한 관계를 지니는 것으로 알려지고 있다.

첫째, 공감과 연민은 다른 사람들을 도와주고자 하는 이타적 행동의 주요한 촉진 요인으로 여겨지고 있다. 공감(empathy)은 다른 사람의 정서 상태를 느낄 수 있는 능력을 의미하며, 연민(sympathy)은 다른 사람의 곤경을 공감함으로써 유발되는 관심과 동정의 온화한 정서를 뜻한다. 이러한 공감 능력과 연민 정서는 자기보고로 측정된 이타행동뿐만 아니라 실제로 위급한 상황에서 나타난 이타행동을 잘 예측할 수 있었다(Bierhoff, Klein, & Kramp, 1991; Unger & Thumuluri, 1997). 그러나 Batson(1987)은 공감 성향이 실제적인 이타행동으로 이어지지 않는 경우가 있다는 것을 발견했다. 특히 도와주지 않아도 정당화될 수 있는 상황에서 그러했다. 요컨대, 공감 성향이 이타행동에 미치는 영향력은 도와주지 않아도 정당화되는 상황보다 도움을 주어야만 하는 상황에서 더 강하게 나타난다.

둘째, 사회적 책임감은 이타적 행동을 촉진하는 것으로 여겨지고 있다. 강한 사회적 책임감을 지닌 사람은 자신이 이웃과 다른 사람들에 대해서 개인적인 윤리적 책임을 지닌다고 믿는다. 사회적 책임감이 낮은 사람들에 비해서, 이들은 자동차 사고가 났을 때 도움을 제공하는 빈도가 더 높았다(Bierhoff et al., 1991).

또한 다른 사람의 곤경을 목격하게 되었을 때 이를 더 충격적인 것으로 받아들였을 뿐만 아니라 복잡하게 얽힌 갈등상황이라 하더라도 더 적극적으로 도움을 주려고 했다.

셋째, 도덕적 추론능력이 이타적 행동에 영향을 미친다. 즉, 도덕적 추론능력이 정교하게 발달된 사람일수록 다른 사람에 대한 이타행동을 더 많이 나타낸다. 한 연구(Miller et al., 1996)에 따르면, 타인지향적인 도덕적 신념을 지닌 아이들이 그렇지 않은 아이들보다 친구에게 더 많은 도움을 제공했다. 타인의 고통을 덜어주고 그들의 행복을 증진하는 것으로부터 만족과 행복을 추구하는 학생들이 자신의 쾌락과 만족을 추구하는 학생들에 비해서 더 많은 이타행동을 나타냈다. 이러한 결과는 도덕적 신념이 이타행동을 촉진하는 중요한 요인임을 보여 준다. Peterson과 Seligman(2004)은 이타행동이 다음과 같은 개인적 신념에 근거하고 있다고 제시했다.

- 내가 중요한 만큼, 다른 사람들 역시 중요하다.
- 모든 인간은 동등한 가치를 지닌다.
- 따뜻하고 관용적인 마음은 다른 사람에게 기쁨과 확신을 준다.
- 받는 것보다 주는 것이 더 중요하다.
- 다른 사람에게 사랑과 친절을 베푸는 것이 최선의 삶이다.
- 나는 도움에 감사하는 사람들만큼이나 감사하지 않는 이들도 배려한다.
- 나는 우주의 중심이 아니며 인류의 일부일 뿐이다.
- 고통 받는 사람들은 공감과 도움을 필요로 한다.
- 도움이 필요한 사람들에게 보살핌을 주는 것이 마땅하다.

이타행동은 상황적 요인에 의해서도 촉진되거나 억제될 수 있다. Darley와 Latané(1968)가 보고한 바와 같이, 도움의 필요성이 상당히 명확한 상황에서도 다른 사람들이 아무런 도움도 주지 않은 채 무심하게 지나가면 그러한 상황을 목격한 사람은 도움을 주지 않았다. 이처럼 다른 방관자들이 존재할 때 도움행동을 할 가능성이 줄어드는 경향성을 방관자 효과(bystander effect)라고 한다. 방관자 효과가 나타나는 이유는 방관자의 존재가 도움의 필요성에 대한 인식에 영향을 미치기 때문이다. 즉, 다른 사람들이 돕지 않은 것을 보면 그다지 도움이 필요한 상황이 아니라고 판단하는 것이다. 또 다른 이유는 도움을 주지 않은 것에 대한 죄책감이 다른 방관자에게 분산됨으로써 도움 행동에 대한 책임감이 약화되기 때문이다.

이러한 방관자 효과가 시사하는 것은 이타행동에 있어서 다른 사람의 행동이 중요하다는 것이다. 일반적으로 다음과 같은 상황에서 이타행동이 증가한다. 첫째, 도움이 필요하다는 점이 분명한 상황에서 그렇지 않은 상황보다 이타행동이 더 많이 나타난다. 그러나 도움의 필요성 여부가 항상 자명한 것은 아니다. 둘째, 다른 사람이 도움을 주는 것을 관찰했을 때는 도움행동이 증가한다. 다른 사람의 도움 행동은 도움이 필요한 상황이라는 점을 확신시켜주기 때문이다. 아울러 다른 사람이 이미 돕고 있기 때문에 도움 행동에 대한 비용이 감소할 수도 있기 때문이다. 셋째, 도움을 주어야 하는 책임감을 높은 상황에서 이타행동이 증가한다. 한 연구에 따르면, 도움이 필요한 사람과 단 둘이만 있을 때는 40%의 사람들이 도움을 준 반면, 다른 다섯 명의 방관자와 함께 있을 경우에는 20%만이 도움을 주었다. 넷째, 도움이 필요한 사람이 자신과 비슷할 때 도움행동이 증가한다. 자신과 공통점이 많을 경우에는 도움이 필요한 사람과 동일시와 더불어 공감이 더 잘 될 수 있다. 이와 관련하여 주목할 만한 연구가 보고되었다. 상대방이 잘 인식하지 못하도록 그의 행동(앉는 방향, 얼굴 방향, 자세, 손동작 등)을 흉내 내어 따라하면, 행동을 따라한 사람이 곤경에 처했을 때 상대방은 더 많은 친사회적 행동을 나타냈다(van Baaren, Holland, Kawakami, & van Knippenberg, 2004). 이러한 연구결과는 비록 자각하지 못하더라도 자신과 유사성을 보이는 사람에 대해서 친사회적 행동을 더 많이 나타낸다는 점을 보여 준다. 다섯째, 사람들은 긍정 정서를 느낄 때 이타행동을 더 많이 나타낸다. 긍정 정서를 많이 경험하는 판매원일수록 고객을 더 친절하게 대했다(George, 1991). 이밖에도 바쁘지 않고 시간적 여유가 있는 상황, 번잡한 대도시보다 작은 도시나 농촌지역에 있는 상황, 죄책감을 느끼고 있는 상황 등에서 이타행동이 더 잘 나타나는 것으로 알려져 있다.

이타성은 친절한 이타적 행동을 실천하면서 함양될 수 있다. 이타행동은 유능하고 부유한 사람만이 베풀 수 있는 대단한 것이 아니다. 주변 사람들을 위한 작은 배려와 도움은 이타성을 배양하는 바탕이 될 수 있다. 뒤에 오는 사람을 위해서 문을 잠시 잡아주는 일, 버스나 전철에서 노약자를 위해 자리를 양보하는 일, 길을 잃은 사람을 안내해 주는 일 등과 같은 작은 친절행동으로부터 시작할 수 있다. 이타행동을 통해서 상대방이 즐거워하고 감사하는 것을 목격하면서 이타행동이 타인뿐만 아니라 자신의 행복 증진에 도움이 된다는 것을 체험하게 된다.

이타적인 의도 자체도 소중한 것이지만 그러한 의도를 이타적 행동으로 실행하는 것이 중요하다. 고통과 역경 속에 있는 사람들을 접하면서 느끼는 연민과 동정심을 실제적인 도움 행동으로 연결시키는 것이 필요하다. 자원봉사(volunteering)는 이타성을 실천하고 배양하는 좋은 계기가 될 수 있다. 자원봉사 활동을 통해서 다양한 역경과 장애를 지니고 살아가는 사람들의 고통스런 상황을 직접 목격함으로써 공감적 고통을 느끼게 된다. 자신의 봉사활동으로 그들의 고통이 조금이라도 덜어지는 것을 체험하면서 보람과 만족을 얻게 된다. 크고 작은 이타적 행동을 실천하는 과정에서 이타성은 점차적으로 증대될 수 있다.

이타성 증진 방법(Rashid & Anjum, 2005)

- 병원이나 요양원에 있는 누군가를 방문하여 위로한다.
- 운전을 하면서 보행자에게 양보한다. 보행을 할 때는 운전자에게 양보한다.
- 친구나 가족을 위해 매주 세 가지 다른 친절한 행동을 한다.
- 내가 모르는 사람을 위해 매주 한 가지 친절한 행동을 한다.
- 정기적으로 헌혈을 한다.
- 친구에게 저녁을 사 준다.
- 이메일을 쓰거나 편지를 쓸 때, 또는 전화를 할 때 좀 더 친절하고 부드럽게 말한다.
- 사랑하는 사람을 위해 요리를 한다.
- 내가 가진 물건들을 다른 사람들과 공유한다.
- 소유품 중에서 절대적으로 필요한 것만 남기고 나머지는 기부한다.
- 다른 사람에게 친절을 베풂으로써 시간을 기부한다.
- 다른 사람들에게 웃으며 인사한다.
- 운전 중 다른 사람에게 양보하거나 문을 잡아준다.
- 내가 고장을 내지 않았더라도 고장 난 공공물품을 수리한다.

제 11 장

정서지능

우리는 늘 다른 사람과의 '만남' 속에서 살아간다. 만남은 두 사람이 서로의 생각과 감정을 주고받는 과정으로 이루어진다. 이러한 만남이 친밀하고 깊이 있는 관계로 발전하려면 서로의 속마음을 잘 이해하는 것이 필수적이다. 그러나 "천 길 물속은 알아도 한 길 사람 속은 모른다."는 속담이 있듯이, 다른 사람의 속마음을 알기는 쉬운 일이 아니다. 그래서 연인들은 상대방의 속마음을 알지 못해 애간장을 태우고, 친구의 속마음을 오해하여 우정이 미움으로 변하며, 심지어 살을 맞대며 살아가는 부부들도 서로의 속마음을 이해하기는 쉽지 않다.

인간의 마음속에는 참으로 미묘하고 복잡한 생각과 감정들이 흘러간다. 이러한 속마음은 다른 사람에게 전달하기 어려울 뿐만 아니라 다른 사람의 속마음을 이해하기도 어렵다. 더구나 한국사회는 자신의 속마음을 직접적으로 잘 드러내지 않는 문화에 속한다. 자신의 자존심도 지키고 상대방의 입장도 배려하면서 속마음을 우회적으로 표현하는 '내숭' 문화에서는 다른 사람의 속마음을 파악하기가 더욱 어렵다. 그래서 다른 사람의 속마음을 기민하게 잘 파악하는 능력, 즉 '눈치'가 더욱 중요한지 모른다.

정서지능은 다른 사람의 속마음을 잘 이해하고 인간관계를 원활하게 만드는 심리적인 능력을 뜻한다. 다른 사람의 생각과 감정을 정확하게 추측하는 마음 읽기 능력은 인간의 삶에 있어서 가장 기본적이고 중요한 대인관계 능력이라고 할 수 있다. 정서지능은 가족관계, 친구관계, 연인관계, 직장의 동료관계를 비롯한 모든 인간관계의 바탕을 이룬다. 특히 사람을 대상으로 하는 전문직에 종사하는 직업인들, 예컨대 상담자나 심리치료자, 교사, 기업의 인력관리자, 세일즈맨, 협상전문가, 변호사에게는 효율적인 직업 활동을 위한 매우 중요한 능력이기도 하다. 이처럼 정서지능은 일상적인 인간관계를 원활하게 만들 뿐만 아니라 직업적 성공을 이루게 하는 긍정적인 성품이라고 할 수 있다.

1 정서지능의 정의와 유형

정서지능(emotional intelligence)은 자신과 타인의 정서를 잘 인식하고 조절함으로써 대인관계를 원활하게 만드는 개인적 능력을 의미한다. 행복과 불행의 가장 주요한 원천인 인간관계는 매우 복잡하다. 원활한 인간관계를 위해서는 상대방의 욕구, 감정, 생각을 잘 포착해야 할 뿐만 아니라 자신이 원하는 바를 상대방에게 효과적으로 전달할 수 있어야 한다.

일반적으로 지능은 적응과제를 효과적으로 잘 수행하도록 만드는 개인의 인지적 능력을 의미하며 과거에는 주로 지적인 학습능력에 초점이 맞추어져 있었다. 그러나 근래에는 지능이 적응 영역에 따라 다양한 요소로 구성된다는 주장이 지배적이다. Mayer와 Mitchell(1998)은 지능을 인지적인 차가운 지능(cold intelligence)과 감성적인 따뜻한 지능(hot intelligence)으로 구분한 바 있다. 따뜻한 지능은 감정, 욕구, 대인관계와 관련된 삶의 과제를 해결해나가는 개인적 능력을 의미한다. 이러한 구분에 따르면, 정서지능은 따뜻한 지능에 속하며 학자에 따라서 사회지능(social intelligence)이라고 지칭되기도 한다. 정서지능은 자신과 다른 사람의 감정 상태를 잘 파악하고 적절하게 정서적 표현을 할 수 있는 능력뿐만 아니라 자신에 대한 정확한 이해와 평가 능력을 포함한다.

1900년대 초기의 심리학자인 Edward Titchener로부터 시작하여 1980년대의 Howard Gardner를 거쳐 1990년대의 Peter Salovey와 John Mayer에 이르는 저술가들은 다른 사람의 감정을 이해하는 것이 사회적 능력의 핵심이라고 여겼다. 사회지능이라는 용어는 미국의 심리학자인 Edward Thorndike(1920)에 의해서 가장 먼저 도입되었는데, 그는 "남자와 여자, 아동과 성인을 이해하고 다루는 능력으로서 인간관계에서 현명하게 행동하는 능력"이라고 정의했다. 정서지능은 일반지능과 너무 유사해서 독립적으로 측정하기 어렵다는 점 때문에 연구가 더디게 진행되었으나, 이를 측정하는 평가목록들이 개발되면서 많은 연구가 이루어졌다.

정서지능에는 일반지능의 요소뿐만 아니라 대인관계에 관한 지식이 중요한 것으로 여겨지고 있다. 예를 들어, Cantor와 Kihlstrom(1987)은 지능 자체보다 사회적 지식의 축적에 초점을 맞추어 사회지능을 '개인이 주변 환경에 대해 알고 있는 지식과 이를 자신의 행동에 활용하는 방법'이라고 해석하고 있다. 사회지능의 구성요소를 제시한 바 있는 O'Sullivan, Guilford와 deMille(1965)에 따르면, 사회지능은 다음과 같은 6가지 영역의 능력으로 구성되어 있다: (1) 사람들의 다양한 내면적 심리상태를 파악하는 능력, (2) 유사성에 근거하여 다양한 심리상태를 유형화하는 능력, (3) 행동들 간의 관계를 해석하는 능력, (4) 사회적 행동에 영향을 미치는 요인이나 원리를 이해하는 능력, (5) 사회적 행동의 변화를 융통성 있게 해석하는 능력, (6) 대인관계 상황에서 다음에 무슨 일이 일어날지를 예측하는 능력.

Gardner(1983)는 다중지능 이론을 제시하면서 지능을 다음과 같은 8가지 유형으로 구분하고 있다: (1) 언어 지능, (2) 논리수학 지능, (3) 음악 지능, (4) 공간 지능, (5) 신체운동 지능, (6) 인간친화 지능, (7) 자기성찰 지능, (8) 자연친화 지능. 이러한 분류에 따르면, 사회지능은 인간친화 지능과 자기성찰 지능을 포함하고 있는 개념이라고 할 수 있다. 인간친화 지능은 다른 사람의 기분이나 동기, 바람을 잘 이해하고 그에 적절하게 반응할 수 있는 능력, 즉 대인관계를 잘 이끌어 가는 사람의 능력을 의미한다. 반면에 자기성찰 지능은 자신의 내면세계를 잘 관찰하고 인식하는 능력으로서 자신의 생각과 감정을 자각하고 자신이 느끼는 감정의 범위와 종류를 구별해 내며 그런 감정에 이름을 붙이고 자신과 관련된 문제를 잘 풀어내는 데 필요한 능력을 뜻한다.

사회지능은 인간관계를 원활하게 만드는 긍정적 성품으로 여겨지고 있다. 사회지능이 높았던 역사적 인물로는 마하트마 간디와 엘리너 루스벨트가 대표적이다. 지혜와 마찬가지로 사회지능도 나이와 경험이 축적됨에 따라 성숙하는 것으로 알려져 있다. 사회지능이 극히 낮은 사람들은 자기 자신이나 다른 사람의 심리적 세계를 잘 이해하지 못한다. 또한 다른 사람의 의도를 잘 파악하지 못할 뿐만 아니라 자신의 의사를 제대로 전달하지도 못한다. 이러한 상태의 정신병리적 극단에는 감정표현 불능증과 자폐증이 있다.

2 정서지능에 대한 심리학적 이론

정서지능 또는 사회지능은 대인관계에 영향을 미치는 개인적 능력으로서 다양한 심리적 기능으로 구성된다. Salovey와 Mayer(1990)가 처음으로 정서지능이라는 용어를 사용한 이후로 그에 관한 많은 연구가 이루어졌다.

정서지능의 4분지 모델

Salovey와 Mayer(1990)는 사람마다 정서에 관한 정보를 처리하고 이를 인지적 활동과 연결시키는 능력이 다르다고 주장하면서 정서지능의 4분지 모델(four-branch model; Mayer & Salovey, 1997)을 제시하였다. 이들에 따르면, 정서와 관련된 다양한 능력은 크게 두 가지 영역, 즉 체험적 능력과 전략적 능력으로 구분된다. 체험적 능력(experiential ability)은 정서에 대해 지적으로 잘 이해하지 못하더라도 정서를 민감하게 감지하고 반응하며 조작하는 능력을 의미하는 반면, 전략적 능력(strategic ability)은 정서를 잘 감지하여 체험하지 못하더라도 정서를 이해하고 관리하는 능력을 말한다. 이러한 능력은 각각 두 개의 하위능력으로 구분되어 정서지능은 모두 4개의 군집 또는 '분지(branch)'로 구성된다고 제시하였다.

그 첫 번째 분지는 정서 지각하기(perceiving emotion)로서 자신과 타인의 정서를 정확하게 지각하는 능력을 의미한다. 정서 지각하기는 정서적인 메시지가 얼굴 표정, 목소리, 신체적 동작으로 표현될 때 그것에 주의를 기울여 그 전반적 인상과 의미를 포착하는 것이다. 정서를 지각하는 능력은 사람에 따라 현저한 차이가 있다.

두 번째 분지는 사고 촉진을 위한 정서 활용하기(using emotions to facilitate thought)로서 정서를 사고와 통합하여 인지적 활동을 촉진하는 방향으로 활용하는 능력을 뜻한다. 정서 체험을 문제 해결, 추론, 의사 결정, 창조적 활동에 활용하는 것을 말한다. 일반적으로 정서는 중요한 것에 주의를 기울여 우선순위를 정하고 최선의 판단을 하는 데 도움을 줄 수 있다(Palfai & Salovey, 1993; Schwarz, 1990).

세 번째의 분지인 정서 이해하기(understanding emotions)는 다양한 정서의 특성, 정서의 복합적 관계 그리고 정서의 변화과정을 잘 이해하는 능력을 의미한다. 예컨대, 미묘한 정서를 적절한 어휘로 구체화하고 여러 정서가 복합되어 나타나는 양상을 이해하며 시간에 따라 정서가 변화되어 가는 과정을 인식하는 것을 포함한다.

마지막 네 번째 분지는 정서 관리하기(managing emotion)로서 정서를 관찰하고 조절하여 대인관계와 개인적 성장을 향상시키는 능력을 뜻한다. 부정 정서와 스트레스에 효과적으로 대처하고 자신이 원하는 정서로 전환시킬 수 있는 능력은 정서지능의 중요한 요인이다.

처음의 두 분지는 정서지능의 체험적 영역에 속하는 반면, 마지막 두 분지는 정서지능의 전략적 영역에 포함된다. 네 개의 분지는 위계를 형성하는데, 자신과 타인의 정서를 인식하는 것은 가장 기본적인 수준의 기술이고, 정서를 관리하는 것은 가장 높은 수준의 기술이라고 할 수 있다(Salovey, Caruso, & Mayer, 2004). 이러한 4분지 모델에 근거하여 정서지능을 평가하는 측정도구가 MEIS와 MSCEIT이다(Mayer, Caruso, & Salovey, 1999).

Bar-On의 정서지능 모델

Bar-On(1997, 2000)은 인생에서 성공과 성취를 이루기 위해서 인지적 능력뿐만 아니라 다양한 정서적 또는 사회적 능력이 중요하다고 보았다. 그에 따르면, 성공적인 삶을 위해서는 자신의 마음을 잘 자각하여 이해하고 표현하는 능력, 타인의 마음을 잘 알고 이해하여 원활한 관계를 맺는 능력, 강렬한 정서를 다루는 능력, 변화에 잘 적응하면서 삶의 문제를 해결하는 능력이 중요하다. 이러한 능력이 바로 정서지능이다. 정서지능은 인지지능과 함께 개인을 성공적인 삶으로 인도하는 주요한 잠재능력이다.

Bar-On은 성공적인 삶으로 이끄는 정서지능의 구성요소를 제시하는 독자적인 모델을 제시하였다. 이 모델에 따르면, 정서지능은 〈표 11-1〉에 제시된 바와 같이 5가지의 구성요소, 즉 개인내적 능력, 대인관계적 능력, 스트레스 관리능력, 적응 능력, 일반적 기분으로 이루어진다.

〈표 11-1〉 Bar-On의 정서지능 모델

구성요소	하위요소
개인내적 능력	자기존중, 정서적 자기자각, 주장성, 독립성, 자기실현
대인관계 능력	공감, 사회적 책임감, 대인관계
적응 능력	현실검증, 융통성, 문제해결
스트레스 관리능력	스트레스 감내력, 충동조절
전반적 기분	낙관성, 행복감

Bar-On은 자신의 모델에 근거하여 정서지능을 측정하는 Bar-On 정서지능 척도(Emotional Intelligence Inventory: EQ-i)를 제작하고 정서지수(Emotional Quotient: EQ)라는 용어를 사용하였다. 정서지수가 높은 사람은 환경적 요구와 압력에 더 효과적으로 대처함으로써 성공적이고 건강한 삶을 영위할 수 있다고 보았다. 아울러 정서지능을 인지지능과 동등한 정도로 일반지능에 기여하는 것으로 간주하였으며 훈련과 노력에 의해서 향상될 수 있는 것으로 보았다.

정서지능의 구성요소

심리학자이자 과학저술가인 Daniel Goleman은 정서지능에 대한 Salovey와 Mayer의 연구에 깊은 인상을 받고 독자적인 연구를 진행하여 1995년에 『정서지능(*Emotional Intelligence*)』이라는 베스트셀러를 출간하였다. 그는 정서지능이 네 개의 구성요소로 이루어진다고 주장했다(Goleman, 1998).

그 첫째는 자기 자각(self-awareness)으로서 자신의 감정을 자각하고 그러한 감정의 영향을 이해하는 능력을 의미한다. 두 번째 요소는 자기 관리(self-management)이며 자신의 감정과 충동을 조절하고 변화하는 상황에 적응하는 능력이다. 셋째는 사회적 자각(social awareness)으로서 타인의 감정을 알아차리고 이해하며 적절하게 반응하는 능력을 말한다. 마지막 네 번째는 관계 관리(relationship management)이며 다른 사람과 관계를 형성하고 영향력을 행사하며 갈등을 조절하는 능력을 의미한다. 〈표 11-2〉에는 정서지능의 네 가지 구성요소가 자기와 타인, 그리고 인식과 조절의 측면에서 구분되어 있으며 각 요소에 해당되는 정서적 능력들이 제시되어 있다.

Goleman(1998)에 따르면, 일반적인 정서지능은 선천적인 것으로서 후천적인 경험을 통해서 정서적 능력을 발달시킬 수 있는 잠재능력을 의미한다. 즉, 정서적 능력은 선천적으로 타고나기보다 후천적 노력을 통해서 함양될 수 있는 것이다.

〈표 11-2〉 Goleman이 제시한 정서지능의 구성능력

	자기 개인적 능력	타인 사회적 능력
인식	자기 자각 정서적 자기자각 정확한 자기평가 자신감	사회적 자각 공감 봉사적 지향성 조직에 대한 자각
조절	자기 관리 자기 조절 신뢰성 성실성 적응력 성취동기	관계 관리 타인과의 관계형성 유대감 형성 의사소통, 갈등관리 영향력, 리더십 팀워크 및 협동관계

정서지능의 발달과정

Peterson과 Seligman(2004)은 심리사회적 발달이론을 제시한 Erikson(1963), 개인적 지능의 발달과정을 설명한 Gardner(1983) 그리고 초기 아동기의 사회정서적 능력이 발달하는 과정을 제시한 Saarni(1999, 2001)의 주장에 근거하여 감성적 지능(hot intelligence)의 발달과정을 네 단계로 나누어 설명하고 있다.

(1) 유아기와 초기 아동기: 이 기간에 유아는 이후의 발달을 위한 기초적 능력을 발달시키기 시작한다. 이러한 능력에는 긍정적/부정적 기분상태를 자각하고 감정을 상징화하여 명명하는 능력이 포함된다. 사회적으로는 다른 사람과 게임을 하는 것을 배우기 시작하고, 주의를 끌기 위해 고통스러운 모습을 흉내 내는 것도 배운다. 또한 어린아이는 만족 지연이나 기분 조절과 같은 기본적인 자기조절방법을 배우며 타인에 대해 공감을 하기 시작한다.

(2) 중기 아동기: 정서적 · 사회적 자기조절 능력이 발달하고 정교화되며, 특히

다른 사람과 상황에 자신을 맞추려는 노력을 하게 된다. 이 기간에 아동은 친구들 앞에서 멋진 모습을 보이는 방법을 익히게 되며 당혹감과 수치심에 대해서 민감해진다. 아동은 능력과 근면성에 초점을 두며 감정으로부터 어느 정도 거리를 두려고 한다. 아동은 동일한 사람에 대해서 모순되는 감정을 가질 수도 있다는 것을 이해하게 되고 친밀한 우정을 만들어가기 위해 개인적인 정보를 교환하기 시작한다(Saarni, 2001).

(3) 청소년기: 정서의 다양한 변화와 이차적 정서(가령 화나는 것에 대한 죄책감)와 같은 내적 상태에 대한 자각이 증가한다. 의사소통에서도 감정이나 욕구에 관한 것들이 교류된다. 사회적으로는 도덕성, 의미, 정체감에 초점을 두게 되며 특히 중요하다고 여기는 대의명분이나 사상적 이념에 자신을 헌신하기도 한다(Erikson, 1963; Saarni, 2001).

(4) 성인기: 성숙한 많은 변화들이 생겨난다. Saarni(2001)에 따르면, 개인은 자신의 정서적 경험을 온전히 받아들이며, 자신의 신념과 일치하는 방향으로 정서적 수용이 일어난다. 즉, 정서에 대한 자신의 개인적 신념에 합치되는 삶을 살아가게 된다. 또한 개인은 좀 더 성숙해지며 세련된 자기감(sense of self)을 발달시킨다. Gardner(1993)에 따르면, 이러한 발달과정의 최종 목표는 타인과 완전히 구별되는 잘 발달된 자기(self)를 형성하는 것이다. 아울러 개인은 자기 자신과 인간 조건의 연약함에 대해서 많은 것을 이해하게 된다.

정서지능과 공감

우리는 어떻게 다른 사람의 마음을 이해할 수 있는 것일까? 즉, 공감은 어떤 심리적 기제를 통해서 가능한 것일까? 이러한 물음에 대해서 Ickes(2003)는 다른 사람의 마음을 이해하게 되는 심리적 과정을 설명하는 두 개의 이론을 소개하고 있다. 그 하나는 모사 이론(simulation theory)이며, 다른 하나는 논리 이론(theory theory)이라고 부르는 것이다.

모사 이론(simulation theory)은 우리가 다른 사람의 위치에 있는 자신을 상상하고 그러한 위치에서 자연스럽게 야기되는 생각과 감정을 경험함으로써 마음 읽기를 한다고 주장한다. 즉, 상대방의 입장에 서게 되면 그가 느끼는 감정을 모사하여 체험하게 된다는 이론이다. 우리는 다른 사람의 '정신적 신발(mental shoes)'을 신어봄으로써 그가 느끼는 발의 느낌을 알 수 있다는 것이다. 이러한 심리적 과정은 거울 신경세포라는 신경학적 기제와 관련된 것으로 여겨지고 있다.

거울 신경세포(mirror neuron)는 사람이 특정한 행동을 할 때뿐만 아니라 다른 사람이 그와 똑같은 행동을 하는 것을 볼 때에도 흥분하는 신경세포를 말한다. 매우 육체적인 신경학적 수준에서 자신과 다른 사람이 나타내는 비슷한 행동에 동일한 의미를 부여하는 거울 세포는, 공감 경험을 말로 표현하기 어려운 이유와 그러한 경험이 우리의 외부와 깊은 내면 모두에서 유래한다는 느낌을 설명하게 해 준다. 거울 신경세포는 1990년대 초기에 우연하게 발견되었다. 이태리 연구자인 Vittorio Gallese와 그의 동료들은 매우 새로운 유형의 신경세포들을 발견했다(Gallese & Goldman, 1998). 이러한 신경세포들은 그 소유자가 어떤 과제를 수행할 때 활성화되는데, 이러한 점에서는 다른 신경세포들과 다를 것이 없다. 그러나 흥미롭게도 이러한 신경세포들은 그 소유자가 다른 사람이 같은 과제를 수행하는 것을 보게 될 때에도 활성화된다. 연구팀은 이러한 새로운 신경세포들을 '거울' 신경세포라고 명명했는데, 왜냐하면 이 신경세포들은 다른 사람의 행동을 마치 그 세포의 소유자가 같은 행동을 하는 것처럼 반영함으로써 공감하듯이 활성화되기 때문이다.

1990년대 초기에 Gallese와 그의 동료들이 일본원숭이의 뇌에 있는 신경세포들의 활동을 연구할 때, 이처럼 특이한 것을 발견하려 했던 것은 아니었다. 이들은 F5라는 원숭이의 뇌 부위에 있는 신경세포들에서 나오는 신호들을 연구하고 있었다. 이 부위는 어떤 계획을 세우거나 그것을 행동으로 옮기는 일과 관련된 기능을 담당하는 전(前)운동 피질(premotor cortex)이라는 커다란 뇌 영역의 일부다. 이들은 원숭이에게 건포도, 사과 조각, 종이끼우개, 사각 물건, 둥근 공과 같은 것을 보여 주었다. 이러한 시행을 하면서 연구자들은 이상한 현상을 발견하게 되었다. 즉, 실험자가 손으로 그러한 물건을 집어서 자신에게 가까이 가져오는 것을 원숭이가 바라보고 있을 때, F5 신경세포들 중 일부가 갑자기 활성화되었다. 하지만 접시에 놓여 있는 똑같은 물건을 원숭이가 바라볼 때는, 아무런 반응도 나타나지 않았다. 원숭이가 그 물건을 집어들 때는, 동일한 신경세포들이 다시 활성화되었다. 즉, 원숭이가 어떤 행동을 할 때 활성화되었던 신경세포는 실험자가 그와 똑같은 행동을 하는 것을 원숭이가 바라볼 때마다 항상 활성화되었다는 점이다. 뇌의 운동 피질은 운동을 통제하는 기능만 담당하는 것이 아니라 다른 사람의 행동도 읽고 있었다.

원숭이의 거울 신경세포를 발견하게 되면서, 신경과학자들은 인간의 경우에도 그러한 증거가 발견될 수 있는지를 확인하기 위해서 연구를 즉각 시작했다. 그러한 증거를 얻기 위해서, Fadiga 등(1995)은 이태리 연구팀의 다른 구성원들과 함께 공동연구를 하면서 두개-횡단적 자기 자극법(Transcranic Magnatic Stimulation)을 사용하여 인간의 경우에도 한 사람이 어떤 행동을 할 때 활성화되었던 동일한 신경회로가 다른 사람이 그와 동일한 행동을 하는 것을 바라보는 동안에도 활성화되는 체계를 지닌다는 증거를 발견하였다. 이러한 증거의 발견은 다른 사람의 행동을 관찰하는 것만으로도 관찰자에게 그와 유사한 초보적 행동을 유발할 수 있다는 것을 보여 준다는 점에서 놀라운 것이다. 달리 말하면, 우리의 뇌와 몸에서 다른 사람의 경험을 부분적으로 모사하는 '신경학적 메아리'를 만들어냄으로써, 거울 신경체계는 다른 사람이 현재 생각하고 느끼는 것의 일부를 우리가 똑같이 생각하고 느낄 수 있도록 해 준다(Ickes, 2003).

공감의 심리적 기제에 대한 또 다른 이론은 논리 이론(theory theory)이라고 부르는 것이다. 이 이론에 따르면, 보통 사람들은 마음에 대한 과학적 이론과 유사한 상식적인 이론을 구성하여 적용함으로써 마음 읽기를 한다. 이 이론은 우리가 '외부의 자극을 어떤 내면적 상태(예: 지각 내용들)로 연결하고, 그러한 내면적 상태(예: 욕구나 믿음)를 다른 내면적 상태(예: 결정)로 연결하며, 또한 그러한 내면적 상태(예: 결정)를 행동으로 연결하는' 일련의 인과적/설명적 법칙에 의거하여 다른 사람의 생각과 감정을 연역적으로 추측한다고 가정한다. 즉, 논리적인 추론에 의해서 상대방의 마음을 추측하여 이해한다는 것이다.

공감에 관한 이러한 두 이론은 상충되는 것이 아니다. 보통 사람은 다른 사람의 생각과 감정을 연역적으로 추론할 수 있는 고도의 인지적 능력을 지니고 있지만, 이렇게 정신적으로 부담이 되는 방식으로 마음 읽기를 하지 않는 것은 분명하다. 그 대신, 좀 더 쉽고 자동적인 마음 읽기 방식, 즉 거울 신경체계 그리고 이러한 체계와 관련된 생리적 동시반응, 정서적 전염, 그리고 다른 사람의 행동에 대한 초보적 모사에 의한 방식으로 전환하는 경우가 많을 것이다. 이러한 일반적인 설명과 일치하는 관점에서, Hodges와 Wegner(1997)는 관련된 이론과 연구에 의거하여 우리가 마음 읽기를 할 때 통제된(능동적이고 추론적인) 방식과 자동적(수동적이고 체험적인) 방식을 번갈아 사용한다고 주장한 바 있다.

다른 사람의 마음을 전혀 이해하지 못하는 자폐증 환자들이 나타내는 마음맹(mind-blindness)은 이러한 거울 세포의 손상 때문에 나타나는 것으로 추정되고 있다. 아마도 심각한 자폐증은 거울 세포체계가 심하게 손상된 사람에게서 발견되는 반면, 경미한 자폐증의 경우는 거울 세포체계가 상당히 온전하지만 상대방의 마음을 추측하는 인지적 추론능력이 부족하기 때문일 수 있다. 이러한 가설적 주장은 앞으로의 연구를 통해서 밝혀져야 할 것이다.

정서지능의 측정도구

개인적인 능력을 의미하는 지능은 과제수행을 통해서 나타난 결과를 분석함으로써 측정하는 것이 가장 일반적인 방법이다. 정서지능도 마찬가지다. 과제수행을 통해서 정서지능을 평가하는 대표적인 방법 중 하나는 Jones와 Day(1997)에 의해서 개발된 평정과제다. 이 평정과제에서는 참가자들이 비디오를 보면서 등장인물의 행동을 해석하거나 그 적절성을 평가하게 된다. 이러한 과제를 통해서 두 가지의 역량, 즉 사회적 지식과 사회적 추론능력이 평가된다. 이 평정과제는 학습능력을 측정하는 지능검사와의 상관계수가 .20 이하로서 상당히 높은 변별 타당도를 나타내는 것으로 보고되고 있다(Lee, Wong, Day, Maxwell, & Thorpe, 2000).

정서지능은 개념적으로 밀접하게 연관되어 있는 자기성찰 능력이나 정서지능의 측정도구를 통해서 평가되기도 한다. 자기성찰 지능을 평가하는 대표적인 검사는 심리적 내성능력 평가방법(Psychological Mindedness Assessment Procedure; McCallum & Piper, 1987)이다. 이 평가방법에서는 참가자가 비디오를 통해 제시되는 일련의 일화들을 보고 "무엇 때문에 이 사람이 곤란을 겪고 있는가?" 와 같은 질문에 응답해야 한다. 응답의 정교성과 복잡성을 전문가가 평정하여 내성능력을 측정한다. 이 방법은 신뢰도가 높을 뿐만 아니라 심리치료의 결과를 잘 예측하는 등 높은 타당도를 지닌 것으로 보고되고 있다(Piper et al., 1999).

정서지능을 평가하는 가장 대표적인 검사는 Mayer, Caruso와 Salovey(1999)에 의해서 개발된 다요인 정서지능 척도(Multifactor Emotional Intelligence Scale: MEIS)다. 이 척도는 개발자들이 제시한 정서지능의 4분지 모델(four-branch model)에 근거하고 있으며 12개의 과제로 구성되어 있다. MEIS는 신뢰도와 타당도가 잘 확립되어 있으나 검사를 실시하는 데 너무 많은 시간을 요하기 때문에 현재는 Mayer, Salovey와 Caruso (2002)에 의해서 개정된 MSCEIT(Mayer-Salovey-Caruso Emotional Intelligence Test)가 더 널리 사용되고 있다.

MSCEIT는 8개의 과제로 이루어져 있다. 정서지능의 네 가지 기능은 각각 두 개 영역의 과제를 통해서 측정한다.

(1) 정서 지각하기
  얼굴: 얼굴에 표현된 정서 인식하기
  그림: 풍경, 예술 디자인, 사진에 나타난 정서 인식하기
(2) 정서 활용하기
  감각: 특정 정서에 촉감, 맛, 색깔 용어를 짝짓기
  촉진: 정서가 인지 과정에 미치는 영향을 인식하기
(3) 정서 이해하기
  혼합: 복잡한 감정 상태를 포함하는 정서 이해하기
  변화: 정서의 변화과정을 이해하기
(4) 정서 관리하기
  관리: 자신의 정서를 효율적으로 조절하기
  관계: 타인의 정서를 효율적으로 조종하기

MSCEIT는 총점, 네 기능의 점수, 두 영역의 점수, 개별 과제의 점수를 통해서 정서지능의 다양한 측면을 평가한다. 이 검사는 MEIS보다 실시시간이 짧고 잘 표준화되어 있으며 지필이나 컴퓨터를 통해 실시될 수 있을 뿐만 아니라 신뢰도와 타당도가 잘 입증되어 가장 널리 사용되고 있다.

Ickes(2003)는 다른 사람의 마음을 정확하게 읽는 정도를 의미하는 공감 정확도(empathic accuracy)를 평가하기 위해서 2인 상호작용 패러다임(dyadic interactive paradigm)을 사용하여 'READ YOUR MIND'라는 평가방법을 개발했다. 주관적인 자기보고를 통해서 공감 정확도를 평가하기 어렵다는 인식 하에, 그는 실험실 상황에서 가장 직접적인 방법으로 공감 정확도를 평가하기 위해서 다음과 같은 절차를 개발했다.

실제로 두 낯선 사람이 실험실에서 만나 상호작용하는 장면을 몰래 카메라로 촬영하고, 두 사람을 각각 별개의 방으로 데려가 녹화사실을 알려주고 동의를 구한 후에 비디오에 찍힌 모습을 직접 보면서 장면마다 그 당시에 지녔던 자신의 감정과 생각을 적게 한다. 그다음에는 상대방이 그 당시에 지녔을 감정과 생각을 적게 한다. 이러한 두 사람의 보고 자료를 비교함으로써 개인이 상대방의 마음을 얼마나 정확하게 판단하는지를 평가한다.

Ickes는 매번 두 사람의 감정과 생각을 평가해야 하는 번거로움을 피하기 위해서 표준적인 녹화장면을 보여 주고 피검자로 하여금 주인공의 마음을 추측하게 하는 방법으로 개선하였다. 표준 녹화자료는 다양한 문제로 상담을 받는 내담자의 녹화장면으로서 상담 당시에 실제로 내담자가 지녔던 감정과 생각을 조사해 놓았다. 피검자는 상담 장면의 표준 녹화자료를 보면서 장면마다 내담자의 감정과 생각을 추측하여 기록한다. 평정자는 피검자의 보고 자료를 내담자의 실제 경험과 비교하면서 그 유사성을 세 수준으로 평가함으로써 피검자의 공감 정확도를 측정하였다. Ickes(2003)는 이러한 측정방법을 사용하여 수행한 다양한 연구들을 『마음 읽기(*Everyday Mind Reading*)』라는 저서에서 자세하고 소개하고 있다.

정서지능을 자기보고형 질문지를 통해 측정하는 도구들도 개발되어 있다. Bar-On(1997)은 자신의 정서지능 모델에 근거하여 바온 정서지능 척도(Bar-On Emotional Intelligence Inventory: EQ-i)를 개발했다. 이 검사는 정서지능의 5개 요인, 즉 개인내적 정서지능, 대인간 정서지능, 적응성, 스트레스 관리, 일반적 정서를 측정하고 있다. 모두 133문항으로 이루어져 있으며 5점 척도 상에서 평정된다.

정서역량 척도(Emotional Competency Inventory: ECI; Boyatzis, 1994)는 Goleman의 정서지능 모델에 근거하여 개발된 측정도구로서 정서지능의 4개의 구성요소(자기 자각, 사회적 자각, 자기 관리, 관계 관리)를 반영하는 20개 역량을 평가한다. 이 척도는 20개 역량의 행동적 지표에 대해서 자신뿐만 아니라 상하좌우의 동료들에 의해서 평가되는 360도 전방위 평가방법을 사용하고 있다. 각 역량에 대해서 7점 척도로 평정되면 자기평가와 타인평가에 의한 결과가 제시된다(Boyatzis, Goleman, & Rhee, 1999).

정서지능 평가(Emotional Intelligence Appraisal: EIA; Bradberry, Greaves, et al., 2003) 역시 Goleman의 정서지능 모델에 근거한 측정도구다. 정서지능의 4개 구성요소를 반영하는 28문항에 대해서 6점 척도로 평정된다. 이 척도는 세 가지 평가방법, 즉 자기평가, 가까운 팀동료들에 의한 평가, 360도 전방위평가에 의해서 이루어질 수 있다.

또 다른 자기보고형 검사로는 Schutte 등(1998)이 Salovey와 Mayer (1990)가 제시한 정서지능 이론에 근거하여 개발한 자기보고 정서지능 검사(Self-Report Emotional Intelligence Test)가 있다. 이 검사는 "나는 내 감정이 왜 변하는지 알고 있다."와 같은 33개 문항으로 구성되어 있으며 5점 척도 상에서 평정된다. 국내에서는 문용린(1999)이 Mayer와 Salovey(1997)의 수정된 정서지능 모형에 입각하여 개발한 정서지능(EQ) 검사가 있다. 이 검사는 40개의 문항으로 구성되어 있으며 5점 척도 상에서 평정되는 자기보고형 검사로서 정서지능의 5개 영역, 즉 정서의 인식 및 표현, 감정이입, 정서의 사고촉진, 정서지식의 활용, 정서조절을 측정하고 있다(배민정, 2002). 이 검사는 공식적으로 학술지에 보고된 바는 없으나 청소년용(초 4~고교생)과 성인용(대학생 이상)이 있는 것으로 제시되고 있으며 서울대학교 도덕심리 연구실(http://moral.snu.ac.kr/test_ joungseo.asp)에서 제공하고 있다.

3 정서지능과 관련된 심리적 특성

정서지능에 대한 연구는 "과연 정서지능이 인지지능과 다른 것인가?" 라는 물음에 맞추어져 있었다. 그러나 최근의 여러 연구에서는 정서지능이 일반적인 인지지능과 구별될 수 있다는 증거들이 발견되고 있다. 정서지능과 인지지능과의 상관(r)은 .05(Ciarrochi, Chan, & Caputi, 2000)에서부터 .45(Schutle, Ree, & Carretta, 2004)에 이르기까지 연구에 따라 다양하게 나타나고 있다. 연구결과를 종합하면, 정서지능의 20%는 인지지능과 중복되지만 80% 정도는 분리될 수 있는 것으로 여겨지고 있다. 또한 정서지능과 인지지능은 뇌의 다른 부위와 관련된 것으로 밝혀지고 있다. 언어적 유창성, 공간적 논리, 추상적 추론능력으로 구성된 인지지능은 뇌의 신피질(neocortex)에 기반을 두고 있는 반면, 정서지능은 변연계(limbic system)와 전전두엽(freprontal lobe)에 이르는 신경학적 회로와 관련된 것으로 여겨지고 있다(Damasio, 1999).

정서지능은 다양한 심리적 특성과 관련된 것으로 보고되고 있다. 정서지능에 관한 연구는 적응 상태, 성격특성, 정서표현 불능증, 리더십과의 관계를 살펴보는 것으로 구분될 수 있다.

정서지능이 높은 사람들은 삶에 대한 판단력이 우수하며 사회적 적응상태도 높은 것으로 보고되고 있다. MEIS와 MSCEIT를 사용한 연구에서는 정서지능이 높은 학생들이 다른 사람들과 더 긍정적인 인간관계를 맺는 것으로 나타났을 뿐만 아니라 학점도 더 높았다(Lopes, Salovey, Cote, & Beers, 2005; Lam & Kirby, 2002). 정서지능 중에서도 특히 정서이해 척도에서 높은 점수를 얻은 사람들이 좀 더 적응적인 것으로 나타났다(Pelletteri, 1999). 높은 정서지능을 진진 사람들은 폭력적인 행동, 음주, 흡연, 불법 약물 사용도 덜 하는 것으로 나타났다(Brackett & Mayer, 2003; Trinidad & Johnson, 2002). 또한 또래에 대한 공격성도 낮았다(Formica, 1998; Rubin, 1999). 사업을 하는 경우, 정서지능이 높은 사람들이 더 좋은 고객 서비스를 제공하는 것으로 나타났다(Rice, 1999).

정서지능은 성격의 5요인과도 밀접한 관련성을 지니고 있는 것으로 보고되고 있다. Brackett과 Mayer(2003)에 따르면, Bar-On의 정서지능 척도로 측정된 정서지능은 외향성, 우호성, 성실성과는 높은 정적 상관을 보인 반면, 신경증 성향과는 강한 부적 상관을 나타냈다. Goleman의 모델에 근거한 정서역량 척도로 측정했을 경우에는 정서지능은 외향성, 개방성, 성실성과 유의미한 상관(r=.22~.49)을 보였다(Sala, 2002). MSCEIT로 측정된 경우에는 정서지능이 우호성(r=.28) 그리고 개방성(r=.25)과 유의미한 상관을 나타냈다(Brackett & Mayer, 2003).

또한 정서지능은 리더십의 중요한 요소로 여겨지고 있다. 정서지능이 높은 리더는 조직 구성원의 감정을 잘 인식하고 구성원 간의 갈등에 효과적으로 개입할 뿐만 아니라 자신의 감정을 잘 관리함으로써 부하의 신뢰를 얻으며 조직의 정치사회적 관행을 잘 이해한다(Goleman, 2001). 리더십의 유형에 따라 다소의 차이는 있지만, 정서지능은 조직을 성공적으로 이끄는 리더의 중요한 자질이라고 할 수 있다.

정서지능은 정신병리와 관련성에 있어서 특히 정서표현 불능증과 부적인 상관을 나타내는 것으로 보고되고 있다. 정서표현 불능증(alexithymia)은 자신의 감정을 잘 자각하지 못할 뿐만 아니라 감정과 신체감각을 잘 구분하지 못하여 신체화 증상을 나타내는 주요한 특성으로 알려져 있다. 이들은 다른 사람에게 자신의 감정을 명료하게 전달하지 못하고 상상력이 제한되어 있으며 내면적 욕구보다 외부적 자극을 지향하는 경향이 있다(Taylor & Bagby, 2000). 정서지능은 여러 연구에서 일관성 있게 정서표현 불능증과 부적인 상관을 나타내고 있다(Parker, Taylor, & Bagby, 2001).

최근 MSCEIT를 이용한 연구들은 부모의 정서 지능과 자녀의 사회적 능력 간에 강한 연관성이 있음을 제시하고 있다. 예를 들어, Marsland와 Likavec(2003)은 67명의 영아와 그들의 어머니를 대상으로 애착과 정서지능의 관계를 탐색했다. 생후 12개월이 된 영아의 애착을 측정하고 그 이후에 나타내는 아이의 사회정서적 행동에 관한 자료를 어머니로부터 지속적으로 수집했다. 그 결과, 어머니들의 정서지능, 특히 정확한 정서 지각은 3년 6개월이 된 아동의 공감능력, 또래관계, 관계의 질과 매우 높은 관련성을 나타냈다. 정서지능이 높은 어머니일수록 자녀와 안정 애착을 형성하는 경향도 나타났다.

정서지능에는 성차가 있는 것으로 나타나고 있다. 여러 정서지능 검사에서 에서 여성은 남성보다 더 높은 점수를 얻는 경향이 있었다(Mayer & Geher, 1996; Mayer et al., 2002). Ickes(2003)는 READ YOUR MIND의 측정방법을 통해서 여성이 남자보다 공감 정확도가 높다는 것을 확인했다. 특히 여성은 자신의 성역할이 강조되는 상황에서 공감 정확도가 증가했다. 또한 공감 정확도가 높은 어머니의 자녀는 자기존중감이 높을 뿐만 아니라 공감 정확도가 높은 커플들은 연인관계가 오래도록 지속되었다. 그러나 가정폭력을 나타내는 남성들은 공감 정확도가 현저하게 낮은 것으로 나타났다.

정치적 리더십과 정서지능의 관계를 살펴본 연구들도 있다. 루스벨트에서 클린턴에 이르기까지 미국의 모든 대통령을 조사한 Greenstein(2000)에 따르면, 성공한 대통령들은 다음과 같은 6가지 리더십 자질을 지닌 것으로 나타났다: (1) 대중적 소통자로서의 효율성, (2) 조직 능력, (3) 정치적 기술, (4) 비전, (5) 인지적 능력, (6) 정서 지능. 특히 Greenstein은 대통령의 성공적인 업무수행에 있어서 정서지능의 중요성을 강조하면서 "정서지능이 결여된 대통령 후보를 조심하라. 정서지능이 부족하면 모든 것을 무로 만들어 버릴 수 있다."라고 언급한 바 있다.

정서지능은 기업을 비롯한 조직 장면에서의 적응과 성취에 매우 중요한 역할을 하는 것으로 여겨지고 있다. Watkin(2002)은 "신입사원의 고용 결정에 있어서 정서지능을 고려할 경우 90%의 성공률을 보인다."고 제시하였다. 또한 Cooper와 Sawaf(1997)는 "20세기 산업의 동력이 IQ였다면, 21세기 산업의 동력은 EQ가 될 것이다."라고 주장한 바 있다. 이러한 표현은 과장된 것이라는 비판을 받고 있지만, 정서지능이 직업장면뿐만 아니라 다양한 삶의 장면에서 중요하다는 것은 모든 연구자들이 동의하고 있다.

4 정서지능의 촉진요인 및 함양방법

정서지능이 훈련과 교육을 통해서 함양될 수 있는지에 대한 논란은 현재 진행 중이다. 일부학자들은 정서지능이 성격특질과 밀접한 관계를 지니고 있으며 유전적 요인에 의해 결정되는 것이므로 후천적으로 변화시키기 어렵다는 입장을 취하고 있다(McCrae, 2000). 또한 정서지능이 뇌의 특정한 영역과 관련되어 있다는 사실에 근거하여 변화 가능성에 대해 부정적인 입장을 취하는 학자들도 있다.

그러나 Emmerling와 Goleman(2003)은 정서지능이 노력과 훈련에 의해서 향상될 수 있다는 긍정적인 견해를 다음과 같이 제시하고 있다. 첫째, 정서지능은 상당 부분 유전적 요인에 의해서 영향을 받지만 유전자의 표현에는 후천적인 경험이 중요하다. 성장 초기의 환경적 요인에 의해서 발현되지 못한 유전적 소인들이 교육과 훈련에 의해서 표출되도록 촉진할 수 있다. 둘째, 정서지능을 향상시키는 것이 쉬운 일은 아니지만 불가능한 것도 아니다. 정서지능을 단기간의 훈련에 의해서 육성하려는 단순한 낙관론은 경계해야 한다. 그러나 지속적인 관심과 노력, 그리고 헌신에 의해서 정서지능은 개선될 수 있다. 특히 구체적인 행동으로 나타나는 정서적 또는 사회적 기술은 교육과 훈련에 의해서 향상될 수 있다. 셋째, 장기간의 프로그램에 의해서 정서지능이 향상되었다는 연구결과가 보고되고 있다. 한 장기종단적 연구(Boyatzis, Cowan, & Kolb, 1995)에 따르면, MBA 과정을 수료한 사람들의 삶을 7년간 추적한 결과 수료자의 약 50%는 정서지능이 개선된 것으로 나타났다. 마지막으로, 정서지능이 유전적 요인과 밀접히 연관되어 있지만 변화가 불가능한 것은 아니다. 특히 정서와 관련된 뇌 부위(편도체나 전전두엽)는 상당한 가소성을 지니고 있어서 변화가 가능하다(Davidson, Jackson, & Kalin, 2000).

정서지능의 변화가능성에 대해서는 비관론과 낙관론이 혼재하고 있다. 그러나 정서지능뿐만 아니라 인지지능의 경우에도 향상이 불가능한 것은 아닌 것으로 여겨지고 있다. 일반적으로 지능은 두 가지의 구성요소로 이루어진다. 그 하나는 유동지능(fluid intelligence)으로서 순수한 학습능력을 의미하며, 다른 하나는 결정지능(crystalized intelligence)으로서 개인에 의해서 습득되어 축적된 지식을 뜻한다. 유동지능은 배우고 분석하고 이해하는 능력으로서 개인의 발달단계나 신경학적 상태와 밀접하게 관련되는 반면, 결정지능은 다양한 분야에서 습득한 전문가적 지식으로서 비교적 안정적이다(Cattell, 1943). 이처럼 지능은 정신적 능력과 그 능력으로부터 생겨나는 축적된 지식의 조합이라고 할 수 있다. 유동지능은 외부적 개입에 의해 잘 변하지 않는 것이기 때문에 향상시키기가 비교적 어려운 일이지만, 결정지능은 지식과 경험의 축적에 따라 증진될 수 있다. 이러한 점들은 정서지능에도 해당될 수 있다. 정서지능의 경우, 정서의 지각은 그 순간의 정신적 활동에 좌우되는 유동지능에 가까운 반면, 정서의 이해와 통합은 시간과 경험에 따라 습득되는 것으로 결정 지능에 가깝다. 따라서 정서적 결정지능은 사회적 상호작용, 정서, 자기 이해에 대한 지식을 축적함으로써 향상될 수 있는 것이다.

정서지능에 대한 신뢰로운 측정도구가 개발된 것이 최근의 일이기 때문에 정서지능의 발달은 촉진하거나 억제하는 요인들에 관한 연구는 미진한 상태다. 일부 연구(Caruso, Mayer, & Salovey, 2002)에 따르면, 우울과 같은 부정 정서를 지속적으로 경험하는 것이 정서지능의 발달을 저해할 것이라고 가정되었지만 연구결과는 그렇지 않았다. 긍정 정서의 경험 역시 정서지능의 발달과 별 관련성이 없는 것으로 나타났다. 오히려 우울과 같은 부정 정서는 사회적 상황이나 사건에 대한 정확한 현실인식을 반영하는 것이라는 주장도 제기되기도 했다(Alloy & Abramson, 1979). Mayer(2001)에 따르면, 정서지능이 높은 사람 중 일부는 누군가가 해야만 한다고 생각되는 정서적으로 힘든 직업을 자발적으로 선택하는 경향이 있다.

정서지능을 향상시키는 구체적인 방법에 대한 연구는 부족한 상황이다. 정서지능이 높은 사람은 자신의 상황에 맞도록 부정 정서를 수정하여 긍정 정서로 전환하는 기술을 지닌다. 이러한 정서적 기술은 다음과 같은 여러 단계로 구성된다. 그 첫째는 자신의 정서를 조절할 수 있다고 믿음이 필요하다. 둘째, 자신의 기분과 정서 상태를 정확하게 모니터한다. 셋째, 조절할 필요가 있는 정서를 인식하고 구분한다. 넷째, 정서를 변화시킬 수 있는 효과적인 방법을 사용한다. 마지막으로, 적용한 방법의 효율성을 평가한다. 정서지능이 높은 사람들의 사용하는 정서조절 방법을 구체화하여 정서지능의 향상을 위한 학습과 훈련에 포함시키는 노력이 필요하다.

교육자들은 교과과정에 정서지능과 관련된 내용을 포함시키는 것이 학생들에게 도움이 될 것이라고 오래전부터 주장해왔다. 1920년대에는 보이 스카우트와 걸 스카우트 같은 인성교육 프로그램들이 생겨나서 도덕적인 사회적 행동을 함양하였으며, 1970년대에는 좀 더 심리학적인 방식으로 비슷한 주제들을 다루는 정서교육 프로그램들이 등장했다. 오늘날에는, 사회 및 정서 학습(SEL: Social and Emotional Learning)이라는 이름 아래 다양한 프로그램들이 시행되고 있다(http://www.casel.org; Cobb & Mayer, 2000; Mayer & Cobb, 2000).

정서지능 및 사회지능 증진 방법(Rashid & Anjum, 2005)

- 누군가 다른 사람을 편안하게 느끼도록 해 준다.
- 친구나 가족이 괴로움을 느끼는 때를 인식하고, 그들을 격려해 준다.
- 어떤 사람이 나를 화나게 할 때, 복수를 하기보다 그 사람의 의도를 이해해 보려고 노력한다.
- 불편한 사회적 상황에 적극적 관찰자로 참관하여 어떠한 판단 없이 관찰한 바를 기술해 보도록 한다.
- 4주간 매일 자신이 느낀 감정 5가지를 기록하고 패턴을 모니터해 본다.
- 좋아하는 TV 프로그램이나 영화를 음소거 상태에서 보면서 관찰된 느낌을 적어 본다.
- 나와 가까운 사람에게 내가 정서적으로 그들을 이해해 주지 못했던 적이 있는지 물어보고 이해할 수 있는 방법에 대해 요청한다.
- 무조건적인 존경심을 갖고 타인의 말에 경청한다.
- 내 친구들 가운데 가장 공감적인 친구를 찾아보고 가까이에서 관찰해 본다.
- 친밀한 관계에서 나의 필요와 바람에 대해 솔직하고 직접적으로 이야기한다.
- 친구의 세 가지 진심어린 몸짓을 지각하고 인지한다.

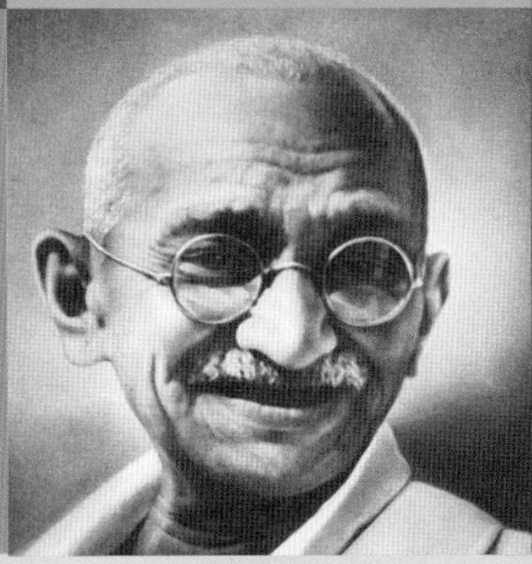

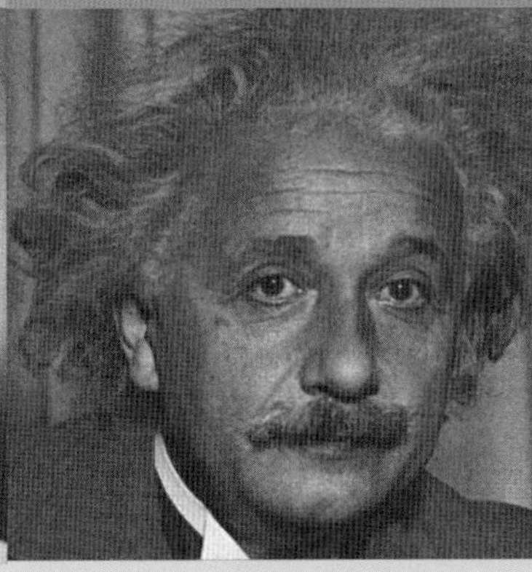

제 4 부

용기(勇氣)와 관련된 긍정적 성품

우리는 어떤 목표를 추구하는 과정에서 여러 가지 난관에 부딪히게 된다. 특히 소중하고 가치 있는 목표를 성취하기 위해서는 많은 노력이 필요할 뿐만 아니라 다양한 장애물을 극복해야 한다. 세계 최고봉인 히말라야의 에베레스트(8,848m)를 처음으로 등정한 에드먼드 힐러리 경(Sir Edmund Hillary)은 수많은 좌절을 겪었으며 등정 과정에서 체력저하, 추위, 고산증세와 더불어 죽음의 공포와 실패의 두려움을 이겨내야 했다. 이처럼 어렵고 힘든 상황에서 고난과 역경을 극복하게 만드는 인간의 강점이 바로 용기다.

용기(courage)는 목표추구 과정에서 직면하게 되는 외부적 · 내면적 난관을 극복하고 목표를 성취하려는 강인한 성품을 의미한다. 고난과 역경 앞에서 좌절하거나 포기하지 않고 투지와 집념으로 끈기 있게 진군하여 목표를 이루어내는 인간의 강렬한 측면을 뜻한다. 용기와 관련된 인간의 강점들은 매우 다양하다. 강력하게 분발하고 맹렬하게 추진하는 능동적인 강점들뿐만 아니라 고통과 좌절을 인내하고 유혹을 견뎌내는 수동적인 강점들도 있다.

VIA 분류체계(Peterson & Seligman, 2004)에서는 용기와 관련된 강점으로 4가지의 강점, 즉 용감성, 끈기, 진실성, 활력이 제시되고 있다. 용감성은 위험하고 위협적인 상황에서 위축되지 않고 불안과 공포를 이겨내며 가치 있는 목표를 위해 능동적으로 행동하는 성품을 뜻하며, 끈기는 난관과 좌절을 극복하고 시작한 일을 인내심 있게 추진하여 완성하는 능력을 말한다. 진실성은 거짓이나 위선 없이 자신에 관한 진실을 말하고 정직하게 제시함으로써 자신의 감정이나 행동에 대한 책임을 지려는 태도를 의미하며, 활력은 활기차고 적극적으로 살아가는 동시에 생동감과 행동력을 지니고 삶과 일을 대하는 열정적인 태도를 뜻한다. 용기와 관련된 이러한 강점들은 인간이 역경 앞에서 위축되지 않고 자신의 능력과 가치를 활짝 펼칠 수 있도록 돕는 긍정적인 성품이라고 할 수 있다.

제12장

용감성

인간은 누구나 자신의 생명과 안전을 소중하게 여긴다. 그래서 자신의 생명과 안전에 위협이 될 수 있는 위험한 상황에서는 두려움을 느끼며 그러한 상황을 회피하거나 멀리한다. 그러나 인간이 살아가는 자연과 사회에는 다양한 위험이 산재해 있다. 위험에 대해서 과도하게 예민하여 두려움을 느끼고 회피하게 되면, 인간의 삶이 위축되고 협소해진다. 때로는 외부의 부당한 위협이나 공격에 소극적으로 대처하거나 회피적 태도를 취하게 되면, 개인이나 집단의 삶이 훼손될 수 있다.

인류의 역사에서 영웅들은 남다른 용감성을 지닌 사람들이 대부분이다. 대다수 사람들이 공포에 떨고 있을 때 생명의 위협을 감수하며 위기상황에 용감하게 대처함으로써 용감한 영웅으로 추앙받게 되었다. 미지의 세계를 개척하는 탐험가에게도 용감성은 필수적 요건이다. 호기심만으로는 도전적인 탐색행동이 유발되지 않는다. 새로운 세계에는 알 수 없는 위험과 역경이 존재하기 마련이다. 이러한 불확실성과 위험성을 이겨내고 새로운 세계로 나아가기 위해서는 용감성이 필요하다.

오늘날의 민주사회는 시민의 권리와 자유를 획득하기 위해 독재정권과 투쟁했던 용감한 사람들의 결과다. 총칼로 위협하며 시민들을 부당하게 억압할 때, 그러한 행위의 부당함을 주장하며 궐기하는 데에는 용기가 필요했다. 용감성은 육체적 행위뿐만 아니라 자신의 양심에 귀를 기울이며 올바른 삶을 살고자 노력하는 심리적 또는 도덕적 행위를 포함한다.

"두려움을 알되, 그것을 겁내지 않는 자야말로 참으로 용기 있는 사람이다." 라는 영국의 시인 테니슨(Alfred Tennyson)의 말처럼, 용감성은 두려움을 느끼지 못하거나 둔감한 상태가 아니다. 자신의 생명이나 안전이 훼손될 수 있는 가능성과 두려움을 인식하지만, 더 소중한 것을 위하여 본능적인 공포를 이겨내는 힘이 용감성이다. 이러한 용감성은 사람마다 커다란 차이가 있다. 특히 용감성은 개인이든 집단이든 위기상황에서 빛을 발한다. 용감성은 개인의 삶을 지키고 확장할 뿐만 아니라 집단의 안전과 번영에 기여하는 중요한 성품이라고 할 수 있다.

1 용감성의 정의와 유형

용감성(bravery)은 위험하거나 위협적인 상황에서 두려움을 이겨내고 그 상황을 극복하기 위한 적절한 행동을 자발적으로 나타내는 능력을 의미한다. 용감한 사람은 위협, 도전, 난관, 고통에 쉽게 위축되지 않는다. 또한 다른 사람의 반대가 있더라도 자신이 옳다고 생각하는 것을 주장하거나 다른 사람이 싫어하더라도 신념에 따라 행동한다. 이러한 용감성에는 육체적인 것뿐만 아니라 도덕적인 행동을 포함하는 다양한 유형이 존재한다.

용감성은 외현적 행동에 의해서만 판단될 수 없으며 무모함과 구별되어야 한다. 진정한 용감성은 다음과 같은 특징을 지닌다. 첫째, 용감한 행동은 반드시 자발적인 것이어야 한다. 강제된 행동은 용감성에 해당되지 않는다. 둘째, 용감성은 위험과 손상을 인식한 상태에서 나타내는 태도다. 위험을 인식하지 못한 채

돌진하는 것은 무모한 행동일 뿐이다. 셋째, 용감성에는 자신이 한 행동의 결과를 감수하겠다는 판단이 포함되어야 한다. 이러한 용감성은 위험에 대한 소극적인 회피 반응을 줄이고 적절한 대처행동을 하도록 만든다는 점에서 적응적이고 가치 있는 것이다. 용감성은 두려움을 모르는 것이 아니라 두려움을 이겨내는 것이다.

용감성은 공포로부터 탄생하는 것이다. 다양한 상황에서 직면하게 되는 공포를 극복하기 위한 노력이 바로 용감성이다. 용감성은 극복하고자 하는 공포의 내용과 대응적 행동방식에 따라서 다양하게 구분될 수 있다. 아리스토텔레스 이래로, 용기는 육체적 용기와 도덕적 용기로 구분되어 왔다. 용기 있는 행동으로 인해 직면하게 되는 주된 공포의 내용은 신체적 손상과 사회적 추방이다. 육체적 용감성(physical bravery)은 신체적 손상과 죽음의 공포를 이겨내기 위한 것으로서 신체적 손상이 초래될 수 있는 다양한 상황에서 유발된다. 이에 반해, 도덕적 용감성(moral bravery)은 사회적 추방에 대한 공포와 관련되어 있다. 즉, 사회적 무시와 비난을 비롯하여 따돌림, 경제적 곤란, 직업 상실, 명예 손상의 두려움에도 불구하고 자신이 옳다고 믿는 것을 행하는 것이다. 육체적 용감성은 구체적 행위를 통해서 그 결과가 신속하게 나타나지만, 도덕적 용감성으로 인한 선택의 결과는 상대적으로 서서히 나타나며 때로는 평생 동안 영향을 미치는 경우도 있다.

또한 용감성은 그 대응적 행동방식에 따라 크게 두 가지 유형으로 구분된다. 그 첫째는 도전적이고 공격적인 행동으로 나타나는 능동적 용감성이며, 다른 하나는 방어적 행동을 통해 인내하는 수동적 용감성이다. 이에 관해서 Miller(2000)는 전자의 용감성이 후자의 용감성보다 더 요란한 방식으로 표출된다고 언급한 바 있다. 중세의 신학자인 토마스 아퀴나스는 전투사들보다 순교자들을 더 용감한 사람의 전형으로 보았으며, 오랜 기간 고통을 참아내는 인내심을 용감성의 핵심적 요소로 여겼다.

현대 심리학에서는 용감성의 유형을 좀 더 다양한 방식으로 세분하고 있다. Putnam(1997)은 육체적 용감성과 도덕적 용감성에 추가하여 새로운 유형인 심리적 용감성을 제시하였다. 심리적 용감성(psychological bravery)은 정신적 안정을 잃는 것에 대한 두려움과 관련되어 있다. 자신의 부적응적 습관과 비합리적 공포를 이겨내기 위해서 그에 직면하려는 용기를 의미한다. 잘못된 습관과 공포를 직면하고 이겨내기 위해서는 다음과 같은 세 가지의 두려움에 직면하는 용기가 필요하다. 첫째, 자신의 문제를 인정하는 것은 사회적으로 비판받을 수 있는 가능성에 직면하는 것이다. 예컨대, 자신에게 심리적 장애가 있다는 것을 인정하게 되면, 다른 사람들로부터의 부정적 평가와 사회적 따돌림을 받을 수 있기 때문이다. 그래서 많은 사람들은 자신의 문제를 인정하지 않고 외면할 뿐만 아니라 변화시키려는 노력을 기울이지 않는다. 둘째, 불안에 직면하고 습관을 변화시키기 위해서는 상당한 고통을 감수해야 한다. 습관은 부적응적인 것이라 하더라도 자신에게 익숙한 것일 뿐만 아니라 나름대로의 보상적 효과를 지니기 때문에 편안하게 받아들여져 반복되게 된다. 그래서 부적응적인 반복적인 행동을 유발하는 도박중독이나 알코올중독과 같은 심리적 문제들은 쉽게 개선되지 않은 채 지속되는 경우가 흔하다. 이러한 잘못된 습관을 인정하고 변화시키기 위해서는 심리적 불편함과 고통을 감수해야 하며 새로운 습관을 학습하는 힘든 노력을 기울여야 한다. 셋째, 이러한 문제에 대처하는 과정에서는 자기(self)라는 심리적 세계가 위협받을 수 있다. 자신의 잘못과 문제를 인정하고 새로운 변화를 추구하기 위해서는 자기존재와 자기상에 대한 위협감, 즉 자책감, 자괴감, 수치심, 열등감에 직면해야 한다.

이러한 심리적 용감성은 육체적 용감성과 비교적 명료하게 구분될 수 있는 반면, 도덕적 용감성과는 구별이 쉽지 않다. 그러나 심리적 용감성은 도덕적 용감성과 여러 측면에서 다르다(Putnam, 1997). 첫째, 도덕적 용감성은 도덕적 신념이나 양심에 근거한 것이라면, 심리적 용감성은 자기반성과 자기성장을 위한 것이다. 예를 들어, 자신의 심리적 장애를 인정하고 치료하기 위해 노력하는 것은 도덕적 용감성이라고 할 수 없는 심리적 용감성에 해당한다. 둘째, 도덕적 용감성은 집단적 따돌림이나 기득권의 상실에 대한 공포를 감수하는 것이라면, 심리적 용감성은 내면적으로 불안정해지고 혼란스러운 심리적 고통을 감수하는 것이다. 셋째, 도덕적 용감성이 타인 또는 사회와의 관계에서 발현되는 것이라면, 심리적 용감성은 자신과의 관계에서 나타나는 것이다. 그래서 심리적 용감성에 의한 행동은 다른 사람에게 관찰되지 않을 수 있다. 도덕적 용감성이 자신의 윤리적 신념과 양심을 지키기 위한 것이라면, 심리적 용감성은 자신에 관한 진실을 직면하고 성장과 성숙을 추구하기 위한 것이라고 할 수 있다.

용감성은 평소에는 잘 발현되지 않으며 특수한 상황에서 행동을 통해 나타나게 되는 독특한 덕목이다. 이와 관련하여 Park과 Peterson(2003)은 강점을 지속적 강점과 상황적 강점으로 구분하고 있다. 지속적 강점(tonic strength)은 그러한 강점을 나타내지 말아야 할 특별한 경우를 제외하면 거의 항상 지속적으로 표현되는 강점을 뜻한다. 예를 들어, 호기심, 친절, 겸손, 열정은 대부분의 상황에서 나타나는 개인의 강점이다. 반면에, 상황적 강점(phasic strength)은 상황의 특성에 따라서 제한적으로 나타나는 강점을 말한다. 예를 들어, 용감성은 공포를 느끼는 상황에서만 나타날 수 있다. 시민의식이나 협동성은 여러 사람과 함께 공동의 과제를 수행할 때 표출될 수 있다. 이러한 강점들은 그것을 발휘할 수 있는 상황적 조건이 주어지지 않으면 표출되지 않는다. 이런 점에서 용감성은 상황적 강점의 대표적인 예라고 할 수 있다.

어떤 행동을 용감한 것으로 판단하는 것은 쉽지 않다. 왜냐하면 용감성은 대부분의 경우 도덕적 양심이나 사회적인 가치와 관련되어 있기 때문이다. 겉으로 드러난 행동뿐만 아니라 그러한 행동을 유발한 내면적 동기와 판단에 근거하여 용감성이 평가되어야 한다. 따라서 용감한 행동은 비겁하거나 소심한 행동과 구별되어야 할 뿐만 아니라 공격적이거나 무모한 충동적 행동과도 구분되어야 한다. 조직의 비리를 밝히는 양심선언을 하는 사람이 그로 인해 당하게 될 집단적인 따돌림과 불이익을 잘 알면서도 조직의 잘못을 밝히는 것이 자신의 양심이나 도덕적 기준에 비추어 옳다고 판단하여 행동하는 경우에 용기 있는 행동으로 여겨질 수 있다. 그러나 특정한 사람을 난처한 상황에 빠뜨림으로써 복수를 하려는 동기로 양심선언을 했다면 용기 있는 행동이라고 볼 수 없다. 즉, 진정으로 용감한 행동은 현실적인 위험성을 충분히 인식하고 있는 상태에서 자신의 양심과 도덕적 가치에 따라 옳다고 판단되는 행동을 자발적으로 나타내는 것이다.

2 용감성에 대한 심리학적 이론

용감성에 대한 체계적인 심리학적 이론은 발견하기 어렵다. 용감성은 정의에 대한 합의가 부족할 뿐만 아니라 용감성을 실증적으로 측정할 수 있는 도구가 부족하여 심리학자들의 주된 연구관심사가 되지 못했다. 그 결과, 용감성에 대한 집중적이고 체계적인 연구가 진행되지 못하고 다양한 맥락에서 산발적으로 연구가 진행되었다.

용감성과 불안 이론

유기체는 위협상황에 처하게 되면 일반적으로 '투쟁 대 도주 반응(fight vs. flight response)' 중 하나를 나타내게 된다. 용감성은 투쟁 반응과 관련되어 있는 심리적 특성이라고 할 수 있다. Rachman(1978)은 공포에 대한 반응과 관련하여 용기 있는 행동(courageous behavior)과 공포에 무감각한 행동(fearless behavior)을 구분하고 있다. 용기 있는 행동은 공포를 경험하되 투쟁반응을 보이는 것인 반면, 공포 무감각 행동은 공포를 느끼지 못하고 투쟁반응을 보이는 것이다.

용감성의 핵심은 두려움을 견뎌내면서 위험 상황을 회피하지 않고 그 해결을 위해 적극적인 노력을 기울이는 것이다. 용감성의 연구자들(예: McMillan & Rachman, 1988; Norton & Weiss, 2009)은 용감성을 "두려움을 느낌에도 불구하고 그것을 참아 내면서 목표를 향해 지속적으로 행동하려는 접근성향"이라고 정의하고 있다. McMillan과 Rachman(1988)은 낙하산 점프 훈련생을 대상으로 용감성에 관한 연구를 수행한 바 있다. 이들은 수련생이 경험하는 두려움과 자기효능감, 그리고 점프 수행 수준을 고려하여 세 집단으로 구분하였다. 첫째 집단은 용기 있는 집단으로서 점프를 하는 동안 상당한 신체생리적 흥분반응과 두려움을 경험하지만 점프 수행 수준이 양호한 수련생들을 포함한다. 이들은 첫 점프 이후에 자기효능감과 자신감이 급격하게 증가하는 경향을 보였다. 둘째는 공포 무감각 집단으로서 이들은 두려움의 수준이 낮으며 점프 수행 수준이 가장 높은 수련생들이다. 셋째는 과도한 자신감을 지닌 집단으로서 점프 전에는 자기효능감과 자신감을 높게 평가했으나 점프 후에 자심감이 감소하고 점프의 위험성을 높게 평가하였다.

용감성은 위험 지각, 자기효능감, 공포 인내력 등과 같은 다양한 요인이 복합적으로 작용하는 심리적 특성이라고 할 수 있다. 먼저 위험지각과 용감성의 관계를 살펴보기로 한다. 용감성은 위험이 예상되는 상황에서 행동으로 발현되는 심리적 특성이다. 용감성의 심리적 기제를 이해하기 위해서는 정확한 위험 지각과 밀접하게 연관되어 있다. 동일한 상황에 내재된 위험성을 지각하는 정도가 사람마다 다르다. 위험을 과도하게 평가하여 두려움을 느끼며 회피행동을 하게 되는 대표적인 경우가 불안장애다.

정신장애를 설명하는 인지적 입장에서는 불안장애가 위험이나 위협에 대한 과장된 평가에 근거한다고 주장한다. 불안한 사람들은 자신들이 위험에 처해 있다고 지각하는 경향이 있다(Beck, 1976; Beck & Emery, 1985). 불안을 과도하게 느끼는 사람들은 일반적으로 다음의 4가지 인지적 특성을 지닌다. 첫째, 주변 환경 속에 잠재적으로 존재하고 있는 위험 요인에 예민하다. 둘째, 잠재되어 있는 위험한 사건이 발생할 확률을 과도하게 평가한다. 셋째, 위험한 사건이 발생할 경우의 결과를 과도하게 치명적인 것으로 평가한다. 마지막으로, 위험한 사건이 발생할 경우 자신이 대처할 수 있는 능력을 과소평가한다. 위험한 사건이 발생하면 통제할 수 없다고 생각하게 되므로 불안이 증가하게 되는 것이다.

진정한 용감성은 상황의 위험성에 대한 현실적인 평가가 중요하다. 위험성에 대한 과장된 평가는 두려움과 회피행동을 유발하기 때문이다. 그러나 용감성은 상황의 위험성을 과소평가하는 것과는 구별되어야 한다. 상황의 실제적인 위험성을 과소평가하는 것은 무모한 행동으로 이어질 수 있다. 위험을 인식하지 못하거나 경시하면서 자신을 내던지는 것은 무지로 인한 어리석은 행위이거나 만용에 속한다고 볼 수 있다. 용감성은 만용과 비겁함 사이의 중용적인 덕목이다. 무모한 만용은 현실적인 위험의 과소평가와 연관되는 반면, 비겁한 회피행동은 위험의 과대평가와 관련되어 있다.

용감성은 정확한 위험 지각에 근거하되 그로 인한 두려움을 이겨내는 의지적 노력인 것이다. 용감성은 두려움을 모르는 공포 무감각(fearlessness)의 상태가 아니라 두려움을 이겨내는 것이다. 위험 지각은 필연적으로 불안과 공포를 유발하며, 불안과 공포는 회피행동을 유발한다. 용감성의 핵심은 두려움을 견뎌내면서 문제 상황을 회피하지 않고 그 해결을 위해 적극적인 노력을 기울이는 것이다.

용감성의 심리적 기제를 이해하기 위한 문제 중 하나는 두려움을 직면하도록 만드는 심리적 요인에 대한 것이다. 즉, 사람들이 두려움을 경험하면서도 왜 위험을 무릅쓰고 접근적 행동을 하는가 하는 물음이다. 용감성은 더 소중한 가치를 지키기 위해서 자신의 신체적 안전과 사회적 이익을 희생하는 것이라고 할 수 있다. 용감성은 "압력 하에서 품위(grace)를 지키는 것"이라는 헤밍웨이의 말처럼, 자신의 인격적 또는 도덕적 가치를 지키기 위해 위험을 감수하는 것이 용감성의 핵심적 요소라고 할 수 있다. 용감성은 개인의 가치관과 연결되어 있다. 용감성은 추구하는 목표의 성공과 실패의 확률이 불확실한 상황에서 좀 더 가치 있는 것을 위해 자신을 희생할 수 있다는 투신(commitment)이라고 할 수 있다. 실패로 인해 초래될 수 있는 부정적 결과를 감수하겠다는 의지와 더불어 더 소중한 것을 위해 자신을 희생할 수 있다는 신념을 포함하고 있다. 이와 관련하여 최근에 Rate, Clarke, Lindsay와 Sternberg(2007)는 용감성의 암묵적 이론을 제시한 바 있다.

용감성의 암묵적 이론

Rate 등(2007)은 용감성에 대해서 일반인들이 어떤 생각을 지니고 있는지에 근거하여 용감성의 암묵적 이론(implicit theory)을 제시하였다. 대학생을 대상으로 용감성과 관련된 생각들을 조사한 결과, 다음과 같은 세 가지 요소가 추출되었다. 용감성의 첫째 요소는 곤혹스러운 상황이나 고통스러운 감정에 대한 자기초점적 반응이다. 즉, 용감성은 어려운 상황을 견뎌내는 것, 매우 힘든 결정을 할 때 두려움에 굴복하지 않는 것, 곤경 상황에 주의를 집중하는 것이다. 둘째는 용감성이 사회지향적 행위로 발현된다는 것이다. 자신이 옳다는 신념에 따라 부당한 사회적 행위에 저항하는 것이나 다른 사람의 평가에 연연하지 않고 정직성과 진실성을 유지하는 것이 용감성의 중요한 요소로 여겨졌다. 마지막 세 번째 요소는 이타적인 희생과 위험의 감수다. 자신의 안전과 이익을 희생하며 다른 사람을 보호하기 위해 위험을 감수하는 것이다. 예컨대, 소방관이 시민의 생명을 구하기 위해 자신의 안위를 돌보지 않고 불 속으로 뛰어드는 행위나 국가를 위해서 자발적으로 전쟁에 참여하는 용기 있는 행위에는 이타적 또는 자기초월적 희생의 요소가 포함되어 있다는 것이다.

특정한 상황에서 나타낸 행동이 얼마나 용기 있는 행동인지를 판단하는 과정에는 다양한 평가기준이 개입된다. Rate 등(2007)은 사람들이 어떤 행동의 용기 정도를 평가할 때, 다음과 같은 네 가지 기준에 근거하는 경향을 발견하였다. 그 첫째 요인은 품위 있는 선한 행위다. 신체적 위험과 사회적 압력에 굴복하지 않고 당당하고 품위 있게 행동할수록 용감성의 정도를 높게 평가하였다. 특히 다른 사람과 공동선을 위한 선한 행동일수록 용기 있는 행동으로 인식했다. 둘째는 의도성이다. 무심결에 충동적으로 나타낸 행동이기보다 분명한 의도를 지니고 나타낸 행동일수록 용기 있는 행동으로 평가되었다. 셋째는 현실적인 개인적 위험의 인식이다. 자신의 행동으로 인해 초래될 수 있는 위험성을 충분히 인식하고 있음에도 불구하고 그러한 위험을 감수하는 행동을 용기 있는 행동으로 평가했다. 실증적인 연구를 통해서, 이러한 세 가지 기준은 용감성의 정도를 판단하는 데 중요한 기준임이 확인되었다.

Rate 등(2007)은 이에 추가하여 개인적 공포의 체험이 용감성 판단의 기준이 될 수 있을 것으로 예측했으나 이러한 가설은 입증되지 않았다. 위험성의 인식에 비례하여 공포의 정도가 증대할 것이며, 용감성은 상당한 공포를 느낌에도 불구하고 이러한 공포를 이겨내고 행동하는 것이라고 가정했다. 그러나 공포의 체험은 용기 있는 행동으로 판단하는 데 영향을 미치지 못하는 것으로 나타났다. 이러한 결과와 관련하여 용감성의 정의에 대한 두 가지 상반된 입장이 논의될 수 있다. 아리스토텔레스는 두려움의 체험이 용감성에 중요하다고 언급한 바 있다.

즉, 두려움의 체험과 그것의 극복이 용감성의 핵심적 요건이라는 입장이다. 반면에 플라톤은 용감성에 있어서 중요한 것은 실제로 공포를 느끼는 것이 아니라 공포에 대한 이성적 이해라는 점을 강조한 바 있다. 위험성을 잘 인식하지만 그러한 위험에 대한 이성적 판단을 통해서 두려움 없이 행동하는 것이 용감성이라는 입장이다. Rate 등(2007)의 연구결과에 따르면, 적어도 일반인들은 후자의 입장에 근거하여 용감성의 정도를 평가하는 경향이 있는 것으로 나타났다.

용감성의 통합적 모델

Hannah, Sweeney와 Lester(2007)는 최근에 용기에 대한 통합적 모델을 [그림 12-1]과 같이 제시하였다. 이들에 따르면, 위험을 지각했을 때 공포를 체험하는 정도와 그러한 공포를 이겨내고 용감한 행동을 나타내는 심리적 과정에 다양한

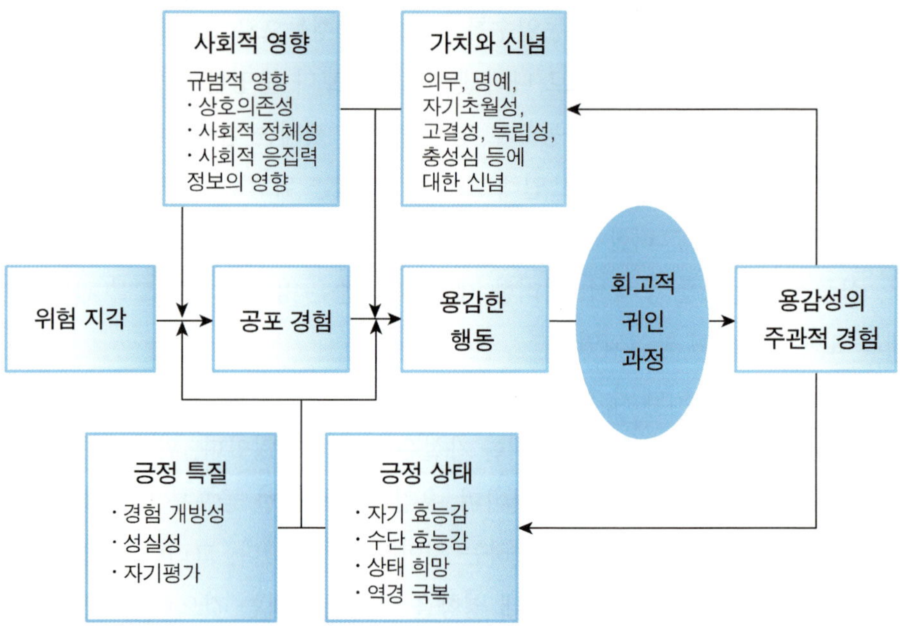

[그림 12-1] 용감성의 통합적 모델

개인적 요인이 영향을 미친다. 용감성은 위험을 지각하더라도 공포를 덜 느끼고 용감한 행동을 더 많이 나타내는 성향을 의미한다. 우선, 위험의 지각이 공포를 유발하는 정도는 사회적 규범이나 정보와 같은 사회적 요인뿐만 아니라 개인의 긍정적 특질(개방성, 성실성)과 긍정적 상태(자기효능감, 희망감)가 영향을 미친다. 특히 중요한 것은 공포를 이겨내고 용감성을 발휘하는 과정인데, 이러한 과정에는 개인의 가치와 신념과 더불어 긍정적인 특질과 상태가 영향을 미치게 된다.

Hannah 등(2007)은 용감성을 특수한 마음상태(mindset)로 규정하면서 다음과 같은 네 가지의 긍정적 심리상태로 구성되어 있다고 제안했다. 그 첫째는 자기효능감(self-efficacy)이다. 자신에 대한 신뢰, 특히 원하는 결과를 성취할 수 있는 자신의 능력에 대한 신뢰가 용감성의 바탕을 이룬다. 둘째는 수단 효능감(means efficacy)으로서 자신이 동원하여 사용할 수 있는 수단을 통해 원하는 목표를 성취할 수 있다는 믿음이다. 셋째는 상태 희망(state hope)으로서 바람직한 결과를 만들어 낼 수 있다는 긍정적 결과에 대한 믿음이다. 마지막 네 번째 요소는 역경 극복력(resilience)으로서 목표를 지향하는 과정에서 불가피하게 초래되는 문제를 견뎌내고 이겨낼 수 있다는 믿음이다. 이러한 네 가지의 신념은 두려움을 유발하는 위험상황을 회피하지 않고 직면하게 만드는 용감성의 촉진요인이라고 할 수 있다. 용감한 행동을 나중에 회고하게 되는데, 그러한 행동을 자신에게 귀인하면서 자신의 용감성에 대한 주관적 경험을 하게 된다. 이러한 용감성의 경험은 자신의 가치와 신념뿐만 아니라 긍정적인 심리상태에 긍정적 영향을 미치게 됨으로써 용감성이 강화된다. 용감성에 대한 이러한 모델은 가설적인 것인 것으로서 앞으로 실증적인 검증이 필요하다.

용감성의 측정도구

용감성은 다른 성격적 강점과 달리 측정도구가 부족한 상태다. 용감성은 일상적인 생활에서 나타나기보다 특수한 위험상황에서 표출되는 강점이기 때문에 자기보고형 질문지로 평가하는 데 어려움이 따른다. 또한 용감성을 평가할 경우, 평가문항들은 특정한 가치나 다른 강점들(예: 공정성, 진실성 등)에 관한 문항들과 중복될 수밖에 없기 때문에 용기 있는 행동에 관련되는 요인들만을 평가하기가 어렵다.

그러나 최근에 용감성을 측정하는 자기보고형 검사들이 개발되어 사용되고 있다. 그 대표적인 검사는 Woodard-Pury 용기 척도(Woodard-Pury Courage Scale; Woodard, 2004; Woodard & Pury, 2007)다. 이 검사는 23개의 문항으로 구성되어 있으며 크게 네 가지 상황에서의 용감성을 측정하고 있다: (1) 직업장면에서의 위험감수 의도(예: "직장에서 중요한 일이 주어진다면, 나는 그 일로 인해 심한 사회적 비판을 받더라도 감수하고 할 것이다."), (2) 자신의 신념을 위한 위험감수 의도(예: "옳은 일이라면 어떠한 사회적 압력이 있더라도 나를 막지 못할 것이다."), (3) 특정한 사람들을 위한 위험감수 의도(예: "국가적인 위기상황이 발생한다면, 나는 조국을 위해 내 생명을 바칠 것이다."), (4) 가족과 관련된 위험감수 의도(예: "가족이 살해당한 사람이 심한 슬픔에 빠져 있는 것을 알게 되면, 나는 그를 돕기 위해 다가갈 것이다."). 피검자는 이러한 문항에 대해 동의하는 정도를 평정한 다음, 각 상황에서 얼마나 두려움을 느끼게 될 것인지를 평정한다. 용감성의 정도는 위험감수 의도와 두려움의 정도를 곱하여 채점된다. 그러나 개정된 채점방식(Woodard & Pury, 2007)에서는 위험감수 의도만으로 용감성의 정도를 평가하고 있다.

최근에 Norton과 Weiss(2009)는 용기척도(Courage Measurement)를 제작하여 연구에 사용한 바 있다. 이들은 용감성에 대한 정의뿐만 아니라 그 측정방법이 다양하다는 점을 지적하면서 정의를 "두려움을 느낌에도 불구하고 그것을 참아 내면서 목표를 향해 지속적으로 행동하려는 접근성향"이라고 정의하였다. 용기척도는 이러한 정의에 근거하여 12문항으로 구성된 자기보고형 검사로서 각 문항에 대해서 동의정도를 7점 척도로 평정하게 되어 있다. 문항의 예로는 "나는 두려움을 피하지 않고 직면하는 경향이 있다." "두려움을 느낄지라도, 내가 원하는 것을 이룰 때까지 그 상황을 회피하지 않을 것이다." "나는 나 자신을 '겁쟁이'라고 생각한다."(역채점 문항) 등이 있다.

용감한 사람들은 자신의 신념에 따라 자기주장을 잘하는 경향이 있기 때문에, 용감성은 자기주장적 행동(self-assertive behavior)과 관련된 측정도구를 통해서 평가되기도 한다. 그 대표적인 측정도구는 Rathus 자기주장척도(Rathus Assertiveness Scale; Rathus, 1973)로서 30문항으로 구성된 자기보고형 검사다. 문항의 예로는 "줄을 서 있는데 누군가가 새치기를 한다면 나는 참지 않는다." "누가 어떤 일을 시키면 그 이유를 꼭 물어본다." "나는 내 자신의 감정을 솔직하게 남에게 잘 털어 놓는다." "나의 말이 하찮게 들리지나 않을까 두려워하여 질문하는 것을 피한다." (역채점 문항), "나는 호감이 가는 이성 앞에서 무슨 말을 해야 할지 모를 때가 자주 있다." (역채점 문항) 등이 있다. 피검자는 각 문항이 자신에게 해당되는 정도를 +3(내 성격과 똑같다)에서 −3(내 성격과 정반대다)의 7점 척도 상에서 평정한다. 이 검사는 신뢰도와 타당도가 잘 입증되어 있는 것으로 보고되고 있다(Rathus, 1973).

이밖에도 다양한 방법으로 용감성을 평가하려는 시도들이 이루어지고 있다. Szagun(1992)은 여러 가지 위험한 상황을 제시하고 그러한 상황에서 어떻게 행동할 것인지를 물음으로써 용감성을 평가하고자 했다. 또한 Spreitzer, McCall과 Mahoney(1997)는 권위적 인물에게 자기주장을 하거나 도전하는 것과 관련된 여러 행동들에 대해서 자신이 얼마나 해당되는지를 평정함으로써 용감성을 측정하려고 시도하였다.

용감성에 관한 이론적인 연구문헌은 많지만, 용감성을 실제적인 행동에 초점을 맞춘 실증적인 연구는 매우 드물다. 용감성의 정도를 나타나게 할 수 있는 실험실 조건을 만들기가 어렵기 때문이다(Deutsch, 1961). 현재 대부분의 연구들은 개별 사례를 분석하거나 면접 또는 가상적 상황에 대한 반응을 평가하고 있다. Evans와 White(1981)는 사람들에게 공포스러운 비디오를 보여 준 후에 비디오를 보면서 경험한 반응이나 비디오의 등장인물에 관해 질문을 함으로써 용감성에 관한 연구를 한 바 있다. Goldberg와 Simon(1982)은 사람들이 평생 동안 용감성 있게 행동했던 사건들에 대해서 심층적인 면접을 함으로써 용감성에 관한 사례연구를 시행하였다.

3 용감성과 관련된 심리적 특성

용감성의 개인차를 평가할 수 있는 신뢰로운 측정도구가 드물었기 때문에 용감성과 관련된 심리적 특성을 밝히는 실증적인 연구가 많지 않다. 용감성에 관한 연구들을 개관한 Peterson과 Seligman(2004)에 따르면, 용감성은 다른 사람의 이익을 위해서 행동하려는 친사회적 태도, 행동의 결과를 자신에게 귀인하는 내적 통제 소재와 자기 효능감, 독립성이나 자유를 소중하게 여기는 가치관, 스트레스 상황에서 흥분하지 않는 낮은 각성 수준 등과 관련되어 있다. 또한 만족 지연 능력, 행위 지향성, 불확실성에 대한 인내력, 위험을 평가하는 능력, 소중한 사회적 목표에 대한 투신도가 용감성에 영향을 미치는 것으로 알려져 있다.

용감성은 직장과 같은 특정한 상황에서 일어나는 부당한 일에 대해서 취하는 내부고발 행동을 통해서 연구되기도 했다. Rothschild과 Miethe(1999)이 부당한 문제를 지적하며 시정을 요구하는 사람들과 침묵하는 사람들의 차이를 전국적 표본을 통해 조사한 연구에서는 인구통계학적 특성이나 태도에 있어서 어떠한 차이도 발견하지 못했다. 다만 나이가 많을수록 잘못을 더 많이 지적하는 미약한 경향이 있었다. 그러나 직장에서의 어떤 결정이 일반적 원칙에 의해 이루어져야 한다는 공정성에 대한 신념이 내부고발 행동을 증가시켰다. 용감성은 고통스러운 결과를 초래하는 경향이 나타났는데, 내부 고발의 결과로서 우울, 불안, 고독, 건강악화, 경제손실, 가족문제, 타인에 대한 불신 등이 증가했다. 그럼에도 불구하고 내부고발자의 90%는 다시 그런 기회가 오게 되면 같은 행동을 하고 힘든 결과를 견뎌낼 것이라고 응답했다.

스릴추구 행동과 연령의 관계를 연구한 Cavanagh와 Moberg(1999)에 따르면, 젊은 사람이 나이 많은 사람보다 스릴추구 행동을 더 많이 했다. 또한 스릴추구 성향이 높은 사람은 그렇지 않은 사람보다 공포에 직면하기가 더 쉬울 것이라고 생각할 수 있지만, 스릴추구 성향과 용감성 간에는 분명한 관계가 발견되지 않았다. 사실, 고통스러운 일인 줄 잘 알면서도 위험한 활동을 자발적으로 행하는 사람들이 위험으로부터 흥분을 기대하는 스릴추구자들보다 더 용기 있는 사람이라고 할 수 있다.

심리적 용감성은 깊이 있는 인간관계의 형성과 심리치료의 효과에 긍정적인 영향을 미치는 것으로 여겨지고 있다. Fowers(1998)에 따르면, 부부나 친구 사이에서 자신의 취약한 면을 상대방에게 보여 주는 것은 용감성을 필요로 한다. 자기공개와 진실성은 잠재적으로 상처와 거절을 초래할 수도 있기 때문이다. Way

(1998)는 일상생활에서 용기 있게 행동하는 것이 타인과의 진실한 관계 형성과 도움이 된다고 보고했다.

심리적 용감성은 심리치료의 효과를 증진시킨다는 연구결과가 보고되고 있다. 불안장애의 치료를 위해서는 두려워하는 상황에 대한 노출이 필요하며 그러한 상황에 직면하려는 용감성이 중요하다. 특히 특정한 대상이나 상황에 대한 공포 반응과 회피행동을 나타내는 공포증(phobia)의 치료가 그러하다. 최근에 Norton과 Weiss(2009)는 용기척도(Courage Measurement)를 사용하여 거미공포증(spider phobia)과 용기의 관계를 연구한 바 있다. 그들은 거미공포증을 지닌 사람들의 용감성 정도를 평가하고 그들이 거미에 다가가는 거리를 측정하였다. 그 결과, 용감성의 정도가 높을수록 거미에 더 가까이 접근했을 뿐만 아니라 노출치료에 기꺼이 참여하려는 의도가 높았다. 이러한 결과는 용감성의 정도가 공포대상에 대한 노출치료를 효과적으로 이끌 수 있는 중요한 심리적인 요인이라는 점을 시사한다.

용감성에 대한 개념은 연령의 변화에 따라 변하는 것으로 알려지고 있다. 어린 아이들은 심리적인 것보다는 신체적인 행동을 더 용감한 것으로 인식한다(Szagun, 1992). 청소년은 심리적 복잡성이 발달하게 되므로 용감성에 수반되는 사회적 위험을 이해하게 된다. 성인이 되면, 다양한 감정에 대한 이해가 심화되어 공포가 용감성과 밀접하게 관련된다는 점을 인식하게 된다(Szagun & Schauble, 1997). Finfgeld(1999)에 따르면, 용기 있게 행동하는 능력은 주로 청소년기에 중요한 생활사건을 경험하면서 형성된다. Way(1998)는 위험상황에 노출된 청소년들에게 있어서 용감성이 특히 중요하다고 강조했다. 위험과 불확실성이 증가되는 미래 사회에서, 용감성은 매우 중요한 강점이 될 수 있다. 이러한 상황에서 용감성을 발달시키기 위해서는 타인과의 유대, 도덕적 신념의 발달, 또래와의 정보교환, 그리고 자신의 삶에 대한 책임 의식이 필요하다.

Miller(2000)는 남자가 여자보다 용감한 행동을 더 많이 나타내는데, 그 이유는 남자가 병역 의무를 치르기 때문이라고 주장했다. 역사적으로 용감성은 전쟁과 관련하여 남자에게 기대되는 덕목으로 여겨져 왔으며 이러한 행동에 대해서 사회적인 보상과 칭송이 주어져 왔다. 영웅적 인물의 용감성에 대해서는 모든 국가와 문화에서 칭송되어 왔다. 문화인류학자인 Malinowski(1926)에 따르면, 대부분의 문화에는 용기 있는 영웅에 대한 신화들이 존재하지만 그들의 구체적 행위는 상당한 차이가 있다. 어떤 행동이 용기 있는 행동인가에 대해서 문화마다 상당한 차이를 보인다. 예를 들어, 제2차 세계 대전 중에 사이판에 주둔하던 일본군 4만여 명이 포로가 되는 불명예를 당하지 않기 위해 자살을 했는데, 이러한 행동은 일본에서 용기로 찬양을 받았지만 서양인들에게는 이해할 수 없는 어리석은 행동으로 받아들여졌다.

4 용감성의 촉진요인 및 함양방법

Adler(1956)는 20세기를 불안과 공포에 압도된 무감정의 시대라고 진단하면서 이를 극복하고 행복에 이르는 길은 공동체감(community feeling)을 위한 용기라고 주장한 바 있다. 그는 공동체감을 삶의 문제에 용기 있게 대처하며 우리 자신과 타인을 위한 책임의식을 지니는 것이라고 정의하였다. 공포는 인류의 행복과 번영을 위해 앞으로 나아가는 움직임을 저해하는 요인으로서, 특히 패배에 대한 공포는 열등감(inFEARority)을 초래한다고 보았다. 공포와 열등감은 사랑, 직업, 우정에 관한 문제들을 해결하려는 노력을 저해한다.

용감성을 촉진하는 것으로 알려진 요인들은 매우 다양하다. 우선 용감성을 높이 평가하고 친사회적 가치와 진실을 말하는 것을 중시하는 사회적 환경은 용감성을 촉진하게 된다. 또한 유대감이 강하고 구성원에게 강력한 신뢰감과 리더십을 부여하는 공동체에서는 용기 있는 행동이 더 많이 나타나는 경향이 있다(Chaleff, 1996; Way, 1998).

용기 있는 행동에 대해서 다른 사람이 처벌할 수 있는 권력을 많이 지니고 있을수록, 그러한 행동은 위축되었다(Van Eynde, 1998). 달리 말하면, 위계적 조직에서 낮은 지위에 있는 사람들은 용기 있는 행동을 나타내기가 어렵다는 것을 의미한다. 왜냐하면 이들은 마음대로 행동할 자유가 적을 뿐만 아니라 용기 있는 행위가 상사에게는 도전적인 행위로 여겨지기 때문이다. 반면에 높은 지위에 있는 사람들은 다른 사람에 의한 처벌의 위협이 적기 때문에 용기 있는 행동을 더 많이 나타낼 수 있다.

또한 다양한 개인적 요인들이 용감성을 촉진할 수 있다. 자신의 삶에 대한 통제 성향이 강한 사람들은 그렇지 않은 사람들에 비해서 부당한 일에 더 용감하게 대응한다(Dweck, 1986). Shepela 등(1999)에 따르면, 친사회적 태도는 용감성의 발달에 필수적인 요소다. 어려서 안정 애착을 형성하고 친사회적인 역할모델을 지니는 것은 용감성을 발달시킬 뿐만 아니라 용기 있는 행동을 표출하는 데 기여한다.

용감성은 도덕적 행위에 대한 훈련을 통해서 증진될 수 있으며 용기 있는 인물의 행동을 모방함으로써 향상될 수 있다. 또한 용감성과 관련된 개인적 특성을 향상시킴으로써 촉진될 수 있다. 군인들을 대상으로 하여 이루어진 연구(Gal, 1995)에 따르면, 용감한 행동은 사교성이나 소속감과 같은 사회적 특성에 의해서 촉진된다. 이러한 사회적 특성은 용기를 촉진하는 집단응집력과 상호적 책임감을 높임으로써 용감한 행동을 유발하게 된다. 집단의 상호작용을 활발하게 함으로써, 사회적 특성은 개인으로 하여금 용감한 행동을 하도록 만들 수 있다.

용기의 영어 단어인 courage는 '심장(heart)'을 의미하는 라틴어 cor에 뿌리를 두고 있다. 또한 격려라는 뜻의 단어 encouragement는 '다른 사람에게 심장을 준다'는 의미를 담고 있다. 즉, 격려를 통해서 다른 사람의 용기를 북돋울 수 있다는 의미다. Adler(1946)는 많은 정신장애가 낙담(discouragement)에 뿌리를 두고 있다고 보았으며 사람들로 하여금 서로를 인정하고 격려하는 대인관계 기술들을 개발한 바 있다. 자신감을 갖도록 격려하는 방법들은 용감성을 촉진할 수 있다. 심리치료에서 내담자를 격려하고 자신감을 갖도록 하는 주요한 기술은 내담자를 신뢰하는 것, 내담자를 있는 그대로 수용하는 것 그리고 내담자의 행동을 긍정적 관점에서 재조명하는 것이다(Sherman & Dinkmeyer, 1987). 이밖에도 긍정적 자존감을 갖게 하고 높은 동기를 심어주며 실수로부터 배우는 능력을 함양함으로써 격려와 더불어 용감성을 북돋울 수 있다.

Finfgeld(1999)는 말기 질병을 앓고 있는 환자와의 면접을 통해서 용감성을 촉진하는 요인을 조사하였다. 그녀의 연구에 따르면, 용감성을 강화하는 가장 중요한 심리적 요인은 강한 가치체계, 희망, 낙관성 그리고 자신감이었다. 또한 환자들은 심각한 질병을 용기 있게 이겨내는 사회적 인물들을 직·간접적으로 접함으로써 용기를 얻었다고 진술했다. 이밖에도 다른 사람들로부터 받게 되는 존중, 칭찬, 인정, 친절한 행위와 같은 인간관계 요인들이 환자의 용기를 북돋우는 것으로 나타났다.

용감성 증진 방법(Rashid & Anjum, 2005)

- 여러 사람들(집단)에게 나의 독특한(색다른, 인기가 없을 수 있는) 생각을 말해 본다.
- 분명히 정당하지 않은 것을 나에게 지키도록 요구하는 기관이나 권위자에게 항의한다.
- 두렵기 때문에 내가 평소에 하지 않았던 일들을 해 본다.
- 고결한 가치와 목적을 위해 사회적인 혹은 또래의 압력에 의미 있는 방식(글쓰기, 연설하기, 집회 참석하기)으로 저항한다.
- 건설적인 사회적 변화를 위해 작지만 실천적인 단계를 밟는다.
- 불의, 권력남용, 비윤리적인 처사 등을 적합한 기관에 보고한다.
- 스스로를 방어할 수 없는 누군가를 보호해 주거나 변호해 준다.
- 자신이 일반적으로 직면하기 어려워하는 부분을 확인한다. 다음번에 효과적으로 그 상황에 직면하는 데 도움이 되는 말투, 어조, 동작을 연습한다.
- 주위의 용감한 이야기들을 모은다.
- 익숙하지 않지만 긍정적인 행동을 해 보는 것을 두려워하지 않는다.

제13장

진실성

진실한 것은 거짓된 것보다 강하다. 진실은 있는 그대로의 사실을 의미한다. 현상에 대한 정확한 반영을 의미한다. 진실한 정보는 현실에 대한 이해와 적응을 돕는 반면, 거짓된 정보는 현실을 왜곡하여 부적응을 초래한다. 진실이 소중한 이유가 여기에 있다. 그런데 사람들은 여러 가지 의도로 자신과 세상에 대한 사실을 숨기거나 왜곡한다. 거짓과 위선은 인간사회에 불신과 갈등을 초래한다. 복잡한 이해관계 속에서 서로를 속이며 살아가는 현대인은 서로를 믿지 못하는 불신의 시대를 살고 있다.

진실성은 자신을 있는 그대로 다른 사람에 나타내는 인간의 긍정적 성품이다. 다른 사람을 속이는 거짓말을 하거나 자신을 위선적으로 왜곡하지 않으려는 정직하고 솔직한 태도를 뜻한다. 진실성은 친밀하고 깊이 있는 인간관계의 기반이다. 자신을 있는 그대로 보여 줄 뿐만 아니라 타인에 대한 자신의 생각과 감정을 진솔하게 전달하는 사람은 신뢰감을 주기 때문이다. 진실성과 신뢰는 서로 촉진적인 관계를 지니며 인간관계를 심화시킨다. 우리는 진실하고 정직한 사람을 신뢰하게 되고, 신뢰하기 때문에 우리 자신을 솔직하고 투명하게 내어 보일 수 있다.

진실성은 인간관계뿐만 아니라 개인의 내면적 행복을 위해서도 중요하다. "너 자신을 알라." "자신에게 진실하라."는 말이 있듯이, 자신의 진정한 모습을 잘 인식하고 수용하는 것은 내면적 행복과 성숙의 핵심을 이룬다. 거짓되고 위선적인 삶은 있는 그대로의 자기 모습을 스스로 받아들이지 못하는 낮은 자존감과 열등감에 근거한다. 실존주의 심리학자들은 진실성을 인생의 가장 중요한 가치로 여긴다. 거짓은 어떠한 의미나 가치도 지니지 못하는 공허한 것이다. 진실함 속에서 인생의 진정한 의미와 가치를 발견할 수 있기 때문이다.

동서고금을 막론하고 진실성은 중요한 덕목으로 여겨져 왔지만, 진실한 삶을 살기는 쉽지 않다. 있는 그대로의 자기 모습을 다른 사람들에게 드러내는 일은 두려운 일이다. 부정적인 평가와 사회적 비난을 받을 수 있기 때문이다. 이런 점에서 진실성은 자신의 진정한 모습을 드러냈을 때 초래될 수 있는 다양한 위험을 감수해야 한다는 점에서 용기를 필요로 하는 긍정적 성품이라고 할 수 있다.

1 진실성의 정의와 유형

진실성(authenticity)은 자신의 내면적인 생각, 감정, 의도를 사적으로나 공적으로 거짓 없이 드러냄으로써 자신에게 솔직해지려고 노력하는 인격적 특질을 의미한다. 달리 말하면, 자신의 내면적 진실을 정직하게 제시하는 동시에 그로 인한 모든 결과에 대해서 책임을 지려는 자세를 의미한다. 진실성은 내면적 상태와 외현적 행동의 일치를 소중하게 여기며 추구하는 태도라고 할 수 있다.

진실성은 정직성이나 성실성과 매우 유사한 개념으로서 혼용하여 지칭되기도 하지만 사용되는 맥락에 따라 구별되기도 한다. 진실성은 자신과의 관계에서 자신에게 솔직해짐으로써 진정한 자기가 되고자 하는 심리적 진솔성을 의미하는 반면, 정직성(honesty)은 다른 사람과의 관계에서 사실을 있는 그대로 전달하는 사회적 솔직성을 뜻하는 것으로 구분되기도 한다. 성실성 또는 고결성(integrity)

은 좀 더 포괄적인 개념으로서 도덕적 의미의 진실성과 더불어 인격적인 자기통일성을 함축하는 의미로 여겨지고 있다.

인간은 내면적인 마음과 외현적인 행동의 이중적인 구조를 지닌 삶을 영위하는 존재다. 내면적인 마음(욕구, 감정, 신념)에 따라 외현적인 행동을 나타내는 경우가 많지만 항상 그러한 것은 아니다. 진실성의 핵심은 내면적 상태와 외현적 행동을 일치시키려는 노력이다. 진실한 사람의 가장 큰 특징은 표리부동(表裏不同)하지 않다는 점이다. 인간은 자신의 속마음을 자각할 수 있는 반성적인 존재이기 때문에 내면적 마음과 외현적 행동의 일치성을 인식할 수 있다. 자신의 속마음과 행동이 일치하지 않은 경우에는 인지 부조화(cognitive dissonance)라는 갈등적인 심리상태를 경험하게 된다(Festinger, 1957). 이런 점에서 진실성은 내면적인 편안함과 만족감을 주는 자기충족적인 속성을 지닌 덕목이라고 할 수 있다. 진실성은 거짓말을 하거나 위선적인 행위를 했을 때 느끼게 되는 자기혐오감과 죄책감으로부터 자신을 해방시키게 된다.

진실하기 위해서는 자신에 대한 깊고 정확한 이해가 필요하다. 정신분석학자들은 인간의 진정한 동기가 무의식적인 것이어서 잘 인식할 수 없다고 주장한다. 또한 대다수 사람들이 진정한 자기모습이라고 생각하는 것은 자기방어에 의해서 왜곡된 것이라고 여긴다. 뿐만 아니라 사회학자들은 자기란 사회적 규범과 요구에 의해서 형성된 일종의 공허한 가면과 역할일 뿐이라고 주장한다. 따라서 진실성은 진정한 자기가 어떤 존재인가 하는 물음에 대한 자기성찰과 자기수용의 깊이를 반영하는 인격적 덕목이라고 할 수 있다(Rogers, 1961).

진실성은 자신과의 관계뿐만 아니라 타인과의 관계에서 나타나는 덕목이기도 하다. 대인관계에서의 진실성은 언행일치(言行一致)로 나타나며 신뢰의 바탕이 된다. 긍정적인 인간관계를 위해서는 서로의 행동에 대한 예측 가능성이 중요하다. 신뢰는 언어적으로 표현된 약속과 실제적인 행동이 일치할 것이라는 믿음을 의미한다. 언행이 일치하는 않는 것은 상대방의 기대를 깨뜨리며 배신감을 유발하게 된다.

미국의 경우, 기혼자의 1/3 이상이 배우자가 아닌 다른 사람과 성행위를 하고 있다는 보고가 있다(Blanton, 2000). 친구와 부부 사이에서 가장 중요시되는 성격 특성이 진실성과 신뢰성이라는 점은 많은 연구에서 보고되고 있다.

진실성은 명백한 덕목이지만 상당한 용기를 필요로 한다. 자신의 진정한 모습을 보여 주었을 때, 다른 사람들로부터 비난이나 무시를 당할 수 있기 때문이다. 또한 솔직하게 사실을 말했을 때 자신뿐만 아니라 그와 관련된 사람들이 피해를 입을 수도 있다. 이처럼 진실성을 유지하기 위해서는 대가를 치러야 하는 경우가 많다. 진실성이 용기와 관련된 강점으로 분류되는 이유는 대가를 기꺼이 치르고자 하는 용기가 필요하기 때문이다.

진실성은 시간과 상황에 따라 상당한 일관성과 안정성을 지니는 성격적 특질로 여겨지고 있다(Bem & Allen, 1973). Peterson과 Seligman(2004)은 진실성의 모범적 인물로 에이브러햄 링컨을 들고 있으며 이밖에도 토머스 제퍼슨, 벤저민 프랭클린, 알베르트 아인슈타인, 알베르트 슈바이처 등과 같은 위인들을 들고 있다. 대부분의 사회는 진실성과 정직성을 중요한 덕목으로 여기며 이를 함양하기 위한 제도나 관습을 지니고 있다. 대부분의 사회에서 "거짓말을 하지 말라."는 것은 도덕적 규범이자 종교적 계율로서 어린 시기부터 구성원들에게 가르치고 있다. 천주교의 고해성사는 진실성을 진작하기 위한 종교적 의식으로 볼 수 있다.

실존철학자들은 현대인이 진실하지 못한 삶을 살고 있다고 진단하면서 진실성을 매우 중요한 가치로 여기고 있다. 사람들은 불안, 우울, 절망과 같은 부정 감정을 혐오하기 때문에 그러한 감정을 유발하는 자기 존재의 진정한 모습을 외면하면서 다른 존재인 것처럼 행동한다. Martin Heidegger(1927)와 같은 실존철학자들은 이러한 삶의 모습을 진실하지 못한 실존(inauthentic existence)이라고 불렀다. 이러한 자기기만(self-deception)은 진실한 삶을 위해서 필요한 자유과 책임을 부인하는 것이다. 자유와 책임을 회피하는 다른 방법은 대중의 가치에 영합하는 것이다. 대중적인 삶의 방식을 따라가는 것은 스스로 생각할 필요가 없기 때문에 편안하고 안전하다. 그러나 이러한 삶의 방식은 커다란 대가를 치르게 된다. 자유롭게 선택할 수 있는 삶의 가능성을 포기하는 것이며 그것은 자기 존재의 잠재력을 외면하는 것이다. 자신의 자유와 잠재력을 포기할수록 "이렇게 사는 건 아닌데……" 하는 실존적 죄책감은 더욱 커지게 마련이다. 진정한 삶을 살기 위해서는 그러한 죄책감을 용기 있게 직면해야 한다(Heidegger, 1927). 사회적인 가치와 관습으로부터 완전히 자유로울 수는 없지만, 단지 대중의 방식을 쫓아가기 보다는 주체적으로 어떤 삶의 방식을 선택할 것인지를 선택해야 한다. 키르케고르(Kierkegaard)가 "우리 자신을 '대중'으로부터 떼어내야 한다."고 말한 바 있듯이, 실존철학자들은 진실성을 추구하기 위해서 '대중'으로부터 거리를 두는 것이 필요하다는 점을 강조하고 있다.

2 진실성에 대한 심리학적 이론

진실성은 도덕성의 핵심적 요인일 뿐만 아니라 행복에 기여하는 긍정적 성품이다. 자기 자신을 잘 알고 그에 따라 행동하는 것은 도덕적인 삶의 필수적 사항으로 여겨져 왔다(Harter, 2002). 인본주의와 실존주의 심리학자들은 진실성이 행복과 정신건강을 위해서 중요하다고 역설해왔다(May, 1981; Rogers, 1951, 1961; Yalom, 1980). 그러나 진실성은 그 개념적 정의가 불분명하여 실증적인 심리학 연구에서 소외되어 온 주제다. 진실성에 관한 측정도구가 잘 개발되어 있지 않을 뿐만 아니라 이론적 이해 역시 매우 미흡한 상태다.

진실성의 3요소 모델

인본주의 심리치료자인 Rogers(1951, 1957, 1961, 1980)는 진실성이 인간의 행복과 성장을 위해 필수적인 조건이라고 여겼다. 그에 따르면, 인간은 자신을 좀 더 가치 있는 존재로 성장시키기 위해서 자신의 모든 잠재력을 발현시켜 좀 더 유능한 인간이 되려는 자기실현 성향(self-actualization tendency)을 지닌다. 선천적으로 타고나는 자기실현 성향이 환경적인 영향으로 인해서 차단되거나 봉쇄되었을 때 이상행동과 정신장애가 나타난다.

어린아이는 부모를 비롯한 타인의 보살핌을 통해 성장하게 되는데, 부모는 아이가 한 유기체로서 선천적으로 타고난 욕구, 재능, 행동양식을 무조건적으로 수용하지 못하고 자신들의 가치와 기대에 맞추어 조건적인 수용을 하게 된다. 이러한 과정에서 아이는 자신의 유기체적 욕구와 부모의 애정을 얻으려는 욕구 사이에는 갈등하게 되며, 대부분 부모의 애정을 얻기 위하여 부모의 조건적 가치를 받아들이게 된다. 아이는 성장과정 속에서 부모의 가치에 따라 평가된 자기개념(self-concept)을 형성하게 되는데, 특히 자녀의 욕구를 잘 수용하지 못하는 부모에게서 양육된 아동은 자기개념과 자신의 유기체적 경험(organismic experience) 간의 심한 괴리를 나타내게 된다. 유기체적 경험은 개인이 몸과 마음을 통해 자각하게 되는 주관적 체험으로서 개인의 가치체계에 의해 평가되지 않은 순수한 형태의 체험을 말한다. 이러한 유기체적 경험과 자기개념의 괴리는 위협으로 느껴지며 불안을 일으키게 되며, 개인은 불안을 방어하기 위해 자신의 유기체적 경험을 왜곡하거나 부인하게 된다. 즉, 자기기만과 더불어 진실하지 못한 삶을 살아가게 되는 것이다. 이런 과정을 통해서 자기개념과 유기체적 경험의 괴리는 점점 확대되면, 개인은 점점 더 심한 불안을 경험하게 되며 부적응 상태를 나타내게 된다. 그리고 그동안 왜곡하고 부인해 온 유기체적 경험을 직면할 수밖에 없는 상황에 도달하게 될 경우, 개인은 정신병적 혼란과 와해를 나타낼 수 있다.

최근에 Rogers의 주장에 근거하여 진실성을 좀 더 구체적으로 이해하려는 시도가 이루어지고 있다. Barrett-Lennard(1998)는 진실성을 인간경험의 세 수준, 즉 (1) 개인의 일차적 경험, (2) 그에 대한 주관적 자각, (3) 외부를 향한 행동과 의사소통이 일치하는 정도라고 정의한 바 있다. 이러한 정의에 근거하여 Wood 등(2008)은 [그림 13-1]과 같이 진실성의 개념적 모델을 제시하였다.

진실성의 첫 번째 요소는 실재적 경험과 그에 대한 주관적 자각 간의 일치성이다. 실재적 경험은 진정한 자기(true self)를 반영하는 것으로서 개인의 실재적인 신체생리적 상태, 감정, 심층적 신념 등을 의미한다. 이러한 진정한 자기를 충분

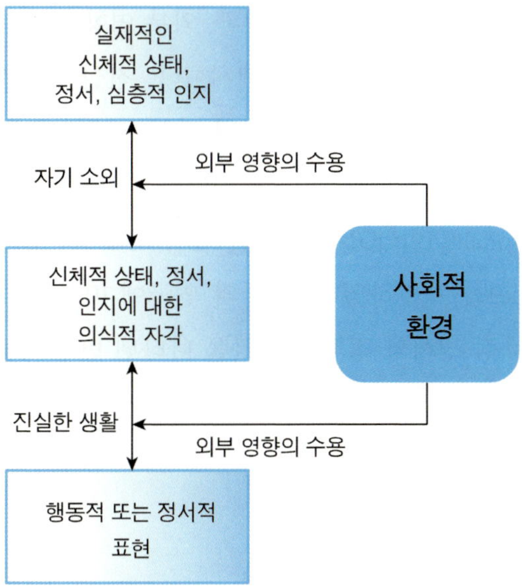

[그림 13-1] 진실성의 3요소 모델

히 자각하기는 어려운 일이다. 실재적 경험과 주관적 자각 사이에는 필연적으로 불일치가 나타날 수밖에 없는데, 이러한 불일치가 심해진 상태가 자기 소외(self-alienation)로서 정신병리를 초래할 수 있다.

진실성의 두 번째 요소는 주관적 자각과 행동 간의 일치성이다. 자신의 신체적 상태, 감정, 신념에 대한 주관적 인식과 일치되는 방향으로 행동과 감정을 표현하는 것이 진실성의 중요한 요소다. 이러한 일치성을 Wood 등(2008)은 진실한 생활(authentic living)이라고 지칭했다. 진실한 생활을 하는 사람은 대부분의 상황에서 자신의 가치와 신념에 따라 행동하며 살아간다.

진실성의 세 번째 요소는 개인과 사회의 관계를 반영하는 것으로서 다른 사람들의 견해와 가치를 수용하고 순응하는 정도를 의미한다. 인간은 사회적 존재로서 필연적으로 사회적 환경의 영향을 받게 된다. 다른 사람의 견해를 내면화하는 외부적 영향의 수용(accepting external influence)은 자기 소외와 진실한 생활에 영향을 미치게 된다.

Wood 등(2008)은 자기 소외, 진실한 생활, 외부 영향의 수용이라는 세 가지 요소를 제시하는 진실성의 3요소 모델을 제시했다. 진실한 사람은 진정한 자기의 자각을 추구하면서 자기 소외를 최소화하며 진실한 생활을 하는 동시에 다른 사람의 견해에 쉽게 흔들리지 않는 성향을 지닌다. 이러한 개인적 성향을 진실한 성격(authentic personality)이라고 지칭하면서 자기보고형 측정도구인 진실성 척도(Authenticity Scale)를 개발하였다. 이들의 연구에 따르면, 진실성은 자기존중감, 주관적 안녕, 긍정 정서와 정적인 상관을 나타낸 반면, 불안이나 스트레스와 부적인 상관을 보였다.

자기결정이론과 진실성

진실성은 자신이 진정으로 원하는 내재적인 동기에 귀를 기울이며 그에 따라 행동하는 삶의 태도라고 할 수 있다. Deci와 Ryan(1985; Ryan & Deci, 2000)은 인간의 행동을 유발하는 동기를 두 가지 유형, 즉 외재적 동기와 내재적 동기로 구분하고 있다. 외재적 동기(extrinsic motivation)는 외적인 보상을 얻기 위해 행동할 때 작동한다. 외적 보상은 돈이나 소유물, 지위와 권력, 사회적 인정과 명예 등과 같이 외부에서 주어지는 행동 유인 요인을 의미한다. 반면에, 내재적 동기(intrinsic motivation)는 우리가 어떤 외부적 보상과도 상관없이 그 일 자체를 위한 어떤 활동에 참여하도록 이끌릴 때 작용되는 것이다. 내재적 동기는 기본적인 심리적 욕구에 의해서 생겨나는 것으로서 그러한 동기를 충족시키기 위한 행위 속에서 자체적으로 만족감을 느낄 수 있는 것이다. Deci과 Ryan(1995, 2000)은 주된 내재적 동기로서 유능성, 자율성, 관계성의 세 가지 동기를 제시하면서 행동의 조절과정을 설명하는 자기결정이론을 제안하였다.

자기결정이론(Deci & Ryan, 1995, 2000)에 따르면, 진실성은 개인이 자신의 기본적 욕구인 유능성, 자율성, 관계성의 내재적 동기를 자각하고 그에 따라 행동하는 성향이라고 할 수 있다. 반면에, 다른 사람의 기대나 요구를 충족시키기 위한 행동은 상대적으로 진실성이 부족한 것이라고 할 수 있다(Sheldon & Kasser,

1995). Goldman과 Kernis(2002)는 "내가 진정 원하는 것이 무엇인가?" 라는 물음을 숙고하여 학업적 목표를 세운 학생일수록 삶의 만족도와 긍정 정서를 더 많이 나타낸다는 연구결과를 보고하였다. 다른 연구(Kernis, Paradise, Whitaker, Wheatman, & Goldman, 2000)에서도 자율적 자기조절을 통해서 행동하는 사람들이 더 높고 안정된 자기가치감을 지니는 것으로 나타났다.

Goldman과 Kernis(2001)는 진실성을 일상생활에서 자신의 진정한 또는 핵심적 자기가 차단되지 않은 채로 기능하는 상태라고 정의하면서 다음과 같은 네 가지의 요소를 지닌다고 제시하였다. 그 첫째 요소는 자각(awareness)으로서 자신의 동기, 감정, 욕구와 더불어 자기와 관련된 생각이나 신념을 자각하고 신뢰하는 것이다. 아울러 자신의 강점과 단점, 기질적 특성, 내면적 갈등에 대한 자각과 인식을 의미한다. 진실성의 둘째 요소는 비편파적 처리(unbiased processing)로서 자신과 관련된 정보를 객관적으로 처리하는 것이다. 자신의 긍정적 측면과 부정적 측면, 심리적 속성, 잠재능력을 공정하게 평가하는 것을 뜻한다. 특히 자신에 관한 사적인 정보나 내면적 경험을 부인하거나 과장하거나 왜곡하지 않는 것을 포함한다. 셋째 요소는 진실한 행동(authentic behavior)으로서 자신의 가치, 선호, 욕구와 일치하도록 행동하는 것을 말한다. 다른 사람을 즐겁게 하거나 보상을 얻고 처벌을 피하기 위해서 행동하는 것과 달리, 진실한 행동은 사회적 요구를 고려하되 진정한 자기를 표현하기 위한 것이다. 마지막 넷째 요소는 관계적 진실성(relational authenticity)으로서 친밀한 관계에서 개방성과 진정성을 소중히 여기며 그러한 관계를 이루어나가는 것이다. 관계적 진실성은 깊이 있는 자기 공개를 통해서 친밀성과 신뢰감을 발달시키며 긍정적인 것이든 부정적인 것이든 상대방이 자신의 진정한 모습을 볼 수 있도록 하는 것이다.

Goldman과 Kernis(2001)에 따르면, 이러한 네 가지 요소는 서로 연결되어 있지만 분리될 수 있는 것이다. 예컨대, 환경적 압력으로 인해서 진정한 자기를 표현하기 어려운 경우, 진실한 행동은 억압될 수 있으나 자각과 비편파적 처리는 잘 유지될 수 있다. 현실에서는 갈등적인 욕구와 목표에 반응해야 하는 복잡한 상황이 흔히 존재한다. 진실성은 이러한 복잡성을 인식하면서 갈등의 해결에 있어서 진정한 자기감을 중시하려는 태도라고 할 수 있다. 갈등적 감정은 진실성을 촉진하는 의미 있는 성장 경험이 될 수 있다. Goldman과 Kernis(2001)는 진실성의 네 가지 요소를 측정하는 자기보고형 검사인 진실성 질문지(Authenticity Inventory)를 개발하였다. 학생집단을 대상으로 조사한 결과에서는 진실성이 자기존중감이나 삶의 만족도와 의미 있는 관계를 지니는 것으로 나타냈다.

정직성의 자기개념 유지 이론

인간이 정직한 행동 또는 부정직한 행동을 나타내게 되는 이유를 이익과 비용의 관점에서 설명하려는 시도가 있어왔다. 토머스 홉스와 애덤 스미스의 철학에 근거를 두고 있는 고전 경제학에서는 인간을 합리적인 이기적 존재로 가정하고 있다. 따라서 인간이 나타내는 정직한 또는 부정직한 행동은 외적인 이익과 비용의 비교에 의해서 의도적으로 나타나게 된다(Becker, 1968). 이러한 입장에 따르면, 사람들은 부정직한 행동을 할 때 다음과 같은 세 가지 요인을 고려한다. 첫째는 부정직한 행동을 통해서 얻게 될 이익의 양이다. 외적인 보상의 양이 많을수록 부정직한 행동의 빈도와 강도가 증가된다. 둘째는 발각된 가능성으로서 그 가능성이 낮을수록 부정직한 행동은 증가한다. 셋째는 발각될 경우의 처벌의 양이다. 처벌의 강도가 낮을수록 부정직한 행동은 증가한다. 이렇게 인간의 행동을 외적인 이해관계에 의해서 설명하려는 접근을 표준적인 외적 비용-이익 입장(standard external cost-benefit perspective)이라고 부른다.

심리학적인 관점에서 보면, 외적 비용-이익 입장에서 설명할 수 없는 현상들이 많다. 예컨대, 아무도 보지 않는 곳에 떨어진 귀중품을 주워 경찰서에 신고하는 정직한 행동은 보상의 양도 많고 발각될 위험도 거의 없지만 흔히 일어나는 현상이다. 이러한 정직한 행동에 영향을 미치는 중요한 요인은 내면적 보상이다. 우리는 사회화 과정에서 사회의 규범과 가치를 내면화한다. 내면화된 가치체계와 일치하는 행동은 긍정적인 보상효과를 지니는 반면, 그와 위배되는 행동은 부정적인 보상효과를 지닌다. 최근의 뇌영상 연구에 따르면, 사회적 규범과 일치하는 행동을 하는 경우에는 뇌에서 쾌감을 느끼는 보상센터가 활성화되었다. 즉, 규범과 일치하는 행동은 좋아하는 음식, 음료, 금전적 이익과 같은 외적 이익을 얻었을 때 활성화되는 뇌의 보상 센터를 활성화시켰다(de Quervain et al., 2004).

내면적인 보상체계가 행동을 통제하는 주요한 방식은 자기개념에 영향을 미치는 것이다. 사람들은 정직성을 가치 있는 덕목으로 여기며 자기개념의 한 요소로 유지하기를 원한다. 만약 이러한 정직성의 내면적 기준에 어긋한 행동을 하게 되면, 자기개념을 부정적으로 변화시켜야 하는데 이러한 변화는 혐오적인 것이다. 반면에, 내면적 기준에 일치하는 행동을 하게 되면, 자기개념의 부정적 변화를 회피할 수 있을 뿐만 아니라 정직한 사람이라는 긍정적인 자기개념을 유지하거나 강화할 수 있다. 사람들은 긍정적인 자기개념을 유지하기 위해서 힘든 노력을 해야 하거나 금전적 이익을 희생해야 하는 경우에도 내면적인 기준에 따라 행동하는 것이다(Aronson & Carlsmith, 1962). 부정직한 행동으로 인해 자기개념에 미치는 영향은 그 행동의 특성, 행동의 상징적 의미, 행동을 한 맥락 등에 의해 달라질 수 있다.

Aronson(1969)에 따르면, 사람들은 두 가지의 경쟁적인 동기, 즉 부정직한 행동을 통해서 이익을 얻으려는 동기와 정직한 사람이라는 긍정적 자기개념을 유지하려는 동기 사이에서 흔히 갈등한다. 거짓말을 하면 금전적 이득을 얻게 되지만, 정직성의 자기개념은 손상을 받게 된다. 두 가지 동기는 하나가 성취되면 다른 것은 좌절되어야 하는 승패의 딜레마 상황에서 갈등하게 된다. 이러한 상황에서 사람들은 두 동기의 절충을 통해서 딜레마를 해결하는 경향을 보인다. 즉, 적절한 이득을 챙기면서도 긍정적인 자기개념의 손상을 받지 않는 다양한 방략을 사용하게 된다.

Mazar, Amir와 Ariely(2007)는 정직성이 그 정도에 따라 연속선상에서 구분될 수 있다고 주장하면서 부정직한 행동을 유발하는 심리적 요인을 제시하고 있다. 그 첫째는 범주화(categorization)다. 사람들은 특정한 행동의 의미나 부정직성의 정도를 평가할 때, 그 행동을 좀 더 긍정적인 용어로 융통성 있게 범주화하여 자신의 행동을 합리화한다. 예컨대, 다른 학생의 500원짜리 연필을 훔치는 일은 그

학생의 지갑에서 500원을 훔치는 일보다 더 쉽게 일어날 수 있다. 왜냐하면 그러한 행동은 친구 사이의 우정과 양립되는 것으로 범주화될 수 있기 때문이다. 그 친구도 자신의 연필을 빌려가고 돌려주지 않았다거나 친구 사이에는 연필을 허락 없이 가져가는 것을 별 문제가 되지 않는다는 식으로 자신에게 유리하게 재해석하는 것이다. 이러한 방식으로 사람들은 부정직한 행동을 하면서도 그러한 행동의 부정직성을 달리 범주화하여 정당한 것으로 해석함으로써 자기개념의 부정적 변화를 회피하게 된다.

부정직한 행동을 유발하는 다른 요인은 도덕적 기준에 대한 주의다. 사람들이 자신의 도덕적 기준에 주의를 기울이고 있을 때에는 정직한 행동과 부정직한 행동에 대한 구분이 명료하고 엄격하게 이루어진다. 따라서 이러한 상태에서 부정직한 행동을 할 경우에 자기개념에 대한 부정적 영향이 더 강하게 나타난다. 그러나 도덕적 기준에 주의를 기울이지 않을 때에는 자신의 행동을 도덕적 기준에 따라 평가하지 않을 뿐만 아니라 자기개념의 변화도 일어나지 않는다. 따라서 그들의 행동은 도덕적 기준과 괴리되어 나타나게 된다. 매우 엄격한 도덕적 기준을 지닌 독실한 종교인이 부정직한 행동을 반복적으로 나타내는 경우가 그 예라고 할 수 있다. 즉, 교회의 예배나 행사에서는 도덕적 기준에 대한 주의가 증가되어 정직한 행동을 나타내지만, 평소의 사회생활로 돌아오면 주의력이 분산되어 죄의식을 느끼지도 않은 채 부정적한 행동을 반복할 수 있다. 사람들은 자신의 도덕적 기준을 잘 자각할수록, 자신의 행동이 지니는 의미를 더 잘 인식하게 되고 그 결과 더 정직해질 수 있을 것이다(Bateson, Nettle, & Roberts, 2006; Bering, McLeod, & Schackerlford, 2005).

이러한 관점에서 보면, 정직한 사람은 정직성을 자기개념의 중요한 요소로 여기는 동시에 이러한 자기개념을 유지하기 위해서 다른 이익을 희생하는 사람이라고 할 수 있다. 또한 개인적 이익을 위해서 자신의 부정직한 행동을 융통성 있게 정당화하려는 성향을 자각하고 저항할 수 있을 뿐만 아니라 평소에 도덕적 기준에 주의를 기울이며 자기 행동의 정직성을 엄격하게 평가할 수 있는 사람이라고 할 수 있다.

진실성의 측정도구

진실성을 직접적으로 평가하는 측정도구는 드물다. 진실성은 정의상 피검자 자신만이 알 수 있는 내면적 특성이기 때문에 제3자에 의해서 평가되기 어렵다. 또한 진실성은 매우 명확한 긍정적 특성이기 때문에 자기보고에 의해서 평가할 경우 응답자의 긍정 왜곡 편향이 나타날 가능성이 크다. 이러한 어려움으로 인해서 진실성을 신뢰롭게 평가하는 측정도구의 개발이 지연되고 있다.

최근에 Wood 등(2008)은 사회적 선희도의 영향으로부터 비교적 자유로운 자기보고형 검사인 진실성 척도(Authenticity Scale)를 개발하였다. 이 척도는 7점 척도로 평정되는 25문항으로 이루어져 있으며 세 개의 하위 척도, 즉 자기 소외(문항의 예: "나는 진정한 나 자신과 잘 접촉하지 못하고 있다고 느낀다."), 진실한 생활(예: "나는 항상 내가 믿는 것에 따라서 살아가고 있다."), 외부 영향의 수용(예: "다른 사람들이 나에게 많은 영향을 미치고 있다.")으로 구성되어 있다. 사회적 선희도를 측정하는 여러 척도와의 상관(r)이 -.09~.10인 것으로 보고되고 있다.

또 다른 자기보고형 척도로는 Goldman과 Kernis(2001)가 개발한 진실성 질문지(Authenticity Inventory)가 있다. 모두 60문항으로 구성되어 있으며 네 개의 하위척도, 즉 자각(문항의 예: "나의 욕구나 동기가 서로 갈등할 때를 잘 자각하고 있다." "내가 진정한 자기가 아닐 때를 자각한다."), 비편파적 처리(예: "나는 대체로 나의 한계와 단점을 객관적으로 고려할 수 있다." "나의 강점을 과장하여 생각하지 않는다."), 행동(예: "내가 원하는 것을 얻을 수 없다면, 나는 사회적 상황에 따라 적절한 사회적 가면을 기꺼이 쓸 것이다."(역채점 문항), "나는 내가 하지 않은 것에 대해서 인정받는 것을 좋아하지 않는다."), 관계 지향성(예: "나는 가까운 사람에게 나의 진정한 모습을 이해시키기 위해서 많은 노력을 한다." "나와 가까운 사람들에게 나의 가장 어두운 모습을 보여 준 적이 있다.").

이밖에도 진실성을 간접적으로 평가하는 여러 가지 측정방법들이 존재한다. Ryan과 Connell(1989)은 진실성을 간접적으로 측정하는 원인 소재 검사(Locus of Causality)를 개발했다. 이 검사는 응답자에게 그들이 어떤 행동을 할 때 그 이유가 내면적인 것인지 외부적인 것인지를 평정하게 한다. 특히 "내가 그 일에 정말 흥미를 느끼기 때문이다." 또는 "그 일은 내가 소중하게 여기는 것을 나타내는 일이기 때문이다."와 같은 이유는 자신의 내면적 성향을 자발적으로 표출하는 것으로서 진실성을 반영하는 것이라고 볼 수 있다. 그러나 그 반대에 해당하는 경우는 "상황이 나를 그렇게 하도록 만들었기 때문이다." "그렇게 함으로써 죄책감을 피할 수 있기 때문이다." 와 같은 이유들이다. 내부적인 이유에 의해서 행동하는 경향이 강할수록 진실성이 높은 것으로 추정될 수 있다.

Sheldon 등(1997)은 여러 사회적 역할을 제시하고 각각의 경우에 응답자 자신이 얼마나 진실하다고 느끼는지를 간접적으로 평가하는 문항을 평정하도록 했다. 예컨대, 응답자들은 어떤 특정한 사회적 역할에 대해서 "나는 이러한 나의 모습을 진정한 나의 일부라고 느낀다." "이러한 나의 모습은 나에게 있어서 의미가 있고 소중한 것이다." "나는 나 스스로 이러한 존재가 되기로 선택했다." 와 같은 문항에 평정한다. 이러한 문항들은 "나는 진실한 사람이다." 와 같이 직접적 의미를 담은 문항에 응답자가 자기인상 관리를 위해서 왜곡할 소지를 감소시킨다.

Henderson과 Hoy(1983)는 리더의 진실성에 대해서 부하직원들이 어떻게 지각하는지를 평가하는 척도를 개발했다. 이 척도에서는 리더가 자신의 역할 속에서 진실하게 자신을 드러내는 정도, 부하직원을 조정하지 않는 정도, 개인 또는 조직의 책임감을 수용하는 정도를 부하직원들이 평가한다.

Harter 등(1998)은 사람들이 다른 사람에 대한 자신의 실제적인 생각과 감정을 얼마나 솔직하게 표현하는지를 알아보기 위해서 목소리를 측정하였다. 청소년들에게 부모나 교사에 관한 다양한 글들을 읽게 하고, 그들이 얼마나 자유스럽게 읽어나가는지를 나타내는 목소리를 평가함으로써 진실성을 측정하고자 했다.

이러한 질문지법 외에도 생리적 측정장치를 통해 신체반응을 평가하는 방법, 선택과 관련된 반응시간을 분석하는 방법, 내면적 태도를 평가하는 방법, 문장 내용을 분석하는 방법, 심지어는 뇌기능상태를 평가하는 뇌영상술(예: fMRI, PET)을 적용하려는 시도가 이루어지고 있다(Damasio, 1999; Sheldon, 2002).

3 진실성과 관련된 심리적 특성

다양한 이론적 입장을 지닌 심리학자들(예: May, 1981; Rogers, 1951, 1971; Winnicott, 1965)은 한결같이 진실성의 결여가 정신병리의 원인이 될 수 있다고 주장했다. 외부적 영향을 과도하게 내재화함으로써 나타나는 자기 소외는 개인을 불행으로 몰아갈 뿐만 아니라 정신장애를 초래할 수 있다는 것이다. 반면에, 자신의 내면적 욕구와 신념을 자발적이고 진실하게 표현하고자 하는 것은 주관적 행복을 증진하게 된다(Deci & Ryan, 2000).

실증적인 연구에서도 진실성은 행복한 삶과 밀접한 관계를 지니고 있는 것으로 나타났다. Wood 등(2008)의 연구에서는 진실성이 높은 사람일수록 자존감, 주관적 안녕, 심리적 안녕의 수준이 높은 것으로 나타났다. Goldman과 Kernis(2002)의 연구에서도 진실성은 자기존중감과 삶의 만족도와 정적인 상관을 나타냈다. 진실성은 긍정적인 인간관계와도 연관되어 있다. 교장과 교사의 관계를 조사한 Henderson과 Hoy(1983)에 따르면, 교사들은 교장의 진실성을 높게 평가할수록 직업 만족도가 높았을 뿐만 아니라 교장에 대한 존경도가 높았다. 한 실험연구(Robinson, Johnson, & Shields, 1995)에서는 진실한 사람들이 인기가 있다는 사실이 입증되었다. 또한 Sheldon과 Elliot(1999)에 따르면, 추구하는 목표가 자기의 내면적 욕구와 잘 일치하는 사람은 인내심 있게 노력하는 경향이 있어서 목표를 실제로 성취할 가능성이 높다. 이러한 목표성취는 욕구만족도를 증진함으로써 자신의 내면적 욕구에 따르려는 자기일치도, 즉 진실성이 높아지게 된다. 이처럼 목표성취와 진실성은 상호작용을 하면서 서로를 상승시키는 경향을 나타낼 수 있다.

진실성은 다양한 성격특질과도 밀접하게 연결되어 있는 것으로 나타났다. Wood 등(2008)의 연구에서 진실성은 성격의 5요인 중 외향성, 우호성, 성실성, 개방성과 정적인 상관을 나타낸 반면, 신경증 성향과는 부적인 상관을 보였다.

Sackett와 Wanek(1996)의 연구에서는 진실성이 성격의 5요인 중 성실성과 가장 높은 상관을 보였다. 아울러 우호성과는 정적인 상관을 보인 반면, 신경증 성향과는 부적인 상관을 보였다

진실성의 핵심적 요소는 개인의 내면적 심리상태와 그것의 언어적 표현이 일치하는 것이다. 이런 점에서 진실성의 발달은 언어의 생성과 밀접한 관계를 지니고 있다(Harter, 2002). 진실성의 기초는 언어발달이 이루어지는 초기 아동기에 형성된다. 언어는 양날을 가진 칼과 같다. 우선, 언어의 획득은 상징체계를 통해서 의미를 공유할 수 있도록 돕기 때문에 타인과의 관계와 연결감을 증진한다. 언어는 아동들이 자신의 경험을 재구성할 수 있는 강력한 도구의 역할을 한다. 그러나 언어와 관련된 위험성도 존재한다. 언어는 두 가지 형태의 대인경험, 즉 실제로 경험한 것과 언어적으로 표현한 것 사이의 갈등을 유발한다. 언어발달과 더불어 자신을 좀 더 객관화하여 바라볼 수 있는 능력을 갖게 된 아동은 자신의 경험을 언어적으로 왜곡할 수 있게 된다. 아동은 자신이 경험한 감정(예: 분노, 좌절감)에 대해서 엄마에게 거짓말을 할 수 있다.

발달심리학자의 연구(Nelson, 1989; Snow, 1990)에 따르면, 아동이 자기경험에 대해서 기억하거나 기술하는 내용은 부모에 의해서 크게 영향을 받는다. 즉, 부모가 중요하다고 여기는 바에 따라서 자신의 경험을 기술하는 경향이 있다. 아동임상심리학자인 Bleiberg(1984)에 따르면, 아동들이 거짓된 행동을 보이는 주된 이유는 아동의 진정한 모습을 지지해 주지 않을 뿐만 아니라 오히려 진실한 경험을 비난하는 양육자 때문이다. 어린 자녀에 대해서 지나치게 간섭하고 개입하는 부모들은 자녀들로 하여금 동조현상에 의해서 거짓된 자기를 발달시키도록 촉진한다(Winnicott, 1965). 즉, 부모가 자신의 가치, 기대, 소망, 감정 등을 강요하면 자녀들은 그러한 요구에 순응하며 거짓된 자기상을 형성하게 된다.

진실성의 발달은 Piaget의 도덕 발달과 관련되어 연구되어 왔다. Piaget(1932)는 아동의 도덕적 추론에 두 가지 유형이 있음을 발견했다. 그 하나는 주로 눈에 보이는 외적인 사건과 그 결과에 초점을 맞추어 도덕 판단을 하는 것이다. 예를 들어, 실수나 사고에 의한 부정적 결과도 비도덕적인 것으로 간주한다. 그러나

약 8세 이후가 되면 겉으로 드러난 결과보다 속이고자 하는 행위자의 내면적 의도를 중시하여 도덕적 판단을 하는 두 번째 과정으로 발달한다. 이러한 두 번째 과정은 행위자의 진실성에 기초한 도덕적 추론이라고 할 수 있다.

진실성이 아동기에는 꾸준히 증가하지만 청소년기에는 저하되는 경향이 있다. 미국에서 이루어진 한 연구(Gallup News Service, 2000)에 따르면, 청소년들의 44~53%가 시험에서 속임수를 사용하며 63%가 생활 속에서 속임수를 상당히 많이 쓴다고 보고했다. 아울러 청소년의 약 반수는 거짓말이나 속임수를 사용하는 것이 심각한 문제가 아니라고 여겼다. 이러한 현상은 청소년들이 겪게 되는 자기정체감의 혼란과 더불어 권위에 대한 저항감에 의한 일시적인 것으로 여겨지고 있다.

그러나 청소년기에 진실성에 대한 관심이 증가한다는 주장도 있다(Harter, 2002). 그 한 가지 이유는 청소년들이 다양한 사회적 역할이나 맥락과 관련된 다중 자기(multiple selves)를 생성하기 때문이다. 사회화 압력은 청소년들로 하여금 상황과 맥락에 따라 달리 행동하도록 요구한다. 아동기와 달리, 청소년기에는 다양한 역할과 자기를 변별할 수 있는 능력이 발달한다. 따라서 청소년은 상황에 따라 매우 다른 모습을 보이게 된다. 예컨대, 부모와 형들로 둘러싸인 가정에서는 매우 위축된 모습을 보이지만, 동년배 친구들과 생활하는 학교에서는 매우 활달한 모습을 보일 수 있다.

청소년들은 다양한 자기모습이 출현함에 따라 '진정한 나(the real me)'에 대한 관심을 자연적으로 보이게 된다. 상황이나 대상에 따라 매우 다른 모습을 나타내게 되는 청소년들은 과연 어떤 모습이 진정한 자신의 모습인지에 대해서 자연스러운 관심을 보이는 동시에 혼란과 갈등을 경험하게 된다. 특히 매우 다른 상반된 행동을 나타내는 자기 모습에 대해서 청소년들은 내면적인 갈등을 경험하게 된다. 이러한 갈등은 청소년 중기에 최고조에 달하며 남성보다 여성들이 더 흔하게 경험하는 경향이 있다. 중기 청소년들은 자신의 상반된 속성을 인식하지만 그러한 갈등을 해결할 수 있는 통합능력이 부족하기 때문에 내면적 갈등을 가장 고통스럽게 경험한다(Harter, 2002).

또한 청소년들은 진실성 또는 정직성을 중요한 가치로 여기는 경향이 있다. 따라서 자신의 진실한 모습과 거짓된 모습에 대한 관심이 증가한다. 미국 청소년의 경우, 자신의 진실한 모습(약 80%의 자기 속성)에 대해서 호감을 표명한 반면, 자신의 거짓된 모습에 대해서는 부정적인 평가를 나타냈다. 청소년의 경우, 사회적 역할은 확대되지만 이를 통합할 수 있는 인지적 역량을 충분히 발달되지 않은 상태에서 진실성을 중요한 가치로 여기기 때문에 진실한 자기와 거짓된 자기 간의 내면적 갈등이 심화되는 것이다. 그러나 후기 청소년기에 고등한 추상화 능력이 발달하게 되면, 상반되는 듯이 보이는 현상들을 인지적으로 통합할 수 있게 된다. 아울러 후기 청소년들은 상반된 행동을 나타내는 자신의 모습을 정상적인 것으로 받아들이게 되면서 내면적 갈등이 완화된다(Harter, 2002).

진실성은 성인기의 삶에서도 매우 중요하다. 진실성과 관련된 성인의 생활양식을 이해하기 위해서는 자율성(autonomy)과 관계성(relatedness) 또는 독립성(independence)과 연결성(connection)의 구분이 필요하다. 자율성 또는 독립성은 다른 사람에 의해서 영향을 받거나 통제되는 것을 혐오하기 때문에 타인과의 밀접한 관계를 회피하며 독립적으로 살아가는 자기-초점적인 성향을 의미한다. 반면에 관계성 또는 연결성은 다른 사람과의 관계 속에서 기쁨과 에너지를 얻으며 타인에게 의존하며 살아가는 타인-초점적인 성향을 뜻한다. 인간관계는 진실성에 있어서 양날의 칼과 같다. 인간관계는 진실성의 바탕을 이루는 반면, 진실성을 억압하는 원천이기도 하기 때문이다. 진정한 자기감(sense of a true self)은 다른 사람과의 관계 속에서 형성될 뿐만 아니라 다른 사람과 진정한 공감을 교환하며 연결감을 통해서 좀 더 명료하고 진실한 자기상이 발달한다(Lifton, 1993). 그러나 타인의 애정을 중요하게 여기며 그들의 가치와 요구에 순응하는 것은 진실성을 훼손하게 된다.

Harter 등(1997)은 삶의 양식과 진실성의 관계를 탐색하기 위해서 2,500명의 성인을 대상으로 그들의 삶을 자기-초점적 자율성 집단, 타인-초점적 연결성 집단, 양자의 균형을 이룬 상호성 집단으로 구분하였다. 연구결과, 자기-초점적인 사람들이 그들의 배우자에 의해서 진실한 사람으로 인정받는 정도가 가장 낮았다. 특히 자기초점적인 배우자를 지닌 타인-초점적인 사람들은 진정한 자기를 나타내는 능력이 최저였을 뿐만 아니라 배우자에 의해 인정받는 정도가 가장 낮았다. 반면에 상호적 관계양식을 지닌 성인들은 자신을 진실하게 나타내는 수준이 가장 높았을 뿐만 아니라 배우자에 의해 인정받는 정도도 가장 높았다. 이러한 연구결과는 진실성이 지나친 자기-초점적 성향이나 타인-초점적 성향보다 독립성과 연결성의 적절한 조합과 관련되어 있음을 시사한다. 정신건강에 있어서도 독립성과 연결성의 조화가 매우 중요하다는 점이 지적되고 있다(Blatt, 1990).

진실성이 지나치면 대인관계에 부정적인 결과를 초래할 수 있다. 지나친 솔직성은 다른 사람의 부정적 측면을 적나라하게 지적하는 잔인한 솔직성(brutal honesty)이 될 수도 있다. 심리치료자인 Lerner(1993)는 이 점에 대해서 다음과 같이 논의하고 있다. 진실을 말하는 것은 진정성, 자기존중, 친밀감, 성실성, 기쁨의 바탕이 된다. 정직성은 친밀한 관계를 위해 필수적인 것이지만, 거짓말은 신뢰를 무너뜨린다. 그러나 진실이라는 이름으로, 사람들은 친구나 가족에게 상처를 주고 불필요한 불안을 조성하며 다른 사람의 개성을 무시하고 상황을 악화시키기도 한다. 진실을 말하는 것이 자신을 투명하게 드러내는 노력이기보다 다른 사람을 변화시키고 설득하고 조정하려는 비생산적인 시도인 경우가 흔하다.

Lerner(1993)는 이러한 점을 좀 더 분명하게 하기 위해서 정직성과 진실성을 구분하고 있다. 그에 따르면, 정직성(honesty)은 부정적인 생각과 감정을 아무런 검열도 하지 않은 상태로 표현하는 것인 반면, 진실성은 자신의 생각과 감정을 타인의 입장에서 공감적으로 바라보고 적절한 시기에 요령 있게 표현하는 것이다. '정직이 최선의 정책' 이라는 말은 수정되어야 한다. 정직성은 진실을 말함으로써 인간관계를 촉진하기보다 오히려 위험과 갈등으로 몰아가는 경우에는 최선의 정책이 아닐 수 있다. 특히 아동에게는 '정직하다는 것' 과 '타인을 배려하는 것' 이 양립하기 어려운 것으로 여겨진다. 그러나 후기 청소년기에 이르면 정직성과 이타성의 개념이 논리적으로 조화를 이룰 수 있다는 것을 알게 된다. 고등한 추상적 개념을 생각할 수 있는 능력이 발달하면서, 후기 청소년들은 정직하면서 동시에 다른 사람을 배려하며 자신의 생각과 감정을 표현할 수 있다는 것을 인식하게 된다. 즉, 자신의 솔직한 의견을 다른 사람이 진정으로 귀담아들을 수 있는 방식으로 요령 있게 표현함으로써 생산적인 비판이 가능하다는 것을 깨닫게 된다(Harter, 2002).

4 진실성의 촉진요인 및 함양방법

진실성을 함양하는 것은 개인의 행복과 더불어 정신건강을 증진한다. 심리치료자들은 진실성을 정신건강과 심리적 성숙의 중요한 조건으로 여기고 있다. 진실성의 결여는 거짓된 자기모습에 매달리도록 함으로써 정신건강을 훼손하게 된다. 훼손된 정신건강을 회복하는 길은 진실성을 함양함으로써 자신의 진정한 모습을 바라보고 수용하는 것이다.

인간중심치료(person-centered therapy)를 창시한 Rogers(1951, 1957)에 따르면, 심리치료는 내담자가 자기개념에 대한 위협이 없는 상황에서 유기체적 경험을 왜곡 없이 지각하여 이를 자기개념에 통합하도록 하는 일이다. 이를 위해서는 이전에 부모가 제공했던 조건적이고 가치평가적인 관계와는 다른 새로운 관계를 치료자는 제공해야 한다. 이러한 성장촉진적 관계를 위해서 치료자가 지녀야 할 중요한 세 가지 자세는 무조건적인 긍정적 존중(unconditional positive regard), 공감적 이해(empathetic understanding), 진솔함(genuineness)이다. 즉, 내담자는 자신의 모든 것을 무조건적으로 수용하고 긍정적으로 존중하는 치료자와의 관계 속에서 자신의 경험에 대한 공감적인 이해를 받고 진솔한 대화를 나눌 수 있을 때, 그동안 왜곡하고 부인해 왔던 자신의 진정한 모습을 자각하고 수용함으로써 자기개념과의 통합을 이루게 된다. 달리 말하면, 유기체적 경험과 자기개념이 통합됨으로써 자신의 잠재능력을 원활하게 발현하는 자기실현적 인간으로 성장하게 되는 것이다. 이것이 Rogers(1961, 1963)가 제안한 인간중심치료의 골자다. Rogers는 현대의 심리치료자들에게 가장 많은 영향을 준 사람으로 평가되고 있다(Norcross & Prochaska, 1982).

진실성의 발달은 부모의 양육태도와 밀접한 관계를 지닌 것으로 여겨지고 있다. 모든 부모는 자녀의 정직성을 장려한다. 이를 위해서 부모들은 자녀의 부정직한 행동을 처벌함으로써 정직성을 함양하려고 한다. 아이들은 부정직한 행동으로 인해서 받게 될 것으로 예상되는 처벌의 강도가 높을수록 그러한 행동을 억제하는 경향이 있기 때문이다. 특히 규범위반 행동보다 그에 대한 거짓말을 하게 되면 더 강한 처벌을 받게 된다는 점을 강조하는 것이 거짓말 예방에는 효과적인 것으로 보고되고 있다(Quinn, 1988).

그러나 부모들은 자녀에게 정직하라고 장려하는 동시에 다른 한편으로는 거짓말을 하는 것이 사회적으로 유용하다는 점을 직·간접적으로 자녀에게 전달하게 된다. 따라서 자녀들은 부모들의 행동을 통해서 거짓말하는 것을 간접적으로 배울 수 있다. 또한 아동들은 부모의 이혼, 학대, 방임과 같은 심리사회적 스트레스를 겪게 되면 거짓말을 더 많이 한다. 이 경우, 아동들은 부모의 애정을 얻거나 처벌을 피하기 위해서 거짓말을 많이 하게 된다. 그러나 거짓말이 발각되면서 부모로부터 처벌을 받게 되고 이를 회피하기 위해 또다시 거짓말을 하게 되는 악순환에 빠져들 수 있다. 특히 가족들이 거짓말에 대해서 어떤 태도와 행동을 나타내느냐가 아동에게 많은 영향을 미치게 된다(Quinn, 1988).

Rogers(1971)에 따르면, 인간이 진실하지 못한 이유는 자신의 진정한 감정과 믿음을 잘 인식하지 못하기 때문이다. 무조건적인 존중과 수용이 이루어지는 상황에서 자신의 내면적 상태를 자유롭게 탐색하고 표현할 수 있도록 허용하면 진실성이 증진된다. 처벌을 위주로 한 통제적 양육방식은 거짓말을 감소시킬 수는 있지만 진정한 정직성을 함양하기는 어렵다. 처벌을 두려워하여 거짓말을 하지 않는 것은 진정한 의미에서 진실성이라고 볼 수 없기 때문이다. 부모의 가치나 신념을 자녀에게 일방적으로 주입하려는 양육태도는 진실성의 함양에 도움이 되지 않는다. 자녀를 한 인간으로서 존중하면서 자녀의 욕구를 수용적으로 탐색하되 부정직한 행동이 부모와의 관계를 훼손할 뿐만 아니라 장기적으로 자신의 삶에 도움이 되지 않는다는 것을 인식시키는 노력이 필요하다. 요컨대, 부모의 처벌을 두려워하기보다 자녀가 스스로의 판단에 따라 자발적으로 정직한 행동을 나타내도록 돕는 것이 중요하다.

우리 사회에서는 정직성과 성실성을 함양하기 위한 노력이 매우 다양하게 펼쳐지고 있다. 가정과 학교를 비롯하여 다양한 기관과 조직체에서 진실성을 강조하고 있다. 특히 청소년의 성실성과 정직성을 함양하기 위한 목적으로 다양한 프로그램들이 시행되고 있는데, 그 대표적인 것이 보이 스카우트나 걸 스카우트다. 그러나 이러한 프로그램들의 효과에 대해서는 체계적으로 입증된 경우는 매우 드물다.

진실성 증진 방법(Rashid & Anjum, 2005)

- 친구에게 하는 거짓말(거짓 칭찬이나 아부)을 삼간다.
- 비록 사소할지라도 거짓말하는 순간을 모니터하고, 매일 조금씩 거짓말을 줄이도록 노력한다.
- 정직하게 충분한 정보를 제공해 주지 않는 경우(거스름돈을 더 받았음에도 불구하고 이야기하지 않는 것, 친구에게 시험 범위에 대해 알려주지 않는 것)를 모니터해 보고, 다른 사람이 나에게 이렇게 한다면 기분이 어떨지 생각해 본다.
- 내가 가장 중요하게 여기는 가치들에 대해서 생각해 보고 그것과 일치하는 행동이나 일들을 매일 실행해 본다.
- 어떤 사람에게 나의 동기나 의도를 설명할 때 진솔하고 정직하게 말한다.
- 위기에 직면할 때, 자신의 지위나 명성에 상관없이 진실하게 생각하고 행동한다.
- 내가 하는 일의 윤리적 기준에 대해 익히고 실천한다.
- 다른 사람들과 관계를 맺는 창의적이면서도 정직한 방식에 대해 생각해 본다.
- 진실하고 정직하며 진솔한 행동과 정직하지 못하고 위선적인 행동에 대한 만족감을 각각 평정해 본다.
- 정직하고 진실하게 행동할 수 있는 역할을 찾아본다.

제14장

끈기

인간은 나름대로의 크고 작은 목표를 지향하며 살아간다. 인간의 행동은 대부분 목표 지향적이다. 목표 성취에 영향을 미치는 두 가지의 중요한 요인은 능력과 노력이다. 아무리 능력이 뛰어나도 노력이 없이는 성취를 이룰 수 없다.

소중한 목표를 성취하기 위해서는 많은 노력이 필요하다. 어떠한 목표이든 그것을 추구하는 과정에는 크고 작은 난관과 좌절이 필연적으로 수반된다. 더구나 장기적인 목표의 경우에는 오랜 기간 꾸준한 노력을 기울여야 한다. 그러나 많은 사람들은 난관과 좌절을 이겨내지 못하고 유혹에 휩쓸리게 되어 추구했던 목표를 포기한다. 새해를 맞이하며 세웠던 목표를 위한 노력이 며칠을 가지 못하고 작심삼일(作心三日)로 끝나 버리거나 용두사미(龍頭蛇尾)로 흐지부지되어 버리는 경우가 흔하다.

끈기는 목표의 성취를 위해서 지속적인 노력을 기울이는 심리적 특성을 뜻한다. 끈기는 성취의 필수적 조건으로서 목표를 향해서 꾸준히 노력하는 근면성과 더불어 난관과 좌절을 이겨내는 인내력을 포함한다. 모든 사회에서 4전5기(四顚五起)와 백절불굴(百折不屈)의 노력과 의지를 강조하는 이유가 여기에 있다. 끈기는 용감성처럼 격렬한 행동으로 나타나지는 않지만 난관과 역경에 좌절하지 않고 인내하며 목표를 향한 의욕을 불러일으킨다는 점에서 넓은 의미의 용기에 해당한다.

현대사회에서 성공적인 삶을 영위하기 위해서는 목표의 추구와 성취가 필수적이다. 끈기는 목표의 성취를 도움으로써 개인의 행복을 증진할 뿐만 아니라 사회적 번영을 지원하는 긍정적 성품이라고 할 수 있다. 또한 끈기는 개인의 잠재능력을 최대한 발현시켜 성취를 통해 꽃피우게 하는 매우 소중한 덕목이라고 할 수 있다.

1 끈기의 정의와 유형

끈기(persistence)는 여러 가지 난관과 좌절에도 불구하고 목적지향적인 행동을 자발적으로 지속하는 태도를 말한다. 시작한 일을 마무리하여 완성하는 능력으로서 장애물에도 불구하고 일련의 계획된 행동을 지속해 나가면서 과제를 완수할 뿐만 아니라 그로부터 만족감을 느끼는 자세를 말한다. 끈기는 인내(perseverance)나 근면성(industriousness)과 유사한 개념이라고 할 수 있다. 일부의 심리학자들(예: Duckworth, Peterson, Matthews, & Kelly, 2007)은 목표성취를 돕는 성격적 특성으로서 기개 또는 불굴의 정신(grit)이라는 용어를 사용하고 있다. 기개는 특히 장기적인 목표의 성취를 견인하는 인내와 열정을 포함하고 있는 개념이라고 할 수 있다.

끈기는 용기와 같이 강렬하지는 않지만 어려움에 맞서서 굴복하지 않고 자신이 추구하는 가치를 성취하게 만든다는 점에서 공통점이 있다. 그러나 용기와 달리, 끈기를 통해서 이겨내야 하는 것은 공포가 아니라 권태와 좌절의 고통이며 다른 한편으로는 쾌락과 나태의 유혹이다.

끈기는 성취동기와 관련되어 있지만 여러 측면에서 다르다. 성취동기(need for achievement)는 어떤 보상적 결과를 얻기 위한 욕구의 측면을 의미하는 반면, 끈기는 목표의 성취를 향해 지속적인 노력을 기울이게 만드는 동기적, 인지적, 행동적 요인을 포함하는 성격적 특징이라고 할 수 있다. 또한 성취동기는 비의식적인 내면적 상태를 뜻하는 반면, 끈기는 구체적인 행동으로 발현되는 성격적 특질이라고 할 수 있다.

끈기와 인내는 도덕적인 가치를 지닌다. 우리는 부지런한 벌을 높이 평가하며 성실하고 근면한 노력을 통해서 성취를 이룬 사람들을 존경한다. 끈기, 인내, 근면성의 반대말은 게으름, 나태함, 포기, 의욕상실, 편법사용, 임시변통, 우유부단 등으로서 모두 부정적인 의미를 담고 있다. Jaynes(1976)에 따르면, 끈기는 인간의 고유한 강점이며 문명의 필요조건이다. 인간이 오랜 기간 끈기 있는 농사활동을 통해서 잉여식량이 생산되었으며 그것의 저장과 보호를 위한 사회조직이 요청되면서 문명이 발전하게 되었다.

끈기는 시간과 상황에 따라 상당히 안정된 심리적 특질로 여겨지고 있다(Eisenberger, 1989; Greenberg, 1977). 인간사회에서 탁월한 성취를 이룬 사람들은 대부분 끈기라는 긍정적 성품을 지닌 사람들이다. 100여 년 전에 Galton(1892)은 사회적으로 탁월한 성취를 이룬 다양한 직업의 인물들(법조인, 정치인, 학자, 문인, 예술가, 체육인 등)이 지닌 특성을 조사한 바 있다. 이들의 전기를 수집하여 분석한 Galton은 능력만으로는 어떤 분야에서든 성공할 수 없다고 결론지었다. 그에 따르면, 탁월한 성취는 지적 능력과 더불어 열정, 그리고 끈기 있는 노력이라는 세 가지 조건이 결합되어야 가능하다. Cox(1926)는 사회적 성공을 이룬 301명의 저명인사들을 대상으로 그들의 전기를 분석했다. 연구대상자들의 저명도 순위를 매기고 추정된 지능수준(IQ)과의 상관을 구한 결과, 중간수준 정도의 상관(r=.16)이 도출되었다. 이러한 IQ 수준을 배제했을 때, 다음과 같은 어린 시절의 특성이 성인이 된 후 평생의 성취를 예측할 수 있었다: (1) 동기와 노력의 지속성, (2) 자기 능력에 대한 자신감, (3) 인격적인 감화력.

근래에 Howe(1999)는 다윈, 아인슈타인을 비롯한 천재적 위인들의 전기를 상세히 분석하고 나서 탁월한 성취가 비범한 능력에 기인한 것이라는 주장에 이의를 제기했다. 그는 탁월한 성취를 위해서는 "끈기가 적어도 지능만큼 중요하다."

고 결론지었다. 끈기를 보여 주는 대표적 인물로는 에디슨을 들 수 있는데, 그는 전구의 필라멘트 개발을 위해 6,000가지 재료를 사용하여 시험을 했으며 “천재는 1%의 영감과 99%의 노력으로 이루어진다.” 는 유명한 말을 남겼다.

2 끈기에 대한 심리학적 이론

끈기와 근면성에 대한 심리학적 연구관심은 20세기 초반부터 시작되었다. 행동주의 심리학의 주창자 중 한 명인 Watson(1930)은 다음과 같이 언급한 바 있다.

> 어린 시절에 형성된 일하는 습관, 즉 다른 사람보다 더 오랫동안 일하고 그리고 더 강렬하게 실천하는 습관은 오늘날 성공을 설명할 뿐만 아니라 심지어 천재를 이해하는 가장 설득력 있는 요인일 것이다(Watson, 1930, p. 212).

학습된 근면성 이론

끈기와 근면성은 행동주의적 입장을 지닌 학습이론가들에 의해서 연구되었다. 목표지향적인 행동을 끈기 있게 지속적으로 하도록 만드는 학습과정을 이해하기 위해서 조건형성의 원리를 적용하였다. 이러한 학습이론의 바탕 위에서 근면성을 설명하는 대표적 이론은 Eisenberger(1992)가 제안한 학습된 근면성 이론(learned industriousness theory)이다. 이 이론은 어떤 과제를 수행하면서 경험하게 되는 노력과 고통을 이겨내고 목표지향적 행동을 지속하는 심리적 기제를 설명하고 있다.

Eisenberger(1992)는 근면성을 설명하기 위해서 ‘노고’라는 개념에 주목하고 있다. 어떤 목표를 추구하는 과정에는 필연적으로 고통스런 노력이 필요하다. 끈기와 근면성이 이러한 고통을 이겨내는 것이다. 공포에 대한 연구자인 Mowrer

(1960)는 다음과 같이 언급한 바 있다. "공포는 유기체가 그들의 욕구와 소망을 성취하려는 진군을 가로막는 유일한 장벽이 아니다. 노고(effort)는 조금만 더 끈기 있게 지니면 성공할 수 있는 상황에서 우리를 포기하게 만든다." (p. 436) 목표지향적 행동을 가로막거나 중단하게 만드는 중요한 요인 중 하나는 목표 추구과정의 고통이다.

노고(勞苦, effort)는 어떤 목표를 성취하기 위해서 투여하는 신체적 또는 심리적 활동에 대한 주관적 경험을 뜻한다. 신체적 노고(physical effort)는 목표를 추구하는 과정에서 장애물을 만났거나 근육이 피로해졌을 경우 신체적 움직임에 수반되는 주관적 경험을 의미한다(English & English, 1968). 인지적 노고(cognitive effort)는 어떤 과제를 수행하기 위해서 정신활동을 집중하는 것으로 정의된다. 특히 과제수행 과정에서 어려움에 봉착했을 경우에 정신활동을 집중하는 것이다. 대부분의 경우, 노고는 힘들고 고통스럽게 체험되기 때문에 혐오적인 것으로 여겨진다(Logan, 1960).

우리는 어떤 과제를 수행하는 과정에서 노고라는 고통스러운 감각을 경험하게 된다. 과제를 끝까지 수행하여 완수하지 못하고 포기하는 것은 이러한 고통을 견디지 못하고 회피하기 때문이다. 특히 목표지향적인 행동을 하는 과정에서 혐오적인 자극(장애, 난관, 역경, 좌절)을 받게 되면, 노고의 감각에 증가한다. 아울러 혐오적 자극에 대한 대처에는 주의용량을 집중해야 하는 인지적 노력이 필요하다. 이처럼 혐오적 자극에 적응하기 위한 능동적 시도에는 노고의 감각이 증폭된다.

고통회피라는 본능적 성향을 지닌 유기체는 목표지향적 행동에서 경험하게 되는 노고를 어떻게 이겨내는 것일까? Eisenberger(1992)는 조건형성의 원리를 적용하여 행동에 대한 보상이 주어졌을 때 노고의 혐오적 속성이 감소된다고 주장한다. 어떤 행동을 하여 수행이 향상되었을 때 적절하게 주어지는 강화는 혐오적인 노고에 대한 인내력을 강화한다. 나아가서 노고의 감각과 강화물이 반복되어 짝지어지면, 노고는 오히려 긍정적인 보상적 속성을 얻게 된다. 그래서 노고에 대한 혐오성이 감소할 뿐만 아니라 과거의 적은 노력(예: 나태한 행동, 포기행동)에 대한 보상적 속성이 제거된다. 또한 우수한 수행에 대한 보상은 근면한 행동을 강화하여 다른 과제의 수행에도 전이되어 일반화된다. Eisenberger와 Selbst(1994)의 연구에 따르면, 어떤 노력에 대해서 보상을 받은 경험이 있는 아이들이 그렇지 않은 아이들에 비해 더 많은 노력을 나타냈다. 노력이 필요한 끈기 행동이 보상에 의해서 증가된다는 결과는 실험실 상황에서도 입증되었다.

끈기에 영향을 미치는 요인은 매우 다양하다. 긍정적인 피드백(Eisenberger, 1992), 강화 방법의 유형(Nation, Cooney, & Gartren, 1979), 내재적 또는 외재적 보상(Harackiewicz, Manderlink, & Sanone, 1984)에 따라 끈기에 대한 영향이 달라진다. 최근에 McAllister와 Tochkov(2009)는 끈기에 대한 지연된 보상의 효과를 실험적으로 검증하였다. 이들은 피험자에게 여러 개의 난해한 문제를 제시하고 문제해결에 대한 금전적 보상이 주어지는 시간을 달리하였다. 한 집단에게는 문제를 해결할 때마다 보상을 주겠다고 제시했으며, 다른 집단은 문제를 해결한 다음날에, 그리고 또 다른 집단은 문제를 해결한 일주일 후에 보상을 주겠다고 제시하였다. 그리고 피검자들이 난해한 문제에 지속적으로 투여하는 시간의 양을 측정하였다. 이들의 연구결과에 따르면, 보상이 주어지는 시간이 길어질수록 난해한 문제에 투여하는 시간의 양은 감소하였다. 이러한 결과는 인내심이 보상 시기의 예상과 관련된다는 것을 보여 준다. 보상이 임박했다고 생각할수록, 과제해결에 대한 끈기가 증가한다.

끈기와 자기결정이론

끈기는 장기적 목표를 향한 지속적인 접근성향으로서 외부적 보상뿐만 아니라 내재적 동기와 자기조절이 중요하다. 외부적 보상에 의해 충족되는 동기보다는 행위 자체에서 만족을 얻게 되는 동기를 추구하는 사람들이 장기적인 목표를 위해서 더 끈기 있게 행동하는 경향이 있다.

Lepper, Greene 및 Nesbitt(1973)의 연구는 이러한 점을 잘 보여 주고 있다. 그들은 아동들의 자유놀이 시간에 재미있는 그림 그리기 활동을 하도록 했다. 아동들의 활동을 관찰한 후, 연구자들은 그림 그리기를 좋아하며 내재적 만족을 얻은 것처럼 보이는 아이들을 선발했다. 그런 다음에 아이들을 세 조건 중 하나에 할당했다. 첫 번째 조건에서는 아동들에게 '훌륭한 화가' 인정서를 보여 주면서 그림을 열심히 그리면 이러한 상을 주겠다고 했다. 즉, 보상을 얻기 위해서 자신이 좋아하는 일을 하도록 한 것이다. 두 번째 조건에서는 아무런 지시 없이 단지 그림을 그리도록 한 후 나중에 '훌륭한 화가' 인정서를 주었다. 그리고 세 번째 조건에서는 단지 그림을 그리도록 했으며 아무런 보상도 주지 않았다. 2주 후에 다시 그림 그리기 활동에 참여하게 된 아동들을 관찰한 결과, 상을 받기 위해서 그림을 그렸던 첫 번째 조건의 아동들은 그리기에 별로 흥미를 보이지 않았다. 더구나 보상이 주어지지 않는 상황에서 이 아이들은 그림 그리기를 그만 두었는데, 외적인 보상이 그림 그리기에 대한 본래의 내재적 동기를 없애버린 것처럼 보였다. 그러나 다른 두 조건의 아동들은 2주 후에도 그림 그리기에 대해 비슷한 수준의 흥미를 나타냈다.

Deci와 Ryan(1985; Ryan & Deci, 2000)은 어떤 일을 추구하는 동기를 두 가지의 유형, 즉 외재적 동기와 내재적 동기로 구분하고 있다. 외재적 동기(extrinsic motivation)는 외적인 보상을 얻기 위해 행동할 때 작동한다. 외적 보상은 돈이나 소유물, 지위와 권력, 사회적 인정과 명예 등과 같이 외부에서 발생하는 행동 유인요인을 의미한다. 반면에, 내재적 동기(intrinsic motivation)는 어떤 외부적 보상과 상관없이 그 일 자체를 위한 어떤 활동에 참여하도록 이끌릴 때 작용되는 것이다. 내재적 동기는 기본적인 심리적 욕구에 의해서 생겨나는 것으로서 그러한 동기를 충족시키기 위한 행위 속에서 자체적으로 만족감을 느낄 수 있는 것이다. 이러한 동기는 인간에게 내재해 있는 심리적 성장과 자기실현 욕구를 반영한다.

Deci와 Ryan(1985; Ryan & Deci, 2000)에 따르면, 내재적 동기를 지니는 사람들은 외적인 보상에 의해 동기가 부여된 사람들에 비해서 업무성과, 끈기, 창의성, 자존감, 활기가 향상되었으며 전반적 행복 수준을 더 높게 보고했다. 동일한 과제를 수행하는 경우에도 두 집단은 이러한 차이를 나타냈다. 또한 내재적 동기를 지닌 사람들은 건강증진 행동, 종교적 참여, 친밀한 인간관계, 정치적 활동과 같은 다양한 영역에서도 긍정적인 결과를 나타내는 경향이 있었다. 내재적 동기를 지니고 흥미로운 일에 전념하게 될 때, 몰입이라는 독특한 긍정적 심리상태를 경험하게 된다.

이러한 일관된 결과를 근거하여, Ryan과 Deci(2000)는 내재적 동기를 "새롭고 도전적인 것을 추구하고, 자신의 능력을 확장하여 연마하며, 항상 탐구하고 배우고자 하는 선천적 성향"이라고 정의하면서 인간의 대표적인 긍정적 속성으로 간주했다. 이러한 내재적 동기를 구성하는 세 가지의 기본적 욕구를 제시하였다. 그 첫째는 유능성(competence)의 욕구로서 환경에 효과적으로 대응할 수 있는 숙달된 경험을 추구하는 성향이고, 둘째는 관계성(relatedness)의 욕구로서 서로에게 지지적인 인간관계를 형성하고자 하는 성향이며, 셋째는 자율성(autonomy)의 욕구로서 삶의 중요한 문제에 관해서 독립적이고 자주적인 결정을 내리고자 하는 성향이다. 이러한 성향은 자발적인 동기(self-motivation)와 성격 통합의 바탕이 된다.

이러한 욕구들이 충족될 수 있을 때, 내재적 동기가 촉진된다. 예를 들어, 과제의 목표와 수행방식을 스스로 선택할 수 있게 하여 자율성의 욕구를 충족시키고 수행성과에 대한 긍정적 피드백을 통해 유능감을 증진시킬 때, 내재적 동기가 강화된다. 반면에, 내재적 동기는 처벌이나 처벌의 위협 또는 평가의 압박을 가하면 약화된다. 또한 정해진 목표나 완성시간을 강요하게 되면 약화된다. 놀라운 결과는 흥미로운 과제를 수행한 것에 대해서 보상을 주게 되면, 내재적 동기가 약화된다는 점이다(Deci et al., 1999). 즉, 보상적인 것이든 처벌적인 것이든 외부적인 유인가는 내재적 동기를 감소시킨다. 왜냐하면 자신의 수행이 자발적인 내면적 흥미에 의한 것이기보다 외부적 보상이나 처벌에 의한 것이라고 지각하도록 만들기 때문이다. Deci와 Ryan(1985; Ryan & Deci, 2000)은 내재적 동기를 증진하는 요인들을 설명하기 위해서 자기결정이론(self-determination theory)을 제시한 바 있다. 자기결정이론은 학구열에 관한 장에서 상세하게 설명된 바 있다.

끈기에 대한 연구는 목표지향 행동과 관련되어 진행되고 있다. 끈기는 어떤 목표를 향해서 지속적인 노력을 기울이는 동시에 방해요인의 유혹을 이겨내야 하는 자기조절 능력을 필요로 한다. 자기조절 연구의 선구자인 Bandura(1991)는 목표라는 동기제공 요인에 대해서 주목하였다. 목표(goal)는 적절하게 설정되면, (1) 노력을 유발하고, (2) 끈기를 제공하며, (3) 행동의 방향성을 부여하고, (4) 실행과정에서 필요한 전략을 만들어내도록 동기를 부여한다.

목표는 그 특성에 따라 동기화의 강도가 달라진다. 목표의 구체성, 시간적 근접성, 난이도, 중요성, 목표설정의 자율성, 투신도, 달성가능성 등이 수행을 높이는 데 기여한다. 목표는 구체적일수록 그리고 중요할수록, 끈기 있는 행동을 통해 수행을 향상시킨다(Schunk, 2001). 또한 타인이 부과한 것보다 스스로 부과한 목표일수록, 그리고 자신의 역량에 비해서 너무 어렵지도 너무 쉽지도 않은 적절한 목표일수록 효과적으로 동기를 유발한다(Bandura, 1991). 원격 목표는 높은 동기를 유발하는 반면, 근접 목표는 즉각적인 행동을 촉발한다. 또한 목표 진전에 대한 피드백을 지속적으로 받을수록, 목표의 중요도가 증가하며 목표추구 행동이 지속된다(Schunk, 2001).

목표추구 행동은 목표설정, 목표실행, 목표평가의 과정이 중요하다(김윤희, 2010). 예컨대, 학업과 같은 목표추구 행동은 목표를 설정하고 학업활동을 계획하는 일에서 출발하여 실제 학습과정을 수행하고 수행의 결과를 평가하는 순환적 과정의 연속이다(권성연, 강명희, 2003; Zimmerman & Schunk, 2001). 끈기는 이러한 자기주도적인 목표추구 기술과 밀접히 관련되어 있다. 목표설정 기술은 장, 단기목표를 설정하고 목표에 따라 행동을 조직화할 수 있는 기술을 의미한다. 목표실행 기술은 목표를 효율적으로 성취하기 위해 필요한 기술로서 시간관리, 계획하기, 조직화기술로 구성된다. 목표평가 기술은 자신의 수행을 목표와 비교하여 그 진전정도나 완수여부를 구체적으로 평가하는 기술을 의미한다. 이처럼 목표성취를 위한 끈기 있고 근면한 행동은 다양한 심리적 요인, 즉 (1) 목표의 설정과 실행 기술, (2) 목표추구 과정의 노고에 대한 보상과 혐오성 완화, (3) 목표추구 과정의 난관과 좌절에 대한 인내력, (4) 목표추구를 위한 집중력과 방해요인의 유혹에 대한 저항, (5) 목표추구 과정에서의 내재적 자기강화 등과 관련되어 있다.

끈기의 측정도구

끈기나 인내심을 직접적으로 평가하는 측정도구는 많지 않다. 최근에 Duckworth 등(2007)은 불굴의 의지 척도(Grit Scale)를 개발하여 장기적 목표성취와 관련된 연구에 사용하였다. 이 척도는 12개의 문항으로 구성된 자기보고형 검사로서 두 개의 요인으로 이루어져 있다. 그 첫째는 노력의 지속성으로서 "나는 여러 해의 노력을 통해서 목표를 이룬 적이 있다." "나는 시작한 일은 어떤 것이든 끝내고 만다." "난관과 역경으로 인해 결코 좌절하지 않는다."와 같은 문항으로 구성되어 있다. 다른 요인은 관심의 일관성으로서 문항의 예로는 "나는 자주 목표를 세우고 나중에 다른 것으로 바꾸곤 한다."(역채점 문항), "새로운 생각이나 일들로 인해서 종종 기존의 일을 하는 데 방해를 받곤 한다."(역채점 문항), "나의 관심사는 해마다 변하곤 한다."(역채점 문항) 등이 있다. 피검자는 각 문항에 대해서 자신에게 해당되는 정도를 5점 척도 상에서 평정하게 되어 있다. 이 척도는 내적 합치도가 높을 뿐만 아니라 학업적 성취도를 잘 예측하는 것으로 보고되어 있다.

아동의 끈기를 측정하는 대표적인 검사는 Lufi과 Cohen(1987)에 의해 개발된 아동용 끈기척도(Persistence Scale for Children)다. 이 척도는 40문항으로 구성된 자기보고형 검사로서 "나는 많은 일들을 충동적으로 한다." "나는 많은 격려를 받아야 어떤 일을 완수할 수 있다." "한 번 시도해서 답을 얻지 못한 문제에는 다시 도전하지 않을 것이다."와 같은 문항으로 구성되어 있다.

끈기는 다양한 성격특질을 측정하는 평가도구의 하위검사를 통해서 측정되는 경우가 더 흔하다. 삼차원 성격질문지(Tridimensional Personality Questionnaire; Cloninger, Przybeck, & Svrakic, 1991)에는 끈기를 측정하는 하위척도가 있는데, 이 질문지는 끈기를 비롯한 성격특성들이 특정한 뇌신경학적 활동패턴과 연관되어 있다는 가정 하에서 개발되었다. 자기통제 척도(Self-Control Scale; Tangney, Baumeister, & Boone, 2004) 역시 끈기를 측정하는 하위척도를 지니고 있으며 "나는 유혹을 잘 견딘다." "나는 장기적인 목표를 위해서 효과적으로 일할 수 있다."와 같은 문항들로 구성되어 있다. 이밖에도 끈기의 결여를 꾸물거림 척도(Adult Inventory of Procrastination; McCown & Johnson, 1989)를 통해 평가하기도 한다(Cloninger, 1994; Cloninger, Przybeck, Svrakic, & Wetzel, 1994).

기질 및 성격검사(Temperament and Character Inventory; Cloninger, 1994; Cloninger, Przybeck, Svrakic, & Wetzel, 1994)는 Cloninger가 제안한 기질-성격 모델에 근거하여 개발된 자기보고형 검사로서 기질차원을 측정하는 4개의 척도(자극추구, 위험회피, 사회적 민감성, 인내력)와 성격차원을 측정하는 3개의 척도(자율성, 연대감, 자기초월)로 구성되어 있다. 기질차원을 평가하는 하위척도 중 하나인 인내력 척도는 지속적인 강화 없이도 목표 지향적 행동을 지속하는 경향성을 측정하고 있다. 이 검사는 한국판 기질 및 성격 검사(Temperament and Character Inventory; 민병배, 오현숙, 이주영, 2007)로 번안되어 국내에서 사용되고 있다. 또한 Tangney 등(2004)이 개발한 자기통제 척도(Self-Control Scale) 역시 끈기를 측정하는 하위척도를 지니고 있다. 이 하위척도는 "나는 유혹을 잘 견딘다." "나는 장기적인 목표를 위해서 효과적으로 일할 수 있다." 등과 같은 문항을 통해서 끈기의 정도를 측정하고 있다.

3 끈기와 관련된 심리적 특성

끈기는 개인의 삶에 있어서 다양한 이익과 혜택을 제공한다. 첫째, 끈기는 성취하기 어려운 목표를 달성할 가능성을 높여줌으로써 성공적인 삶에 기여하게 된다. 목표성취는 자기평가, 심리적 안녕, 건강, 그리고 삶의 만족도에 긍정적인 영향을 미치는 것으로 보고되고 있다(Holahan, 1988; Shrauger & Sorman, 1977). Holahan(1988)의 연구에 따르면, 인생목표의 성취는 노년기의 건강과 행복에 직접적 또는 간접적으로 기여했다.

둘째, 인내를 통해 얻게 되는 성공적 결과를 즐길 수 있게 된다. 물론 성취에 대한 즐거움이 성취에 필요했던 고통이나 인내의 정도에 반드시 비례하는 것은 아니지만 그러한 경향이 있다. 끈기로 인한 성공적인 결과의 보상적 효과 때문에 다른 목표를 추구하는 경우에도 끈기 있는 행동을 나타내게 된다(Eisenberger, 1992).

셋째, 끈기를 통해서 기술과 역량이 향상될 수 있다. 장애를 극복하면서 목표에 도달하기 위해서는 과제를 해결하는 새로운 방법과 기술을 발전시켜야 하기 때문이다. 끈기는 정교한 고난도의 기술을 학습하는 데에 필수적인 개인적 특성이라고 할 수 있다.

마지막으로, 끈기는 자기효능감을 향상시키게 된다. 역경을 견뎌내며 무언가를 완수한 경험은 무엇이든 성취해 낼 수 있다는 자신감을 키워준다. 특히 어렵게 일구어낸 성취일수록 자신감이 향상된다. 이렇게 향상된 자기효능감과 자신감은 다시 끈기를 증가시키는 상호 촉진적 관계를 지닌다(Locke, 1997). 이처럼 끈기는 목표성취를 도울 뿐만 아니라 기술과 역량의 학습을 촉진하며 자기존중감을 향상시킴으로써 개인의 삶에 긍정적인 영향을 미치게 된다.

대부분의 경우 끈기는 긍정적인 결과를 가져오지만 부정적인 결과를 초래할 수도 있다. 예컨대, 불가능한 일에 집착하는 것은 단지 노력과 시간의 낭비가 될 수 있다. 전투에서 낡은 전술을 고집하는 장군은 수많은 젊은이들의 목숨을 희생하게 된다. 기업경영에서도 낙후된 사업전략을 고수하는 것은 실패로 이어진다. 추구하는 일을 중단하지 못하게 만드는 다양한 요인들이 있다. 이미 투자한 시간, 노력, 자금 때문에 포기하지 못할 수 있고, 추구하는 목표에 근접했다고 느낄 때 그만두기 어려우며, 어떤 행위에 공식적으로 투신했거나 의사결정의 책임감을 느낄 때에도 그만두기가 어렵다.

끈기는 적절한 판단에 의해서 효과적으로 사용될 때만 이로운 것이다. 어떤 일을 추진하다가 곤경에 빠지게 되었을 때, 그 일을 지속함으로써 성공을 하게 될지 아니면 더 많은 문제를 초래하게 될지를 냉철하게 평가해야 한다. 성공의 열쇠는 끈기가 아니라 지속할 때와 그만둘 때를 아는 능력이다.

끈기는 탁월한 성취를 이루게 만드는 주요한 성격적 특성이다. 탁월한 성취를 이룬 사람들의 성격적 특징에 대한 연구에서는 창의성, 활력, 정서지능, 리더십, 자신감, 정서적 안정성, 신체적 매력 등의 다양한 특성이 언급되고 있다. 그러나 성취와 성격적 특징 간의 연구에 따르면, 성격의 5요인(Big Five) 중에서 성실성(conscientiousness)이 성취와 가장 상관이 높은 것으로 나타났다. Barrick와 Mount

(1991)의 연구에서는 성실성이 외향성, 개방성, 우호성, 신경증 성향보다 업무수행과 훨씬 더 강한 상관을 보였다. 성실성은 철저하고, 주의깊고, 신뢰로우며, 조직적이고, 근면하고, 자기통제적인 성격적 특징을 포함한다. 이러한 속성들은 성취에 도움이 된다. 그러나 성실성의 하위요인 중 하나인 자기통제, 즉 유혹을 견디고 충동을 조절하는 능력은 매우 탁월한 성취를 잘 예측하지 못했다. Hough(1992)는 성실성 요인 중 성취지향성과 신뢰성을 나누어 비교한 결과, 성취지향성이 높은 사람들이 업무에 열심히 임하고 좋은 성과를 위해 노력하며 주어진 과제를 잘 완수한 반면, 신뢰성이 높은 사람들은 자기조절을 잘하고 관습적인 성향을 나타냈다. 끈기와 근면성은 성실성 중에서도 성취지향성과 밀접한 관계를 맺고 있는 특성이다. 특히 끈기와 불굴의 정신은 단기적 집중력보다 장기적 과제에 대한 지속적인 노력과 관련되어 있으며 탁월한 성취를 예측하는 강력한 요인이다.

끈기는 성격, 능력, 동기를 비롯한 다양한 요인과 관련되어 있다. 일반적으로 능력을 많이 지닌 사람들은 성공에 대한 기대감, 긍정적 자기평가, 초기 단계에서의 진전으로 인한 자신감과 의욕 증진으로 인해 끈기와 인내 수준이 높은 경향이 잇다. 그러나 일반적으로 능력이 우수하다고 해서 모든 과업에서 높은 인내를 보이는 것은 아니다. 동기수준 역시 끈기와 밀접한 관계를 지닌다. 과업 성취에 높은 가치를 부여하고, 통제와 숙달에 대한 강한 동기적 지향을 지니며, 높은 자율성과 통제에 대한 강한 욕구를 지닌 사람들은 높은 끈기를 나타내는 경향이 있다. 또한 끈기는 감정 통제력이나 강인성과 같은 성격요인들과도 밀접하게 관련되어 있다. 감정 통제를 잘할수록 끈기를 보인다. 스트레스에 대한 저항력을 의미하는 강인성(hardiness)은 자신의 삶에 대한 전념, 사건들을 통제할 수 있다는 믿음, 변화를 긍정적인 도전으로 받아들이는 태도로 구성되어 있는데, 끈기를 잘 예측하는 것으로 알려져 있다(Wiebe, 1991). 또한 A 유형 성격(type A personality)은 끈기를 보이는 반면, 꾸물거림(procrastination)은 어려운 과업에 인내 능력을 저하시킨다.

다양한 요인들이 끈기를 억제하는 것으로 확인되고 있다. 첫째, 여러 유형의 정신병리가 끈기 있는 행동을 억제할 수 있다. 예를 들어, 주의력 결핍 및 과잉행동장애, 정신지체, 학습장애, 우울증 등의 장애를 지닌 사람들은 한 과제에 끈기 있게 주의를 집중하기 어렵다. 둘째, 자기조절과 끈기를 밀접한 관계를 지닌다. 자기조절이 낮은 사람들은 끈기도 낮은 경향이 있다. 예를 들어, 흡연자나 습관적 약물사용자들은 실험실 상황의 과제 수행에서 낮은 인내력을 보였다(Quinn, Brandon, & Copeland, 1996). 셋째, 과제가 자기와의 관련성이 낮다고 인식하면 끈기가 저하된다. Scheier와 Carver(1982)는 자기에 대한 의식이 강한 사람들의 경우에 한해서 긍정적 피드백이 끈기를 향상시킨다는 것을 발견했다.

끈기와 인내는 성인기 중반까지 나이를 먹을수록 증가한다. 좌절에 대한 인내를 발달시키는 데에는 많은 시간이 걸린다. 영아와 유아는 매우 어려운 것보다 적당히 어려운 과제를 선호하고 더 오래 그 일을 한다. 또한 유아의 경우 인지능력이 발달할수록 어떤 과제에서 끈기를 보인다. 그러나 나이가 증가함에 따라 인지능력과 인내의 상관관계는 감소한다.

아동들의 인내에 관한 연구(Masters & Santrock, 1976)에 의하면, 아동들은 스스로 재미있고 쉽다고 명명한 과제를 재미없고 어렵다고 명명한 것에 비해서 끈기있게 계속했다. 또한 자긍심을 느끼게 되거나 즐거운 기억을 떠올릴 수 있을 때, 인내를 잘하는 경향이 있었다.

만족 지연(delay of gratification)에 관한 연구들은 인내와 관련된 점들을 보여주고 있다. 만족 지연 능력은 미래의 보상을 위해서 즉각적인 충동을 억제하는 능력으로서 인내와 매우 밀접한 특성이다. 장기종단적 연구(Mischel, Shoda, & Rodriguez, 1989)에 따르면, 4세경에 만족을 지연시켰던 아이들은 그렇지 못한 아이들보다 10년 후 청소년기에 학업성취, 대인기술, 대처능력 등에 있어서 더 우수했다.

끈기의 성차에 대한 연구결과는 일관적이지 않다. 여학생들이 도형과 산수문제에 더 끈기를 보이고 학교생활에 잘 적응하며 자기통제를 더 잘한다는 연구들이 있다(Nygard, 1977; Summers, 2000). 그러나 남학생들은 실패를 외적인 불안정 요인에 귀인하는 반면, 여학생들은 주로 능력 부족에 귀인하는 경향이 있다(Bjorklund & Kipp, 1996). 따라서 남학생들은 실패를 계속하더라도 여학생에 비해서 이를 잘 견디며 인내할 수 있다는 의견도 있다. 일반적으로 끈기에 있어서 성차는 무시해도 좋을 만큼 작은 것이라고 할 수 있다(Tangney et al., 2004).

4 끈기의 촉진요인 및 함양방법

끈기에 대한 심리학의 관심은 20세기 초반부터 제기되었다. 미국 심리학의 창시자로 여겨지는 William James(1907)는 『심리학의 원리』에서 다음과 같이 언급하면서, 심리학은 인간의 능력에 대한 연구뿐만 아니라 그러한 능력을 발휘할 수 있는 다양한 방법에 대해서 연구해야 한다고 주장한 바 있다.

> 우리가 해야 할 일에 비해서, 우리는 단지 반만 깨어 있다. 우리의 불꽃은 희미하며, 우리의 수레는 머뭇거리고 있다. 우리는 가능한 정신적 자원의 작은 부분만을 사용하고 있다……. 모든 사람들은 상당한 자원을 지니고 있지만, 예외적인 사람들만이 자신의 역량을 최대한 발휘하기 위해 노력하고 있을 뿐이다(William James, 1907, pp. 322-323).

끈기와 근면성은 개인이 지니고 있는 역량을 발휘하도록 만드는 가장 중요한 성품이다. 끈기와 인내는 다양한 요인에 의해서 촉진될 수 있다. 그 첫째는 노력에 대한 보상 경험이다. 학습된 근면성 이론(learned industriousness theory; Eisenberger, 1992)에 따르면, 노력에 대해서 보상을 받은 경험이 있는 아이들이 그렇지 않은 아이들에 비해 더 많은 노력을 나타냈다. 이러한 결과는 실험실 상황에서도 입증되었다. 노력이 필요한 끈기 행동은 보상에 의해서 증가되었다(Eisenberger & Selbst, 1994).

둘째, 긍정적 피드백은 끈기와 인내를 촉진할 뿐만 아니라 자기결정감을 증가시키는 것으로 알려져 있다. Kelley, Brownell과 Campbell(2000)의 연구에 따르면, 어머니로부터 긍정적인 피드백을 2세 아동은 과제가 어렵든 쉽든 더 끈기 있는 행동을 보였다. 또한 10~11세의 여자 아이들의 경우, 처음의 실패에 대해서 긍정적인 피드백을 주게 되면 다음 과제에서 더 끈기 있는 행동을 나타냈다(Draper, 1981). 긍정적 피드백은 유능감뿐만 아니라 내재적 동기를 증가시키는 것으로 여겨지고 있다. 그러나 긍정적 피드백이 항상 끈기를 증가시키는 것은 아니다. Paulus와 Konicki(1973)의 연구에서는 오히려 부정적 피드백을 받은 사람들이 아무런 피드백을 받지 못하거나 긍정적 피드백을 받은 사람들보다 더 끈기 있는 행동을 보였다.

셋째, 긍정적 피드백 자체보다는 긍정적 피드백의 강도나 방식이 끈기에 더 중요한 영향을 미칠 수 있다. Drucker 등(1998)은 강화와 끈기가 곡선적 관계를 지닌다고 주장했다. 즉, 중간 수준의 강화는 인내를 증가시키지만, 과도하게 높거나 낮은 수준의 강화는 오히려 인내를 감소시킨다는 것이다. 또한 Nation 등(1979)은 부분적 강화가 지속적 강화보다 끈기를 더 증가시킨다는 연구결과를 얻었다. Miller와 Hom(1990)에 따르면, 보상을 제공하는 것은 개인의 정체성과 깊은 관련성을 지니는 과제에서는 인내를 증가시키지만, 자신과의 관련성이 낮은 과제에서는 인내를 감소시킨다. 특히 과도한 물질적 보상은 내재적 동기를 감소시켜서 그러한 보상이 더 이상 주어지지 않으면 지속적인 끈기 있는 행동을 급격히 감소시킬 수도 있다. 따라서 보상을 개인의 능력에 대한 긍정적 피드백으로 전달함으로써 과제가 자기유능감의 상징적 가치를 지니는 것으로 인식되면, 내재적 동기와 더불어 끈기가 향상될 수 있다.

마지막으로, 사회적 지지도 끈기와 인내를 촉진하는 요인으로 알려져 있다. 사회적 지지를 받게 되면 학생들은 학업에서 더 끈기 있는 행동을 보였다(Gloria et al., 1999). Zaleski(1988)에 따르면, 친밀하고 지지적인 인간관계를 지닌 사람들이 더 끈기 있게 노력을 기울였다. 사회적 지지는 개인의 자기결정감을 증가시켜 끈기를 촉진하는 것으로 여겨지고 있다.

끈기를 함양하는 프로그램에는 크게 두 가지 유형이 있다. 그 첫째는 노력훈련(effort training)으로서 매우 어렵고 부담스러운 과제를 수행하는 집중적 훈련을 통해서 좌절과 실패에 대한 인내심을 향상시킨다. 둘째는 귀인방식을 변화시키는 훈련이다. 실패를 능력과 같은 내부적 원인에 돌리게 되면 무기력감이 생성될 수 있으므로 그 귀인방식을 재조정하는 것이다. 무기력감에 시달리는 사람들에게 실패의 원인을 능력 부족이 아니라 노력 부족에 돌리도록 격려한 결과, 과제 수행에 대한 끈기가 증가했다(Craske, 1985). 무기력을 나타내는 아동들에 관한 연구(Dweck, 1975)에 의하면, 실패에 대한 책임은 지되 그 원인을 노력 부족에 돌리도록 훈련시키는 것이 단순히 성공경험을 제공하는 것보다 실패를 견디며 끈기를 증가시키는 데 더 효과적이었다.

끈기 증진 방법(Rashid & Anjum, 2005)

- 해야 할 일들의 목록을 만들어보고, 매일 그 목록에 있는 일들을 하나씩 해 본다.
- 중요한 일들을 계획한 것보다 일찍 완성해 본다.
- 쉬지 않고 계속 여러 시간 동안 일(공부)을 해 본다. 예를 들어, TV를 보지 않거나 전화를 받지 않거나 간식을 먹지 않거나 또는 이메일을 확인하지 않으면서 한 가지 일을 계속해 본다.
- 몰입과 의미를 경험한 두 가지 활동을 선택하여 그것에 100%를 투자한다.
- 매주 5가지 작은 목표를 정한다. 이를 실천적인 단계로 나누어 정해진 시간에 끝마치고 매주 그 과정을 모니터한다.
- 가장 중요한 목표의 경우 평소보다 더 열심히 일(공부)한다.
- 끈기의 모범이 되는 역할 모델을 정해서 어떻게 하면 그 사람을 닮아갈 수 있을지 생각해 본다.
- 목표 완수를 고취시키는 인용문이나 시구를 읽는다.
- 이른 봄에 꽃을 심어 여름 내내 돌본다.
- 자신의 목적과 목표를 쓴 뒤 이를 정기적으로 볼 수 있는 곳에 붙인다.
- 해야 할 일의 목록을 체크하고 정기적으로 업데이트한다.
- 시간관리에 관한 세미나나 워크숍에 참석한다.
- 사랑하는 사람과 자신의 목표를 공유하고 주기적으로 나를 고무시키도록 한다.
- 5년 내 이루고 싶은 것에 대해 생각해 본다. 로드맵을 발전시키고 현재 내가 지닌 기술과 지식이 앞으로의 목표에 어떻게 합치될 수 있는지 검토한다.

제 15 장

활력

"위대한 것 치고 열정 없이 이루어진 것은 없다."는 에머슨(Ralph Waldo Emerson)의 말처럼, 탁월한 성취를 이룬 사람들의 공통점 중 하나는 그들이 남다른 활력과 열정을 지닌다는 점이다. 그들은 자신이 추구하는 목표를 위해서 뜨거운 열정으로 혼신의 힘을 다한다. 개인의 능력이 최대한 발휘되도록 돕는 에너지원이 바로 열정과 활력이라고 할 수 있다.

활력(活力)의 사전적 의미는 '살아 움직이는 힘'이다. 활력은 생명력을 의미하는데, 그 생명력의 기운이 사람마다 다르다. 생명의 불꽃이 활발발(活潑潑)하게 타오르는 사람이 있는 반면, 불꽃이 금방이라도 꺼질 듯 시들한 사람도 있다. 그래서 동양에서는 생명력의 기운을 활기(活氣), 생기(生氣), 원기(元氣) 등과 같은 다양한 용어로 표현해 왔다.

활력과 열정은 개인차가 심한 성격적 특질로서 한 인간의 행복과 성공에 매우 중요한 영향을 미친다. 우리 주변에는 매사에 흥미를 느끼지 못하고 늘 미적지근한 태도로 무사 안일한 삶을 살아가는 사람들이 있는 반면, 자신이 하는 일에 강렬한 열정을 지니고 능력을 집중하면서 활기찬 삶을 살아가는 사람들도 있다. 이러한 두 가지 유형의 사람들이 개인적 생활과 직업적 생산성에 있어서 어떠한 차이를 나타내게 될지는 너무도 극명하다.

활력과 열정은 어떤 일을 강력하게 분발하고 맹렬하게 추진하는 능동적인 강점이다. 또한 외부적, 내부적 난관에 직면하더라도 이를 극복하면서 목표를 성취하고자 하는 강인한 투지를 의미한다는 점에서 넓은 의미의 용기에 속한다. 스티븐 스콧(Steven Scott)의 말처럼, 성공을 위한 엔진의 최고 연료는 열정이다.

1 활력의 정의와 유형

활력(vitality)은 활기차게 적극적으로 살아가는 동시에 자신이 하는 일에 강한 흥미를 느끼며 열정적으로 추진하는 성격적 특성이다. 활력을 지닌 사람들은 생동감과 에너지가 넘칠 뿐만 아니라 목표를 추구하는 행동적 추진력을 지닌다. 활력은 영어의 zest, enthusiasm, passion에 해당하는 열정이라는 용어로 지칭되기도 한다. Peterson과 Seligman(2004)은 활력과 열정을 동일한 개념으로 혼용하고 있다.

활력과 열정은 행복한 삶을 위해서 필요한 긍정적 성품이라고 할 수 있다. 대부분의 사람들은 활력에 넘치기를 바란다. 또한 활력을 지닌 사람들은 주변 사람들을 활기차게 만든다. 활력은 일반적인 삶의 태도를 반영할 수도 있지만 특정한 목표를 강렬하게 추구하는 목표 지향성을 지닌다. 활력과 열정은 목표를 달성하게 만드는 강렬한 동기와 행동력을 제공함으로써 성취를 촉진한다. 이러한 활력은 신체적으로 건강한 상태에서 나타날 수도 있지만 자기통합이 잘 이루어진 상태에서 인생의 분명한 목적과 방향을 지니고 살아갈 때 발현되는 것이다.

활력은 다른 성격 강점들과 밀접히 관련되지만 구별된다. 예컨대, 활력은 호기심, 학구열 등과 함께 존재하는 경우가 흔하다. 그러나 호기심과 학구열은 주로 지적인 관심과 흥미를 반영하는 반면, 활력은 삶의 다양한 과업에 대해서 활기찬 행동을 통해 적극적으로 관여하는 태도라고 할 수 있다. 뛰어난 성취를 이룬 사람들은 대부분 자신의 전문 영역에 대해서 비범한 열정을 지닌 사람들이다. 세계 방방곡곡을 찾아다니며 늘 명랑하고 활기찬 모습으로 강연과 사회적 활동을 하는 달라이 라마는 활력을 지닌 대표적 인물로 여겨지고 있다.

활력은 개인이 지닌 생명력, 즉 신체적·심리적 에너지를 목표지향적 활동에 집중하는 성격특성이자 능력이다. 동양철학에서 사용하는 기(氣)라는 개념과도 관련된 특성이라고 볼 수 있다. 기는 생명을 유지하기 위해 몸과 마음을 통해 흐르는 신체적·심리적 에너지로서 막힘없이 원활하게 유통될 때 활기찬 삶을 누리게 된다. 활기(活氣), 패기(覇氣), 용기(勇氣), 기백(氣魄)과 같은 용어들은 생명력의 활발한 분출을 함축하고 있다. 정신분석학을 창시한 Freud는 생명 에너지를 의미하는 리비도(libido)라는 개념을 제시하면서 활력에 대해 언급하고 있다. 그에 따르면, 개인이 지니는 리비도의 용량은 한정되어 있으며 여러 가지 심리적 억압과 갈등으로 인해서 생산적인 삶을 위해 투여할 수 있는 리비도의 용량이 잠식될 수 있다. 이러한 억압과 갈등으로부터 해방되어 개인이 추구하는 활동에 리비도를 집중하는 상태가 활력이자 열정이라고 할 수 있다.

Thayer(1996, 2001)는 신체적 에너지와 심리적 에너지의 구분이 불가능하다고 주장하면서 생물심리적 모델을 통해서 인간의 각성상태를 두 개의 축으로 설명했다. 〈표 15-1〉에 제시되어 있듯이, 그 하나는 신체적 상태를 반영하는 에너지 충만과 저하의 축이고, 다른 하나는 심리적 스트레스를 반영하는 긍정 정서와 부정 정서의 축이다. 그에 따르면, 활력은 에너지가 충만한 긍정 정서상태라고 할

〈표 15-1〉 활력에 대한 생물심리적 모델

	긍정 정서 (낮은 스트레스)	부정 정서 (높은 스트레스)
에너지 충만	활력/환희	불안/분노
에너지 저하	만족/평온	우울/침체

수 있다. 반면에 불안과 분노는 에너지가 충만한 부정 정서 상태로서 활력과 구별되어야 한다. 우울은 에너지가 저하된 부정적 정서상태로서 활력과 정반대의 속성을 지니며 그 극단적인 상태가 우울증이다.

활력은 건강하고 행복한 삶을 반영하는 결과인 동시에 그러한 삶을 촉진하는 원인적 요인이기도 하다. Ryan과 Deci(2000)에 따르면, 활력은 심리적 욕구의 만족에 의한 결과로서 생성되는 것이다. 인간은 세 가지의 내재적인 욕구, 즉 자율성, 유능성, 관계성의 욕구가 잘 충족될수록 활력이 증진된다. 이러한 점에서 활력은 심리적 억압과 갈등으로부터 벗어나 기본적인 욕구가 잘 충족된 상태에서 목표지향적 활동에 생명 에너지를 효율적으로 집중하는 긍정적인 성품이라고 할 수 있다.

2 활력에 대한 심리학적 이론

활력과 열정은 행복한 삶으로 이끌 뿐만 아니라 탁월한 성취를 이루게 하는 긍정적인 성품이다. 최근에 심리학자들은 활력과 열정의 심리적 실체에 대한 구체적인 탐색을 하기 시작했다. 과연 열정은 어떤 심리적 요소로 이루어져 있을까? 열정을 유발하는 심리적 요인은 무엇일까? 열정은 어떤 심리적 과정을 통해서 탁월한 수행과 주관적 행복감을 생성하는 것일까? 모든 열정이 개인의 삶에 긍정적인 영향만을 미치는 것일까? 이러한 다양한 물음에 답하기 위한 긍정 심리학자들의 노력이 이루어지고 있다.

열정의 이원적 모델

열정에 대한 대표적인 설명은 최근에 Vallerand과 그의 동료들(Vallerand, Blanchard,

et al., 2003; Vallerand, Salvy, et al., 2007)이 제시한 열정의 이원적 모델(dualistic model of passion)이다. 이 모델은 특정한 활동에 대한 열정이 내면화되는 과정에 따라 두 가지 유형, 즉 강박적 열정과 균형적 열정으로 구분될 수 있으며 그 결과가 다르다는 점을 설명하기 위한 것이다. Vallerand 등(2003)에 따르면, 열정은 어떤 목표를 추구하기 위한 활동에 지속적으로 개인적 자원을 투여하는 노력을 뜻한다. 이러한 열정은 다음과 같은 세 가지의 심리적 요소로 이루어져 있다. 그 첫째는 특정한 목표나 활동에 대한 강렬한 애정과 열망으로서 열정의 정서적 요소에 해당한다. 두 번째 요소는 추구하는 목표와 활동이 매우 중요하다고 여기는 신념으로서 열정의 인지적 요소를 의미한다. 마지막 셋째는 목표를 위한 활동에 많은 시간과 에너지를 투여하려는 의지로서 열정의 동기적 요소를 말한다. 요컨대, 열정은 개인이 무언가를 이루고 싶어 하고, 그것을 중요하게 여기며, 그것을 위해 시간과 에너지를 투여하고자 하는 강렬한 성향을 의미한다.

열정은 어떻게 생겨나는 것일까? 열정의 근원에 관한 물음을 답하기 위해서 Vallerand 등(2003, 2007)은 가치의 내면화 과정을 설명하는 자기결정이론(Deci & Ryan, 1985, 2000)에 근거하고 있다. 자기결정이론에 따르면, 인간은 심리적으로 성장하려는 내재적인 동기를 지니며 크게 세 가지, 즉 자율성, 유능성, 관계성의 동기를 지닌다. 이러한 욕구의 충족을 위해 환경과 상호작용하면서 개인은 자기정체감을 발달시킨다. 자기정체감이 발달하면서 개인은 환경적 요인을 내면화하게 되는데, 이러한 내면화 과정은 두 가지 방식으로 이루어진다. 그 첫째는 자율적 내면화(autonomous internalization)로서 개인이 아무런 제약이나 강제 없이 자유롭게 특정한 활동을 자신에게 중요한 것으로 받아들일 때 일어난다. 이러한 내면화는 그러한 활동에 자발적으로 참여하려는 동기를 제공한다. 이 경우에는 특정한 활동의 추구가 스스로 선택한 것이라는 느낌과 더불어 그러한 활동에 대한 의지가 강렬해진다. 두 번째는 강요적 내면화(controlled internalization)로서 외적 또는 내적 압력에 의해서 어떤 활동이나 가치를 내면화하는 경우다. 예컨대, 부모의 지속적인 강요와 압박, 경제적 궁핍상태에서 주어지는 경제적 보상, 다른 사람의 평가와 인정 등에 의해서 어떤 것을 내면화하는 경우다. Deci와 Ryan(2000)은 재미를 느끼지 못하는 활동도 강요적 또는 자율적 방식으로 내면화될 수 있다는 것을 입증한 바 있다.

Vallerand 등(2003, 2007)의 이원적 모델에 따르면, 특정한 활동에 대한 열정이 내면화되는 과정의 차이에 따라 두 가지 유형, 즉 강박적 열정과 균형적 열정으로 구분될 수 있다. 강박적 열정(obsessive passion)은 강요적 내면화에 의해서 어떤 활동에 적극적으로 매달리는 경우를 뜻한다. 이 경우에는 활동 자체를 즐기지 못하고 그 결과에 집착할 뿐만 아니라 실패에 대한 두려움이 크다. 따라서 특정한 활동에 대한 경직된 집착을 보인다. 이 경우에는 특정한 활동을 하지 않으면 안 될 것 같은 충동을 경험하며 그러한 충동을 조절하기 어렵다. 그 결과, 개인의 삶에서 목표추구 활동이 과도한 부분을 차지하게 되어 다른 중요한 활동과 갈등을 초래하게 된다. 또한 열정적 활동을 해야 한다는 내면적 압력으로 인해서 그 활동에 관한 생각을 중단하기 어려우며 비효과적인 반추사고를 하게 된다. 그러한 활동을 하기 어려운 상황에서는 심리적 중독과 같은 부정적 정서(초조, 불안)를 경험하게 된다. 이처럼 강박적 열정은 경직된 집착을 초래한다. 경직된 집착이란 긍정적인 결과가 나타나지 않는 경우에도 특정한 행동을 계속할 뿐만 아니라 대인관계 갈등이나 신체적 질병과 같은 중요한 개인적 문제가 발생함에도 그만두지 못하는 현상을 뜻한다. 강박적 열정은 어느 정도의 성취에 이르게 할 수 있으나 개인의 최고 기능을 발휘하게 하지는 못한다. 이러한 경우에는 어느 정도의 성취를 이루더라도 주관적 행복감을 얻기가 어렵다. 가정과 동료를 무시하고 일에만 파묻혀 사는 일중독을 비롯하여 도박중독, 게임중독과 같은 부정적 중독이 대표적인 경우라고 할 수 있다.

열정의 두 번째 유형은 바람직한 것으로서 균형적 열정이다. 균형적 열정(harmonious passion)은 특정한 목표나 활동이 자율적 내면화를 통해서 개인적 정체성의 일부가 된 경우를 뜻한다. 이 경우에는 자신의 진정한 내면적 소리, 즉 정체성에 따라 활동을 자유롭게 선택하고 그러한 활동에 자발적으로 참여하게 된다. 외부적 보상에 집착하지 않기 때문에 성공이나 실패에 대한 집착으로부터 자유로우며 활동 자체에 대한 즐거움과 만족감을 경험하게 된다. 균형적 열정과 강박적 열정의 차이 중 하나는 특정한 활동을 하려는 충동의 조절 정도다. 균형적 열정의 경우에는 다른 중요한 영역과 조화를 이루도록 활동을 유연하게 조절할 수 있다. 균형적 열정은 강박적 열정보다 더 많은 긍정 정서를 유발하며 더 적은 부정 정서를 초래한다. 과제나 활동을 좀 더 유연한 방식으로 접근하게 되며, 특정한 활동을 하는 동안 집중도와 몰입도가 더 높아진다. 그 결과, 균형적 열정은 개인의 기능이 최대한 발휘되도록 촉진하며 우수한 성과를 만들어낸다.

열정의 이원적 모델은 실증적인 연구를 통해서 입증되고 있다. Vallerand 등(2003)은 열정척도(Passion Scale)를 개발하여 탐색적 요인분석과 확인적 요인분석에서 문항들이 두 개의 요인으로 묶일 수 있다는 것을 입증했다. 또한 두 유형의 열정은 Deci와 Ryan(2000)이 주장하는 내재적 동기와 외재적 동기와 구별되어야 하는데, 이러한 동기를 통제한 경우에도 두 유형의 열정은 정서적 결과에 유의미한 영향을 미치는 것으로 나타났다(Vallerand et al., 2003). 여러 실증적인 연구에서 균형적 열정은 과제수행 시의 몰입도나 긍정 정서와 정적 상관을 보인 반면, 강박적 열정은 수치감과 같은 부정적 정서나 반추 사고와 정적 상관을 보였다. 이러한 두 가지 열정의 차이는 직업활동, 도박, 스포츠, 인터넷 사용, 여가 활동과 같은 다양한 활동에서도 지지되었다(Vallerand & Houlfort, 2003; Vallerand et al., 2007).

열정과 의도적 노력

열정이 긍정적 성품으로 주목을 받는 이유 중 하나는 탁월한 성취를 촉진한다는 점이다. 탁월한 성취는 오랜 기간 동안 지속되어 온 능동적인 노력, 즉 의도적 노력의 산물이다. 의도적 노력(deliberate practice)은 수행을 향상시키려는 목표에 의해서 유발된 매우 체계적인 활동을 의미한다. 수행결과는 의도적 노력과 직선적인 함수관계를 지닌다(Ericsson, Krampe, & Tesh-Romer, 1993). 20대의 일류 바이올린 연주자는 이류 연주자들보다 2,500시간 더 많이 연습하며, 삼류 연주자들보다는 5,000시간 더 많이 연습한다. 의도적 노력과 수행결과의 관계는 과학, 예술, 게임, 스포츠 분야의 탁월한 성취자들에 대한 연구를 통해서 확인되었다 (Holmes, 1996; Winner, 1996).

의도적 노력은 어떤 활동을 반복적으로 해야 하고 때로는 계획에 따라 하지 않으면 안 되는 압박감을 느끼기 때문에 항상 즐겁지만은 않다. 이런 점에서 의도적 노력은 여가활동과 구분된다. 그렇다면 이렇게 힘든 의도적 노력을 하게 만드는 심리적 요인은 무엇일까? Vallerand 등(2007)은 그것이 바로 열정이라고 주장한다. 사람들로 하여금 목표를 향한 기나긴 연습과정을 견뎌내고 때로는 좌절을 이겨내도록 만드는 중요한 에너지원은 열정이라는 것이다.

열정은 어떤 목표를 향한 에너지를 제공한다. 달리 말하면, 열정은 목표와 더불어 에너지를 제공하여 의도적 노력에 몰두하도록 만든다. 이런 점에서 열정은 목표성취와 관련된 덕목이라고 할 수 있다. 성취목표(achievement goals)는 개인이 성취상황에서 유능성 동기를 충족시키는 목표를 말하며 크게 세 가지 유형으로 구분되고 있다(Elliot, 1997). 그 첫째는 숙달 목표(mastery goals)로서 개인적 능력과 과제 숙련도를 발달시키는 것이 초점인 경우다. 둘째는 수행-접근 목표(performance-approach goals)로서 다른 사람들보다 더 유능하다는 것을 인정받는 데에 초점을 맞추는 목표다. 셋째는 수행-회피 목표(performance-avoidance goals)로서 다른 사람들보다 무능하다는 평가를 받지 않는 것에 목표를 두는 경우다. 일반적으로, 균형적 열정을 지닌 사람들은 숙달 목표를 추구하며 꾸준하고 유연한 의도적 노력을 통해서 탁월한 성취와 주관적 행복을 모두 이루어낸다. 반면에 강박적 열정을 지닌 사람들은 수행-접근 또는 수행-회피 목표를 추구하는 경향이 있으며 의도적 노력을 통해서 어느 정도의 수행을 나타낼 수는 있으나 긍정 정서와 주관적 행복을 경험할 가능성이 제한되어 있다.

Vallerand와 동료들(Vallerand et al., 2003, 2007; Vallerand & Houlfort, 2003)이 제시하는 열정의 이원적 모델을 도식적으로 제시하면 [그림 15-1]과 같다. 열정은 자율적 내면화에 의한 균형적 열정과 타율적 내면화에 의한 강박적 열정으로 구분될 수 있으며, 두 유형의 열정은 모두 의도적 노력을 유발하여 탁월한 성취를 이루게 한다. 그러나 균형적 열정은 탁월한 성취와 더불어 주관적 안녕에 이르게

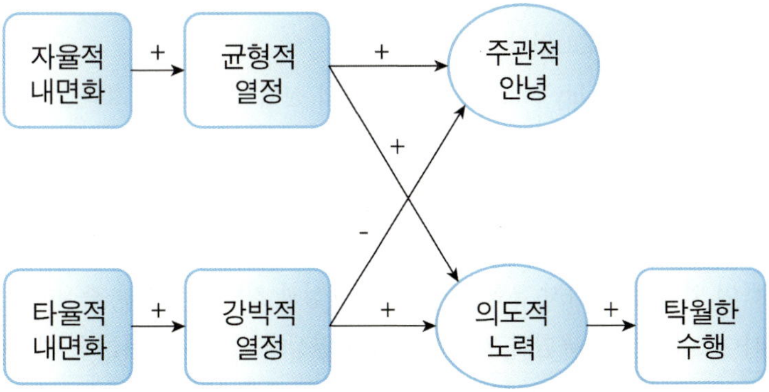

[그림 15-1] 두 가지 유형의 열정과 내면화 및 수행의 관계

하는 반면, 강박적 열정은 성취에는 도움을 주지만 주관적 안녕에 이르게 하지는 못한다. 이 모델은 열정적인 노력으로 탁월한 성취를 이루었지만 개인적으로 불행한 사람들의 사례를 잘 설명하고 있다. 건강한 균형적인 열정만이 행복과 성공의 두 마리 토끼를 모두 잡을 수 있게 해 준다는 점을 시사하고 있다.

활력의 측정도구

활력과 열정은 신체적, 정서적, 동기적, 행동적 요소들이 복합된 심리적 특성으로서 다양한 평가도구에 의해서 측정되고 있다. 평가도구에 따라 측정하는 열정의 측면이나 요소에 차이가 있다. 활력과 열정은 외현적인 행동으로 나타날 수도 있지만 내면적인 심리적 요소가 중요하기 때문에 자기보고를 통해 측정되는 경우가 일반적이다.

주관적 활력 척도(Subjective Vitality Scale)는 자기결정이론에 근거하여 Ryan과 Frederick(1997)이 개발한 자기보고형 검사다. 이 척도는 긍정적인 생동감과 활력 상태를 반영하는 7개 문항(예: "나는 생기와 활기를 느낀다." "나는 거의 항상 명료한 의식상태로 깨어 있다." "나는 에너지와 열정을 지니고 있다.")으로 구성되어 있으며 7점 척도로 평정하게 되어 있다. 이 척도의 점수는 우울, 불안, 일반적 정신병리, 신체적 증상과 부적 상관을 나타내는 반면, 삶의 만족도, 긍정 감정, 자존감과는 정적 상관을 나타내는 것으로 보고되고 있다.

활력 플러스 척도(Vitality Plus Scale)는 운동의 신체적 · 심리적 효과를 노인들에게 평가하기 위해 Myer 등(1999)이 개발한 검사다. 현재의 상태를 5점 척도로 평가하는 10문항으로 구성되어 있으며, 신뢰도와 타당도가 잘 확립되어 있다.

Vallerand 등(2003)에 의해 개발된 열정 척도(Passion Scale)는 열정의 이원적 모델에 근거하여 열정의 두 가지 유형, 즉 균형적 열정과 강박적 열정을 측정하는 자기보고형 검사다. 이 척도는 균형적 열정과 강박적 열정을 각각 측정하는 두 개의 소검사로 이루어져 있다. 균형적 열정 검사는 7문항으로 구성되어 있으며 "내가 추구하는 활동은 내 삶의 다른 활동들과 조화를 잘 이루고 있다." "나는 나의 열정을 잘 통제할 수 있다." 와 같은 문항을 포함하고 있다. 강박적 열정 검사는 "내가 추구하는 활동을 하지 않는 내 인생은 상상할 수 없다." "나는 이러한 활동을 하고자 하는 욕구를 조절하기가 힘들 때가 있다." 와 같은 7개의 문항으로 구성되어 있다. 피검자는 각 문항에 대해서 동의하는 정도를 1~7점 척도상에서 평정하도록 되어 있다. 소검사의 내적 합치도는 .73과 .89로 보고되고 있으며 타당도도 비교적 높은 것으로 알려져 있다.

기분상태 프로파일(Profile of Mood States)은 McNair, Lorr와 Droppleman (1971)에 의해 개발한 도구로서 다양한 정서상태를 평가한다. 이 척도는 활력과 생기뿐만 아니라 긴장-불안, 의기소침과 낙심, 분노와 적개심, 피로와 무기력 등을 평가하며 이를 기술하는 형용사들(예: 활력과 생기의 경우, '활기찬' '적극적인' '에너지 넘치는' '쾌활한' '깨어 있는' 등)을 열거하여 응답자에게 지난 일주일간 자신의 상태를 5점 척도로 평정하게 한다. 비교적 신뢰도와 타당도가 높은 검사로서 널리 사용되고 있다.

개인의 활력뿐만 아니라 집단의 활력 정도를 측정하는 검사들도 있다. 그 대표적인 검사는 Bourhis, Giles와 Rosenthal(1981)에 의해 개발된 주관적 활력 질문지(Subjective Vitality Questionnaire)다. 이 검사는 24개의 문항으로 구성된 자기보고형 검사로서 개인이 소속한 집단의 전반적 활기를 측정하고 있다. 구성원의 위상과 지위, 집단 구성원의 강점, 기관의 지원정도, 구성원 간의 협력적 활동 등에 대한 문항들로 구성되어 있다.

3 활력과 관련된 심리적 특성

일반적으로 활력은 주관적 행복감과 기능수준뿐만 아니라 신체적 건강에 긍정적인 영향을 미치는 것으로 보고되고 있다. 여러 척도로 측정된 활력은 삶의 만족도, 긍정 정서, 신체적 효능감 등과 정적 상관을 보인 반면, 우울, 걱정, 분노, 피로감, 신체화 증상과는 부적 상관을 나타냈다(McNair et al., 1971; Ryan & Fredrick, 1997). Penninx 등(1998)에 따르면, 정서적 활력은 신체적 건강상태와 밀접한 관계를 지니고 있다. 장애를 지닌 환자의 경우, 정서적 활력은 새로운 장애나 증상 악화의 위험을 감소시키는 것으로 나타났다(Penninx et al., 2000).

Ryan과 Frederick(1997)에 따르면, 흡연 · 운동 · 식사조절 등과 같은 생활습관이 활력과 관련되어 있다. 흡연을 하고 운동과 식사조절을 하지 않은 사람들은 주관적 활력이 낮았다. 운동은 활력을 증가시키는 것으로 알려져 있으며, 특히 신체적 장애로 인하여 활력이 저하된 환자들에게 효과적이다. 식사조절이 활력에 미치는 영향은 시간경과에 따라서 다른데, 단 과자류를 먹은 직후에는 피로감이 줄고 에너지 수준이 증가하지만 2시간 이후에는 그 상태가 반전되어 오히려 처음보다 에너지 수준이 감소하고 피로감이 증가하는 것으로 나타났다(Thayer, 1987).

그러나 어떤 일에 열정적으로 매달리는 것이 항상 긍정적인 효과를 나타내는 것은 아니다. Vallerand 등(2006)은 열정의 이원적 모델에 근거하여 두 가지 유형의 열정이 스포츠와 관련된 활동에 미치는 영향을 조사하였다. 그 결과, 아마추어 체육인들은 자신이 참여하는 스포츠에 대한 열정의 유형에 따라서 다른 양상을 나타내다. 균형적 열정을 지닌 사람들은 스포츠 활동을 하면서 긍정 정서를 많이 느낄 뿐만 아니라 스포츠 활동에서의 활력과 스포츠에 대한 만족도가 높았다. 반면에 강박적 열정을 지닌 사람들은 스포츠 활동에서의 활력은 다소 높았으나 부정 정서 경험을 많이 하는 것으로 나타났다. 또한 열정의 유형은 성격 지향성과도 밀접히 관련된 것으로 나타났다. 균형적 열정은 자신의 내재적 동기와 판단을 중시하는 자율적 성격 지향성(autonomous personality orientation)과 정적 상관을 보인 반면, 강박적 열정은 타인의 인정과 같은 외부적 요인을 중시하는 통제적 성격 지향성(controlled personality orientation)과 정적인 상관을 나타냈다.

활력은 기본적인 욕구의 충족과 밀접히 관련되어 있다. Ryan과 Frederick(1997)에 따르면, 자율성, 유능성, 관계성의 욕구가 잘 만족될수록 활력 수준이 증대된다. 예를 들어, 체중조절 프로그램에 참여한 사람 중에서 자발적으로 참여한 사람이 그렇지 않은 사람보다 활력 수준이 높았다. 또한 자신의 유능성을 높이 평가하는 사람들이 높은 활력 수준을 나타냈으며, 양로원 거주자 중에서 다른 사람들과 교류가 많은 사람이 그렇지 않은 사람에 비해서 활력 수준이 높았다(Kasser & Ryan, 1999).

열정을 지닌 사람들은 자주 몰입경험을 하는 경향이 있다. 몰입의 대표적 연구자인 Csikszentmihalyi(1990)는 몰입경험을 자주 하는 사람들의 성격특성을 자기목적적 성격(autotelic personality)이라고 지칭한 바 있다. 이러한 성격을 지닌 사람들은 어떤 일을 하더라도 적극적이고 열정적으로 임한다. 내재적 동기가 강한 사람들이어서 외부적 보상보다 일 그 자체를 위해서 열심히 끈기 있게 일한다. 이들은 자율성과 독립성이 강해서 다른 사람의 간섭을 싫어하며 개인적 목표나 야망으로부터 자유로운 경향이 있다. 즉, 성과에 집착하지 않으며 다른 사람의 시선과 평가에 신경을 쓰지 않는 경향이 있다.

일반적으로 연령이 증가함에 따라 활력이 감소하는 것으로 여겨지고 있다. Penninx 등(1998)의 연구에서는 정서적 활력이 신체적 건강상태뿐만 아니라 나이와도 정적인 상관을 나타냈다. 그러나 나이에 따른 활력의 변화를 종단적으로 확인한 연구는 드물다. 만약 나이에 따른 활력의 감소가 나타난다면, 그것은 연령 증가에 따른 활동량과 대사량의 감소 때문일 것으로 추정된다(Thayer, 2001).

Penninx 등(1998, 2000)은 정서적 활력이 특히 노인이나 장애인 집단의 심리적 행복에 중요하다고 주장하였다. 이들에 따르면, 신체적 장애를 지닌 노인 환자 중 약 20%는 정상 수준의 정서적 활력을 잘 보존하고 있었다. 또한 통증 환자들의 활력 수준도 통증 수준 자체보다는 통증에 대한 두려움에 의해서 더 잘 설명되었다(Ryan & Frederick, 1997). 이처럼 활력은 객관적인 외부적 요인보다 자기통제감, 낙관주의, 지각된 사회적 지지와 같은 주관적인 심리적 변인에 의해서 더 많은 영향을 받는 것으로 여겨진다.

4 활력의 촉진요인 및 함양방법

활력은 다양한 신체적, 심리적 요인에 의해서 촉진되거나 억제될 수 있다. Ryan와 Frederick(1997)에 따르면, 신체적 요인 중 질병, 통증, 피로감이 모두 활력을 저하시키며 적절한 운동과 식사조절은 활력을 증가시킨다. 또한 긍정 정서, 삶의 만족도, 성취경험 등은 활력을 증진시킨다. Deci와 Ryan(1985, 2000)이 주장하듯이, 자율성, 유능성, 관계성의 기본적 욕구를 잘 충족시키는 것이 활력을 증가시키는 데 중요하다. 내재적 욕구를 충족시킬 수 있는 다양한 활동과 경험은 활력을 촉진한다. 반면에, 우울증을 비롯한 다양한 정신병리는 활력을 저하시키는 주요한 요인으로 알려져 있다. 이러한 심리적 갈등과 장애를 극복하는 동시에 자기존중감과 자기통제감을 향상시키면서 미래에 대한 낙관성과 희망을 강화하는 것은 활력을 증가시키는 데 커다란 도움이 될 것이다.

활력을 촉진하는 대표적인 방법 중의 하나는 자연과 접촉하는 것이다(Bernstein & Ryan, 2001). 등산, 암벽등반, 스키, 수영 등과 같이 자연과 만날 수 있는 다양한 야외활동은 활력을 증진시킬 수 있다. 또한 흥미와 재미를 느낄 수 있는 다양한 활동과 운동은 에너지 수준을 향상시키고 우울증상을 감소시킨다(Ryan & Frederick, 1997).

활력과 열정은 추구하는 분명한 목표가 존재할 때 증가한다. 목표는 일상생활의 방향을 제시할 뿐만 아니라 삶의 의욕과 생동감을 제공하기 때문이다. 그러나 모든 목표가 활력을 증진하는 것은 아니다. 일반적으로, 추구하는 목표가 자발적으로 선택한 것일 뿐만 아니라 자신의 내재적 동기와 잘 부합할 때 활력과 열정이 증가한다(Kasser & Ryan, 1993; Cantor & Sanderson, 1999). 또한 회피 목표보다 접근 목표를 추구할 때 열정이 더 증진된다. 접근 목표(approach goals)는 무언가를 향해 움직이도록 동기를 부여하는 것인 반면, 회피 목표(avoidance goads)는 위험, 곤란, 공포 등을 피하기 위한 것을 의미한다. 아울러 목표를 향해 다가가고 있다는 진전감이 행복감과 열정의 증진에 중요하다(Hsee & Abelson, 1991).

활력은 목표의 달성에 대한 희망과 밀접하게 연결되어 있다. Snyder, Rand와 Sigmon(2002)에 따르면, 희망(hope)은 두 가지 믿음의 결과다. 그 첫째는 목표에 이르는 경로에 대한 것으로서 목표를 달성하는 방법을 찾을 수 있다는 믿음이다. 두 번째는 목표를 향한 추구의지에 관한 것으로서 그러한 목표를 달성할 만큼 충분히 동기와 의지를 지니고 있다는 믿음이다. 즉, 희망이란 목표를 달성할 수 있는 현실적인 방법에 대한 확고한 믿음과 더불어 그 목표를 향해 충분한 욕구를 스스로 불러일으킬 수 있다는 믿음의 결과다. 이러한 희망 수준이 높은 사람들은 긍정적 정서를 더 많이 느끼며 더 확신에 차 있고 스트레스에도 더 성공적으로 대처하며 열정적으로 목표를 추구하는 경향이 있다(Snyder, Rand, & Sigmon, 2002).

Cantor와 Sanderson(1999)에 따르면, 목표 추구가 열정에 영향이 미치는 이유는 삶에 능동적으로 참여하고 있다는 느낌을 주기 때문이다. 내재적인 동기에 의해 자발적으로 목표를 선택하여 추구하면서 현실적이고 구체적인 목표를 향한 활동에 적극적으로 참여함으로써 활력과 더불어 행복감이 증진될 수 있다.

열정은 몰입 경험과 상호촉진적인 관계를 지닌 것으로 여겨지고 있다. Csikszentmihalyi(1997)에 따르면, 몰입을 촉진하는 조건들이 다음과 같다. 첫째, 분명한 목표가 있는 활동에서 몰입이 잘 일어난다. 현재 하고 있는 일의 목표가 모호하거나 장기적인 경우에는 몰입이 잘 일어나지 않는다. 둘째, 즉각적인 피드백이 주어지는 활동에서 몰입이 잘 일어난다. 즉각적인 피드백은 목표달성을 위해서 현재 자신이 어떤 위치에 있으며 어떤 행위를 해야 하는지를 분명하게 알려주는 기능을 하기 때문이다. 셋째, 몰입을 촉진하기 위해서는 개인의 기술 수준과 과제의 난이도가 적절한 균형을 이루는 것이 매우 중요하다. 분명한 목표와 즉각적 피드백이 주어지더라도 너무 쉬운 과제는 몰입하기 어렵고 너무 어려운 과제는 흥미를 상실하고 포기하게 될 것이다. 상당한 기술을 요구하는 도전적인 과제를 할 때 몰입을 하게 된다. 즉, 개인의 기술(skill)과 과제의 도전(challenge) 간의 균형이 몰입을 촉발하는 중요한 조건이다(Moneta & Csikszentmihalyi, 1996). 이밖에도 개인의 흥미와 과제의 특성이 잘 일치하는 경우에 몰입 경험이 더 잘 일어난다.

활력과 열정은 즐거움과 더불어 의미를 주는 활동을 할 때 증진된다. 자신의 삶에 중요한 의미를 제공하는 활동에 열정을 느끼게 된다. 그러나 그러한 활동에서 즐거움을 경험하지 못하면 열정을 유지하기 힘들다. Nakamura(1995; Nakamura & Csikszentmihalyi, 2002)는 즐거운 동시에 의미 있는 일을 하는 것이 중요하다는 주장이다. 위대한 창조적 업적을 남긴 과학자나 예술가들은 자신의 일에 남다른 즐거움을 느끼며 깊이 몰두하고 그 결과 의미 있는 결과물을 얻어낸다. 이러한 경우처럼 몰입(즐거운 몰두상태)과 의미(주관적 중요성)를 경험하며 세상에 적극적으로 임하는 태도를 Nakamura는 열정적 관여(vital engagement)라고 명명했다. 열정적 관여에서는 자신과 대상과의 강렬한 연결감을 느끼며 그 대상과의 관계에 적극적으로 전념하게 된다. 열정적 관여는 특히 직업의 만족도와 성과를 높이는 데 기여한다. 직업적 활동을 비롯하여 인생의 주요한 활동에서 의미와 즐거움을 발견하며 열정적으로 살아가는 것이 행복의 관건이라고 할 수 있다.

활력 증진 방법(Rashid & Anjum, 2005)

- 일주일 동안 매일 자명종이 필요하지 않도록 일찍 잠자리에 들고 평소의 기상시간보다 일찍 일어나서 영양가 있는 아침식사를 한다.
- "왜 해야 되지?" 라고 말하기보다 "왜 하지 말아야 되지?" 라고 말해 본다.
- 의무적으로 해야 하는 일이 아니라 진정으로 원하는 일을 매일 해 본다.
- 이미 하고 있는 일을 지금까지와는 다른 창의적인 방식을 사용해서 보다 열정적으로 해 본다.
- 매주 최소한 2~3번 운동을 하고, 운동이 자신의 에너지 수준에 어떠한 영향을 미치는지 인식한다.
- 꼭 할 필요는 없지만 한 가지 신체적 활동을 선택해서 해 본다.
- 수면 위생(규칙적인 취침 시간, 취침 3~4시간 전에 식사, 잠자리에서는 다른 일 하지 않기, 저녁 늦게 카페인 섭취하지 않기)을 점검하고 이것이 에너지 수준에 미치는 영향을 인식한다.
- 어떤 일을 하기 전에 그것을 신나고 몰입해서 할 수 있는 방법을 생각해 본다.
- 항상 하고 싶었지만 아직 하지 못했던 신체적으로 고된 활동(마라톤, 등산)에 도전해 본다.
- 합창을 하거나 악기를 연주한다.
- 댄스 클럽이나 콘서트에 참석한다.
- 매주 시트콤이나 코미디 영화를 시청한다.
- 기분 좋게 잘 웃는 친구들과 교제한다.
- 매주 한 시간 정도 야외 활동을 한다.

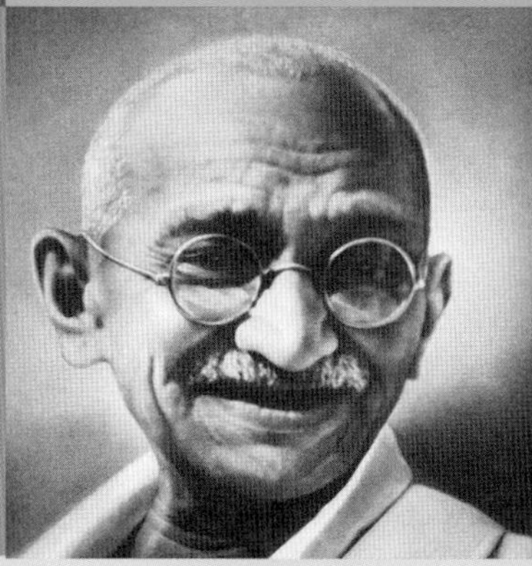

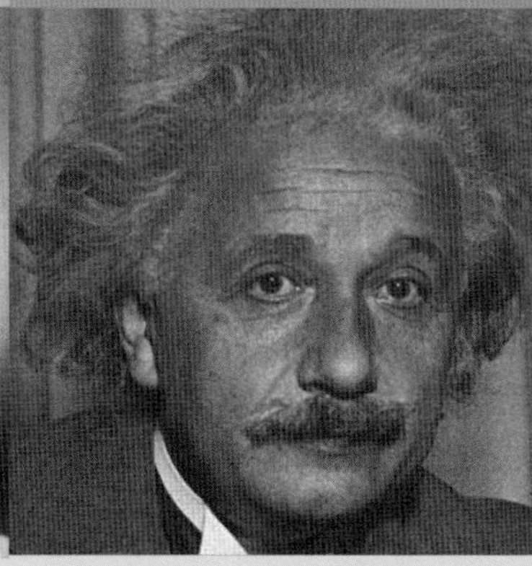

제 5 부

절제(節制)와 관련된 긍정적 성품

인간의 삶은 욕망을 충족시키는 과정이라고 할 수 있다. 인간은 식욕, 성욕, 재물욕, 권력욕, 명예욕을 비롯한 매우 다양한 욕망을 지니며 살아간다. 이러한 욕망은 충족되기를 원하며 우리를 행동으로 몰아간다. 욕망 자체의 긍정성과 부정성을 평가할 수는 없다. 욕망은 삶의 의욕을 촉진하는 원동력으로서 긍정적인 순기능을 한다. 그러나 욕망이 적절하게 조절되지 않은 채로 표출될 경우에는 파괴적인 결과를 초래한다. 인간이 겪는 대부분의 갈등과 불행은 많은 욕망과 감정을 절제하지 못함에서 유래한다.

욕망은 눈먼 야생마와 같아서 우리를 절벽으로 인도할 수 있다. 욕망에 대한 고삐를 틀어쥐고 제어하지 않으면 불행의 나락으로 떨어지게 된다. 실제로 욕망은 인간을 탐욕스럽고 방탕하게 만들어 개인적인 불행뿐만 아니라 도덕적 타락에 빠지게 한다. 그러나 욕망을 과도하게 억제하는 것 역시 바람직하지 못하다. 욕망에 대한 과도한 억압은 삶을 메마르게 할 뿐만 아니라 다양한 심리적 장애의 원인이 되기도 한다. 욕망과 감정에 휘둘리지 않을 뿐만 아니라 그것을 지나치게 억제하지도 않는 적절한 중용적 절제는 동서고금을 막론하고 중요한 덕목으로 여겨져 왔다.

VIA 분류체계는 절제(temperance)와 관련된 긍정적 성품으로 4가지의 강점, 즉 겸손, 신중성, 용서, 자기조절을 제시하고 있다. 절제는 중용(中庸)에 해당하는 덕목이라고 할 수 있다. 과유불급(過猶不及)이라는 말이 있듯이, 절제의 덕목은 지나침이나 극단적인 독단에 빠지지 않게 함으로써 우리를 보호하는 기능을 한다. 겸손은 오만으로부터 우리를 보호하며, 신중성은 장기적 손해를 지닌 단기적 쾌락으로부터, 용서는 증오로부터, 그리고 자기조절은 다양한 종류의 파괴적인 극단적 감정으로부터 우리를 보호한다. 특히 조화와 균형을 중시하는 문화에서는 이러한 강점들이 더 소중한 덕목으로 여겨진다.

절제의 덕목들은 더 나은 삶을 위해서 자신의 욕망과 감정을 잘 관리하고 다른 사람과의 관계를 개선하는 활동과 관련된 강점들이다. 이러한 긍정적 성품들은 인애의 강점들과 더불어 인간 세상이 조화와 균형 속에서 좀 더 따뜻해지도록 만드는 데 기여하는 기능을 지닌다. 이런 점에서 절제의 덕목은 정서적인 강점인 동시에 대인관계적인 강점으로 분류되기도 한다.

제16장

겸손

건강한 삶을 위해서는 자신이 소중한 존재라는 인식과 자신감이 중요하다. 그러나 이러한 자기가치감이 지나치면 교만함이 될 수 있다. "자신이 우수하다고 믿고 싶은 욕망만큼 버리기 힘든 것은 없다."는 엘리엇(T. S. Eliot)의 말처럼, 대부분의 사람들은 자신이 특별히 중요하며 남달리 유능하다고 믿는 경향이 있다. 그래서 자신의 탁월한 능력과 성취를 다른 사람들에게 적극적으로 알려서 인정과 칭찬을 받고 싶은 뿌리 깊은 욕망을 지니고 있다. 그러나 이러한 욕망을 잘 절제하지 못하면, 자신의 성취를 과장하며 자기자랑을 늘어놓고 다른 사람을 무시하는 오만한 행동을 나타내는 교만한 사람이 될 수 있다. 교만은 자신에 대한 잘못된 판단에 근거할 뿐만 아니라 다른 사람에게 혐오감을 주기 때문에 모든 사회에서 부정적인 특성으로 경계해왔다. 겸손은 이러한 교만한 마음을 절제하는 심오한 덕목이다.

겸손은 동서고금을 막론하고 모든 사람에게 중요한 미덕으로 여겨졌다. 기독교와 불교를 비롯한 모든 종교는 공통적으로 겸손을 소중한 덕목으로 여기고 있다. 절대자나 거대한 자연 앞에서 인간은 한없이 작은 존재라는 깊은 깨달음으로부터 진정한 겸손이 우러나올 수 있다. 또한 어떤 지위나 능력을 지니든 모든 인간은 동등하게 소중한 존재로서 존중해야 한다는 믿음이 겸손의 바탕을 이룬다.

겸손은 자신감 없음이나 위축된 행동 또는 자기비하와 구별되어야 한다. 현대 사회는 자기주장과 자기홍보를 중요시하고 있다. 무한경쟁이 이루어지고 있는 현대사회에서는 튀어야 산다. 그래서 현대를 자기PR시대라고 부른다. 사회적 성공을 위해서는 자신의 장점, 성취, 경력을 스스로 다른 사람들에게 알리고 홍보하는 것이 중요하다는 뜻이다. 그래서 겸손한 태도가 자칫 무능함, 소신결여, 적극성 부족 등으로 잘못 비춰질 수 있다. 우리나라 속담에도 "빈 수레가 요란하다." "벼는 익을수록 고개를 숙인다."는 말이 있듯이, 진정한 겸손은 건강한 자기존중감과 자기가치감에 근거하고 있다. 겸손은 자신의 장점과 한계에 대한 냉철한 판단과 자신감에 근거하여 자신을 불필요하게 과장하며 허세를 떨지 않는 것이다. "먼저 겸손을 배우려 하지 않는 자는 아무것도 배우지 못한다."는 메러디드(G. Meredith)의 말처럼, 자신의 한계를 인정하고 다른 사람의 능력과 성취를 인정하는 겸손은 자기성장의 바탕이기도 하다.

1 겸손의 정의와 유형

겸손(謙遜)의 사전적 정의는 '남을 높이고 제 몸을 낮추는 태도'다. 겸손의 한자는 '제 몸을 낮추어 양보하거나 삼간다'는 뜻의 겸(謙)과 '몸을 낮추어 사양하거나 순종한다'는 뜻의 손(遜)으로 구성되어 있다. 겸손의 영어 단어는 humility, modesty, humbleness다. 가장 일반적인 humility는 라틴어 단어인 'humilitas'에서 유래하며 이 단어의 어원은 '땅으로부터' '낮은' '축축한'의 뜻을 지닌 humilis에 있다. 겸손의 사전적 의미는 '자신을 낮추는 것'을 핵심으로 하여 '양보하거나 삼가는 것' '남을 높이는 것' '순종하는 것'이라는 의미를 포함하고 있다. 겸손은 모든 덕목의 바탕(the Foundation of all virtues)으로 여겨지고 있다. 겸손함이 없이 표현되는 강점은 긍정적인 덕목으로 평가받기 어렵기 때문이다.

겸손은 대다수 종교에서 매우 중요한 덕목으로 여기고 있다. 특히 가톨릭 교회는 겸손을 절제의 가장 중요한 덕목으로 여기고 있다. 토마스 아퀴나스는 겸손을 자신의 한계 내에 머물면서 자기 이상의 것에 도달하려 하지 않으며 자신보다 우월한 것에 순종하는 덕목이라고 정의하였다. 가톨릭 문헌에서 겸손은 자신의 결함을 인정하고 자신에 대해서 겸허한 생각을 지니며 신에게 순종하는 또는 신을 위해서 다른 사람에게 순종하는 속성으로 정의되고 있으며 다음과 같은 세 가지 요소, 즉 신이나 권위에 순종하는 것, 다른 사람이 지닌 덕목이나 재능을 인정하는 것, 자기 능력의 한계를 인정하는 것을 중시하고 있다.

긍정 심리학에서는 겸손을 절제(temperance)와 관련된 성격적 강점으로 간주하고 있다. 겸손(謙遜, humility or modesty)은 자신의 장점이나 성취에 대해서 절제된 평가를 하는 일반적 태도를 의미하며 우리를 교만으로부터 보호하는 절제의 덕목이다(Peterson & Seligman, 2004). 겸손은 자신에 대해 절제된 평가를 하는 내면적 상태일 뿐만 아니라 그와 일치되는 사회적 행동으로 자신을 드러내는 것을 포함한다. 그러나 겸손한 행동은 내면적 상태보다 외부적인 상황적 압력에 의해 나타날 수도 있다. 일반적으로 현대사회에서는 자신에 대한 긍정적 평가를 반영하는 자긍심과 자기주장적 표현을 강조하는 경향이 있어서 겸손과 같은 덕목의 가치가 상대적으로 경시되고 있다.

겸손은 때때로 부정적인 인상을 연상시키기도 한다. 겸손한 사람은 약하고 수동적인 사람, 자신감이 없는 사람, 또는 자신을 비하하는 사람이라고 생각할 수도 있다. Emmons(1997)는 겸손이 자존감 부족이나 자기비하와는 다른 것임을 강조하면서 겸손의 핵심적 요소를 제시한 바 있다. 그에 따르면, 겸손하다는 것은 자신에 대한 정확한 인식을 지니는 것이며, 자신의 재능과 성취에 대해 객관적 시각에서 바라볼 수 있는 능력인 동시에 자신을 있는 그대로 수용하는 태도다. 또한 자신의 불완전성에 대한 이해이며 열등감과 오만함에 빠지지 않는 것을 의미한다.

연구결과에 따르면, 겸손한 사람들은 자신에 대해 긍정적인 견해를 가지고 있고(Exline & Geyer, 2004), 내재적인 가치에 근거한 자기 가치감을 지니고 있으며(Brown, 1993), 타인과의 유대감을 지니고(Leary & Baumeister, 2000), 더 높은 권위와의 연결 속에서 살아간다(Crocker & Wolfe, 2001). 겸손의 핵심은 한계와 장점을 지닌 자신을 있는 그대로 정확하게 보려는 비방어적인 태도라고 할 수 있다. 겸손한 사람들은 자신의 이미지를 방어하고, 보상하고, 입증하기 위해서 정보를 일부러 왜곡하는 사람들이 아니다(Swann, 1997). 다만 겸손한 사람들은 자신의 중요성을 다른 사람에게 알리고 실제보다 자신을 우월하게 꾸미려는 욕구가 없다. 이들은 특권을 얻거나 자신의 지위를 높이기 위해서 타인을 지배하지 않는다. 여기서 중요한 것은 자기에 대한 절대적 정확성이 아니라 자신을 정확하게 보려는 태도다.

겸손은 자기에 대한 관점을 초월할 수 있는 능력, 즉 높은 관점에서 자신을 바라볼 수 있는 능력이라고 주장하는 학자들(Morgan, 2001; Murray, 2001)도 있다. 거대한 우주 속에서 자신의 미미한 존재를 깨닫거나, 전지전능한 신 앞에서 자신의 나약함을 인식하거나, 타인에게 빚지고 있는 존재로서의 자각을 얻을 때 사람들은 겸손해진다. 종교가 없는 겸손한 사람들도 많기 때문에 자기초월적 믿음이 겸손의 필수적 요소라고 할 수는 없지만 겸손을 촉진하는 요소일 수 있다.

겸손과 반대되는 극단에는 교만과 자기도취가 있다. 그 대표적인 경우가 자기애성 성격장애다. 자기애성 성격장애(narcissistic personality disorder)는 자신에 대한 과장된 평가로 인한 특권의식을 지니고 타인에게 착취적이거나 오만한 행동을 나타내어 사회적인 부적응을 초래하는 경우를 말한다. 자기애성 성격장애는 다음과 같은 특징을 지니고 있다(American Psychiatric Association, 2000): (1) 자신의 중요성에 대한 과장된 지각을 갖고 있다(예: 자신의 성취나 재능을 과장함. 뒷받침할 만한 성취도 없으면서 최고로 인정되기를 기대함), (2) 끝이 없는 성공에 대한 공상과 권력, 탁월함, 아름다움 또는 이상적인 사랑에 대한 공상에 자주 사로잡힌다, (3) 자신이 특별하고 독특하다고 믿고, 특별한 사람이나 상류층의 사람들만이 자신을 이해할 수 있고, 또한 그런 사람들(혹은 기관)하고만 어울려야 한다고 믿는다, (4) 과도한 찬사를 요구한다, (5) 특권의식을 가진다(예를 들면, 특별대우를 받을 만한 이유가 없는데도 특별대우나 복종을 바라는 불합리한 기대감을 가진다.), (6) 대인관계가 착취적이다(예를 들면, 자기 자신의 목적을 달성하기 위해 타인들을 이용한다.), (7) 감정이입 능력이 결여되어 있다(타인들의 감정이나 요구를 인정하거나 확인하려 하지 않는다.), (8) 자주 타인들을 질투하거나 타인들이 자신에 대해 질투하고 있다고 믿는다, (9) 거만하고 방자한 행동이나 태도를 보인다. 자기애(Narcissism)라는 용어가 연못에 비친 자신의 아름다운 얼굴을 너무 사랑하여 연못 속에 몸을 던져 죽었다는 나르시스(Narcissus)에서 연유하듯이, 자기애성 성격장애자는 과도한 자기사랑과 자기도취로 인해 사회적 부적응을 초래하는 장애다.

현대인은 자기존중감과 자신감을 중시하며 이를 향상시키기 위해 노력하고 있다. 그러나 최근에 심리학계에는 자신에 대한 긍정적 태도인 자기존중감(self-esteem)의 부정적 측면에 대한 지적이 이루어지고 있다. 예를 들어, Crocker와 Park(2004)은 자기존중감이 학습, 대인관계, 자율성, 자기조절, 정신건강, 신체건강에 부정적인 영향을 미칠 수 있다고 주장하고 있다. 특히 어떤 조건(예: 성취, 재산, 타인의 인정)에 근거한 자기존중감은 그러한 조건을 추구하게 만들고 그 노력이 만족스럽지 못할 때 위협감을 느끼게 만들거나 자기방어적인 태도를 취하게 함으로써 부정적인 결과를 초래할 수 있다고 주장하였다. 인간은 자신의 긍정적 측면을 강조하고 부정적 측면을 방어적으로 왜곡하려는 자기개선 편향(self-enhancement bias)을 지니고 있다(Baumeister, 1998). 이러한 편향적 성향을 절제하지 못할 경우, 부적응적인 자기애성 성격으로 나타날 수 있다. 이런 점에서 겸손은 자기강화의 한쪽 방향으로 쏠려 있는 현대인들의 편향성을 바로잡는 중요한 덕목이라고 할 수 있다.

2 겸손에 대한 심리학적 이론

겸손에 대한 심리학자들의 연구는 초창기에 불과하다. 겸손은 종교 영역에서 소중한 덕목으로 강조하는 가치판단적 특성으로 여겨져 왔다. 따라서 겸손이라는 주제는 가치중립적 입장에서 인간의 현상을 과학적으로 탐구하려는 심리학자들에게 오랜 기간 외면되어 왔다. 겸손에 대한 연구가 부족한 또 다른 이유는 겸손에 대한 합의된 정의가 드물 뿐만 아니라 겸손을 측정할 수 있는 좋은 평가도구가 개발되어 있지 않았다는 점이다.

겸손의 핵심적 구성요소

과거에는 신학자나 윤리학자들에 의해서 겸손에 대한 논의가 이루어졌지만, 최근에는 심리학자에 의해 겸손에 대한 과학적 연구가 이루어지기 시작했다. 그 대표적인 학자인 Tangney(2000, 2002)는 겸손의 핵심적 요소를 다음과 같이 제시하고 있다.

첫째, 겸손한 사람은 자신의 능력과 성취에 대한 정확한 이해를 지닌다. 이점은 겸손이 자신에 대한 평가절하나 부정적 평가와 구별되는 것으로서 자존감 저하나 열등감을 초래하지 않는다. Emmons(1997) 역시 겸손의 핵심적 요소 중 하나로 자신에 대한 정확한 인식을 꼽고 있다.

둘째, 겸손의 중요한 요소는 자신의 실수, 불완전함, 한계를 인정할 수 있는 능력이다. 이러한 능력은 자존감을 유지하고 향상시키려는 자기중심적 방어성향을 극복하는 것이다. 자신의 한계 인식은 흔히 고통스러운 좌절경험을 통해서 함양되는 경향이 있다(Harvey & Pauwels, 2004).

셋째, 겸손한 사람은 새로운 생각, 상반되는 정보, 충고에 대한 개방적 자세를 지닌다. 겸손은 자기중심성의 극복을 통한 조망 능력과도 관련되어 있다. 다양한 관점에서 자신과 세상을 볼 수 있는 조망 능력은 개방성을 증가시킨다.

넷째, 겸손은 자신의 능력과 성취를 균형 있는 관점에서 바라보는 것이라고 할 수 있다. Emmons(1997)는 겸손의 핵심적 요소로서 자신에 대한 정확한 인식뿐만 아니라 자신의 재능과 성취에 대해 객관적 시각에서 바라볼 수 있는 능력과 자신을 있는 그대로 수용하는 태도를 들고 있다. 겸손은 자기비판적 또는 자기비하적 태도가 아니라 균형적이고 객관적인 태도로 자신을 바라보고 수용하는 태도라고 할 수 있다.

다섯째, 겸손의 중요한 특성 중 하나는 자기초월성이다. 겸손은 자기 자신에 대한 초점을 약화시키거나 '자신을 잊을 수 있는' 능력을 포함한다. 자신은 커대한 우주의 극히 작은 일부에 불과하다는 점을 깊이 인식하고 있을 뿐만 아니라 다른 사람과의 관계에서도 자기지향적이기보다 타인지향적인 성향을 보인다.

마지막으로, 겸손한 사람은 세상 모든 것의 소중함을 인정한다. 사람이든 사물이든 나름대로의 가치를 지닌 소중한 존재일 뿐만 아니라 각자가 세상에 기여할 수 있는 방법은 다양하다는 점을 깊이 인식한다. 따라서 겸손은 모든 대상에 대해서 차별 없이 애정을 나타내는 겸애(兼愛)와 관련될 수 있다.

겸손과 자기애성 성격

겸손은 다양한 요소에 의해서 발달하는 덕목으로 간주되고 있다. 우선, 어린 시절의 안정된 애착을 증진하는 경험들이 겸손의 기초가 된다(Bowlby, 1973). 그러나 안정된 애착이 그 자체로 겸손을 촉진하지는 못한다. 겸손해지기 위해서는 긍정적인 피드백과 부정적인 피드백이 모두 필요하다. 겸손의 반대에 해당되는 자기애성 성격장애의 발달과정을 살펴보는 것은 겸손을 이해하는 데 도움이 될 수 있다.

자기애성 성격장애의 발달과정을 설명하는 대표적인 이론은 Kohut(1968)와 Kernberg(1975)에 의해 제시되었다(권석만, 2003). Freud(1914)는 자기애(narcissism)를 "심리적 에너지가 자신에게로 향해져 자신의 신체를 성적인 대상으로 취급하는 태도" 라고 정의했으며 이러한 성향이 어린 시절에는 정상적일 수 있으나 성장하여 성숙한 형태로 발전하지 못하면 병적인 자기애가 나타날 수 있다고 주장했다. 부모의 일방적인 애정과 보살핌을 받으면서 자신만이 매우 중요한 존재라고 여기는 자기중심적인 유아기적 자기애(infantile narcissism)가 이후의 발달과정에서 극복되지 못하고 고착되어 나타나는 것이 병적인 자기애라는 것이다. 그러나 유아기적 자기애에 왜 고착되는지를 Freud는 설명하지 못했지만, Kohut과 Kernberg가 그에 대한 설명을 제시하고 있다.

Kohut(1968, 1971)에 따르면, 신생아는 부모의 전폭적인 애정과 보살핌을 받는 정상적인 발달과정에서 웅대한 자기상을 형성하며 유아기적 자기애를 나타내게 되지만 성장과정에서 필연적으로 이러한 웅대한 자기상은 좌절과 상처를 경험하게 된다. 점차 성장하면서 아동은 부모로부터 규제와 질책을 받게 되고 자신의 한계를 직면하게 되는 좌절경험 속에서 "세상은 나를 중심으로 돌아가지 않으며 나는 그렇데 대단한 존재가 아니다." 라는 사실을 아프게 깨닫게 된다. 이러한 좌절경험을 통한 깨달음은 성숙하고 현실적인 자기애로 발전하는 필수요소다. 그러나 부모의 과잉보호나 특이한 성장과정으로 인해 이러한 좌절경험을 하지 못하게 되면 유아기적 자기애가 지속되어 자기애성 성격장애로 발전될 수 있다. 또는 웅대한 자기상에 대한 지나친 좌절을 경험하게 되면, 강한 심리적 충격을 받게 되어 비참한 현실을 외면한 채 웅대한 자기상에 더욱 집착하게 되고 주변사람들로부터의 인정과 칭찬을 강렬하게 추구하는 자기애성 성격장애로 발전될 수도 있다. 즉, 유아기의 웅대한 자기상에 대한 좌절경험이 없거나 또는 좌절경험이 너무 심하면 자기애성 성격장애로 발전될 수 있다는 것이 Kohut의 주장이다.

Kernberg(1975)는 어린아이가 엄마(또는 양육자)로부터 지속적으로 이해와 공감을 받지 못하고 냉정한 양육을 받게 되면 자기애적인 사람으로 성장할 수 있다고 주장한다. 이러한 아동은 엄마의 사랑을 열망하기 때문에, 엄마의 간헐적인 칭찬에 과도하게 주목할 뿐만 아니라 상상 속에서 자신을 칭찬해 주는 이상적인 어머니상을 만들어 간직한다. 이렇게 어린아이는 엄마가 칭찬해 주는 자신의 모습, 이상적인 자신의 모습, 이상적인 엄마의 모습에 대한 상상을 자주 하며 즐기게 된다. 그러나 어린아이는 이러한 내적 상상내용을 변별하는 능력이 부족하기 때문에, 자신의 긍정적 측면과 엄마로부터 사랑받게 될 이상적 자기상이 혼합되어 실제의 자기보다 현저하게 과장된 자기상을 지니게 된다. 나아가서 자신을 칭찬해 주고 특별한 대우를 해 주며 헌신적인 사랑을 베풀어 주는 이상적인 어머니상이 혼합되어, 자신은 이러한 사랑을 받는 대단하고 특별한 존재라는 생각을 하게 된다. 이러한 병리적 융합과정을 거쳐 자기애성 성격장애자는 웅대한 자기상을 형성하게 된다. 병적인 자기애에 대한 Kohut과 Kernberg의 설명은 겸손의 발달을 위한 조건들을 시사하고 있다. 첫째, 양육자의 애정과 공감이 건강한 자기애와 겸손의 발달에 필수적이다. 자신의 한계를 인정하고 객관적인 자기인식을 하기 위해서는 굳건한 자기가치감의 근거가 필요하다. 둘째, 아동에 대한 양육자의 현실적 또는 부정적 피드백이 필요하다. 아동기의 웅대한 자기상을 현실적으로 것으로 받아들일 수 있도록 양육자는 아동에 대한 현실적인 피드백을 보여 줄 필요가 있다. 이러한 현실적 피드백은 아동에게 좌절경험으로 느껴질 수 있지만, 자신의 한계를 인식하는 계기가 될 수 있다. 셋째, 자기애의 극복을 위해서는 자신뿐만 아니라 다른 사람의 소중함을 인식하는 대상애(object love)의 발달이 중요하다. 겸손한 사람은 자신의 소중함뿐만 아니라 타인의 소중함을 잘 인식하고 있기 때문에 비굴하지 않으면서 다른 사람을 진정으로 배려하고 존중할 수 있는 것이다.

이와 관련하여 Harvey와 Pauwels(2004)는 겸손이 상실과 좌절의 한계 경험을 통해서 성장하는 덕목이라고 주장한다. 자신의 한계를 뼈저리게 느끼는 고통스러운 경험을 통해서 겸손이 성장하게 된다는 것이다. 이들은 Peterson과 Seligman이 제시하는 24개의 성격 강점 중에서 겸손이 삶의 만족도와의 상관이 가장 낮은 강점에 속한다는 점에 주목하고 있다. 여러 연구결과(임영진, 2010; Park & Peterson, 2005; Park, Peterson, & Seligman, 2004, 2005)에서 낙관성, 감사, 활력, 사랑 등은 삶의 만족도와 상당히 높은 상관($r > .50$)을 나타낸 반면, 겸손은 삶의 만족도와 가장 낮은 상관($r < .12$)을 나타내고 있다. 이러한 결과는 삶의 만족도가 높은 사람들이 자신의 겸손을 그다지 높게 평가하지 않는다는 점을 의미한다. Harvey와

Pauwels(2004)는 이러한 결과에 대해서 겸손이 현대인에 의해서 높이 평가되지 않는 덕목일 수 있다는 점을 시사하고 있다. 겸손은 마하트마 간디와 같은 위인들의 삶을 통해서 위대한 덕목으로 인정되고 있지만 자존감 향상 운동이 유행하고 있는 현대사회에서 일반인들은 겸손의 중요성을 충분히 인식하지 못하고 있는 듯하다. 또한 겸손은 상실과 좌절 경험을 통해 발달하는 덕목으로서 자신에 대한 냉철한 인식에 근거하고 있어 삶의 만족도를 증가시키는 데 한계를 지닐 수 있다. 오히려 삶의 만족도를 과도하게 높일 수 있는 팽창된 자존감은 위장된 공격성이라는 주장이 제기되고 있다(Bushman & Baumeister, 1998). 겸손은 아픔의 흔적을 지니고 있는 덕목이라고 할 수 있다. 비극적인 상실과 처절한 좌절을 경험하면서 자기중심적인 웅대한 자기상을 포기함으로써 새살이 돋듯 성장하는 덕목이라고 할 수 있다. 겸손은 상실경험과 그러한 경험에 대처하는 과정에서 유래되는 드문 성품 중 하나라고 할 수 있다.

겸손의 측정도구

'겸손에 관한 연구를 하려면 겸손해져야 한다.' 는 말이 있다. 겸손에 대한 합의된 정의가 드물 뿐만 아니라 겸손을 측정할 수 있는 좋은 평가도구가 개발되어 있지 않기 때문이다. 겸손을 측정하는 것은 매우 어려운 일이다.

겸손이라는 개인의 지속적 성향(dispositions)을 자기보고에 근거하여 측정하려는 시도가 이루어져 왔다. Weiss와 Knight(1980)는 겸손을 '자신을 낮게 평가하는 것' 즉 낮은 자기존중감으로 조작적 정의를 하고 겸손 성향을 측정하려고 시도하였다. 그러나 이러한 정의는 겸손의 일부 측면에만 초점을 맞춘 잘못된 것이라고 할 수 있다. 겸손한 사람들은 자신을 과장하지 않지만 그렇다고 자기존중감이 낮은 사람이 아니며, 자기존중감 척도는 겸손하다고 평가되는 사람들의 심리적 특성과 정적인 상관을 나타내고 있다(Tangney, 2002).

일부 학자들이 겸손을 자기보고형 질문지로 측정하려고 시도했으나 내적 일치도가 낮게 나타나는 성공적인 결과를 얻지 못했다. 사실 자기보고를 통해서 겸손을 측정하는 것은 어려운 일이다. 겸손은 사회적으로 바람직한 덕목으로 여겨지기 때문에 실제와 달리 왜곡될 여지가 많다. 겸손의 속성 상, 자기보고를 통해 겸손 수준을 평가하는 것은 자가당착적인 것이다. Singh(1967)이 주장했듯이, 진정한 겸손은 자기에 대한 의식으로부터 자유로워지는 것이며 겸손이라는 점에 대해서도 자유로워지는 것이다. 진정으로 겸손한 사람은 자신이 겸손하다는 것을 결코 인식하지 않기 때문에, 겸손이라는 개인적 특성은 자기보고형 검사를 통해 측정하기 어려운 매우 드문 속성 중 하나다.

일부 연구자들(Farh, Dobbins, & Cheng, 1991; Yu & Murphy, 1993)은 겸손이 자신을 낮추는 것이라는 점에 초점을 맞추어 개인의 자기평가와 그를 잘 아는 다른 사람에 의한 평가를 비교함으로써 측정하고자 했다. 이러한 연구들은 개인의 자기평가가 타인평가보다 낮은 경우에 '겸손 편향(modesty bias)'을 나타내는 것으로 간주했다. 그러나 이러한 정의와 평가방식도 한계를 지니고 있다. 겸손은 일방적으로 자기평가를 낮게 하는 것이 아니라 정확한 자기이해와 자기평가에 근거한다. 따라서 겸손한 사람은 정확한 자기이해를 지니고 있기 때문에 자기평가와 타인평가의 일치도가 높아야 할 것이라는 추론이 가능하다.

겸손 성향을 측정하는 세 번째 방식은 개인의 외현적 행동을 평가하는 것이다. 일반적으로 겸손은 내면적 상태보다 외현적 행동을 평가하는 것이 훨씬 더 용이하다. Miller와 Schlenker(1985)는 겸손행동을 성공에 대한 공식적 공헌을 타인에게 돌리려는 성향이라고 정의하고 그러한 행동을 측정하고자 했다. 그러나 외현적 행동에 근거하여 측정하는 것은 문제가 있다. 왜냐하면 그러한 겸손행동이 진정 겸손한 태도에서 나온 것인지 아니면 타인의 지각을 조작하려는 의도에서 나온 것인지를 알기 어렵기 때문이다.

따라서 겸손은 다양한 방법에 의해서 평가된 종합적 결과로 평가되는 것이 바람직하다. 여러 평정치를 비교하는 차이-기반적 방법(discrepancy-based paradigms)으로는 구체적으로 두 가지 방법이 가능하다. 첫째는 겸손에 대한 자기보고와 타인평정을 비교하는 방법이다(Paulus, 1998). 둘째는 사적인 조건(다른 사람에 의해 자신이 평가되지 않을 것이라고 여기는 조건)에서의 자기 평가와 공적인 조건(친구나 또래가 자신을 평가하고 있을 것이라고 여기는 조건)에서의 자기 평가를 비교하는 방법이다(Shultz & Veschio, 2001). 겸손한 사람은 이러한 두 조건에서의 자기 평가가 매우 유사할 것이다.

이밖에도 실험적 방법으로는 겸손과 관련된 위협적 상황을 제시하고 그에 대한 생리적 반응을 측정하거나 당시에 떠오르는 생각을 소리로 말하게 방법도 사용될 수 있다. 때로는 겸손을 특정한 생각이나 행동으로 평가하기보다 자기애, 자기고양, 방어성이 적은 상태로 규정하여 측정하는 것이 용이할 수도 있다.

3 겸손과 관련된 심리적 특성

겸손은 측정의 어려움 때문에 실증적인 연구가 현저하게 부족한 덕목 중 하나다. 그러나 기존의 연구에 따르면, 겸손은 원만한 대인관계를 증진할 뿐만 아니라 정서적 안녕감을 향상시키는 것으로 알려지고 있다. 자신을 겸손한 자세로 생각하는 것은 상대방에 대한 배려를 증진하여 대인관계의 갈등을 감소시킨다.

Exline 등(2000)의 연구에서는 참여자들에게 겸손함이 느껴질 때와 자신이 중요한 사람이라고 느껴질 때 각각 에세이를 적도록 하였다. 이어서 상대편이 먼저 자백을 하도록 조작한 죄수 딜레마 게임을 시행하였다. 그 결과, 겸손함을 느낄 때 에세이를 쓴 사람들은 자신이 중요하다고 느낄 때 에세이를 쓴 사람들보다 자백하는 데 더 오랜 시간이 걸렸다. 반면에, 자신을 중요한 사람으로 생각하는 사람들은 죄수 딜레마 게임에서 다른 사람들보다 더 빨리 자백하고, 자백의 빈도도 더 높으며, 다른 참여자가 자극했을 때 더 공격적으로 반응하였다(Exline et al., 2000). 이러한 결과는 겸손한 태도를 지니는 사람들이 자신의 행동으로 인해서 타인에게 미칠 수 있는 영향을 더욱 신중하게 고려한다는 점을 시사한다.

겸손한 사람들은 자신의 단점을 외면하지 않고 기꺼이 보고자 하기 때문에 잘못을 범한 다른 사람을 더 잘 용서하는 경향이 있다(Means et al., 1990). 반면에, 겸손과 반대되는 자기애 성향을 지닌 사람들은 용서를 잘하지 못하는 경향이 있다(Sandage et al., 2000). 한 연구(Exline, Baumeister, Faber, & Holland, 2002)에서는 피험자들로 하여금 가해자가 느끼는 도덕적인 죄책감과 유사한 감정을 느끼도록 유도하고 가해자에 대한 용서 정도를 평가하도록 했다. 그 결과, 그러한 감정이 유도된 집단은 그렇지 않은 집단에 비해서 가해자의 행동을 용서할 수 있는 것으로 평가하는 반응이 더 높게 나타났다.

특권의식을 지니는 자기애 성향자에 대한 연구를 통해서 겸손과 관련된 특성을 간접적으로 이해할 수 있다. 자기애 성향이 강한 사람들은 경쟁적이고(Watson, Morris, & Miller, 1997), 지배적이며(Emmons, 1984), 공격적이고(Hart & Joubert, 1996), 분노성향이 높다(McCann & Biaggo, 1989). 실험적 연구에 의해 밝혀진 바에 따르면, 자기애 성향자들은 특히 자신의 우월성이 위협받는 상황에서 높은 수준의 공격성을 보였다(Bushman & Baumeister, 1998). 이들은 자기존중감의 위협에 과민반응을 보였으며 자신이 무시를 받는 듯한 단서에 분노반응을 나타냈다. 또한 자기애적 특권의식은 반사회적 반응을 촉진한다. Bushman과 Baumeister(2002)에 따르면, 폭력적인 범죄자들은 일반 대학생보다 특권의식을 더 많이 느끼는 것으로 드러났다. 또한 자기애성 특권의식을 많이 느끼는 사람들은 용서를 덜 하는 것으로 드러났다(Exline et al., 2000).

겸손은 장기적인 대인관계에서 다른 사람들로부터 긍정적인 평가를 받는 특성으로 여겨지고 있다. 겸손한 사람을 자신의 긍정적 측면을 잘 드러내지 않을 뿐만 아니라 자신감이 부족한 듯이 보이기 때문에 단기적인 대인관계에서는 호감을 불러일으키지 못할 수 있다. 반면에 자기애 성향자들은 초기의 대인관계에서 매력적인 모습으로 비쳐질 수 있다(Masterson, 1988). 그러나 이들의 매력은 피상적인 것이어서 인간관계가 지속되면 다른 사람들이 그들의 자기중심성, 오만함, 공격성을 인식하게 되어 매력도가 급격히 감소하게 된다(Paulus, 1998). 반면에 겸손한 사람들은 초기에 매력을 느끼게 하지 못할 수 있지만 지속적인 관계 속에서 호감을 얻게 되는 경향이 있다.

자기애 성향자들은 과도한 자기중심적 태도로 인해서 다른 사람에 대한 공감, 보살핌, 헌신을 나타내지 못하기 때문에 친밀한 관계를 맺지 못한다. Ross와 Sicoly(1979)의 연구에 따르면, 과장된 자기상과 특권의식을 지닌 사람들은 공동으로 노력한 일에 대한 분배와 보상을 공정하게 하지 못했다. 자기애 성향을 지닌 사람들은 과도한 자기자랑으로 다른 사람의 혐오감을 사는 경향이 있다(Godfrey, Jones, & Lord, 1986). 또한 이들은 다른 사람들로부터 받은 도움에 대해서 고마움을 느끼지 못하는 경향이 있다(McCullough, Kilpatrick, Emmons, & Larson, 2001).

반면에, 겸손한 사람들은 다른 사람을 지배하거나 그들에게 좋은 인상을 주려는 욕구가 별로 없을 뿐만 아니라 대인관계에서 자신의 이득을 부당하게 취하지 않으며 다른 사람을 배려한다. 이러한 이유 때문에 겸손은 대부분의 사회에서 가치 있는 중요한 덕목으로 간주되고 있다(Heine, Lehman, Markus, & Kitayama, 1999; Markus & Kitayama, 1991).

겸손은 대인관계뿐만 아니라 개인적인 삶에도 긍정적인 영향을 미친다. 겸손은 정서적 안녕감과 자기조절능력을 향상시키는 것으로 여겨지고 있다. 과도한 자기상과 특권의식을 지닌 사람들은 그러한 기대에 어긋나는 경험을 자주 하기 때문에 좌절과 분노 경험을 많이 하게 된다. 이처럼 자신에 대해서 과도하게 긍정적인 평가를 하는 것은 정서적 불안정을 초래할 수 있다. 반면에 겸손한 사람은 자신의 장단점을 잘 인식하고 있기 때문에 정서적 안정감을 유지할 수 있을 뿐만 아니라 긍정적인 결과에 대해서 축복감과 감사와 같은 긍정 정서를 더 잘 느끼게 된다.

또한 겸손한 자기상을 지닌 사람들은 자기 조절을 더 잘하는 것으로 알려져 있다(Weiss & Knight, 1980). 겸손한 사람은 자기존중감의 위협을 막기 위해 무모하게 위험한 행동을 하거나 잘못된 선택을 할 가능성이 적다. 반면에, 과도한 자기존중감을 지닌 사람들은 자기존중감의 위협을 받게 되면, 과도한 불안과 분노를 경험하게 되어 실패와 실수를 할 가능성이 높다. 실험적 연구(Baumeister, Heatherton, & Tice, 1993)에 따르면, 자기존중감이 과도하게 높은 사람들은 자아상의 위협을 느끼게 되면 그들의 능력을 넘어서는 무모한 목표에 도전하는 경향이 있었다.

자신을 비판적으로 평가하는 태도는 그 정도가 과도하지 않다면 자기성장에 도움이 된다(Heine et al., 2001). 자신의 단점과 한계를 자발적으로 인정할 수 있어야 그것을 보완하고 해결할 수 있기 때문이다. 알코올 중독의 치료를 위한 12단계 프로그램의 경우, 자신의 한계를 인정하지 않는 자기애 성향자들에서는 그 효과가 낮은 것으로 나타났다(Hart & Huggett, 2003).

여러 연구들은 여자가 남자보다 더 겸손하다는 점을 시사하고 있다(Berg, Stephan, & Dodson, 1981; Heatherington, Burns, & Gustafson, 1998). 겸손의 성차를 직접적으로 다룬 연구는 드물지만, 자기애 성향은 남자가 여자보다 더 높은 경향이 보고되고 있다(Carroll, 1989).

겸손의 덕목을 중시하는 정도는 문화에 따라 차이가 있는 것으로 나타나고 있다. 개인주의 문화보다 집단주의 문화에서는 겸손의 가치를 더 높게 평가하는 경향이 있다. 예를 들어, 일본문화에서는 미국문화보다 겸손을 더 가치 있는 것으로 평가되었다(Heine et al., 1999, 2001).

4 겸손의 촉진요인 및 함양방법

겸손의 덕목은 자신의 장점과 단점을 편안한 마음으로 바라볼 수 있는 수용적인 분위기에서 발달할 수 있다. 이런 점에서 어린 시절의 안정 애착은 겸손을 촉진하는 기반을 이룬다. 안정 애착은 안전감을 형성하여 부정적인 피드백의 영향을 거르는 완충역할을 하기 때문이다. 그러나 이러한 안전감은 겸손을 함양하는데 충분한 조건이 되지는 못한다. 현실적인 피드백이 주어지지 않는다면 이러한 안전감은 오만으로 흐를 수 있기 때문이다. 겸손의 덕목을 발달시키기 위해서는 아이들에게 긍정적인 피드백과 더불어 부정적인 피드백을 모두 제공하는 것이 중요하다. 기본적으로 애정과 존중의 바탕위에서 객관적인 피드백을 주는 것이 바람직하다. 아울러 겸손을 함양하기 위해서는 인간의 한계와 양면성을 강조하는 교육이 필요하다.

반면에, 다음과 같은 양육 및 교육 방식은 겸손의 발달을 저해할 수 있다(Peterson & Seligman, 2004). 그 첫째는 외모, 성취, 인기와 같은 자기 평가의 외적 요소를 지나치게 강조하는 것이며, 둘째는 부정확하면서 지나친 칭찬이나 비난을 하는 것이다. 셋째는 아동을 형제나 또래와 과도하게 비교하는 것이며, 넷째는 아동이 다른 사람들보다 우수하다거나 열등하다고 자주 이야기하는 것이다. 요컨대, 자신을 비롯한 인간의 가치를 소수의 편협한 기준에 의해 평가하기보다 다양한 측면을 고려하도록 장려하는 것이 바람직하다. 이렇게 다양한 측면을 고려할 수 있을 때 인간은 누구나 나름대로의 가치를 지닌 평등한 존재라는 인식에 바탕을 둔 진정한 겸손을 함양할 수 있다.

겸손은 자기도취와 자기비하 사이의 중용적 덕목이다. 과도한 칭찬과 성공경험은 자기도취를 유발할 수 있는 반면, 과도한 비난과 실패경험은 자기비하를 초래할 수 있다. 또한 겸손은 자신의 가치와 타인의 가치를 평등하게 여기는 균형적 덕목이다. 자신을 소중히 여기는 적절한 자기애는 건강한 자기가치감의 기반이다. 과도한 자기애가 문제시되는 이유는 타인의 가치를 무시하기 때문이다. 또한 타인의 가치에 비해서 자신의 가치를 폄하하는 것은 열등감과 비굴함을 초래한다. 겸손의 덕목은 자신의 긍정적 측면과 부정적 측면, 그리고 자신의 가치와 타인의 가치를 균형 있게 바라볼 수 있는 교육적 환경 속에서 촉진될 수 있다.

겸손은 자기애의 상처를 통해서 돋아난 새 살과 같다. 겸손은 좌절과 상실의 한계 경험을 통해서 성장하는 덕목이기 때문이다(Harvey & Pauwels, 2004). 자신의 한계를 뼈저리게 느끼는 고통스러운 경험을 통해서 겸손은 성장하게 된다. 인생에서 겪게 되는 다양한 부정적인 사건들은 겸손을 배양하는 토양이 될 수 있다.

심오한 겸손의 덕목은 종교적 체험을 통해서 함양될 수 있다. 거대한 우주의 관점에서 자기존재의 미미함을 깊이 성찰함으로써 진정한 겸손이 우러나올 수 있다. 불교나 도교에서는 자기집착을 극복하는 자기초월 과정을 통해서 겸손한 삶의 태도에 이를 수 있는 것으로 여긴다(Watts, 1960). 유대교, 기독교, 이슬람교와 같은 유일신교의 전통에서는 신에 대한 복종을 통해서 진정으로 겸손해질 수 있다고 여긴다.

겸손의 덕목을 직접적으로 증진시키는 체계적인 프로그램은 존재하지 않지만, 자신의 장단점을 객관적으로 평가하고 다른 존재의 소중함을 체험적으로 느끼게 함으로써 겸손을 함양하는 다양한 방법들이 존재한다. 대부분의 종교는 자기교만을 억제하는 다양한 종교의식을 지니고 있다. 예를 들어, 자신의 몸을 최대한 낮추는 예배의식, 자신의 잘못을 자각하고 인정하는 회개의식, 외모와 의복을 치장하지 않는 검소한 생활방식, 타인의 발을 씻어주는 세족의식, 감사할 거리와 용서할 거리를 찾아 기록하는 방법 등이 있다.

겸손 증진 방법(Rashid & Anjum, 2005)

- 하루 동안 자신을 주장하거나 내세우는 말을 전혀 하지 않는다.
- 아무도 나에게 주의를 주지 않을 평범한 옷차림새를 하고 지내본다.
- 친구가 나보다 훨씬 더 잘하는 것들에 대해서 생각해 본다. 그리고 그것에 관해서 친구를 칭찬해 준다.
- 일주일 동안 내가 이룬 성취를 자랑하지 않는다. 그렇게 했을 때 대인관계에서 나타나는 변화를 살펴본다.
- 매일 저녁 사람들의 주목을 끌려고 했거나 좋은 인상을 주려고 했던 적이 있는지 돌아보고, 앞으로 그렇게 행동하지 않도록 노력한다.
- 모임에서 다른 사람들보다 말을 더 많이 하지 않도록 유의한다.
- 신뢰하는 친구에게 나의 약점에 대해 솔직한 피드백을 부탁한다.
- 나의 실수를 인정하고 상대가 나보다 어린 사람이라 하더라도 정중히 사과한다.

제 17 장

신중성

인생은 크고 작은 수많은 선택으로 이루어진다. 삶에서 겪게 되는 실패와 불행은 대부분의 경우 신중하지 못한 경솔한 선택으로 인해 발생한다. 특히 인생 전반에 커다란 영향을 미치게 될 선택의 기로에서 심사숙고하지 않은 채 경솔한 선택을 하게 되면, 평생 동안 불행한 삶을 살아가며 잘못된 선택을 후회하게 된다.

신중성은 경솔한 판단과 무모한 행동을 방지하는 절제적 덕목이다. 인간은 어떤 자극을 접하게 되면 그에 대응하는 반응을 하게 된다. 어떤 자극에 접하게 되면, 가정 먼저 반사적으로 떠오르는 생각과 충동이 있다. 이러한 생각과 충동은 오랜 진화과정에서 유래한 유기체적 반응이거나 개인적인 경험과 습관의 결과일 수 있다. 그러나 이러한 첫 반응이 항상 적응적이고 지혜로운 것은 아니다. 특히 복잡한 인간 세상에서는 더욱 그러하다. 처음 떠오르는 반사적인 생각과 충동에 따라 행동하게 되면, 실패와 좌절을 경험하게 될 가능성이 높다. 즉, 경솔한 행동을 하여 불행한 결과를 초래하게 된다. 우리가 경솔함을 경계하고 신중함을 소중하게 여기는 이유가 여기에 있다.

신중성은 반사적 충동과 경솔한 행동을 억제하는 조심스러운 태도인 동시에 장기적인 목표의 실현을 위해 심사숙고하여 행동하는 자세를 뜻한다. 우리나라의 속담에 "돌다리도 두들겨보고 건너라."는 말이 있듯이, 신중성은 매사를 조심스럽고 침착하게 진행하는 태도를 의미한다. 아울러 깊이 생각하고 멀리 내다보는 심사숙고(深思熟考)와 심모원려(深謀遠慮)의 자세를 뜻하기도 한다. 이처럼 신중성은 불필요한 위험과 실패를 회피하면서 추구하는 목표를 실현하도록 돕는 긍정적 성품으로서 동서고금을 통해 중요한 덕목으로 여겨졌다.

1 신중성의 정의와 유형

신중성(prudence)은 선택을 조심스럽게 함으로써 불필요한 위험에 처하지 않으며 나중에 후회할 말이나 행동을 하지 않는 능력을 말한다. 우리 주변에는 충동적이고 경박한 언행을 하여 다른 사람과 불필요한 갈등을 불러일으키거나 추진하던 일을 그르치는 사람들을 보게 된다. 때로는 주변 상황에 대한 신중한 고려 없이 성급하고 무모하게 일을 추진하여 실패를 자초하는 사람들을 접하게 된다. 이와 달리, 신중성은 언행을 사려 깊고 조심스럽게 할 뿐만 아니라 자신이 추구하는 장기적 목표가 효과적으로 성취되도록 체계적으로 접근하는 태도를 말한다(Peterson & Seligman, 2004).

신중(愼重)이라는 단어는 '매우 조심스러움'이라는 사전적 의미를 지니며 삼갈 신(愼)과 무거울 중(重)으로 이루어져 있다. 신(愼)이라는 글자는 '삼가다, 조심하다, 고요하다, 이루다, 생각하다, 두려워하다'는 복합적인 뜻을 지니고 있다. 또한 신중성은 심사숙고(深思熟考) 또는 심모원려(深謀遠慮)와 밀접한 관계를 맺고 있다. 신중성과 관련된 단어에는 심(深), 원(遠), 중(重)의 글자가 포함되어 있다. 깊이 생각하고, 멀리 내다보며, 함부로 행동하지 않고 삼가는 것이 신중한 사람의 주요한 특성임을 나타내는 것으로 이해된다.

신중성을 뜻하는 영어단어인 'prudence'는 '선견지명, 지혜로움'을 뜻하는 라틴어인 prudentia에서 유래하며 덕행과 악행을 판단하는 능력을 의미하고 있다. 아리스토텔레스가 강조한 phronesis는 전통적으로 prudence라고 번역되어 왔으며 '실천적 지혜' '실천적 판단' '합리적 선택' 이라는 의미를 함축하고 있다. 중세시대의 신학자인 아퀴나스는 『신학대전(*Summa Theologie*)』에서 인간의 죄악을 극복하게 만드는 칠덕(七德, seven heavenly virtues)을 제시하면서 신중성을 가장 핵심적인 덕목으로 중시했다. 칠덕은 플라톤이 제시한 네 가지 보편적 덕목(prudence, fortitude, temperance, justice)에 사도 바울이 제안한 세 가지 신학적 덕목인 믿음, 소망, 사랑을 추가한 것이다. 아퀴나스에 따르면, 영적인 존재로서 인간이 지니고 있는 온전한 능력, 즉 덕목들이 좀 더 온전하게 발현되기 위해서는 신중성에 바탕을 두어야 한다. 신중성은 모든 덕목이 온전하게 표현되도록 조절하는 기반이기 때문에 '모든 덕목의 아버지(the father of all virtues)' 라고 부르기도 한다.

"모험 없이는 아무것도 얻을 수 없다." 는 말이 있듯이, 우리 사회에서는 도전적 모험과 과감한 행동을 중시하는 경향이 있다. 그렇다면 신중성을 성격적 강점으로 여기는 이유는 무엇인가? 신중성은 아무런 활동도 하지 않는 마비상태가 아니라 현명한 방식으로 목표를 이루기 위해 언행을 절제하는 인격적인 강점이다. 신중성은 나중에 후회, 죄책감, 수치심을 느낄 수 있는 실수나 실패를 방지하고 장기적 목표 성취에 도움이 되는 행동을 하도록 만든다. 신중성은 사려 깊고 심사숙고하며 지혜롭게 행동하는 삶의 태도로서 무분별한 행동을 억제하지만 의욕이나 사기를 꺾지는 않는다. 달리 말하면, 신중성은 열정이나 자발성의 결여가 아니라 충동성, 무모함, 경박함, 무책임함의 결여라고 할 수 있다. 신중성은 개방성, 자기조절, 공정성 등의 요소를 포함하고 있기 때문에 독립적인 성격적 강점이라고 결론을 내릴 수는 없다.

신중성은 소심함, 걱정이 많음, 패기 부족, 수동성, 강박적 자기억제를 의미하지 않는다. 물론 절절한 자기절제를 필요로 하지만 경직된 자기억제나 규율에 대한 맹종과는 다르다. 또한 신중성은 주로 개인적인 목표를 성취하는 것과 관련되어 있지만 이기적인 계산적 태도라기보다 자신과 타인의 행복을 함께 고려하는 사려 깊은 태도라고 할 수 있다. 아울러 신중성은 특정한 삶의 영역에 한정되기보다 직업, 성취, 인간관계를 비롯한 삶 전체에 적용되는 것이다.

신중성의 핵심적 요소는 자기관리의 차원에서 욕망을 조절하는 것이지만 그 이상의 덕목이다. 첫째, 신중성은 현재의 욕망 통제를 넘어서서 거시적인 안목으로 미래의 계획까지 고려한 '선행적이고 목표지향적인' 태도다. 둘째, 신중성은 지속적인 자기억제나 완고한 자기부정을 의미하지 않으며, 오히려 절도 있고 유연한 자기관리의 방식이다. 이러한 유연한 접근방식을 통해서 여러 개의 다른 목표와 그 결과들이 잘 조화되도록 한다. 셋째, 신중성은 단순히 충동을 조절하는 능력이 아니라 실천적 이성 혹은 지혜의 한 형태라고 할 수 있다.

신중성의 근본적 속성은 극단적인 것들 가운데서 중용을 찾는 것이다. 한 극단적 상태는 분별력이 결여된 성급함이나 충동성으로서 충분히 고려 없이 계획을 세우거나 선택을 함으로써 자기파멸적인 결과를 초래하는 것이다. 다른 극단적 상태는 완고함이나 고집스러움으로서 유연성이 지나치게 떨어지고 원칙에 얽매여 다양한 상황에 적응하지 못하는 것을 뜻한다. 즉, 신중성은 이러한 연속선상에서 유연함을 지니는 중용적 태도라고 할 수 있다.

2 신중성에 대한 심리학적 이론

신중성은 매우 중요한 덕목임에도 불구하고 그동안 심리학계에서 체계적으로 연구되지 못했다. 신중성에 대한 합의된 정의가 부족할 뿐만 아니라 측정도구 역시 부족한 상황이어서 체계적인 이론은 부재한 상태다.

Peterson과 Seligman(2004)은 신중성의 강점을 지닌 사람들이 다음과 같은 네 가지의 특성을 지니는 것으로 제시하고 있다. 그 첫째 특성은 자신의 미래에 대한 숙고적 태도다. 자신이 처하게 될 미래의 상황을 미리 내다보고 준비하는 태도를 의미한다. 자신의 미래에 대해 깊이 생각하고, 계획을 세우고, 장기적 목표와 열망을 유지한다. 둘째, 자기파멸적인 충동에 저항하는 능력을 지닌다. 이는 자신의 충동과 감정에 대한 우수한 조절능력을 의미한다. 아울러 즉각적인 매력은 없지만 장기적으로 이득이 되는 행동을 끈기 있게 지속하는 능력을 지닌다. 셋째, 사려가 깊으며 반성적이다. 일상생활에서의 선택에 대해서 현실적인 점들을 심사숙고하여 고려할 뿐만 아니라 자신의 선택과 결과에 대해서 반성적인 태도를 지니고 있다. 마지막으로, 신중한 사람들은 조화와 균형을 중시한다. 자신에게 동기를 부여하는 다양한 목표와 관심사를 조화롭게 유지하면서 인생을 일관성 있고 안정되며 통합된 형태로 이끌어간다.

신중성과 인지양식

신중성의 가장 중요한 심리적 요소는 심사숙고의 성향이라고 볼 수 있다. 심사숙고 성향은 어떤 선택이나 결정을 하는 과정에서 나타내는 개인의 인지적 접근방식, 즉 인지양식(cognitive style)을 의미한다. 이와 관련하여 Jerome Kagan(1966)은 사람들의 사고 속도와 관련하여 두 가지의 인지양식, 즉 숙고적 양식(reflective style)과 충동적 양식(impulsive style)을 구분한 바 있다. 그는 개념적 속도(conceptual tempo)라는 용어를 제시하면서 이를 '다양한 반응이 가능한 문제 상황에서 여러 해결책의 적절성을 깊이 생각하는 정도'라고 정의했다. 숙고적인 인지양식을 지닌 사람은 어떤 문제를 해결하는 데 긴 시간이 걸리지만 실수를 적게 하는 사람들인 반면, 충동적인 인지양식을 지닌 사람들은 문제를 빨리 해결하지만 실수가 많다. Kagan(1966)에 따르면, 숙고형 아동들은 시각적 변별과제, 연속적 회상과제, 귀납적 추론과제, 독서과제에서 충동형 아동들보다 더 우수한 수행을 보였다. 충동형은 정확성에 별 관심을 보이지 않는 대신 빠른 속도를 중시하는 반면, 숙고형은 느리지만 정확한 학습을 중시한다. Block, Block과 Harrington(1974)의 표현에 따르면, 숙고형을 불확실한 상황에서 느리게 결정하는 사람인 반면, 충동형은 불확실한 상황에서 빨리 결정하는 사람들이다. 숙고형과 충동형의 구분은 '매우 불확실한 문제 상황에서 어떻게 대응하는 것이 옳은지 여러 가지 대안적 해결책을 곰곰이 숙고하는 정도' 에 따라 구분될 수 있다. 이러한 인지양식은 학령전 아동기에 발달하기 시작하여 뿌리 깊은 습관으로 정착되어 성인기까지 지속될 수 있다. 신중한 사람들은 숙고적 인지양식이 잘 발달된 사람이라고 할 수 있다.

신중한 사람들은 어떤 결정을 해야 할 때 주어진 정보를 충분히 검토할 뿐만 아니라 특정한 결정으로 인해 나타날 미래의 결과를 고려하는 특성을 지닌다. 이러한 특성은 신중성이 의사결정(decision making)의 독특한 양식과 관련되어 있음을 시사한다. Donohew 등(2000, 2004)에 따르면, 의사결정 양식은 결정에 영향을 미치는 단서의 유형이나 정보의 분석 정도 및 미래에 대한 결과 예측 노력이라는 점에서 합리적 양식(rational style)과 충동적 양식(impulsive style)으로 구분하였다. 개인의 의사결정 양식은 매우 합리적인 양식에서 매우 충동적인 양식에 이르는 연속선상에서 구분될 수 있지만, 두 양식의 극단적 성향을 지닌 사람들은 다음과 같은 특성을 지닌다. 첫째, 매우 합리적인 양식을 지닌 사람은 다양한 사실적인 정보를 수집하여 치밀하게 분석하여 의사결정을 하는 반면, 매우 충동적인 양식을 지닌 사람은 정보에 대한 전반적 인상이나 감정적 단서에 의해서 의사결정을 내린다. 둘째, 합리적 의사결정자는 특정한 결정에 따른 미래의 결과에 대해서 깊이 생각하며 그러한 결과의 유리함과 불리함을 예상하여 행동하려는 미래 지향적인 경향을 지닌다. 반면에, 충동적인 결정자들은 현재 지향적인 경향이 있어서 미래의 결과를 고려하지 못하고 그 당시에 두드러지는 단서에 의존하여 결정을 내리는 경향이 있다. 마지막으로, 합리적인 의사결정자는 어떤 결정을 내리는 속도가 느린 반면, 충동적 의사결정자는 신고한 결정을 내리는 경향이 있다. 합리적 의사결정자는 최선의 결정을 위해 마지막 순간까지 정보를 분석하고 선택의 장단점을 고려하기 때문에 많은 시간을 투여하는 반면, 충동적 결정자들은 복잡한 추론과 분석을 혐오하는 경향이 있으며 두드러진 정보나 감정적 단서에 의해 신속하게 결정을 내리는 경향을 지닌다.

실증적인 연구결과에 따르면, 숙고적 또는 합리적 인지양식은 적응적인 반면, 충동적인 인지양식은 다양한 부적응 문제와 관련된 것으로 나타났다. 충동적 양식을 지닌 아동들은 학교생활의 부적응을 나타낼 뿐만 아니라 학업성적도 상대적으로 낮았다(Vigil-Colet & Morales-Vives, 2005). 또한 충동성은 청소년의 비행, 반사회적 행동, 범죄행동, 건강 위험행동, 알코올 사용, 약물 사용, 위험한 성 행위, 섭식장애, 신체 손상 행위와 같은 부적응 문제를 초래하는 것으로 나타났다(Cooper et al., 2003; Dawe & Loxton, 2004; Zuckerman & Kuhlman, 2000).

신중성과 충동성 이론

신중성은 충동성과 상반되는 성격적 특성이라고 할 수 있다. 충동성은 다양한 부적응 문제를 야기하기 때문에 그동안 많은 연구자들의 관심을 받아왔다. Eysenck과 Eysenck(1985)는 충동성을 위험 감수, 계획성 부족, 신속 결정이라는 세 가지 특성으로 요약한 바 있다. 유전적 요인에 의해 영향을 받는 것으로 여겨지고 있는 충동성은 다음과 같은 세 가지 심리적 영역에서 특성을 나타낸다(Evenden, 1999). 첫째, 주의(attention)의 측면에 있어서 한 가지 주제에 오래 집중하지 못하고 쉽게 싫증을 느낀다. 둘째, 운동(motor)의 측면에 있어서 빨리 행동으로 옮기려는 경향을 지닌다. 어떤 생각이나 충동을 내면적으로 유지하지 못하고 빨리 외현적 행동으로 나타내어 긴장을 해소하려는 성향을 나타낸다. 마지막으로, 인지(cognition)의 측면에 있어서 단계적인 추론보다 전반적 인상에 근거한 직관적인 사고를 하며 미래에 대한 계획을 세우지 못하는 경향이 있다.

최근에 Whiteside와 Lynam(2001)은 충동적인 사람들의 심리적 특성을 치밀하게 분석하여 충동성의 5요인 모델을 제시하였다. 그 첫째는 긍정적 긴급성(positive urgency)으로서 긍정적인 정서를 느낄 때 서둘러 행동을 하려는 경향이다. 둘째는 부정적 긴급성(negative urgency)으로서 부정적인 기분을 느낄 때 역시 서둘러 행동을 하려는 성향을 지닌다. 이러한 두 가지 요인은 정서조절과 관련된 특징이라고 할 수 있다. 충동적인 사람들은 긍정적이든 부정적이든 강렬한 정서상태를 음미하며 유지하지 못하고 행동을 통해서 표출하려는 경향을 지닌다. 셋째는 사전계획의 부족으로서 행동으로 인한 미래의 결과를 예상하지 못하는 성향을 지닌다. 넷째는 인내심의 부족으로서 한 가지 과제를 끝까지 수행하여 완수하지 못한다. 마지막으로, 충동적인 사람은 감각추구 성향을 지니며 위험한 행동에 대해서 긍정적 감정, 즉 스릴을 경험하려는 경향을 지닌다.

신중성의 측정도구

신중성은 매우 중요한 덕목임에도 불구하고 그동안 심리학계에서 체계적으로 연구되지 못했을 뿐만 아니라 측정도구 역시 부족한 상황이다. 신중성에 대한 측정은 성격의 5요인 모델에 속하는 성실성 요인의 측정을 통해서 이루어지는 경우가 많다. 성실성은 신중성과 밀접한 관련을 갖고 있다. 성실성은 자제력, 의지력, 계획성, 유능성, 정돈성, 도덕성 등을 포함하며 충동성이나 변덕스러움이 없는 상태를 말한다. Hogan과 Hogan(1992)은 이러한 성실성의 특성들은 신중성에 해당한다고 주장하였다. 이러한 특성들을 지닌 사람들은 체계적이고 철저하며, 계획적이고 효율적이며, 책임감 있고 성실하며, 실제적이고 사려가 깊다. 또한 장기적인 목표를 향한 추구와 더불어 계획적이고 반성적인 사고능력과 뿐만 체계적인 행동방략을 지니고 있다. 성실성과 신중성이 동일한 개념은 아니더라도 매우 공통적이고 유사한 특성을 지니기 때문에 성실성 척도를 통해서 신중성을 측정하고 있는 것이다.

성실성은 여러 성격특질을 평가하는 척도의 하위 요인으로 측정되는 경우가 대부분이다. 그 대표적인 측정도구는 5요인 모델에 근거한 NEO-PI-R(Costa & McCrae, 1992), NEO-FFI(Costa & McCrae, 1992), Big Five Inventory(John & Srivastava, 1999)가 있으며, 이밖에도 Trait Descriptions (Goldberg, 1992)와 Hogan Personality Inventory(Hogan & Hogan, 1992)가 있다. 그러나 성실성과 신중성은 동일한 개념이 아니다. 성실성은 신중성보다는 넓은 범위를 포괄하고 있다. 예를 들어, 신중성은 성실성의 특징 중 '자제력, 계획성, 유능성'의 요소를 포함하지만 '의무감, 정돈성, 성취추구'의 요소는 잘 들어맞지 않는다.

신중성은 충동성이나 감각추구 성향을 측정하는 자기보고형 질문지를 통해서 간접적으로 측정되기도 한다. 충동성을 측정하는 가장 대표적인 검사는 Barratt 충동성 척도(Barratt Impulsivity Scale; Barratt, 1985)이다. 이 검사는 34문항으로 구성된 자기보고형 검사로서 충동성의 세 가지의 구성요소, 즉 생각 없이 행동하는 운동적 충동성, 과도하게 빠른 인지적 결정을 내리는 인지적 충동성, 미래를 생각하지 못하고 현재

중심적으로 행동하는 무계획적 충동성을 측정한다. 이 검사는 이현수(1992)에 의해서 번안된 한국판 검사가 개발되어 있다.

또 다른 검사는 Dickman 충동성 검사(Dickman Impulsivity Inventory; Dickman, 1990)로서 기능적 충동성과 역기능적 충동성을 측정하는 23문항으로 구성되어 있다. 그러나 충동성의 측정도구만으로 신중성을 평가하는 것에는 한계가 있다. 이러한 척도들은 신중성의 일부 측면만을 반영하기 때문에 신중성의 측정치로 사용할 경우에는 신중해야 한다.

신중성의 목표 통합성과 균형적 조화 측면은 Emmons와 King(1988), Sheldon과 Kasser(1995)이 개발한 방법론을 활용하여 평가될 수 있다. 이들은 개인이 추구하는 것들을 열거하게 하고 이들 간의 조화와 갈등 정도를 평가하는 구체적인 방법들을 제시하고 있다.

3 신중성과 관련된 심리적 특성

신중성은 측정도구의 부족으로 인해 실증적인 연구가 현저하게 미흡한 덕목 중 하나다. 신중성에 대한 실증적 연구는 대부분 성격의 5요인 중 신중성과 개념적으로 매우 유사한 성실성(conscientiousness)의 평가를 통해서 이루어졌다. NEO-PI-R의 성실성 요인으로 측정된 연구에서, 신중성은 여러 가지 심리적 특성들과 흥미로운 상관을 보인다. 성격의 5요인들은 서로 상당히 독립적인 것으로 알려져 있지만, 요인분석 결과 성실성 요인은 다른 네 요인 모두와 어느 정도 관련성을 지니는 것으로 나타났다(John & Srivastava, 1999). 즉, 성실성이 높은 사람일수록 호의적인 대인관계와 협동성을 반영하는 우호성이 높았을 뿐만 아니라 외향성이나 개방성이 높았으나 부정적 정서경험을 반영하는 신경증 성향은 낮았다. 이러한 결과는 신중성이 정서적 안정성과 더불어 원만한 대인관계와 긍정적인 관계에 있음을 시사한다.

신중성이 높은 사람들은 신체적으로 건강하며 장수하는 경향성이 있다. Friedman 등(1995)의 연구에 따르면, 아동기에 측정된 성실성은 수명을 잘 예측하는 것으로 나타났다. 성격의 5요인 중에서 성실성만이 이러한 예측력을 나타냈다. 신중한 사람들은 조심스럽고 자기보호적인 성향이 있어서 건강을 위협하는 행동을 피하고 스트레스에 잘 대처하기 때문인 것으로 여겨지고 있다. 이 연구에서 성실성이 높은 사람들은 심장질환, 암, 치명적 사고를 겪는 비율이 낮았다. 이밖에도 신중성은 심리적 안녕뿐만 아니라 대학생의 개인적 목표 성취나 낙관성, 직업 수행이나 학업 성취, 정치적 리더십 등과 정적인 상관을 지닌다는 연구결과들이 있다.

신중성 또는 성실성과 정신병리의 관계를 탐색한 연구들이 있다. 성실한 청소년들은 비행뿐만 아니라 정신병리 수준이 낮았으며, 성격의 5요인 중 성실성이 이러한 결과를 가장 잘 예측하는 요인이었다(John et al., 1994). 이러한 결과는 충동성과 범죄의 상관을 입증하는 연구(Gottfredson & Hirschi, 1990)와도 일치한다. 또한 성격의 5요인과 성격장애의 관계를 살펴본 연구(Costa & McCrae, 1990; Wiggins & Pincus, 1989)에서 성실성은 반사회성 성격장애와 부적 상관을 보인 반면, 강박성 성격장애와는 정적 상관을 나타냈다.

신중성이 결여된 사람들의 주된 특징은 충동성이다. 충동성은 반사회적 행동, 비행, 사회적 적응 실패, 범죄행동과 같은 부적응적인 문제들과 밀접한 관련성을 맺고 있다(Cooper et al., 2003). 특히 충동성은 젊은이의 경우 건강 위험 행동, 알코올 남용, 약물 남용, 위험한 성행위, 섭식장애, 신체 손상 행위 등을 유발하는 데 기여한다(Dawe & Loxton, 2004; Zuckerman & Kuhlman, 2000). 충동성의 문제를 가장 두드러지게 나타내는 부적응 현상은 주의력 결핍 및 과잉행동장애(Attention-Deficit/Hyperactivity Disorder)다. 아동기나 청소년기에 흔히 나타나는 이 장애의 주된 특징은 부주의, 충동성, 과잉행동이다. 주의집중이 어려워서 매우 산만하고 부주의한 행동을 나타낼 뿐만 아니라 자신의 행동을 적절히 통제하지 못하고 충동적인 과잉행동을 나타낸다. 대부분 같은 연령층의 아동들에 비하여 지나치게 활동적이고 안절부절못하며 충동적으로 행동하는 경향이 있어서, 가정이나 학교생활에 적응하는 데 큰 어려움을 겪게 된다. 주의력 결핍 및 과잉행동장애는 청소년기에 호전되는 경향이 있으나 성인기까지 지속되는 경우도 있다. 대부분의 경우 과잉행동은 개선되지만 부주의와 충동성은 오래 지속되는 경우가 흔하다. 이 장애가 청소년기까지 지속되는 경우, 다양한 비행을 나타내는 품행장애로 발전될 위험성이 높으며 이러한 품행장애를 나타내는 청소년의 약 50%는 성인이 되어 반사회적 성격장애를 나타낸다는 보고가 있다. 주의력 결핍 및 과잉행동 장애, 품행장애, 반사회적 성격장애, 경계선 성격장애, 양극성 장애의 조증상태는 충동성을 주요한 증상으로 나타내는 정신장애들이다.

신중성이 연령에 따라 어떻게 변화하는지를 직접적으로 다룬 연구는 거의 없지만, 신중성을 NEO-PI-R의 성실성 요인으로 측정했을 경우에는 연령의 증가에 따라 완만하게 증가하는 경향이 나타났다. 아동의 경우, 연령에 따라 신중성이 증가하는 이유는 만족 지연과 충동 통제 능력이 향상되기 때문인 것으로 여겨지고 있다. 만족 지연 능력은 취학 전 연령에서부터 아동기 중반까지 점차적으로 향상되며, 아동들은 성숙해짐에 따라 충동적 선택을 억제하는 효과적인 방법들을 배우게 된다(Mischel & Metzner, 1962). 성격특질에 관한 연구에 따르면, 성실성과 관련된 특성들이 아동기 중반에 나타나서 성인기 초기에 다소 증가하지만 초기 청소년기부터 후기 성인기까지 매우 안정적으로 유지된다. 이러한 결과는 신중성이 표현되는 양상이 나이에 따라 현저하게 다름에도 불구하고 상당히 안정된 특성임을 시사한다.

서양에서는 신중성을 뜻하는 'Prudence'가 여자의 이름으로 사용되고 있으며, 통념적으로 신중성은 여성의 조심스럽고 억제적인 측면과 밀접하다고 생각될 수 있다. 그러나 신중성의 성차를 직접적으로 다룬 연구는 거의 존재하지 않는다. NEO-PI-R을 통해 측정된 성실성에 대한 연구에서는 남녀의 차이가 없는 것으로 나타났다(Costa & McCrae, 1992). 신중성은 조심스러운 여성적 요소뿐만 아니라 장기적 목표추구와 같은 남성적 요소도 포함하고 있기 때문인 것으로 이해되고 있다.

4 신중성의 촉진요인 및 함양방법

신중성을 촉진하거나 억제하는 요인에 관한 실증적인 연구는 매우 미흡한 상황이다. 성실성과 충동성에 대한 연구결과에 근거하여 신중성의 촉진요인과 억제요인을 추정할 수 있을 따름이다. 행동유전학적 연구(Riemann, Angleitener, & Strelau, 1997)에 따르면, 성실성 점수의 변산 중 거의 50%가 유전적 영향으로 설명될 수 있었다. 이러한 결과는 성실성이 유전적 요인에 의해 커다란 영향을 받는다는 점을 시사한다. 아울러 성실성의 상당부분은 후천적 경험과 노력에 의해 함양될 수 있음을 의미하기도 한다.

많은 철학자들과 종교지도자들은 신중성을 중요한 덕목으로 강조하면서 이를 함양할 수 있는 다양한 수양방법을 제시하고 있다. 신중성은 자기조절과 밀접한 관계를 지니므로, 자기조절을 향상시키고 충동성을 감소시키는 방법들이 신중성을 증진시킬 수 있을 것이다. 인지적 측면에서 보면, 단기적 보상보다 장기적 보상에 관심을 지니며 이를 예측하고 중시하는 사고방식을 함양함으로써 신중성이 향상될 수 있다. 아울러 문제 상황에서 선택할 수 있는 다양한 대처방안을 생각해내고 이들의 장단점을 장기적 목표와의 관련성에 비추어 고려할 수 있는 역량을 키우는 것도 신중성 향상에 도움이 될 것이다.

아울러 신중성을 억제하는 환경적 요인은 다음과 같은 특성을 지닐 것이다(Peterson & Seligman, 2004). 첫째, 미래가 불확실하여 혼란스럽고 예측 불가능한 상황에서 자란 사람들은 장기적 계획을 세우기 어려울 뿐만 아니라 신중성을 발달시키기 어려울 것이다. 둘째, 지향해야 할 목표나 개인적 행동을 자율적으로 선택할 수 없는 환경에서는 신중성의 발달이 억제될 수 있다. 셋째, 어떤 단일한 목표에 전념해야 하는 압력 때문에 다양한 목표의 균형과 조화를 이루기가 어려운 상황에서도 신중성이 발달하기 어려울 것이다.

신중성을 함양하기 위해서는 충동성을 효과적으로 조절하여 제어하는 것이 중요하다. Whiteside와 Lynam(2001)에 따르면, 충동성은 다음과 같은 5가지 특성을 지닌다. 그 첫째는 긍정 긴급성(positive urgency)으로서 긍정 정서를 느낄 때 조급하게 행동하려는 경향을 말한다. 둘째는 부정 긴급성(negative urgency)으로서 부정 정서를 경험할 때 조급하게 행동하려는 경향을 뜻한다. 셋째는 사전 숙고의 부족(lack of premeditation)으로서 자신의 행동이 미래에 어떤 결과를 초래할지 잘 예상하지 못하는 것을 의미한다. 넷째는 인내의 부족(lack of perseverance)으로서 한 과제를 지속적으로 집중하지 못하는 것을 말한다. 마지막 측면은 감각추구(sensation-seeking)로서 위험한 행동에 대해서 긍정 정서를 경험하는 것을 뜻한다. 이러한 특성에 비추어 보면, 충동성의 억제를 위해서 정서 조절, 사전 숙고, 만족 지연 능력을 증진하는 것이 필요하다.

정서조절을 위한 가장 효과적인 방법은 마음챙김으로 알려져 있다. 마음챙김(mindfulness)은 비판단적인 자세로 자신의 마음에 떠오르는 감정과 생각을 있는 그대로 관찰하는 것이다. 인간의 마음에는 다양한 감정과 생각이 끊임없이 떠올랐다 사라진다. 그런데 강렬한 정서는 긍정적인 것이든 부정적인 것이든 행동을 촉발하는 경향이 있다. 이때 신중한 고려 없이 행동하는 것이 충동성의 특징이다. 마음챙김은 이러한 감정에 대해서 거리를 두며 바라보는 것이다. 마음챙김의 훈련을 통해서 그러한 감정을 휩쓸려 성급한 행동을 하지 않음으로써 좀 더 신중한 태도를 함양할 수 있다.

아울러 어떤 행동을 하기 전에 자신의 행동이 어떤 결과를 초래할지 냉정하게 생각하는 사전 숙고의 훈련이 필요하다. 신중한 사람들의 가장 큰 특징은 냉철한 사전 숙고 능력이다. 행동의 결과를 다양한 측면에서 미리 숙고함으로써 무모한 행동을 억제하고 최선의 행동을 선택하여 체계적으로 실행하는 능력이다. 이러한 사전 숙고 능력은 만족 지연과 밀접하게 연관되어 있다. 단기적인 작은 만족을 얻고 싶은 충동을 제어하면서 장기적인 커다란 만족을 추구하는 태도가 필요하다. 이를 위해서는 일시적인 감정을 효과적으로 조절하면서 미래에 일어날 일들은 냉철하게 숙고하여 신중하게 행동하는 노력이 중요하다.

현재 신중성을 향상시키는 구체적인 프로그램은 발견하기 어렵다. 그러나 충동적인 소비를 억제하기 위한 재정적 자기관리 프로그램이나 시간관리와 일상생활관리를 지원하는 프로그램들이 개발되어 시행되고 있다. 일부의 인지행동적 심리치료들은 음주, 폭식, 폭력과 같은 충동적 행동의 극복에 초점을 맞추고 있을 뿐만 아니라 근시안적인 충동적 선택으로 치닫는 의사결정에 영향을 미치는 인지적 왜곡과 경직성을 바로잡는 데에 초점을 두고 있다.

신중성 증진 방법(Rashid & Anjum, 2005)

- 어떤 말을 하기 전에 한 번 더 생각해 보는 연습을 일주일에 최소한 열 번씩 해 보고 그것의 효과를 기록한다.
- 조심스럽게 운전한다. 그렇게 하더라도 생각했던 것보다 시간에 쫓기는 상황이 적다는 것을 인지한다.
- 세 가지 중요한 결정을 내리기 전에 모든 무관한 자극들을 제거한다.
- 최종 결정을 내리기 전 중요한 사람들에게 자문을 구한다.
- 내가 내릴 결정이 1년, 5년, 10년 뒤에 초래할 결과들을 상상해 본다.
- 최종 결정을 내리기 전에 위험-이익 분석을 해 본다.
- 불안하거나 우울할 때가 아니라 충분히 이완되어 있을 때 중요한 결정을 내리도록 한다.
- 사소한 거짓말을 하기 이전에, 처음 거짓말을 숨기기 위해 열배의 거짓말이 필요할지도 모른다는 사실을 기억한다.
- 승-패 또는 패-패로 끝날 수 있는 경쟁 상황을 피한다.
- 중요한 일과 관련된 모든 세부 사항들을 확실히 하기 위해 필요한 점검을 주저하지 않는다.

제18장

용서

군거동물인 인간은 서로 도움을 주고받기도 하지만 때로는 피해와 상처를 주고받으며 살아간다. 이해관계가 복잡하게 얽혀 있는 현대사회에서는 크고 작은 피해를 주고받는 일이 다반사다. 다른 사람으로부터 피해와 상처를 입게 되면, 그 사람에 대한 미움과 분노를 느낄 뿐만 아니라 보복하고 싶은 충동을 느끼게 된다. 그래서 대부분의 사람들은 미워하는 사람을 마음속에 품고 살아간다. 또한 기회가 생기면 보복을 통해 자신이 입은 피해를 되돌려준다. 그럴 경우에 보복을 당한 상대방은 분노를 느끼며 앙갚음의 기회를 노린다. 이렇게 보복행위를 주고받으며 증오를 키워나가는 악순환은 불행한 일이지만 인간사회에 매우 흔한 일이다.

다른 사람으로부터 공격을 당하거나 피해를 입을 경우 분노를 느끼며 보복하고자 하는 것은 인지상정(人之常情)이다. "이에는 이, 눈에는 눈" 이라는 탈리오 법칙처럼, 자신이 당한 대로 상대방에게 되돌려주고자 하는 것은 지극히 당연하고 자연스러운 인간의 마음이다. 그러나 인간에게는 용서라는 놀라운 행위가 존재한다. 피해를 당하고서도 가해자에게 보복하지 않을 뿐만 아니라 분노를 품지 않는 용서라는 위대한 행위가 존재한다. 용서는 가해자에 대한 분노를 자발적으로 억제하거나 해소하는 행위로서 피해자와 가해자 모두에게 긍정적인 영향을 미친다. 또한 피비린내 나는 복수의 악순환을 차단함으로써 사회적 평화와 안녕에도 기여하게 된다.

그러나 용서는 결코 쉬운 일이 아니다. 가해자로부터 당한 상처는 쉽게 아물지 않으며, 가해자에 대한 분노는 쉽게 수그러들지 않는다. 복수의 유혹은 매우 강렬하며, 복수의 열매는 매우 달콤하다. 복수는 인간의 가장 기본적인 동기 중 하나로 여겨지고 있다(Reiss & Haverkamp, 1998). 그럼에도 불구하고 자신에게 피해와 상처를 입힌 가해자에 대해서 관대한 사람들이 있다. 때로는 가족이 살해당하는 비참한 피해를 입고서도 가해자를 용서하고 면죄를 요청하는 사람들도 있다. 용서는 분노 감정과 보복 충동에 대한 절제가 필요한 긍정적 행위이자 성품이라고 할 수 있다. 용서는 개인의 행복과 사회의 안녕에 기여하는 긍정적 성품으로서 개인에 따라 차이가 심한 심리적 특성이다.

1 용서의 정의와 유형

용서(forgiveness)는 그동안 연구자에 따라 다양하게 정의되어 왔다. '피해자와 가해자가 사랑과 신뢰를 회복하려는 노력' (Hargrave & Sells, 1997), '부당하게 상처를 입힌 사람에 대해서 분노할 권리, 부정적 판단, 무관심한 행동을 버리고 연민, 관대함, 심지어 사랑을 불러일으키는 것' (Hebl & Enright, 1993), '대인관계 동기의 친사회적 변화, 즉 가해자에 대한 보복이나 회피 동기가 감소하고 자비의 동기가 증가하는 것' (McCullough et al., 1998) 등으로 정의되어 왔다.

용서 연구의 대표적 인물인 Enright(2001)는 용서에 대한 다양한 견해를 통합하여 포괄적인 정의를 제시했다. 그에 따르면, 용서는 "상처 받은 사람이 가해자에 대한 분노나 적대감을 버리고 오히려 가해자에게 동정과 자비, 사랑을 베풀려고 노력하는 복합적인 심리적 과정으로서 가해자에 대한 부정적 정서, 행동, 인지를 긍정적 정서, 행동, 인지로 대치하는 과정" 이다. 이러한 정의는 용서과정의 다양한 측면을 모두 포함하고 있다는 점에서 유용성을 지니고 있다.

최근에 Worthington 등(2007)은 용서의 속성을 다음과 같은 세 가지로 요약하여 제시하고 있다. 용서의 첫 번째 속성은 '용서하지 않음(unforgiveness)'의 상태가 감소하는 것이다. 즉, 적대적이고 보복하려는 반복적 생각과 여전히 부당하다고 느끼는 고통스러운 감정상태가 감소하는 것이다. 둘째, 용서는 하나의 사건이라기보다 일련의 과정이다. 개인과 피해사건에 따라 차이가 있지만, 용서는 나름대로의 단계와 절차에 따라 심리적 작동기제를 통해서 나타나는 일련의 과정이라는 점이다. 셋째, 용서는 대인관계의 맥락에서 일어나지만 기본적으로 개인 내적인 경험이다. 사람들은 마음속으로 가해자를 용서하면서도 그것을 표현하지 않을 수 있는 반면, 실제로는 용서하지 않으면서 용서행동을 나타낼 수도 있다(Baumeister, Exline, & Sommer, 1998). 진정한 용서는 외적인 행동보다 개인 내적인 변화가 더 핵심적인 것이다.

용서는 상대방에 대한 분노감정과 보복욕구를 자발적으로 내려놓는 심리적 노력을 의미한다. 자신이 당한 피해를 반복적으로 되새기고 가해자에 대한 적개심과 원한을 지니는 것은 고통스러울 뿐만 아니라 개인의 적응적인 삶에 도움이 되지 않는다. 보복행동을 통해 원한의 감정을 충족시킨 사람들은 오히려 공허감을 느낀다. 이미 지나간 일은 조금도 돌이킬 수 없기 때문이다. 자신에게 아무런 소득이 없을 뿐만 아니라 상대방으로부터 되돌아올 보복을 예상해야 한다. 그러나 가해자에 대한 분노감정을 해소하고 그에게 새로운 기회를 주는 용서는 커다란 만족감을 주게 된다. 이처럼 용서는 고통스러운 부정적 감정을 해소할 뿐만 아니라 사회 구성원 간의 갈등과 폭력을 감소시킨다는 점에서 친사회적 행동이라고 할 수 있다. "원수를 사랑하라." "한쪽 빰을 맞거든 다른 쪽 빰을 돌려 대라." 는 경구가 있듯이, 대부분의 사회는 용서를 긍정적인 사회적 덕목으로 여겼다. 용서는 가해자뿐만 아니라 고통 받는 모든 사람들에 대한 연민과 관대함을 의미하는 자비(mercy)의 특수한 유형으로 볼 수 있다.

용서와 자비는 인간세상을 갈등 속으로 몰아가는 미움의 감정을 해소하고 보복의 폭력을 완화시키는 긍정적 성품이다. 그러나 용서와 자비가 일정한 한계를 넘어서면 사회에서 소중히 여기는 다른 가치들에 부정적인 영향을 미칠 수도 있다. 과도한 용서는 공정성을 훼손할 수 있으며, 지나친 자비는 책임감을 약화시킬 수 있기 때문이다. 용서와 자비의 모범은 예수나 붓다와 같은 종교인에게서 흔히 발견된다. 십자가에 매달려 죽어가는 예수가 자신을 죽음으로 내 몬 사람들에 대해서 "저들을 용서하소서. 저들은 자신이 하는 일을 알지 못합니다."라고 한 기도는 용서의 극치라고 할 수 있다. 에이브러햄 링컨은 치열한 남북전쟁을 종결시킨 후에 남부의 사람들에 대한 자비를 역설한 바 있다.

2 용서에 대한 심리학적 이론

용서에 영향을 미치는 요인들: 용서의 통합적 모델

용서는 가해자로부터 가해행위를 당한 피해자가 가해자에 대한 부정적 감정과 행동을 좀 더 긍정적인 감정과 행동으로 변화시키는 노력이라고 할 수 있다. 용서가 일어나는 심리적 과정을 이해하기 위해서는 피해자 요인, 가해사건 요인, 그리고 가해자 요인을 고려해야 한다. 즉, "어떤 피해자가 어떤 가해사건을 당했을 때 어떤 가해자를 더 잘 용서하는가?"라는 물음에 대한 해답이 필요하다.

[그림 18-1]에서 볼 수 있듯이, 용서는 다양한 요인에 의해서 영향을 받는다. 동일한 사람으로부터 동일한 피해를 입은 경우에도 용서를 더 잘하는 사람과 그렇지 못한 사람이 있다. 이러한 용서의 차이는 피해자의 개인적 특성으로 이해될 수 있다. 우선, 용서를 잘하는 사람의 성격적 특징으로는 성격의 5요인 중에서 높은 우호성과 낮은 신경증 성향이 용서와 일관성 있는 상관을 나타내는 것으로 보

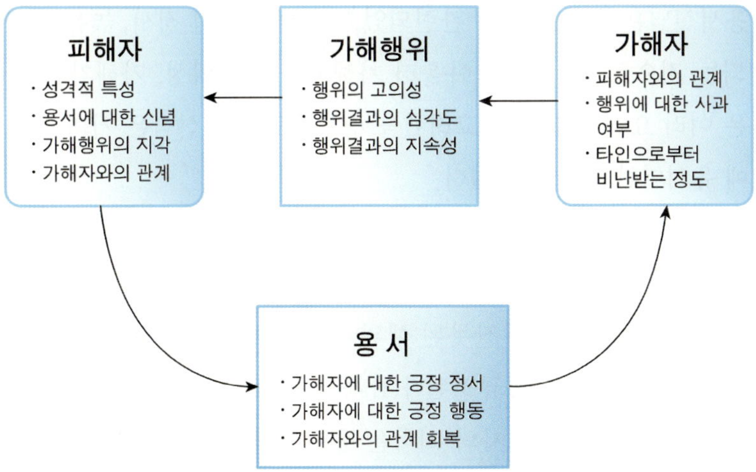

[그림 18-1] 용서에 영향을 미치는 요인들

고되고 있다(배정은, 2006; Berry et al., 2001). 특히 용서는 우호성의 하위요인인 정서적 공감과 높은 정적인 상관을 나타냈다. 또한 Brown(2003)의 연구에서는 용서가 조망 취하기(perspective taking)와 높은 정적 상관을 보였다. 신경증 성향은 용서와 부적 상관을 나타냈으며, 외향성은 더 높은 용서와 내향성은 더 낮은 용서와 관련되는 경향이 있다.

용서에 대한 개인의 생각과 믿음은 용서 행위에 영향을 미치게 된다. 조수아(2008)는 용서신념이라는 개념을 제안하고 용서와의 관계를 탐색하였다. 용서신념(forgiveness belief)이란 용서에 대해서 개인이 지니고 있는 신념으로서 용서라는 심리적 과정이나 행위에 대해서 지니는 긍정적 또는 부정적 내용의 믿음을 뜻한다. 용서신념은 용서 경향성을 높이는 신념과 낮추는 신념, 즉 용서를 잘하도록 만드는 신념과 용서를 하지 않도록 만드는 신념으로 구성될 수 있다. 예컨대, 용서의 긍정적 의미나 용서가 가져오는 긍정적 효과에 대한 신념을 지니고 있는 사람들은 그렇지 못한 사람들보다 더 높은 용서 경향성을 나타내게 된다. 조수아(2008)는 용서신념척도를 통해서 세 개의 요인, 즉 용서로 인한 자기손상 효과, 용서의 정서적인 부정적 효과, 용서의 긍정적 효과에 대한 신념을 추출하였다. 긍정적인 용서신념은 높은 용서와 관련되었으며 낮은 부정 정서, 높은 주관적 안녕과 관련되는 것으로 나타났다. 아울러 가해행동의 고의성, 가해자의 사과 여부 등과 같은 여러 요인들을 함께 고려했을 경우에도 용서신념은 거의 모든 상황에서 용서에 유의미한 영향을 미쳤다.

또한 피해자가 가해행위를 어떻게 지각하는지가 용서에 중요한 영향을 미치는 것으로 나타났다. 가해행위(transgression)는 '세상과 타인에 대한 지니는 기대와 신념을 침해하는 사건으로서 잘못된 행위나 도덕적 과오를 통해 심리적, 신체적 고통과 상처를 주는 행위'로 규정된다(Thompson et al., 2005; Worthington & Wade, 1999). 가해행위에 대한 피해자의 지각은 용서행위와 밀접한 관계를 지닌다. 일반적으로 가해행위가 의도적으로 행해졌다고 지각할수록, 가해행위로 인한 피해 정도가 심각한 것으로 지각할수록, 그리고 가해행위로 인한 피해가 현재까지 영향을 미친다고 지각할수록, 가해자를 용서하기가 어려운 것으로 나타났다(Girard & Mullet, 1997). 가해행위의 의도성, 피해의 심각도, 피해의 지속정도는 객관적으로 판단될 수도 있지만, 많은 경우 그에 대한 피해자의 지각이 용서행위에 더 강력한 영향을 미치게 된다.

피해자와 가해자의 관계 역시 용서에 영향을 미친다. 친밀한 관계에서 갈등이 있을 경우의 친사회적 행동을 분석한 Rusbult 등(1991)은 자신에게 고통을 주는 상대방의 행동에 대해서 보복하기보다 화해하고자 하는 결정을 내리는 데 세 가지 유형의 관계요인, 즉 행복도, 헌신도, 중요도가 중요하다는 것을 발견하였다. 상대방과의 관계가 만족스럽고 행복할수록, 관계에 대한 헌신도가 높고 투자를 많이 했을수록, 상대방과의 관계가 자신에게 있어 중요할수록 사람들은 보복하기보다 화해하려는 결정을 내렸다. 특히 관계에의 헌신도가 가장 강력한 영향을 미치는 것으로 나타났다.

다음으로 가해자의 특성이나 행동이 피해자의 용서행동에 영향을 미칠 수 있다. Girard와 Mullet(1997)은 다양한 연령층을 대상으로 용서에 영향을 미치는 요인들(예: 행위의 고의성, 행위결과의 심각성, 행위에 대한 사과여부, 가해자에 대한 주변 사람들의 태도, 행위결과의 지속여부 등)을 조사하였다. 연구결과, 행위에 대한 사과

여부가 용서에 가장 강한 영향을 미치는 것으로 나타났다. 다음으로 행위의 고의성, 행위결과의 지속 여부가 용서에 영향을 미쳤다. 이 연구에 따르면, 사람들은 상대방이 사과할 경우, 행위가 고의적이지 않을 경우, 행위결과가 현재에 영향을 미치지 않을 경우에 더 많이 용서했다. Rusbult 등(1991)의 연구에서 시사되었듯이, 가해자가 피해자와 친밀하고 헌신도가 높은 관계에 있는 사람일수록 용서를 받는 정도가 높았다.

용서의 심리적 과정

용서능력은 인지적 또는 도덕적 발달과 관련되어 있다. Enright와 동료들(Enright & Human Development Study Group, 1994)에 따르면, 용서성향은 Kohlberg(1976)가 주장하는 도덕적 추론의 발달과정과 동일한 궤도에 따라 발달한다고 주장하고 있다. 그들에 따르면, 용서에 대한 추론의 첫 단계는 보복과 변상에 의한 용서다. 이 단계에서는 피해자가 가해자에게 보복을 하거나 가해자가 피해를 변상했을 경우에만 용서할 수 있다고 생각한다. 두 번째 단계는 기대에 의한 용서다. 이 단계에서는 피해자가 가해자를 용서해야 한다는 사회적, 도덕적, 종교적 기대나 압력이 주어졌을 때 용서가 가능하다고 생각한다. 세 번째 단계는 사회적 조화와 사랑에 의한 용서로서 가장 높은 용서의 단계다. 이 단계에서는 용서가 조화로운 사회를 촉진하고 무조건적인 사랑의 표현이기 때문에 가해행위와 가해자에 상관없이 무조건적으로 용서해야 한다고 생각한다. Enright, Santos와 Al-Mabuk(1989)의 연구에서는 Kohlberg의 도덕추론과 용서에 대한 추론과 정적인 상관을 지닌다는 것을 발견하였다.

이처럼 용서는 용서하는 사람(피해자), 용서 받는 사람(가해자), 그리고 가해행동의 특성들이 복합적으로 관여되어 나타나는 심리적 과정이다. 피해자의 용서성향을 나타내는 관대성은 매우 다양한 심리적 구성성분을 지니는 것으로 생각된다. 용서성향이 높은 관대한 사람들의 특성과 심리적 과정을 종합한 가설적인 설명모델을 제시하면 [그림 18-2]와 같다.

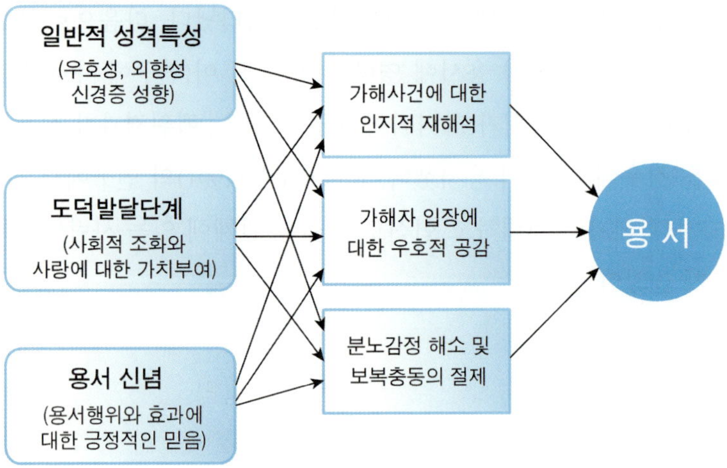

[그림 18-2] 용서의 과정

우선 관대한 사람들은 일반적으로 다음과 같은 특질을 지닌다. 첫째, 용서성향은 우호성, 외향성 등과 같은 일반적인 성격특질과 관련되어 있다. 둘째, 도덕발달단계가 높을수록 용서에 대한 추론수준과 더불어 용서성향이 높아진다. 셋째, 용서를 긍정적인 것으로 믿는 사람들의 용서성향이 높다. 용서라는 행위와 그 효과에 대한 긍정적 신념은 용서성향과 밀접한 관계를 지닌다. 이러한 세 가지 요인은 관대성이 높은 사람들이 지니고 있는 안정적인 심리적 요인들이다.

관대한 사람들은 가해자로부터 당한 가해행위에 대해서 다음과 같은 심리적 과정을 통해서 용서를 하게 된다. 첫째는 가해행위를 긍정적인 방향으로 재해석한다. 예컨대, 가해행위의 의도성, 피해의 정도나 현재까지 미치는 영향 등에 대해서 우호적인 방향으로 해석하여 지각한다. 둘째, 가해자의 감정과 생각을 공감적으로 이해한다. 가해자의 입장에서 가해행위 당시의 감정과 생각, 가해자에게 주어지는 사회적 비난, 현재 가해자가 느끼고 있을 고통 등을 공감적으로 느낀다. 셋째, 가해자에 대한 분노와 보복충동을 절제한다. 가해행위로 인해 입은 정서적 상처와 분노를 해소하고 보복하고 싶은 충동을 절제한다. 이러한 과정을 통해서 점진적으로 가해자에 대한 용서가 이루어지게 된다.

용서의 측정도구

용서의 여러 측면을 평가하기 위한 다양한 도구들이 개발되어 있다. 용서 연구에서 가장 널리 사용되는 측정도구는 Enright 용서척도(Enright Forgiveness Inventory: EFI; Subkoviak, Enright et al., 1995)다. 이 척도는 피검자로 하여금 '부당하고 심하게 상처받았던 가장 최근의 경험'을 떠올리게 하고 그 사건으로 인해서 마음의 상처를 받은 정도와 가해자를 적게 한 후 가해자에 대한 감정, 행동, 생각의 긍정성과 부정성을 각각 10개의 문항에 4점 척도로 평정하게 하는 자기보고형 검사다. 총 60문항으로 구성되어 있으며 각 문항은 1점(강한 부정)에서 6점(강한 긍정)의 6점 척도 상에서 평정하도록 되어 있다. 이 척도는 구체적인 실제경험에 근거하여 용서의 다양한 측면을 평가하는 장점을 지니고 있다. 국내에서 박종효(2006)에 의해서 번안 및 타당화가 이루어졌으며 30문항으로 구성된 축약형도 개발되어 있다.

최근에 성격적 특질로서의 용서를 평가하는 측정도구들이 개발되었다. 그 하나는 특질 용서 척도(Trait Forgiveness Scale; Berry et al., 2005)로서 10문항으로 구성되어 있으며 5점 척도로 평정된다. 문항의 예로는 "나는 모욕을 당하도 잘 용서하고 잊을 수 있다." "나는 용서를 잘하는 사람이다." 등이 있으며 신뢰도와 타당도가 잘 입증되어 있다.

특질로서의 용서를 측정하는 다른 척도로는 Heartland 용서척도(Heartland Forgiveness Scale; Thompson et al., 2005)가 있다. 이 척도는 7점 척도로 평정되는 18문항으로 구성되어 있으며 세 가지 측면의 용서, 즉 자기 용서, 타인 용서, 상황 용서를 측정하고 있다. 자기 용서를 측정하는 문항의 예로는 "내가 한 부정적인 일에 대해서 나 자신을 비난하지 않으려고 자제한다." "내가 한 잘못으로부터 얻은 교훈은 나에게 도움을 준다." 등이 있으며, 타인 용서는 "시간이 흐르면서, 다른 사람들이 범한 실수를 이해하게 되었다." "나에게 상처를 준 사람들에게 모질게 대한다." (역채점 문항) 등의 문항으로, 상황 용서는 "내 인생에서 겪었던 불행한 일들을 평안하게 받아들일 수 있게 되었다." "누구의 힘으로도 어쩔 수 없는 불행한 상황에 대해서는 부정적 생각을 떨쳐버리게 된다." 등의 문항으로 평가된다.

용서 척도(Forgivingness Scale; Mullet, Haudbine, Laumonier, & Girard, 1998)는 매우 다양한 상황에서 자신의 용서 능력에 대한 지각을 측정하는 자기보고형 척도다.

38개 문항으로 구성되어 있으며 4개의 하위 요인, 즉 복수-용서, 개인적-사회적 환경, 용서의 단절, 용서의 장애물을 평가한다. 타인 용서 척도(Forgiveness of Other Scale; Mauger et al., 1992)는 15문항으로 구성된 자기보고형 척도로서 자신이 다른 사람들을 잘 용서하는지에 대한 자기지각을 '그렇다' 또는 '아니다' 의 형식으로 평가한다. 이 척도에서 높은 점수는 높은 용서 성향을 의미하는 반면, 낮은 점수는 복수 성향을 의미한다.

McCullough 등(1998)은 용서를 대인관계 동기의 친사회적 변화라고 정의하고 이러한 동기의 변화를 측정하는 척도인 가해행동 관련 대인관계 동기 척도(Transgression-Related Interpersonal Motivations Inventory: TRIM)를 개발하였다. TRIM 문항들은 가해자에 대한 보복동기를 측정하는 5문항(예: "나는 그 사람에게 보복할 것이다." "나는 그 사람에게 나쁜 일이 생기기를 원한다.")과 회피동기를 측정하는 7문항(예: "나는 그 사람과 가능한 한 먼 거리를 유지한다." "나는 그 사람에게 따뜻하게 대하기가 어렵다." "나는 그 사람을 신뢰하지 않는다.") 총 12문항으로 이루어져 있다. 피검자는 자신에게 상처를 주었던 사람에 대한 현재의 생각과 느낌에 근거하여 문항에 대한 동의 정도를 5점 척도 상에서 평정한다. 국내에서는 배정은(2006)이 번안하여 사용한 바 있다.

용서 가능성 척도(Forgiveness Likelihood Scale; Rye et al., 2001)는 10가지의 범죄 시나리오를 제시하고 응답자에게 피해자의 입장에서 그러한 범죄행위에 대한 용서 가능성을 5점 척도로 평정하게 하는 자기보고형 척도다. 이 척도는 신뢰도와 타당도가 잘 입증되어 있다. 이 척도의 점수는 종교적 동기나 만족도와 정적 상관을 나타내는 반면, 분노와는 부적 상관을 나타내는 것으로 보고되고 있다. 이와 유사하게 5가지 범죄 시나리오를 제시하고 용서 가능성을 평정하는 용서의 범죄 이야기 검사(Transgression Narrative Test of Forgiveness; Berry, Worthington, Parrott, O' Conner, & Wade, 2001)가 있다.

조수아(2008)는 용서에 대해서 개인이 지니고 있는 신념의 내용과 정도를 측정하기 위한 용서신념검사(Forgiveness Belief Scale)를 개발하였다. 이 검사는 용서에 대한 부정적 신념(문항의 예: 용서하는 것은 "약한 사람들이나 하는 일이다." "상처받은 일을 잊는 것이므로 부끄러운 일이다." "나중에 억울한 마음이 들어 괴로워진다.")과 긍정적 신념(문항의 예: 용서하는 것은 "마음속에 분노를 지니고 사는 것보다 낫다." "하고 나면 기분이 좋아지는 일이다." "상처를 준 사람과의 관계를 더욱 좋게 만들어 준다.")을 평가하는 19개의 문항으로 구성된 자기보고형 검사로서 각 문항에 대한 동의 정도를 4점 척도로 평정한다. 용서에 대한 신념이 긍정적일수록 가해자에 대한 더 높은 용서를 나타낼 뿐만 아니라 피검자의 정서와 주관적 안녕에 긍정적인 영향을 미쳤다(조수아, 2008).

3 용서와 관련된 심리적 특성

용서가 개인과 사회의 안녕에 긍정적인 역할을 한다는 점은 여러 연구를 통해서 잘 밝혀져 있다. 용서를 잘하는 사람들은 다양한 부정적 감정들, 즉 분노, 걱정, 우울, 적개심, 만성 스트레스의 정도가 낮다(Berry et al., 2001, 2005; Lawler-Row & Piferi, 2006; Maltby, Macaskill, & Day, 2001). 또한 이들은 적대적이거나 수동공격적 행동을 덜 나타내는 반면, 사회적으로 긍정적인 태도와 행동을 나타내는 경향이 있다(Rye et al., 2001).

용서나 비보복 성향이 높은 사람들은 그렇지 않은 사람들에 비해서 자신에게 무례하거나 심술궂은 행동을 한 사람들에게도 공동분배 과제에서 돈을 기꺼이 분배하겠다고 보고했다(Ashton, Paunonen, Helmes, & Jackson, 1998). 이러한 용서 경향이 높은 사람들이 그렇지 않은 사람들에 비해서 가까운 친구들에게 더 많은 돈을 분배하겠다고 하지 않은 것은 흥미로운 결과다. 이러한 결과는 용서가 상처받은 것에 대하여 악의 대신에 선의로 대응하려는 경향을 의미한다는 것을 시사한다.

용서는 매우 다양한 긍정적 효과를 나타내는 것으로 밝혀지고 있다. 용서 증진 프로그램을 다양한 집단에게 실시한 연구에 따르면, 용서하는 것은 우울, 분노,

불안을 감소시키며 자존감과 주관적 안녕감을 증가시킨다(김광수, 2007; Reed & Enright, 2006). Freedman과 Enright(1996)는 근친으로부터 성폭행을 당한 여성들에게 용서 프로그램을 실시한 결과, 우울과 불안이 감소하고 자존감이 증가했다고 보고하고 있다. 이밖에도 아내의 낙태 결정으로 인해 상처를 입은 남편들을 대상으로 한 연구(Coyle & Enright, 1997)나 알코올 및 약물 중독자를 대상으로 한 연구(Lin et al., 2004)에서 대상자의 우울, 분노, 불안 수준이 감소하였으며 자존감 수준은 증가하였다. 최근의 연구(Reed & Enright, 2006)에서는 비교적 장기간 지속된 배우자의 정서적 학대를 경험한 여성들에게 용서 프로그램을 실시한 결과 만성적인 우울과 불안이 유의미하게 감소하는 결과가 나타나기도 했다.

용서는 성격의 5요인 중 우호성이나 신경증 성향과 가장 밀접하게 연관되는 것으로 나타났다(Berry et al., 2001; McCullough & Hoyt, 2002). 예를 들어, Ashton 등(1998)은 용서 성향이 우호성이나 정서적 안정성과 정적인 상관을 발견했다. 최근에는 용서가 심리적 · 신체적 건강을 촉진하거나 건강상의 문제를 예방하는 데 도움이 될 수 있다는 주장이 제기되어 관심을 끌고 있다(McCullough & Witvliet, 2001). 이러한 주장이 매력적이기는 하지만 충분한 증거는 아직 많지 않다. 용서를 잘하거나 보복 경향이 낮은 사람이 그렇지 않은 사람들에 비해서 훨씬 더 건강하고 행복한 삶을 살아간다는 실증적 증거는 아직 없다.

용서 성향은 나이에 많아짐에 따라 증가하는 경향이 보고되고 있다. 어린아이일수록 용서할 의도가 낮았으며, 나이가 많은 성인일수록 용서하려는 관대함을 보였다(Enright et al., 1989; Girard & Mullet, 1997). 용서를 하기 위해서는 상대방의 관점에서 사건을 이해하거나 그들을 불쌍하게 여기는 마음이 필요하며 어떤 수준 이상의 인지적 · 정서적 능력을 요하기 때문에, 아동은 성인에 비해서 불가피하게 용서의 능력이 떨어지는 것으로 추정되고 있다. 발달적 관점에서 용서를 연구한 Enright 등(1989)에 따르면, 용서에 대해서 생각하는 사고방식의 발달과정은 Kohberg가 주장한 바 있는 정의에 대한 추론 발달과정과 유사하다. 그러나 이러한 변화가 단순한 연령변화에 따른 것인지 아니면 어떤 특정한 성장경험에 의해서 나타나는 것인지를 밝힐 필요가 있다.

여러 실증적 연구에 따르면, 용서에 있어서 남녀의 성차는 발견되지 않았다. 반면에 문화적 요인은 용서에 영향을 미치는 것으로 나타났다. 문화의 유형에 따라서 용서하려는 동기에 차이가 있었다. 개인주의 문화에서는 우호적인 자기 정체성을 유지하거나 추상적인 도덕원리를 실천하기 위해서 용서를 하려는 반면, 집단주의 문화에서는 다른 사람과 긍정적 관계를 유지하거나 피해자로서 해야 하는 사회적 행동규범에 따르기 위해서 용서를 하려는 경향이 있었다(Takaku, Weiner, & Ohbuchi, 2001).

4 용서의 촉진요인 및 함양방법

용서는 다양한 요인에 의해서 촉진되는 것으로 밝혀지고 있다. 가해행위와 가해자에 대한 피해자의 평가가 용서에 중요한 역할을 한다. 가해행위의 결과를 덜 심각한 것으로 평가하거나 가해자의 의도성을 낮게 인식할수록 용서를 잘하는 경향이 있다(Girard & Mullet, 1997). 또한 다른 사람의 입장을 고려하는 공감과 조망 능력이 용서를 촉진하는 것으로 알려져 있다. 가해자에 대해서 공감적 감정을 느끼거나 인지적으로 가해자의 입장을 이해할 수 있는 사람들은 더 쉽게 용서하는 경향을 보였다(McCullough, Fincham, & Tsang, 2003). 이러한 공감과 조망 능력은 성격의 5요인 중 우호성과 밀접한 관련성을 지니고 있다. 즉, 우호성이 높을수록 다른 사람에 대한 공감을 잘하고 그 결과로서 용서도 잘할 수 있다. 반면에, 피해를 입은 것에 관해서 반복적으로 생각하는 반추는 용서를 어렵게 만든다. 이러한 반추 성향은 신경증 성향과 밀접하게 관련되어 있기 때문에, 신경증 성향이 낮은 사람들은 피해를 입은 사건에 대해서 반추를 덜 하게 되고 결과적으로 더 쉽게 용서를 할 수 있다.

가해자의 사죄 행위는 용서를 촉진한다(Darby & Schlenker, 1982). 사죄가 용서에 미치는 영향은 간접적인 것으로 여겨지고 있다. 용서를 구하며 사죄하는 가해자에 대하여 피해자가 동정심을 갖게 됨으로써 가해자에 대한 분노와 보복 욕구가 감소하게 된다. 또한 사죄하는 사람이 저지른 가해행위에 대하여 피해자는 좀 더 관대하게 생각하는 경향이 있다(Ohbuchi, Kameda, & Agarie, 1989). 고등학생을 대상으로 이루어진 국내의 연구(조수아, 2008)에서도 가해자가 사과를 한 경우에 용서를 더 잘하는 것으로 나타났다. 특히 가해자와 피해자가 친밀한 관계일수록 용서를 잘하는 경향이 있었다. 용서는 피해자와 가해자의 관계에 의하여 영향을 받는 것으로 밝혀지고 있다. Finkel 등(2002)의 연구에 따르면, 서로의 관계에 대한 만족, 헌신, 친밀도가 높을수록 더 쉽게 용서하는 경향이 있다. 이처럼 관계의 속성에 따라 용서가 달라진다는 사실은 피해자와 가해자의 관계 유형에 따라 용서의 심리적 기제가 다를 수 있음을 시사한다.

용서는 인간관계에서 상처를 입은 사람들의 심리치료에 매우 중요하다. 특히 부부나 가족을 대상으로 하는 집단치료에 있어서 매우 중요한 치료적 요인으로 알려지고 있다. 용서를 촉진하는 다양한 프로그램이 개발되었으며, 그 대표적인 것이 Enright(2001; Enright & Coyle, 1998)에 의해 개발된 용서 프로그램이다.

Enright의 용서 프로그램은 4단계로 구성되어 있다. 1단계는 분노를 자각하는 단계로서 가해자에 대한 분노를 인정하고 그 분노의 깊이에 직면하게 한다. 아울러 다음과 같은 물음에 대해 깊이 생각해 보게 한다. "분노를 직면하지 않고 회피하려 하지 않았는가?" "수치심과 죄책감을 드러내는 것을 두려워하지는 않았는가?" "분노가 건강에 어떤 영향을 주었는가?" "내가 입은 상처와 가해자에게 얼마나 집착하고 있는가?" "상처가 삶에 영구적인 변화를 초래했는가?" 2단계는 용서하기로 결심하는 단계다. 지금까지 해왔던 것이 효과적이지 않다는 것을 인정하고, 가해자를 기꺼이 용서하는 작업을 시작하기로 마음을 정한다. 3단계는 용서를 위해 노력하는 단계다. 이를 위해서 가해자의 입장에서 생각하며 가해자를 이해하려고 노력한다. 자신의 고통을 수용하면서 가해자에 대해서 긍정적인 감정을 갖도록 노력한다. 때로는 가해자에게 긍정적인 표현을 하거나 선물을 주는 호의적 행동을 할 수도 있다. 4단계는 감정적 감옥에서 벗어나는 단계다. 자신이 겪은 고통의 의미를 발견하고, 용서의 중요성을 깊이 깨달으며, 자신이 추구하는 삶의 목적을 발견한다. 이 단계는 용서를 통해 분노와 보복 충동의 심리적 감옥으로부터 해방되어 자유로움을 얻는 동시에 자신이 원하는 삶을 향해 나아갈 수 있도록 돕는다.

Enright의 용서 프로그램을 다양한 환자집단에게 실시한 결과, 가해자에 대한 용서를 증진하는 데 효과적인 것으로 나타났다(Enright & Coyle, 1998). 용서를 통해서 우울, 분노, 불안과 같은 부정 정서가 감소되었을 뿐만 아니라 삶의 만족도와 자존감이 증가하는 것으로 나타났다. 국내에서는 김광수(1999, 2007)가 용서 프로그램을 개발하여 중 · 고등학생을 대상으로 시행한 바 있으며 긍정적인 결과를 보고하고 있다.

용서 프로그램이 이러한 긍정적 효과를 나타내는 심리적 기제에 대한 연구들도 있다. 이러한 연구들(Malcolm & Greenberg, 2000; Reed & Enright, 2006)에 따르면, 용서 프로그램은 참여자로 하여금 안전한 상황에서 자신에게 상처를 주었던 가해자에 대한 분노를 표출하게 하고, 자신의 고통과 슬픔을 애도하여 해소하도록 도우며, 이러한 과정을 통해서 참여자는 자신이 입은 상처와 고통을 자각하고 지나간 사건에 대한 인지적 재해석을 통해 손상되었던 자존감을 회복할 수 있다. 최근의 연구(Reed & Enright, 2006)에서는 비교적 장기간 배우자로부터 지속적인 정서적 학대를 당한 여성들에게 용서 프로그램을 실시한 결과 만성적인 우울과 불안이 유의미하게 감소하는 결과가 나타나기도 했다.

최근에는 용서가 신체적 건강을 증진하거나 신체적 질병을 예방하는 데 기여한다는 주장이 제기되어 관심을 끌고 있다. 용서와 신체적 건강의 관계를 주장하는 사람들은 용서를 유도하는 치료가 신체건강의 지표를 증진시켰다는 일부의 연구결과에 근거하고 있다. 예컨대, 용서 프로그램이 교감신경계의 각성상태를 반영하는 단기지표에 영향을 미친다는 연구결과가 보고되고 있다(McCullough & Witvliet, 2001; Witvliet, Lidwig, & Vander Laan, 2001). 그러나 이러한 연구들은 적절한 비교집단을 사용하지 않는 등의 방법론적 한계를 지니고 있어서 용서와 신체적 건강의 직접적인 관계를 입증하는 근거가 되기에는 미약하다. 앞으로 좀 더 정교한 연구를 통해서 용서가 신체적 건강에 미치는 효과와 그 과정을 밝히는 노력이 필요하다.

용서 증진 방법(Rashid & Anjum, 2005)

- 매일 경험한 불쾌한 분노 감정은 그 날에 풀어버리고 오래도록 마음속에 담아두지 않는다.
- 분노를 느끼게 되면, 정당한 분노라 할지라도 그것을 상대방에게 직설적으로 표현하기보다 서로의 관계를 해치지 않는 방법을 찾아본다.
- 용서 편지를 쓴다. 나에게 불쾌한 일을 한 사람을 용서하는 편지를 써 보고, 그것을 보내지는 않지만 일주일 동안 매일 읽어 본다.
- 내가 누군가에게 잘못을 했지만 용서를 받았던 때를 기억해 본다. 이제 이 선물을 다른 사람들에게 주도록 한다.
- 누군가를 용서하기 전과 용서한 후의 내 감정을 평가해 본다.
- 가해자의 관점에서 그 사람이 나에게 왜 잘못을 저질렀는지를 이해해 본다. 그런 후 나의 반응이 가해자보다 오히려 나 자신에게 상처를 주지 않았는지 검토한다.
- 과거에 내게 잘못을 저지른 사람을 만나 그 사람을 내가 용서했다고 말해 주거나 그것이 어렵다면 친절하게 대하려고 노력한다.
- 원한이 나 자신을 감정적으로 얼마나 고통스럽게 하는지 확인한다. 원한으로 인한 분노, 증오, 공포, 걱정, 슬픔, 불안, 질투 등과 같은 파괴적인 감정이 나의 삶에 미치는 영향에 대해 적어 본다.
- 앞으로 누군가가 나에게 잘못을 할 경우 어떻게 반응할지를 계획해 본다. 그 계획을 주기적으로 상기하고 확인함으로써 그 사람이 어떠한 잘못을 저지르더라도 내가 계획한 대로 반응할 것이라고 결심한다.

제19장

자기조절

인간은 식욕과 성욕을 비롯하여 재물욕, 권력욕, 명예욕과 같은 다양한 욕망을 지닌다. 욕망은 생존과 적응을 위해 행동하도록 만드는 삶의 원동력이다. 또한 오랜 진화의 과정에서 발달한 기본적인 욕망은 순기능적 측면을 지니고 있기 때문에 우리의 삶을 건강하고 적응적으로 이끄는 지혜로운 안내자의 역할을 할 수 있다. 그러나 적절히 제어되지 못한 욕망은 눈먼 야생마처럼 인간을 불행과 파멸의 낭떠러지로 인도하기도 한다. 욕망은 인간을 탐욕스럽고 방탕하게 만들어 불행한 결과를 초래할 뿐만 아니라 도덕적 타락에 빠지게 한다.

욕망은 끊임없이 보채는 어린아이처럼 충족시키기가 어렵다. 한 가지 욕망이 충족되면 새로운 욕망이 나타나서 더욱 강한 만족을 요구한다. 인간을 부적응 상태로 이끄는 다양한 중독문제는 욕망을 제어하지 못한 결과라고 할 수 있다. 또한 욕망은 인간을 무절제하고 나태한 존재로 만든다. 욕망과 쾌락에 따라 살게 되면, 현실에 대한 통제력을 상실하게 되어 부적응 상태에 빠져들게 된다. 아울러 욕망은 사회적 관계와 유대를 약화시킬 수 있다. 욕망은 기본적으로 이기적인 것이어서 다른 사람의 욕구나 입장에 둔감하다. 다른 사람의 이익을 무시하거나 침해하여 인간관계를 와해시키고 사회적 갈등과 대립을 악화시킬 수 있다.

욕망과 감정을 효과적으로 제어하는 자기조절은 행복하고 성공적인 삶을 위한 필수적 능력이다. 동서고금의 현인들은 자기조절, 즉 수기(修己) 또는 극기(克己)를 중시했다. 노자(老子)는 "다른 사람을 이기는 자는 강한 자다. 그러나 자신을 이기는 자는 더 강한 자다."라는 말을 남겼다. 공자는 군자의 도리로서 가족과 사회를 다스리기 전에 먼저 자신을 다스리는 수신(修身)의 중요성을 강조했다. 중세의 신학자 토마스 아퀴나스도 4개의 보편적 덕목 중 하나로 자기조절을 의미하는 절제(temperance)를 포함시키고 있다.

긍정 심리학에서 성격적 강점으로 제시하고 있는 자기조절은 욕망뿐만 아니라 감정과 행동을 적절하게 제어할 수 있는 능력을 의미한다. 쾌락을 위해 충동적인 행동을 하도록 아우성치는 욕망을 다스리는 동시에 삶을 위축시키는 고통과 공포를 극복하는 것이다. 이러한 자기조절은 적응적 삶을 위해 필수적인 성품이라고 할 수 있다. 그래서 긍정 심리학자들은 자기조절을 모든 덕목의 주인(the Master of all virtues)이라고 칭하고 있다.

1 자기조절의 정의와 유형

자기조절(self-regulation)은 지향하는 목표나 기준에 도달하기 위해서 자신의 생각, 감정, 충동, 행동을 조절하고 통제할 수 있는 능력을 의미한다. 인간과 같이 복잡한 생명체는 내적 · 외적 자극에 끊임없이 반응하며 살아간다. 어떤 자극을 접했을 때 처음 떠오르는 내면적 반응을 행동으로 표출하는 것이 항상 적절하고 적응적인 것은 아니다. 효과적인 적응을 위해서는 내면적인 반응을 제어하고 상황에 적절한 행동을 하도록 노력해야 한다. 목표의 추진을 방해하는 쾌락적인 유혹을 이겨내야 할 뿐만 아니라 고통스럽고 두렵기 때문에 회피하려는 경향성을 극복해야 한다. 자기조절은 내면적인 충동을 억제하는 능력일 뿐만 아니라 적절한 행동을 하도록 추진하는 능력이기도 하다.

자기조절은 개인과 세계의 관계를 가장 조화롭게 만들기 위해서 자신을 변화시켜 세계에 적응하는 능력을 의미한다(Rothbaum, Weisz, & Snyder, 1982). 최근에 Gailliot과 Baumeister(2007)는 자기조절을 "자신의 충동 또는 자동적인 습관적 반응을 제어하는 능력"이라고 정의한 바 있다. Tangney 등(2004)에 따르면, 자기조절의 핵심적 요소는 원하지 않는 자신의 행동 경향성을 억제하여 행동화하지 않을 뿐만 아니라 자신의 내면적 반응(충동, 감정)을 제어하여 변화시킬 수 있는 능력이라고 제시하였다.

자기조절과 유사한 의미를 지니는 자기통제(self-control)는 특히 도덕적 관습에 맞도록 행동하기 위해서 충동을 억제하는 능력을 뜻하는 경우에 사용된다. 자기훈육(self-discipline)은 자기통제와 밀접하게 연관되어 있는 용어로서 유혹을 이겨내고 해야만 하는 행동을 실행하는 능력을 지칭한다. 자기조절은 이를 모두 포함하는 포괄적인 용어로서 절제력(temperance strength)을 지칭하는 가장 일반적인 용어라고 할 수 있다. 자기조절은 도덕적 행위뿐만 아니라 목표달성을 돕는 성격적 강점이다.

자기조절이 결여된 상태는 '통제불능, 충동성, 맹렬함, 과격함, 무절제함'으로 지칭되며 분명히 부정적인 의미를 함축한다. 또한 자기조절의 결함은 충동통제장애, 알코올 의존, 도박중독, 게임중독 등을 비롯한 다양한 부적응적 문제를 초래한다. 최근의 연구에 따르면, 자기조절은 일생에 걸쳐 지속되는 경향이 있는 특질로 여겨지고 있다. 경계선 성격장애, 반사회성 성격장애 등과 같은 성격장애는 자기조절의 지속적인 문제를 지니고 있는 경우라고 할 수 있다. 자기조절의 전형은 침묵의 서약을 하는 수도자들, 긴 시간을 운동장에서 보내는 운동선수들, 매일 도서관에 가서 공부를 하는 학생들, 무술이나 요가를 평생 연습하는 사람들, 절대로 침착함을 잃지 않는 사람들이다. 반면에, 자기조절이 결여된 사람들로는 권투경기 중에 상대방의 귀를 물어뜯은 Mike Tyson을 비롯하여 약물복용, 폭행, 여러 차례의 결혼과 이혼을 반복하는 유명인들이 해당될 수 있다(Peterson & Seligman, 2004).

2 자기조절에 대한 심리학적 이론

자기조절은 개인이 세계와의 원활한 상호작용을 위해서 자신을 세계에 맞추려는 노력이라고 할 수 있다. 인간이 지니는 내재적 경향성은 외부 세계와 충돌하는 경우가 허다하다. 적응을 위해서는 세계를 자신에 맞추어 변화시키거나 자신을 세계에 맞추어 변화시켜야 한다. 자기조절은 후자의 적응 노력에 해당한다. 정신분석학의 창시자인 Freud(1930)는 인간 삶의 핵심을 본능과 문명의 갈등으로 보았다. 그에 따르면, 인간의 본능적 욕구는 사회문화적 환경과 갈등적인 관계에 있다. 본능적 욕구는 쾌락 추구적이며 즉각적인 충족을 원한다. 반면에, 사회적 환경은 안녕과 질서를 유지하기 위해서 개인의 욕구를 억제하는 가치와 관습을 지닌다. 신생아는 본능적 욕구만을 지니고 태어나지만 성장과정에서 환경과 타협하는 심리적 구조를 발달시키게 되는데, Freud는 이를 자아(ego)라고 지칭했다. 자아는 본능적인 성적 욕망을 뜻하는 원초아(Id)와 사회의 도덕적 문화를 내면화한 초자아(superego)의 갈등을 조정하는 것이 주된 역할이다. 원초아는 쾌락 원리(pleasure principle)에 따라 욕망을 충족시키려 하는 반면, 초자아는 도덕 원리(moral principle)에 따라 욕망을 억제하려 한다. 인간의 부적응 문제는 기본적으로 원초아와 초자아의 갈등에 기인하며, 이러한 갈등을 중재하는 기능을 자아가 담당한다. 자아는 현실원리(reality principle)에 따라 주변의 환경적 상황을 고려하면서 원초아와 초자아 간의 타협과 절충을 통해 갈등 해결을 추구한다. Freud가 제시한 성격의 삼원구조 이론(tripartite theory of personality)은 거시적인 관점에서 자기조절의 주제를 설명하는 이론이라고 볼 수 있다. 자아가 자기조절의 주체로서 내면적 갈등을 완화하기 위해서 다양한 방어기제를 사용한다.

자기조절이라는 용어는 행동주의 이론에 근거하여 복잡한 인간 행동을 설명하고자 했던 Bandura(1977)에 의해 사용되기 시작했다. 자기조절과 관련된 가장 영향력 있는 연구는 만족 지연(delay of gratification)에 관한 Mischel(1974, 1996)의 연구일 것이다. 만족 지연은 미래의 더 큰 만족을 위해서 현재의 작은 만족을 억제하는 것을 말한다. 즉각적인 작은 보상을 취하고 싶은 충동에 저항하기 위해서 아동들은 자신의 첫 반응을 억제해야 하기 때문에, 만족 지연은 자기조절의 중요한 바탕이 된다. 만족 지연은 그 자체로도 주목할 만하지만, 최근에 자기조절의 중요성이 폭넓게 인정되기 시작하면서 이 연구에 대한 관심이 새로워지고 있다.

자기조절의 인공두뇌이론

현대의 심리학에서는 자기조절 과정을 좀 더 정교한 개념으로 설명하고 있다. 1980년대 초 Carver와 Scheier(1981, 1982)가 인공두뇌 이론(cybernetic theory)을 적용하여 자기조절 과정을 설명하려고 시도했다. 개인은 항상 어떤 목표를 지향하는 존재로서, 이러한 목표는 행동을 유발하고 지속하게 한다. 환경 속에서 주어지는 입력 자극을 지각하게 되면, 그것을 목표라는 기준과 비교한다. 자극이 목표에 부합하는 것인지 아닌지를 비교하여 감각자극과 목표 간의 괴리 정도에 따라 오류 신호(error signal)를 발생시킨다. 이러한 비교결과는 출력 행동에 영향을 미친다. 만약 괴리가 없다고 판단되면, 아무런 행동을 취하지 않거나 예전과 동일한 방식으로 행동한다. 그러나 괴리라는 오류신호를 받게 되면, 출력 행동을 변화시킨다. 이렇게 변화된 행동은 환경에 영향을 미쳐 그 결과가 입력 자극으로 유기체에 전달된다. [그림 19-1]에 제시되었듯이, 이러한 순환회로(loop)가 반복되는 과정이 일어난다.

자기조절이 필요한 경우는 괴리가 있다고 판단되는 경우로서 두 가지 유형의 순환회로가 작동한다. 그 하나는 괴리-감소 회로(discrepancy-reducing loop)로서 입력자극과 목표기준 간의 괴리를 제거하거나 축소시키는 방향으로 행동을 하는 것이다. 즉, 목표 접근적인 행동을 통해 환경에 영향을 미치고 그 결과를 목표와 비교하게 된다. Carver(2004)는 이러한 피드백 과정의 결과로서 감정이 발생하며 감정은 자동적으로 행동을 촉진한다. 어떤 행동의 결과가 목표와 비교하여 일치하는 것으로 나타나면 긍정적인 고양된 감정을 느끼게 되고 더 열성적으로 목표

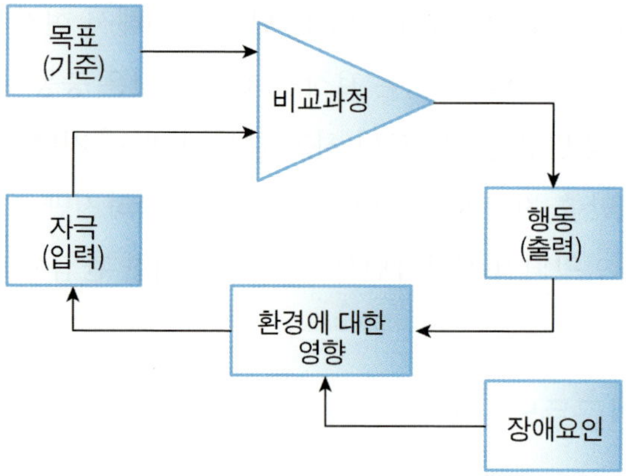

[그림 19-1] 자기조절에 대한 인공두뇌모델의 피드백 회로구조

추구행동에 매진하게 된다. 반면에 목표와의 괴리를 증가시키는 것으로 평가되면 슬픔이나 우울의 부정적인 감정을 느끼며 행동을 위축시킨다.

또 다른 유형의 회로는 괴리-확대 회로(discrepancy-enlarging loop)로서 이러한 회로는 목표가 회피해야 할 것인 경우에 작동한다. 이러한 경우에는 반발 목표(anti-goal)라고 하는데, 예를 들어 교통체증을 회피하고자 하는 경우다. 따라서 이 경우에는 목표 회피적인 행동을 통해서 목표(교통체증)와의 괴리가 커지면 방향으로 행동을 하게 된다. 이때 어떤 행동의 결과가 교통체증과 멀어지는 것으로 판단되면, 안도감의 감정을 느끼게 되고 행동적 노력이 감소한다. 반면에 괴리가 작게 나타나서 교통체증에 접근하는 것으로 판단되면, 불안과 공포라는 부정적 감정을 경험하게 되고 적극적인 회피행동을 하게 된다.

이러한 인공두뇌모델은 인간의 경우에도 자동제어장치와 마찬가지로 끊임없이 목표와 현실을 비교하면서 그 괴리를 축소하는 방향으로 행동을 조절해나가는 존재라는 점을 시사한다. 인간의 감정은 비교과정의 괴리 정도를 반영함으로써 유기체로 하여금 특정한 행동을 하도록 촉진하는 역할을 한다. 특히 커다란 괴리 정도를 반영하는 부정적 감정은 유기체로 하여금 행동의 변화를 촉구하는 역할을 하게 된다.

자기조절의 사회인지적 모델

자기조절의 중요한 측면은 개인이 지닌 자동적인 습관적 반응을 변화시키는 것이다. 특히 부적응적인 습관적 반응을 억제하고 그 대신 적응적인 새로운 반응을 생성하는 것이 자기조절의 중요한 기능이다. Bandura(1991)는 새로운 행동을 유발하게 만드는 자기조절 과정을 설명하는 사회인지적 모델(social cognitive model)을 제시하였다. 이 모델에 따르면, 내면적 충동이나 자동적인 습관적 반응을 제어하고 새로운 적응적 행동을 하기 위해서는 다음과 같은 세 가지의 심리적 과정이 필수적이다.

그 첫째는 자기관찰(self-observation)이다. 자신의 내면적인 심리적 과정에 주의를 기울여 의식적으로 관찰하는 것이다. 자기관찰은 개인이 자신의 내면적 상태나 과정을 인식하는 과정으로서 자기조절을 위한 가장 기본적이고 필수적인 과정이다. 자기관찰을 위해서는 주의를 내향화하여 자신의 마음을 잘 살펴 알아차리는 것이 중요하다. 의식(consciousness)은 고등동물의 중요한 심리적 현상으로서 내적 또는 외적 자극을 인식하고 행동을 통제하는 기능을 지닌다(Kihlstrom, 1987). 의식을 집중하여 주의를 기울이는 것은 자동적인 정보처리 과정(automatic information processing)을 의식적으로 조절이 가능한 통제적 정보처리 과정(controlled information processing)으로 전환하는 요건이다. 자기관찰은 자기조절을 위한 첫 단계이자 자기조절의 바탕을 이룬다.

둘째 단계는 자기평가(self-evaluation)로서 자신의 심리적 과정에 대한 평가적 판단을 하는 것이다. 즉, 자기관찰에 의한 정보에 근거하여 자신의 심리적 과정이나 상태를 특정한 기준에 비추어 그 괴리를 평가하는 것이다(Higgins, 1987). 자기평가에 적용되는 주요한 판단기준은 추구하는 목표, 다른 사람들의 기대나 요구, 이상적 자기상, 도덕적 기준 등이 될 수 있지만 사람마다 각기 다르다. Carver와 Scheier(1981, 1982)가 제시한 자기조절 모델은 이러한 비교과정을 상세하게 설명한 것이라고 할 수 있다. 판단기준과의 긍정적 괴리가 있을 경우에는 기존의 방식대로 행동하게 되지만, 부정적 괴리가 존재하는 것으로 평가될 경우에는 새로운 반응방식을 모색하게 된다.

마지막 세 번째 단계는 자기반응(self-reaction)이다. 자기반응은 자기평가의 결과에 따라 수반되는 감정반응과 더불어 새로운 반응을 생성하는 과정을 의미한다. 판단기준에 비추어 긍정적 괴리를 지닌 것으로 평가되면, 기쁨이나 자부심과 같은 긍정 정서를 경험하게 되는 동시에 기존의 행동방식을 유지하거나 강화하는 노력을 하게 된다. 반면에, 부정적 괴리를 지닌 것으로 평가되면, 좌절감이나 자괴감과 같은 부정 정서를 느끼는 동시에 기존의 행동방식을 억제하고 새로운 적응적 행동방식을 모색하며 실행하려는 변화의 노력을 기울이게 된다.

Miller와 Brown(1991)는 새로운 적응적 행동을 나타내게 되는 자기조절 과정을 좀 더 세분화하여 제시하고 있다. 이들은 Kanfer(1970)의 이론적 주장에 근거하여 자기조절의 7단계 모델(seven-step model of self-regulation)을 제시했다. 이 모델은 새로운 적응적 행동을 하게 되는 심리적 과정을 7단계로 나누어 제시하고 있다. 첫 단계는 정보 수집 단계로서 자신의 현재 행동과 그 결과에 대한 정보를 수집하는 과정이다. 둘째는 정보 평가 단계로서 수집된 정보에 근거하여 나름대로의 기준과 비교함으로써 현재 행동의 적절성과 효과성을 평가한다. 셋째는 변화 촉발 단계로서 무언가 변화를 시도하려는 의도를 지니는 것을 말한다. 정보 평가 단계에서 현재의 행동에 대한 부정적 평가가 이루어지는 경우, 변화를 위한 시도를 하려는 의도를 내게 된다. 넷째는 대안 탐색 단계로서 보다 더 적응적인 대안적 행동을 찾는 노력을 기울이게 된다. 이 과정에서 현재의 행동보다 더 효과적인 새로운 행동을 찾게 되면 다음 단계로 이해하게 된다. 다섯째는 계획 수립 단계로서 앞 단계에서 발견한 새로운 행동을 실행에 옮기기 위한 계획을 세우게 된다. 여섯째는 계획한 행동을 실행에 옮기는 단계이며, 마지막 일곱 번째 단계는 실행한 행동의 효과를 평가하는 단계다. 이 단계에서의 평가가 부정적일 경우에는 처음의 단계부터 회귀하여 새로운 자기조절 과정을 이행하게 된다.

자기통제 역량 모델

자기조절을 위해서는 심리적 에너지가 필요하다. 습관적 행동은 자동적인 과정에 의해 이루어지기 때문에 많은 양의 심리적 에너지를 요하지 않는다. 그러나 자동적인 과정을 억제하고 새로운 행동을 생성하기 위해서는 많은 심리적 에너지가 투여되어야 한다.

Muraven과 Baumeister(2000)는 자기조절과 심리적 자원의 관계를 설명하는 자기통제 역량 모델(self-control strength model)을 제시하였다. 이 모델에 따르면, 자기조절을 위해서는 내적인 자원(inner resource)이 필요하며 이러한 자원이 고갈되면 자기조절이 약화된다. 자기조절은 상황에 따라 변화될 수 있는 일시적인 심리적 능력이라고 할 수 있다. 마치 근육이 잘 발달한 사람도 심한 운동을 지속적으로 하게 되면 피로를 느껴서 운동능력이 감소하듯이, 자기조절의 노력을 반복해서 기울이게 되면 자기조절 능력이 약화된다. 평소에 자기조절을 잘하던 사람도 힘겨운 과제를 수행하거나 심한 스트레스를 받게 되면, 자기조절 능력이 현저하게 저하된다. 예컨대, 절식을 잘 해오던 여학생은 시험이 다가오거나 연인과 결별하여 스트레스를 받게 되면, 절식의 노력이 무너지면서 폭식을 하게 된다. 금주와 금연을 하던 직장인이 과중한 업무에 시달리게 되면 다시 음주와 흡연을 하게 되는 경우가 흔하다.

자기통제 역량 모델은 자기조절에 실패하게 되는 심리적 과정을 다음과 같이 설명하고 있다. 첫째, 자기조절을 위해서는 자기의 집행 기능을 수행하기 위한 자기통제 역량이 필요하다. Muraven과 Baumeister(2000)는 자기조절에 필요한 내적인 자원을 자기통제 역량(self-control strength)이라고 지칭하고 있다. 둘째, 인간은 한정된 자기통제 역량을 지니고 있기 때문에 한 번에 제한된 수의 충동만을 억제할 수 있다. 셋째, 모든 자기통제 역량은 동일한 심리적 자원에 바탕을 두고 있다. 즉, 한 목표에 자기조절 노력을 기울이게 되면, 다른 목표를 위한 자기조절에 사용할 수 있는 자원이 감소한다. 넷째, 자기조절의 성공과 실패는 그 사람이 사용할 수 있는 자기통제 역량에 달려 있다. 자기통제 역량은 항상 지속적으로 유지되는 것이 아니며, 여러 다른 과제를 수행하는 데 그러한 역량을 사용하게 되면 자기통제 역량이 고갈되어 자기조절 능력이 저하된다. 그러나 휴식을 통해서 근육의 피로가 회복되듯이, 자기통제 역량도 회복될 수 있다.

자기조절의 성공과 실패는 자기조절 자원의 고갈과 회복에 달려 있다. 자기조절 자원의 기본적 용량은 사람마다 차이가 있는 것으로 알려져 있다. 이 모델에 따르면, 자기조절을 잘하는 사람은 자기조절 자원이 많을 뿐만 아니라 일상생활에서 자기조절 자원을 과도한 수준까지 소비하지 않고 효과적으로 사용하는 사람이라고 할 수 있다(Friese & Hofmann, 2009). 실증적인 연구(Oaten & Cheng, 2006, 2007)에서 자기조절의 강점을 지닌 사람들은 그렇지 못한 사람들에 비해서 자기조절 자원을 많이 투여해야 하는 복잡한 과제를 수행한 후에도 그러한 자원을 더 잘 보존하는 것으로 나타났다. 자기통제 역량 모델은 개인의 자기조절 능력이 상황에 따라 변화하는 현상뿐만 아니라 일반적인 자기조절 능력의 수준을 이해할 수 있는 이론적 바탕을 제시하고 있다.

자기조절과 욕망의 관계

인간은 뇌의 발달로 인해 정보를 처리하는 지적 능력이 증가되었으며 자신의 행동을 관찰하고 평가함으로써 환경에 적절하게 대처하는 자기조절 능력을 갖추게 되었다. 그러나 인지적 활동만으로 자기조절이 되는 것은 아니다. 자기조절을 위해서는 자기 행동을 통제할 수도 있어야 한다. 진화 심리학자들은 완전한 자기통제는 불가능하다고 여긴다(Nicholson, 1997; Pinker, 1997). 즉, 합리적 이성에 의한 자기조절에는 한계가 있다는 것이다. 인간이 할 수 있는 최선은 행동의 일부를 억제하거나 그 방향을 바꾸거나 재조정하는 것이다. 행동을 통제하는 데에는 매우 많은 심리적 체계들이 관여한다.

[그림 19-2]에 단순한 형태로 제시했듯이, 인간은 독자적인 적응기능을 하는 에너지 공급체계, 생식체계, 양육체계, 안전체계 등을 갖추고 있다. 이러한 체계들은 각자 고유한 진화 발달과정을 밟아왔기 때문에 서로 원활한 의사소통이 이

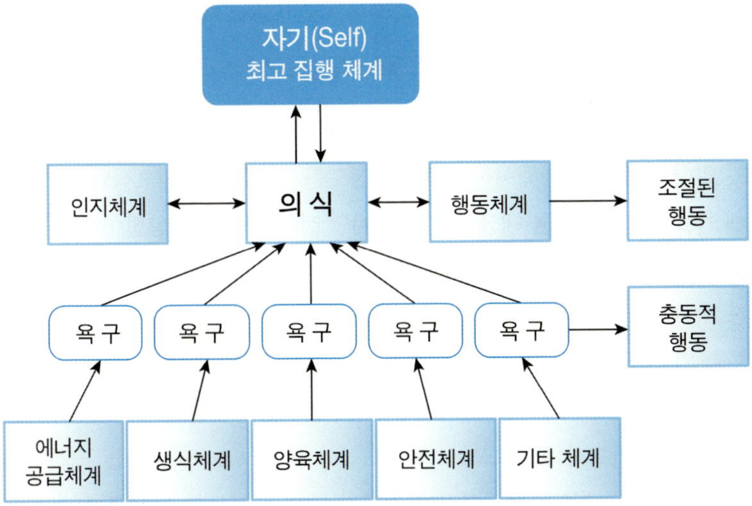

[그림 19-2] 욕망의 자기조절과정(권석만, 2008b)

루어져 협동적으로 잘 기능할 것으로 기대하기 어렵다. 한 체계에서 생성된 욕구가 자기관찰을 통해 의식되고 자기조절 과정을 거친다 하더라도, 다양한 체계들이 관여하여 영향을 미치게 되므로 완전하게 조절된 행동으로 표출되기 어렵다. 정보처리의 용량의 제한으로 인해서 다양한 심리적 체계의 기능상태를 동시에 관찰하여 통제할 수 없기 때문이다.

자기조절에 관한 심리학적인 이론들을 종합하면, 자기조절을 잘하는 사람은 다음과 같은 특성을 지닌다. 첫째, 이들은 자기조절을 위한 기본적인 자원과 용량을 선천적으로 많이 지니고 있다. 이러한 자원과 용량은 정보처리능력을 비롯하여 정서적 안정성, 스트레스 인내력 등을 포함한다. 둘째, 이들은 평소에 자기관찰과 자기평가를 통해서 자신의 삶을 항상 모니터링하며 보다 적응적인 행동을 하려고 노력한다. 셋째, 이들은 동일한 과제를 수행하더라도 자기조절 용량을 경제적으로 사용하는 사람이라고 할 수 있다. 마지막으로, 이들은 일상생활에서 자기조절 자원을 고갈시키지 않고 잘 비축함으로써 자기조절 역량을 잘 유지하는 사람이라고 할 수 있다.

자기조절의 측정도구

개인의 자기조절 능력은 크게 두 가지의 방식, 즉 행동평가와 자기보고에 의해서 평가되고 있다. 행동을 통해서 자기조절 정도를 평가하는 대표적인 방법의 예는 Mischel 등(1988)이 아동을 대상으로 만족 지연 정도를 측정한 방법이다. 아동에게 매력적인 물건(예: 사탕)을 제시하고 더 큰 보상을 얻기 위해 참으며 기다리게 한다. 아동이 참고 기다리는 시간을 측정하여 만족 지연과 자기조절의 정도를 평가한다. 이밖에도 Vohs와 Heatherton(2000)은 피검자에게 감정을 자극하는 필름을 보여 주면서 감정을 표출하지 않도록 지시하고 그들이 나타낸 감정표현을 정밀하게 평가함으로써 자기조절을 측정하고자 했다. Muraven, Tice와 Baumeister(1998)는 매우 어렵거나 해결이 불가능한 문제들을 제시하고 피검자가 풀려고 시도한 문제의 수와 투여 시간을 측정함으로써 자기조절 정도를 평가하고자 했다.

자기조절 능력은 자기보고를 통해 측정되는 것이 더 일반적이다. 자기보고에 근거하여 자기조절의 개인차를 평가하는 측정도구는 매우 다양하다. 여기에서는 널리 사용되는 몇 가지의 측정도구들을 소개한다.

최근에 Tangney 등(2004)은 자기조절 능력을 측정하기 위해서 자기통제척도(Self-Control Scale)를 개발하였다. 이 척도는 36문항으로 구성된 자기보고형 검사로서 자기규율의 전반적 능력, 신중한 비충동적 행동, 건강한 습관, 행동 윤리, 신뢰성의 5개 요인을 측정하고 있다. 5점 척도 문항의 예로는 "일정을 잘 맞춰서 다른 사람들로부터 신뢰를 받는다." "건강에 좋은 활동을 한다." "절대로 내 자신이 통제를 잃도록 내버려 두지 않는다." "즐거움과 재미 때문에 일을 끝내지 못할 때가 있다." (역채점 문항) "너무 쉽게 화를 낸다." (역채점 문항) "때때로 과음하거나 약물을 남용한다." (역채점 문항) 등이 있으며 피검자는 각 문항이 자신에게 해당되는 정도를 5점 척도 상에서 평정하도록 되어 있다. 자기통제척도는 신뢰도와 타당도가 잘 입증되어 있어 현재 가장 널리 사용되고 있다. 최근에 조혜진(2010)은 이 검사를 번안하여 신뢰도와 타당도를 검증한 후 폭식행동의 연구를 위해 사용한 바 있다.

자기조절 질문지(Self-Regulation Questionnaire; Ryan & Connell, 1989)는 다양한 활동에서의 자기조절 능력을 측정하고 있는 자기보고형 검사다. 학업(아동용), 학습(청소년 및 성인용), 친사회적 행동, 운동, 종교활동, 교우관계, 건강행동의 7개 활동

영역을 측정하는 7개의 하위척도로 구성되어 있다. 각 척도는 12~32개의 문항으로 구성되어 있으며 4점 또는 7점 척도로 평정된다.

동일한 명칭을 지닌 자기조절 질문지(Self-Regulation Questionnaire)가 Brown, Miller와 Lawendowski(1999)에 의해서 개발되었다. 이 질문지는 자기조절의 7단계 모델에 근거하여 정보 수집, 정보 평가, 변화 촉발, 대안 탐색, 계획 수립, 계획 실행, 효과 평가와 관련된 행동들을 평가하는 자기보고형 검사다. 7개의 단계를 각각 9개 문항으로 평가하도록 6개 문항으로 구성되어 있으며 5점 척도로 평정된다.

Shapiro(1994)에 의해 개발된 Shapiro 통제 질문지(Shapiro Control Inventory)는 187문항으로 구성된 자기보고형 검사로서 세 가지의 영역(통제감, 통제 동기, 통제 양식)에서 9개의 주 척도 점수가 산출되고 5개의 보조척도 점수가 산출되도록 되어 있다. 이 검사는 피검자의 '전반적 통제감' '문제해결에 대한 자신감' 을 비롯하여 '통제 욕구' '과도한 통제 및 통제 포기 욕구' 를 측정할 뿐만 아니라 통제 양식을 '긍정적 주장' '부정적 주장' '긍정적 수용' '부정적 수용' 으로 평가함으로써 자기통제의 다양한 측면을 측정하고 있다. 이 검사는 민병배(2000)에 의해 번안되어 사용된 바 있으며 성승현과 박성현(2008)에 의해서 타당화 연구가 이루어졌다.

자기통제 부족 척도(Low Self-Control Scale; Grasmick, Tittle, Bursik, & Arneklev, 1993)는 범죄행동과 관련된 연구에서 가장 널리 사용되고 있는 측정도구다. 이 척도는 범죄학적 관점에서 개발되었으며 24문항으로 구성된 자기보고형 검사다. 문항의 예로는 "나는 다른 사람에게 문제를 야기한다는 것을 알아도, 내가 원하는 것은 가지려고 노력할 것이다." "일이 복잡해지면, 나는 그만두거나 발을 빼는 경향이 있다." "나는 장기적이기보다는 단기적으로 내게 일어날 일들에 대해 더 염려한다." 와 같은 문항을 포함하고 있다.

최근에는 자기조절을 잘하는 사람들과 못 하는 사람들의 행동특성에 근거하여 두 가지 행동패턴을 측정하는 양호-불량 자기통제 척도(Good and Poor Self-Control Scales; Wills et al., 2007)가 개발되었다. 이 척도는 5점 척도로 평정되는 70개의 문항으로 구성되어 있으며 양호한 자기통제와 불량한 자기통제를 반영하는 행동들이 각각 35개 문항으로 측정된다.

3 자기조절과 관련된 심리적 특성

많은 연구들은 자기조절이 개인의 전반적인 삶에 매우 긍정적인 영향을 미치는 것으로 보고하고 있다. 우선, 자기조절은 학업과 직업 활동에 긍정적인 영향을 미친다. Wolfe와 Johnson(1995)의 연구에서는 자기통제를 잘하는 학생들의 성적이 우수한 것으로 나타났다. 이들은 32개의 성격특질 측정치를 사용한 결과 자기통제만이 유일하게 학생의 성적을 잘 예측했다. Tangney 등(2004)의 연구에서도 높은 자기조절 능력을 지닌 사람들은 그렇지 못한 사람들에 비해서 학업성적이 더 우수한 것으로 나타냈다. 또한 직업장면에서도 자기조절을 잘하는 상사는 그렇지 못한 상사에 비해서 부하와 동료들로부터 더 긍정적인 평가를 받았다(Cox, 2000).

또한 자기조절 능력이 우수할수록 개인적인 적응수준도 높았다. Tangney 등(2004)의 연구에 따르면, 높은 자기조절 능력을 지닌 사람들은 그렇지 못한 사람들에 비해서 더 양심적이고 정서적으로 안정되어 있으며 자존감이 높았다. 이들은 더 원만한 대인관계를 나타냈으며 자신의 분노를 더 잘 조절하고 공격행동을 덜 나타냈다. 자기조절을 잘하는 사람들은 배우자와 보다 좋은 관계를 맺고 다른 사람들과도 잘 어울렸다. 그들은 더 나은 가족 응집력, 더 적은 대인관계 갈등, 뛰어난 공감 그리고 더 안전한 대인관계 애착을 보였다. 자기조절이 잘되면 다양한 충동통제 문제가 나타나지 않는 것으로 나타났다. 자기통제를 잘하는 사람은 알코올이나 불법적 약물의 남용을 덜 하고, 병리적 섭식 패턴을 덜 보이며, 금전 관리도 더 잘했다. 이들은 높은 자기수용과 자존감을 보일 뿐만 아니라 적은 정신병리(신체화, 강박적 패턴, 우울, 불안, 적대적 분노, 공포 불안, 편집증적 사고, 정신증)를 나타냈다. 국내의 한 연구(조혜진, 2010)에서도 자기조절은 폭식행동과 밀접한 관계를 지닌 것으로 나타났다. 이 연구에서는 여대생을 대상으로 폭식행동이 섭식 절제와 부정 정서에 의해서 유발된다는 점을 확인했는데, 자기조절 능력이 부족할수록 더 심한 폭식행동을 나타냈다.

아동의 자기조절 능력은 미래의 적응상태를 예측하는 강력한 요인임을 보여주고 있다. Mischel 등(1988)는 장기종단적 연구를 통해서 만 4세의 아동들을 10여 년간 추적하며 적응상태를 조사하였다. 그 결과, 만 4세 때 만족 지연을 잘했던 아이들은 10년 후에 교사와 또래들의 평가에 의하면 학업과 대인관계 모두에서 매우 성공적인 것으로 나타났다.

Baumeister, Heatherton과 Tice(1994)에 의하면, 자기조절 실패는 거의 모든 개인적·사회적 문제의 핵심이다. 즉, 약물 중독과 남용, 범죄와 폭력, 성적으로 옮겨지는 질병들, 학교에서의 낮은 수행, 개인 부채, 분노와 적대감, 규칙적인 운동의 실패, 과식 등은 자기조절의 문제라고 할 수 있다. 이런 점에서 자기조절은 개인의 행복과 사회의 안녕을 위해서 매우 중요한 덕목이라고 할 수 있다.

거의 모든 문화에서 남자는 여자에 비해 공격적이고 성적인 부정행위를 더 많이 나타내는데, 그 이유는 자기조절의 차이보다 충동의 강도에서 성차가 있기 때문인 것으로 보인다. 일반적으로, 특질로서의 자기조절에는 성차가 없는 것으로 나타났다(Tangney et al., 2004). 그러나 특정한 영역에서는 성차가 나타날 수도 있다. 예를 들어, 폭식과 관련된 문제에 대한 자기조절에서는 여자가 남자보다 낮은 점수를 나타낼 수 있는데, 여자가 폭식 조절 문제를 더 많이 지니기 때문이다. 반면에, 남자들은 성충동과 관련된 자기조절에서 낮은 수준을 나타낼 수 있다.

자기조절의 발달에 대해서는 아직 잘 알려진 바가 없다. 그러나 만족 지연 연구(Mischel et al., 1988)에 따르면, 자기통제는 연령의 변화에 따라 상당히 안정된 특성으로 보인다. 4세에 나타낸 효과적인 자기통제가 성인기의 긍정적인 성과를 예언할 만큼, 자기통제는 발달과정에 걸쳐서 상당히 일관된 수준을 유지하는 것으로 보인다. 그러나 이것이 의미하는 바는 분명하지 않다. 아동기의 초자아 출현에 대해서 프로이트 이론가들이 제안하는 것처럼, 이것은 자기통제 능력이 이미 4세 때 자리 잡아서 일생을 거쳐 안정되게 유지된다는 뜻일 수도 있다. 아니면 자기통제가 유전적인 영향을 강력하게 받는 것이어서 학습과 상관없이 안정성을 지니는 것으로 볼 수도 있다.

자기 통제에 관한 본성 대 양육 논쟁(Nature-Nurture debate)은, 행동 결과들이 반대되는 두 힘의 조합을 반영이기 쉽기 때문에 훨씬 더 복잡하다. 자기 통제 연습은 충동을 극복하는 것을 포함하므로, 좋은 행동이란 매우 효과적인 자기 통제나 상대적으로 약한 충동을 모두 반영할 수 있다. 최고의 예측은 충동의 세기는 타고나는 것이기 쉽고, 반면에 자기 통제 능력은 상당한 정도로 학습되는 것이다.

Gottfredson과 Hirschi(1990)은 한 부모 가정의 아이들에게서 상당히 높은 범죄율이 나타난다는 점을 지적하고 있다. 부모의 지도감독이 부족하면 자기통제가 약화되어 청소년 비행이나 범죄행동을 초래할 수 있다. 지도감독과 비행행동의 관계는 부모에 대한 아이의 애착과 효능감에 의해서 매개되는 것으로 나타났다(Wadsworth, 2000). 부모는 아이에게 자기통제가 필요한 상황에 대해 가르치고 아이가 적절한 자기통제를 보이지 않을 경우에 야단을 친다. 이때 아이가 부모에게 애착을 느끼고 부모의 인정을 받고자 한다면, 아이는 자기통제 노력을 기울이게 될 것이다. 다른 한편으로, 비행행동에는 부모의 지도감독이나 애정보다 또래들의 영향이 더 강력하다는 증거도 있다(Aseltine, 1995). 뿐만 아니라 한 부모 가정의 자녀들이 높은 범죄율을 보이는 것은 유전의 영향 때문이라는 주장도 있다. 즉, 같은 유전자가 부모의 이혼과 아이의 범죄 행위를 유발한다는 주장이다(Harris, 1995).

다분히 선천적으로 충동적 기질을 타고난 사람도 자기조절에 의해서 충동적 행동을 억제할 수 있다는 주장이 제기되고 있다. 최근에 Friese와 Hofmann(2009)은 충동성과 자기조절의 상호작용에 대한 연구를 통해서 충동적 성향이 충동적 행동으로 발현되는 과정에서 자기조절이 어떤 역할을 할 수 있는지를 살펴보았다. 이들의 연구에서 자기조절력이 낮은 사람들에게서는 충동적 성향이 쉽게 충동적 행동으로 나타났지만, 자기조절력인 높은 사람들의 경우에는 그렇지 않았다. 이러한 결과는 개인의 충동적 기질 수준을 통제하고도 여전히 유효한 것으로 나타났다. 이러한 연구결과는 선천적으로 충동성 수준이 높다 하더라도 자기조절 능력의 함양을 통해서 충동적 행동을 예방할 수 있음을 시사한다.

4 자기조절의 촉진요인 및 함양방법

자기조절의 부족은 다양한 부적응 문제를 나타내게 된다. 과식 및 폭식, 충동적 구매행동, 알코올 중독, 약물 중독, 게임 중독, 충동적 성행위, 폭력행동 등과 같은 부적응 문제들은 자기조절의 결여에서 비롯한다. 이러한 부적응 문제를 개선하거나 치료하는 방법들은 자기조절에 초점을 맞추고 있다. 문제의 유형에 따라 구체적인 개입방법이 다르지만, 자기조절을 증진하는 방법들은 다음과 같은 공통점을 지니고 있다.

그 첫째는 자기감찰(self-monitoring)이다. 의식적으로 주의를 기울여 자신의 행동을 지속적으로 관찰하는 것이다. Bandura(1991)가 강조하고 있듯이, 습관적인 행동이나 충동적 행동은 주의를 기울이지 않으면 자동적으로 반복되어 나타난다. 의식적 관찰은 그 자체로 습관적인 행동의 강도를 약화시킨다. 자기조절을 향상시키는 효과적인 방법은 자신에 의한 것이든 타인에 의한 것이든 관찰을 강화하는 것이다. 감시되지 않는 행동은 바뀌지지 않는다. 더 나아가서, 감시가 중단되면 자기통제는 약화된다. 효과적인 자기감찰 방법은 조절하고자 하는 문제행동의 빈도와 발생 상황을 구체적으로 기록하는 것이다. 문제행동이 얼마나 자주 그리고 어떤 상황이나 조건에서 나타나는지를 관찰하여 기록함으로써 문제행동의 부정적 결과가 좀 더 분명해질 뿐만 아니라 그 발생패턴과 촉발요인을 이해할 수 있게 된다.

자기조절을 증진하는 두 번째 요소는 대안적 행동의 계획과 실천이다. Miller와 Brown(1991)가 자기조절의 7단계 모델에서 제시하고 있듯이, 변화를 위한 강력한 의지를 가지고 적응적인 대안적 행동을 찾아 실행에 옮기는 것이 중요하다. 변화를 위한 목표를 분명하게 정하고 구체적인 실천방법을 계획한다. 목표의 달성기준과 달성시한을 분명하게 정하는 것이 바람직하다. 일관성 있는 분명한 목표는 자기통제를 촉진하는 반면, 불분명하거나 상반된 목표는 자기통제를 약화시킨다(Emmons & King, 1988). 자기조절은 목표를 향해 자신의 행동을 변화시키는 노력이므로, 목표가 불분명하면 구체적인 행동을 실행하기 어려워진다. 또한 서로 상충되는 다양한 목표를 지니게 되면 주의가 분산될 뿐만 아니라 목표성취를 위한 심리적 자원을 고갈시킬 수 있다. 때로는 이러한 목표와 실천행동을 다른 사람들에게 공표하는 것도 변화의지를 강화하는 효과적인 방법이다.

자기조절을 위한 세 번째 요소는 목표를 향한 진전과 행동변화의 효과를 점검하는 것이다. 즉, 현재 상태와 목표 간의 차이를 평가하는 것이다. 목표를 향한 진전 정도가 긍정적일 경우에는 노력에 대한 심리적 보상을 얻는 동시에 변화 의지를 강화할 수 있다. 만약 진전 정도가 부정적으로 평가될 경우에는 좀 더 효과적인 실행 방법을 모색할 수 있다. 어떤 경우이든 진전 과정의 평가는 자기조절에 중요하다. 현재 상태와 목표 간의 차이를 평가하여 인식하지 못하면, 자신의 행동에 지속적으로 주의를 기울이기 어렵거나 자기통제 노력이 약화되기 쉽다(Kirschenbaum, 1987).

마지막으로, 자기조절의 노력을 지속적으로 유지하기 위해서는 심리적 자원을 잘 관리하는 것이 중요하다. 달리 말하면, 심리적 자원을 고갈시킬 수 있는 스트레스나 과도한 활동을 관리하는 노력이 필요하다. Muraven과 Baumeister(2000)가 강조하고 있듯이, 자신의 행동을 변화시키는 데에는 심리적 자원이 필요하며, 이러한 자원이 고갈되면 자기통제가 약화된다. 예를 들어, 절식, 금연, 금주 등과 같은 자기조절 노력을 성공적으로 지속해오던 사람들도 과중한 업무로 시간에 쫓기거나 강한 심리적 스트레스를 받게 되면서 자기조절이 일거에 무너지는 경우가 흔하다. 심리적 자원을 다른 활동에 많이 사용하게 되어 자기조절 역량이 약화되었기 때문이다. 자기조절을 성공적으로 유지하기 위해서는 규칙적인 안정된 생활을 통해 제한된 심리적 자원을 잘 관리하고 보존함으로써 자기조절 역량을 잘 유지하는 것이 중요하다. 특히 심리적 부담이나 압박감을 느끼는 상황에서 자기조절 노력이 저하되지 않도록 주의해야 한다.

자기조절은 훈련을 통해서 향상될 수 있다(Muraven, Baumeister, & Tice, 1999). 한 종단 연구(Muraven et al., 1999)에 의하면, 정기적인 연습을 통해 자기통제가 현저하게 향상될 수 있었다. 매일 운동을 하면서 정기적으로 자기조절 연습을 한 사람들은 그렇지 않은 사람들에 비해서 자기조절 정도를 측정하는 실험실 과제에서 더 우수한 결과를 나타냈다. 모든 종교의 성직자들은 계율의 준수, 절제된 규칙적인 생활, 묵상과 명상을 통한 자기성찰, 고요하고 안정된 정서의 관리 등을 통해서 자기조절 능력을 함양하는 노력을 기울이고 있다. 자기조절 능력이 탁월한 사람은 어떤 상황에서도 정서적 동요와 혼란에 빠지지 않으며 자신의 감정과 충동을 잘 조절할 수 있는 사람이다.

자기조절 증진 방법(Rashid & Anjum, 2005)

- 운동 프로그램을 시작하고 일주일 동안 매일 운동을 해 본다.
- 다른 사람에 대한 험담이나 비난을 하지 않도록 노력한다.
- 짜증이나 화가 날 때 10까지 숫자를 세어 본다. 필요하면 한 번 더 반복한다.
- 일상생활을 향상시키기 위한 목표(방청소, 설거지, 빨래)를 설정하고 이를 완수한다.
- 특정한 일에 집중할 때 주의를 흩뜨리는 자극(전화, 컴퓨터, TV)을 찾아 제거한다.
- 유혹의 대상을 제거한다(예: 다이어트 시에는 정크 푸드 먹지 않기; 쇼핑할 때는 카드나 돈을 집에 두고 외출하기; 금연하고자 할 때는 담배를 껌으로 바꾸기)
- 규칙적인 생활을 시작하고 이를 고수한다.
- 성공적으로 자기조절을 했을 때 이를 자축한다.
- 철저히 체계적으로 따를 수 있는 일상적인 틀을 구축하고 핵심적인 요소는 늘 지키도록 한다.
- 주요 활동을 할 수 있는 규칙적인 시간과 장소를 정한다.
- 역할 모델을 정하고 배울 점을 찾아 자신의 목표를 조절하는 데 적용한다.
- 생체 리듬을 파악해서 가장 민첩할 때 가장 중요한 일을 하도록 한다.
- 편안한 자극을 잠시 중지한 뒤, 중요한 일을 성취한 다음에 이를 보상으로 주도록 한다(예: 과제를 마치고 나서 TV 보기).

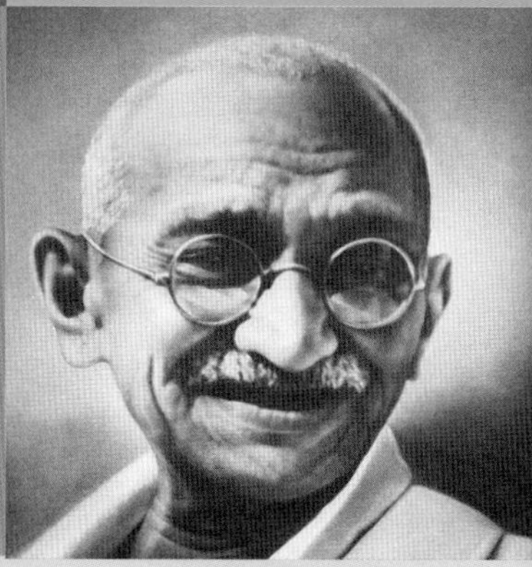

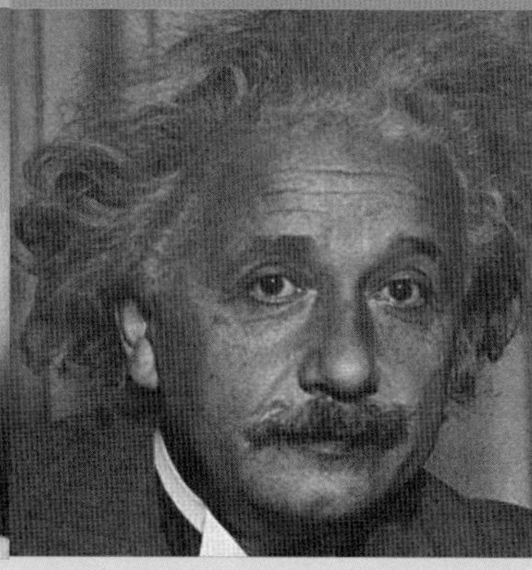

제 6 부

정의(正義)와 관련된 긍정적 성품

인간은 집단을 이루며 살아가는 사회적 동물이다. 인간은 작은 씨족공동체로 시작하여 도시국가를 이루고 현대에는 국가의 형태로 커다란 공동체를 이루며 살아가고 있다. 많은 구성원의 이해관계가 얽혀 있는 공동체에는 크고 작은 갈등과 분쟁이 존재한다. 인류의 소망 중 하나는 사회적 갈등과 대립 그리고 전쟁이 없는 정의롭고 평화로운 사회를 구축하는 것이다. 이를 위해서는 사회의 구조나 제도를 개선하는 노력이 필요할 뿐만 아니라 사회의 공동선(共同善)을 위한 구성원 개개인의 노력이 중요하다.

VIA 분류체계에서 제시하고 있는 정의와 관련된 덕목은 정의롭고 평화로운 공동체 생활에 기여하는 긍정적인 성품을 뜻한다. 공동체의 안녕과 질서 그리고 번영을 위해서 기여하는 개인적 태도와 신념을 의미한다. VIA 분류체계(Peterson & Seligman, 2004)는 정의와 관련 덕목으로 공정성, 시민의식, 리더십을 제시하고 있다.

공정성은 이기적인 자기중심적 성향을 극복하고 구성원의 평등성을 중시하면서 공정하게 행동하는 태도를 의미한다. 모든 조직에는 구성원들의 이해관계가 얽혀 있다. 대부분의 경우, 조직의 갈등과 분규는 분배의 문제와 관련되어 있다. 공정하고 합리적인 분배는 정의로운 사회의 필수적 요소다. 공정성은 정의롭고 평화로운 사회의 구현을 위해 필수적인 덕목이라고 할 수 있다.

시민의식은 공동체의 구성원으로서 자신의 의무를 충실히 이행하고 공동체 전체를 위해서 협동하려는 태도를 뜻한다. 인류는 오랜 세월을 통해 다양한 사회적 구조와 제도를 실험하면서 처절한 투쟁의 역사를 통해서 오늘날 민주주의를 최선의 사회적 이념으로 여기게 되었다. 민주주의는 모든 구성원이 평등한 권리와 의무를 지닌 사회의 주인으로서 사회의 질서와 번영을 위해 협동적으로 노력하는 사회를 지향한다. 시민의식은 민주사회의 유지와 발전을 위해 민주시민의 중요한 덕목이라고 할 수 있다.

모든 사회는 원활한 운영을 위해서 위계적인 조직구조를 지니고 있다. 조직의 상부구조에서 활동하는 지도자들은 조직의 번영과 구성원 전체의 행복을 위해서 노력해야 한다. 인류의 역사는 지도자의 역량과 성품이 조직의 성쇠에 결정적인 영향을 미친다는 점을 잘 보여 주고 있다. 인간은 누구나 가족, 직장, 동호회, 지역사회를 포함하는 크고 작은 조직에서 지도자의 역할을 맡게 된다. 지도자의 역할을 원활하게 수행할 수 있도록 돕는 리더십은 현대인의 중요한 덕목이 아닐 수 없다.

정의는 인간 공동체의 안정과 평화 그리고 번영을 이루기 위한 중요한 덕목이다. 구성원 모두가 만족하면서 효과적으로 기능할 수 있는 건강한 공동체를 이루기 위해서 필요한 개인적 덕목이 바로 정의다. 정의는 개인과 집단의 상호작용을 건강하게 만드는 사회적 덕목이라고 할 수 있다.

제20장

공정성

인간은 누구나 평등한 존재다. 모든 국민은 존엄과 가치를 지닌 존재로서 평등한 권리를 누린다는 문구가 모든 민주국가의 헌법에 명시되어 있다. 그런데 백인백색(百人百色)이란 말이 있듯이, 인간은 각기 다른 존재다. 성별, 나이, 종족, 외모, 능력, 성격, 사회적 신분 등에 있어서 각기 다르다. 각기 다른 특성을 지닌 사람들을 평등하게 대한다는 것은 쉬운 일이 아니다.

인간은 모든 대상을 범주화하여 인식하는 기본적인 특성을 지니며 특정한 범주의 대상을 선호하거나 혐오하는 경향이 있다. 그래서 인간은 모든 사람을 평등하게 대하지 못한다. 그 결과, 모든 사회에는 다양한 차별이 존재한다. 성차별, 학력차별, 지역차별, 종족차별 등과 같이 대다수 사회에는 개인의 특성에 따라 우대를 하거나 부당한 대우를 하는 차별 현상이 존재하고 있다. 모든 인간은 자신이 소중한 존재로 대우받기를 원한다. 부당한 차별을 받기를 원하는 사람은 아무도 없다. 공정하지 못한 차별 행위는 사회의 정의를 훼손하는 주요한 장애물인 동시에 사회적 갈등의 주된 원인이다.

인간은 자신과 친밀한 관계를 지닌 사람을 그렇지 못한 사람에 비해서 우대하는 경향이 있다. "손은 안으로 굽는다."는 격언이 있듯이, 인간은 혈연, 학연, 지연 등으로 연결된 사람에게 혜택을 주려는 기본적인 성향을 지니고 있다. 그래서 우리 사회에는 공정하지 못한 특혜를 주는 비리와 불법 행위가 비일비재하다. 권력자는 친인척 또는 추종자에게 부당한 혜택을 베풀고 직장에서는 상사가 부하들을 공정하게 대하지 못하며 심지어 가정에서는 부모가 자녀를 동등하게 대하지 못하고 편애하는 현상이 벌어지고 있다.

이런 현실에 비추어 보면, 모든 사람을 평등하게 대하는 공정성은 정의로운 사회를 위해서 매우 중요한 덕목이라고 할 수 있다. '공정(公正)하다' 는 것은 여러 사람을 평등하고 올바르게 대한다는 의미를 지닌다. 공정성은 다른 사람을 대하는 방식에 있어서 개인적인 편견과 감정을 유보하고 합리적인 원칙에 따라 올바르게 행동하려는 태도를 뜻한다. 이런 점에서 공정성은 인간의 편향적 성향을 이겨내야 하는 진귀한 성품인 동시에 소중한 덕목이라고 할 수 있다. 공정성은 자신의 편향적 애정과 선호를 절제해야 하는 냉정한 성품인 동시에 모든 사람을 똑같이 존중하는 애정을 담고 있는 따뜻한 성품이기도 한다. 빈부귀천을 가리지 않고 모든 사람을 평등하게 대하는 공정성의 덕목을 지닌 사람들이 모든 사회에서 존경을 받는 이유가 여기에 있다.

1 공정성의 정의와 유형

공정성(fairness)은 모든 사람을 동등하게 대하는 태도를 의미한다. 즉, 사적인 감정이나 편견으로 인한 치우침 없이 모든 사람에게 공평한 기회를 주고 동일한 규칙에 따라 대하는 태도를 뜻한다. 모든 사회에는 불공평하고 부당한 일들이 많다. 권력을 가진 자가 부당한 결정을 통해 사리사욕을 채우는 일이 드물지 않고, 피고용인의 약점을 이용하거나 위협하여 부당한 이득을 취하는 고용주들이 있다. 다양한 선발과정에서도 개인의 능력보다는 학연이나 지연의 파벌에 따라 결정되는 경우들이 있다. 이밖에도 뇌물을 주고 권리를 따내는 일, 예약된 순서를 기다리지 않고 새치기하는 일 등은 공정하지 못한 일이다. 이러한 행위는 사회적으로 불공평하며 정의롭지 못한 것으로서 도덕적인 지탄을 받게 된다. 공정성은 비도덕적이고 정의롭지 못한 행동을 방지하는 인격적 덕목이라고 할 수 있다.

그러나 구체적인 상황에서 무엇이 정의롭고 공정한 행동인지를 판단하는 것은 쉬운 일이 아니다. 공정성 또는 정의의 개념은 Aristotle 이후 철학, 법학, 정치학, 경제학, 사회학 등의 다양한 분야에서 논의되어 왔다. 17세기에 이르러 Locke와 Hobbes를 중심으로 사회계약설이 주장되었고 19세기에는 Mill의 공리주의를 통해 도덕적 이상으로 제시되었다. 이후에 Rawls와 Nozick 등에 의해 다양한 논의가 이루어졌다.

정의의 대한 논의는 혜택을 배분하는 문제와 악행을 처벌하는 문제에 대한 것으로 구분되어 논의되어 왔다. 전자는 분배적 정의(distributive justice)에 해당하는 것으로 재화, 권력, 명예와 같은 혜택을 어떻게 분배하는 것이 공정한 것인가 하는 문제에 관한 것인 반면, 후자는 처벌적 정의(retributive justice)로서 잘못한 행위에 대한 처벌을 어떻게 하는 것이 공정한 것이냐는 문제에 관한 것이다(wikipedia.com).

분배적 정의에 대해서는 역사적으로 다양한 주장이 제기되었다. 첫째는 평등주의(egalitarianism)로서 특정한 혜택은 그와 관련된 모든 사람에게 균등하게 배분되어야 한다. 모든 사람에게 어떤 행위를 할 수 있는 기회가 평등하게 주어져야 할 뿐만 아니라 결과물 역시 평등하게 배분되어야 한다는 주장이다. 둘째는 혜택을 받을 만한 자격이 있는 사람에게 분배해야 한다는 입장이다. 개인의 능력이 각기 다를 뿐만 아니라 결과물을 생산하는 데 기울인 노력도 다르다. 따라서 결과물의 생성에 기여한 개인의 능력과 노력에 비례하여 배분하는 것의 공정하다는 주장이다. 이러한 입장은 개인의 필요(needs)도 배분에 고려해야 할 조건이라고 주장한다. 셋째는 공리주의(utilitarianism)로서 구성원 전체의 행복(welfare)이 최대화되도록 배분하는 것이 정의라는 입장이다. 개인의 행위나 조직의 제도를 정당화하는 기준은 결과적으로 구성원의 행복이 최대화되었느냐는 것을 의미하는 공정한 복지 결과주의(impartial welfare consequentialism)다. 넷째는 '정의의 이론'을 제시한 John Rawls(1971)의 주장으로서 공리주의를 비판하고 그 대안을 제시한 것이다. 정의, 특히 분배적 정의는 공정성의 한 형태로서 재화의 공정한 배분이 중요하다. 그는 다수의 이익을 위해서 개인의 이익이 희생되는 것을 정당한 것으로 여긴다는 점에서 공리주의를 비판하면서, 정의의 두 가지 원칙을 제시했다. (1) 모든 사람은 기본적 자유를 누릴 평등한 권리를 가진다. (2) 사회적, 경제적 불평등은 가장 기회를 적게 지녔던 사람의 혜택이 최대화되도록 조정되어야 하며 동시에 동등한 기회를 지녔던 사람들에게는 노력과 능력에 따라 이루어져야 한다. 마지막은 Robert Nozick(1974)의 주장으로서 그는 분배에 있어서 재화를 획득하게 된 역사적 과정을 고려해야 한다고 주장하였다. 즉, 개인이 재화를 소유하게 된 과정이 정당한 획득(원래 소유하지 않은 것에 노력을 기울여 획득한 경우) 또는 정당한 이전(절도나 강압에 의한 것이 아니라 무상 기부, 구입, 동의에 의한 경우)에 의해서 이루어진 경우에만 그의 소유가 정당하다는 것이다.

처벌적 정의(retributive justice)는 잘못한 행위에 대한 처벌을 어떻게 하는 것이 공정한 것이냐는 문제에 관한 것이다. 잘못한 행위에 대해서 어떤 근거로 누구에게 어떤 처벌을 주는 것이 정당한가 하는 문제다. 이에 관해서는 크게 두 가지의 입장이 존재한다. 그 첫째는 공리주의로서 모든 개인의 행복을 최대화되는 것이 중요하므로 개인의 행복을 저하시키는 처벌은 바람직하지 않다는 입장이다. 그러나 장기적으로 공동선을 최대화하기 위한 경우라면, 처벌은 일종의 희생으로서 다음과 같은 세 가지 경우에 필요할 수 있다: (1) 처벌의 위협이 악행을 억제하고 예방하는 효과를 지니는 경우, (2) 처벌이 사람을 더 나은 사람을 변화시키는 재활의 효과를 지니는 경우, (3) 개선의 여지가 없는 사람은 구금을 통해서 악행의 기회를 제약하여 사회의 안전을 확보하는 경우. 또 다른 입장은 인과응보주의로서 악행을 한 사람은 자신의 행위에 대해서 책임을 져야 하며 그에 상응하는 처벌이 주어져야 한다는 주장이다. 단 처벌의 정도는 잘못한 행동의 정도에 비추어 적절한 것이어야 하며 잘못된 행동을 개선하도록 유도하는 것이어야 한다.

이상에서 살펴보았듯이, 오랜 기간 정의(justice)가 과연 평등을 의미하는지 아니면 형평성을 의미하는지에 대한 맹렬한 논쟁을 벌여왔다. 이러한 논쟁은 오늘날 소득세 제도에 있어서 누진세와 비례세 중 어떤 것이 더 좋은지와 같은 논쟁거리로 남아 있기도 하다. 그러나 분명한 것은 사람들이 어떤 경우이든 공정하지 않은 것을 부도덕하다고 여긴다는 점이다.

2 공정성에 대한 심리학적 이론

긍정적 성품으로서의 공정성은 어떤 혜택을 배분하거나 처벌을 해야 하는 상황에서 최대한 공정하게 행동하려는 정의로운 태도를 뜻한다. 사적인 감정이나 편견으로 치우치지 않고 모든 사람에게 공평한 기회를 제공하고 동일한 규칙에 따라 대하는 태도를 말한다.

공정성과 도덕성 발달

정의와 공정성에 대한 주장이 다양하듯이, 개인마다 공정함에 대한 견해가 다르다. 공정성은 도덕성 발달의 산물로 여겨지고 있다. 심리학자들은 도덕성 발달이 추론능력의 발달에 기인하고 보고 있다. 도덕적 추론은 어떤 행동이 옳은가에 대한 판단과정을 의미한다. Piaget(1932)는 정의에 대한 판단을 도덕성 발달의 한 요소로 간주하고 아동의 도덕적 판단을 다양한 측면에서 탐색하였다. 그는 처벌적 정의(retributive justice)에 대한 아동의 판단을 살펴보기 위해서 다음과 같은 이야기를 들려주고 어떤 벌이 가장 공정한지를 물어보았다.

한 소년이 저녁 식사에 먹을 빵을 사오라는 엄마의 부탁을 듣지 않아서 식탁에 빵이 오르지 못하자, 아버지는 그 소년을 벌 줄 가장 공정한 방법이 무엇인지 궁리하여 다음과 같은 세 가지 벌을 생각했다. 첫째는 그 소년이 가기로 되어 있었던 박람회에 가지 못하게 하는 것이다. 둘째는 빵을 사러 가지 않았으니까 저녁 식사에 소년에게 빵을 주지 않는 것이다. 셋째는 소년이 엄마 부탁을 들어주지 않았으니까 손이 닿지 않은 높은 찬장 위에 있는 장난감을 내려달라는 소년의 부탁을 들어주지 않는 것이다.

어린 아동들은 첫 번째 벌을 공정한 것으로 보는 경향이 있었으며 좀 더 나이가 든 아동들은 두 번째 또는 세 번째 벌을 택하는 경향이 있었다. 그러나 연령에 따른 뚜렷한 변화경향은 발견되지 않았다. Piaget는 첫 번째 벌은 대속적 처벌(expiatory punishment)로서 저지른 잘못과 직접 관련성은 없지만 속죄하도록 하는 의미에서 주는 벌이며 박람회에 가지 못하게 하는 것이 이에 속한다. 반면에, 상응적 처벌(punishment of reciprocity)은 잘못한 행위와 관계되는 즉각적이고 물질적인 결과를 경험시키는 것(저녁식사 시간에 빵을 주지 않음)이나 잘못한 행위를 그대로 갚아주기(아동의 부탁을 거절하기)가 해당된다. 일반적으로 어린 아동들은 규칙을 신성시하며 규칙 위반이 부모의 화를 유발하여 부모와의 유대관계를 위협받는 것으로 지각한다. 벌은 부모의 화를 가라앉히고 유대를 회복하는 수단으로서, 가혹한 벌일수록 속죄 가능성이 높기 때문에 잘못에 대한 상응여부보다는 가혹한 벌을 공정한 것으로 지각한다. 반면에 8~12세의 아동은 규칙이 상호 협의에 의해 수정될 수 있는 것이라고 생각하며 속죄가 필요하다고 생각하는 대신 위반한 행위에 상응하는 벌을 공정한 것으로 판단하게 된다(Duska & Whelan, 1975).

Piaget(1932)는 분배 정의에 대한 아동의 판단을 알아보기 위해서 아동에게 다음과 같은 이야기를 들려주고 공정성 여부를 어떻게 판단하는지 알아보았다.

한 어머니에게는 두 딸이 있었는데, 한 딸은 복종적이고 다른 딸은 불복종적이었다. 어머니는 복종적인 딸을 좋아해서 더 큰 케이크를 주었다. 그걸 너는 어떻게 생각하니?

각자 자기 몫의 빵을 받았는데, 막내가 자기 빵을 물에 빠뜨렸을 때 막내에게 빵을 다시 주어야 하는가?

이런 이야기에 대해서 6~9세 아동의 70%가 어머니가 공정하다고 판단한 반면, 10~13세 아동은 40%만 공정하다고 판단했다. 이러한 연구를 통해서 Piaget는 분배정의에 대한 아동의 추론 발달은 세 가지 단계로 발달한다고 제시했다.

첫째, 처벌의 필요성이 분배 정의의 개념보다 우세한 단계다. 어머니에게 불복종했기 때문에 벌로서 케이크를 주지 않는 것이 정당하다는 생각이다.

둘째, 엄격한 산술적 평등을 주장하는 단계다. 모두 빵을 한 개씩 가지고 있으니까 막내에서도 다시 빵을 하나 주어서 똑같이 하나씩 가져야 한다는 주장이다.

셋째, 연령, 연약함 등 각 개인이 처한 상황을 고려한 형평을 주장하는 단계다. 막내가 장난을 치다 빵을 빠뜨린 것은 어려서 사려 깊지 못하기 때문이므로 빵을 다시 주어야 한다는 주장이다. 이러한 정의 개념은 9~12세가 되어야 나타난다.

Kohlberg(1984)는 도덕발달의 단계를 세 수준의 6단계로 구분하여 제시하고 있다. 첫 번째 수준은 전 인습적 도덕성(preconventional morality)으로서 외적 기준에 의해 옳고 그름을 판단하는 수준이다. 1단계는 복종과 처벌 지향의 단계로서 처벌을 피하기 위해서 권위의 명령에 복종하며 행위의 옳고 그름을 그 결과에 의해 판단한다. 2단계는 개인주의와 교환의 단계로서 자신에게 이익이 되는 것을 좋은 것이라고 생각하며 보상받을 일은 하고 처벌받을 일은 피한다. 이 단계에서는 평등한 교환과 거래가 공정한 정의라고 판단한다.

두 번째 수준은 인습적 도덕성(conventional morality)이다. 선한 행동 또는 사회적 질서를 유지한 것에 대해서 칭찬과 인정을 받기 위해서 도덕적 규칙을 따르고자 한다. 3단계는 좋은 대인관계의 단계로서 자신과 가까운 사람들의 기대에 따라 행동하는 것을 도덕적 행위라고 판단하며 신뢰, 충성, 존경, 감사, 관계유지를 중시한다. 4단계는 사회적 질서 유지의 단계로서 스스로 동의한 현실적 의무를 준수하는 것을 중시한다. 사회, 집단, 제도에 공헌하는 것을 올바른 행동으로 여긴다.

세 번째 수준은 후 인습적 도덕성(postconventional morality)으로서 도덕적 기준이 내면되어 자신의 판단과 원칙을 중시한다. 5단계는 사회적 계약과 개인적 권리의 단계로서 사람들은 다양한 가치와 의견을 지니고 있으며 대부분의 가치와 규칙은 상대적인 것이라는 점을 인식한다. 사회질서를 위해 법과 규칙은 준수되어야 하지만 변화될 수 있는 것이라고 생각한다. 6단계는 보편적 원칙의 단계로서 스스로 선택한 윤리적 원칙에 따르고 그 원칙에 의해서 정의를 판단한다. 법이 그러한 원칙과 일치하기 때문에 따르지만, 이 원리와 충돌할 때는 자신의 원리에 따라 행동한다. 보편적 원리, 즉 인권평등과 인격체로서의 인간의 존엄성을 중시한다. 공정성의 덕목은 높은 수준의 도덕성과 관련되어 있다. 높은 공정성을 지닌 사람은 후 인습적 수준의 도덕성을 지니고 있기 때문에 모든 사람을 소중한 인격체로 여기며 자신의 윤리적 원칙에 따라 공정하게 대한다.

정의 추론과 배려 추론

무엇이 옳은가에 대한 공정성 판단은 크게 정의 추론(justice reasoning)과 배려 추론(care reasoning)으로 나누어 연구되어 왔다. 도덕적인 갈등상황에서 사람들이 공정성 판단을 하는 주요한 기준은 정의(justice)와 배려(care)다. 정의 추론은 공정성을 도덕적인 옳고 그름에 따라 내리는 판단인 반면, 배려 추론은 다른 사람에 대한 돌봄과 자비로움을 중요한 가치로 여기는 판단이다. 또한 정의 추론은 주로 도덕적인 권리와 책임에 관한 원칙들을 중요시하는 반면, 배려 추론은 다른 사람들의 욕구 충족과 자비를 베푸는 것을 강조한다(Blum, 1988; Flanagan & Jackson, 1987; Gilligan, 1987; Nucci, 2001; Walker, de Vries, & Trevethan, 1987). 즉, 정의 추론이 도덕적 판단에 있어서 객관적 논리와 이성적 추론을 강조하는 남성중심적 가치에 근거한 접근이라면, 배려 추론은 공감, 사랑, 자비, 감수성과 같은 여성중심적 가치에 근거한 접근이라고 할 수 있다(Blum, 1988). 일상생활에서 사람들은 정의 아니면 배려에 따른 판단방식을 주로 사용하는 경향이 있지만, 대다수 사람들은 두 가지 방식 모두에 친숙하다(Clopton & Sorell, 1993; Galotti, 1989). 또한 사람들은 도덕적인 갈등상황에 마주치게 되면 자연스럽게 정의와 배려 모두를 반영해 주는 도덕적 언어와 행동을 사용하여 난처한 상황을 해결하는 경향이 있다(Gilligan & Attanucci, 1987; Jaffee & Hyde, 2000; Walker, 1991).

조직 공정성 이론

공정성은 사회의 정의를 구현하는 가장 중요한 가치로서 조직생활과 밀접하게 관련되어 있다. 심리학에서는 조직공정성이라는 개념으로 조직 내에서 일어나는 문제들을 연구하였다. 조직에 몸담고 있는 사람은 누구나 공정한 대우를 받고자 한다. 조직이 구성원의 보상이나 승진 등에 있어서 공정한 대우를 하지 않으면, 구성원의 직무만족도는 저하되며 조직에 대한 불만이 증가된다. 조직 공정성(organizational justice)은 조직이 구성원에게 공정한 대우를 하고 있다고 직원이 지각하는 정도를 의미하며 구성원의 직무수행, 이직, 결근, 신뢰, 조직몰입 등에 영향을 미치는 것으로 알려져 있다. 조직 공정성은 분배 공정성, 절차 공정성, 상호작용적 공정성으로 구분된다(서용원, 오동근, 1998; 최대정, 박동건, 2006).

분배 공정성(distributive justice)은 조직의 구성원에게 성과나 결과를 분배하는 데 있어서의 공정성을 의미한다. Adams(1963)는 사람들이 배분된 결과물의 절대적 크기에 관심을 두기보다 자신의 노력을 고려한 정당한 배분에 초점을 둔다는 형평이론을 제시하였다. 이후 Leventhal(1976)과 Deutsch(1975)는 분배의 규칙을 형평뿐만 아니라 균등과 필요로 확장하였다. 즉, 분배는 세 가지의 원칙, 즉 개인이 기여한 정도에 의해 분배하는 형평(equity)의 원칙, 모든 구성원에게 동등하게 분배하는 균등(equality)의 원칙, 개인의 필요에 의해 분배하는 필요(need)의 원칙에 의해서 이루어진다. 조직마다 분배의 원칙이 다르며 어떤 원칙을 적용하느냐에 따라 조직원의 행동이 달라진다.

절차 공정성(procedural justice)은 의사결정을 내리는 데 사용하는 정책이나 절차에 대한 공정성을 의미한다. Leventhal(1980)은 자원배분 과정에서 절차의 문제가 중요함을 지적하면서 절차 공정성을 높일 수 있는 6가지의 절차 규칙, 즉 일관성, 편향 억제, 정확성, 수정 가능성, 대표성, 윤리성의 규칙을 제시하였다. 절차 공정성은 어떤 결정을 하는 데에 구성원이 참여하여 발언할 수 있는 기회의 정도나 의사결정을 위한 조직의 절차적 규칙이 잘 지켜진 정도에 의해서 평가된다. 예컨대, 성과급이나 승진을 결정하는 데에 있어서 개인의 업무수행을 평가하는 기준과 방식, 평가결과에 의한 대우결정 규칙, 이러한 기준과 규칙을 결정하는 과정 등이 얼마나 공정하게 이루어졌느냐에 따라서 절차적 정의가 평가될 수 있다.

상호작용 공정성(interactional justice)은 조직이 구성원에게 관심을 보이고 존엄한 인격적 존재로 간주하며 개인이 관심을 지니는 조직의 정보를 제공하는 정도를 의미한다. Bies와 Moag(1986)는 조직 내의 대인관계에서 이루어지는 구성원에 대한 처우는 배분이나 절차와 같은 구조적 문제와 다르다는 점을 지적하면서 상호작용 공정성 개념을 제시하였다. 그들은 상호작용 공정성을 높이기 위한 준칙으로서 신뢰, 존중, 정당화, 적절성을 제시하였다. 이후에 Greenberg (1993)는 신뢰와 존중을 중심으로 하는 상호작용 공정성과 정당화와 적절성을 중심으로 하는 정보 공정성(informational justice)으로 구분하고 실험적 연구를 통해서 두 개념이 구분될 수 있음을 입증하였다. 조직 공정성은 이처럼 분배, 절차, 상호작용의 공정성과 밀접하게 연결되어 있으며 조직에 대한 개인의 만족도는 물론 조직관여와 조직몰입에도 강력한 영향을 미치는 중요한 요인이다.

공정성의 심리적 과정

인간은 공정함을 선호하는 선천적인 성향이 있는 듯하다. Tabibnia, Satpute와 Lieberman(2008)이 제시했듯이, 인간은 물질적 이익이 공정하게 배분되는 경우에 쾌락과 행복감을 느끼는 반면, 불공정한 배분 상황에서는 부정적 정서를 경험한다. 최근에 Binmore(2005)는 인간의 정의감이 진화과정에서 발전한 기제로서 협동의 경우와 마찬가지로 이익의 공정한 배분이 종족보전에 도움이 되기 때문에 도덕적인 것으로 여겨지게 되었다는 주장을 제시하였다. 그는 도덕성이 자연적 현상에 불과하다는 것을 게임이론에 근거하여 주장하면서 공정성의 생물학적, 문화적 진화과정을 설명하고 있다.

이에 대해서 Cushman, Young과 Hauser(2006a, 2006b)는 Binmore의 주장이 결과에 초점을 맞춘 것으로 과정을 간과한 것이라고 비판하면서 정의의 심리적 과정을 설명하고 있다. 이들은 다음과 같은 실험사례를 제시하고 있다.

사례 1: A라는 사람이 작은 자동차의 운전석 뒤에 타고 있었는데, 운전자가 의식을 잃어 차가 통제되지 않은 상태에서 5명을 향해 돌진하는 상황에 처하게 되었으며 그가 할 수 있는 일은 핸들을 돌리는 것뿐이었다. 그는 5명을 피하도록 핸들을 돌렸는데 그 대신 다른 1명이 사망했다.

사례 2: B라는 사람은 자동차가 통제를 잃은 채 5명을 향해 돌진하는 것을 곁에서 바라보게 되었는데, 그가 할 수 있는 일은 옆에 서 있는 뚱뚱한 한 남자를 자동차 앞으로 떠밀어 차의 돌진을 막음으로써 5명의 생명을 구하는 것이었다. 마침내 B는 뚱뚱한 남자는 밀어버려 사망했고 대신 5명의 생명을 구할 수 있었다.

과연 이러한 경우에 사람들은 A 또는 B의 행동에 대해서 도덕적인 수용가능성을 어떻게 평가할 것인가? Cushman 등에 따르면, 90%의 사람들은 A의 행동을 수용 가능한 것으로 판단하지만, B의 행동에 대해서는 10%만이 수용 가능하다고 보고했다. 이러한 결과는 종교, 종족, 교육수준, 도덕교육 여부에 상관없이 일관성 있는 결과를 얻었다. A와 B의 행동은 5명의 생명을 구하고 한 명을 희생하는 동일한 결과를 나타냈다. 그러나 그들이 동원한 수단이 다름으로 인해서 행동의 정당성은 달리 평가되었다. 즉, 인간의 도덕성 판단은 결과보다 그 과정을 중시하는 경향이 있다.

Cushman 등(2006a, 2006b)은 공정성 평가에 개입하는 세 가지의 원리를 제시하고 있다. 즉, 결과가 동일하더라도 그러한 결과가 발생하는 과정의 특성에 따라 공정성 평가가 달라질 수 있다는 것이다. 그 첫째는 행위 원리(action principle)로서 사람들은 해로운 행동을 하는 것이 해로운 결과를 막는 행동을 하지 않은 것보다 더 나쁜 것으로 판단한다는 것이다. 위의 사례에서, B가 아무런 행동을 취하지 않았다면 5명의 희생이 따를 수 있었지만, 한 명의 희생을 유발하는 행동을 취했기 때문에 도덕적으로 수용되기 어려운 행위로 받아들여진 것이다. 둘째는 접촉 원리(contact principle)로서 사람들은 신체적 접촉에 의해서 유발된 피해를 그러한 접촉이 없이 일어난 피해보다 더 나쁜 것으로 판단한다는 것이다. B는 뚱뚱한 사람을 신체적 접촉을 통해 밀어버렸기 때문에 비도덕적인 것으로 평가된 것이다. 마지막 세 번째는 의도 원리(intention principle)로서 어떤 목적을 위한 의도적 수단으로 행한 행동에 의해 초래된 피해를 어떤 행동의 의도하지 않은 부작용으로 인해 초래된 피해보다 더 나쁜 것으로 판단한다는 것이다. A는 5명의 희생을 피하기 위한 행동의 의도하지 못한 부작용으로 한 명을 희생시켰지만, B는 5명의 희생을 피하기 위한 의도적인 행위로 뚱뚱한 사람을 희생시켰기 때문에 더 비도덕적인 것을 평가된 것이다. 이러한 연구결과는 도덕성이나 공정성이 행동의 결과에 의해서 판단되기보다 행동의 심리적 과정에 의해서 판단되는 경향이 있음을 보여 주고 있다.

공정성의 측정도구

공정성의 평가는 크게 자기보고와 딜레마 상황에서의 반응에 근거하여 측정되고 있다. 자기보고에 의해 공정성을 평가하는 측정도구는 매우 다양하다. Rasinski(1987)는 분배적 정의에 대한 개인적 태도를 측정하기 위해 균형성 척도(Proportionality Scale)를 개발했다. 이 척도는 사회에 대한 개인의 기여에 대해서는 보상을 주고 기여하지 않은 사람에게는 이익을 주지 않으려는 경향성을 측정하고 있다. 모두 12개의 문항으로 구성되어 있으며 분배적 정의와 관련된 4개의 측면, 즉 경제적 개인주의(문항의 예: "많은 사람들이 가난한 이유는 단지 열심히 일하기를 원치 않기 때문이다."), 평등("우리 사회에는 아무것도 하지 않고 무언가를 얻으려는 사람들이 너무 많다."), 형평(예: "잘 사는 사람들은 덜 가진 사람들을 도와야 한다."), 필요(예: "정부가 국민을 돕기 위해 빚을 져야 한다면, 그렇게 해야 한다.")에 대한 태도를 측정한다.

Davey 등(1999)은 어떤 결과를 분배 정의의 원칙에 따라 할당하려는 경향성을 측정하는 공로 원칙 선호 척도(Preference for the Merit Principle Scale)를 개발하였다. 7점 척도로 평정되는 15개의 문항으로 구성되어 있으며 문항의 예로는 "조직에서 자신이 업무를 잘 수행하는 사람들은 정상까지 오를 수 있어야 한다." "인생에서 사람들은 그들이 받을 만한 것을 가져야 한다." "승진결정은 직원이 자신의 업무에 투입한 노력을 고려하여 이루어져 한다." "팀의 구성원들은 각자가 기여한 정도에 따라 보수를 달리 받아야 한다." 등이 있다.

최근에 Graham, Haidt와 Nosek(2007)은 도덕적 근거 질문지(Moral Foundations Questionnaire)를 개발하였다. 이 질문지는 2부로 구성되어 있으며 1부에서는 개인이 옳고 그름을 판단할 때 고려할 수 있는 21개의 사항(예: 누군가가 피해를 입게 되는지의 여부, 다른 사람의 권리가 침해되는지의 여부, 나의 행동이 집단에 영향을 미치는지의 여부, 사람들을 다르게 취급하는지의 여부)을 6점 척도로 평정한다. 2부는 일반적 정의, 절차적 정의, 평등과 형평에 관한 20개의 문항을 6점 척도로 평정하게 되어 있다. 문항의 예로는 "만약 범죄를 효과적으로 막을 수 있다면, 누군가의 권리가 침해될 수도 있다." "법의 가장 중요한 목표는 피해자의 손해를 줄이는 것이다." "권위에 대한 존경은 모든 어린이들에게 가르쳐야 할 점이다." "자신을 방어할 수 없는 동물을 학대하는 것은 인간이 할 수 있는 가장 잔인한 행동 중 하나다." 등이 있다.

이밖에도 Rubin과 Peplau(1975)는 정의로운 세상 신념 척도(Belief in a Just World Scale)를 개발하였다. 이 척도는 세상이 정의로운 곳이라고 믿는 정도를 측정한다. 6점 척도로 평정되는 20개의 문항을 구성되어 있으며 문항의 예로는 "죄가 없는 사람이 잘못 감옥에 가는 경우는 드물다." "학생들은 거의 항상 그들이 받을 만한 학점을 받는다." "거의 모든 직장이나 전문직에서, 자신의 업무를 열심히 하는 사람은 최고의 위치까지 잘 오른다." 등이 있다.

공정성에 대한 국내의 연구에서는 주로 기관이나 집단의 공정성을 평가하기 위한 검사 도구들이 개발되었다. 그중 이병관(2003)의 공정성 척도는 총 19개 문항으로 공정성의 세 가지 하위 요인, 즉 분배 공정성, 절차 공정성, 상호작용 공정성 요인을 포함하고 있다.

정의 추론의 도덕발달 수준을 평가하는 경우에는 딜레마 상황을 제시하고 그 반응을 분석하는 방법이 흔히 사용되고 있다. 이러한 방법의 효시는 Kohlberg(1984)의 연구라고 할 수 있다. 그는 도덕적인 딜레마를 제시하고 응답자의 반응에 근거하여 도덕발달 수준을 평가했다. 그가 사용한 딜레마 중의 하나인 Heinz 딜레마의 내용은 다음과 같다. "Heinz의 아내는 희귀한 암에 걸려 죽어가고 있는데, 그 암을 치료할 수 있는 특효약이 너무 비싸서 살 수가 없다. Heinz는 아내가 죽어가도록 내버려 두어야 하는가 아니면 그 약을 훔쳐서라도 아내를 살려야 할 것인가?"

이러한 딜레마에 대한 응답자의 선택과 그 추론 내용을 평가하여 도덕성의 발달단계를 측정한다.

이러한 방법을 발달시켜 Colby와 Kohlberg(1987)는 표준 도덕판단 면접(Standard Moral Judgement Interview)을 개발했다. 이 방법은 여러 도덕적 딜레마 상황을 표준화된 방식으로 제시하고 응답자의 반응을 상세한 채점 매뉴얼에 따라 채점한다. 예를 들어, Heinz 딜레마에서 면접자는 응답자에게 어떤 행동(치료약을 훔칠 것인가 아니면 아내가 죽도록 내버려 둘 것인가)을 선택할 것인지 묻고 이어서 그 이유를 체계적으로 질문한다.

Rest(1979)로서 Kohlberg의 이론에 근거하여 도덕발달 수준을 평가하는 쟁점 정의 검사(Defining Issues Test)를 개발했다. 이 검사는 피검자에게 일련의 딜레마들을 문장으로 제시하고 각각의 경우 몇 가지 대안적 대응 방법들 중 하나를 선택하게 하며, 나아가서 다양한 도덕적 주장들을 제시하고 선호하는 정도에 따라 그 순위를 매기게 한다. 그 반응에 따라서 피평가자의 도덕발달의 수준을 평가하게 된다.

배려 추론의 발달단계에 대해서는 아직 잘 정립된 이론이 존재하지 않지만, Gilligan (1977)은 배려 추론이 세 단계의 발달과정, 즉 (1) 자신의 안녕에만 관심을 지니는 이기적 단계, (2) 타인의 안녕을 중시하는 자기희생적 단계, (3) 자신과 타인의 안녕을 동시에 고려하는 성숙한 단계를 거친다고 주장한다. 이러한 배려 추론을 측정하는 방법으로는 반응성 독자 가이드(Responsive Readers' Guide; Brown, Debold, Teppan, & Gilligan, 1991)가 있다. 이 방법은 피평가자에게 일정한 지문을 주고 배려 또는 정의의 태도로 읽게 한다. 피평가자가 지문을 읽는 목소리나 읽는 방식을 정교하게 평가하여 배려 추론 수준을 추정한다. 이밖에도 배려 추론과 정의 추론을 함께 평가하는 자기보고형 질문지로는 도덕적 방향감 척도(Measures of Moral Orientation; Liddell, Halpin, & Halpin, 1992)가 있다.

3 공정성과 관련된 심리적 특성

인간은 선천적으로 공정한 것을 좋아하는 경향성을 지니고 있는 듯하다. Tabibnia 등(2008)은 물질적 이익이 공정하게 배분되는 경우와 불공정하게 배분되는 경우를 피험자에게 제시하면서 행복감 정도를 측정하는 동시에 뇌영상술을 통해서 뇌활동을 측정하였다. 그 결과, 공정한 배분이 이루어질 때 더 높은 행복감을 보고했을 뿐만 아니라 뇌의 보상영역이 활성화되었다. 또한 불공정한 배분을 수용하며 받아들이는 경우에는 정서조절과 관련된 뇌 영역이 높은 활성도를 나타내는 동시에 부정 정서를 경험할 때 활성화되는 뇌 영역의 활성도는 낮게 나타났다. 이러한 연구결과는 공정함이 인간에게 쾌락을 제공하는 가치라는 점을 보여 준다. 또한 불공정함을 감내하는 것은 부정 정서의 억제와 관련되어 있음을 보여 준다.

Tortia(2008)은 이탈리아의 228개 사회봉사 기관에서 일하는 1,958명의 종사자를 대상으로 조사한 결과, 그들의 직업 만족도는 공정성 지각과 밀접한 관계를 지니고 있었다. 직업만족도에 가장 큰 영향을 미치는 것은 절차적 공정성이었다. 반면에 자신이 투여한 노력의 활용도나 보수는 상대적으로 직업만족도에 작은 영향을 주는 것으로 나타났다.

공정성은 도덕성 발달과 밀접한 관계를 지닌 것으로 여겨지고 있다. 심리학자들은 도덕발달이 추론능력의 발달에 기인한다고 보고 있다. 도덕적인 갈등상황에서 사람들이 공정성 판단을 하는 주요한 기준은 정의(justice)와 배려(care)다. 무엇이 옳은가에 대한 공정성 판단은 크게 정의 추론과 배려 추론으로 나누어 연구되어 왔다. 정의 추론은 공정성을 도덕적인 옳고 그름에 따라 내리는 판단인 반면, 배려 추론은 다른 사람에 대한 돌봄과 자비로움을 중요한 가치로 여기는 판단이다. 이러한 정의 추론과 배려 추론이 발달하게 되면 다양한 심리적 강점들이 나타나게 된다. 도덕적 추론과 행위는 자기정체성 형성에 영향을 미치게 된다. 특히 스스로 선택한 도덕적 행위는 아동들의 자기개념 형성을 촉진한다(Blasi, 1993; Colby & Damon, 1992). 아동들은 자신을 '착한 소녀' '멋진 사람' '진정한 친구'로 여기게 되고 이를 기준으로 자신의 도덕성을 판단하게 된다.

공정성의 덕목을 지닌 사람들은 인생에서 다양한 긍정적 결과를 나타내는 것으로 여겨지고 있다. 정의 추론의 성숙도가 높은 사람들은 친사회적 행동을 많이 나타내고 비도덕적인 행동을 덜 하며 자유주의적인 태도를 지니는 경향이 있었다(Kohlberg, 1984; Eisenberg, 1986). 정의 추론의 발달수준이 낮은 사람들은 높은 범죄율이 높을 뿐만 아니라 부정직하거나 거짓된 언어행동, 위험한 성행위, 마약과 알코올 사용을 많이 하는 것으로 나타냈다(Blasi, 1980; Berkowitz, Kahn, Mulry, & Piette, 1995). 반면에, 높은 수준의 정의 추론 능력은 협동성, 고발행동, 리더십, 이타주의 등과 정적인 상관을 나타냈다(Brabeck, 1984). 장기종단 연구를 시행한 Candee, Graham와 Kohlberg(1978)에 따르면, 공정성을 반영하는 정의추론 능력이 높은 사람들은 더 중요하고 높은 지위를 지녔으며 법과 규칙, 복종, 예의와 같은 인습적 가치보다 자율성과 책임을 증진하는 가치와 타인에 대한 존중을 더 중시했다. 아울러 가족 간의 갈등을 타인의 관점에서 고려하는 경향이 있었으며 대화와 토론에 근거한 자녀의 훈육 방법을 선호했다. 이러한 연구결과들은 정의 추론 능력이 성숙할수록 친사회적 행동이 증가하고 반사회적 행동은 감소한다는 것을 보여 주고 있다.

공정성은 자기존중감을 증진하게 된다. 정의와 공정성에 기반한 도덕적 자기정체감은 자기존중감을 증진하기 때문이다. 자신의 도덕적 이상에 따라 사는 것은 자기존중감을 갖는 데 중요하다. 도덕적 자기정체감으로 인해서 그에 적절한 도덕적 행동을 하게 되고, 그러한 행동을 한 자신에게 보상을 줌으로써 도덕적 자기정체감이 강화된다(Peterson & Seligman, 2004). 도덕적 자기정체감과 자기존중감은 서로 긍정적인 상호작용을 통해서 공정하고 정의로운 행동을 증가시키게 된다.

도덕적 추론의 발달에 기여하는 또 다른 요인은 다른 사람의 입장을 취해 볼 수 있는 조망 능력이다. 자신의 행동으로 인해서 다른 사람이 느끼게 될 감정이나 생각을 고려할 수 있다면, 좀 더 성숙한 도덕적 추론을 할 수 있게 된다. 이런 점에서 조망능력은 도덕적 추론을 위한 정보를 제공해 주는 심리적인 능력이라고 할 수 있다. 도덕적 발달로 인해서 발달되는 또 다른 심리적 강점은 자기성찰이다. 다른 사람의 관점을 취한다는 것은 새로운 시각에서 자신을 바라보고 이해하게 되는 것이다.

도덕적 추론의 발달수준에 있어서 남자와 여자는 차이가 없는 것으로 나타났다(Walker, 1984). 그러나 그들이 자주 직면하게 되는 딜레마의 유형에 차이가 있었다. 남자는 정의-지향적 딜레마에 자주 접하게 되고 정의 추론을 많이 하는 반면, 여자는 배려-지향적 딜레마에 자주 부딪히게 되고 배려 추론을 많이 하는 것으로 나타났다(Walker et al., 1987).

4 공정성의 촉진요인 및 함양방법

공정성을 촉진하는 요인에 대한 연구결과는 부족한 상태다. 정의 추론과 관련된 연구를 통해서 간접적으로 추론해 볼 수 있을 뿐이다. 정의 추론의 발달을 촉진하는 요인들로는 전반적인 인지발달, 부모의 양육방식, 사회적 환경이 중요한 것으로 알려지고 있다. 일반적으로 정의 추론은 인지발달에 따라 함께 발달한다. 특히 논리적 사고 능력과 사회적 조망 능력이 발달해야 그에 따라 정의 추론 능력도 발달하게 된다(Walker & Richards, 1979).

부모의 양육방식은 아동의 도덕적 추론 능력을 발달시키는 데 중요한 역할을 한다. Berkowitz과 Grych(1998)에 따르면, 정의 추론에 대한 부모의 발달수준이 높고 자녀와의 대화에서 증거에 근거한 귀납적 추론방법을 많이 사용할수록 자녀의 정의 추론 능력이 촉진된다. 또한 민주적인 의사결정 과정을 거쳐서 가족의 대소사를 결정하고 일관된 원칙에 의해 자녀를 양육할수록 자녀의 정의 추론 능력 역시 증가하는 것으로 나타났다.

Stanley(1980)는 부모에게 도덕적 주제를 자녀와 함께 토론하는 훈련을 하게 되면 청소년기 자녀의 정의 추론 능력이 향상된다는 것을 입증했다. 훈련과정을 통해서 부모가 도덕적인 문제에 대해서 권위주의적 태도를 줄이는 대신 좀 더 지지적이고 자유롭게 자녀와 토론을 하게 되면, 자녀의 도덕적 추론 능력이 발달하는 것으로 나타났다(Kruger, 1992).

도덕적 추론 능력은 학교장면에서 교육을 통해 함양될 수 있다. 그 한 가지 방법은 학생들에게 사회에서 쟁점이 되고 있는 도덕적 주제를 제시하고 토론하도록 함으로써 도덕적 추론의 발달을 촉진하는 것이다. 교과과정에서 도덕적 문제를 강조할 뿐만 아니라 수업의 일환으로 도덕적 문제나 딜레마에 대해서 또래들 간의 토론을 장려하는 것이 중요하다. Montford(1999)에 따르면, 또래들 간의 자유로운 토론을 장려하여 서로 다른 의견을 제시하면서 의견의 차이를 해결하려는 방향으로 토론을 진행할수록, 도덕적 추론이 촉진되는 것으로 나타났다. 또 다른 방법은 학생들의 도덕적 추론을 향상될 수 있도록 학교의 사회적 환경을 조성하는 방법이다. 교사와 학생의 관계를 권위주의적 관계에서 좀 더 자유로운 관계로 변화시키고 학교의 운영방식을 좀 더 민주적인 방식으로 바꾸는 것이다. 이러한 교육환경은 자연스럽게 학생들로 하여금 정의 추론 능력을 발달시키도록 촉진할 수 있다.

공정성 증진 방법(Rashid & Anjum, 2005)

- 적어도 하루에 한 번씩 실수를 인정하고 그것에 대한 책임의식을 느껴 본다.
- 적어도 하루에 한 번씩 내가 싫어하는 사람의 장점을 생각한다.
- 다른 사람이 주장하는 것을 간섭하지 않은 채로 끝까지 경청한다.
- 모든 사람들의 동등한 참여를 격려한다. 특히 모임에서 소외된 사람들을 격려한다.
- 인간평등을 가르치고 홍보하는 단체에 지원한다.
- 내가 내린 판단이 개인적인 선호에 영향받은 것인지 아니면 정의와 공정이라는 원칙에 입각한 것인지 검토한다.
- 공정하지 못했던 경우를 기억하고 기록한다. 다음번에 공정한 행동을 할 수 있는 방법을 모색한다.
- 나와는 다른 사회문화적 배경을 지닌 사람들을 편견 없이 대하고 있는지 검토한다.
- 사회적 정의와 관련된 중요한 이슈에 대해 연설하거나 원고를 작성해 본다.
- 사회적인 편견을 지닌 친구와 공정성에 대해 정중한 대화를 시도한다.
- 현재 전 세계에서 인권이 침해되고 있는 사건을 찾아보고, 이와 관련해서 사회적 정의를 실현할 수 있는 방법을 제안해 본다.
- 공정성, 사회적 정의, 공평의 예를 보여 주는 다큐멘터리나 영화를 관람한다.
- 간디, 마틴 루서 킹, 넬슨 만델라와 같이 몸소 사회적 정의를 위해 노력한 저명인사들에 관한 전기를 읽는다.

제21장

시민의식

인간은 누구나 크고 작은 조직의 구성원으로 살아간다. 특히 현대인은 다양한 조직에 소속되어 가족의 일원으로, 직장의 구성원으로, 동호회의 회원으로, 도시의 시민으로, 국가의 국민으로 살아간다. 어떤 조직이든 구성원의 적극적인 참여와 협동에 의해서 발전한다. 조직의 구성원이 자신에게 주어진 역할과 의무를 충실히 이행할 때, 조직의 안녕과 질서가 유지될 수 있다.

시민의식은 조직의 구성원으로서 지녀야 할 긍정적인 성품을 의미한다. 우리는 대한민국의 국민으로서 지켜야 할 4대 의무, 즉 교육, 근로, 납세, 국방의 의무가 명시되어 있다. 대한민국 헌법에 따르면, 모든 국민은 교육을 받을 권리와 자녀에게 교육을 받게 할 의무, 근로의 권리와 의무, 납세의 의무, 그리고 국방의 의무를 지닌다. 우리 사회에는 자신의 권리는 집요하게 주장하지만 자신의 의무는 소홀히 하는 사람들이 있다. 예컨대, 교묘한 방법으로 병역의 의무를 기피하거나 탈세를 통해 납세의 의무를 회피하려는 사람들이 있다. 반면에, 국가의 위기 상황을 극복하기 위해 자발적으로 참여하거나 법과 규칙을 준수하고 조직의 발전을 위해 희생적인 노력을 기울이는 사람들이 있다.

시민의식은 다양한 조직과 상황에서 발휘될 수 있는 덕목이다. 예컨대, 시민의식을 지닌 사람은 작은 동호인 모임에 참여할 경우 적극적으로 집단 활동에 참석하면서 자신에게 주어진 역할을 책임감 있게 수행하며 동료들과 협동적인 노력을 기울인다. 시민의 일원으로서 길거리에 버려진 쓰레기를 자발적으로 청소하거나 사회의 소외당한 사람들을 위해 자원봉사를 한다. 뿐만 아니라 산업의 발전에 따라 심각하게 파괴되어 가는 환경을 걱정하며 후손들에게 깨끗하고 안전한 지구환경을 물려주기 위해 헌신적으로 노력하는 사람들도 있다. 모든 사회와 조직은 이처럼 시민의식과 협동정신을 지닌 사람들에 의해서 유지되고 발전하게 된다. 시민의식은 아름다운 공동체를 형성하기 위해 필요한 현대인의 중요한 덕목이라고 할 수 있다.

1 시민의식의 정의와 유형

시민의식(citizenship)은 자신이 소속한 집단의 공동 이익을 위해서 자신에게 주어진 역할과 의무를 충실히 이행하려는 책임의식을 뜻한다. 집단의 구성원으로서 소속감과 공동체 의식을 지니며 집단 전체의 발전과 번영을 위해서 최선을 다해 노력하려는 자발적인 태도를 의미한다(Peterson & Seligman, 2004). 시민의식이 강한 사람은 집단의 구성원들과 협동적으로 활동하며 책임감 있게 자신의 역할을 수행한다. 자신이 속한 집단에 대한 애착과 충성심을 지니며 집단의 발전을 위해 헌신적으로 노력한다.

모든 사회나 조직은 구성원 모두의 공동 이익을 위해서 뭉쳐진 개인들의 집합체다. 개인과 사회는 상호 의존적인 관계를 지닌다. 개인의 노력을 통해서 사회가 발전하고 사회의 발전을 통해서 개인의 행복이 증진될 수 있기 때문이다. 개인의 행복과 사회의 번영을 함께 추구하는 것이 인간사회의 이상이다. 그런데 개인의 이익과 사회의 이익이 항상 일치하는 것은 아니다. 인간은 이기적인 존재로서 자신의 개인적 이익을 추구하는 동시에 사회의 구성원으로서 집단의 공동적 이익을 위해서 노력해야 하는 이중적 역할을 지니고 있다. 다양한 집단에 소속되어 살아가는 인간은 개인의 이익과 집단의 이익, 즉 사익(私益)과 공익(公益) 중 어떤 것을 우선시하느냐는 문제에 봉착하는 경우가 많다. 모든 사회에는 사익을 위해 공익을 소홀히 하는 사람들이 있는 반면, 공익을 위해 사익을 희생하는 사람들이 존재한다.

사회의 질서와 번영을 위해서는 사익과 공익의 갈등을 조정하여 조화시키는 것이 중요하다. 민주사회의 이념적 바탕인 사회계약설은 사익과 공익을 함께 추구하기 위한 사회적 규약, 즉 구성원의 권리와 의무에 대한 합의가 중요함을 강조하고 있다. 국가는 구성원의 개인적 행복과 이익을 위해 기본권을 보장하고 지원하는 의무를 지니는 대신 국가의 공익을 위해 국민에게 여러 가지 의무를 부여할 수 있는 권리를 지닌다. 개인은 자신의 행복과 이익을 추구할 수 있는 권리를 지니는 대신 국가의 공익을 위해 기여해야 하는 의무를 지닌다. 사익과 공익이 충돌하는 인간세상에서 개인과 사회가 지녀야 할 권리와 의무를 명시한 것이 바로 법이다.

시민의식은 개인이 사회의 구성원으로서 공익의 중요성을 인식하고 자신의 의무를 다할 뿐만 아니라 공익을 위해 자발적으로 노력하는 태도를 의미한다. 달리 말하면, 시민의식은 자신이 속한 집단의 공익을 위한 사명감과 책임감을 의미한다. 시민의식이 강한 사람들의 공통적 특징은 개인적 이익보다 공공의 이익을 소중한 가치로 여긴다는 점이다. 즉, 사익보다 공익을 우선시하는 선공후사(先公後私)의 태도를 지닌다. 이런 점에서 시민의식은 사회의 구성원으로서 지녀야 할 개인의 긍정적 성품이자 사회적인 덕목이라고 할 수 있다.

시민의식은 맥락에 따라 사회적 책임감, 충성심, 팀워크, 협동심으로 지칭되기도 한다. 이러한 용어들은 유사한 의미를 지니지만 서로 구별할 필요가 있다. 시민의식은 법적인 지위를 내포하고 있다. 국가나 정치적 공동체의 일원으로서 공동의 이익을 위한 책임과 의무를 다하려는 태도를 의미한다. 국가에 충성하고 법률을 준수하는 시민의 의무는 국가의 질서와 안정을 위해 필요하다. 그러나 훌륭한 시민은 맹목적으로 복종하는 것이 아니라 공동선의 관점에서 판단을 내리고 정당하지 못한 법률에는 도전하기도 한다. 사회적 책임감(social responsibility)은 자신에게 주어진 사회적 의무와 역할을 다함으로써 비난과 질책을 피하고자 하는 소극적인 의미를 함축하고 있으며, 충성심(royalty)은 자신이 속한 조직에 대한 애착과 헌신을 뜻한다. 팀워크(team-work)와 협동심(cooperativeness)은 집단 속에서 공동의 목적을 위해 구성원들에게 협조하고 협력하는 일반적인 태도를 의미한다(Peterson & Seligman, 2004).

시민의식의 반대말은 이기성, 자기중심성, 무책임성으로 부정적인 의미를 담고 있다. 때때로 자신이 속한 집단에 대한 과도한 충성심이 맹목적인 교조주의로 발전하거나 다른 집단에 대한 공격성과 적개심으로 표출되는 경우가 있다. 그러나 건강한 시민의식은 조직에 대한 맹목적 충성이나 무비판적 복종과는 다르다. 조직의 의 공동 이익을 위해 자신의 임무와 책임을 다하려는 자세로서 조직의 부당한 방침과 운영에 대한 비판과 저항을 포함하고 있다. 또한 시민의식은 이타성과 구별되어야 한다. 이타성은 다른 사람에 대한 개인적인 호의적 태도인 반면, 시민의식은 집단 구성원으로서 공동의 이익을 위해서 자신의 책임을 다하려는 태도를 의미한다.

시민의식은 집단을 위한 긍정적 행동의 이행과 부정적 행동의 불이행에 따라 적극적 시민의식과 소극적 시민의식으로 구분될 수 있다. 적극적 시민의식(active citizenship)은 자신의 의무를 능동적으로 이행하거나 집단의 공동적 이익을 위해서 자발적으로 어떤 행동을 하려는 태도를 뜻한다. 특정한 행동을 하지 않아도 아무런 비판이나 제재를 받지 않은 상황에서도 자발적으로 조직에 도움이 되는 행동을 하려는 자세를 말한다. 예컨대, 국가의 위기상황에서 자원하여 징병에 참여하거나 조직의 발전을 위해 새로운 아이디어를 제시하거나 자발적으로 기부금을 내는 행동이 이에 해당한다. 반면에, 소극적 시민의식(passive citizenship)은 조직에 도움이 되는 행동을 자발적이거나 능동적으로 하지는 않지만 구성원에게 기대되는 최소한의 의무를 기피하지 않고 수행하려는 태도를 뜻한다. 예컨대, 사회를 위해 자발적으로 기부금을 내지는 않지만 납세의 의무를 성실히 준수하는 경우나 직장을 위해서 하지 않아도 될 봉사활동을 하지는 않지만 자신의 역할은 열심히 수행하는 경우가 이에 해당한다.

다른 사람들과 관계를 맺고자 하는 것은 인간의 기본적 동기다. 어떤 집단에 소속되는 것은 개인의 정체감에 매우 중요하다. 특히 자신이 속한 집단에 대한 동질감, 충성심, 책임감은 자기정체감을 강화하는 데에 도움이 된다. Erikson(1968)은 중요한 조직이나 공동체와의 연결감을 지니지 못하는 젊은이들은 삶의 목적과 방향을 상실하고 사회에 대한 불만감을 느끼게 되는 '정체성 공허감(identity vacua)'을 경험하게 될 것이라고 우려한 바 있다. 이런 점에서 시민의식은 건강한 사회를 위해 필요한 덕목일 뿐만 아니라 개인의 자기정체감에도 기여하는 긍정적 성품이라고 할 수 있다.

2 시민의식에 대한 심리학적 이론

시민의식에 대한 심리학적 연구나 이론은 부족한 상태다. 개인적 특질로서의 시민의식은 명료한 정의가 부재할 뿐만 아니라 그 측정도구 역시 부족하기 때문이다. 시민의식은 전통적으로 정치학의 영역에 속하는 개념으로서 투표행위, 정치적 사회참여 활동, 지역공동체, 시민단체 활동, 항의나 시위행동 등과 관련되어 연구되어 있다(Verba, Schlozaman, & Brady, 1995). 그러나 최근에 시민의식 또는 시민행동에 대한 심리학자들의 관심이 증가하고 있다. 여기에서는 개인이 조직과 동일시하는 심리적 과정을 설명하는 사회적 정체성 이론(social identity theory)과 조직 내에서 나타나는 긍정적인 행동을 의미하는 조직 시민행동(organizational citizenship behaviour)에 관한 연구들을 살펴보기로 한다.

시민의식의 사회적 정체성 이론

시민의식은 자신이 속한 집단에 애착을 느끼며 집단의 발전을 위해 노력하는 태도와 행동을 포함한다. 이러한 시민의식은 개인이 소속한 조직과 자기 자신을 동일시하는 정도에 의해 영향을 받는다. 집단에 대한 동일시가 강할수록 그 집단에 대한 소속감과 애착이 강해지게 되어 소속 집단을 위한 적극적 참여와 헌신적 행동이 나타나게 된다. 조직 동일시에 초점을 맞추어 시민의식을 설명하고 있는 대표적인 이론이 사회적 정체성 이론(social identity theory; Tajfel & Turner, 1986; Ashforth & Mael, 1989)이다.

조직 동일시(organizational identification)는 개인이 소속집단을 자기 정체성의 중요한 일부로 여기는 것으로서 조직과의 일체감 또는 조직에 대한 소속감을 뜻한다(Ashforth & Mael, 1989). 사회적 정체성 이론에 따르면, 개인의 자기개념은 개인적 특성뿐만 아니라 집단 또는 조직의 소속에 의해 규정된다. 따라서 개인은 조직 동일시를 통해서 긍정적인 자기개념을 갖게 되며 자기가치감이 증대된다. 조직과 강하게 동일시하는 구성원들은 조직에 대한 긍정적 태도, 업무에의 몰입, 협동적 활동, 역할 외 활동 등을 통해서 조직의 발전에 기여하려고 노력한다.

개인이 조직과 동일시를 하려는 동기에는 자기범주화와 자기향상의 욕구가 있다(Pratt, 1998). 자기범주화(self-categorization)의 욕구는 개인이 자신을 다른 사람들과 다양한 사회적 범주로 분류하여 구분하려는 경향성을 의미한다. 이러한 자기범주화를 통해서 자신을 특정한 집단에 소속시켜 다른 사람들과 차별화함으로써 자신의 정체성을 확보하려고 한다. 자기향상(self-enhancement)의 욕구는 개인이 자기존중감을 향상시키기 위해서 긍정적으로 평가되는 집단에의 소속감을 중시하려는 경향성을 의미한다.

개인을 여러 집단에 소속되어 있지만 좀 더 긍정적으로 평가되는 집단의 소속감을 선호하는데, 이를 통한 조직 동일시가 개인의 자기개념 향상을 위한 수단이 될 수 있기 때문이다. 이처럼 조직구성원으로서 지니게 되는 자기가치감을 조직기반적 자기존중감(organization-based self-esteem: OBSE)이라고 하는데, OBSE

는 전반적인 자기존중감보다 조직과 관련된 행동을 예측하는 더 강력한 변인이 되는 것으로 보고되고 있다(Pierce, Gardner, Cummings, & Dunham, 1989). OBSE는 자신이 조직 내에서 가치 있는 중요한 존재로서 효과적으로 기여한다는 인식에 근거하고 있다. 하게 된다. OBSE는 조직 내에서의 경험에 의해 형성될 뿐만 아니라 그 결과로서 조직과 관련된 태도나 행동에 영향을 미치게 된다(황정희, 박준성, 2008).

조직 시민행동

시민의식은 조직 내에서 긍정적인 행동으로 나타나게 되는데, 연구자들은 이러한 행동을 조직 시민행동이라고 부른다. 조직 시민행동(organizational citizenship behaviour: OCB)은 개인이 조직의 공식적인 보상체계와 관계없이 조직이나 동료를 위해서 자발적으로 나타내는 긍정적인 기여행동을 의미한다(Organ, 1988). Smith, Organ과 Near(1983)에 따르면, 조직 시민운동은 두 가지의 차원, 즉 이타주의와 규범준수의 차원에서 구분될 수 있다. 이타주의는 특정한 사람을 목표로 한 도움행동을 뜻하는 반면, 일반적 규범준수는 조직의 일반적인 규범, 규칙, 기대에 따르는 행동을 말한다.

Organ(1988)은 구체적으로 OCB의 5가지 유형을 제시하고 있다. 첫째는 이타행동으로서 동료에게 도움을 주거나 호의를 베푸는 것을 뜻한다. 이타행동은 동료의 조직 내 활동을 지원할 뿐만 아니라 개인의 수행을 향상시켜 조직의 효율성을 증진한다. 둘째는 성실성으로서 자신의 책임을 충실히 이해하고 시간을 효율적으로 사용하며 기대 이상의 역할을 수행하는 것을 뜻하며 개인과 조직 모두의 효율성을 증진한다. 셋째는 스포츠맨십으로서 조직에 충성하며 어려움이 있더라도 불만과 불평을 하지 않은 것을 의미한다. 이를 통해서 개인은 조직의 건설적 발전을 위해서 더 많은 시간을 할애하게 된다. 넷째는 사려 깊은 배려로서 자신의 행동이 동료에게 미칠 영향을 고려하여 신중하고 예의바르게 행동하는 것을 뜻한다. 이는 조직에 생길 수 있는 문제를 예방하고 근무시간의 건설적 사용을 촉진한다. 마지막 유형은 조직 몰입으로서 조직의 발전을 위해서 건설적인 의견을 제시하거나 자발적으로 위원회에 참여하여 도우려는 행동을 의미한다. 이러한 행동은 조직의 이익을 최대화하는 데 기여하게 된다. Williams와 Anderson(1991)은 조직 시민행동을 두 개의 차원, 즉 개인 지향적 시민행동과 조직 지향적 시민행동으로 구분하였다. 개인 지향적 시민행동은 개인을 목표로 한 긍정적 행동으로서 이타행동과 사려 깊은 배려가 해당되는 반면, 조직 지향적 시민행동은 특정한 동료보다 조직 전체를 위한 긍정적 행동으로서 성실성, 스포츠맨십, 조직 몰입이 해당된다.

조직 시민행동은 다양한 요인에 의해서 영향을 받는다. Jahangir, Akbar와 Haq(2004)에 따르면, 조직 내에서의 직무 만족도와 조직 몰입도가 높을수록 조직 시민행동을 많이 나타낸다. 또한 조직 내에서 자신의 역할이 분명하고 갈등이 없을수록, 상사와 부하 간의 관계가 원만할수록, 조직의 결정이 공정하다고 지각될수록 긍정적인 시민행동은 증가한다. 아울러 구성원의 성격도 시민행동에 영향을 미치는 중요한 요인이다. 긍정적 정서성, 성실성, 우호성과 같은 성격요인은 조직 시민행동을 증대시키지만, 외향성과 개방성은 별 영향을 미치지 못하는 것으로 알려지고 있다.

조직 시민행동은 의무의 이행과 불이행에 대한 책임감에 따라 두 가지 유형으로 구분될 수 있다(Farh, Christopher, & Shu-Chi, 1997). 한 가지 유형은 조직과 동료에게 도움을 주는 적극적인 시민행동이며, 다른 유형은 조직과 동료에게 피해가 되는 것을 회피하는 소극적인 시민행동이다. 조직 구성원은 조직에 도움이 되는 행동을 해야 할 의무와 더불어 조직에 피해를 주는 행동을 하지 않아야 할 의무를 지닌다. 적극적인 시민행동은 조직의 구성원으로서 해야 할 의무적 행동의 이행(commission)에 대한 책임감에서 유발되는 것인 반면, 소극적인 시민행동은 조직에 피해를 주는 행동의 불이행(omission)에 대한 책임감에 의해서 유발된다. 일반적으로 해야 할 행동을 하지 않는 경우보다 하지 않아야 할 행동을 했을 경우에 더 큰 책임감을 느낀다. 달리 말하면, 부정적인 결과를 야기하는 행동을 하는 것에 비해서 부정적인 결과를 예방할 수 있는 행동을 하지 않는 것에는 책임감을 덜 느끼는 경향이 있는데, 이를 불이행 편향(omission bias)이라고 지칭한다. 예컨대, 사람들은 쓰레기를 버리는 행동을 하는 것에 비해서 다른 사람이 버린 쓰레기를 치우지 않는 행동을 하는 것에 대해서 책임감을 덜 느낀다. 그래서 시민들은 쓰레기를 함부로 버리지 않지만 또한 길거리에 떨어진 쓰레기를 청소하지 않은 것에 대해서 별 책임감을 느끼지 않게 된다.

Haidt와 Baron(1996)은 불이행 편향이 개인의 사회적 역할에 의해 영향을 받는다는 것을 발견했다. 이들의 연구에 따르면, 개인이 조직과의 결속이 강하거나 높은 지위에 있는 경우에는 불이행과 이행에 대한 도덕성 평정치의 차이가 최소가 되었다. 반면에, 개인의 조직 동일시가 약하고 낮은 지위에 있는 경우는 불이행과 이행의 차이가 최대가 되어 불이행을 이행보다 덜 비도덕적인 것으로 평정했다. 이러한 결과는 개인의 조직 동일시나 사회적 지위에 따라 시민행동이 달라질 수 있음을 보여 준다. 예컨대, 조직 동일시가 강하며 높은 지위에 있는 사람은 쓰레기를 버리지 않는 것과 버려진 쓰레기를 줍지 않은 것에 대해서 비슷한 책임감을 인식하여 자발적인 쓰레기 청소행동을 할 가능성이 높다. 반면에 조직 동일시가 약하며 낮은 지위에 있는 사람은 쓰레기를 버리지 않는 것에 비해 버려진 쓰레기를 줍지 않은 것에 대해서 책임감을 낮게 인식하여 쓰레기 줍기 행동을 하지 않을 가능성이 높아진다.

시민의식의 측정도구

시민의식은 명료한 정의가 부족하여 측정도구의 개발이 미흡한 상태다. 그동안 시민의식은 투표행동, 정치적 참여활동, 시민운동, 지역공동체 참여활동, 정치적 기부행위 등과 같은 다양한 참여적 시민행동에 초점을 맞추어 측정되어 왔다(Verba et al., 1995). 이러한 측정방법은 개인이 구체적인 시민행동을 나타내는 빈도, 참여 시간, 참여 단체의 수와 역할, 참여행동의 적극성 등에 근거하여 시민의식을 평가하고 있다.

개인이 조직 내에서 나타내는 시민행동을 평가하는 대표적인 검사는 Smith 등(1983)에 의해 개발된 조직 시민행동 척도(Organizational Behavior Scale)다. 이 척도는 조직의 상사에 의해서 부하가 조직에서 나타내는 행동을 16개의 측면에서 5점 척도로 평정하게 되어 있다. 평정되는 조직시민 행동의 예로는 '요구되지 않은 일에 대한 자발적으로 참여하는 것' '조직의 발전을 위해서 개혁적인 의견을 제시하는 것' '자리에 없는 부재한 동료의 일을 대신 하는 것' '정시에 출근하는 것' '출근하기 어려울 경우에 미리 알리는 것' 등이 있다.

Meyer와 Allen(1984)은 개인의 조직 동일시 정도를 평가하는 정서적 헌신 척도(Affective Commitment Scale)를 개발하였다. 이 척도는 8문항으로 구성되어 있으며 5점 척도 상에서 평정하는 자기보고형 검사다. 문항의 예로는 "나는 이 조직의 문제가 정말 내 자신의 문제라고 느낀다." "나는 이 조직에 대해서 강한 소속감을 느끼지 않는다." (역채점 문항) 등이 있다.

자기보고를 통해 시민의식을 직접적으로 측정하는 검사는 발견하기 드물다. 반면에, 시민의식과 유사한 특성인 사회적 책임감을 측정하는 자기보고형 검사가 널리 사용되고 있으며 그 대표적인 검사들은 다음과 같다.

사회적 책임감 척도(Social Responsibility Scale; Gough, McClosky, & Meehl, 1952)는 MMPI의 문항으로부터 56개의 문항을 추출하여 고등학생과 대학생을 대상으로 적용하는 척도다. 문항의 내용은 사회적 · 윤리적 이슈에 대한 높은 관심, 편견과 편애에 대한 거부, 의무와 자기 규제에 대한 강조, 사회와 세상에 대한 신뢰감, 개인적 안전에 대한 확신 등으로 이루어져 있다.

청소년 사회적 책임감 척도(Youth Social Responsibility Scale; Pancer, Pratt, & Hunsberger, 2000)는 29문항으로 구성되어 있으며 단축형은 10개의 문항으로 구성되어 있다. 사람들이 서로를 위해서 지켜야 할 규범적 책임감을 측정하고 있으며 "젊은 이들은 세상을 더 나은 곳으로 만들 중대한 임무가 있다." "상황이 힘든 경우에는, 사람들이 각자 자신의 이익을 추구해야 한다." (역채점 문항)와 같은 문항으로 구성되어 있다.

국제적인 사회적 책임감 척도(Global Social Responsibility Scale; Starett, 1996)는 16개의 문항으로 구성되어 있으며 성인을 위한 척도다. 국제적 이슈에 대한 개인과 정부의 책임감을 측정하며 문항 내용에는 "모든 사람은 자신이 속한 지역사회를 위해서 일정 시간 봉사를 해야 한다." "삼림의 황폐화와 같은 국제적 환경 문제에 있어서 UN에 더 강력한 영향력을 주는 위험을 감수할 수는 없다." (역채점 문항) 등이 있다.

로욜라 생산성 척도(Loyola Generativity Scale; McAdams & de St. Aubin, 1992)는 20개의 문항으로 구성되어 있으며 성인을 위한 척도다. 문항 내용에는 기술과 지식의 전달, 공동체에의 공헌, 지속될 수 있는 유산을 남기는 것, 타인에 대한 양육과 책임 등이 있다.

3 시민의식과 관련된 심리적 특성

시민의식은 조직생활의 만족도에 긍정적인 영향을 미치는 것으로 알려지고 있다. 자신이 소속한 직장에 대한 동일시 정도와 헌신도가 높은 사람일수록 직업 만족도가 높다는 여러 연구(예: Organ & Konovsky, 1989; Pond, Nacoste, Mohr, & Rodriguez, 1997)에서 일관성 있게 보고되고 있다. 공무원을 대상으로 연구한 Pond 등(1997)의 연구에 따르면, 조직 헌신도가 높을수록 조직에 도움이 되는 긍정적인 행동과 더불어 공식적으로 인정되지 않은 업무 외 행동을 많이 나타냈다. 이러한 조직 헌신도는 상사의 공정성과 높은 상관을 나타냈다.

시민의식과 사회적 책임감이 강한 사람들은 인간의 본성에 대해서 긍정적인 견해를 지니며 사회에 대한 신뢰감이 높았다(Staub, 1978). 학교의 과외활동이나 공동체 활동에 적극적으로 참여하는 청소년들은 사회적으로 고립된 청소년들에 비해서 경찰을 위시한 사회 구성원들에 대해서 긍정적인 견해를 지니고 있었다(Flanagan, Gill, & Galler, 2005). 이러한 시민활동 참여와 사회적 신뢰감 간에는 상호 촉진적인 관계가 있는 것으로 나타났다(Brehm & Rahn, 1997; Putnam, 2000). 그러나 사회적 집단활동의 유형에 따라 그 효과는 차이가 있었다. 사회봉사나 자선행위에의 참여는 사회적 신뢰감을 증가시킨 반면(Uslaner, 2002), 어떤 이익을 위해 집단활동에 참여하는 것은 사회적 신뢰감과 이타성을 증가시키지 못하는 경향이 있었다.

시민의식과 사회적 책임감은 아동기부터 가족의 가치관에 의해 영향을 받는 것으로 알려지고 있다. 가족이 구성원의 욕구를 중요시하는 만큼 청소년들은 사회적 책임감과 시민의식을 자기정체성의 중요한 요소로 포함시키는 경향이 있었다(Flanagan, Bowes, Jonsson, Csapo, & Sheblanova, 1998). 미국 청소년에 대한 한 조사(Flanagan & Tucker, 1999)에서, 빈곤과 실직을 개인의 잘못 때문이라고 여기는 청소년들은 물질적 가치를 더 중시한 반면, 불평등한 사회체제의 문제 때문이라고 여기는 청소년들은 더 이타적이고 자신의 가족 내에서 사회적 책임감이 더 중시된다고 보고했다.

청소년기나 초기 청년기에 사회적 · 정치적 문제의 이해와 해결에 깊은 관심을 지니는 것은 시민의식이나 사회적 책임감에 영향을 미치게 된다. 젊은 시절에 사회운동에 참여했던 사람들은 중년이 되어서도 더 이타적이고 불평등한 사회체제에 저항하는 경향이 있었으며 자녀양육에서도 공익을 위한 노력을 중시했다(Jennings, 1991).

자유로운 집단 활동을 장려하는 학교 분위기 속에서 성장한 학생일수록, 학교나 동료 학생들에 대한 결속감이 더 강했으며 이후에 공동체 활동이나 환경운동과 같은 공익을 위한 활동에 더 많이 참여했다(Flanagan et al., 1998). 또한 과외활동이나 공동체 집단에 참여한 청소년들은 이타성과 사회적 신뢰감이 높으며 공익을 위한 참여나 이민자의 권익보호에 더 깊은 관심을 나타낸 반면, 그러한 활동에 참여하지 않은 청소년들은 개인적 이익이나 물질적 가치에 더 깊은 관심을 나타내는 경향이 있었다(Buhl, 2001).

중년기 이후의 삶에서는 다음 세대를 위한 기여, 즉 다산성(generativity)이 사회적 책임감의 중요한 바탕이 된다. 40대 이후에는 가족과 직장에서 자신의 책임을 다하는 것이 중요한 의미를 지니게 된다. 다산성은 가족에만 제한되는 것이 아니며 다양한 공동체 활동으로 나타날 수도 있다. 특히 노인들의 경우, 공동체 활동에의 참여가 우울증 수준을 낮추는 것으로 나타났다(Musick & Wilson, 2003).

사회적 책임감에 대한 연구에서, 여자는 남자에 비해 더 이타적이고 공감적인 성향을 나타내며 다른 사람의 욕구에 부응하지 못할 때 죄책감을 더 많이 느끼는 경향이 있었다(Beutel & Marini, 1995). 또한 여자는 남자보다 자원봉사 활동에 더 많이 참여하는 것으로 나타났다(Niemi, Hepburn, & Chapman, 2000). 전통적인 정치적 쟁점에 대해서 남자가 더 많은 관심과 참여를 나타내지만, 건강이나 사회복지 또는 환경문제와 같은 새로운 정치적 쟁점에는 여자가 남자에 비해 더 높거나 동등한 참여도를 나타냈다.

4 시민의식의 촉진요인 및 함양방법

시민의식과 사회적 책임감은 아동기나 청소년기에 다양한 집단 활동에 참여한 경험을 통해서 함양되는 것으로 알려지고 있다(Billig, 2000). 역사적으로 청소년을 위한 대부분의 집단 활동 프로그램은 청소년들로 하여금 사회의 규범과 질서를 익히게 함으로써 다음 세대의 시민을 육성하는 역할을 해왔다. 이러한 집단 활동 프로그램은 여가시간의 선용하는 방법을 가르치고 친사회적인 또래집단을 구성하여 서로 간의 건강한 관계를 촉진하며 성인 멘토들이 자원봉사로 참여하여 청소년들의 생활을 지원한다.

민주적인 관계구조와 자유로운 학습 분위기를 지닌 교육 환경 속에서 책임감 있게 활동한 경험은 시민의식의 함양하는 데에 도움이 된다. Flanagan 등(1998)에 따르면, 자유로운 집단 활동을 장려하는 학교 분위기 속에서 성장한 학생일수록, 학교나 동료 학생들에 대한 결속감이 더 강했을 뿐만 아니라 이후에 공동체 활동이나 환경운동과 같은 공익을 위한 활동에 더 많이 참여하는 경향이 있었다.

시민의식과 사회적 책임감을 함양하는 성공적인 집단 활동 프로그램의 주요한 특징은 개인주의적인 성향보다 집단을 응집력 있게 이끌어 나가는 리더십과 집단주의적인 성향을 강조하고 있다는 점이다(Flanagan, 2004). 자유과 규율의 균형 속에서 참여자 각자가 공동체를 위한 중요한 결정과 활동에 참여하는 기회를 제공하고 이러한 활동을 성인 멘토가 후원하는 것이 중요하다. 또한 청소년기에 사회적 쟁점을 토론하는 수업에 참여하거나 집단적인 과외활동에 참여하는 것은 성인기에 시민운동이나 공동체 활동에의 참여를 촉진하는 것으로 나타났다(Verba et al., 1995).

우리나라의 경우, 수년 전부터 중 · 고등학교에서 사회봉사활동을 의무화하고 있다. 미국은 이미 오래전부터 공교육기관에서 봉사학습(service learning)을 제도화해왔다. 봉사학습은 다른 사람의 권익을 배려하면서 사회의 공익활동에 참여하는 태도와 방법을 가르치는 것으로 다양한 형태의 프로그램으로 구성되어 있다. 이러한 프로그램들은 관대함과 사회적 신뢰감을 증진할 뿐만 아니라 평등정신을 함양하고 문화적 다양성을 수용하는 긍정적인 효과를 지니는 것으로 나타났다(Billig, 2000).

Youniss와 Yates(1999)는 봉사학습을 통해서 시민의식을 함양하기 위해서는 다음과 같은 조건을 갖추어야 한다고 주장하고 있다. 첫째, 봉사학습은 학생에게 의미 있는 것으로 느껴지는 활동으로 구성되어야 한다. 의무적으로 부과하는 노동의 성격을 지양해야 할 뿐만 아니라 별 의미를 느끼지 못하는 사소한 활동을 하게 하는 것은 바람직하지 않다. 둘째, 봉사학습은 개인보다는 집단적 가치를 중시하는 집단적 활동이어야 한다. 개별적으로 봉사활동을 하기보다 친구들과 함께 협동적인 관계 속에서 의미 있는 활동을 하도록 장려하는 것이 유익하다. 마지막으로, 봉사학습은 봉사하는 기관의 역사와 이념을 이해하고 그에 동참함으로써 동질감과 유대감을 느낄 수 있도록 하는 것이 중요하다. 청소년 수감자에 대한 종단적 연구(Uggen & Janikula, 1999)에 따르면, 구금이나 노역활동 대신 사회봉사를 하게 한 경우에 성인기의 범죄율이 감소했다.

미국의 경우, 청소년들로 하여금 공동체 활동에 참여하게 함으로써 시민의식을 함양하는 다양한 프로그램이 개발되어 시행되고 있다. 그 첫째는 청소년 집짓기 활동(YouthBuild; http://www.youthbuild.org)으로서 젊은이들에게 건축 기술을 가르치고 이들로 하여금 지역 공동체에 주택을 공급하게 하는 프로그램이다. 이와 더불어 훈련생들에게 의사결정, 리더십, 대중 강연, 기관 운영 등에 대한 교육을 제공한다. 둘째는 비영리 시민단체가 운영하는 시민학교(Citizen Schools;

http://www.citizenschool.org)다. 이러한 시민학교에서는 9~14세의 아이들을 대상으로 방과 후에 전문적 기술을 가르쳐 전문가로 양성하고 공동체에 기여하는 실질적인 활동을 하게 한다. 예컨대, 보스턴과 같은 대도시에서 양성된 전문가들은 인근 지역의 봉사활동에 참여함으로써 대도시와 인근지역의 다양한 사람들 간의 유대감을 형성하도록 돕는다. 셋째는 긍정 코칭 연맹(Positive Coaching Alliance)으로서 젊은이들의 스포츠 문화를 바꾸기 위한 국가적 노력의 일환으로 시행되고 있는 프로그램이다. 이 프로그램은 이기는 것만을 목적으로 하는 것이 아니라 팀워크를 강조하면서 아동과 청소년의 욕구를 잘 이해하고 가르칠 수 있는 스포츠 지도자를 양성하는 데 주력하고 있다(Thompson, 2000). 이밖에도 청소년 범죄자들을 처벌하는 것에 그치는 것이 아니라 피해자와 가해자 그리고 공동체 모두를 치유하는 프로그램, 민주주의와 시민의식을 교육하는 프로그램, 젊은이에게 인간의 덕목을 교육하는 프로그램 등이 다양하게 시행되고 있다.

시민의식 증진 방법(Rashid & Anjum, 2005)

- 공동의 일에서 내가 할 수 있는 한 최선의 협력자가 되려고 노력한다.
- 매일 5분을 할애하여 길거리의 쓰레기를 주워 휴지통에 넣는다.
- 자선단체나 봉사단체에 자원하여 돕는다.
- 집단 토의를 촉진하고 갈등적인 이슈에 대한 합의를 이끌어낸다.
- 매달 한 번은 사회적 집회에 참석한다.
- 매주 30분 정도 공공장소를 청소하는 시간을 갖는다.
- 공공장소를 꾸미고 장식해 본다.
- 내가 살고 있는 동네나 학교를 대표해 운동경기에 참석한다.
- 정기적으로 누군가를 차에 태워 주거나 카풀을 한다.
- 헌혈을 하거나 장기를 기증한다.
- 이웃에 사는 어르신들에게 필요한 것이 없는지 여쭙고 돕는다.
- 이웃을 위해 쓰레기나 눈을 치워 준다.

제22장 리더십

인간사회는 크고 작은 다양한 집단으로 이루어져 있다. 어떠한 집단이든 구성원들을 이끌어나가는 리더가 존재한다. 집단을 이루는 구성원들은 각기 다른 개성을 지니고 있어 특정한 사안에 대한 의견이 다를 뿐만 아니라 서로의 이해관계가 상충하게 된다. 그래서 모든 집단에는 구성원의 의견을 수렴하고 갈등을 조정하며 조직을 원활하게 이끌어가는 리더가 필요하다.

특히 현대사회는 매우 다양하고 복잡한 집단으로 구성되어 있다. 모든 집단은 공동의 목표를 성취하기 위한 위계적인 조직구조를 지닌다. 조직의 상부구조에서 활동하는 리더들은 구성원의 역량을 효율적으로 집결함으로써 조직의 발전과 더불어 구성원 전체의 행복을 위해 노력해야 한다. 조직의 발전과 번영을 위해서 리더의 역할을 매우 중요하다. 인류의 역사는 지도자의 역량과 성품이 조직의 성쇠에 결정적인 영향을 미친다는 점을 증언하고 있다.

인생의 여정에서 누구나 크고 작은 집단의 리더 역할을 맡게 된다. 초등학교에서의 줄반장을 비롯하여 학교생활을 하며 다양한 리더의 역할을 담당하게 된다. 직장인이 되면 작은 부서의 팀장으로부터 시작하여 점점 더 커다란 조직의 리더 역할을 맡게 된다. 가족의 가장으로서 리더 역할을 해야 할 뿐만 아니라 동호회,

동창회, 향우회와 같은 다양한 모임에서 리더 역할을 맡게 된다. 이처럼 다양한 집단의 좋은 리더가 되기 위해 필요한 덕목이 바로 리더십이다.

리더십은 집단을 원활하게 이끌어 나갈 수 있는 역량을 뜻한다. 사람마다 리더로서 집단을 이끌어 나가는 역량이 각기 다르다. 리더십은 집단의 발전과 번영에 결정적인 영향을 미칠 뿐만 아니라 구성원의 행복에도 커다란 영향을 미친다. 다양한 조직이 서로 경쟁하는 현대사회에서는 리더십이 특히 중요한 덕목으로 강조되고 있다. 시민의식은 집단의 구성원으로서 지녀야 할 사회적 덕목인 반면, 리더십은 집단의 리더로서 지녀야 할 사회적 덕목이라고 할 수 있다.

1 리더십의 정의와 유형

리더십(leadership)에 대한 정의는 매우 다양하다. 리더십을 개인의 지속적인 특질로 보느냐 아니면 특정한 상황에서 나타나는 행동으로 보느냐에 따라 그 정의가 달라진다. 리더십 연구자들이 제시하고 있는 주요한 정의를 살펴보면, 다음과 같다.

'하나의 공유된 목표를 향해 집단의 활동을 집중시키는 개인적 행동' (Hemphill & Coons, 1957)

'집단 구성원으로 하여금 특정 목표를 추구하도록 유도하고 그 목표 달성을 위해서 실제적인 행동을 하도록 영향력을 행사하는 것' (Stogdill, 1974)

'비전을 제시하고 가치를 부여하며 목표가 달성될 수 있는 환경을 창출하는 것' (Richard & Engle, 1986)

'조직의 효율성과 성공을 위해 구성원들이 기여하도록 영향력을 행사하고 동기를 부

여할 수 있는 개인적 능력' (House et al., 1999)

'공유된 목표달성을 위해서 구성원의 개인적 또는 집단적 노력을 촉진하는 과정으로서 구성원에게 무엇을 해야 하고 그것을 어떻게 효과적으로 수행할 수 있는지 이해시키고 동의하도록 영향력을 행사하는 것' (Yukl, 2002)

이처럼 다양한 정의를 요약하면, 리더십은 집단의 공통적 목표를 달성하기 위해서 구성원들을 효과적이고 조화롭게 인도하는 개인적 능력과 행동을 의미한다. 이를 위해서 집단의 활동을 조직화하고 그 진행과정을 파악하여 관리하며 구성원들이 각자의 임무를 완수하도록 격려하는 동시에 구성원 간의 조화로운 관계를 육성하는 것이 필요하다.

리더십은 모든 사회에서 가치 있는 것으로 여겨진다. 훌륭한 리더는 선도적인 역할을 하면서 구성원의 사기를 북돋우고 긍지를 심어줄 뿐만 아니라 위기와 난국을 지혜롭게 대처하면서 긍정적인 변화를 이끌어낸다. 리더십은 개인의 성취뿐만 아니라 집단의 발전에 기여하는 성격적 강점이다. '리더십의 부족'은 리더의 책임을 맡으려 하지 않거나 집단을 갈등과 위기로 몰아가는 것을 의미하는 부정적인 의미를 지닌다. 기업을 부도상태로 이끌고 국가를 난국에 빠뜨리며 구성원의 사기를 저하시키는 지도자들이 리더십이 결여된 대표적인 경우라고 할 수 있다.

동서고금을 막론하고 모든 사회에서는 리더의 역할이 매우 중요했기 때문에 리더의 역할과 자질에 대한 논의가 지속되어 왔다. 대부분의 신화들은 집단의 리더인 영웅적 인물을 중심으로 전개되고 있다. 플라톤은 『국가론(*Republic*)』에서 지혜로운 지도자의 자질로서 이성과 지성을 강조했으며, 아리스토텔레스는 『정치학(*Politics*)』에서 도덕적인 덕성을 강조한 바 있다. 이와 달리, 마키아벨리는 『군주론(*The Prince*)』에서 지도자의 자질로서 도덕성보다 사회적 질서를 위해 다양한 수단을 동원할 수 있는 지략과 냉정함을 중시했다. 20세기에 접어들면서 리더십에 대한 본격적인 학문적 연구가 이루어지기 시작했으며 다양한 이론들이 제시되었다. 리더십은 리더와 구성원 간의 상호작용을 통해 나타나는 사회적 현상으로서 리더의 특성, 구성원의 특성, 상황적 특성에 의해서 영향을 받게 된다.

긍정적 성품으로서의 리더십은 리더의 개인적 자질에 초점을 맞추고 있다. 개인적 자질로서의 리더십은 집단 속에서 리더의 역할을 추구하고 유지하며 성공적으로 수행하려는 동기와 능력을 말한다. 리더십은 크게 두 가지 기능을 지닌다. 그 하나는 집단 구성원들이 각자의 역할을 잘 해내도록 하는 것이고, 다른 하나는 구성원들을 고무시켜 좋은 관계를 창출해내고 유지하여 사기를 진작시키는 것이다. 최근에 연구자들은 인간을 변화시키는 강력한 영향력으로서의 리더십을 강조하고 있다. 리더십을 갖춘 사람들은 미래의 비전을 제시하고 인격적 감화력으로 다른 사람들을 감동시키고 그들의 역량을 강화하여 놀라운 성과를 이루도록 만든다. 그 대표적인 20세기 인물로는 윈스턴 처칠, 프랭클린 루스벨트, 마하트마 간디, 마틴 루서 킹 등이 있다.

2 리더십에 대한 심리학적 이론

리더십은 VIA 분류체계에서 제시된 24개의 긍정적 성품 중에서 가장 많은 연구가 이루어진 덕목이라고 할 수 있다. 따라서 리더십에 관한 이론도 매우 다양하게 제시되고 있다. 리더십에 관한 본격적인 학술적 연구가 시작된 20세기 초부터 지금까지 연구의 초점이 다양하게 변화해왔다. 초기에는 리더의 고유한 특성을 밝히는 특질이론이 주류를 이루다가 이어서 리더의 행동에 초점을 맞추는 행동이론이 주목을 받았으며 다음에는 리더의 특성과 상황의 부합성을 강조하는 상황이론이 중심을 이루었다. 최근에는 다시 리더의 특질이론이 주목을 받고 있으며 카리스마적 리더십, 변혁적 리더십, 서번트 리더십, 슈퍼 리더십, 긍정 리더십과 같은 다양한 리더십 이론들이 제시되고 있다.

리더십의 특질이론

특질이론(trait theories)은 리더의 특유한 개인적 속성이 무엇인가를 밝히는 데 초점을 두고 있다. 뛰어난 리더에게는 독특한 속성이 존재한다고 가정에 근거하고 있다. 이러한 입장의 연구들은 〈표 22-1〉과 같이 다양한 측면에서 리더의 특성을 조사하였다.

〈표 22-1〉 리더의 특질에 대한 연구차원과 대상

연구차원	연구대상의 특질
신체특성	연령, 신장, 체중, 용모
성격특성	독립성, 자신감, 지배욕구, 진취성
사회적 배경	교육수준, 신분, 사교성, 거주지역, 출신지역
지적 능력	판단력, 결단력, 표현력
인간관계능력	관리능력, 협동성, 사교성, 청렴성
업무능력	성취욕구, 솔선수범, 책임감, 목표지향성

그러나 효과적인 리더의 정의와 개인적 특질의 측정방법에 이르기까지 연구자마다 기준이 달라서 리더의 보편적인 속성에 관한 합의를 도출하기가 어려웠다. 또한 리더의 특성이 상황에 따라 다른 행동으로 나타날 뿐만 아니라 그 효과 역시 다르다는 점을 설명하지 못하는 한계를 드러냈다.

리더십에 관한 특성이론은 여러 가지 비판에도 불구하고 1980년대 이후 다시 각광을 받았다. 개인의 특성이 리더십에 어떤 영향을 미치는지에 대한 연구가 기업체와 정부기관을 비롯한 다양한 조직영역에서 이루어지고 있다. Lord, DeVader와 Alliger(1986)는 선행연구의 분석에 근거하여 성격특징이 리더십과 밀접한 관계를 지닌다는 것을 발견하였다. 최근에 Daft(2001)는 다양한 연구결과들을 종합하여 효과적인 리더의 개인적 특성을 몇 가지 측면으로 나누어 제시하고 있다: (1) 신체적인 특성으로는 에너지 수준과 신체적 활력, (2) 지적인 특성에서는 지능과 인지적 능력, 지식, 판단력, (3) 성격적 특성으로는 자신감, 정직성과 진실성, 열정, 주도성, 독립성, (4) 사회적 특성으로는 사회성, 대인관계 기술, 협동성, 협동 유도 능력, 재치, 외교술, (5) 업무 관련 특성으로는 성취동기, 탁월성의 욕구, 목표 추구의 책임감, 끈기와 불굴의 정신을 들고 있다. Yukl(2002)은 정서적 안정성, 높은 에너지 수준, 내적 통제 소재, 성취 지향성, 개인적 성실성, 사회적 권력 추구성향, 스트레스 저항력 등을 제시한 바 있다.

리더십의 행동이론

행동이론(behavior theories)은 관찰과 측정이 용이한 리더의 행동에 주목하여 리더십을 설명하고 있다. 구성원에게 직접적인 영향을 미치는 것은 리더의 특질이기보다 그들의 행동이라는 입장에 근거한다. 이러한 이론들은 효과적인 리더의 행동 양식을 밝히는 데 초점을 맞추고 있다. 리더가 어떤 행동을 할 때 조직의 성과가 향상되는지를 설명하고자 한다. 행동이론은 1950년대에 오하이오 주립대학 연구팀과 미시간 대학 연구팀에 의해 시작되었으며 많은 연구를 촉발하였다. 이러한 연구들은 주로 리더의 과업 중심적 행동과 관계 중심적 행동에 초점을 맞추어 진행되었으며 주요한 연구내용은 〈표 22-2〉에 제시되어 있다.

〈표 22-2〉 리더의 연구자에 따른 과업 중심적 리더십과 인간 중심적 리더십

연구자	과업 중심적 리더십	인간 중심적 리더십
Ohio State 학파	구조주도 리더십	배려 리더십
Michigan 학파	생산중심적 리더십	부하중심적 리더십
Harvard 학파	과업기능	인간관계기능
Blake & Mouton	생산 측면에 관심	사람 자체에 관심
Tannenbaum & Schmidt	보스 중심	부하 중심
공통적 리더십 내용	업무수행, 목표달성, 성과향상에 많은 관심	갈등해결, 공동체의식, 협조, 의사소통에 많은 관심

이러한 행동이론은 상황이론의 연구자들에게 많은 비판을 받았다. 리더십이 발현되는 과정을 지나치게 단순화한 것으로 현실에의 적용력이 낮을 뿐만 아니라 리더십의 유형을 나열한 것에 지나지 않는다는 비판이었다.

리더십의 상황이론

상황이론(contingency theories)은 리더의 자질이나 행동보다 리더와 상황의 속성이 잘 부합해야 리더십의 효과가 최대화된다는 입장에 근거하고 있다. 상황이론은 어떤 사람이 리더가 되는 것은 그가 지닌 속성 때문이 아니라 그가 처한 환경에 적합한 행동을 보이기 때문이라는 견해에서 출발한다. 리더의 특성과 상황의 변수들이 복잡하게 얽혀 상호작용하는 과정에서 리더는 성공할 수도 실패할 수도 있다. 따라서 리더의 특성뿐만 아니라 구성원이 지닌 특성을 함께 고려하여 이들 간의 상호작용과 부합도를 통해서 효율적인 리더십의 조건을 규명하고자 했다. 예컨대, 어떤 상황에서는 권위적 리더십이 더 효과적인 반면, 다른 상황에서는 민주적 리더십이 더 적합할 수 있다. 가장 효과적인 리더는 특정상황이나 집단의 요구에 자신의 행동을 잘 적응시켜 나가는 리더인 것이다.

그 대표적인 예는 Fiedler(1971)가 제시하고 있는 상황 모델(contingency model)이다. 그에 따르면, 이상적인 리더는 존재하지 않는다. 리더와 상황의 부합도(leader-situation match)에 따라 그 효과성이 달라진다. 리더십의 유형을 크게 '인간관계 지향적 리더십'과 '과업 지향적 리더십'으로 구분할 수 있다. 리더십의 효과는 세 가지 요인, 즉 리더-구성원 관계, 과업의 구조, 리더의 권력에 의해서 결정된다. 리더-구성원 관계는 리더와 부하 간의 상호 신뢰와 존중, 자신감의 정도를 의미한다. 과업의 구조는 집단이 수행해야 할 과제가 분명하고 구조화되어 있는 정도를 뜻하며, 리더의 권력은 리더의 지위로 인해 주어지는 권력의 정도를 의미한다. 이러한 세 가지의 요소에 의해서 상황 통제의 용이성(favourableness of situational control)을 결정하며 그에 따라 효과적인 리더십의 유형이 달라진다. 예컨대, 잘 구조화된 과업을 리더-구성원 관계가 좋고 리더에게 강력한 권력이 주어지는 상황에서 수행할 경우는 통제가 용이한 상황으로서 과업 지향적 리더십이 효과적이다. 세 요인의 조합으로 가능한 다양한 상황에서 효과적인 리더십의 유형을 표시하면 〈표 22-3〉과 같다.

또 다른 상황이론은 Hersey와 Blanchard(1988)의 상황적 리더십 모델(situational leadership model)이다. 이 모델에 따르면, 부하의 능력과 의욕을 고려한 부하 성숙도(follower maturity)에 따라 리더십의 유형을 달리해야 하는 것이 가장 효과적이다. 부하의 능력과 의욕의 높낮이에 따라 부하 성숙도는 네 가지 단계로 구분될 수 있다. 부하 성숙도가 가장 낮은 단계, 즉 부하의 능력과 의욕이 모두 낮은 경우에는 과업의 구체적인 방향을 지시하고 밀착하여 감독하는 지시형(telling style) 리더십이 효과적이다. 다음 단계는 부하의 능력은 낮지만 의욕이 높은 경우로서 지지적인 태도로 과업수행 방법을 설명하는 지도형(selling style) 리더십이 효과적이다. 세 번째 단계는 부하의 능력은 높지만 의욕이 부족한 경우로서 과업의 방향을 함께 논의하고 결정하면서 과업을 추진하는 참여형(participating style) 리더십이 바람직하다. 그리고 부하 성숙도가 가장 높은 네 번째 단계, 즉 부하의 능력과 의욕이 모두 높은 경우에는 과업 방향의 결정과 책임을 부하에게 맡기는 위임형(delegating style) 리더십이 효과적이라고 제시하였다. 이러한 부하의 성숙도와 리더십 유형의 관계를 제시하면 [그림 22-1]과 같다.

〈표 22-3〉 **리더십의 상황이론**(Fiedler, 1971)

리더-구성원 관계	좋음				나쁨			
과업의 구조	구조화		비구조화		구조화		비구조화	
리더의 권력	많음	적음	많음	적음	많음	적음	많음	적음
상황통제의 용이성	매우 용이함			약간 용이함			매우 어려움	
효과적인 리더십 스타일	과업 지향적 리더십			인간관계 지향적 리더십			과업 지향적 리더십	

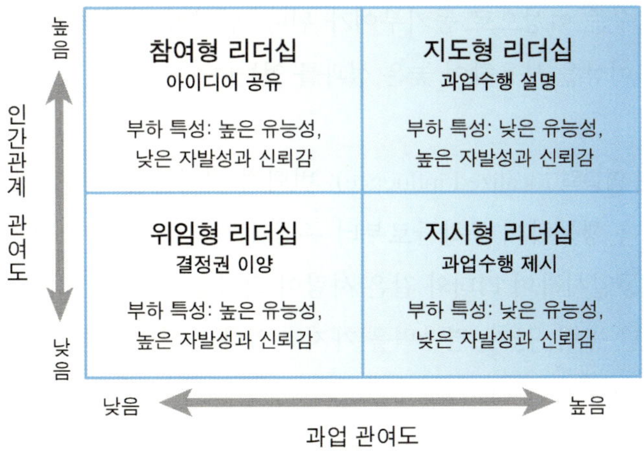

[그림 22-1] 상황 리더십 모델의 리더십 유형(Hersey & Blanchard, 1988)

변혁적 리더십 이론

Burns(1978)는 변혁적 리더십과 거래적 리더십을 구분하였다. 거래적 리더(transactional leader)는 교환과 거래에 근거하여 구성원에게 목표를 제시하고 적절한 보상을 약속하고 집행함으로써 영향력을 행사한다. 반면에 변혁적 리더(transformational leader)는 구성원의 개별적 욕구에 관심을 두고 개인적 발전을 강조하면서 동기를 부여하여 자발적으로 노력하도록 인도한다. 또한 House(1977)은 구성원의 자아개념을 변화시킬 뿐만 아니라 그들의 정체성을 조직의 집단적 정체성과 연결시킴으로써 리더십의 효과를 증진하는 카리스마적 리더십(charismatic leadership)을 제시하였다(Shamir, House, & Arthur, 1993).

Bass(1985, 1998)는 Burns(1978)의 변혁적 · 거래적 리더십 이론과 House(1977)의 카리스마적 리더십 이론에 근거하여 변혁적 리더십 이론을 발전시켰다. 변혁적 리더는 부하들을 변화시키기 위해 과업결과의 중요성 및 가치를 인식시키고, 부하들의 상위욕구를 활성화시켜, 부하들이 조직을 위해 개인의 이익을 초월하도록 한다. 이러한 영향력의 결과로서 부하들은 리더를 신뢰하고 존경하며, 처음에 기대했던 수준 이상으로 동기부여가 된다. 변혁적 리더들은 다음의 네 가지 요소 중 하나 이상을 사용하여 높은 성과를 얻는다.

① 이상화된 영향력(idealized influence): 변혁적 리더들은 부하들의 본보기가 될 수 있도록 행동하여 부하들로부터 존경과 신뢰를 받는다. 부하들은 리더와 자신을 동일시하며 리더와 같은 사람이 되기를 원한다. 또한 부하들은 리더가 뛰어난 능력, 끈기, 결단력을 가지고 있다고 생각한다.

② 영감적 동기부여(inspirational motivation): 변혁적 리더들은 부하들에게 일에 대한 의미와 도전을 제공하여 자신의 주변사람들에게 동기를 부여한다. 리더들은 부하들이 미래에 대한 매력적인 청사진을 가질 수 있도록 하고, 부하들이 성취하기를 바라는 기대를 분명하게 설정한다.

③ 지적 자극(intellectual stimulation): 변혁적 리더들은 부하들로 하여금 가존 가정에 대하여 의문을 제기하고 문제를 재구조화하고 새로운 방식으로 과거 상황을 접근하도록 함으로써 그들이 혁신적이고 창의적인 태도를 갖도록 자극한다. 부하들에게 새로운 아이디어와 창의적 문제해결을 요구하며, 부하들이 문제해결 과정에 참여하도록 한다.

④ 개인적 배려(individual consideration): 변혁적 리더들은 부하들을 개인적으로 지도하면서 부하 개개인의 발전 및 성장에 대한 욕구에 특별한 관심을 기울인다. 부하들과 동료들은 점차적으로 높은 잠재력을 가지는 수준으로 발전한다. 변혁적 리더들은 부하들의 욕구 및 바람에 대한 개인차를 인식하고 이와 같은 개인차를 수용한다.

서번트 리더십과 슈퍼 리더십

Greenleaf(1970, 1979)에 의해 제시된 서번트 리더십(servant leadership)은 구성원을 섬기는 가운데 그들에게 영향력을 행사하는 리더십이다. 여기에서 '섬김' 은 구성원들이 성공과 성장을 이룰 수 있도록 도와주는 것을 뜻한다. 서번트 리더의 주된 관심은 리더가 구성원들을 어떻게 지원할 때 가장 효율성이 높아지는지를 파악하는 것이다. 이를 위해서 구성원의 성장욕구를 파악하고 그러한 욕구가 실현될 수 있는 환경을 제공하면서 그들의 목표를 달성하도록 촉진한다. 서번트 리더는 강한 이타적 윤리의식을 지니고 구성원의 관심과 욕구에 주의를 기울이며 그들을 보살피고 양육하는 것을 초점을 맞춘다(Northouse, 2007). Spears(1998)는 서번트 리더의 특징으로 경청, 공감, 치유, 자각, 설득, 비전, 통찰력, 신뢰, 성장지원, 공동체 구축을 제시하였다.

슈퍼 리더십(super leadership)은 Manz와 Sims(1989)가 제시한 것으로서 "구성원들이 스스로를 리드해 나갈 수 있도록 리더가 구성원을 리드해 나가는 기술"이라고 정의된다. 즉, 구성원들이 스스로를 리드하는 자기리더(self-leader)가 되도록 이끄는 과정이라고 할 수 있다. 슈퍼 리더십의 핵심은 보통 사람들도 탁월한 성과를 낼 수 있다는 인간의 무한한 잠재력에 대한 낙관적 믿음에 있으며 외부 통제로부터 자기 관리로의 전환을 강조하고 있다. Manz와 Sims(1989)는 슈퍼 리더가 되기 위한 7단계의 과정을 다음과 같이 제시하고 있다: (1) 자기리더가 되기, (2) 자기 리더십의 모범을 보이기, (3) 구성원에게 자기목표를 설정하도로 격려하기, (4) 긍정적인 사방식을 심어주기, (5) 보상을 통해 자기리더십 함양하기와 실수를 학습의 기회로 다루기, (6) 구성원들을 자율관리팀이 되도록 촉진하기, (7) 자기리더십 문화를 촉진하기.

긍정 리더십

Luthans와 그의 동료들(Luthans, Luthans, Hodgetts, & Luthans, 2001)은 리더십에 대한 긍정적 접근(Positive Approach to Leadership: PAL)을 제안하고 있다. 불확실성과 도전이 증대하고 있는 현대사회에서는 구성원의 행복을 중시하는 동시에 현실적 낙관성을 지니는 리더십이 필요하다. 이들은 긍정 심리학에 근거하여 긍정적 조직행동(positive organizational behavior: POB)을 제시하고 있다. 아울러 긍정 리더십의 네 가지 주된 요소(RICH)로서 현실적 낙관주의(Realistic optimism),

정서지능(emotional Intelligence), 자신감(Confidence), 희망(Hope)을 제안하였다.

긍정 리더십은 다음과 같은 믿음에서 출발한다(Luthans & Avolio, 2003). 첫째, 리더는 구성원들이 각자 조직에 기여할 수 있는 긍정적인 측면을 지닌다고 믿는다. 구성원의 긍정적 역량에 대한 신뢰를 지닌다. 둘째, 리더는 구성원으로 하여금 그들의 소중한 능력과 강점을 잘 인식하고 발휘하도록 돕는다. 구성원의 자기실현과 역량발휘를 적극적으로 지원한다. 셋째, 리더는 자신의 결점을 인식하고 공개함으로써 구성원과의 상호보완적인 관계를 형성한다. 대부분의 리더들은 자신의 결점을 은폐하고 완벽한 존재라는 이미지를 제시하지만 이것은 오히려 구성원의 무력함을 초래하게 된다. 넷째, 리더는 일선 현장에서 솔선수범해야 한다. 리더가 뒤에 숨어서 구성원들을 조정하기보다는 투명한 행동을 통해서 자신감, 희망, 낙관주의, 탄력성의 모델이 되어야 한다. 마지막으로, 리더는 갈등과 분쟁을 지혜롭게 판단할 수 있는 도덕적 역량을 개발해야 한다. 요컨대, 긍정 리더십은 군림하는 권력(power over)이 아니라 공유하는 권력(power with)을 지향한다.

리더십의 측정도구

리더십의 측정도구는 자기보고에 근거하는 것과 타인의 평가에 의한 것으로 구분될 수 있다. 리더십의 평가를 위해 가장 널리 사용되는 자기보고형 검사들은 다음과 같다. 리더 행동기술 질문지(Leader Behavior Description Questionnaire; Stogdill, 1963)는 가장 일찍부터 널리 사용된 평가도구로서 100문항을 통해서 다음과 같은 12가지 리더십 항목을 측정한다. 집단 대표, 요구 절충, 불확실성 인내, 설득력, 구조 변화, 권한 부담의 인내, 역할 부여, 심사숙고, 생산성 강조, 예견 정확도, 통합, 우수한 상황 인식. 그러나 이러한 항목들에는 리더의 행동뿐만 아니라 성격적 특성, 사회적 기술, 인지적 기술 등이 혼합되어 있다.

리더-부하 교환 척도(Leader-Member Exchange Measure; Schriesheim, Neider, Scandura, & Tepper, 1992)는 7문항으로 구성되어 있으며 리더가 부하직원 개개인과 나타내는 상호작용의 질을 친밀성과 신뢰성의 측면에서 평가한다. 관리 행동 조사지

(Managerial Practice Survey; Yukl, Wall, & Lepsinger, 1990)는 14개의 리더십 행동 범주(정보제공, 명료화, 관찰, 계획, 문제해결, 자문, 대표, 감화, 인정, 보상, 지지, 후원, 연결, 팀 구성)를 평가하며 다른 도구에 비해 리더의 다양한 행동에 초점을 맞추고 있다.

성인뿐만 아니라 청소년의 리더십을 평가하는 측정도구들도 개발되어 있다. 리더십 기술 척도(Leadership Skill Inventory)는 Karnes와 Chauvin (2000)이 초등학교 고학년부터 대학생 수준에 이르는 학령기 청소년들의 리더십 기술을 평가하기 위해 개발한 검사다. 125문항으로 구성되어 있으며 4점 척도로 평정하는 자기보고형 검사로서 리더십과 관련된 9개의 영역, 즉 리더십, 문장 의사소통, 구두 의사소통, 강점육성, 의사결정, 집단역동, 문제해결, 자기개발, 계획 세우기를 측정하고 있다.

국내에서는 김미숙 등(2008)에 의해 개발된 청소년 리더십 검사가 있다. 이 검사는 5점 척도 상에서 평정되는 75문항으로 구성되어 있으며 19개의 리더십 관련 특성을 측정하고 있는 자기보고형 검사다. 측정되는 요인으로는 개인 내 특성으로 비전과 추진, 도전정신, 의사결정력, 의로움, 과제책임감이 있으며 개인 간 특성으로는 대인관계와 조직능력, 타인과 공동체 배려가 있다. 각 요인은 2~4개의 세부적 요인으로 구성되어 있다.

리더십은 조직 속에서 발현되는 개인적 강점이므로 자기보고뿐만 아니라 타인의 평가가 중요하다. 이러한 점을 고려하여 리더십은 상하좌우의 동료들에 의해 평가되는 전방위 평가방법(360-degree assessment)을 적용하여 측정되는 경우가 흔하다. 그 대표적인 검사 중 하나가 리더십 실행 척도(Leadership Practices Inventory: LPI)다. 이 척도는 Kouzes와 Posner(1988)에 의해 개발되었으며 다양한 조직의 모범적 리더들이 나타내는 5가지 영역의 행동을 설명하는 이론적인 모델에 근거하고 있다. LPI는 5가지 영역의 리더십 영역(솔선수범, 비전제시, 도전정신, 협동유도, 노력격려)을 기술하는 30개의 문항으로 구성되어 있으며 자기 자신과 조직의 동료에 의해서 평정하도록 되어 있다. 초판에서는 5점 척도로 평정하도록 개발되었으나 변별력을 높이기 위해 1999년 개정판에서는 10점 척도로 평정하도록 수정되었다.

리더십을 평가하는 또 다른 전방위 측정도구는 다요인 리더십 질문지(Multifactor Leadership Questionnaire)다. 이 질문지는 Bass와 Avolio(1990)에 의해서 개발되었으며 변혁적 리더십(transformational leadership)과 거래적 리더십(transactional leadership)의 속성을 평가할 뿐만 아니라 리더십의 적극성과 소극성, 그리고 리더십의 성과를 평가하고 있다. 45개 문항으로 구성되어 있으며 리더 자신과 동료들에 의해서 리더의 행동을 5점 척도에서 평정하도록 되어 있다.

리더십의 측정도구는 리더십의 세 가지의 측면, 즉 리더의 자질, 리더십의 결과, 그리고 리더의 행동을 평가하는 것으로 구분될 수 있다. 리더의 자질은 효과적인 리더십을 발휘할 것으로 예측할 수 있는 개인적 특성과 능력을 의미한다. 예컨대, 인지적 능력, 자신감, 예견력, 의사소통 능력 등이 이에 해당될 수 있는데, 이것은 리더십 자체가 아니라 리더십의 발휘를 촉진하는 요소들이다. 리더십의 결과는 집단이 수행한 작업의 양과 질 그리고 이익률과 같은 수행 측정치뿐만 아니라 구성원들의 관계, 만족, 유대, 헌신과 같은 태도나 동기 측정치를 포함한다. 이것은 리더십 자체라기보다는 리더십의 발휘에 의해 축적된 결과를 반영한다. 그리고 리더의 행동은 집단을 잘 이끌어 나가는 과정에서 나타나는 효과적인 사회적 행동과 활동을 뜻한다. Fleishman 등(1991)은 이러한 행동들을 4개의 상위차원과 13개의 하위차원으로 분류한 바 있다. 그 4개의 상위차원은 정보 탐색과 정리, 문제해결을 위한 정보 활용, 인적 자원의 관리, 물적 자원의 관리다.

3 리더십과 관련된 심리적 특성

리더십은 조직의 성과에 중요한 영향을 미치는 것으로 확인되고 있다. 리더십의 결과에 대한 실증적인 연구들은 조직의 수행 결과에 있어서 리더의 역할이 매우 중요하다는 점을 밝히고 있다. Weiner와 Mahoney(1981)는 19년간 193개 회사를 연구한 결과 리더십이 조직 수행의 44~47%를 설명한다고 밝혔다. 여러 연구의 결과를 개관하여 종합한 Day와 Lord(1988)에 따르면, 새로운 리더가 조직 효과성에 미치는 영향은 5.6~24.2%였다.

팀 단위의 수준에서도 통제 소재, 위험 부담, 혁신성과 같은 리더의 특성이 팀의 목표 성취도에 영향을 미쳤다(Avolio & Howell, 1992). Gerstner와 Day(1997)에 따르면, 리더와 부하직원이 나타내는 상호작용의 질에 따라서 업무 만족, 조직에의 헌신, 업무 수행이 달라졌다. 그리고 리더의 카리스마와 집단 구성원의 효율성 간의 상관(r)은 .81에 이르는 것으로 보고되었다(Lowe, Kroeck, & Sivasubramaniam, 1996).

효과적인 리더는 다양한 개인적 특성과 밀접한 관계를 지니는 것으로 보고되고 있다. 대표적인 몇 가지 연구결과를 소개하면 다음과 같다. Stogdill(1974)은 독립성, 자기주장성, 판단력, 활력, 자신감 등 30여 개의 개인적 특질이 리더의 자질과 관련된다고 주장하였다. Locke 등(1991)은 인지적 능력, 업무 관련 지식, 정직성과 성실성, 강한 욕구, 자신감, 리더십 동기를 제시하고 있다. 앞에서 언급한 바 있듯이, Daft(2001)는 다양한 연구결과들을 종합하여 효과적인 리더의 개인적 특성을 몇 가지 측면으로 나누어 제시하고 있는데, 신체적인 특성으로는 에너지 수준과 신체적 활력을 들고 있고 지적인 특성에서는 지능과 인지적 능력, 지식, 판단력, 과단성을, 성격적 특성으로는 자신감, 정직성과 진실성, 열정, 주도성, 독립성을, 사회적 특성으로는 사회성, 대인관계 기술, 협동성, 협동 유도 능력, 재치, 외교술을, 그리고 업무관련 특성으로는 성취동기, 탁월성의 욕구, 목표 추구의 책임감, 끈기와 불굴의 정신을 들고 있다. Yukl(2002)은 정서적 안정성, 높은 에너지 수준, 내적 통제소재, 성취 지향성, 개인적 성실성, 사회적 권력 추구성향, 스트레스 저항력 등을 열거하고 있다. 다양한 연구의 결과를 요약하면, 리더십은 지능, 적응능력, 외향성, 성실성, 경험에 대한 개방성, 전반적인 자기효능감과 밀접한 관계를 지니는 것으로 여겨지고 있다(Lord et al., 1986; Judge, Bono, Ilies, & Gerhardt, 2002; Foti & Hauenstein, 2007).

리더십의 발달과정에 대한 체계적인 연구는 많지 않다. 그러나 리더 역할을 맡게 되는 것은 초기 아동기에서 청소년기를 거쳐 성인기에 이르기까지 일관성 있게 나타났다(Yammarino & Bass, 1990). Cox(1926)에 따르면, 성인이 되어 리더가 된 사람들은 대부분 어린 시절부터 리더의 속성을 나타낸다.

전반적으로 리더십 유형과 효과성에 있어서 남녀의 차이는 나타나지 않았다. 그러나 남성 리더들은 과업 지향적인 역할을 선호했으며, 여성 리더들은 관계 지향적인 역할을 선호했다(Eagly, Karau, & Makhijani, 1995). 여러 연구의 결과를 종합하면, 남성 리더와 여성 리더의 차이는 같은 성별 내에서 존재하는 개인차에 비해 훨씬 적은 것으로 나타나고 있다.

효과적인 리더의 역할과 자질은 문화에 따라 다를 수 있다. 세계 62개국을 대상으로 효과적인 리더의 속성과 행동을 조사한 House 등(1999)에 따르면, 문화에 상관없이 효과적인 것으로 나타난 리더의 공통적인 속성으로는 성실성, 비전 제시, 변혁 및 감화능력, 결단력, 효과적인 갈등조정 능력, 조직 및 관리 역량이었다. 반면에 문화에 따라 차이를 나타내는 속성은 자율성에 대한 선호, 위험 감수 성향, 지배성, 배려 행동, 격식 차림 등이 있었다.

문화는 리더의 자질이 효과적으로 발현되는 데 중요한 역할을 하는 것으로 알려지고 있다. Hofstede(1980, 1991)는 문화적 차이가 다음과 같은 네 차원에 따라 구분될 수 있다고 제시했다. 그 첫 번째 차원은 권력 범위로서 리더가 영향력을 행사할 수 있는 권위나 지배력의 범위를 의미한다. 리더가 행사할 수 있는 역할과 권력의 범위에 대한 기대가 문화에 따라 다르다. 둘째는 개인주의 차원으로서 집단적인 성취에 비해서 개인적인 성취를 중시하는 정도를 뜻한다. 일반적으로 서구문화는 개인적 자율성과 성취를 중시하는 개인주의 성향이 강한 반면, 동양문화는 사회적 조화와 집단적 성취를 중시하는 집단주의 성향이 강한 것으로 알려져 있다. 셋째 차원은 불확실성 회피로서 모호함이나 불확실함을 허용하고 인내하는 정도를 뜻한다. 마지막은 남성성-여성성 차원으로서 남성과 여성에 따라 리더의 역할을 인정받는 정도의 차이를 말한다. 서양 문화에서는 성별에 따른 리더 역할의 차이가 적은 반면, 이슬람 문화에서는 여성의 리더 역할을 허용하지 않는 경향이 있다. 이러한 문화적 차이에 따라서 효과적인 리더의 자질뿐만 아니라 그러한 리더의 역할과 행동에 대한 기대가 달라질 수 있다. 집단주의 문화는 개인주의 문화에 비해서 구성원과의 인간적 유대와 화합촉진 능력을 지닌 리더를 선호하는 경향이 있다.

4 리더십의 촉진요인 및 함양방법

리더십은 어린 시절부터 발달되며 성인기까지 지속적으로 향상될 수 있는 것으로 알려져 있다. 어린 시절에 경험하는 부모와의 상호작용은 리더십은 향상시키는 중요한 바탕이 된다. 특히 부모가 어린 자녀에게 사교적이고 믿음직한 행동의 본보기를 보이고, 실제 생활에서 리더의 행동과 역할을 보여 주며, 수행 목표를 높게 설정하여 넓은 안목을 갖도록 하는 양육방식은 자녀의 리더십 함양에 중요한 역할을 하게 된다(Jennings, 1943; Avolio & Gibbons, 1988).

리더십은 성장과정에게 담당하게 되는 리더의 역할을 수행하면서 증진될 수 있다. 학교나 직업 장면에서 리더의 역할을 맡게 되면서 리더십에 대한 이해와 안목이 발달할 뿐만 아니라 효과적인 리더의 행동을 습득함으로써 리더로서의 역량이 성장할 수 있다. 흔히 탁월한 리더는 특정한 상황에서 리더의 역할을 맡게 되면서 잠재하고 있던 리더의 자질이 발현되는 경우가 흔하다(Kenny & Zaccaro, 1983).

리더십을 발달시키는 데에는 세 가지의 요인이 중요한 것으로 여겨지고 있다(Dubrin, 2004). 그 첫째는 교육으로서 탁월한 리더로 성장하는 바탕을 이룬다. 탁월한 리더들은 자신의 전문분야에서 경력을 쌓으며 전문적 지식을 잘 갖추고 있는 지적인 인물들이다. 이러한 전공분야의 지식뿐만 아니라 리더십과 관련된 지식과 기술을 습득하는 것은 리더십을 발휘하는 기반이 된다. 둘째는 경험이다. 자신의 활동분야에서 직접적으로 겪은 다양한 경험은 효과적인 리더십을 발휘하는 데 기여한다. McCall(1998)에 따르면, 리더십을 향상시키는 가장 중요한 경험은 리더의 역량을 최대한 발현하도록 만드는 현실적인 도전적 경험이다. 이러한 경험의 주요한 요소는 동료들과의 관계 경험과 과업수행 경험이다. 직속 상급자는 효과적인 리더의 좋은 또는 나쁜 모델이 될 수 있다. 이러한 상급자의 행동을 관찰하고 구성원들의 관계적 문제를 해결하는 방법을 배우게 된다. 또한 과업수행 경험은 리더십 발달에 중요한 기여를 하게 되는데, 리더의 중요한 역할이 당면한 과업을 효과적으로 수행하고 문제를 선도적으로 해결하는 것이기 때문이다. 리더십의 발달을 촉진하는 세 번째 요소는 멘토링이다. 멘토(mentor), 즉 경험이 많고 지혜로운 리더로부터 코칭을 받은 경험이 리더십 발달에 기여한다. 멘토는 자문, 코칭, 지도, 정서적 지지 등의 다양한 방법을 통해서 멘티가 과업을 효과적으로 수행하도록 돕는 동시에 멘티의 리더 역량을 함양하도록 지원한다.

리더십을 함양하기 위한 프로그램은 수없이 많고 다양하다. 리더십 함양 프로그램은 그 목표나 초점, 참가 대상, 교육 방법, 실시 기간 등에 있어서 매우 다양하며 주로 기업체나 학교 장면에서 시행되고 있다. Dubrin(2004)은 미국에서 시행되고 있는 다양한 리더십 개발 프로그램을 6가지 유형으로 구분하고 있다. 그 첫째는 피드백-집중적 프로그램(feedback-intensive program)이다. 이러한 프로그램은 리더가 자신의 행동패턴, 그렇게 행동하는 이유, 그러한 행동의 결과와 효과 등을 좀 더 명료하게 인식하도록 돕는다. 이를 통해서 자신의 목표를 성취할 수 있는 좀 더 건설적인 방법을 발견하도록 돕는다. 이러한 프로그램들은 평가, 도전, 지지의 세 가지 요소를 조합하여 참가자의 리더십을 증진하도록 구성되어 있다.

둘째 유형은 기술 기반적 프로그램(skill-based program)으로서 실제적인 행동을 변화될 수 있는 능력과 기법을 습득하도록 하는 데 초점을 맞추고 있다. 먼저 리더십에 관한 지식을 습득시킨 후에 그것을 적용할 수 있는 구체적인 기술을 배우고 실행하도록 돕는다. 예컨대, 중견 관리자는 코칭 기술을 습득한 후에 부하직원과의 1:1 코칭 상황에서 어떻게 효과적으로 적용할 것인지를 연습한다. 이를 위해서 강의, 사례연구, 역할 연습, 모델 관찰, 실전과제 수행 등의 방법을 사용한다.

셋째는 개념적 지식 프로그램(conceptual knowledge program)이다. 이러한 프로그램은 리더나 잠재적 리더들에게 리더십에 대한 개념과 지식을 이해시키는 데 초점을 맞추고 있다. 이러한 지적 이해를 역할 연습이나 사례 적용과 같은 체험적 활동을 통해서 실행하도록 돕는다.

넷째 유형은 개인적 성장 프로그램(personal growth program)으로서 개인적 희망과 재능을 이해하여 발휘하도록 돕는 데 초점을 맞추고 있다. 리더 자신의 깊은 내면적인 욕구를 이해하고 그것을 조직의 현장에서 발현함으로써 소명의식을 지니고 리더의 역할을 수행하도록 돕는다.

다섯째는 사회화 프로그램(socialization program)이다. 이러한 프로그램은 주로 기업체의 관점에서 참가자들이 기업의 비전과 가치를 이해하고 수용하도록 돕는다. 흔히 기업체의 비전과 가치를 잘 이해하고 실천하고 있는 성공적인 리더가 직접 자신의 견해와 경험을 발표함으로써 참가자들이 역할모델로 삼을 수 있는 기회를 제공한다.

마지막 유형은 행위 학습 프로그램(action learning program)이다. 이러한 유형의 프로그램은 리더나 잠재적 리더들에게 그들의 영향 범위를 넘어서는 조직의 문제를 제시하고 집단적으로 함께 해결하게 하는 과제를 제시한다. 리더로서 미래에 직면하게 될 조직의 실제적인 문제들을 이해하고 해결하는 방법을 구체적으로 모색하도록 장려한다.

이러한 프로그램들은 대부분 효과적인 리더의 자질과 기술을 함양하는 목적을 지니고 있다. 다양한 프로그램의 실제적 효과가 체계적으로 검증된 경우는 드물지만, 참가자의 자기보고나 동료의 평가에 따르면 전반적으로 긍정적인 효과가 있는 것으로 보고되고 있다(Bass, 1990; Yukl, 2002). 특히 리더십 기술에 초점을 맞추는 프로그램이 효과적인 것으로 알려져 있다. 그러나 대다수의 프로그램들은 주로 기업체에서 단기적 훈련을 통해 시행되기 때문에 리더로서의 긍정적 성품과 자질을 발달시키는 데에는 한계가 있다. 예를 들어, 리더로서의 인간관계 능력, 집단운영 능력, 과업수행과 관련된 인지적 역량, 자신감 및 자기효능감 등을 증진하기 위해서는 장기적인 노력과 훈련이 필요하다.

리더십 증진 방법(Rashid & Anjum, 2005)

- 친구들을 위해서 사교적인 모임을 주선해 본다.
- 내가 속한 팀이 잘 해내고 있지 못한 과제에 대해서 책임을 지고 그것이 잘 해결되도록 노력해 본다.
- 새로운 사람이 환영받는다는 느낌을 갖도록 행동해 본다.
- 활동이나 임무 또는 프로젝트를 이끌고 집단 구성원들의 의견을 적극적으로 유도한다.
- 어린이부터 조부모까지 전 세대를 아우르는 가족 모임을 만든다.
- 일하는 곳에서 동료들이 참여할 수 있는 이벤트(깜짝 생일파티)를 조직한다.
- 불평등한 대우를 받는 사람을 변호해 준다.
- 어떤 활동이나 조직의 리더십을 교대해 봄으로써, 다른 사람들에게 리더의 기회를 제공한다.
- 내가 좋아하는 리더에 관한 전기나 영화를 보고, 적용 방법을 모색한다.
- 두 사람이 논쟁을 벌일 때, 그들로 하여금 생각을 공유하고 문제를 해결할 수 있도록 중재한다.
- 지역 정치 캠페인에 참여한다.
- 자신의 리더십 스타일을 개선할 수 있는 가능한 방법들의 목록을 작성해 본다.

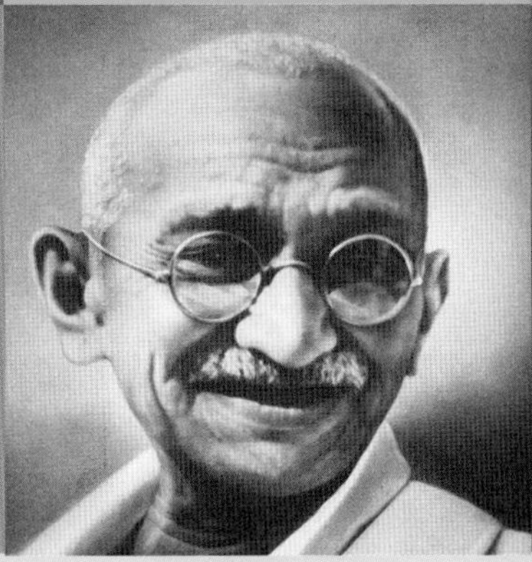

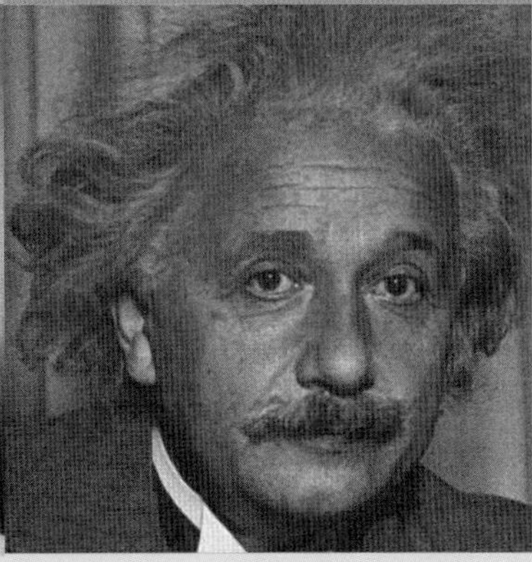

제 7 부

초월(超越)과 관련된 긍정적 성품

인간은 자연으로부터 분리된 개체로서 유한한 존재다. 인간은 탄생과 더불어 독립된 육체를 지니게 되며 자기의식이 싹트면서 심리적으로도 독립적인 개체로 살아간다. 마치 우주로부터 떨어져 나온 작은 도토리처럼, 인간은 유한한 삶을 외롭게 살아가야 한다. 무한한 우주와 영원한 시간 속에서 독립된 개체로서 극히 제한된 삶을 영위하다가 사멸하는 것이 인간의 실존 상황이다. 과연 이러한 인생의 의미는 무엇일까?

초월(超越)은 인간의 실존 상황을 넘어서 우주와의 연결성을 추구하는 노력을 의미한다. 앞에서 소개한 다양한 긍정적 성품들은 세속적 측면에서 개인적 행복과 사회적 번영을 추구하는 데 기여하는 덕목이라고 할 수 있다. 반면에, 초월과 관련된 긍정적 성품들은 초월적 측면에서 우주와의 연결성을 추구함으로써 삶을 더욱 의미 있고 충만한 것으로 만드는 덕목이라고 할 수 있다(Peterson & Seligman, 2004). 인간 사회를 넘어서 더 크고 넓은 우주 또는 자연세계로 개인의 삶을 확장하는 긍정적 성품이라고 할 수 있다.

VIA 분류체계는 초월(transcendence)과 관련된 긍정적 성품으로 5개의 덕목, 즉 감사, 낙관성, 심미안, 유머감각, 영성을 제시하고 있다. 감사는 자연과 타인으로부터 받은 혜택을 자각함으로써 세상과의 긍정적인 연결을 통해 고마움과 축복감을 느끼도록 해 주며, 낙관성은 미래와의 긍정적인 연결을 통해 희망을 얻고 삶을 의욕적으로 영위하게 해 준다. 심미안은 세상에 존재하는 탁월한 것과의 연결을 통해서 아름다움과 경이로움을 맛보게 해 주며, 유머감각은 모든 현상에 내재하는 역설적 측면과의 연결을 통해서 삶을 긍정 정서로 승화하여 유쾌하게 영위하도록 돕는다. 영성은 초월적 성품의 전형으로서 우주 또는 신(神)과의 연결을 통해서 인간 존재의 유한성을 초월하고 인생의 의미를 발견하도록 돕는다. 이러한 긍정적 성품들은 직업적 성취나 인간관계에 도움을 주기보다 인간의 삶을 좀 더 의미 있는 것으로 경험하도록 만드는 초월적 덕목이라고 할 수 있다.

제23장

감사

누군가로부터 아무런 대가 없이 선물을 받았을 때, 우리는 선물을 받은 사실에 대한 기쁨과 더불어 선물을 준 사람에 대한 감사의 마음을 느끼게 된다. 감사는 대가 없이 또는 노력한 이상으로 주어지는 수혜에 대한 긍정적 정서와 표현을 의미한다. 감사의 감정은 수혜를 베푼 사람에 대한 긍정적 감정과 호의적 행동을 유발할 뿐만 아니라 그 사람과의 긍정적인 연결감을 제공한다.

인간은 분리된 독립적 존재로서 세상과 상호작용하면서 생명을 유지하며 생활을 영위한다. 삶을 영위하기 위해서는 의식주를 해결해야 할 뿐만 아니라 다양한 욕구를 충족시켜야 한다. 이러한 삶의 과정에서 우리는 다른 사람 또는 세상과 무언가를 주고받는 교환적 관계 속에서 살아간다. 우리가 누리는 혜택은 자신의 노력에 의한 것과 더불어 누군가에 의해서 대가 없이 주어지는 것들이 있다. 대가 없이 주어지는 혜택에 대한 정서적 반응이 바로 감사다.

감사는 수혜를 제공한 사람의 호의에 대한 인식에 근거한 긍정적 정서반응이다. 그러나 다른 사람의 수혜를 인식하고 고맙게 느끼며 긍정적 표현을 하는 정도가 사람마다 다르다. 배은망덕(背恩忘德)이라는 말이 있듯이, 은혜를 입고도 그 고마움을 잊은 채 오히려 상대방에게 피해를 입히는 사람들도 있다. 감사는 인간의 이러한 성향을 극복할 수 있는 긍정적 성품이라고 할 수 있다. 감사는 일시적인 정서반응을 지칭할 뿐만 아니라 자신에게 주어진 수혜를 잘 인식하고 축복감을 느끼며 그에 보답하려는 개인적 성품을 뜻한다.

감사는 종교와 밀접한 관련성을 맺고 있는 덕목이다. 기독교에서는 죄인인 인간에게 죄 사함과 영생의 기회를 준 창조주 하나님에 대한 감사를 중요한 덕목으로 여기고 있다. 불교에서는 모든 것이 인연화합으로 이루어져 있으며 우리의 삶 역시 다른 것들과의 인연에 의해서 지탱되고 있다는 감사와 보은을 중시하고 있다. 감사는 수혜를 베푼 존재와의 유대감을 증대하고 심화시키는 초월적 덕목이라고 할 수 있다. 세상과 분리된 개체로 살아가는 인간이 감사의 인식을 통해서 다른 존재와의 호의적인 상호적 유대감을 형성함으로써 개체의 한계를 넘어서도록 하기 때문이다.

감사의 덕목은 개인의 행복을 증진할 뿐만 아니라 타인과의 긍정적 관계를 촉진한다. 나아가서 자신보다 더 큰 것과의 연결감과 유대감을 통해서 개인의 존재감을 확대하는 초월적 기능을 지닌다. 이러한 여러 가지 순기능을 지닌 감사는 대부분의 사회에서 중요한 덕목으로 여겨지고 있다.

1 감사의 정의와 유형

감사(gratitude)는 자신에게 베풀어진 다른 사람의 수고와 배려를 인식하고 고마움을 느낄 뿐만 아니라 그에 보답하려는 개인적 성향을 의미한다. '선물을 받았을 때'의 경험에서 알 수 있듯이, 감사는 다른 사람의 행위로 인해서 혜택과 이익을 얻었다는 인식과 더불어 그에 수반하는 긍정적인 감정으로 이루어진다. Ortony, Clore와 Collins(1987)에 따르면, 감사의 감정은 복합적인 것으로서 수혜를 받은 긍정적 상황에 대한 기쁨과 수혜를 베푼 존재에 대한 애정으로 구성되어 있다.

아울러 감사의 감정은 수혜를 베푼 존재에게 보답하려는 동기와 행동을 유발한다. 이처럼 감사는 다음과 같은 세 가지의 구성요소로 이루어져 있다. 그 첫째 요소는 수혜를 받은 사실에 대한 기쁨과 축복감이다. 둘째는 수혜를 베푼 사람에 대한 고마움과 우호적인 감정이다. 마지막 셋째 요소는 수혜를 베푼 사람에게 고마움과 우호적 감정을 표현하려는 행동적 성향이다.

동일한 선물에 대해서 감사함을 느끼고 표현하는 정도가 사람마다 다르듯이, 감사하는 능력에는 개인차가 있다. VIA 분류체계에서 제시하고 있는 감사는 감사 능력을 반영하는 성격적 특성을 의미한다. "은혜는 물 위에 새기고, 원한은 돌 위에 새긴다." 는 말이 있듯이, 우리 인간은 다른 사람으로부터 받은 고마운 일들은 잘 잊어버리고 사소한 상처는 오래도록 기억하는 경향이 있다. 그러나 사소한 것에 대해서도 감사함을 잘 느끼며 자신의 삶을 행복하게 영위할 뿐만 아니라 다른 사람에게 호의적인 태도를 지니는 사람들이 있다. 이러한 감사의 성품을 지닌 사람들은 다음과 같은 경험을 자주 보고한다(Peterson & Seligman, 2004).

> "살아 있는 하루하루에 대하여 감사함을 느낀다."
> "다른 이들의 수고로 나의 삶이 얼마나 수월해졌는지 자주 생각한다."
> "삶은 짐이라기보다 선물이다."
> "나에게 베풀어 주신 부모님의 은혜에 대해 감사한다."
> "많은 사람들의 도움이 없었더라면 내가 지금 이 자리까지 올 수 없었을 것이다."
> "나에게 나쁜 일에서도 감사하게 여길 만한 것들이 있다."

감사는 인간에게 다양한 혜택을 주는 것으로 알려져 있다. 감사는 심리적 안녕뿐만 아니라 신체적 건강을 증진한다(Emmons & McCullough, 2004). 감사를 통해서 다양한 긍정적 정서를 경험하게 됨으로써 심리적 행복감이 증진된다. 겸손하고 친절한 행동을 유발하며 다른 사람과의 의미 있고 지속적인 인간관계를 촉진한다. McCullough 등(2001)은 사람들이 감사함을 느끼게 되면 친사회적인 행동을 실행하고 도덕적 행동을 지속하며 파괴적인 대인관계 행동을 억제한다고 주장한다. Maslow(1970)는 감사가 인생의 긍정적 측면을 즐거움, 경이로움, 환희 속에서 인식하고 감사하게 여기는 능력으로서 자기실현적인 사람의 핵심적 특성이라고 보았다. Vaillant(1993)에 따르면, 성숙한 적응은 자신에게 피해를 입힌 사람들에 대한 원한과 적개심을 감사와 수용으로 대치할 수 있는 능력에 달려 있다. Trivers(1971)는 감사가 상호적 이타주의를 촉진함으로써 진화적 적응을 돕는다고 주장한다. 최근의 연구(de Waal & Berger, 2000)에서는 감사가 인간과 영장류의 호혜적 교환을 촉진하는 진화적인 심리적 적응기제라고 제안되고 있다. 감사와 반대되는 '배은망덕함' '무례함' '특권의식'은 부정적인 의미를 지니고 있다. 대부분의 사회에는 감사를 촉진하는 관습이나 제도(예: 어버이의 날, 스승의 날, 추수감사절)를 지니고 있다.

동서고금을 막론하고 모든 사회에서는 감사의 경험과 표현을 긍정적인 것으로 여기고 있다. 감사는 자신의 삶에 대한 긍정적 인식과 더불어 만족감, 축복감, 경이로움을 내포하고 있다. 심오한 감사경험은 우주와 세상에 대한 존경스런 경외감과 연관되어 있다. 감사의 핵심은 다른 존재와의 긍정적인 연결감이다. 즉, 다른 존재로부터 수혜를 받은 축복감과 수혜를 베푼 다른 존재와의 호의적인 연결감이다. 넓은 관점에서 보면 자신의 존재가 신비롭고 기적적인 방식으로 세상과 연결되어 있다는 인식으로부터 감사경험이 우러나온다. 이런 점에서 감사는 다른 존재와의 긍정적 연결감을 통해서 자기 존재감을 확장하는 초월적 덕목이라고 할 수 있다. 감사는 인간을 비롯한 다른 존재와의 호의적인 상호작용을 촉진하는 긍정적 성품이다.

2 감사에 대한 심리학적 이론

최근에 감사에 대한 심리학자의 관심이 급증하고 있다. 감사 경험이 인간의 삶에 다양한 긍정적 영향을 미친다는 점이 알려지면서 감사와 관련된 심리적 요인과 과정을 탐색하는 연구들이 증가하고 있다. 감사는 복합적인 심리적 경험으로서 정서적, 인지적, 행동적 측면에 대한 연구가 이루어지고 있다.

감사와 정서이론

정서를 연구하는 심리학자들은 그동안 감사라는 정서의 중요성을 간과해왔으나 최근에 깊은 관심을 보이고 있다. Weiner(1985)는 정서반응을 결정하는 주요한 요인으로서 어떤 사건에 대한 인과적 평가의 중요성을 강조하고 있다. 정서는 다양하게 분류될 수 있지만, 인과적 평가에 근거하면 결과-의존적 정서(outcome-dependent emotion)와 귀인-의존적 정서(attribution-dependent emotion)로 구분될 수 있다. 행복감이나 만족감과 같은 일반적 정서는 어떤 사건으로 인한 결과의 긍정성-부정성에 근거하고 있다. 반면에 감사, 분노, 자긍심과 같은 정서는 이차적인 것으로서 결과를 유발한 원인에 대한 판단, 즉 귀인에 근거한다. 이러한 관점에서 보면, 감사는 긍정적 결과가 다른 존재의 호의에 의해서 유발된 것이라는 귀인에 근거하는 이차적 정서라고 할 수 있다.

감사는 도덕적 가치를 지니는 정서라는 점에서 다른 정서와 구별된다는 주장이 제시되었다. 감사에 관한 여러 문헌을 고찰한 McCullough 등(2001)은 감사를 일종의 도덕적 정서(moral emotion)로 규정하면서 다음과 같은 세 가지의 도덕적 기능을 지닌다고 주장했다. 첫째, 감사는 다른 사람으로부터 긍정적인 혜택을 입었다는 인식으로서 개인이 지닌 도덕적 지표의 기능을 지닌다. 둘째, 감사는 도덕적 동기를 유발함으로써 수혜자가 수혜제공자와 다른 사람에게 친사회적 행동을 하도록 촉진하는 기능을 지닌다. 셋째, 감사는 도덕적 강화물로서의 기능을 한다. 즉, 수혜자가 감사를 경험하고 표현함으로써 수혜 제공자로 하여금 미래에도 도움이 필요한 사람들에게 친사회적인 행동을 할 가능성을 높여준다.

대부분의 정서가 그러하듯이, 감사는 인지적 요인에 의해서 영향을 받는다. Froh, Miller와 Snyder(2007)에 따르면, 감사의 정서를 경험하기 위해서는 세 가지의 인지적 판단이 필수적이다. 그 첫째는 수혜 제공자의 호의에 대한 인식이다. 즉, 수혜자는 수혜 제공자가 의도적으로 혜택을 제공했다고 지각해야 한다. 수혜 제공자가 대가를 기대하지 않으면서 사심 없이 혜택을 베풀었다고 인식될 때, 수혜자는 수혜 제공자의 호의를 높이 평가하게 된다(Tesser, Gatewood, & Driver, 1968). 이러한 판단은 대인관계 상황에서 경험하는 감사의 경우에 핵심적인 요소가 된다. 그러나 감사는 대인관계 상황 이외에서도 경험될 수 있다. 예컨대, 자연이나 신과 같은 비인간적 대상에 대해서도 감사를 경험할 수 있다. 감사의 두 번째 조건은 수혜 제공자가 혜택을 베풀기 위해서 비용과 희생을 치렀다는 인식이다. 수혜 제공자의 비용과 희생이 크다고 인식될수록, 수혜자의 감사 정도는 증가한다. 세 번째 조건은 수혜자가 자신이 받은 혜택을 중요한 것으로 인식해야 한다. 수혜 제공자가 수혜자에게 도움을 주려는 의도를 지니고 많은 희생을 치렀다 하더라도 그러한 도움이 중요하지 않은 것으로 인식되면, 감사의 정도는 감소한다. 요컨대, 감사 정서는 수혜 제공자가 많은 희생을 치르며 의도적으로 도움을 베풀어 소중한 혜택을 받았다는 인식의 정도에 비례한다.

감사의 심리적 과정

감사는 내면적인 감사경험과 그에 대한 행동적 반응인 감사표현으로 구성된다. 정서는 특정한 행동을 유발하는 경향성을 지닌다. 감사 정서를 느끼게 되면, 수혜를 베푼 대상에게 호의적인 행동을 하고자 하는 동기가 유발된다. 그러나 감사 정서가 반드시 감사 표현으로 이어지는 것은 아니다. Fitzgerald(1998)는 감사경험으로부터 감사표현을 진전되는 과정을 다음과 같은 세 가지 단계로 구분하여 제시하고 있다. 그 첫 단계는 수혜자가 수혜 제공자에 대해서 고마움과 호감을 느끼며 감사경험을 하는 단계다. 두 번째 단계는 수혜 제공자를 위해서 무언가 호의적인 행동을 하고자 하는 의지를 품는 단계다. 세 번째 단계는 그러한 의지를 행동으로 옮기는 단계다. 두 번째 단계에서 이 단계로 이행되기 위해서는 감사한 마음을 어떤 구체적인 방식으로 표현할 것인지를 결정하는 판단과정이 개입한다. 이때 감사표현 방식의 비용이 높다고 판단되면, 감사표현의 실행이 억제되는 경향이 있다. 일반적으로 남자가 여자에 비해서 감사표현을 적게 하는 이유는 자신이 받은 수혜의 부담을 더 많이 느끼고 그 보답 방식의 비용을 더 높게 책정할 뿐만 아니라 표현방식을 복잡하고 어렵게 생각하여 갈등을 더 많이 경험함으로써 감사표현이 억제되기 때문인 것으로 추정된다.

이와 관련하여 Emmons와 Hill(2001)은 감사의 경험과 표현이 수혜의 크기보다 수혜자의 심리적 특성에 의해서 결정된다고 주장한다. 감사의 과정은 수혜자가 혜택을 입은 상황에서 자신이 어떤 태도를 취할 것인지에 대한 선택을 지녔다는 인식에서 시작한다. 그다음 단계에서 수혜자는 나름대로의 내면적인 성찰을 통해서 혜택의 내용과 수혜 제공자에 대한 내면적 작업을 하게 된다. 그 결과로서 감사의 정서가 체험되고 보답의 의도가 생겨나며 구체적인 행동을 통해서 감사의 표현을 하게 된다. 감사의 경험과 표현은 수혜자의 외적인 특성(궁핍의 정도, 혜택의 크기, 소유자원의 정도)보다 그의 내면적 태도에 의해서 결정되는 경향이 있다.

감사의 경험과 표현을 촉진하는 가장 중요한 요인은 삶에 대한 넓은 관점이다. 인생을 넓은 시간에서 바라보게 되면, 많은 것들이 자신의 삶과 행복에 기여하고 있다는 인식을 갖게 된다. 인생의 다양한 요소뿐만 아니라 삶 자체가 소중한 선물이라는 인식을 갖게 된다. 감사를 촉진하는 또 다른 요인은 공감능력이다. 수혜 제공자의 관점에서 그가 지닌 호의와 희생을 인식할 수 있는 조망능력이 중요하다. 아울러 자신의 삶을 긍정적이고 혜택으로 인식하는 낙관성, 자신에게 주어진 것이 과분하다는 겸손, 삶 자체가 축복인 동시에 커다란 존재와 연결되어 있다고 영적인 태도는 감사를 촉진한다. 반면에 감사의 경험과 표현을 억제하는 요인으로는 자신이 받은 혜택을 당연시하는 특권의식, 자신의 삶을 넓은 시각에서 바라보는 자기성찰 능력의 부족, 물질적 가치에 집착하는 이기적 성향, 자신을 수동적인 희생자라고 인식하는 피해의식 등이 있다(Emmons, 2004). 감사의 심리적 경험은 물질적 안락함으로 가득한 삶 속에서 유발되기보다 삶의 상황에 상관없이 주어진 것을 감사하게 여기는 내면적 태도에 의해서 우러나는 것이다(Emmons & Shelton, 2002).

감사의 측정도구

감사는 대부분의 경우 자기보고에 의해서 측정되고 있다. 감사 경험을 하는 정도는 다양한 측면에서 측정될 수 있다. 예컨대, 긍정적 사건에 대해서 감사하는 정도를 뜻하는 감사 강도(gratitude intensity), 특정 기간 동안에 감사 경험을 하는 횟수를 반영하는 감사 빈도(gratitude frequency), 특정 시점에서 감사함을 느끼는 삶의 영역들의 수를 뜻하는 감사 범위(gratitude span), 그리고 하나의 긍정적 결과에 대해서 감사함을 느끼는 사람들의 수를 의미하는 감사 밀도(gratitude density)가 있다. 이러한 점들이 감사의 개인차를 측정하는 데에 반영되어야 한다.

감사는 정서적인 상태로서 평가되는 경우도 있지만 최근에는 주로 심리적 특질로 평가되고 있다. McCullough, Emmons와 Tsang(2002)은 특질로서의 감사를 "자신에게 주어진 긍정적인 경험과 결과들에서 다른 행위자가 베푼 선의를 알아차리고 긍정적 감정으로 반응하는 일반화된 경향성"으로 정의한 바 있다. 감사 특질을 측정하는 가장 대표적인 자기보고형 측정도구는 감사 질문지(Gratitude Questionnaire; McCullough et al., 2002)다. 감사 질문지는 〈표 23-1〉에 제시되어 있듯이 모두 6개 문항으로 구성된 짧은 검사로서 단일 요인을 지니고 있다(권선중, 김교헌, 이홍석, 2006).

〈표 23-1〉 감사 질문지(McCullough et al., 2002)

◆ 아래의 각 문항에 대해서 귀하가 동의 또는 반대하는 정도를 1~7 사이의 숫자에 O표 주시기 바랍니다.

전혀 아니다	아니다	약간 아니다	중간 이다	약간 그렇다	그렇다	매우 그렇다
1	2	3	4	5	6	7

1. 나의 삶에는 감사해야 할 것들이 매우 많다. 1 2 3 4 5 6 7
2. 만약 내가 감사함을 느꼈던 것들을 모두 열거해야 한다면, 그 목록은 매우 길 것이다. 1 2 3 4 5 6 7
3. 주위를 아무리 둘러보더라도, 내가 감사해야 할 만한 것들이 별로 없다. 1 2 3 4 5 6 7
4. 나는 매우 다양한 사람들에 대해서 감사함을 느낀다. ... 1 2 3 4 5 6 7

5. 나이가 들어갈수록, 나는 내 인생에서 경험했던 사람들, 사건들, 상황들의 소중함을 더 잘 느끼게 된다. 1 2 3 4 5 6 7
6. 오랜 시간이 흐른 후에야 나는 어떤 일이나 사람에 대해서 감사함을 느끼게 된다. 1 2 3 4 5 6 7

* 3, 6번은 역채점 문항임.

감사 특질을 측정하는 다른 대표적인 자기보고형 검사는 감사-불평-인정 검사(Gratitude Resentment and Appreciation Test; Watkins, Woodward, Stone, & Kolts, 2003)다. 이 검사는 사람과 세상에 대한 소중함을 인식하고 자신에게 결핍된 것이 없다는 점을 인정하는 일반적 경향성을 측정하고 있다. 5점 척도로 평정하는 44개의 문항으로 이루어져 있으며 풍족감, 타인에 대한 감사, 일반적 감사의 3개 하위요인으로 구성되어 있다. 풍족감 요인의 문항에는 "나는 매우 운이 좋은 사람이라고 생각한다." "여러 가지 이유로 나는 다른 사람들이 누리는 행운을 누리지 못했다." (역채점 문항) "인생은 나에게 불운한 운명을 주었다고 생각한다." (역채점 문항) 등이 있으며, 타인에 대한 감사 요인은 "내 인생에서 다른 사람들이 나에게 해 준 것에 대해서 깊이 감사하는 마음을 느낀다." "나는 친구와 가족에게 정말 감사한다." "많은 사람의 도움이 없었더라면 현재의 내 위치에 이르지 못했을 것이다." 등의 문항으로 이루어져 있다. 일반적 감사 요인의 문항에는 "매년 가을마다 나뭇잎의 색깔이 변화는 것을 바라보며 즐긴다." "나는 계절의 변화를 즐긴다." "나는 '멈춰서 장미의 향기를 맡는 것' 이 중요하다고 생각한다." 등이 있다.

최근에 Adler와 Fagley(2005)는 어떤 사물이나 사건의 가치를 알아차리고 감사하는 일반적 경향성을 측정하는 감사 척도(Appreciation Scale)를 개발했다. 이 척도는 감사의 8가지 측면을 측정하고 있으며 81개의 문항을 두 부분으로 나누어 평정하도록 구성되어 있다. 1부에서는 25개의 감사행동에 대한 빈도를 7점 척도로 평정하며, 2부에서는 감사태도에 대한 관한 56개의 문항을 7점 척도로 평정한다. 이 척도에서 측정되는 감사의 8가지 측면과 문항의 예는 다음과 같다. (1) '가진 것' 에 대한 초점(문항의 예: "나는 내가 가진 것에 만족한다." "나는 이 세상에서 내가 가지고 있는 것의 축복에 대해서 헤아리곤 한다."), (2) 경이로움(예: "나는 내가 살아 있다는 것이 얼마나 행운인지를 되새겨보곤 한다." "나는 살아 있는 것이 기적이라고 생각한다."), (3) 감사 의례(예: "나는 하루에 적어도 한 번 이상 무언가에 감사한다." "나는 내가 감사함을 깨닫도록 무언가를 행한다."), (4) 현재의 순간(예: "나는 멈춰 서 있는 그대로의 내 인생을 즐긴다." "나는 나무, 바람, 동물, 소리, 빛과 같이 내 주변의 작은 것들을 즐긴다."), (5) 자기/사회 비교(예: "내 상황에 좀 더 만족하기 위해서 나보다 불행한 사람들을 생각한다." "내가 지금 운이 좋다는 것을 깨닫기 위해 내 인생에서 최악의 시간들을 떠올리곤 한다."), (6) 받은 것의 인식(예: "내 친구들이 나에게 베푼 희생을 인식하고 있다." "내가 이런 교육을 받을 수 있었던 것은 정말 행운이다."), (7) 상실/역경의 긍정적 측면(예: "죽음에 대해서 생각하는 것은 내가 매일 최대한 충만하게 살도록 일깨워 준다." "내 인생에서 겪은 문제와 역경은 나로 하여금 내 인생의 긍정적인 면들을 소중하게 여기도록 하는 데 도움을 준다."), (8) 대인관계(예: "나는 다른 사람들이 나에게 얼마나 소중한지를 인식하고 있다." "나는 내 스스로 가족의 소중함을 깨우치도록 노력한다."). 이 검사는 18문항으로 축소하여 단축형으로 사용할 수도 있다.

3 감사와 관련된 심리적 특성

감사는 주관적 행복과 정신건강과 밀접한 관계를 지니는 성격특질로 확인되고 있다. 최근에 시행된 여러 실증적인 연구들(예: Adler & Fagley, 2005; Friedman & Toussaint, 2006; Kashdan & Breen, 2007; McCullough et al., 2002)에 따르면, 감사의 특질이 높을수록 삶의 만족도, 주관적 안녕, 긍정 정서의 수준이 높았을 뿐만 아니라 이타성, 낙관성, 용서, 신뢰감, 영성도 높은 것으로 나타났다. 반면에 감사는 분노, 공격성, 우울, 불안, 질투, 스트레스 등과 부적인 상관을 나타냈다. 이러한 결과는 여러 연구에서 일관성 있게 나타나고 있다.

감사는 부정 정서를 줄이는 효과보다 긍정 정서를 증진하는 효과가 더 큰 것으로 여겨진다. 감사 일기를 쓰게 한 실험 연구(Emmons & Crumpler, 2000)의 결과,

매주 감사 일기를 쓴 사람들은 불쾌하거나 중립적인 사건들을 기록한 사람들에 비해서 더 규칙적으로 운동을 했고, 신체적 증상을 덜 보고했으며, 자신의 삶에 대해 더 만족스러워했고, 미래에 대해서 더 낙관적이었다. 또한 청소년들에게 매일 감사 일기를 쓰도록 한 결과, 각성수준, 열정, 결단력, 에너지 등의 긍정적 상태와 이타적인 행동이 증가했다(Emmons & McCullough, 2003). 이러한 결과들은 감사할 만한 것들에 대해서 삶을 되돌아봄으로써 유쾌한 기분과 친사회적 행동이 증가한다는 것을 시사한다. 그러나 이러한 효과들이 장기적으로 지속되는지에 대해서는 추가적인 연구가 필요하다.

감사는 성격적 특징과도 밀접히 연관된 것으로 보인다. 감사 성향이 높은 사람들은 성격의 5요인 중 개방성, 성실성, 외향성, 우호성이 높은 반면에 신경증 성향은 낮은 것으로 나타났다(Emmons & McCullough, 2004). 이들은 주위 사람들에 의해서 친사회적 행동과 지지적 행동을 많이 하는 것으로 평정되었다(McCullough et al., 2002). 또한 감사는 생리적 기능이나 신체적 건강과도 상관을 지니는데, 5분 동안 의도적으로 감사를 경험하도록 지시받은 피험자들은 부교감신경계 활동뿐만 아니라 여러 자율신경계 측정치들이 긍정적으로 변화했다(McCraty, Atkinson, Tiller, Rein, & Watkins, 1995).

감사는 영성 또는 종교성과도 상관이 있는 것으로 나타났다(Friedman & Toussaint, 2006). 감사 성향이 높은 사람들은 정기적으로 영적인 활동(명상, 기도, 종교의식 등)에 참여하고 모든 생명의 상호연결성과 다른 생명체에 대한 책임감을 느끼는 경향이 있었다. 또한 물질적 소유물을 기준으로 자신의 성공을 판단하는 경향이나 부유한 사람들에 대한 시기심이 적었으며 다른 사람들과 자신의 소유물을 공유하는 경향이 높았다.

감사에는 성차가 있는 것으로 보고되고 있다. 일반적으로 여자가 남자보다 감사를 더 많이 경험하고 표현한다. 감사함을 지각하고 반응하는 방식에 있어서 여자와 남자는 다르다. Kashdan, Mishra, Breen과 Froh(2009)는 남녀노소로 구성된 네 집단에게 최근에 선물을 받은 경험을 보고하고 평가하게 했다. 그 결과, 여자는 남자에 비해서 선물에 대해 더 많은 감사함을 보고한 반면, 더 적은 부담과 의무를 보고했다. 네 집단 중 나이가 많은 남자집단은 선물에 대해서 가장 낮은 긍정 정서를 보고했으며, 특히 남자로부터 선물을 받았을 때 그러했다. 감사 표현에 있어서도 여자는 남자에 비해 그러한 표현이 덜 복잡하고 모호하며 갈등적일 뿐만 아니라 더 흥미로운 것으로 평가했다. 3개월 후에 그들의 삶을 조사한 결과, 더 많은 감사를 경험한 여자들은 다른 사람과의 유대감과 자율감을 느낀 반면, 남자는 그 반대의 경향이 나타났다. Kashdan 등(2009)은 이러한 현상이 긍정 정서를 공개적으로 표현하고자 하는 성향에 성차가 있어서 나타난 것으로 해석했다. 이러한 연구결과들은 여자가 남자에 비해서 감사의 성품을 더 많이 지닌다는 것을 보여 준다. 남자는 여자보다 감사를 덜 경험하고 표현하며 감사에 대해서 더 비판적 평가함으로써 감사의 혜택을 덜 누리는 것으로 여겨지고 있다.

감사는 그 발달과정이 잘 알려져 있지 않지만 유아기의 애착경험에 영향을 받으며 초등학생 시기에 발달하는 것으로 여겨지고 있다. 대상관계 이론가인 Klein(1957)은 감사체험이 유아기부터 나타난다고 주장한다. 그녀에 따르면, 감사의 느낌은 좋은 대상(good object), 즉 어머니와의 관계 형성에 있어 핵심적인 것이다. 감사의 느낌이 자신과 다른 사람에 대한 긍정적 인식을 함양하기 때문이다. 어머니의 젖가슴은 사랑과 영양섭취의 원천으로서 유아는 이러한 자원을 제공하는 어머니에 대해서 긍정적인 정서를 느끼게 된다. 이러한 긍정 정서가 감사의 바탕이 되는 것으로 추정된다. McAdams와 Bauer(2004)도 초기의 애착경험이 감사를 경험하는 바탕이 된다고 주장하고 있다.

그러나 Emmons와 Shelton(2002)은 감사경험이 신생아에게서 자생적으로 생겨나지는 않는다고 주장한다. 감사라고 말할 수 있는 경험은 인지적인 요소를 포함하고 있기 때문에 아동기에 접어들어야 발달하게 된다는 것이 여러 연구자들의 공통된 의견이다. 일반적으로 6~8세가 되어야 감사를 경험하고 표현한다. Gleason과 Weintraub(1976)은 여러 연령의 아동에게 사탕을 주고 그들의 행동을 관찰하였다. 그 결과, 6세 이전의 아동은 21%만이 사탕을 준 어른에게 감사를 표현했으며 10세 아동의 경우는 83%, 그리고 11~16세의 아동은 88%가 감사를 표현했다. '고맙습니다.' 라는 단어는 학령 전 아동에게서 잘 표현되지 않았다. "고맙습니다." 라는 표현은 초등학생 초기에 발달하기 시작하여 아동기 중기에 확고해지는 것으로 여겨지고 있다(Weiner & Graham, 1988). 7~10세의 아동이 되어야 긍정적인 결과가 다른 사람에 의한 것이라는 귀인을 하게 되고 그 결과 감사의 경험과 더불어 보답하려는 욕구의 연결이 확고해지는 것으로 보여진다(Graham & Weiner, 1986; Weiner & Graham, 1988).

감사의 표현과 보답의 양상도 나이에 따라 달라진다. Baumgarten-Tramer(1938)는 7~15세의 아동 1,000여 명을 대상으로 "당신의 가장 큰 소원은 무엇입니까? 만약 이러한 소원을 들어주는 사람이 있다면, 당신은 그 사람을 위해서 무엇을 하겠습니까?" 라는 물음을 던지고 그 반응을 분석하였다. 그 결과, 네 가지 유형의 반응이 도출되었다. 그 첫째는 언어적 감사(verbal gratefulness)로서 '고맙습니다' 라는 말로 고마움을 표현하겠다는 반응이다. 둘째는 보상적 감사(concrete gratefulness)로서 자신의 책을 빌려주거나 초콜릿을 주는 등의 방식으로 보답하겠다는 반응이었다. 셋째는 관계적 감사(connective gratefulness)로서 "그 사람이 어려움에 처하면 도와주겠다." 는 반응과 같이 수혜제공자와 긍정적인 관계를 형성하려는 반응이다. 마지막 네 번째는 목표적 감사(finalistic gratefulness)로서 자신이 추구하는 일을 열심히 하겠다는 반응이었다. 예컨대, 축구선수가 되겠다는 소원을 지닌 아동은 축구훈련을 열심히 하고 코치의 지시에 잘 따르겠다고 응답했다. 나이가 많아짐에 따라 후자의 감사반응을 더 많이 나타내는 경향이 있었다.

4 감사의 촉진요인 및 함양방법

감사에 대한 실증적인 연구가 초기 단계에 있기 때문에, 감사를 촉진하거나 억제하는 요인은 아직 잘 알려져 있지 않다. 감사에 관한 기존의 연구결과를 종합하면, 삶에 대한 낙관적이고 관대한 시각, 영적인 자각과 종교성, 반성하고 관조하는 능력, 긍정적 경험을 음미하는 능력, 자신의 삶이 다른 사람과 밀접히 연결되어 있다는 상호의존성의 인식이 감사경험을 촉진하는 것으로 여겨진다. 이밖에도 도움을 준 사람의 노고와 희생을 감지하는 공감 능력, 타인의 관점에서 바라보는 조망 능력, 자신의 성공에 대한 다른 사람의 도움을 인정하는 겸손한 태도 등도 감사를 촉진하는 요인이 될 수 있다.

기존의 연구에 따르면, 감사는 특정한 귀인 양식과 관련된 것으로 여겨지고 있다. 즉, 긍정적 결과에 대한 외부적 귀인에서 감사경험이 유발될 수 있다. 우선 어떤 결과가 긍정적인 것으로 평가되어야 한다. 아울러 그러한 긍정적 결과가 자신의 노력에 의해서만 생겨난 것이 아니라 다른 사람의 도움에 의한 것이라고 인식해야 한다. 특히 도움을 준 사람이 자발적인 선의에 의해서 그리고 상당한 노력과 희생을 감수하며 도왔다는 점을 인식해야 한다(Froh et al., 2007). 삶의 긍정적인 측면에 주목하면서 자신의 삶에 기여한 사람들의 노력과 헌신에 대해서 깊이 생각해 보는 것은 감사경험을 증진할 수 있다.

감사경험은 상대적 비교를 통해서 촉진될 수 있다. 현재의 상태는 비교기준에 따라 그 평가가 달라질 수 있다. 하향 비교는 현재의 상태를 긍정적인 것으로 인식하게 만든다. 예컨대, 고통 속에서 매우 불행한 삶을 영위하고 있는 사람들과 비교함으로써 자신의 삶이 얼마나 행복한 것인지를 새삼 깨닫게 된다. 자신의 삶에서 가장 힘들고 괴로웠던 시기를 떠올리며 그와 비교하여 현재의 삶이 얼마나 행복한 것인지를 다시금 인식할 수 있다. 감사경험을 위해서는 과거의 결핍 상태에 대한 자각이 필요하다. 추운 겨울 후에야 따뜻한 봄의 고마움을 느끼게 되고, 배고픔을 겪은 후에 맛있는 음식을 제공하는 사람에게 감사를 느낄 수 있다. 격언에 따르면, 축복은 잃어버리기 전까지는 알지 못하는 것이다.

Adler와 Fagley(2005)에 따르면, 자신이 가진 것에 초점을 맞추며, 살아 있음 자체를 경이로운 것으로 여기고, 현재 이 순간을 음미하며 즐기고, 자신이 받은 것을 인식하며, 자신의 불행했던 과거와 비교하고, 자신보다 더 불행한 사람들과 비교하며, 매일 감사함을 느낄 수 있는 규칙적인 행동을 함으로써 감사경험이 증진될 수 있다. 반면에, 자신이 수동적인 피해자라는 인식, 특권의식, 물질주의에

의 집착, 자기반성의 부재 등은 감사를 억제할 수 있다. 특히 자기애 성향을 가진 사람들은 자신이 특별한 권리를 누릴 만한 자격이 있다고 믿기 때문에 타인의 호의를 당연한 것으로 받아들임으로써 감사 경험을 하지 못하는 경향이 있다.

감사는 훈련을 통해 증진될 수 있는 것으로 여겨지고 있다. Miller(1995)는 감사 증진을 위한 4단계의 인지행동적 훈련방법을 다음과 같이 제안한 바 있다: (1) 감사를 느끼지 못하게 하는 생각을 포착한다, (2) 감사를 유발하는 생각들을 고안한다, (3) 감사를 느끼지 못하게 하는 생각을 감사하는 생각으로 대체한다, (4) 감사의 마음을 외적인 행동으로 옮긴다. 일본의 내관치료(Reynolds, 1989)에서는 내담자로 하여금 다른 사람들이 자신에게 베풀어 준 것과 자신이 그들에게 보답한 것에 대하여 명상하게 함으로써 감사 감정과 보답 동기를 촉진한다.

국내에서는 신현숙과 김미정(2009)이 감사 증진 프로그램을 중학생에게 실시하여 그 효과를 검증한 바 있다. 이 프로그램은 12회기로 구성되어 있으며 매 회기는 30분 이내에 교사가 학급단위로 실시되었다. 그 주된 내용은 감사의 의미와 필요성, 감사의 경험과 표현방식, 감사표현의 걸림돌 살펴보기, 진정한 감사 사례 찾아보기, 내가 받은 혜택 세어보기, 혜택을 주는 사람 상상하기, 감사의 편지 쓰기, 감사의 수필 쓰기 등을 포함하고 있으며 지도교사의 설명, 학생용 활동지를 활용한 모둠과제 및 역할연습, 숙제 주기의 방식으로 진행되었다. 감사 증진 프로그램에 참가한 학생들은 삶의 만족도와 지각된 지지가 증가했으며 부정적 정서가 감소하였다.

감사 증진 방법(Rashid & Anjum, 2005)

- 내가 하루 동안 '고마워요' 라는 말을 얼마나 많이 하는지 되새겨본다. 그리고 일주일 동안 매일 그 수를 증가시킨다.
- 매일 저녁 하루 동안 잘 이루어진 일들을 세 가지씩 적어 본다.
- 과거에 은혜를 입었던 일을 떠올리고 감사의 편지를 써서 보낸다.
- 매일 내가 당연히 여겼던 작지만 중요한 것 하나를 선택해서 그것의 소중함을 잊지 않도록 유념한다.
- 단순히 '고맙다' 고 말하지 않고 좀 더 구체적이고 상세하게 고마움을 표현한다.
- 매일 아침 일어날 때 느끼는 걱정 세 가지를 적어둔다. 그 날 자기 전에, 하루 동안 있었던 좋았던 일 세 가지와 이유를 쓴다. 그러고 나서 좋았던 일에 비추어서 자신의 걱정을 평가해 본다.
- 매일 적어도 10분은 즐거운 경험을 향유하는 시간을 갖는다.
- 경찰관, 소방관, 우편배달부와 같은 공직자에게 감사를 표한다.
- 식사를 하기 전 내가 먹고 있는 것에 기여한 사람들에 대해 생각한다.
- 저녁 식사를 하는 동안 사랑하는 사람에게 그 날 하루 좋았던 일 두 가지를 나눈다.
- 과거에 힘들었던 일 세 가지를 생각해 보고 이 일들로 인해 나타난 좋은 결과들을 확인해 본다.

제24장

낙관성

미래에 일어날 일을 정확하게 예측할 수 있는 사람은 없다. 미래는 늘 불확실하다. 인간은 다만 현재의 상황에 근거하여 미래를 예상할 뿐이다. 그런데 동일한 상황 속에서도 긍정적인 미래를 예상하는 사람들이 있는 반면, 미래를 부정적으로 바라보는 사람들이 있다. 낙관주의자와 비관주의자들이다.

긍정 심리학자들의 연구결과에 따르면, 행복과 가장 밀접한 관련성을 지니는 요인은 낙관성이다. 이러한 결과는 다양한 연구에서 일관성 있게 나타나고 있다. 낙관주의자들은 미래에 대해서 긍정적인 기대와 예상을 하기 때문에 긍정 정서와 희망을 갖게 된다. 따라서 그들은 미래의 긍정적인 결과를 예상하면서 적극적인 활기찬 활동을 하게 되며, 그 결과로서 긍정적인 결과를 만들어낸다. 그들이 지녔던 긍정적인 결과가 현실화되어 나타나는 것이다. 이처럼 낙관성은 주관적 행복을 증진할 뿐만 아니라 성공적인 결과를 도출하는 긍정적인 성품으로 여겨지고 있다.

낙관성은 미래에 대한 예상뿐만 아니라 모든 것에 대한 긍정적 관점과도 연결되어 있다. 이 세상 모든 것은 양면성을 지니고 있어서 긍정적인 면과 부정적인 면이 존재한다. 낙관주의자들은 부정적인 면보다 긍정적인 면에 주목하는 경향을 지닌 사람들이다. 이미 지나가 되돌릴 수 없는 과거를 긍정적인 것으로 받아들이려 노력할 뿐만 아니라 현재의 양면성 중에서 밝은 면을 중시하며 미래의 긍정적인 결과를 예상한다.

건강한 낙관주의자들은 인생과 세상의 부정적인 측면을 무시하거나 외면하기보다 그것을 인식하되 수용하며 그것에 저항하지 않는다. 낙관성은 일상적이고 세속적인 삶에 대한 긍정적인 자세일 뿐만 아니라 인간 존재에 대한 긍정적 태도를 포함한다. 인간은 유한한 존재다. 장기적인 미래를 예상하게 되면, 인간은 늙고 병들어 죽게 되는 존재다. 죽음 이후의 불확실한 미래에 대해서 나름대로의 소망을 지니게 하고 죽음이라는 운명을 수용하도록 만드는 덕목이 낙관성이다. 프랑스의 계몽철학자인 볼테르(Voltaire)는 다음과 같은 말을 남겼다. “하늘이 인간으로 하여금 자신의 비참한 운명에 대항하도록 선사한 것이 두 개 있는데, 그것은 희망과 수면이다.” 낙관성은 미래라는 거대한 세계와의 연결을 통해 희망을 심어줄 뿐만 아니라 인간의 실존적인 상황을 긍정적인 자세로 수용하게 만든다. 이러한 점에서 낙관성은 초월의 의미를 지니는 긍정적 성품이라고 할 수 있다.

1 낙관성의 정의와 유형

낙관성(optimism)은 미래에 대해서 긍정적인 기대와 희망을 지니고 삶을 영위하는 태도를 의미하며 낙관주의라고 불리기도 한다. 낙관성을 지닌 사람들은 자신이 소망하는 일들이 미래에 잘 실현될 수 있다는 희망적인 기대를 지니고 살아간다. 따라서 이들은 긍정 정서와 자신감을 지닐 뿐만 아니라 목표 달성을 위해서 활기차고 적극적인 행동을 하게 된다. 낙관성은 주관적 안녕뿐만 아니라 사회적 성공에 기여하는 긍정적인 성품으로 여겨지고 있다.

낙관성을 지닌 사람들은 다음과 같은 경험을 보고하는 경향이 있다(Peterson &

Seligman, 2004).

- 나는 어려움이 닥쳐와도 미래에 대해서 항상 희망적이다.
- 나는 항상 밝은 면을 보려고 노력한다.
- 내 삶의 방식은 최상의 결과를 가져올 것으로 자신한다.
- 내가 세운 목표는 이루어질 것이다.
- 희망은 항상 좌절을 이긴다.
- 게임이나 시합을 할 때 질 것이라고 생각은 하지 않는다.
- 시험성적이 좋지 않더라도 다음에 더 잘할 수 있도록 계획을 세운다.

낙관성은 희망, 미래지향성 등의 용어와 유사한 의미를 지니지만 구별될 필요가 있다. 일반적으로 낙관성 또는 낙관주의는 미래에 대한 긍정적인 인지와 기대를 지칭하는 반면, 희망(hope)은 미래에 대한 긍정적 정서를 강조하고 있다. 미래지향성(future orientation, future-mindedness)은 긍정적인 미래를 위해서 개인이 해야 할 일에 초점을 맞추는 용어라고 할 수 있다.

인류학자인 Lionel Tiger(1979)는 작은 낙관주의와 큰 낙관주의를 구분했다. 작은 낙관주의(little optimism)는 긍정적인 결과에 대한 구체적인 기대(예: "오늘 저녁에 맛있는 음식을 먹게 될 거야.")를 의미하는 반면, 큰 낙관주의(big optimism)는 모호하지만 더 커다란 기대(예: "내 인생은 성공적으로 펼쳐질 것이다.")를 뜻한다. 또한 Scheier와 Carver(1985)는 성향적 낙관주의와 상황적 낙관주의의 구분을 제시했다. 성향적 낙관주의(dispositional optimism)는 현재와 미래에 대한 전반적인 낙관적 견해를 뜻하는 반면, 상황적 낙관주의(situational optimism)는 특정한 사건에 대한 낙관적 견해를 의미한다. 성향적 낙관주의와 상황적 낙관주의는 각각 큰 낙관주의와 작은 낙관주의에 해당되는 개념으로 이해할 수 있다.

낙관성과 희망은 미래에 대한 긍정적인 생각과 감정을 반영하는 것으로서 만족감과 쾌활함을 주는 반면, 불안감과 우울감을 감소시킨다. 낙관성을 지닌 사람들은 인생의 밝은 면을 보게 되고, 어려움 속에서도 용기와 희망을 잃지 않으며,

목표를 위해 적극적으로 노력한다. 그리고 그러한 목표를 달성할 가능성이 높다. 왜냐하면 낙관성은 자기이행적 성향을 지니고 있기 때문이다. 즉, 낙관적으로 생각하기 때문에 적극적인 행동을 하게 되고, 그 결과 성공적인 성과를 유발하게 된다는 것이다. 이런 점에서 낙관성은 매우 가치 있는 성격적 강점이라고 할 수 있다. 반면에 낙관주의와 희망의 반대가 되는 비관주의, 절망감, 무력감은 모두 부정적인 의미를 지니고 있다.

그러나 비현실적인 낙관주의로 인해서 실패를 초래하는 경우도 드물지 않다. 6장에서 설명한 바 있듯이, 훌륭한 판단은 공평하고 개방적인 것이어서 부정적 가능성과 긍정적 가능성 모두를 인정하는 것이다. 낙관주의는 부정적 가능성을 외면하는 것이 아니다. 그러나 사실적인 정보들을 충분히 검토했음에도 불구하고 미래를 예측할 수 없는 불확실한 상황에서 긍정적 측면을 더 중시하는 경향성이라고 할 수 있다. 이러한 낙관성은 수십 년에 걸쳐서 안정적인 개인적 특성으로서 인생 전반에 중요한 영향을 미치는 것으로 알려져 있다.

2 낙관성에 대한 심리학적 이론

낙관성에 대해서는 현재 세 가지의 심리학적 접근이 이루어지고 있다. 그 첫째는 Seligman(1991)이 제시하고 있는 학습된 낙관주의 이론으로서 귀인방식에 근거하여 낙관성을 설명하고 있다. 두 번째는 Snyder(1994)의 희망 이론으로서 미래에 대한 긍정적 신념에 초점을 맞추고 있다. 낙관성에 관한 세 번째 접근은 Carver와 Scheier(1981, 1990)가 제시하는 기질적 낙관성에 대한 자기조절 모델로서 기대-가치 이론에 근거하여 낙관성이 목표 성취에 미치는 영향을 설명하고 있다.

학습된 낙관주의 이론

학습된 낙관주의 이론(theory of learned optimism)은 Seligman(1991; Buchanan & Seligman, 1995; Gillham, 2000; Peterson, Maier, & Seligman, 1993)에 의해서 제시되었다. 이 모델은 역사적으로 Seligman(1975)이 우울증을 설명하기 위해 제시한 학습된 무기력(learned helplessness) 이론에 뿌리를 두고 있다. 이후에 동료들에 의해서 귀인이론을 도입하여 개정판 학습된 무기력 이론(Abramson, Seligman, & Teasdale, 1978)으로 발전하였으며 근래에 낙관주의를 설명하는 데 적용된 것이다.

인간은 어떤 결과가 발생하면 그 원인에 대해서 판단하는 경향이 있는데, 이러한 경향을 귀인(attribution)이라고 한다. 일반적으로 사람들이 귀인하는 원인은 다음과 같은 세 차원으로 구분될 수 있다. 그 첫째는 내부적(internal) 대 외부적(external) 원인의 차원으로서 결과의 원인은 행위자 자신의 내면적 요인에 돌리느냐 아니면 환경적 또는 상황적 요인에 돌리느냐를 뜻한다. 둘째는 안정적(stable) 대 불안정한(unstable) 원인의 차원으로서 원인의 항상 지속되는 것이냐 아니면 시간에 따라 변화하는 것이냐를 의미한다. 셋째는 전반적(global) 대 특수한(specific) 원인의 차원으로서 그 원인이 다른 결과에도 널리 영향을 미치느냐 아니면 제한된 결과에만 영향을 미치느냐를 뜻한다.

낙관적인 사람들은 어떤 결과의 원인을 귀인하는 독특한 설명방식(explanatory style)을 지닌다. 설명방식은 일어난 사건에 대해서 의미를 부여하는 습관적인 방식을 의미한다. 낙관적인 사람들은 부정적 결과에 대해서는 그 원인을 외부적, 불안정한, 특수한 요인에 돌리는 반면, 긍정적인 결과에 대해서는 내부적, 안정적, 전반적 요인에 귀인하는 경향이 있다. 예컨대, 낙관적인 학생은 낮은 학점을 받았을 경우에 그 원인을 공부에 집중하지 못하게 한 집안의 경조사와 같은 외부적 요인에 돌리는 반면, 높은 학점을 받게 되면 자신의 우수한 지적 능력 때문이라고 생각한다. Seligman(1991)은 이러한 귀인방식을 낙관주의적 설명방식(optimistic explanatory style)이라고 명명했다. 우울한 사람들은 이와 반대방향의 비관주의적인 설명방식을 지니는 경향이 있다.

낙관주의적 설명방식의 기원에 대해서는 아직 충분히 밝혀져 있지 않지만, 유전, 어린 시절의 양육경험, 외상적 사건을 비롯한 다양한 요인에 의해서 영향을 받는 것으로 보고되고 있다(Peterson & Steen, 2002). 앞 절에서 언급했듯이, Schulman, Keith와 Seligman(1993)은 쌍생아 연구를 통해서 일란성 쌍생아의 설명방식이 상당히 일치함을 발견했다. 이러한 결과는 유전적 요인이 설명방식에 영향을 미침을 시사한다. 어머니의 설명방식은 자녀의 설명방식과 밀접한 상관을 나타냈으며(Seligman et al., 1995), 불행한 환경에서 학대를 당한 아동들은 비관주의적인 귀인양식을 지니는 경향이 있었다(Gibb et al., 2001). 이밖에도 교사, 또래친구, 지역사회의 구성원, 매스 미디어와 같은 다양한 요인이 설명방식에 영향을 미칠 수 있다. Seligman(1991)은 설명방식의 변화를 통해서 낙관성이 증진될 수 있다고 주장하고 있다.

희망이론

낙관성에 대한 두 번째의 접근은 Snyder(1994, 2000)의 희망 이론(hope theory)이다. 희망이론에 따르면, 인간의 모든 행동은 목표 지향적이다. 목표는 그 달성을 위해서 마음속으로 계획하고 예상하는 도달지점이다. 희망(hope)은 목표를 성취할 수 있다는 전반적인 확신일 뿐만 아니라 목표 성취를 위한 성공적인 방법을 만들어 낼 수 있다는 구체적인 신념을 의미한다. 목표에 도달하기 위해서는 우선 개인이 자신의 목표를 명료하게 개념화하는 능력이 필요하다. 아울러 그러한 목표에 도달할 수 있는 효과적인 진전과정을 생각해야 하는데, 이를 경로 사고(pathways thinking)라고 한다. 희망은 목표를 달성할 수 있는 효과적인 구체적 방략을 개발하는 능력에 대한 믿음과 관련되어 있다. 과거경험을 통해서 목표성취를 위한 다양한 방법을 잘 알고 있을수록 목표 달성의 희망이 높아진다.

그러나 목표달성 방법을 잘 알고 있다고 해서 목표가 성취되는 것은 아니다. 그러한 목표를 향해 가능한 방법을 실행하기 위해서는 행위자 자신의 의지와 노력이 필요하다. 난관에 직면하더라도 그것을 이겨낼 수 있다는 자신감이 필요하다. 목표에 도달하기 위해서 가능한 방법들을 적용할 수 있는 자기 능력에 대한 신념을 행위자 사고(agency thinking)라고 한다. 자신의 노력에 의해서 성공적인 결과를 유발했었다는 과거경험은 긍정적인 행위자 사고를 통해서 목표 성취의 희망을 증진한다.

희망이론에 따르면, 희망은 분명한 목표를 지닌 개인이 '경로 사고'를 통해서 목표를 달성할 수 있는 효과적인 계획을 세우고 '행위자 사고'를 통해서 목표를 추구하는 에너지를 확보한 긍정적인 동기 상태를 의미한다(Snyder, Irving, & Anderson, 1991). 희망은 목표를 성취할 수 있는 인식에서 유발되는 긍정적인 정서로서 목표 추구 행동을 촉진한다. 희망이론을 도식적으로 설명하면 [그림 24-1]과 같다.

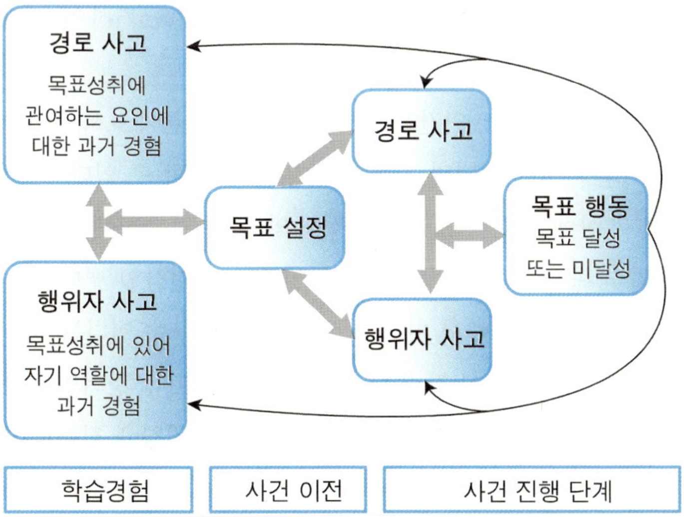

[그림 24-1] 희망이론의 구성요소와 과정

과거 경험에 따른 경로 사고와 행위자 사고를 지닌 사람이 목표를 설정하면 그와 관련된 구체적인 경로 사고와 행위자 사고를 하게 되면서 목표 추구행동을 하게 된다. 이러한 과정에서 목표 설정 과정과 경로 사고 및 행위자 사고는 서로 영향을 미친다. 희망 이론에 따르면, 추구하는 목표가 분명할 뿐만 아니라 그러한 목표를 실현할 수 있는 효과적인 방법과 그러한 방법을 실행할 수 있는 의지와 능력에 대한 긍정적인 믿음이 희망이라는 정서를 유발하게 된다.

기질적 낙관성의 자기조절 모델

낙관성에 관한 세 번째 접근은 Carver와 Scheier(1981, 1990, 2002)가 제시하는 기질적 낙관성에 대한 자기조절 모델(self-regulatory model)이다. 이들은 기질적 낙관성(dispositional optimism)을 미래에 대한 전반적인 긍정적 기대라고 정의하고, 사람들이 목표를 선택하고 목표성취를 위해 자기조절을 해 나가는 과정에서 낙관성이 중대한 영향을 미친다고 주장한다. 자기조절 모델은 Martin Fishbein(1963)이 제시한 기대-가치 이론(expectancy-value theory)에 근거하여 낙관성이 목표성취에 미치는 영향을 설명하고 있다.

기대-가치 이론에 따르면, 인간은 목표를 추구하는 존재로서 목표를 추구하는 개인의 태도는 그가 지닌 신념과 가치의 함수로 이해될 수 있다. 기대는 신념과 가치에 근거한 계산에 의해서 도출되며 목표의 성취 가능성에 대한 자신감을 결정한다. 기질적 낙관성은 목표성취에 대한 일반적 자신감일 뿐만 아니라 목표의 성취를 위해 추진하는 과정에서 자신의 행동을 조절할 수 있다는 자신감을 반영한다. 낙관적인 사람들은 일이 잘 진행되지 않을 때에도 긍정적인 결과를 기대한다. 또한 낙관성은 목표를 추진하는 과정에서 고난과 역경에 직면할 경우에 경험하는 부정적인 정서들을 효과적으로 대처할 수 있는 자기조절에 영향을 미친다. 고난과 역경에 처하게 되었을 때, 비관적인 사람들은 포기를 하는 반면, 낙관적인 사람들은 목표달성을 위해 지속적인 노력을 하게 되는 것이다. Carver와 Scheier(2002)는 목표를 향해 나아가는 과정에서 장애물에 부딪힐 경우 낙관성 또는 비관성이 목표추진 여부에 결정적인 영향을 미친다고 주장한다.

낙관성의 측정도구

낙관성은 자기보고에 의해서 측정되는 것이 일반적이다. 가장 널리 사용되는 대표적인 검사는 삶의 지향성 검사(Life Orientation Test-Revised; Scheier, Carver, & Bridges, 1994)다. 이 검사는 기질적 낙관주의를 측정하기 위해 개발되었으며 "불확실한 상황에서 나는 늘 최선의 결과를 기대한다." "나는 나의 미래에 대해서 항상 낙관적이다." "전반적으로 나는 나쁜 일보다 좋은 일이 더 많이 일어날 것으로 기대한다."를 비롯한 10문항으로 구성되어 있으며 5점 척도 상에서 평정된다. 10문항 중 4문항은 피검자의 편향적 반응을 방지하기 위한 허위문항이며 나머지 6문항으로 낙관주의를 측정한다. 신뢰도와 타당도가 비교적 높은 것으로 보고되고 있다.

희망 척도(Hope Scale; Snyder, Harris et al., 1991)는 미래에 대해서 긍정적 희망을 갖는 성향을 측정하기 위한 것이다. 이 척도는 Snyder의 희망이론에 근거하고 있으며 행위자 사고와 경로 사고를 평가하고 있다. 모두 12개의 문항으로 구성되어 있는데, 이 중 4개 문항은 행위자 사고를 측정하며 다른 4개 문항은 경로 사고를 측정하며 나머지 4개 문항은 허위문항이다. 원래는 각 문항을 4점 척도로 평정하게 되어 있었으나 최근의 연구에서는 8점 척도를 사용하기도 한다. 문항의 예로는 "나는 나의 목표를 의욕적으로 추진한다." "나는 복잡한 문제가 생기면 그것을 해결할 수 있는 여러 가지 방법을 생각해 낼 수 있다." "내 인생에서 가장 중요한 것을 얻기 위한 많은 방법들을 생각할 수 있다." 등이 있다. 이 척도는 신뢰도가 상당히 높으며, 우울증상이나 절망감과 높은 부적 상관을 나타내는 등 타당도도 잘 입증되어 있다. 희망 척도는 15세 이상의 성인을 대상으로 사용할 수 있다. Snyder와 그의 동료들(Snyder, Hoza et al., 1997)은 7~16세 아동들에게 실시할 수 있는 아동 희망 척도(Children's Hope Scale)를 개발하였다. 이 척도는 6개 문항으로 이루어져 있으며 6점 척도로 평정된다.

낙관성과 관련된 귀인양식을 평가하는 다른 도구로는 귀인양식 질문지(Attributional Style Questionnaire; Peterson et al., 1982)가 있다. 이 질문지는 응답자에게 다양한 긍정적 또는 부정적 사건들을 제시하고 응답자로 하여금 그 주된 원인을 한 가지씩 적게 한다. 그러한 귀인반응을 세 가지의 귀인 차원(내부성, 안정성, 전반성)에서 7점 척도로 평정한다.

Seligman(1991)은 낙관주의의 인지적 기반을 이루는 귀인방식을 측정하기 위해서 학습된 낙관주의 척도(Learned Optimism Scale)를 제시했다. 이 척도는 긍정적인 사건과 부정적인 사건을 포함하는 48개의 상황을 제시하고 각각의 경우 그 원인을 두 가지 선택지 중에서 선택하게 한다. 문항의 예를 들면, 다음과 같다.

- 내가 책임자로 있는 사업계획이 큰 성공을 거두었다.
  A. 내가 팀원들의 일을 꼼꼼히 감독했기 때문이다.
  B. 팀원들 모두가 많은 시간과 노력을 쏟아 부었기 때문이다.
- 나를 흠모하는 누군가가 꽃을 보내왔다.
  A. 그 사람이 나를 매력적으로 보았기 때문이다.
  B. 내가 사람들에게 인기가 좋기 때문이다.

낙관성의 또 다른 측정도구로는 낙관주의-비관주의 척도(Optimism-Pessimism Scale; Dember, Martin, Hummer, & Melton, 1989)가 있다. 이 척도는 모두 58개의 문항으로 이루어져 있는데, 낙관주의를 측정하는 18개 문항과 비관주의를 측정하는 18개 문항, 그리고 20개의 허위문항으로 구성되어 있다.

이밖에도 낙관성을 평가하는 효과적인 방법으로 낙관주의-비관주의 검사도구(Optimism-Pessimism Test Instrument; Stipek, Lamb, & Zigler, 1981)가 있다. 이 검사는 사진과 각본을 통해 어떤 사건을 구체적으로 제시하고 응답자로 하여금 그 이후에 어떤 일이 일어날 것인가를 예측하게 함으로써 낙관성 여부를 평가한다.

3 낙관성과 관련된 심리적 특성

낙관성은 행복과 정신건강에 긍정적 영향을 미치는 강력한 특질로 알려져 있다. 한국 대학생을 대상으로 이루어진 연구(권석만, 유성진, 임영진, 김지영, 2010)에 따르면, 낙관성은 VIA 분류체계에서 제시하고 있는 24개 성격강점 중에서 삶의 만족도와 높은 상관(r = .61)을 나타냈다. 다른 연구(Park & Peterson, 2005; Park, Peterson, & Seligman, 2005)에서도 낙관성은 삶의 만족도와 가장 높은 상관을 보이는 성격강점 중 하나로 나타났다. 낙관성에 관한 연구들을 개관한 문헌(Seligman, 1991; Snyder, 2002)에 따르면, 낙관성은 다양한 영역에서의 성취, 낮은 수준의 불안과 우울, 긍정적인 인간관계, 신체적 건강 등에 긍정적 영향을 미친다.

낙관주의자들은 비관주의자들에 비해서 학교에서 더 우수한 수행을 보일 뿐만 아니라 직장과 스포츠 활동에서도 더 좋은 수행을 나타낸다. 낙관주의자들은 어려운 과제를 수행하면서 비관주의자들보다 더 강한 끈기를 나타낸다(Dweck, 1975). 낙관주의자들은 불쾌한 생활사건에 대해서 보다 적응적인 방식으로 대처한다. 낙관적인 청소년들은 불쾌한 사건에 대해서 덜 분노하며 약물남용에 덜 빠져든다(Scheier & Carver, 1993). 낙관주의자들은 비관주의자들보다 정신건강과 신체건강이 양호하여 더 장수하는 경향이 있다(Seligman et al., 1995).

Taylor(1989; Taylor & Brown, 1988, 1994)는 긍정적 환상이 심리적 행복과 정신건강을 증진한다고 주장한다. 아울러 그녀는 환상적 낙관주의와 망상적 낙관주의를 구분할 필요성이 있음을 강조한다. 환상적 낙관주의(illusory optimism)는 현실에 근거하되 긍정적인 측면을 강조하는 반면, 망상적 낙관주의(delusional optimism)는 현실을 무시하거나 왜곡한 긍정적 태도를 의미한다. Taylor에 따르면, 환상적 낙관주의는 자신에 대한 약간의 긍정적 왜곡을 포함하지만 자기존중감을 향상시키고 희망과 자신감을 고취함으로써 주관적 행복과 사회적 성공에 기여한다. 반면에 망상적 낙관주의는 조증 환자나 심각한 증상을 부인하는 환자의 경우처럼 부적응적인 결과를 초래하게 된다.

낙관성의 유일한 부정적 측면은 위험을 경시하는 경향이다(Weinstein, 1989). 예를 들어, 낙관적 귀인 양식을 지닌 사람들은 암이나 심장마비와 같은 심각한 신체적 질병이 자신에게 발행할 가능성을 평균 이하로 과소평가한다(Peterson & Vaidya, 2001). 이러한 편향성은 예방적 또는 치료적 대응을 소홀하게 함으로써 문제를 야기할 수 있다. 그러나 이러한 사람들이 위험의 가능성을 인정하게 될 경우에는 매우 효과적으로 대처를 잘한다.

또한 미래지향성은 성실성, 근면성, 끈기, 만족 지연능력과 같은 긍정적 성격요인들과도 밀접한 관계를 지닌다(Griffith & Hom, 1988; Mischel, Shoda, & Rodriguez, 1989). 사실 인간의 거의 모든 긍정적 측면들이 낙관성 또는 희망과 연결되어 있는 것으로 나타나고 있다.

발달적 연구에 따르면, 낙관적 귀인양식은 8세 전후에 어느 정도 확립되어 오랜 기간 안정된 형태로 유지되는 경향이 있다(Seligman et al., 1995). 일반적으로, 낙관적 귀인양식은 성별과 나이에 따라 별다른 차이를 나타내지 않는 것으로 알려져 있다. 그러나 낙관성과 나이의 관계는 논란의 여지가 있다. 일부 연구에서는 낙관성이 연령대에 따라 변화하는 것으로 보고하고 있다. 낙관성은 연령 증가에 따라 점차적으로 감소되는 추세라는 증거들이 제시되고 있다. 아동을 대상으로 낙관성을 조사한 Lockhart, Chang과 Story(2002)에 따르면, 나이가 어릴수록 개인의 특질이 더 쉽게 변화할 수 있으며 긍정적으로 변화할 것이라는 믿음을 지니는 경향이 나타났다. 국내의 연구(최선영, 곽금주, 2007)에서도 어린 아동들(평균 연령 4세 3개월)은 나이든 아동(평균 연령 7세 7개월)에 비해서 과거의 부정적 특질은 긍정적으로 변화하고 과거의 긍정적 특질은 그대로 유지될 것이라고 믿는 정도가 더 강했다. 또한 낙관성과 역상관을 지니고 있는 우울증은 청소년 후기에 들어서면서 증가하는 추세로 나타나고 있다(Lewinsohn, Rohde, & Seeley, 1996). 일견 상반되어 보이는 이러한 결과는 다음과 같이 이해될 수 있다. 낙관성의 개인차는 지속적으로 유지되지만 연령증가와 더불어 현실적인 적응부담이 증가하면서 전반적인 낙관성은 저하되는 경향이 있는 것 같다. 이러한 연구결과들은 주로 아동기와 청소년기에 관한 것이기 때문에 성인기 이후로 일반화시키기는 어렵다.

기질적 낙관성은 다른 성격적 기질과 마찬가지로 유전적인 영향을 상당히 받는 것으로 여겨지고 있다(Plomin et al., 1992). Schulman 등(1993)은 일란성 쌍생아의 귀인 양식이 상당히 일치함을 발견하였다. 115쌍의 일란성 쌍생아를 대상으로 연구한 결과, 설명방식의 상관이 .48에 달했다. 반면에 이란성 쌍생아의 경우에는 의미 있는 상관관계가 나타나지 않았다. 이러한 연구결과는 낙관성이 유전적 요인에 의해서 영향을 받는다는 점을 시사한다. 그러나 낙관성이 유전적 영향을 받는다고 해서 낙관성이 불변한다는 의미는 아니다. 낙관성은 다양한 생활사건이나 후천적 훈련에 의해서 변할 수 있다. 아동기의 양육경험은 낙관성의 발달에 강력한 영향을 미치는 것으로 보고되고 있다. Seligman 등(1995)에 의하면, 엄마의 설명방식은 자녀의 설명방식과 밀접한 관계를 지닌다. 최선영과 곽금주(2007)의 연구에서는 어머니의 낙관성이 높을수록 아동의 낙관적 믿음이 높은 것으로 나타났다. 또한 외상적 사건이나 만성 질병과 같은 부정적인 생활사건은 낙관성을 저하시킬 수 있다. 학대를 당하거나 부부갈등이 높은 가정에서 성장한 아동들은 비관적인 귀인양식을 지니는 경향이 있다(Gibb, Alloy, Abramson et al., 2001). 이밖에도 교사, 또래친구, 지역사회의 구성원은 아동의 낙관성에 영향을 미칠 수 있다.

4 낙관성의 촉진요인 및 함양방법

낙관성을 촉진하는 요인에 대한 연구는 많지 않다. 부모와 자녀의 낙관성이 비슷하다는 점에 비추어 보면, 유전적 요인과 더불어 부모와의 상호작용을 통한 모델링이 낙관성 형성에 중요한 영향을 미치는 것으로 추정되고 있다. 낙관성을 촉진하거나 억제하는 요인은 그동안 많은 연구자의 관심을 받아온 비관주의에 관한 연구를 통해서 간접적으로 이해할 수 있다.

비관주의는 우울증을 초래하는 중요한 인지적 요인으로 알려지면서 많은 연구가 이루어졌다. 비관주의(pessimism)는 세상에 대한 부정적인 기대와 태도를 뜻한다. Beck(1976; Beck, Rush, Shaw, & Emery, 1979)에 따르면, 우울한 사람들은 자신, 미래, 주변 환경에 대해서 부정적인 생각을 많이 지닌다. 이러한 부정적인 생각들은 기본적으로 역기능적 신념으로부터 파생된다. 역기능적 신념(dysfunctional beliefs)은 자신과 세상에 대한 완벽주의적이고 절대주의적인 믿음과 기대를 뜻한다. 그러나 이러한 신념은 비현실적인 것이기 때문에 필연적으로 좌절될 수밖에 없다. 예컨대, "나는 항상 주변사람들로부터 사랑과 인정을 받아야 한다." "나는 추구하는 모든 일에서 항상 성공해야 한다." "어떤 일을 완벽하게 해내지 못하면 실패한 것이나 다름없다."와 같은 완벽주의적인 신념은 현실에서 실현되기 어렵다. 따라서 비관주의자들은 실패감과 좌절감을 자주 경험하게 되고 그 결과 자신과 세상을 책망하면서 부정적인 생각을 갖게 된다.

비관주의자들은 완벽주의적 기대와 신념을 지니기 때문에 어떤 결과의 긍정적인 측면보다 부정적인 측면에 주의를 기울이는 경향이 있다. 아울러 어떤 사건의 의미를 부정적인 방향으로 과장하거나 왜곡하여 해석하는 인지적 오류를 범한다 (Beck et al., 1979). 인지적 오류(cognitive errors)의 대표적인 예는 한두 번의 좌절 경험을 확대하여 해석하는 일반화의 오류, 사건의 다양한 측면 중 부정적 측면에만 선택적으로 주의를 기울이는 정신적 여과의 오류, 모든 현상을 이분법적으로 해석하는 흑백논리의 오류, 자신과 무관한 일을 자신과 관련된 것으로 잘못 해석하여 받아들이는 개인화의 오류 등이 있다. 낙관성을 증진하기 위해서는 이러한 역기능적 신념과 인지적 오류를 자각하여 변화시키는 것이 중요하다.

우울증에 대한 학습된 무기력 이론의 개정 이론(Abramson et al., 1978) 역시 우울한 사람들이 부정적인 사건의 원인을 잘못 해석하는 인지적 요인에 초점을 맞추고 있다. 우울한 사람들은 부정적인 사건의 원인을 내부적, 안정적, 전반적 요인으로 잘못 귀인하여 해석하는 경향이 있는데, 이러한 귀인양식이 우울증을 초래하는 인지적 요인이라는 설명이다. Seligman(1991)은 학습된 낙관주의 이론을 제시하면서 귀인방식의 변화를 통해 비관주의를 극복하고 낙관주의를 육성할 수 있다고 주장한다. 그는 인지치료의 ABC 기법을 사용하여 일상생활에서 겪는 크고 작은 사건들에 대한 귀인방식을 포착하여 비관주의적인 귀인에 대해 논박하고 귀인방식을 변화시킴으로써 낙관주의가 함양될 수 있다고 주장하고 있다.

Seligman 등(1995)은 청소년을 대상으로 낙관주의 훈련을 통해서 정신장애를 예방하는 〈Penn Prevention Program〉을 시행하였다. 이 프로그램은 청소년들에게 생활사건의 원인을 좀 더 긍정적이고 낙관적으로 생각하게 하는 인지행동 전략들(예: 탈파국화, 부정적 사고에 대한 논박)을 가르치고 실생활에 적용하도록 격려한다. 그 결과, 청소년들의 귀인양식이 낙관적으로 변화했으며 우울증이나 불안장애를 예방하는 효과가 있었다. Peterson과 Steen(2002)은 낙관적 귀인양식이 모델링에 의해 학습될 수 있으며 이러한 학습은 부모뿐만 아니라 교사, 코치, 동료, 매스컴을 통해서 이루어질 수 있다고 제안한다.

McDermott와 Hastings(2000)는 학교에서 아동들에게 희망을 고취시키는 개입 방법을 제시하고 있다. 이 방법은 희망적인 내용의 이야기를 책이나 학생들의 에세이를 통해서 반복적으로 제시하는 것으로 큰 비용을 들이지 않고 시행할 수 있다는 점에서 주목을 받고 있다.

낙관성을 증진하는 것은 심리치료에 있어서도 매우 중요하다. 심리치료의 효과를 결정하는 중요한 요인 중 하나는 내담자가 치료에 대해서 갖는 긍정적 기대, 즉 희망이기 때문이다. Irving 등(2004)은 내담자에게 전통적인 심리치료를 시행하기 전에 5회기 정도 희망을 고취하는 개입을 시도했다. 그 결과, 희망 고취 회기를 경험한 내담자들은 다양한 전통적 심리치료를 받은 내담자에 비해서 치료효과가 높은 것으로 나타났다. 이러한 연구결과는 전통적 심리치료와 희망고취 개입을 결합하면 더 긍정적인 치료효과가 나타날 수 있음을 보여 주고 있다.

낙관성 증진 방법(Rashid & Anjum, 2005)

- 과거에 실패했던 일들을 생각해 보고 그것으로 인해 오히려 도움을 받게 된 경우를 생각해 본다.
- 다음 주, 다음 달 그리고 내년에 해야 할 목표를 적어본다. 그다음 그러한 목표를 실현할 수 있는 구체적인 계획을 세워 본다.
- 나의 비관주의적인 생각들을 반하며 그것에 저항한다.
- 곤경과 좌절을 딛고 성공한 사람들에 대한 책을 읽는다.
- 내가 잘못 결정한 일들을 떠올려보고 나 자신을 용서한다. 다음에는 더 나은 결정을 할 수 있는 방법을 찾는다.
- 역경에 처할 때, 과거에 비슷한 역경을 어떻게 극복했었는지에 집중한다.
- 매주 두 번씩 최소한 15분간 낙관적인 사고를 하는 시간을 갖는다. 그 생각들을 기록하고 이를 실현시키기 위해 필요한 행동들을 작성한다. 그 생각을 친구들과 공유하고 친구들로 하여금 조력자가 되도록 한다.
- 특히 곤경에 처할 때 주위에 낙관적이고 미래지향적인 친구들과 함께 한다.
- 과거에 성취했던 세 가지 일을 상세히 기록함으로써 이로부터 영감을 얻는다.

제25장

심미안

인간의 삶을 행복하고 풍요롭게 만드는 것 중 하나는 아름다움의 체험이다. 인생의 여정에서 우리는 수많은 대상을 접하게 된다. 자연적인 것이든 인공적인 것이든 그러한 대상을 접하면서 우리는 다양한 감흥을 느끼게 된다. 인간이 외부세계와 접촉하며 느끼는 중요한 긍정적인 감흥이 아름다움이다.

아름다움은 자연물, 생명체, 인간의 행위나 작품으로부터 쾌감과 의미, 그리고 만족감을 느끼는 심리적인 경험을 뜻한다. 아름다움의 경험은 대상의 속성에 의해 유발되기도 하지만 개인의 특성에 의해서 더 많은 영향을 받는다. 아름다움은 대상 자체에 존재하는 것이라기보다 그것을 바라보는 사람에 의해서 인식되는 것이기 때문이다. 이 세상 모든 것에는 나름대로의 아름다움이 잠재되어 있다. 그러한 아름다움을 포착하여 긍정적인 체험으로 승화시키는 것은 인간의 몫이다.

인간은 다양한 대상으로부터 아름다움을 느끼고 감동하는 감수성이 제각기 다르다. 동일한 자연물이나 작품을 접하면서 아무런 감흥을 느끼지 못하는 사람이 있는 반면, 깊은 감동 속에서 소중한 의미를 발견하는 사람이 있다. 심미안은 대상의 아름다움과 탁월함을 민감하게 감지하여 인식하며 즐거움과 경이로움을 느낄 수 있는 감상능력과 미적 감각을 의미한다. 풀잎에 맺힌 아침이슬 한 방울 속에서 우주의 아름다움과 신비로움을 느끼거나 예술작품 앞에서 깊은 감동과 전율을 경험하고 다른 사람의 행위에서 탁월함과 경이로움을 인식함으로써 삶을 행복하고 의미 있는 것으로 승화시키는 개인적 능력이 바로 심미안이다.

심미안은 아름다움의 경험을 통해서 다른 존재와의 연결감과 유대감을 증진하는 초월적 성품이기도 하다. 다른 존재에 대한 심미적 경험과 감동은 개인과 대상의 심리적 거리를 좁혀준다. 심미적 경험은 외부세계에 대한 긍정적 인식으로서 애정과 유대감을 증가시킨다. 싱그러운 나무와 들꽃의 아름다움을 느끼며 자연세계에 대한 우호적 감정과 친밀감을 경험한다. 밤하늘에 반짝이는 별빛과 은하수의 아름다움은 우주의 신비로움과 장엄함을 느끼게 해 준다. 다른 사람의 아름다움과 탁월함에 경탄하면서 그들과의 유대감을 경험하게 된다. 예술적인 작품과 행위를 감상하면서 무아지경의 몰입과 감동을 경험하게 된다. 이렇듯이 심미안은 다른 존재와 교감하며 세계와의 연결감을 증진하는 초월적 성품이라고 할 수 있다.

1 심미안의 정의와 유형

심미안(審美眼)은 아름다움과 탁월함에 대한 인식 능력을 의미한다. 아름답고 탁월한 것을 민감하게 포착하고 그러한 것들로부터 즐거움과 의미를 감지할 수 있는 심미적 능력을 말한다. Peterson과 Seligman(2004)은 심미안을 아름다움과 탁월성의 감상력(appreciation of beauty and excellence)이라고 지칭하면서 경외감(awe), 경이로움(wonder), 고양감(elevation)을 체험하는 능력도 유사한 개념으로 제시하고 있다.

심미안을 통해서 긍정적 감정을 느끼게 되는 대상은 크게 네 가지 부류로 나눌 수 있다. 그 첫째는 자연세계의 물리적인 아름다움이다. 산, 바다, 하늘, 노을, 나무, 꽃, 새소리, 꽃향기 등과 같은 자연의 다양한 모습과 속성에 대해서 느끼는 아름다움과 즐거움이다. 계절의 변화에 따라 모습을 달리하는 자연으로부터 다양한 아름다움을 느낄 수 있다. 때로는 자연의 아기자기한 모습에 섬세한 기쁨을 맛볼 수 있고 때로는 거대하고 웅장한 모습에 감동과 경외감을 느끼게 된다. 이처럼 심미안을 지닌 사람은 자연을 접하면서 다양한 아름다움과 감동을 경험하게 된다.

둘째는 예술적인 작품이나 행위로부터 느끼는 아름다움이다. 미술, 음악, 무용, 문학과 같은 다양한 장르의 예술작품과 예술행위를 감상하면서 느끼는 심미적 아름다움이다. 미적 감각이 뛰어난 사람은 미술작품이나 음악연주를 접하며 섬세하고도 깊은 감동을 경험하게 된다.

셋째는 지식이나 기술의 탁월성에 대한 감동적 경험이다. 이해하기 힘든 복잡한 현상을 명료하게 설명하는 학술적 이론이나 발표를 접하게 되면 감동을 느끼며 경탄하게 된다. 운동선수의 출중한 기량이나 여러 분야의 달인들이 보이는 숙달된 행동을 보게 되면, 그 탁월함과 절묘함에 대한 아름다움을 느끼며 감동하게 된다. 심미안을 지닌 사람은 인간이 나타내는 뛰어난 기량과 수행의 미적 요소를 예리하게 포착하며 남다른 미적 감흥을 느낀다.

마지막으로 네 번째는 인간의 선한 행위나 미덕에 대해서 느끼는 도덕적 아름다움이다. 매우 친절하고 이타적인 행동을 접하면서 감동과 도덕적 고양감을 느끼게 된다. 예컨대, 자신의 몸을 던져 위험에 처한 사람을 구한 행위는 우리에게 감동을 느끼게 해 준다. 인간의 도덕적 행위나 고결한 인격은 아름다움의 원천이 될 수 있다.

이처럼 심미안은 다양한 원천으로부터 아름다움을 느낄 수 있는 민감한 감상능력을 의미한다. 심미안은 다양한 삶의 장면에서 접할 수 있는 미적 요소를 민감하게 포착하고 그로부터 긍정 정서를 경험하도록 돕는다. 아름다움과 탁월함에 대한 감상력을 지닌 사람들은 매일 더 큰 기쁨을 느낄 뿐만 아니라 자신의 삶에서 더 많은 의미를 발견하고 다른 사람과 더 깊은 관계를 맺을 수 있다. 반면에, 심미안이 부족한 사람은 마치 장막을 치고 사는 것처럼 세상의 아름다움이나 인간의 탁월한 행위에 대해서 무감각하거나 냉소적인 태도를 나타낸다. 이러한 사람들은 인생에서 경험할 수 있는 아름다움을 느끼지 못한 채 무미건조하거나 삭막한 삶을 살게 된다.

인간의 특성 중 하나는 아름다운 것, 즉 심미적인 것을 추구하고 창조하는 존재라는 점이다. 그래서 호모 에스테티쿠스(Homo Aestheticus), 즉 심미적 인간이라고 불리기도 한다. 플라톤은 예술을 통한 심미적 경험이 인간의 영혼에 강력한 영향을 미친다고 믿었다. 심미적 경험의 본질은 아름다움의 파악에 있다. 아름다움을 인식하고 음미하며 관조하는 것은 독특한 즐거움, 즉 심미적 정서를 느끼게 해 준다. 또한 심미적 경험은 마음을 치료하는 기능을 지닌다. 아리스토텔레스는 예술이 카타르시스를 통해서 영혼을 정화시킨다고 보았다.

심미안은 인생에서 접하는 다양한 아름다움을 충분히 음미하고 만끽하며 향유하게 함으로써 삶을 행복하고 풍요롭게 만드는 긍정적 성품이다. 또한 심미안은 아름다움의 인식을 통해서 자연과 인간을 비롯한 외부세계와 교감하는 능력이기도 하다. 이처럼 심미안은 세상과의 연결감와 유대감을 증진하는 초월적 기능을 지닌 덕목이라고 할 수 있다.

아름다움과 탁월함에 대한 심미안이 뛰어났던 대표적 인물 중 한 명은 미국의 시인 휘트먼(Walt Whitman, 1819~1892)이다. 그는 주변의 사람과 풍경들로부터 아름다움을 느끼는 심미적 감수성이 매우 뛰어났다. 그가 가장 즐겨 했던 활동은 집 밖을 돌아다니면서 주변의 나무, 꽃, 하늘, 새, 귀뚜라미, 자연의 다양한 소리 등의 아름다움을 느끼며 경탄하는 것이었다. 그는 평범한 사람들과 달리 이런 것들을 접하면서 매우 큰 기쁨을 느꼈다. 그에게 모든 자연은 매력적으로 보였고, 모든 풍경과 소리는 그를 기쁘게 해 주었으며, 그는 만나는 모든 사람들을 좋아했다. 그래서 Whitman만큼 세상의 많은 것들을 좋아한 반면, 적은 것들을 싫어한 사람은 없을 것이라고 회자되고 있다.

2 심미안에 대한 심리학적 이론

심미안은 다양한 대상으로부터 아름다움을 인식할 수 있는 개인적 능력이다. 심미안은 삶에서 접하는 다양한 대상과 현상으로부터 아름다움과 탁월함을 인식함으로써 긍정적인 정서경험과 인지적 통찰을 제공한다. 아름다움의 본질에 대한 철학적 논의는 미학(aesthetics)이라는 학문분야를 탄생시켰다. 심리학에서는 Fechner(1876)가 심미적 대상에 대한 인간의 심리적 반응을 실험실에서 실증적으로 연구하면서 심미적 경험에 대한 관심이 증가했다. 20세기에 들어서 예술과 관련된 심미적 경험을 연구하는 예술 심리학(psychology of the arts)이라는 분야가 생겨났다. 예술 심리학은 아름다움을 인식하는 심미적 경험의 심리적 과정을 연구할 뿐만 아니라 예술가와 감상자의 속성을 밝히는 데 관심을 지닌다.

심미적 경험(aesthetic experience)은 예술작품을 포함한 다양한 미적 대상에 대해 느끼는 아름다움의 경험을 의미한다. 아름다움의 경험은 즐거움과 쾌감을 포함한 다양한 긍정 정서를 제공한다. 인간이 예술작품을 감상하며 즐거움과 긍정 정서를 느끼는 이유는 무엇일까? 예술작품의 어떤 속성이 인간에게 심리적 경험을 유발하는 것일까?

이러한 물음에 대해서 Freud(1911, 1925)는 감상자가 예술작품을 통해서 자신의 억압된 무의식적인 욕구를 충족시키기 때문이라고 주장했다. 그에 따르면, 감상자는 예술작품의 형식적 특성(색, 형태, 리듬, 운율)뿐만 아니라 작품의 내용에 의해서 즐거움을 느끼게 된다. 예술작품은 개인의 상상이나 꿈에 비해서 예술가가 의식적 또는 무의식적으로 정교하게 구성한 복합적인 내용을 포함하고 있다. 감상자는 작품의 형식적 아름다움뿐만 아니라 그 속에 담겨 있는 내용을 통해서 억압된 소망과 욕구를 충족시키는 카타르시스를 경험하면서 즐거움을 체험한다. 특히 작품 속의 인물을 자신과 동일시하면서 무의식적인 욕구를 충족시킨다. Freud의 이러한 주장은 예술작품의 속성을 형식과 내용으로 이분법적인 구분을 했다는 점, 예술이 카타르시스를 통한 치료적 효과를 지닌다는 실증적 증거의 부족, 그리고 이론을 검증하기 어렵다는 점 등의 한계를 지니고 있다(Winner, 1982).

Langer(1942)는 예술작품이 인간의 감정을 객관화함으로써 감상자로 하여금 자신의 내면적 경험세계를 이해하고 관조할 수 있게 한다고 주장했다. 그는 논리적 상징과 표상적 상징을 구분하면서, 표상적 상징만이 인간의 내면적 세계를 거울처럼 실제적으로 반영할 수 있다고 보았다. 예술작품은 감정의 구조를 반영하는 표상적 상징으로 구성되며 감상자로 하여금 자신의 심리적 세계를 이해하고 통찰하도록 돕는다는 것이다.

Goodman(1968)은 심미적 경험의 인지적 과정을 강조하고 있다. 그에 따르면, 예술은 근본적으로 앎의 방식이다. 예술작품은 감상자에 의해서 이해되어야만 하며, 이를 위해서는 작품에 대한 섬세한 판별이 이루어져야 한다. 또한 심미적 경험은 인지적 능력뿐만 아니라 정서에 의해서 촉진된다. 이해는 즐거움을 야기하고 즐거움은 감상자를 자극하여 더욱 섬세한 판별을 가능하게 한다. 섬세한 판별을 통해서 감상자는 작품과 관련되어 있는 세계에 대한 이해가 확장된다.

심미적 체험의 최적 각성 이론

Fechner(1876)는 자극의 형식적 특성에 대한 인간의 심미적 반응을 실험실에서 연구하기 시작했다. 이러한 전통은 심미적 경험을 실증적으로 연구하는 실험 미학(experimental aesthetics)으로 발전했다. 그 대표적인 심리학자인 Berlyne(1971)은 심미적 반응을 최대화하는 자극특성과 심리적 과정을 실증적으로 탐색하여 최적 각성 이론(optimal arousal theory)을 제시했다. 이 이론에 따르면, 예술작품은 인간의 주의집중과 흥분상태에 영향을 미쳐 각성상태를 최적의 수준에 이르게 함으로써 즐거움을 야기한다. 예술작품은 세 가지 특성에 의해서 각성상태에 영향을 미친다. 그 첫째는 물리적인 특성(밝기, 채도, 크기, 소리의 크기나 고저 등)이다. 둘째는 생존에 이롭거나 해롭다고 여겨지는 심리적 경험과의 연합이다. 예컨대, 평화로운 풍경의 그림은 각성수준을 낮추지만, 전쟁이나 시체의 그림은 각성

수준을 높이게 된다. 셋째는 예술작품의 형식적 특성으로서 새로움, 놀라움, 복잡성, 이질성, 불규칙성, 비대칭성 등을 통해서 각성상태에 영향을 미친다.

Berlyne(1971)에 따르면, 이러한 특성들로 구성된 예술작품의 복잡성이 감상자의 각성상태를 상승시킨다. 그러나 감상자의 각성수준이 너무 낮거나 높으면 심미적 즐거움을 느끼지 못한다. 최적의 각성수준에 이르게 될 때, 심미적 즐거움을 경험하게 된다. 심미적 즐거움은 두 가지 방식으로 유발될 수 있다. 한 가지 방식은 각성수준을 점진적으로 상승시키는 것이다. 단순한 자극에 의한 낮은 각성상태로부터 점진적으로 자극의 복잡성이 증가함에 따라 최적의 각성상태에 도달하도록 하는 방식이다. 다른 방식은 각성수준을 급격하게 변화시키는 것이다. 혼란스럽고 복잡한 자극으로 인한 과도한 각성상태에서 자극의 복잡성이 급격히 감소할 때 감상자의 각성상태가 최적의 수준으로 저하되면서 기분 좋은 긴장완화와 더불어 심미적 즐거움을 경험하게 된다. 예술작품의 특성들이 각성상태에 영향을 미치는 정도는 감상자에 따라 다르다. 감상자마다 예술작품의 이러한 특성들을 감지하는 내면적 기준이 다르기 때문이다. 감상자의 내면적 기준은 예술작품에 대한 누적된 경험을 통해서 정교해진다. 예술작품에 대한 심미적 경험은 감상자의 내면적 기준, 즉 심미안이 중요한 역할을 하게 된다.

Child(1965)는 복잡한 자극으로 이루어진 예술작품을 꼼꼼하게 살펴보며 미세한 차이를 식별하기 위해서는 복잡성에 대한 선호나 인내가 중요하다고 제안하고 있다. 복잡성에 대한 관용적 태도는 세련된 심미적 판단을 이끌어내는 데 중요하다. 아울러 관습적이고 보수적인 태도보다는 독자적으로 판단하려는 경향, 새롭고 낯선 것을 선호하는 성향, 그리고 상상이나 환상을 통해 무의식적인 내면세계와 접촉하려는 경향은 심미적 판단에 중요한 영향을 미친다.

심미적 판단에는 개인의 인지적 양식이 영향을 미치는 것으로 알려지고 있다. 예술작품의 섬세한 차이를 구별하고 의미를 부여하는 일은 심미적 경험에 즐거움을 부가한다. 예술작품을 잘 감상하기 위해서는 작품을 꼼꼼하게 관찰하여 변별하고 그 의미를 추출해낼 수 있는 인지적 요인이 중요하다. Rosenberg(1964)에 따르면, 심미적 경험에는 작품을 섬세하게 구별할 수 있는 변별력과 지성이 중요하다. 예술작품들은 피상적으로는 유사해 보이더라도 구성의 통합성이나 형태의 명료성 등에 있어서 미묘한 질적인 차이를 지니고 있다. 세련된 심미적 판단을 위해서는 이러한 미세한 차이를 변별할 수 있는 능력이 필요하다. 정교한 식별력은 예술작품의 탁월성에 대한 심미적 경험을 증진하고, 심미적 경험은 섬세한 식별력을 발달시킨다(Goodman, 1968). 예술작품을 섬세하게 변별할 수 있는 심미적 능력은 예술에 대한 지식과 경험, 관심과 동기, 인지적 방식 그리고 성격적 성향과 같은 다양한 요인에 의해서 결정되는 것이다.

심미적 경험의 통합적 모델

최근에 Leder, Belke, Oeberst와 Augustin(2004)은 심미적 경험에 관한 통합적 모델을 제시했다. 이들에 따르면, 심미적 경험은 특정한 미적 대상에 대한 인지적 정보처리와 정서적 정보처리 과정의 산물이다. [그림 25-1]에 제시되어 있듯

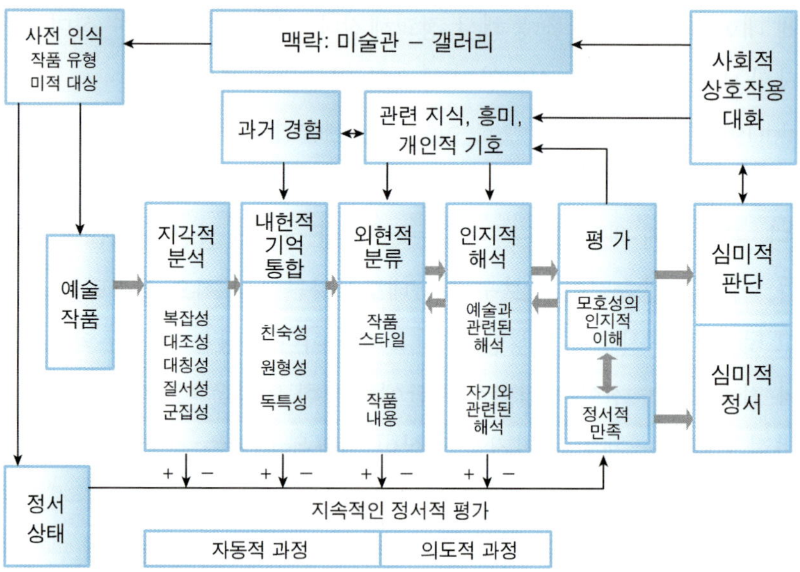

[그림 25-1] 심미적 경험의 통합적 모델

이, 이러한 정보처리 과정에는 매우 다양한 요인들이 복합적으로 관여한다. 감상자는 예술작품을 직접 접하기 전에 미술관이나 갤러리라는 사회적 맥락을 통해서 작품의 유형에 대한 사전 인식을 하게 된다. 예컨대, 작품이 유명한 예술가에 의해서 만들어진 것인지 아니면 아마추어 작가나 일반인의 작품인지 등에 대한 사전 정보는 작품 감상에 영향을 미치게 된다. 감상자의 정서상태 역시 작품에 대한 심미적 경험에 영향을 미칠 수 있다.

예술 작품에 대한 심미적 경험은 5단계의 심리적 과정을 통해서 이루어진다. 그 첫째는 지각적 분석 단계다. 이 단계에서 작품의 물리적 특성, 즉 복잡성, 대조성, 대칭성, 질서성 등에 대한 지각적 분석이 이루어진다. 둘째 단계는 작품의 지각내용과 과거 경험이 통합되는 단계다. 다양한 예술작품에 대한 과거의 감상경험에 비추어 감상하고 있는 작품에 대한 친숙성, 원형성, 독특성 등을 인식하게 된다. 셋째는 외현적 분류 단계로서 작품의 스타일과 내용이 분석된다. 감상자의 전문적 식견에 따라 분석 수준이 달라지는데, 전문가의 경우에는 작품의 묘사 내용뿐만 아니라 작품의 유형(예: 인상파 작품, 추상화 등), 작품의 역사적 중요성, 작가에 대한 지식 등이 관여하게 된다. 네 번째 단계는 작품에 대한 인지적 해석 단계다. 이 단계에서는 예술적 관점에서 작품의 전반적 특성에 대한 해석이 이루어질 뿐만 아니라 감상자의 개인적 경험이나 특성에 따라 작품의 의미를 나름대로 해석하게 된다. 마지막 단계는 종합적 평가가 이루어지는 단계다. 작품의 다양한 속성과 내용에 대한 모호성이 인지적으로 통합되어 이해되면 긍정적 평가와 더불어 정서적인 만족감을 경험하게 된다. 그 결과, 작품에 대한 심미적 판단과 정서가 결정됨으로써 심미적 경험이 일단 완결된다. 심미적 경험이 이루어지는 전반부 단계는 의식되지 않은 상태에서 자동적으로 진행되는 반면, 후반부의 과정은 의식적이고 의도적인 노력에 의해서 영향을 받게 된다.

작품에 대한 심미적 판단과 정서는 다른 감상자들과의 의견교환이나 대화를 통해서 서로 영향을 주고받을 수 있다. 예컨대, 다른 감상자의 평가내용이나 작품에 대한 새로운 정보는 작품에 대한 해석에 영향을 미쳐서 새로운 평가로 이어질 수 있다. 이처럼 심미적 경험은 다양한 요인들이 복합적으로 관여하는 인지적, 정서적 정보처리 과정을 통해서 이루어진다. Leder 등(2004)이 제시한 통합적 모델은 심미적 경험에 관여하는 다양한 요인들을 포함하고 있을 뿐만 아니라 정보처리의 관점에서 인지적, 정서적 정보가 처리되어 심미적 경험에 이르는 심리적 과정을 정밀하게 분석하여 제시하고 있다.

향유하기와 심미안

최근에 Bryant와 Veroff(2007)는 인생에서 접하는 다양한 긍정 경험을 최대화하여 오래도록 지속시키는 것이 행복에 중요하다고 주장하면서 향유하기(savoring)라는 개념을 제안하였다. 향유하기는 인생에서 접하는 긍정 경험을 음미하고 만끽하는 심리적 과정을 뜻한다. 이들에 따르면, 향유하기는 주의의 방향성에에 따라 세계-초점적 향유와 자기-초점적 향유로 구분될 수 있다. 세계-초점적 향유(world-focused savoring)는 외부 대상에 주의를 기울여 그로부터 긍정 경험을 하게 되는 경우를 말한다. 아름다운 자연환경이나 예술작품을 바라보며 아름다움과 경이로움을 느끼거나 호의를 베풀어준 사람에게 고마움을 느끼는 경우가 이에 해당한다. 반면에, 자기-초점적 향유(self-focused savoring)는 자신의 내면적 경험이나 긍정적 측면(육체, 성격, 행동, 성격, 능력 등)에 초점을 맞추어 긍정적인 경험을 하는 경우를 뜻한다. 예컨대, 맛난 음식을 먹으며 자신의 미각적 경험을 음미하거나 자신의 좋은 성적에 대해서 그 성취과정을 세밀하게 회상하면서 기쁨을 충분히 만끽하는 것이다.

자기 자신 또는 외부 대상으로부터 긍정 경험을 하게 되는 향유과정은 크게 두 가지의 방식, 즉 체험적 몰입과 인지적 성찰에 의해서 이루어진다. 체험적 몰입(experiential absorption)은 대상에 주의를 집중하며 그에 대한 긍정적 감흥을 충분히 체험하는 과정을 뜻한다. 자기 자신을 잊을 만큼 대상에 푹 빠져 긍정적 경험에 몰입하는 경우가 이에 해당한다. 반면에, 인지적 성찰(cognitive reflection)은 긍정적 경험을 상위 관점에서 관찰하고 정교화하며 의미를 부여하는 과정을 의미한다. 이 경우에는 대상과의 심리적 거리를 유지하며 좀 더 높고 객관적인 관점에서 자신의 경험이 의미하는 바를 발견하고 탐색하는 것을 뜻한다.

Bryant와 Veroff(2007)는 향유경험을 두 가지 분류차원, 즉 향유의 초점과 방식에 따라 〈표 25-1〉과 같이 네 가지 유형으로 분류하고 있다. 그 첫째는 외부세계에 대한 체험적 몰입을 의미하는 경탄하기(marveling)다. 경탄하기는 긍정적 경험에 몰입하는 동시에 그러한 경험을 제공한 대상에 대해서 경외감 또는 경이로움을 느끼는 것이다. 긍정적 경험을 새롭고 놀라운 것으로 여기며 감동하거나 경탄하는 것이다. 예를 들어, 산악인이 높은 산의 정상에 올라 자연의 웅대함에 경외감을 느끼거나 베토벤의 음악에 감동하여 감탄하는 경우가 이에 해당한다.

〈표 25-1〉 향유경험의 네 가지 유형

	체험적 몰입	인지적 성찰
세계-초점적 향유	경탄하기 (경외감)	감사하기 (고마움)
자기-초점적 향유	심취하기 (즐거움)	자축하기 (자긍심)

둘째는 외부세계에 대한 인지적 성찰을 반영하는 감사하기(thanksgiving)로서 자신에게 긍정적 경험을 제공해 준 대상에 대해서 고마움을 느끼는 것이다. 자신의 행복에 대해서 감사함을 느낄 뿐만 아니라 그에 기여한 사람이나 환경에 감사함을 느끼고 표현하는 것을 의미한다. 이를 위해서는 긍정적 경험의 원천에 대한 인지적 과정과 외부적 귀인이 필요하다.

셋째는 자신에 대한 체험적 몰입을 뜻하는 심취하기(luxuriating)다. 긍정적 경험에 수반하는 신체적 쾌감과 정서적 흥분을 자세하게 다각적으로 체험하며 만끽하는 것을 의미한다. 심취하기를 통해서 긍정적 체험이 세밀하고 풍부해질 뿐만 아니라 오랜 기간 연장될 수 있다. 예를 들어, 와인 애호가는 와인을 마시며 그 맛과 향을 세밀하게 느끼며 심취함으로써 더 많은 즐거움을 경험하게 된다.

마지막 네 번째는 자신에 대한 인지적 성찰을 의미하는 자축하기(basking)다.

자신의 긍정적 경험과 성취에 대해서 스스로 축하와 칭찬을 함으로써 자긍심이 증폭된다. 자신의 몸에 따스한 햇볕을 쪼이며 일광욕을 하듯이, 긍정적 경험에 대해서 스스로에게 축하와 칭찬을 함으로써 행복감이 증진될 수 있다. 지나친 겸손과 자기비하는 행복감을 억제하게 된다. 그럴 만한 충분한 자격을 갖춘 상태에서는 그 기쁨과 행복감은 최대한 누리는 것이 바람직하다.

동일한 예술작품과 자연물을 접하면서도 심미적 경험을 하는 정도는 사람마다 다르다. 심미안은 세계-초점적 향유를 통해 긍정 경험을 할 수 있는 개인적 능력이라고 할 수 있다. 심미안의 개인차에 대해서는 알려진 바는 많지 않지만 다양한 요인이 관여하는 것으로 알려지고 있다. 우선, 심미적 반응은 유전에 의해 결정되는 신경계 구조와 관련되어 있다. 개인의 신경계 구조는 인간 모두가 공유하는 공통적 특성과 개인 나름의 독특한 특성을 지닌다. 동일한 자극에 대해서 다른 사람들보다 좀 더 민감하게 반응하는 감수성을 지닌 사람들이 있다. 이러한 심미적 감수성은 상당 부분 선천적으로 타고난 신경계 특성에 의해 결정되는 것으로 알려지고 있다.

예술작품에 대한 친숙성은 심미적 경험에 중대한 영향을 미친다. 예술작품에 많이 노출되고 그에 관한 경험과 지식을 많이 지닌 사람일수록 심미적 변별능력이 향상된다. 예컨대, 미술을 잘 알지 못하는 사람들은 작품의 주제나 사실적 묘사에 근거하여 심미적 판단을 하는 반면, 미술 애호가는 작품의 구성과 완성도에 따라 심미적 판단을 내린다(Peel, 1946). Child(1965; Anwar & Child, 1972)는 미술작품에 대한 실험적 연구를 통해서 심미적 판단에 미치는 경험적 요인의 중요성을 입증했다. 그는 피상적으로는 비슷하지만 전문가들이 심미적 가치를 상이하게 판단하는 여러 미술작품을 사람들에게 보여 주고 평가하도록 했다. 그 결과, 미술에 대한 지식이 없는 사람들은 심미적 판단에 있어서 전문가와 차이를 나타냈다. 그러나 미술 애호가들은 전문가의 견해와 상당한 일치를 보였으며 이러한 일치도는 다양한 문화적 배경을 지닌 사람들 사이에서도 동일하게 나타났다. 이러한 결과는 미술에 대한 지식과 감상 경험이 문화적 배경에 상관없이 심미적 판단 능력을 향상시킨다는 점을 시사한다.

심미안의 측정도구

심미안을 평가하는 측정도구는 매우 드물다. 심미안에 대한 합의된 정의가 드물 뿐만 아니라 그에 대한 심리학자들의 연구관심이 부족했기 때문이다. 심미안의 평가도구는 실재적인 미적 자극을 사용하는 것과 자기보고를 통해 측정하는 것으로 나눌 수 있다.

실재적인 미적 자극을 사용하는 대표적인 검사는 Eysenck(1983)에 의해 개발된 시각적인 미적 감수성 검사(Visual Aesthetic Sensitivity Test)다. 이 검사는 그림에 대한 심미적 민감성을 측정하기 위한 것으로서 42개의 그림 쌍으로 구성되어 있다. 각 쌍은 두 개의 비슷한 그림으로 이루어져 있는데, 그중 하나는 예술가가 그렸을 뿐만 아니라 다른 예술가들에 의해서 조화로운 그림으로 확인받은 것인 반면, 다른 하나는 일반인에 의해 그려진 것으로서 얼핏 보기엔 비슷하지만 세부적으로 조화롭지 못한 그림이다. 이러한 42개의 그림 쌍을 피검자에게 제시하고 그림의 구성적 측면에서 좀 더 조화로운 것을 하나 고르게 한다. 42개 쌍 중에서 더 조화로운 그림을 올바르게 선택한 비율과 선택하는 데 걸린 시간을 고려하여 피검자의 미적 감수성을 측정한다.

자기보고를 통해서 심미안을 측정하는 경우는 대부분 여러 성격특질을 평가하는 검사의 하위 요인을 통해서 이루어지고 있다. 성격의 5요인을 측정하는 NEO-PI(Costa & MaCrae, 1992)에는 경험에 대한 개방성을 측정하는 검사의 하위 척도로서 심미적 개방성 척도(Openness to aesthetics subscale)가 있다. 이 척도는 예술작품과 아름다움에 대한 관심과 정서적 경험을 평가하는 8문항으로 구성되어 있다. 문항의 예로는 "나는 내가 듣고 있는 음악에 완전히 몰입할 때가 종종 있다." "나는 이야기 줄거리보다 감정과 상상을 자극하는 시를 읽는 것을 좋아한다." "어떤 음악은 나에게 끝없는 매혹을 느끼게 한다." 등이 있다.

심미안을 평가하는 다른 검사로는 Cloninger 등(Cloninger et al., 1994)이 개발한 기질 및 성격 검사(Cloninger Temperament and Character Inventory) 하위척도인 자기초월척도(Self-transcendence subscale)다. 이 척도는 우주만물과 자연을 수용하고 동일시하며 이들과 일체감을 느끼는 능력을 측정한다. 이 척도에서 높은 점수를 얻는 사람들은 창의적인 상상력이 풍부하고 몰입을 잘하며 지혜롭고 인내심이 많은 성향을 보인다. 기질 및 성격검사의 한국어판은 민병배, 오현숙 및 이주영(2007)에 의해서 개발되어 있다.

심미안은 심미적 경험을 포함하여 인생의 다양한 긍정적 경험을 향유하는 태도와 밀접한 관계를 지닌다. 이러한 향유 경향을 측정하기 위해서 Bryant(2003)는 향유신념 척도(Savoring Belief Inventory)를 개발하였다. 이 척도는 긍정적 경험을 즐기는 능력에 대한 자기지각을 7점 척도로 평정하는 24문항으로 구성되어 있으며 세 하위요인, 즉 현재의 순간을 즐기는 능력, 과거 경험을 회상하면서 즐기는 능력, 미래에 예상되는 일을 즐기는 능력을 측정한다. 이 척도는 조현석(2008)에 의해서 한국어로 번안되어 있다.

3 심미안과 관련된 심리적 특성

심미안의 개인차를 평가할 수 있는 척도가 부족한 상태이기 때문에 심미안과 관련된 심리적 특성을 밝히는 연구 역시 부족하다. 그러나 심미적 경험은 긍정적 정서를 유발함으로써 주관적 행복을 증진하는 것으로 보인다. Konecni와 Sargent-Pollok(1977)에 따르면, 심미적 판단과 긍정 정서는 서로에게 영향을 미친다. 미적 대상에 대한 긍정적 판단은 쾌감을 증가시키며, 긍정적인 기분상태에서는 미적 대상에 대한 긍정적 판단이 높아지는 경향이 있었다. 심미안이 높은 사람은 다양한 미적 대상으로부터 긍정 정서를 경험할 가능성이 높다(Fredrickson, 2001). 한국의 대학생을 대상으로 조사한 연구결과(권석만 등, 2010)에 따르면, 성격강점검사로 측정된 심미안은 주관적 안녕과 유의미한 상관(r=.36)을 나타냈다. 또한 삶의 만족도와는 .34의 상관을 보였으며 PANAS로 측정된 긍정 정서와는 .24의 상관을 나타냈다.

심미안과 관련된 향유 성향이 높은 사람일수록 삶의 만족도와 행복도가 높았으며 낙관적이었고 덜 우울한 것으로 나타났다(Bryant, 2003). 한국의 대학생을 대상으로 향유신념 척도를 사용한 조현석(2008)의 연구에서도 동일한 결과가 나타났다. 향유신념 척도의 점수는 긍정적 정서(r=.47)와 삶의 만족도(r=.40)와 긍정적 정서와는 높은 정적 상관을 보인 반면, 부정적 정서(r=−.44)와는 부적 상관을 나타냈다. Bryant와 Veroff(2007)에 따르면, 향유경험은 긍정 정서를 증가시키고 부정 정서를 감소시킴으로써 행복감을 고양시킬 뿐만 아니라 심리적·신체적 건강을 강화한다. 또한 인간관계를 심화시키고 창의성과 영성의 발현에도 긍정적인 영향을 미친다.

심미안은 성격특성과도 밀접하게 관련되어 있는 듯하다. 심미안은 특히 성격의 5요인 중 경험에 대한 개방성과 밀접한 관계를 지니고 있다. McCrae(1996)에 따르면, NEO-PI로 측정되는 경험에 대한 개방성은 상당부분 아름다움에 대한 개방성을 포함하고 있다. Walling과 Keltner(2003)는 100명의 표본을 대상으로 조사한 결과 경험에 대한 개방성 척도가 심미안을 반영하는 지표들과 높은 상관(r=.41)이 나타났음을 보고하고 있다. 이러한 상관계수의 크기는 심미안이 경험에 대한 개방성과 밀접한 관계를 있음을 보여 주는 동시에 그와 동일한 특성이 아님을 보여 주고 있다.

Peterson과 Seligman(2004)은 심미안이 외향성과 상당히 밀접한 관계를 지닐 것으로 예상하고 있다. 왜냐하면 외향성은 경험에 대해서 긍정적 정서를 느끼는 성향과 일관된 상관을 보이기 때문이다(예: Watson & Clark, 1992). 성격 5요인 중 우호성 차원은 초월이나 감사와 같이 심미안과 관련된 척도들과 상관을 보인다(Piedmont, 1999). 반면에, 물질주의 성향은 감사를 비롯한 초월적 태도와 부적인 상관을 나타내고 있다(McCullough et al., 2002). 심미적 대상에 대한 민감성은 남성보다 여성이 높음을 시사하는 연구결과가 보고되었다. Haidt와 Algoe(2003)의 연구에 따르면, 여성이 남성보다 아름다운 행위를 보고 더 높은 감흥과 정서적 고양감을 느끼는 것으로 나타났다.

심미안의 발달 과정에 대해서는 알려진 바가 거의 없다. 심미안은 성격특질처럼 유전적 영향을 강하게 받는 것으로 보인다. 경험에 대한 개방성은 성격 5요인 중에서 가장 유전적 영향이 강한 것으로 여겨지고 있다(Loehlin, 1992). 물론 심미안의 상당 부분이 유전적 요인에 의해서 설명될 수 있다 하더라도, 이러한 유전적 요인이 발현되는 과정에는 개인의 후천적 경험이 중대한 영향을 미칠 것이다. 예술작품이나 미적 대상을 반복적으로 접한 경험이 심미안을 증가시킬 것이라고 시사하는 연구들이 있다. Leder(2001)는 고흐의 미술작품을 반복적으로 보여 줌으로써 그에 대한 심미적 선호가 증가함을 보고하고 있다. 심미적 선호는 다양한 예술작품에 대한 친밀성(familiarity)에 의해서 영향을 받는다(Kruglanski, Freund, & Bar, 1986; Cutting, 2003). 예술작품에 대한 반복적 노출은 미적 판별력과 더불어 예술에 대한 지식을 증가시킴으로써 심미적 경험을 증진할 수 있다. 심미적 경험과 관련되어 있는 종교적 초월성의 경우에도 아동기에 비해 청소년기나 초기 성인기에 이르러 더 정교해지고 강력해지는 것으로 나타났다(Spilka, Hood, & Gorsuch, 1985).

4 심미안의 촉진요인 및 함양방법

심미안의 촉진요인과 억제요인에 대해서는 아직 잘 알려져 있지 않다. 그러나 아름다움이나 탁월함에 대한 심미적 감각을 자유롭게 표현하고 활용할 수 있는 환경을 조성하는 것은 심미안을 촉진할 수 있다. 가정을 비롯하여 학교, 직장, 공공장소에서 심미적인 자극이나 예술작품을 전시함으로써 심미적 경험을 증진할 뿐만 아니라 심미적 식별력을 함양할 수 있다. 반면에 성취 중심의 경쟁적 사회 분위기나 냉소주의가 만연된 문화적 환경에서 심미안이 발달하기 어렵다. 심미적 경험은 안전하고 여유를 느낄 수 있는 환경에서 더 잘 일어난다(Frijda, 1989). 효율과 속도를 강조하며 많은 심리적 부담과 조급함을 심어주는 환경에서 아름다움에 대한 감상능력이 발달할 수 없다.

Bryant와 Veroff(2007)는 심미적 경험을 포함한 긍정 경험을 충분히 향유하기 위한 조건들을 제시하고 있다. 긍정 경험의 향유를 위해서는 다른 사람으로부터 관심을 끌거나 인정을 받으려는 욕구로부터 자유로워지는 것이 필요하다. 다른 사람의 평가나 인정에 신경을 쓰게 되면, 자신의 경험을 충분히 느끼기 어렵다. 또한 향유를 위해서는 현재에 주의를 집중하는 것이 중요하다. 주의를 산만하게 만드는 것들을 차단하고 긍정 경험에 몰입한다. 소음이나 방해자극을 차단한 채로 음악 감상에만 몰입할 수 있을 때 더 많은 즐거움과 감동을 맛볼 수 있다. 주의의 초점이 과거나 미래로 방황하지 않고 현재에 머물며 긍정 경험을 세밀하게 느끼며 알아차리는 것이 바람직하다. 이를 위해서는 미적 대상을 난생 처음 대하듯이 호기심 어린 자세로 대하는 동시에 비판단적인 관점에서 있는 그대로 수용하는 것이 필요하다.

아름다움과 탁월함은 어디서든 찾아볼 수 있다. 자연세계이든 주변의 생활환경이든 아니면 매스컴을 통해 접하는 것이든 아름다움과 탁월함을 느낄 수 있는 대상을 매우 다양하다. 이런 점에서 심미안은 아주 대중적이면서도 접근이 용이한 덕목이라고 할 수 있다. 심미안이 유전적 영향을 받는 것으로 여겨지고 있지만, 다양한 증진 프로그램을 통해서 함양될 수 있다. 이미 자연을 대상으로 한 프로그램(예: 야외로 떠나기), 예술을 대상으로 한 프로그램(예: 음악 연주 감상 및 해설하기), 깨달음을 대상으로 하는 프로그램(예: 피정, 산사에서의 수행 체험) 등이 실시되고 있다. 이러한 프로그램들은 아름다움과 탁월함에 대한 감상능력을 육성하는 데에 기여할 수 있을 것이다.

또한 아름다움과 탁월함을 자주 접할 수 있는 환경을 조성하는 것도 심미안의 함양에 도움이 될 것이다. 가정이나 학교에서 자연스럽게 미술작품이나 음악을 접할 수 있도록 여러 가지 이벤트를 마련할 수 있을 것이다. 뿐만 아니라 지역공동체에서는 생활주변에 자연을 관찰할 수 있는 녹지를 만들거나 예술작품을 감상하고 운동을 할 수 있는 공간을 마련하는 것이 중요하다. 한 연구(Kweon, Sullivan, & Wiley, 1998)에 따르면, 메마른 도심에 조성된 야외 녹지가 시민들 간의 공동체 의식과 사회적 결속을 증진시켰다. 이러한 결과는 자연을 체험하는 것이 심미능력을 함양할 뿐만 아니라 사람들 간의 유대관계를 강화해 줄 수 있다는 점을 보여준다.

심미안 증진 방법(Rashid & Anjum, 2005)

- 나에게 익숙하지 않은 미술관이나 박물관을 찾아간다.
- 매일 내가 본 아름다운 것들을 기록하는 '아름다움 일지'를 만들어 작성해 본다.
- 적어도 하루에 한 번씩 잠시 멈추어 자연의 아름다움(예: 일출, 일몰, 식물이나 꽃, 노래하는 새)을 느껴 본다.
- 주위 환경을 미적으로 아름답게 꾸민다.
- 주위 사람이 지닌 성격강점의 탁월함을 알아차리고 존경해 준다.
- 음악을 듣거나 영화를 본 뒤 미적 감동을 평가한다.
- 다른 사람의 예술적 표현에 대해 감상평을 작성해 본다.
- 건축물, 의상, 조각, 공예, 시 등을 감상하고 음미한다.
- 자연풍광이나 사랑하는 사람의 사진을 찍고 이를 컴퓨터 바탕화면에 깔아둔다.
- 매주 다른 사람들의 선한 행동이 내 삶에 어떠한 영향을 미쳤는지 돌아본다.
- 하루에 한 번 색상, 소리, 향, 이미지, 관념, 풍미, 감각 또는 단어를 통해 표현된 탁월함, 아름다움, 그리고 기쁨을 경험해 본다.
- 다른 사람의 성격강점을 찾아보고 이에 대해 경외감을 갖는다.
- 계절의 민감한 변화를 알아차린다.

제26장

유머감각

현대인은 치열한 경쟁과 과중한 업무 속에서 많은 스트레스를 경험한다. 현대인의 힘겹고 고단한 삶을 즐겁고 여유롭게 만들어주는 것 중 하나가 유머다. 유머를 통해서 기분 좋게 웃을 수 있고 일상의 긴장을 해소하며 즐거운 마음을 갖게 된다. 유머는 삭막한 인생을 즐겁게 만드는 청량제라고 할 수 있다. 인생의 긴장감과 중압감을 즐거움으로 반전시키는 기폭제가 바로 유머다. 뛰어난 유머감각으로 주변 사람들에게 웃음과 즐거움을 선사하는 사람들이 환영받는 이유가 여기에 있다.

유머를 이해하고 만들어내는 능력, 즉 유머감각은 사람마다 크게 다르다. 항상 진지하고 심각하여 주변사람들을 긴장시키는 사람들이 있는 반면, 크고 작은 생활사건 속에서 재미있는 유머를 찾아내어 주변사람들을 즐겁게 하는 사람들이 있다. 과중한 노동의 긴장과 피로감 속에서 살아가는 현대인들은 유머감각이 있는 사람들을 좋아한다. 유머는 기분 좋은 긍정 정서를 증진할 뿐만 아니라 부정 정서를 해소하는 기능을 지니고 있다. 또한 유머는 인간관계를 원활하게 하는 동시에 협동적인 행동을 유발한다. 이러한 유머를 구사할 수 있는 능력은 즐거움을 발견하고 웃음을 짓게 만들며 사회적 관계를 촉진하는 긍정적 성품이라고 할 수 있다.

프랑스의 계몽철학자인 볼테르(Voltaire)는 다음과 같은 말을 남겼다. "하늘이 인간으로 하여금 자신의 비참한 운명에 대항하도록 선사한 것이 두 개 있는데, 그것은 희망과 수면이다." 독일의 철학자 칸트(Kant)는 여기에 덧붙여 하나를 추가했다. 그것은 바로 웃음이다. 인간으로 하여금 고통과 역경 속에서도 웃을 수 있도록 만드는 것이 바로 유머다. 유머는 일상의 사소한 농담이나 장난스러운 행동뿐만 아니라 인생의 비극적 측면을 희극적인 것으로 승화시키는 심오한 해학과 풍자를 포함한다. 인간의 삶에 내재되어 있는 고난과 역경 그리고 절망을 뛰어넘어 웃음 속에서 유쾌하고 희망적인 삶으로 반전시키는 것이 바로 유머다. 이런 점에서 유머감각은 인간 존재의 한계와 어두움을 웃음으로 뛰어넘도록 만드는 초월적인 덕목이라고 할 수 있다.

1 유머감각의 정의와 유형

유머감각(sense of humor)은 웃음을 유발하거나 즐거움을 제공하는 능력을 말한다. 달리 말하면, 인생의 역설적인 측면을 예리하게 포착하여 즐기면서 다른 사람들을 웃게 만드는 능력을 의미한다. 유머감각은 자신의 인생을 즐겁고 유쾌하게 만들 뿐만 아니라 주변 사람들을 즐겁게 만듦으로써 친화적인 인간관계를 촉진한다. 또한 유머는 인생의 고난과 역경을 좀 더 의연하고 즐거운 태도로 극복하도록 돕는다. 인생의 비극적이고 모순적인 측면을 희극적인 유쾌한 것으로 반전시켜 승화하는 기능을 지닌다.

유머감각은 유희적인 삶의 태도 또는 장난기(playfulness)와도 밀접한 관련성을 지니고 있다. 네덜란드의 역사학자 Johan Huizinger(1938)는 인간을 호모 루덴스(Homo Rudens), 즉 유희적인 존재라고 지칭한 바 있다. 그에 따르면, 인간은 놀이, 유머, 장난을 좋아하는 기본적인 성향을 지니고 있으며, 이러한 성향은 다양한 문화적 활동의 기반을 이룬다. 유머는 유희적인 존재인 인간이 만들어내는 대표적인 활동이다. 유머는 즐거움을 줄 뿐만 아니라 다양한 긍정 정서와 활기를 만들어 낸다. 유머는 스스로를 즐겁게 할 뿐만 아니라 다른 사람을 즐겁게 만든다.

유머감각은 다양한 관점에서 정의될 수 있다. Martin(2007)은 유머감각에 대한 다양한 문헌을 종합하여 다음과 같은 5가지의 개념으로 정의될 수 있다고 제시하였다. 첫째, 유머감각은 습관적인 행동패턴으로 볼 수 있다. 즉, 자주 웃고 농담을 나누며 상대방을 즐겁게 만들 뿐만 아니라 다른 사람이 한 유머에 잘 웃는 행동적 경향성을 의미한다. 둘째, 유머감각은 일종의 기질적 특성으로서 유머를 만들어내고 상대방을 재미있게 해 주며 농담을 이해하고 기억하는 능력을 뜻한다. 셋째, 유머감각은 심미적 반응으로서 특정한 유형의 유머 자극으로부터 유쾌한 의미를 발견하고 즐거움을 느끼며 감상하는 심리적 성향이라고 할 수 있다. 넷째, 유머감각은 하나의 세계관으로 간주될 수 있다. 유머와 유희적인 사람을 긍정적으로 바라보는 태도일 뿐만 아니라 인생과 세상을 심각하게 바라보지 않는 너그러운 관점을 의미한다. 마지막으로, 유머감각은 대처전략이나 방어기제로 이해될 수도 있다. 유머감각은 고난과 역경에 처해서 유쾌하고 여유 있는 태도로 대응하며 부정 정서를 극복하는 기능을 지니기 때문이다.

유머감각은 다양한 능력의 복합체로 여겨지고 있다. 일반적으로 유머감각은 유머의 생성과 이해라는 두 가지 측면을 지닌다. 다른 사람을 즐겁게 하는 유머를 만들어내는 능력뿐만 아니라 다른 사람의 유머를 유쾌한 것으로 잘 이해하는 능력은 유머감각의 중요한 요소다. Babad(1974)는 유머를 독자적으로 만들어내는 생성능력과 다른 사람에게서 들은 유머를 다시 전달하는 재생능력을 구분하였으며 이러한 두 가지 능력이 서로 독립적이라는 점을 밝힌 바 있다.

Hehl과 Ruch(1985)는 유머감각의 구성요소를 가장 포괄적으로 제시하고 있다. 그들에 따르면, 유머감각은 다음과 같은 7가지의 구성요소를 포함한다.

(1) 농담이나 유머 자극을 이해하는 능력

(2) 재미있는 생각이나 이야기를 만들어내는 능력

(3) 유머나 즐거운 일을 효과적으로 표현하고 전달하는 능력

(4) 다양한 유형의 농담이나 유머를 즐겁고 유쾌한 것으로 감상하는 능력

(5) 유머를 적극적으로 찾아나서는 성향

(6) 자신의 삶에서 경험한 재미있는 사건이나 농담을 기억하는 성향

(7) 부정적인 상황에서 유머를 대처기제로 사용하는 경향성

유머감각은 어떤 상황에서든 지나치게 심각해지지 않고 유쾌한 태도를 유지하는 태도일 뿐만 아니라 자신의 단점과 약점을 웃어넘길 수 있는 능력을 포함한다. 우리 주변에는 사람들을 항상 유쾌하게 만드는 탁월한 유머감각을 지닌 사람들이 있다. 유머감각이 뛰어난 인물로는 찰리 채플린을 비롯한 유명한 코미디언이나 개그맨들을 들 수 있다. 직업적인 코미디언이 아니더라도, 우리에게 항상 웃음을 주기 때문에 함께 있고 싶은 사람들은 모두 유머감각이 뛰어난 사람들이라고 할 수 있다.

여러 연구결과에 따르면, 사람들은 돈이 많거나 외모가 뛰어난 사람보다 유머감각이 많은 사람을 매력적인 친교대상으로 선호하는 경향이 있다(Goodwin & Tang, 1991; Sprecher & Regan, 2002). 그러나 유머의 모든 유형이 긍정적인 효과를 나타내는 것은 아니다. 긍정적인 유머와 부정적인 유머의 구분이 필요하다. 긍정적인 좋은 유머는 다른 사람에게 피해를 주지 않지만, 부정적인 나쁜 유머는 악의성을 지니고 있어서 다른 사람에게 상처를 줄 수 있다. 긍정적 성품으로서의 유머감각은 선의적인 의도로 다른 사람들을 즐겁게 만드는 능력을 말한다.

유머감각의 반대말로는 '재미없음' '무뚝뚝함' '고지식함' 등이 있으며 대부분 부정적인 의미를 담고 있다. 우리 주변에는 너무 고지식하고 진지하여 답답할 뿐만 아니라 재미있는 유머를 쉽게 이해하지 못하는 사람들이 있다. 일반적으로, 정신병리는 유머감각을 감퇴시키는 경향이 있다. 이런 점에서 유머감각은 정신건강의 지표일 뿐만 아니라 행복감과 인간관계를 증진하는 긍정적 성품이라고 할 수 있다.

2 유머에 대한 심리학적 이론

유머는 그 중요성에 비해서 그동안 심리학 분야에서 소홀하게 여겨져 온 주제 중 하나다. Martin(2007)에 따르면, 그 첫째 이유는 유머가 학문적으로 연구하기에는 시시하고 사소한 것으로 여겨졌기 때문이다. 유머를 경시하게 된 또 다른 이유는 유머라는 현상을 과학적으로 접근하기 어려웠기 때문이다. 그러나 유머가 인간의 삶에 다양한 긍정적 기능을 지니는 것으로 밝혀지면서 근래에 심리학자들의 주요한 연구관심사로 떠오르고 있다.

유머의 정신분석적 이론

유머에 대한 학술적인 관심은 Freud로부터 시작되었다고 할 수 있다. 그는 『농담 그리고 무의식과의 관계(*Jokes and Their Relation to the Unconsciousness*)』(1905)라는 저서와 유머에 관한 논문을 통해서 유머가 긴장감을 방출하는 방어적 기능을 지닌다고 주장했다. 유머는 부정 감정을 억제하는 대신 웃음으로 발산하게 함으로써 정서적 긴장과 고통을 완화시킨다는 주장이다. 그에 따르면, 농담은 전이, 응축, 동일시 등을 사용한 재치 있는 농담작업(jokework)을 통해서 초자아를 혼란시켜 원초아의 무의식적 충동을 잠시나마 표출하도록 해 주는 기능을 지닌다. 사람들이 그토록 농담을 즐기는 이유는 원초적인 성적 충동과 공격 충동을 방출함으로써 잠시 동안 금지된 즐거움을 경험할 수 있게 해 주기 때문이다. Freud는 유머를 위트(wit)와 구분하여 설명하고 있다. 유머는 인생의 불행에 내재하는 역설적 측면을 관대하고 공감적인 즐거움으로 전환하는 것인 반면, 위트는 성적이거나 공격적인 충동을 우회적으로 방출함으로써 긴장해소의 즐거움을 제공하는 것으로 보았다. 유머는 정상적으로 공포, 슬픔, 분노와 같은 부정 정서를 경험하게 되는 상황에서 재미나 모순의 요소를 지각함으로써 그 상황을 바라보는 관점을 유쾌한 것으로 변화시켜 부정 정서의 경험을 피하게 해 준다는 것이다.

유머의 본질을 공격성으로 간주하는 학자들도 있다. 그 대표적인 학자인 Gruner (1978, 1997)는 진화론적인 관점에서 유머를 '장난스러운 공격성'으로 간주하였다. 유머나 농담은 흔히 공격성과 적대감을 내포하고 있으며 다른 사람을 조롱하거나 멸시하는 데 사용되는 경우가 많다. Gruner(1978, 1997)에 따르면, 유머는 일종의 놀이로서 승자와 패자가 있는 게임의 경우처럼 승자가 느끼는 유쾌함과 관련되어 있다. 진화과정에서 인간을 번성하도록 만든 일차적 특성은 경쟁과 공격성이며, 웃음은 치열한 투쟁에서 승리한 자의 포효에서 유래한다. 이러한 승자의 웃음으로부터 발전한 것이 바로 유머라는 것이다. 인간의 진화과정에서 언어가 출현하게 되면서 사람들은 신체적 공격보다 언어를 통해서 다른 사람들을 놀리며 공격할 수 있게 되었다. 특히 열등한 사람을 웃음거리로 만드는 데 언어를 사용하게 되었는데, 이러한 활동이 유머로 발전되었다. 유머는 다른 사람을 조롱하고 멸시함으로써 자신의 우월성을 확인하려는 공격적인 동기에 근거한다는 주장이다. 이러한 설명을 유머의 우월성 이론 또는 멸시 이론이라고 부른다.

유머가 타인에 대한 공격적인 조롱으로 사용되는 경우도 있지만 자신의 단점이나 약점을 희화화함으로써 부정 정서를 회피하거나 다른 사람을 즐겁게 하는 경우도 있다. Vaillant(1977)는 유머를 성숙한 방어기제의 하나로 간주하고 있다. 유머는 스트레스 상황에 처한 자신을 웃음거리로 여김으로써 스트레스 사건의 정서적 악영향을 감소시키기 때문에 적응적인 것이라고 주장하였다. 그에 따르면, 이러한 자기 희화적 유머는 적대적 유머와 구별되어야 한다. 다른 사람을 멸시하거나 모욕하는 적대적인 유머는 스트레스 경험을 경감시키지 못할 뿐만 아니라 사회적 관계를 악화시킨다. 반면에, 자기 희화적 유머는 자신의 한계나 실패를 유쾌한 것으로 전환함으로써 스트레스를 완화할 뿐만 아니라 다른 사람을 즐겁게 함으로서 인간관계를 증진한다. 이처럼 유머는 다른 사람보다 자기를 향해 사용되는 것이 바람직하다. 특히 자신의 한계나 실패에 직면했을 때 그것을 희화화함으로써 심각성을 경감시키는 자기 지향적 유머(self-directed humor)는 가장 성숙한 방어기제라고 할 수 있다.

유머의 최적 각성 이론

유머의 정신분석적 이론과 우월성 이론은 유머의 동기적 측면에 주목하여 성적이거나 공격적인 동기를 유희적 방식으로 표출함으로써 긴장 완화나 우월성 확인을 통해 즐거움을 느끼게 된다고 설명하고 있다. Berlyne(1969, 1972)은 긴장 완화와 관련된 유머의 심리적 기제를 좀 더 구체적으로 설명하는 각성 이론을 제시하였다. 그는 유머뿐만 아니라 예술작품의 감상과 놀이의 즐거움을 포함한 심미적 경험을 설명하고자 했으며, 심미적인 즐거움을 제공하는 자극의 특성에 주목하였다. 그에 따르면, 심미적 즐거움을 유발하는 자극은 참신성, 놀라움, 복잡성, 모호성, 모순성 등과 같은 돌출적 속성을 지닌다. 농담과 유머는 이러한 돌출적 속성을 포함하고 있으며 사람들의 흥미를 강력하게 유인한다.

Berlyne(1972)은 어떤 자극이 적절한 수준의 각성상태를 유발할 때 심미적인 즐거움을 경험하게 된다고 주장한다. 지나치게 낮거나 높은 각성 상태는 불쾌한 것으로 경험되며, 최적 수준의 각성상태에서 가장 커다란 즐거움을 느끼게 된다. 유머는 지나치게 낮거나 높은 각성상태를 적절한 수준으로 변화시킴으로써 유쾌한 즐거움을 유발한다. 특히 유머의 핵심부분이 제시되었을 때, 각성상태가 급격하게 최적수준으로 복귀하면서 유쾌한 재미를 느끼며 폭소를 터뜨리게 된다. 유머의 즐거움은 유머의 돌출적 속성이 사람들의 각성상태를 가장 적절한 수준으로 급격하게 변화시킴으로써 유발되는 것이다. 이와 유사한 과정이 예술 감상이나 놀이에서도 일어나지만, 유머는 각성수준의 변화가 짧은 시간에 급격하게 일어날 뿐만 아니라 돌출적 속성이 역설적이거나 모순적이라는 점에서 다른 유형의 심미적 경험과 구별된다.

유머의 괴리이론

유머는 내용적 측면에 있어서 갑작스러운 반전을 통해 웃음을 유발한다. 이러한 점에 주목하여 Koestler(1964)는 유머의 괴리이론(incongruity theory)을 제시하였다. 그에 따르면, 유머는 자기 모순적이거나 적절히 양립할 수 없는 이질적인 요소를 포함하고 있다. 폭소를 터뜨리게 만드는 농담의 급소 문구는 상황과 모순적이거나 예상을 뒤엎는 요소를 포함하고 있다. 즉, 유머는 듣는 이의 기대와의 괴리를 포함하고 있다. 뜻밖의 결말을 통해서 갑작스럽게 직면하게 되는 모순과 괴리가 유머의 핵심이다.

그러나 기대와의 괴리나 모순이 항상 재미있는 것은 아니기 때문에 괴리만으로는 유머의 즐거움을 설명하는 데 한계가 있다. Schultz(1972)는 괴리가 재미있으려면 어떤 방법으로든 그 괴리가 해소되거나 의미를 지녀야 한다고 주장하면서 괴리해소 이론을 제시하였다. 그에 따르면, 농담의 급소 문구는 농담 도입부의 내용과 양립될 수 없는 정보를 제시함으로써 괴리를 만들어낸다. 괴리를 경험한 사람은 도입부로 되돌아가서 급소 문구가 해석될 수 있는 가능성을 찾게 된다. 이 과정에서 급소 문구와의 괴리를 해소할 수 있는 의미를 순간적으로 발견함으로써 반전의 즐거움을 느끼며 폭소를 터뜨리게 된다.

이 경우에 괴리를 해소할 수 있는 의미를 발견하지 못한 사람은 유머의 즐거움을 느끼지 못하게 된다. Suls(1972, 1983)는 유머 이해가 문제해결 과정과 유사하다고 주장하면서 유머 이해의 2단계 모델을 제시하였다. 이 모델에 따르면, 농담의 도입부는 듣는 사람으로 하여금 결말을 예측하게 만든다. 급소 문구가 제시되었을 때, 예측 내용과 급소 문구가 양립되지 않는 괴리를 발견하고 강한 호기심을 느끼게 되는데, 이러한 과정이 유머 이해를 위한 첫 단계다. 괴리를 인식한 사람은 놀람과 호기심 속에서 농담 도입부의 이야기로 돌아가서 급소 문구와 양립될 수 있는 인지적 연결고리를 찾게 된다. 이러한 두 번째 단계에서 인지적 연결고리를 발견하게 되면, 괴리가 갑자기 해소되면서 농담이 재미있는 것으로 인식되어 웃음을 터뜨리게 된다. 유머감각이 뛰어난 사람은 괴리 해소를 위한 연결고리를 찾아내는 문제해결 능력이 우수한 사람이라고 할 수 있다. 반면에, 그러한 연결고리를 발견하지 못해 농담의 의미를 이해하지 못하거나 한참 시간이 흐른 후에야 그 연결고리를 찾아내고 뒤늦은 웃음을 보이는 사람들도 있다.

유머의 반전이론

유머는 재미를 위한 유희의 일종으로서 심각하지 않은 활동이다. 웃음을 유발하는 유머와 놀이는 동일한 진화적 뿌리를 지닌 것으로 이해되고 있다. 유머는 유희적 속성을 지닌다는 점에서 심각성을 지니는 다른 행위와 구분된다. 이러한 생각은 Apter(1982)에 의해서 반전이론(reversal theory)으로 발전되었다. 그에 따르면, 유희는 심각한 문제의 스트레스로부터 자신을 분리시키기 위해서 안전하고 유쾌한 심리상태로 전환하려는 노력이다. 유희적 심리상태는 재미있는 활동을 지향하는 상태로서 심각한 행위를 할 때 나타나는 목표 지향적 심리상태와 구별된다. 우리는 하루에도 여러 번 두 가지의 심리상태를 오가며 반전하게 된다. 목표 지향적 상태에서는 심각성을 지니는 목표의 달성에 관심을 지니는 반면, 유희적 상태에서는 목표가 이차적인 것으로 물러나고 진행 중인 행위 그 자체를 즐기게 된다. 목표 지향적 상태는 미래 지향적인 반면, 유희적 상태는 현재 지향적이다. 유머는 이러한 유희적 심리상태에서 일어나는 행위 중 하나다.

Apter(1982, 2001)는 Berlyne의 주장과 달리 각성수준과 즐거움의 관계가 심리상태에 따라서 달라진다고 주장한다. 목표 지향적 상태에서는 높은 각성(불안)이 불쾌한 것으로 지각되고 낮은 각성(이완)을 선호하는 반면, 유희적 상태에서는 낮은 각성(지루함)이 불쾌한 것으로 지각되고 높은 각성(흥미진진함)을 추구하게 된다. 유희적 심리상태에서는 롤러코스터를 타거나 위험을 추구하면서 각성수준을 높이며 재미를 추구한다. 또한 유희적 상태에서는 각성수준을 증가시키는 자극의 돌출적 속성으로 인한 모순이나 괴리가 즐거운 것으로 인식된다. 유머를 통해 발생되는 괴리는 사람이나 상황을 처음보다 덜 고상하고 덜 심각한 것으로 만드는 평가절하의 기능을 지닌다. 유머는 서로 모순되는 두 가지의 해석, 즉 심각한 해석과 유희적 해석이 가능한 상황을 포함하는데, 유희적 상태에서는 사람이나 상황을 평가절하 하는 덜 심각한 유희적 해석을 채택함으로써 즐거움을 경험하게 된다. 다른 사람의 웃음이나 즐거운 표정과 같은 환경적 단서들이 유희적 상태를 유도하는 데 기여한다. 또한 농담의 내용에 포함되어 있는 놀라움, 성, 폭력,

금기 등의 주제 역시 각성상태를 증진시키는 데 기여한다. 유머는 짧은 시간 내에 이러한 다양한 요인들이 서로 연계되어 상승작용을 일으켜 더 큰 즐거움을 유발하게 된다. Apter의 반전이론은 앞에서 소개한 여러 유머 이론들을 통합할 수 있는 기틀이 될 수 있을 것으로 기대된다(Martin, 2007).

유머감각의 측정도구

유머감각은 자기보고를 비롯하여 타인의 평가, 유머 자극에 대한 반응, 유머일지의 분석과 같은 다양한 방법을 통해서 측정되고 있다. 자기보고를 통해서 유머감각을 측정하는 대표적인 검사는 Martin과 Lefcourt(1984)가 개발한 상황적 유머반응 질문지(Situational Humor Response Questionnaire)다. 이 검사는 응답자가 다양한 상황에서 웃으며 유쾌한 반응을 나타내는 정도를 측정한다. 21개의 문항으로 구성되어 있으며 5점 척도 상에서 평정된다. 문항의 예로는 "만약 낯선 도시에서 혼자 쇼핑을 하고 있는데 우연히 학교(또는 직장)의 동료를 만났다면, 당신은 어떻게 반응을 했거나 또는 할 것인가?" 라는 물음에 대해서 5가지의 선택지 중에 하나를 선택하도록 되어 있다. 이 검사는 신뢰도와 타당도가 잘 입증되어 있다. Martin과 Lefcourt(1983)는 스트레스를 경험했을 때 유머를 사용하여 대처하는 정도를 측정하는 대처적 유머 척도(Coping Humor Scale: CHS; Martin & Lefcourt, 1983)를 개발하기도 했다. 이 척도는 4점 척도로 평정되는 7개의 문항으로 구성되어 있으며, 문항의 예로는 "내가 긴장된 상황에 있을 때 나는 무언가 재미있는 말을 하곤 한다." "내 경험에 따르면, 유머는 문제에 대처하는 데 매우 효과적인 방법이다." 등이 있다.

Svebak(1974)는 유머감각을 측정하는 자기보고형 검사인 유머감각 질문지(Sense of Humor Questionnaire)를 개발했다. 이 검사는 유머감각의 세 차원, 즉 상위메시지 민감도(상황을 유희적인 관점에서 받아들이는 능력), 개인적 선호(유머와 유희적 역할을 좋아하는 정도), 정서적 관대성(다양한 상황에서 자신의 긍정 감정을 표현하며 자주 웃는 성향)을 측정하는 하위척도로 구성되어 있다. 4점 척도로 평정되는 21개의 문항으로 구성되어 있으며 상위메시지 민감도를 측정문항의 예로는 "나는 대부분의 상황에서 무언가 웃기고 재치 있으며 재미있는 것들을 찾아낼 수 있다." 가 있고, 개인적 선호의 경우는 "웃기려고 노력하는 사람들은 자신의 자신감 부족을 숨기기 위해서 그렇게 하는 것 같다." (역채점 문항), 그리고 정서적 관대성의 경우는 "나는 다양한 유형의 정서적 표현을 잘 인내하는 사람들을 높이 평가한다." 등의 문항으로 평가된다.

유머 스타일 질문지(Humor Style Questionnaire; Martin et al., 2003)는 개인이 많이 사용하는 유머의 유형을 측정하는 자기보고형 검사다. 이 검사는 7점 척도로 평정되는 32개의 문항으로 구성되어 있으며 다음과 같은 네 가지 유형의 유머를 측정한다: (1) 친화적 유머(affiliative humor: 다른 사람의 기분을 좋게 하기 위해서 유머를 사용하는 정도), (2) 자기고양적 유머(self-enhancing humor: 자기 자신의 기분을 좋게 하기 위해서 유머를 사용하는 정도), (3) 공격적 유머(aggressive humor: 마음에 들지 않는 다른 사람을 괴롭히기 위해서 유머를 사용하는 정도), (4) 자기폄하적 유머(self-defeating humor: 자신을 웃음거리로 만들어서 다른 사람을 즐겁게 하는 정도).

이밖에도 유머감각은 자기보고 이외의 다양한 방법으로 측정되고 있다. Cattell과 Tollefson(1966)은 IPAT 유머검사를 통해 유머와 관련된 성격특질을 간접적으로 측정하는 방법을 제시했다. IPAT 유머검사는 짧은 유머를 기술한 104개의 쌍으로 구성되어 있으며 피검자는 각 쌍에서 더 재미있다고 생각하는 농담을 선택하도록 되어 있다. 이 검사는 유머와 관련된 13개 차원의 특성을 측정하고 있다.

유머감상의 3차원 검사(3 Wit-Dimension Test of Humor Appreciation; Ruch, 1992)는 유머의 세 측면, 즉 괴리 해소 유머, 난센스 유머, 성적인 유머를 측정한다. 이 검사는 30개의 농담과 만화를 제시하고 응답자로 하여금 재미있는 정도와 혐오스러운 정도를 각각 7점 척도로 평정하게 한다. 이러한 평정자료를 분석하여 개인의 유머 선호와 더불어 유머를 인식하고 감상하는 능력을 평가한다. 유머행동 분류카드(Humorous Behavior Q-Sort Deck; Craik, Lampert, & Nelson, 1996)는 다양한 유머행동을 기술한 100장의 카드를 보고 응답자가 자신에게 해당되는 정도에 따라 분류하게 하는 방식을 사용한다.

3 유머감각과 관련된 심리적 특성

유머감각은 인간의 삶에 다양한 긍정적 효과를 나타내는 것으로 보고되고 있다. 유머가 기분을 긍정적으로 변화시킨다는 점은 다양한 실험실 연구를 통해서 입증되었다(Martin, 2007). Ruch(1997)는 참가자에게 코미디 비디오를 보여 주거나 실험자가 재미있는 행동을 하는 방법으로 유머에 노출시킨 후에, 그들의 웃음 패턴과 정서를 분석하여 유머가 긍정 정서를 증진한다는 점을 밝힌 바 있다. 유머는 긍정적 기분을 유발할 뿐만 아니라 생활 스트레스로 인해 불쾌한 기분이 초래되는 것을 완충하는 역할을 한다. Martin과 Lefcourt(1983)는 다양한 유머척도를 사용하여 유머가 부정적인 생활사건으로 인한 정서적 문제의 발생을 억제한다는 것을 입증하였다. 유머가 부정 정서를 감소시킨다는 실험실 연구결과(Moran, 1996)도 보고되어 있다. 또한 유머감각을 지닌 사람들은 돈이 많거나 외모가 뛰어난 사람들보다 친교대상으로 더 선호되는 경향이 있다(Goodwin & Tang, 1991; Sprecher & Regan, 2002).

유머가 심리적 건강과 밀접한 관계를 지닌다는 점은 다양한 집단을 대상으로 한 연구에서 보고되고 있다(Martin, 2007). 노인을 대상으로 한 연구에서 유머감각은 긍정 정서, 정신건강, 삶에 대한 열망과 밀접한 관계를 나타냈다(Celso, Ebener, & Burkhead, 2003). 우울증 집단에서는 유머 특질이 낮은 사람일수록 정서적 동요가 큰 것으로 나타났다(Kuiper et al., 1998).

유머는 신체적 건강을 증진시키고 수명을 연장시킨다(Cousins, 1981). 잘 웃는 사람들은 근골격계, 심혈관계, 내분비계, 면역계, 신경계 등에 긍정적인 변화를 주어 궁극적으로 건강을 증진하는 것으로 여겨지고 있다. 또한 유머는 질병으로부터 회복하는 과정에 긍정적 영향을 미치는 것으로 보고되고 있다. 정형외과 수술을 받은 환자의 경우, 유머가 수술 후의 고통을 덜어주는 데 유용했다(Rotton & Shates, 1996). 뿐만 아니라 유머는 죽음을 받아들이는 데에도 기여하는 것으로 알려지고 있다. 배우자의 사망을 경험한 사람들 중 사망한 배우자에 관해서 이야기하며 웃을 수 있었던 사람들이 분노를 덜 느끼고 자신의 인생을 즐기는 것으로 나타났다(Bonanno & Keltner, 1997). 유머와 웃음은 고통스러운 감정으로부터 보호해 주는 동시에 삶의 덧없음을 수용하며 매일의 삶을 충실하게 살도록 돕는 긍정적인 자산으로 여겨지고 있다.

일반적으로 남자가 여자보다 농담과 장난을 더 많이 하며, 여자는 유머를 하기보다 듣고 즐기는 역할을 담당하는 경향이 있다(Lampert & Ervin-Tripp, 1998). 특히 공격적이거나 성적인 유머의 경우에는 이러한 성차가 더 커진다. 그러나 성적인 유머가 아닌 경우에는 이러한 차이가 감소하는 경향이 있다.

유머감각은 다양한 성격적 요인들과 밀접하게 관련성을 지닌다. 유머감각은 외향성과 정적 상관을 보이며 신경증 성향과는 부적 상관을 보였다(Ruch, 1994). 또한 창의성과 지능이 유머감각과 상관을 지니는 것으로 나타났다(Ruch & Köhler, 1998).

그러나 최근의 연구결과에 의하면, 모든 유형의 유머가 긍정적인 효과를 나타내는 것은 아닌 것으로 보고되고 있다. Martin 등(2003)은 유머 스타일 질문지(HSQ)를 사용하여 네 가지 유형의 유머, 즉 친화적 유머, 자기고양적 유머, 공격적 유머, 자기폄하적 유머가 다양한 심리적 특성과 어떤 관련성을 지니는지 조사하였다. 그 결과를 요약하면 다음과 같다.

첫째, 전반적으로 남성이 여성보다 유머를 더 많이 사용했다. 특히 공격적 유머와 자기폄하적 유머에서는 뚜렷한 성차가 나타났으나 친화적 유머와 자기고양적 유머는 그 차이가 미미했다.

둘째, 젊은이들이 나이 많은 성인보다 유머를 더 많이 사용했다. 이들은 친화적 유머와 공격적 유머를 모두 더 많이 사용하는 경향이 있었다. 그러나 자기고양적 유머에서는 나이와 성별의 상호작용이 나타났다. 즉, 나이 많은 성인 여성은 젊은 여성보다 자기고양적 유머를 더 많이 사용하는 것으로 나타났다.

셋째, 유머의 유형에 따라 부정 정서와 행복과의 관계가 달랐다. 친화적 유머는 자존감, 심리적 안녕, 사회적 친밀감과는 정적 상관을 보였으나 불안이나 우울과는 부적 상관을 보였다. 자기고양적 유머는 낙관성과 사회적 지지의 만족도와는 정적 상관을 보였으나 우울이나 불안과는 부적 상관을 나타냈다. 공격적 유머는 역시 적개심이나 공격성과 정적인 상관을 보였다. 특히 주목할 것은 자기폄하적 유머의 부정적인 효과인데, 이러한 유머는 우울, 불안, 적개심, 공격성, 부적응 증상과 정적 상관을 보였으며 자존감이나 심리적 안녕과는 부적인 상관을 보였다.

마지막으로, 유머의 유형에 따라 성격 요인과의 관계가 다른 것으로 나타났다. 친화적 유머는 성격의 5요인 중 외향성과 경험에 대한 개방성과 정적인 상관을 보였다. 자기고양적 유머는 외향성, 개방성, 우호성과 정적인 상관을 나타냈으나 신경증 성향과는 부적인 상관을 보였다. 공격적 유머와 자기폄하적 유머는 모두 우호성이나 성실성과는 부적인 상관을 보였으나 신경증 성향과는 정적인 상관을 보였다. 이러한 결과는 유머의 유형에 따라 그 심리적 효과나 성격 요인과의 관계가 다르다는 것으로 보여 주고 있다.

4 유머감각의 촉진요인 및 함양방법

일반적으로 아동의 유머 빈도는 친구보다 부모나 형제와 상관이 높은 것으로 나타나 유전적인 영향을 받는 것으로 보인다(Manke, 1998). 그러나 유머의 유형에 따라서 차이를 보이는데, 공격적인 유머는 유전적 영향이 강한 반면, 성적이거나 난센스 유머는 유전적 영향이 약한 것으로 나타났다. 전반적으로 가족과 함께 공유하는 환경적 영향이 유머감각의 발달에 더 중요한 것으로 보인다. 그러나 유머의 발달을 위해서는 또래들의 영향도 크다. 특히 다양한 종류의 유머를 함께 나눌 수 있는 또래 친구들은 유머를 즐기고 만들어내는 기술을 발달시키는 데 기여한다.

McGhee(1979)는 유머 감상능력의 발달 과정을 연구한 바 있다. 괴리 해소 유머에 대해서 즐거움을 느끼는 능력은 연령에 따라 증가했지만, 난센스 유머의 경우는 10대 후반 이후에 즐거움이 감소했다. 일반적으로 쾌활함은 연령에 따라 변화하지 않지만, 40대 이후가 되면 진지함이 증가했다. McGhee(1999)에 따르면, 아이들의 장난기가 유머의 운동적 요소를 반영한다. 유아의 경우에도 장난기에서 차이를 나타낸다. 특히 숨바꼭질 놀이에서 유달리 좋아하는 아이들이 성인이 되어서 명랑하고 유머감각이 뛰어난 것으로 나타났다. 아이들은 기질의 일부로 장난기를 지니고 태어나지만 성장과정에서 환경의 영향을 받게 된다. 아이의 장난기를 장려하거나 억제하는 요인들은 유머감각의 발달에 영향을 미칠 수 있는데, 부모나 교사들이 아이들의 놀이나 장난을 과도하게 억제하는 것은 유머감각의 발달을 저해할 수 있다.

유머는 정서상태에 의해서 영향을 받을 수 있다(Deckers, 1998). 장난스러운 마음 상태가 유머를 생성하는 데 중요하다(McGhee, 1979). 유머는 역경에 직면했을 때 유발되는 부정적 감정에 대처하는 방어기제로서 기능하는 경우도 있다. 성격적 강점으로서의 유머감각은 개인이나 집단이 어려움에 처했을 때 부정적 감정을 완화하고 해소하는 한다는 점에서 특히 가치가 있는 것이다. 예를 들어, 정치적 억압이 심한 사회에서 냉소적인 풍자를 담은 '블랙 유머'가 유행하는 것도 그 한 예라고 할 수 있다.

정신분석학자인 Janus(1975; Janus, Bess, & Janus, 1978)는 68명의 코미디언의 다양한 심리적 특성과 성장배경을 연구했다. 그 결과, 코미디언들은 지능이 우수하고 의심이 많으며 우울한 경향이 있는 것으로 나타났다. Janus에 따르면, 코미디언들은 어린 시절에 고난과 역경을 겪은 경험이 많으며 불안에 대한 방어로 유머를 사용함으로써 억압된 분노감정을 언어적 공격성을 전환시키는 경향이 있었다. 이들은 수줍어하고 예민하며 공감적인 경향이 있는데, 코미디 분야에서 성공한 이유 중 하나는 청중들의 공포와 욕구를 정확하게 지각하는 능력을 지녔기 때문이다. Fisher와 Fisher(1981)의 연구에 따르면, 전문 코미디언들은 자신의 코미디 능력을 아동기에 발달시키며 학교에서 학급의 익살꾼이었던 경우가 많았다.

또한 아버지를 긍정적으로 기술하는 반면, 어머니를 부정적으로 묘사하는 경우가 많았는데, 이러한 결과는 코미디언의 유머감각이 아동기 초기의 가족관계에서 유래했을 가능성을 시사한다.

Nevo, Aharonson과 Klingman(1998)에 따르면, 유머감각을 함양하는 방법은 크게 두 가지 이론적 입장에 근거하고 있다. 그 하나는 정신분석적 입장으로서 유머는 직접적으로 향상될 수 있는 것이 아니라 심리적 성숙과 치료를 통해서 간접적으로 생성되는 것이라는 주장이다. 다른 하나는 인지행동적 입장으로서 유머가 행동 강화와 인지적 재구성을 통해서 증진될 수 있다는 입장이다. 대부분의 유머능력 향상 프로그램들은 후자의 이론에 근거하고 있다. 그 대표적인 프로그램이 McGhee(1999)가 개발한 유머능력 향상 프로그램이다. 이 프로그램은 장난스러움이 유머감각의 바탕이라는 전제하에 장난스러운 시각과 태도를 구축하는 데 초점을 맞추고 있다. 이 프로그램은 총 8단계로 이루어져 있는데, 상위 단계로 갈수록 난이도가 높아진다. 예를 들어, 하위 단계에서는 일상적인 생활에서 접하는 유머를 즐기는 것으로 이루어지지만 상위 단계에서는 유머를 스스로 만들어 내고 특히 스트레스 상황에서 유희적 내용을 찾아내는 일들로 구성된다.

유머감각은 인생에 대한 유희적 태도와 세계관에 근거를 두고 있다. 유희적 세계관은 쾌활한 기질과 더불어 부정적 생활사건을 겪으면서 인간이라는 존재에 대해서 깨달은 통찰의 복합적 산물이라고 할 수 있다. 유머감각이 있는 사람들은 인간의 한계와 불완전함을 잘 알고 있을 뿐만 아니라 이를 수용하고 용서할 줄 한다. 이런 점에서 진정한 유머는 이 세상에 완전한 것은 아무것도 없다는 지혜에 근거를 두고 있는 진지한 특질이라고 할 수 있다(Ruch & Carrell, 1998).

유머감각 증진 방법(Rashid & Anjum, 2005)

- 매일 적어도 한 사람을 웃기거나 즐겁게 만들어 본다.
- 마술을 한 가지 배워서 친구에게 그것을 시행해 본다.
- 책이나 인터넷을 통해서 재미있는 유머나 이야기를 수집하여 즐긴다.
- 매일 시트콤이나 재미있는 쇼, 영화를 보거나 코믹만화를 읽는다.
- 우울해있는 친구의 기분을 풀어 준다.
- 대부분의 상황 속에서 재미있고 밝은 측면을 찾는다.
- 유머감각이 탁월한 사람들과 친구가 된다.
- 어떤 사람의 흉내를 내보고 가까운 사람들과 이야기해 본다.
- 친구들과 한 달에 한 번은 볼링, 하이킹, 자전거와 같은 야외활동을 하러 간다.
- 눈이 올 때 눈사람을 만들거나, 해변에서 발리볼을 한다.
- 친구들에게 재미있는 이메일을 보낸다.
- 애완동물과 매일 장난친다.
- 사랑하는 사람들과 불꽃놀이를 보러 간다.
- 사랑하는 사람들과 야구나 하키, 농구게임을 하러 간다.

제27장 영성

인간은 유한한 존재다. 세상과 분리된 개체로서 고독이라는 실존적인 문제를 지니고 있을 뿐만 아니라 죽음이라는 냉혹한 미래를 안고 살아간다. 과연 인생의 궁극적인 목적과 의미는 무엇일까? 세속적인 삶 속에서 아무리 부귀영화를 누린다 한들 언젠가 '나'라는 존재의 소멸, 즉 죽음을 맞이할 수밖에 없는 우리의 인생은 어떤 의미를 지니는 것일까? 무한한 우주와 영원한 시간 속에서 '나'라는 존재는 어떤 의미를 지닐까? 나는 어디에서 와서 어디로 가는 것일까? 이러한 근본적인 물음을 삶의 중심에 두고 인간 존재의 궁극적인 의미를 추구하며 살아가는 태도가 영성이다.

현대인은 무언가를 위해 늘 바쁘게 살아가지만 마음 한구석에는 공허감을 안고 살아간다. 현대사회에 팽배한 기계론적 세계관과 물질주의적 가치관은 인생의 본질적인 물음에 대해서 희망적인 해답을 제시하지 못하기 때문이다. 그래서 현대인은 인생의 궁극적인 의미를 발견하지 못한 채 소외감, 무의미감, 무가치감을 느끼는 실존적 우울(existential depression) 상태에 빠져 있다고 진단하는 학자들(May, 1950; Yalom, 1980)이 있다.

영성은 인생의 근본적인 물음에 대한 해답을 진지하게 추구하는 삶의 자세를 뜻한다. 종교가 이러한 물음에 대한 해답과 삶의 방향을 제시하고 있기 때문에, 영성은 흔히 기성 종교에 참여하거나 귀의하는 삶과 밀접한 관계를 지니고 있지만 반드시 그러한 것은 아니다. 영적인 추구는 유신론적 또는 무신론적 지향을 포함하여 다양한 방법으로 이루어질 수 있다. 영성은 인생을 보다 넓고 깊은 관점에서 바라보게 할 뿐만 아니라 인생의 궁극적인 의미와 희망을 발견하도록 돕는 긍정적인 성품이라고 할 수 있다.

영성은 초월적 덕목의 원형이라고 할 수 있다. 인생의 궁극적인 의미를 발견하려는 영적인 추구는 세속적인 가치와 더불어 편협한 개체의식을 뛰어넘는 초월적 노력이기 때문이다. 자기 존재에 대해서 깊이 성찰하고 초월적인 존재와의 연결감을 체험하며 개체의 유한성을 극복하려는 태도라는 점에서 영성은 초월과 관련된 대표적인 덕목이라고 할 수 있다.

1 영성의 정의와 유형

영성(spirituality)은 인간의 실존적 한계를 초월할 수 있는 궁극적인 것, 절대적인 것, 영원한 것, 성스러운 것을 추구하는 태도를 뜻한다. 달리 말하면, 인생의 초월적 측면에 대한 관심과 믿음 그리고 수행 노력을 의미한다. 이러한 태도를 통해서 인생의 의미와 목적의식을 느끼고 충만한 삶을 살게 된다.

인간은 일상적 삶을 넘어서 좀 더 궁극적인 삶의 의미와 가치를 추구하고자 한다. 세속적인 것들보다 좀 더 성스럽고 영원하며 절대적인 것을 갈망한다. 개체적인 자아를 넘어서 무언가 좀 더 가치 있는 커다란 것과 연결되기를 원한다. 이러한 노력이 바로 영적 추구다. 영적 추구는 종교를 통해 이루어지는 경우가 흔하지만 반드시 종교를 통해서만 이루어질 수 있는 것은 아니다.

영성은 다양한 의미로 정의되고 있다. Mauritzen(1988)은 영성을 "인간의 자기

초월적 노력"으로 정의하였고, Doyle(1992)은 "실존적 의미를 발견하기 위한 노력"으로, Pargament(1999)는 "성스러운 것의 추구"로, 심지어 Twerski(1998)는 "인간이 될 수 있는 최선의 상태"라고 정의한 바 있다. 영성은 삶의 궁극적 의미를 추구할 뿐만 아니라 개별적인 자기를 넘어서 무언가 더 큰 것과 연결되기를 원하는 자기초월적 태도를 말한다.

영성 연구의 대표적 학자인 Pargament(1999)는 영성의 본질을 '성스러운 것(the sacred)'에 대한 추구라고 보았다. 성스러운 것은 일상적인 것과는 현저하게 다른 경이로운 소중한 것으로서 존경과 경배의 대상이 되는 것이다. 성스러움은 흔히 신이나 초월자와 연관되지만 반드시 그런 것은 아니다. 성스러움을 느낄 수 있는 대상이나 활동은 매우 다양하다. 거대한 산이나 바다와 같은 자연환경, 성자나 위인과 같은 실제적 인물, 위대한 사상이나 이론과 같은 지적 이념, 직업이나 자녀양육과 같은 사회적 역할, 음악이나 문학과 같은 문화적 활동, 민족이나 국가와 같은 사회적 조직체 등에 대해서 성스러움을 느낄 수 있다(Pargament & Mahoney, 2002).

여러 사회과학 문헌에서 영성과 종교성(religiousness)을 동의어로 사용해 왔다. 그러나 최근에는 영성과 종교성의 구분이 이루어지고 있는데, 그 핵심적 차이는 전통적인 종교의 수용 여부에 있다. 종교성이 전통적인 종교와 관련된 영적 추구라면, 영성은 특정한 종교에 의존하지 않는 종교적 추구라고 할 수 있다. 종교는 교리와 조직체를 갖추고 있으며 소속여부의 경계가 있는 반면, 영성은 개인적이고 주관적인 노력에 의해서 추구될 수 있다(Pargament & Mahoney, 2002). 종교성은 특정한 전통적 종교의 믿음과 행동체계를 수용하고 실천하는 경향성이라면, 영성은 특정한 종교와 무관하게 인생의 궁극적 의미나 초월적 경험을 추구하는 성향이라고 할 수 있다. 그러나 영성과 종교성은 모두 우리 삶에 있어서 초월적 차원이 존재한다는 믿음을 반영한다(Mattis, 2000).

일부 사회과학자들은 종교성이 순기능적 가치들을 발달시킴으로써 사회질서를 증진하는 기능을 지닌다고 본다(Durkheim, 1915). 반면에 종교의 심리적 기능과 기원에 관해 설명하고 있는 Freud(1927, 1938)에 따르면, 종교는 유아기의 충동과 두려움에 대한 방어 필요성의 결과로 출현한 것이다. 즉, 기독교의 하나님을 비롯한 신적인 존재는 인간인 아버지로부터 기대할 수 없는 무조건적 사랑과 전지전능한 권능을 지닌 아버지에 대한 희망을 충족시키기 위한 상상적 창조물이라는 것이다. Houf(1945)는 종교들이 다음과 같은 세 가지의 공통적 요소를 지닌다고 주장한다: (1) 초월적이고 초인간적인 존재에 대한 믿음, (2) 선(善)을 포함한 중요한 가치에 대한 탐색과 흥미, (3) 이러한 가치와 일치하는 행동, 태도, 경험에의 집중. 최근에는 종교의 정의에 있어서 성스러움(sacredness)의 개념을 강조하는 경향이 있는데, Pargament(1997)는 종교를 "성스러움과 관련된 의미의 탐색"이라는 정의하기도 했다.

영성과 종교성은 인간의 삶에 방향성과 목적의식을 심어줄 뿐만 아니라 심리적 안정과 더불어 강렬한 초월경험을 제공한다. 또한 역경을 이겨낼 수 있는 심리적 강인함을 얻을 수 있고 인생과 세상에 대한 다양한 의문을 해소하는 데에도 도움을 준다. 이러한 성격적 강점은 종교적 순교자들이나 삶을 통해 도덕적인 모범을 보여 준 인물들(예: 슈바이처, 테레사 수녀, 달라이 라마)에게서 그 전형을 볼 수 있다. 영성과 종교성의 반대말에는 '정신적 공허' '세속적임' '인생의 목적과 방향 상실' 등이 해당될 것이며 부정적인 의미를 담고 있다. 그래서 대부분의 사회에는 영성을 증진하고 유지시키는 종교적 제도나 관습들이 존재한다.

2 영성에 대한 심리학적 이론

영성에 대한 심리학적 논의는 크게 두 가지로 구분될 수 있다. 첫째는 기독교를 비롯한 유일신 신앙에 근거한 종교적 체험에 관한 것이며, 다른 하나는 특정한 종교를 넘어서 인간의 다양한 영적 체험에 관한 것이다.

유일신 신앙과 영성

기독교의 종교적 체험에 관한 심리학적 논의는 Freud에 의해서 시작되었다. Freud(1913, 1927)는 종교를 유아기의 충동과 두려움에 대한 방어의 결과로 이해하였다. 기독교의 하나님을 비롯한 신적인 존재는 아버지로부터 기대할 수 없는 무조건적 사랑과 전지전능한 권능을 지닌 아버지에 대한 소망을 충족시키기 위한 상상적 창조물이라는 것이다. 어린 아동은 부모 특히 아버지를 전지전능한 존재로 지각한다. 무력한 아동은 강력한 인물의 사랑과 보호를 받음으로써 모든 욕구가 충족되는 천국을 경험하게 된다. 그러나 아동은 성장과정에서 아버지의 한계를 인식하고 자연의 무자비함과 인생의 역경을 경험하면서 아버지에 대한 절박한 갈망을 상상 속의 전지전능한 인물인 신에게로 전환한다. 또한 아동은 오이디푸스 갈등을 경험하면서 아버지에 대한 공포, 원망, 죄의식을 경험하게 되는데, 이러한 심리적 경험이 신에게 투사된다. 그래서 신은 사랑과 권능을 지닌 의지의 대상이 동시에 공포와 죄의식의 대상의 되는 양가적 측면을 갖게 된다. 즉, 신에 대한 종교적 경험은 아버지에 대한 아동의 유아기 경험이 투사된 환상이라는 것이다.

분석심리학을 제창한 Jung(1947)은 종교를 인간 영혼의 본질적 기능이 발현된 것으로 보았다. 그에 따르면, 인간의 삶은 깊은 무의식 속에 존재하는 영혼의 핵심인 자기(Self)의 발현을 지향하고 있다. 자기는 개인을 구성하는 다양한 기능의 분화와 통합을 지향하면서 자기실현을 추구한다. 인간의 깊은 내면세계에는 인류의 공통적인 경험이 오랜 진화과정에서 누적된 집단적 무의식이 존재하는데, 여기에는 인간의 경험을 특정한 방식으로 구조화하는 심리적 틀을 의미하는 다양한 원형(Archetype)이 잠재해 있다. 종교는 성스러운 것을 추구하는 원형의 발현으로서 인간의 보편적 경험이다. 신이나 구원자는 원형의 하나로서 '자기'의 상징적 표현이다. 즉, 종교적 추구는 영혼의 핵심인 자기가 구체적으로 발현되는 삶의 궁극적 목표이자 과정이라는 것이다.

유신론적 종교경험에 대한 현대의 심리학적 접근은 종교의 심리적 기원과 더불어 그 기능에 초점을 맞추고 있다. 영성은 '성스러운 것에 대한 추구'로서 신에 대한 추구는 아동기부터 시작된다(Pargament, 1999; Pargament & Mahoney, 2002). 신의 개념은 어린아이들이 초인적 존재를 상상하는 능력에 뿌리를 두고 있으며 주요한 애착 인물과의 상호작용과 관련되어 있다. Kirkpatrick(1999)은 신에 대한 애착의 특성이 부모에 대한 애착의 특성과 유사하다는 점을 지적하고 있다. 이러한 영성은 인간의 한계를 드러내는 인생의 중요한 사건과 역경으로부터 성장한다고 주장하는 학자들이 있다(Johnson, 1959; Pargament, 1997).

신성시와 영성

신은 영성의 이해에 있어서 매우 중요하지만 전부는 아니다. 영성은 신이 아닌 것을 통해서 추구될 수 있기 때문이다. 영성의 핵심적 요소는 신성한 것을 발견하는 것이다. 신성시(sanctification)는 어떤 대상을 성스러운 것으로 인식하는 심리적 과정을 의미한다(Pargament, 1999). 신성시를 통해서 이 세상 모든 것은 성스러움의 대상이 될 수 있다. 신성시는 신과의 관련성 속에서 일어날 수도 있고 그렇지 않을 수도 있다. 유일신을 숭배하는 종교에서도 신의 모습이 모든 것에 발현된다고 믿으며, 범신론적인 종교에서는 모든 것에 성스러운 영혼이 깃들어 있다고 여긴다. 무신론자들의 경우에는 어떤 대상이나 활동에 일상적 것과는 다른 위대한 가치나 의미를 부여함으로써 성스러움을 느낄 수 있다.

신성시를 통해서 개인에게 세 가지의 변화가 일어난다(Mahoney et al., 1999). 첫째, 사람들은 신성하게 여기는 대상을 계속 유지하고 보호하려 한다. 둘째, 신성한 것을 위해서 자신의 많은 것을 투자하거나 희생할 수 있다. 셋째, 사람들은 신성한 것과의 관계를 통해서 인생의 의미를 발견하고 강인한 힘을 얻으며 행복감을 느끼게 된다. 신성한 것의 추구는 인간의 심리적 또는 사회적 적응에 많은 이득을 제공한다. 대학생들이 추구하는 목표를 분석하여 행복과의 관련성을 연구한 Emmons, Cheung과 Tehrani(1998)에 따르면, 인생의 궁극적 목적과 초월적인 것에 대한 영적인 추구가 다른 목표의 추구보다 행복지표와 더 높은 상관을 나타냈다.

영적인 추구에서는 신성한 것을 발견하는 것과 더불어 그것을 보존하는 것이 중요하다. 사람들은 일상생활에서 종교적 의식, 기도, 묵상 등을 통해서 신성한 것과의 관계를 유지한다. 영성은 매일의 삶에서 일어나는 사건들로부터 초월적 존재를 체험하면서 유지될 수 있다. Underwood(1999)에 따르면, 일상생활에서 경험하는 초월적 존재와의 유대감, 성령 체험, 신의 사랑에 대한 인식, 경외감, 일체감 등이 영성을 유지하고 강화한다.

종교는 개인의 실수나 실패를 보상하는 영적인 정화기능을 지니는 것으로 알려지고 있다. 대부분의 종교적 의식에는 다음과 같은 세 가지 단계가 포함된다: (1) 개인의 죄에 대한 인정, (2) 잘못에 대한 회개와 보상, (3) 신성한 수용, 용서, 화가 수반되는 과거 청산. 고해성사와 같은 종교적 의식은 개인의 죄의식과 분노를 정화하는 기능을 지닌다. Pennebaker와 Beall(1986)은 고백의 과정이 단기적으로는 괴로움을 증가시키지만 장기적으로는 정서적 안정과 신체적 건강에 기여한다고 보고하였다. 종교적 고백은 권위를 지닌 종교적 인물을 필요로 하며 신성한 존재로부터의 수용과 용서라는 특성을 지닌다는 점에서 세속적인 고백과 구별된다. 아울러 종교는 부정적인 사건의 경험을 종교적 맥락에서 재구성함으로써 긍정적인 의미를 발견하고 성장하는 기회로 전환시키는 기능을 지닌다. 경험적 연구(Jenkins & Pargament, 1988)에서도 부정적 사건을 종교적 틀 안에서 해석하는 사람들이 질병과 위기에 더 잘 적응하는 것으로 나타났다.

무신론적 종교와 영성

영성에 대한 서구 심리학계의 관심은 동양 종교의 전파와 더불어 증가했다. 특히 선불교와 명상은 무신론적 입장에서도 영적인 추구가 가능하다는 것을 보여주었다. 이러한 영적 추구의 핵심은 삶의 본질에 대한 통찰과 자기초월이다. 불교는 인간의 존재와 경험이 수많은 요인들의 결합에 의한 것으로 끊임없이 변화하는 무상한 것임을 강조한다. 실존적 문제의 핵심을 구성하는 자아라는 존재도 하나의 인식체일뿐 실재하는 실체가 아니라고 본다. 이러한 깨달음을 통해서 실존적인 문제로부터 자유로워지는 해탈의 경지에 도달할 수 있는 것이다.

무신론적인 영적 추구의 가장 대표적인 수행방법은 명상이다. 명상(meditation)은 주의를 한 곳에 집중하여 마음을 청정하게 만들고 나아가서 삶에 대한 통찰에 이루게 하는 영적인 수행방법이다. 명상은 본래 힌두교나 불교의 수행방법으로 시작되었으나 대부분의 종교들은 명상을 영적 수행의 방법으로 사용하고 있다. 명상 방법은 주의를 집중하는 대상이나 방식에 있어서 매우 다양하지만 크게 집중명상과 관찰명상으로 나눌 수 있다(Goleman, 1972a, 1972b). 집중명상(samatha)은 주의를 지속적으로 한 곳에 집중하는 방법으로서 흔들리지 않는 평온한 마음 상태를 경험하고 계발하는 것을 목표로 한다. 이러한 집중명상은 몸과 마음을 안정시켜 심리적 · 신체적 건강에 도움이 되는 것으로 이미 많은 연구를 통해서 밝혀져 있다(Goleman & Schwartz, 1976; Wallace & Benson, 1972). 뿐만 아니라 깊은 집중명상을 통해서 자아와 세계의 경계가 사라지는 초월적 의식상태를 체험함으로써 우리의 존재와 삶에 대한 나름대로의 통찰에 이를 수도 있다.

또 다른 명상 방법은 관찰명상이다. 관찰명상(vipassana)은 변화하는 의식과 현상에 의식을 집중하여 있는 그대로 바라보며 알아차리는 방법으로서 흔히 마음챙김 명상(mindfulness meditation)이라고 불리고 있다. 마음챙김 명상은 주의를 내면으로 집중하여 자신의 마음에 떠오르는 모든 현상을 있는 그대로 알아차리는 방법이다. Germer(2005)에 따르면, 마음챙김의 핵심적 특징은 (1) 현재의 경험(present experience)을 (2) 수용적으로(with acceptance) (3) 자각하여 알아차리는 것(awareness)이다. Kabat-Zinn(1990)은 마음챙김을 통해서 현재의 순간에 주의를 집중하는 능력이 증진되고, 의도적으로 몸과 마음을 관찰함으로써 순간순간 체험한 것을 느끼며, 또한 체험한 것을 있는 그대로 받아들이게 된다고 보았다. Teasdale(1999)에 따르면, 마음챙김은 생각을 실재하는 현실이 아니라 내적인 정신적 사건으로 자각하는 능력, 즉 자기 자신을 생각과 감정에서 분리하여 거리를 두는 능력을 증진시킨다.

마음챙김 명상의 주요한 특징은 현재의 자기경험을 관찰하되 비판단적, 비평가적, 수용적 자세로 이러한 관찰에 임하는 것이다. 몸과 마음에 일어나는 현상과 체험을 '있는 그대로' 즉, 그러한 알아차림에 대해서 의미를 부여하거나 해석하거나 평가와 판단을 하지 않는 수용적 자세로 관찰한다. 이러한 수용적 자기관찰은 자기이해와 더불어 자기수용을 증진한다는 점에서 심리적 평정과 성장을 촉진하는 요인이라고 할 수 있다.

마음챙김 명상에서는 호흡, 걷기, 신체활동, 감각, 감정, 생각, 욕망 중 어떤 것에 대한 관찰이든 주의 깊게 지속적으로 변화를 관찰한다. 몸과 마음에서 일어나고 있는 경험을 관찰하는 과정에서는 우리의 의식이 '관찰하는 의식'과 '체험하는 의식' 즉, 관찰자아와 체험자아로 분리되어 이들 간의 탈동일시가 일어나게 된다(권석만, 2006). 이러한 탈동일시를 통해서 다양한 심리적 경험을 충분히 자각하되 정서적 동요 없이 받아들일 수 있게 된다. 마음챙김 명상을 통해서 자기경험(생각이나 감정)을 거리를 두고 바라볼 수 있는 능력이 향상되면, 어떠한 부정적 경험(분노, 불안, 우울을 유발하는 경험)에 대해서도 그것에 함몰되지 않은 채 이러한 경험으로부터 자유로운 심리상태를 견지할 수 있게 된다(Kabat-Zinn, 1982, 1990). 마음에 떠오른 '모든 감정이나 생각'은 '실제로 일어난 사실'이 아니라 '자신의 마음에 나타난 하나의 사건'으로 거리를 두고 바라보게 함으로써 그러한 감정과 생각으로 인한 정서적 동요를 경험하지 않게 된다(Teasdale, 1999). 몸과 마음에서 일어나는 모든 현상을 관찰자아의 관점에서 바라볼 수 있다면, 우리는 끊임없이 변화하는 몸과 마음의 현상을 생생하게 알아차리되 그에 휘말리지 않고 평정한 마음상태로 살아갈 수 있을 것이다(권석만, 2006).

자기초월 심리학과 영성

영성은 초기 심리학자들에게 있어서 주요한 관심사였다. 미국 심리학의 창시자로 여겨지고 있는 William James(1902)는 『종교적 경험의 다양성(*The Varieties of Religious Experience*)』이라는 저술을 통해서 영성과 관련된 주제를 논의한 바 있다. 그러나 20세기 전반기에 과학적인 방법론을 강조하는 행동주의 심리학이 발흥하면서 영성에 대한 심리학자의 관심은 급격하게 감소하였다. Maslow를 비롯한 인본주의 심리학자들에 의해서 영성에 대한 관심이 명맥을 유지하다가 1970년대에 제4의 심리학이라고 일컬어지는 자기초월 심리학(transpersonal psychology)이 제기되면서 그 관심이 되살아났다. 자기초월 심리학은 인간이 이를 수 있는 최고의 상태에 대한 연구로서 인간 의식의 영적이고 초월적인 상태를 이해하고 실현하는 데 관심을 지닌다(Lajoie & Shapiro, 1992). 영적인 자기계발, 절정경험, 신비체험 등을 연구하는 자기초월 심리학에서는 영성이 주요 관심사다.

자기초월 심리학의 대표적인 이론가는 Ken Wilber다. 그는 동서양의 방대한 학문적 이론과 종교적 경험을 종합하여 인간의 의식수준을 전개인적 상태(prepersonal state), 개인적 상태(personal state), 초개인적 상태(transpersonal state)로 구분하였다(Wilber, 1977, 1980, 1981). 그에 따르면, 이러한 세 가지 의식상태는 각각 하의식, 자기의식, 초의식에 해당하며 전합리적, 합리적, 초합리적 속성을 지닌다. 의식수준의 측면에서 보면, 인류는 전개인적 상태에서 개인적 상태로 그리고 초개인적 상태로 진화하고 있다. 전개인적 상태는 물질적 세계와 미분화된 융합상태로서 자아, 이성, 영성이 존재하지 않는 상태다. 개인적 상태는 전 단계에서 모호했던 자기지각과 자기개념의 통합된 자기의식이 서서히 확립되어 가는 단계다. 초개인적 상태는 물질적 자아의 한계를 넘어서는 초월적인 감각과 마음의 상태를 의미한다. 이 상태에서는 오감으로 식별할 수 없는 초감각적 세계의 체험을 통해서 자기의식의 최고 원형인 신과의 일체화가 일어난다.

Wilber(1977)는 이러한 세 단계의 의식상태를 더욱 세분하여 12개의 의식수준을 제시하고 있다. 집단으로서의 인류는 현재 개인적 의식상태, 즉 자기의식의 수준에 도달한 상태이지만, 예수, 붓다, 루미, 삼바바와 같은 초월적 성자와 신비가들은 이러한 상태를 넘어서 초개인적인 의식상태에 도달한 사람들이다. 인류는 의식의 진화과정에 있으며 영적인 수행을 통해서 높은 수준의 의식상태에 도달할 수 있다. 영적인 추구는 높은 수준의 의식상태에 도달하기 위한 영적인 성장과정이라고 할 수 있다. Wilber의 주장은 이론적이고 사변적인 것이지만 종교를 위시한 방대한 인류문화를 통합하여 이해할 수 있는 거대이론이라고 할 수 있다. 인간의 다양한 영적 체험들을 이해하는 거대한 기틀을 제시한 것이라고 할 수 있다.

영성의 측정도구

영성과 종교성에 관한 실증적인 연구 관심이 증가함에 따라 다양한 측정도구들이 개발되었다. 그러나 영성이나 종교성이 매우 포괄적인 개념이기 때문에, 대다수의 측정도구들은 영성이나 종교성과 관련된 특정한 측면에 초점을 맞추고 있다.

종교적 태도를 측정하는 데 가장 널리 사용되는 측정도구 중 하나는 내내적-외재적 종교동기 척도(Intrinsic-Extrinsic Religious Motivation Scale; Allport & Ross, 1967)다. 내재적 종교성은 신앙을 받아들이고 그에 일치하는 삶을 추구하는 사적인 측면을 반영하는 반면, 외재적 종교성은 공적인 예배의식에 참여하는 정도를 뜻한다. 20개의 문항으로 구성된 자기보고형 척도로서 Gorsuch와 McPherson(1989)에 의해 개정판이 개발되었다.

영적 웰빙 척도(Spiritual Well-Being Sclae; Ellison, 1983)는 하나님과의 관계를 뜻하는 종교적 웰빙과 인생에 대한 의미감을 반영하는 실존적 웰빙으로 구성된 영적인 웰빙을 측정한다. 21개의 문항으로 구성된 자기보고형 질문지로서 비교적 신뢰도와 타당도가 잘 입증되어 있다.

Howden(1992)은 영적 건강을 측정하기 위해서 영성평가 척도(Spiritual Assessment Scale)를 개발하였다. 이 척도는 영적 건강을 반영하는 네 개의 구성요소, 즉 삶의 의미와 목적, 내적 자원, 상호연결성, 초월성을 측정하는 28개의 문항을 6점 척도로 평가하는 자기보고형 검사다.

Hall과 Edwards(2002)는 기독교의 관점에서 영성발달 수준을 측정하기 위해서 영성평가 검사(Spiritual Assessment Inventory)를 개발하였다. 이 검사는 48개의 문항을 5점 척도에서 평정하는 자기보고형 검사로서 영성 발달의 두 차원, 즉 하나님의 인식과 하나님과의 관계 질을 측정하고 있다.

종교성과 영성의 다양한 측면을 가장 포괄적으로 측정하고 있는 도구는 다차원적 종교성/영성 척도(Multidimensional Measure of Religiousness/Spirituality; Fetzer Institute, 1999)다. 이 척도는 88개의 문항으로 구성된 자기보고형 검사로서 종교성과 영성에 관한 12개의 차원(매일의 영적 경험, 의미, 가치, 믿음, 용서, 사적인 종교적 활동, 종교적 · 영적 대처, 종교적 지지, 종교적 · 영적 과거사, 헌신, 종교조직의 관여, 종교적 선호)을 측정한다. 38개의 문항으로 축소된 단축형 다차원적 종교성/영성 척도(Brief Multidimensional Measure of Religiousness/Spirituality; Fetzer Institute, 1999)는 10개의 차원(매일의 영적 경험, 의미, 가치와 믿음, 사적인 종교적 활동, 종교적 · 영적 대처, 종교적 지지, 종교적 · 영적 과거사, 헌신, 종교조직의 관여, 영성과 종교성에 대한 전반적인 자기평가)을 측정한다. 문항에 따라 문항에 따라 4~8점 척도로 평정된다.

이 밖에도 종교적 신념이나 가치, 종교적 지향성, 종교적 헌신 등을 측정하는 다양한 척도들이 개발되어 있다. 그러나 대부분의 척도들이 기독교를 위시한 유일신 종교에 초점을 맞추어 종교성과 영성이 평가되고 있다.

전통적 종교에 소속되지 않은 사람들의 영성을 평가하는 측정도구로는 영적 지향성 척도(Spiritual Orientation Inventory; Elkins et al., 1988)가 있다. 이 척도는 7점 척도로 평정되는 85개의 문항으로 구성되어 있는 자기보고형 검사로서 영성의 9개 구성요소, 즉 초월적 차원, 인생의 의미와 목적, 인생의 임무, 인생의 신성성, 물질적 가치, 이타주의, 이상주의, 비극의 인식, 영성의 결과를 측정하고 있다.

대다수의 영성 평가도구가 서양의 문화적 배경과 특정한 종교에 근거하여 개발되었다는 문제점을 개선하기 위해서 국내에서는 이경렬, 김정희 및 김동원(2003)이 한국문화에 적절한 영성 척도를 개발하였다. 이 척도는 5점 척도로 평정되는 30문항으로 구성된 자기보고형 검사로서 6개의 요인, 즉 초월성, 삶의 의미와 목적, 자비심, 내적자원, 자각, 연결성을 측정하고 있다. 문항의 예로는 "우주(하느님, 부처님, 참나, 존재 등)는 나와 함께 있다." "나는 자아를 넘어 더 큰 나를 발견한다."(초월성), "나는 내 삶에 방향과 목적을 제공하는 인생 목표가 있다." "나는 내가 사는 이유를 안다."(삶의 의미와 목적), "나는 타인에게 봉사하는 것을 즐긴다." "나는 상대의 잘못에 대해 불쌍하고 측은하게 느낀다."(자비심), "나는 내 안에 무한한 능력이 있음을 믿는다." "나는 나의 삶에서 일어나는 일들을 통제할 수 있다."(내적 자원), "나는 지금 나의 생각과 느낌을 알아차린다." "나에게 일어난 일이 나에게 어떤 영향을 미치는지 알아차린다."(자각), "나는 내가 살고 있는 공동체와 연결되어 있음을 느낀다." "나는 사람을 대할 때 연결되어 있음을 느낀다."(연결성) 등이 있다.

3 영성과 관련된 심리적 특성

영성과 종교성은 개인의 행복뿐만 아니라 신체적 건강에 긍정적인 영향을 미치는 것으로 보고되고 있다(서경헌, 전겸구, 2004; Krause, 1997; Levin, 1997). 대학생들이 추구하는 목표를 분석하여 행복과의 관련성을 연구한 Emmons 등(1998)에 따르면, 인생의 궁극적 목적과 초월적인 것에 대한 영적인 추구는 다른 목표의 추구보다 행복지표와 더 높은 상관을 나타냈다. 종교성은 삶의 만족도와 유의미한 상관을 나타냈다(Ellison, Gay, & Glass, 1989). 종교성과 영성은 우울이나 불안 증상과 부적인 상관을 나타낸 반면, 전반적인 정신건강 지표와 정적인 상관을 나타내는 것으로 보고되고 있다(Lockenhoff, Ironson, O' Cleirigh, & Costa, 2009). 특히 종교성과 영성은 고난과 역경을 극복하는 데 중요한 기여를 하는 것으로 밝혀지고 있다(Ano & Vasconcelles, 2005; Masters & Spielmans, 2007). Pargament(1997)에 따르면, 종교성은 심리사회적 스트레스와 신체적 질병에 대한 대처에도 긍정적인 영향을 미쳤다. 후천성 면역 결핍증(AIDS) 환자를 대상으로 한 연구(Lockenhoff et al., 2009)에서도 영성과 종교성은 환자들의 정신건강에 긍정적인 영향을 미치는 것으로 나타났다.

종교성이 높은 젊은이들은 반사회적 행동, 약물중독, 마약판매, 불법행동 등을 회피하는 경향이 있었다(Johnson, Larson, Li, & Jang, 2000). 또한 종교행사 참여도가 높은 아동이나 청소년들은 정서적 자기조절을 잘하고, 학업성적이 좋았으며, 공격성이나 약물남용 그리고 성적 문제가 적은 것으로 나타났다(Maton & Wells, 1995; Stevenson, 1997). 종교성은 특히 인간관계에 긍정적인 영향을 미치는 것으로 나타나고 있다. 종교성이 높은 부부들은 부부갈등이 적고 배우자에 대한 이해가 높으며 자녀양육에서 지지적이고 일관성이 있었다(Brody et al., 1994). 아울러 종교성은 용서, 친절, 연민, 낙관성 등과 같은 덕목들과도 연관되는 것으로 보고되고 있다(Ellison, 1992; Wuthnow, 1991).

그러나 종교성과 영성이 항상 긍정적인 영향만을 주는 것은 아니다. James(1902)는 종교성이 정신병리와 관련되는 경우가 있음을 시사한 바 있다. Wilson(1998)은 종교성이 정신질환의 원인은 아니지만 이러한 질환의 진행과정과 증상의 발현에 영향을 미칠 수 있다는 점을 지적하였다. 또한 Allport와 Ross(1967)는 종교적 태도가 편견과 연관되어 있음을 보고한 바 있다. 외현적 종교성에서 높은 점수를 나타낸 사람들은 인종에 대해서 강한 편견을 지니는 경향이 있었다. Adorno 등(1950)은 교회 참석률, 민족중심주의, 권위주의적 성향이 서로 정적인 상관관계가 있음을 밝힌 바 있다. 또한 종교적으로 신성하게 여기는 것이 훼손될 경우에는 분노를 느끼고 공격적 행동을 나타낼 수도 있다. 아울러 종교성과 영성은 현실도피적인 경향과 연관될 수도 있다(Marx, 1990; Mattis, 2001).

종교성과 영성은 성격요인과도 밀접히 연관되어 있는 것으로 보고되고 있다. Lockenhoff 등(2009)의 연구에서 종교성과 영성은 성격의 5요인 중 성실성, 개방성, 우호성과 높은 상관을 나타냈다. 반면에 외향성은 유의미한 상관이 없었으며 신경증 성향과는 매우 경미한 부적 상관을 나타냈다.

일반적으로 여자가 남자보다 더 종교적인 것으로 알려져 있다. 여러 연구에서 여자는 남자보다 예배 참여도가 높고 기도도 더 자주 할 뿐만 아니라 주관적 신앙도 더 높은 것으로 나타나고 있다(Gallup & Lindsay, 1999). 이러한 성차에 대해서 여러 가지 이론들이 제기되었다. 정신분석 이론가들은 전지전능한 남성 신이 여자들에게는 매력적이지만 남자들에게는 오히려 위협적이라고 주장한다. 여자의 종교성은 오이디푸스 콤플렉스와 관련되어 있으며 강력하고 보호적이며 사랑을 베푸는 남성 신에 대한 강한 애착을 반영한다. 사회화 과정에 초점을 맞추는 이론가들은 여자들이 순종, 복종, 온화함과 같은 성역할을 학습하게 됨에 따라 종교적 가치를 더 잘 받아들이게 된 결과라고 주장한다(Hall, 1997). 반면에 남자들이 낮은 종교성을 나타내는 것은 종교적 가치가 남성적 성역할(예: 공격성, 경쟁심)과 잘 맞지 않기 때문이라고 본다. Gilligan(1993)은 여성의 종교활동 참여도가 남성보다 더 높은 이유에 대해서 종교성이 여성의 사회적 역할이나 연결성 욕구와 관련되어 있기 때문이라고 주장하고 있다.

여자가 남자보다 종교성이 더 높다는 연구결과들이 다수 보고되고 있지만, 이는 일부 종교에 국한된 것이라는 주장도 제기되고 있다. Lowenthal, MacLeod와 Cinnirella(2002)는 종교성의 지표를 종교의식 참석률, 기도의 빈도, 종교경전의 독서빈도로 삼는다면 유대교와 이슬람교의 경우 여자보다 남자가 더 종교적일 것이라고 지적했다. 이처럼 남자와 여자의 종교생활 참여는 종교와 문화에 따라서 다를 수 있기 때문에 종교성에서의 성차는 신중하게 이해되어야 한다.

4 영성의 촉진요인 및 함양방법

영성이나 종교성의 발달에 있어서 부모-자녀 관계가 중요한 역할을 하는 것으로 알려져 있다. Jacobs(2000)는 아동과 부모의 공감적 유대가 정서적 바탕이 되어 종교적 믿음과 소속감이 세대에 걸쳐 전달된다고 보았다. 부모에게 정서적으로 애착되어 있는 사람들은 부모의 종교적 믿음과 행동을 기억하면서 그에 대한 강력한 애착을 보이게 된다. 가족의 응집력은 종교적 믿음이 세대에 걸쳐 세습되는 데에 중요한 역할을 하게 된다.

부모는 자녀의 종교적 소속감, 종교적 믿음 그리고 종교적 헌신에 영향을 미치는 것으로 여겨지고 있다. 또한 자녀의 종교적 사회화 과정에서 아버지와 어머니는 각기 다른 역할을 하는 것으로 알려지고 있다. 어머니가 자녀의 종교적 소속감과 참여도에 강력한 영향을 미치는 것으로 나타났다(Myers, 1996). 그러나 Clark, Worthington과 Danser(1988)에 따르면, 자녀의 성별에 따라 종교적 사회화 과정에서 아버지와 어머니의 영향이 달라진다. 예컨대, 아버지는 아들의 종교적 신념과 참여도에 중요한 영향을 미치는 반면, 어머니는 아들이 종교적 원리를 일상생활에 적용하는 데에 중요한 영향을 미치는 것으로 나타났다. 또한 핵가족 속에서 양육되고 어머니가 직업을 갖지 않으며 부모가 모두 같은 종교적 태도를 지니고 있는 자녀일수록, 종교에 더 깊이 관여하는 경향이 있다(Myers, 1996).

종교성의 발달을 억제하는 요인들에 대해서 알려진 바가 많지 않다. 그러나 Pargament(1997)는 사람들이 고통과 상실의 경험으로부터 아무런 의미를 찾을 수 없거나 사랑이 많고 공정하신 하나님의 개념으로 도저히 이해할 수 없는 역경에 처하게 될 경우 종교를 떠나게 될 것이라고 언급한 바 있다. 또한 스트레스, 건강 악화, 부정적인 교회 경험 등은 사람들로 하여금 공식적인 종교활동의 참여도를 감소시키게 될 것이다.

일반적으로 무신론자들도 심각한 곤경에 처하게 되면 심리적 위로와 지원을 얻기 위해서 신을 찾거나 종교에 귀의하게 된다는 속설이 있다. 이러한 속설이 입증된 바는 없지만, 인간의 능력으로 해결할 수 없거나 이해할 수 없는 사건에 직면하게 될 경우 사람들이 종교를 찾게 된다는 증거들이 있다(Mattis, 2002). 그러나 역경에 처한 사람들이 비종교적인 다른 해결방안들에 비해서 종교로부터 역경의 의미와 심리적 위안을 더 많이 얻을 수 있을 경우에만 종교에 귀의하게 될 것이다(Pargament, 1997).

전통적으로 종교교육은 주로 가족, 종교기관 그리고 종교부설 교육기관에 의해서 이루어져 왔으며, 대부분의 종교는 다양한 방식의 전도활동을 하고 있다. 우리 사회에는 다양한 종교가 난립하고 있어 서로 경쟁적이고 공격적인 전도활동을 펼치기도 한다. 이러한 과정에서 종교는 독선적 배타주의나 세속적 물질주의에 함몰되어 수많은 비극적 사건과 불행을 초래하기도 했다. 영성은 반드시 특정한 종교에 소속되어야만 함양될 수 있는 것은 아니다. 치열한 자기성찰과 이타적 행동실천은 진정한 영성과 종교성의 심화에 필수적인 요소라고 할 수 있다. 영적인 추구를 통해서 성스러움을 접하게 되면, 자기가치감이 향상되고 다른 사람과의 관계가 더 원만해지며 초월적인 존재와의 연결감을 느끼게 된다(Pargament & Mahoney, 2002).

성스러운 존재와의 관계를 형성하고 유지하는 영적인 방법은 다양하다. 기도, 명상, 암송, 사경, 헌신, 이타행동, 일상생활에서의 영적 의미 발견 등이 있다. 가장 대표적인 방법은 기도다. 기도(prayer)는 성스러운 존재와의 상상적 또는 실제적 만남 속에서 의사소통하는 경배 행동을 뜻한다. Poloma와 Gallup(1991)은 기도를 그 형식과 내용에 따라 크게 네 가지 유형으로 구분하고 행복과의 관련성을 탐색하였다. 그들에 따르면, 기도는 의례적 기도(기도문을 읽거나 암송하는 경우), 구복적 기도(신에게 물질적 도움을 요청하는 경우), 회개적 기도(자신의 죄를 용서해주도록 신에게 요청하는 경우), 명상적 기도(그저 신과 함께 존재하며 시간을 보내는 경우)로 구분될 수 있다. 연구결과, 다른 형태의 기도보다 명상적 기도가 개인적 행복감이나 신과의 친근감과 더 밀접한 것으로 나타났다. Marlatt과 Kristeller(1999)에 따르면, 명상적 기도를 통해서 얻게 되는 심리적 혜택은 주로 초월적 존재와의 연결감 때문이다.

명상은 무신론적인 영적 추구의 가장 대표적인 수행방법이다. 명상(meditation)은 주의를 한 곳에 집중하여 마음을 청정하게 만들고 나아가서 삶에 대한 통찰에 이루게 하는 영적인 수행방법으로서 크게 집중명상과 통찰명상으로 나눌 수 있다. 집중명상은 주의를 지속적으로 한 곳에 집중하는 방법으로서 심리적 안정과 평화를 증진할 뿐만 아니라 자아와 세계의 경계가 사라지는 초월적 의식상태를 체험할 수 있도록 해 준다. 집중의 대상은 매우 다양하다. 촛불이나 만다라와 같은 시간적 대상, 특정한 단어나 구절의 암송과 같은 청각적 대상, 특정한 신체 부위, 어떤 심상이나 사고내용 등에 주의를 집중할 수 있다. 관찰명상은 변화하는 의식과 현상에 의식을 집중하여 있는 그대로 바라보며 알아차리는 방법으로서 마음챙김 명상이라고 불리기도 있다. 마음챙김(mindfulness)은 자신의 마음, 즉 현재의 자기경험을 비판단적, 비평가적, 수용적 자세로 관찰하는 것으로서 자신의 생각과 감정에 함몰되지 않고 거리를 두고 담담히 바라볼 수 있는 능력이 향상된다. 이를 통해서 정서적인 안정뿐만 아니라 마음에 떠오르는 모든 현상을 지나가는 구름처럼 초연하게 대할 수 있는 초월적인 삶의 태도가 함양될 수 있다. 최근에 심리학계에서는 심리치료와 영성 계발을 위한 주요한 방법으로 마음챙김에 대한 관심이 급증하고 있다.

영성 증진 방법(Rashid & Anjum, 2005)

- 매일 인생의 목적에 대해서 생각해 본다.
- 성스러운 존재와 관계를 맺을 수 있거나 보다 큰 그림 속에 있는 자신을 상기시켜주는 활동을 매일 한 가지씩 한다.
- 하루를 시작하기 전에 기도를 하거나 명상을 해 본다.
- 나에게 익숙하지 않은 종교의 의식에 참석해 본다.
- 매일 하루에 30분 정도 영성이나 종교 관련 서적을 읽는다.
- 매일 내가 하는 행동이 어떠한 영적 의미를 띠는지에 주목한다. 또는 일상과 영성을 연결시키는 방법을 생각해 본다.
- 내 삶의 근본적인 목적을 탐색해 보고 그러한 목적과 나의 행동을 연관시킨다.
- 나의 영적인 신념과 훈련들이 어떻게 나와 다른 사람들과의 관계를 진실되게 연결시킬 수 있을지 생각한다.
- 나의 대표강점을 증진시켜주는 사람들과 단체와의 유대감을 기른다.
- 내 삶에서 강한 연결감을 맺게 해 주는 경험 목록을 작성한다.

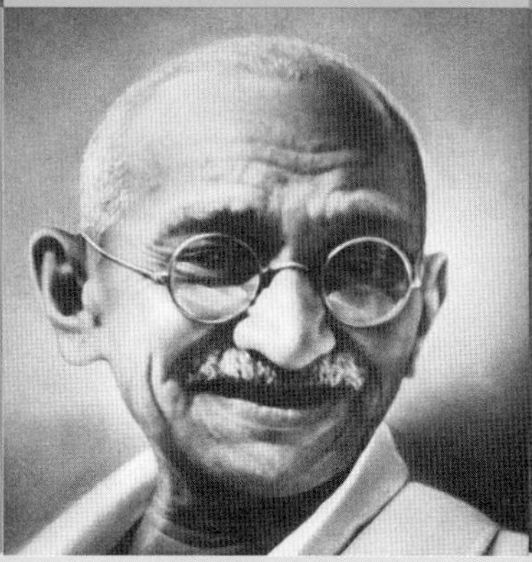

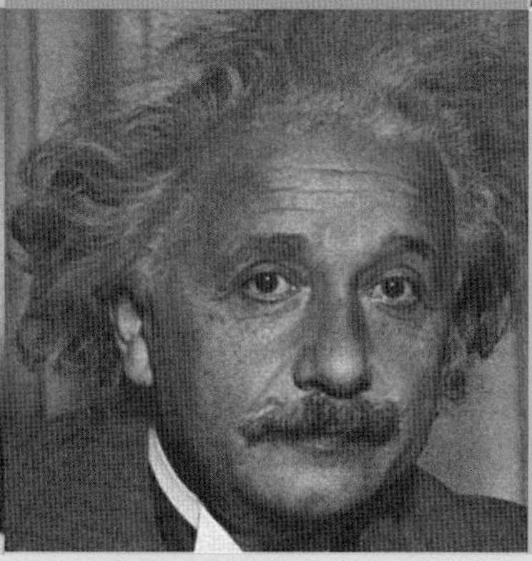

제 8 부

긍정적 성품의 이해와 활용

지금까지 긍정 심리학에서 제시하고 있는 24개의 긍정적 성품 각각을 살펴보았다. 일부의 긍정적 성품은 상당한 연구가 이루어졌지만, 다른 일부의 긍정적 성품에 대해서는 실증적인 연구가 미흡한 상태라고 할 수 있다. Peterson과 Seligman (2004)이 제시한 VIA 분류체계는 인간의 긍정적 성품들을 체계적으로 분류한 최초의 시도로서 앞으로의 연구성과에 따라 보완되어야 할 것이다.

8부에서는 인간의 다양한 긍정적 성품을 이해하고 활용하는 방안에 대해서 논의하고자 한다. 그동안 개별적인 긍정적 성품에 대해서는 다양한 연구가 이루어졌지만, 긍정적 성품 전반에 대한 과학적 탐구는 시작단계라고 할 수 있다. 최근에 긍정적 성품 전반에 대해서 이루어진 국내외의 연구결과와 더불어 앞으로 이루어져야 할 연구과제들을 살펴보고자 한다.

긍정적 성품은 유전적인 요인과 선천적인 기질의 영향을 받는 것으로 알려져 있지만 후천적인 경험에 의해서 계발되고 함양될 수 있다. 우리 사회에서 강조되고 있는 인성교육의 핵심은 긍정적 성품을 함양하는 것이다. 긍정적 성품은 부모의 양육방식, 학교장면에서의 교육, 직장 및 사회의 제도적 장치와 같은 다양한 방법에 의해서 함양될 수 있다. 8부에서는 긍정적 성품을 함양할 수 있는 구체적인 방법에 대해서 논의하고자 한다.

긍정적 성품에 대한 학술적 관심은 근본적으로 개인의 행복과 사회의 번영을 지원하기 위한 실제적인 관심과 밀접하게 관련되어 있다. 긍정적 성품은 개인의 삶에 있어서 행복과 성숙을 위한 핵심적 요건일 뿐만 아니라 모든 조직의 발전과 번영에 기여하는 중요한 인적 요인이라고 할 수 있다. 가정, 학교, 직장, 지역사회, 국가는 구성원으로 하여금 긍정적 성품을 함양하도록 촉진하는 동시에 그들이 지닌 강점을 충분히 발휘하도록 지원하는 노력이 필요하다. 사회와 국가는 구성원 개개인이 지닌 능력과 강점을 최대한 발휘하도록 지원함으로써 번영할 수 있기 때문이다.

제28장

긍정적 성품의 통합적 이해

Peterson과 Seligman(2004)의 VIA 분류체계는 인간의 긍정적 성품에 대한 체계적 이해와 실증적 연구를 위한 기틀을 제시했다는 점에서 괄목할 만한 업적이라고 할 수 있다. 정신장애의 대표적인 분류체계인 DSM(Diagnostic and Statistical Manual of Mental Disorders; American Psychiatric Association, 1952, 2000)은 일관성 있는 용어와 개념을 제시함으로써 연구자와 임상가들의 의사소통을 원활하게 만들 뿐만 아니라 실증적 연구를 위한 바탕이 되고 있다. DSM은 1952년에 1판이 출간되면서 정신장애의 실증적 연구를 위한 기폭제 역할을 하였다. 정신장애에 관한 많은 연구결과가 축적되면서 수차례의 개정을 거듭하여 현재는 DSM-IV-TR(American Psychiatric Association, 2000)이 사용되고 있으며 2013년경에 5판인 DSM-V가 발간될 예정이다. DSM의 경우와 마찬가지로, VIA 분류체계는 인간의 긍정적 성품에 대한 실증적 연구를 촉진하는 역할을 할 수 있을 뿐만 아니라 그동안 산발적으로 이루어져 왔던 연구들을 체계적으로 통합할 수 있는 기틀이 될 것으로 기대된다.

2004년에 VIA 분류체계가 출간된 이후로 긍정적 성품에 대한 실증적 연구가 급격하게 증가하고 있다. 긍정적 성품을 측정할 수 있는 도구들이 개발되었으며 이를 사용하여 다양한 심리적 측면과의 관계가 탐색되고 있을 뿐만 아니라 긍정적 성품 간의 관계에 대해서 많은 연구가 진행되고 있다. 이러한 연구결과들은 긍정적 성품에 대한 이해를 심화시킬 뿐만 아니라 앞으로 VIA 분류체계를 더욱 정교하고 세련된 형태로 발전시키는 밑거름이 될 것이다. 이 장에서는 국내외에서 이루어진 연구들을 소개하고 다양한 긍정적 성품을 통합적으로 이해할 수 있는 이론적 기반을 모색해 보고자 한다.

1 긍정적 성품에 대한 실증적 연구

인간의 긍정적 성품에 대한 과학적 연구를 위해서는 그러한 성품을 측정할 수 있는 측정도구가 필수적이다. 특히 VIA 분류체계가 제시한 다양한 긍정적 성품들의 양상과 상호관계, 그리고 다른 심리적 요인들과 관계를 탐색하기 위해서는 24개 강점을 평가할 수 있는 측정도구가 필요하다. 그동안 개별적인 성품을 평가하는 다양한 측정도구들이 개발되었지만 개념적 정의와 측정방법이 각기 달라서 긍정적 성품 전반을 체계적으로 연구하는 데에는 한계를 지니고 있다.

VIA 분류체계가 제시한 24개의 긍정적 성품을 일괄적으로 측정할 수 있는 대표적인 검사가 미국의 Values-in-Action 연구소에 의해 개발된 VIA 강점척도(Values-in-Action Inventory of Strengths)다. 국내에서는 최근에 권석만 등(2010)이 VIA 분류체계에 근거하여 24개 성격강점을 측정하는 성격강점검사(Character Strengths Test)를 개발하였다. VIA 강점척도와 성격강점검사의 구조와 더불어 이러한 검사를 사용하여 이루어진 연구결과들을 살펴보기로 한다.

1) VIA 강점척도와 실증적 연구

VIA 강점척도

VIA 강점척도(Values-in-Action Inventory of Strengths: 이하에서 VIA-IS로 칭함)는 VIA 분류체계의 24개 강점을 측정하는 대표적인 측정도구로서 Peterson, Park과 Seligman(2005)에 의해 개발되었다. 이 검사는 Values-in-Action 연구소의 지원에 의해 개발되었기 때문에 VIA라는 명칭이 붙여지게 되었다. Values-in-Action 연구소는 인간의 강점에 대한 과학적인 지식 기반의 구축을 목적으로 하는 비영리기관으로서 미국 Mayerson 재단의 후원에 의해서 설립되었다.

VIA-IS는 24개 강점을 각각 10개의 문항으로 평가하며 모두 240개의 문항으로 구성된 성인용 검사다. 피검사자는 각 문항의 내용이 자신과 같거나 다른 정도를 5점 척도 상에서 평정한다. 검사문항이 영문으로 기술되어 있는 VIA-IS는 현재 지필식 질문지 형태로 사용할 수 있을 뿐만 아니라 인터넷을 통해 검사를 받을 수 있다. 웹 기반 검사는 인터넷 사이트(www.viastrengths.org)에 접속하여 모든 검사문항에 응답하면 곧바로 5개의 대표강점을 알려주는 검사결과가 제시된다. 대표강점만을 간략히 제시하는 검사결과는 무료로 제공되고 있지만 좀 더 상세한 검사결과는 유료로 제공되고 있다.

최근에는 청소년의 강점을 평가하기 위한 청소년용 VIA 검사(Values-in-Action Inventory of Strengths for Youth: 이하에서 VIA-Youth로 칭함)가 Park과 Peterson(2006)에 의해서 개발되었다. VIA-Youth는 10~17세의 청소년에게 시행할 수 있도록 좀 더 쉬운 어휘로 기술된 198개 문항으로 구성되어 있으며 각 강점은 6~12개의 문항으로 평가된다. VIA-IS와 마찬가지로, 이 검사는 응답자가 5점 척도 상에서 평정하도록 되어 있다.

VIA-IS와 VIA-Youth는 신뢰도와 타당도가 상당히 높은 것으로 보고되고 있다(Peterson, 2006). Peterson과 Seligman(2004)에 따르면, 15만 명 이상이 접속하여 검사를 받은 VIA-IS는 높은 신뢰도와 타당도를 나타냈다. 모든 척도의 내적 합치도(Cronbach alpha)는 .70이상이었으며, 4개월 이상의 시간간격을 둔 검사-재검사 신뢰도(*r*) 역시 .70 이상이었다. 각 강점에 대한 자기평가 점수와 VIA척도에 의해 측정된 점수의 상관(*r*)은 .50 이상인 것으로 보고되고 있다. 친구나 가족 구성원에 의해 평가된 개인의 강점 점수는 24개 강점 대부분에서 VIA 척도의 점수와 중간 정도의 상관을 나타냈다. VIA-IS는 긍정적 특질을 평가하는 자기보고형 검사이므로 사회적 선희도(social desirability)가 개입되어 강점을 적절하게 측정하기 어려울 것으로 우려되었다. 그러나 Marlow-Crowne 사회적 선희도 척도와의 상관을 구한 결과, 신중성(r=.44)과 영성(r=.30)을 제외한 대부분의 척도들은 유의미한 상관을 나타내지 않았다.

VIA-IS에 의해 측정된 강점의 점수가 타인에 의해 평가된 강점 점수와 다소 미약한 상관을 나타낸다는 문제점이 제기되었다. 특히 용감성, 공정성, 용서, 낙관성, 진실성, 리더십, 신중성, 자기조절, 시민의식이 그러했다. 그 이유 중 하나는 이러한 강점들이 평소에 자주 발휘되기보다는 특수한 상황에서 주로 발현되기 때문이다. 따라서 이러한 강점이 발현되는 특수한 상황을 관찰하지 못한 타인들은 그 사람이 이러한 강점을 지니고 있는지 잘 알 수 없을 것이다.

이러한 문제점을 개선하기 위해서 VIA-RTO(VIA Rising to the Occasion Inventory)를 개발하였다. 이 척도는 특정한 강점과 반대되는 경험에 대해서 묻는다. 예를 들어, 용기와 관련된 강점을 평가하기 위해서 '공포'를 느낀 경험에 대해서 묻는다. 공포를 경험한 상황이 얼마나 자주 있으며 그러한 상황에서 어떻게 대처하는지를 기술하게 한다. 이러한 상황에서 나타낸 자신의 행동에 비추어 용기가 자신의 강점이라고 생각하는 정도를 묻는다. VIA-RTO에서 사용하는 문항의 예를 소개하면 〈표 28-1〉과 같다.

또한 면접을 통해서 강점을 평가할 수 있는 VIA Structured Interview가 개발되었다. 면접자는 응답자에게 특정한 강점이 개입될 수 있는 상황들을 제시하고 이러한 상황에서 보통 어떻게 행동하는지를 묻는다. 그러한 상황에서 어떤 행동을 자주 나타낸다고 보고하면, 면접자는 추가질문을 통해서 그러한 행동을 어떤 강점으로 명명할 수 있는지, 그 강점이 응답자의 특성을 얼마나 잘 대변하는지, 자

〈표 28-1〉 VIA-RTO 문항의 예(용기의 경우)

◆ 극심한 공포를 경험했던 실제적 상황들을 떠올려 보십시오.
이러한 상황을 얼마나 자주 경험하십니까?

① 매우 자주(일주일 한 번 이상)
② 자주(한 달에 한 번 정도)
③ 가끔(1년에 몇 번)
④ 드물게(1년에 한 번 정도)
⑤ 거의 전혀(평생에 한 번 정도)

◆ 이러한 상황에서 보통 당신이 어떻게 행동했는지를 떠올리고, 당신이 어떻게 행동함으로써 공포에 대응했는지를 간략히 적어주십시오.

◆ 이러한 상황들에 비추어 볼 때, 당신은 '용기'가 당신의 강점에 속한다고 말할 수 있습니까?

① 분명히 그렇다
② 아마도 그렇다
③ 잘 모르겠다
④ 아마도 아니다
⑤ 분명히 아니다

신이 그러한 강점을 지닌다는 것에 대해서 친구나 가족들이 얼마나 동의할 것인지 등을 묻는다. 이러한 면접을 하는 데 보통 30분 정도의 시간이 걸린다.

VIA 강점척도를 사용한 실증적 연구

VIA 분류체계의 24개 강점 중에서 어떤 강점이 주관적 행복과 가장 밀접한 관계를 지니는 것일까? 각 강점은 일, 사랑, 여가활동과 어떤 관련성을 지니고 있을까? 24개 강점 중에서 어떤 강점이 가장 흔한 것일까? 청소년과 성인은 각 강점에 있어서 어떤 차이가 있을까? 이러한 물음에 답하기 위해서 VIA 강점척도를 사용한 많은 연구들이 진행되었다.

미국의 성인을 대상으로 24개의 강점과 삶의 만족도의 상관관계를 살펴본 연구(Park, Peterson, & Seligman, 2004)에 따르면, 삶의 만족도와 가장 높은 상관을 나타낸 강점은 낙관성이었다. 다음으로 활력, 감사, 사랑, 호기심 등이 높은 상관을 나타냈다. 반면에, 삶의 만족도와 가장 낮은 상관을 나타낸 강점은 겸손이었으며 이어서 창의성, 심미안, 공정성, 학구열 등이 낮은 상관을 나타냈다.

다양한 서양인을 대상으로 이루어진 연구들(Park & Peterson, 2005; Park, Peterson, & Seligman, 2004, 2005)에 따르면, 일반적으로 감성적인 강점들이 지성적인 강점보다 삶의 만족도와 높은 상관을 나타냈다. 낙관성, 감사, 활력, 사랑과 같은 감성적 강점들이 창의성, 학구열, 창의성, 개방성과 같은 지성적 강점들보다 삶의 만족도와 더 높은 상관을 나타내는 경향성이 있었다. 이러한 경향성은 대부분의 연령대에서 마찬가지로 나타났으며, 종단적 연구에서도 감성적 강점들이 미래의 삶의 만족도를 예측하는 데 더 중요한 역할을 했다. 이러한 연구결과는 타인을 중시하고 배려하는 강점들이 개인적 성장에 도움이 되는 강점들보다 삶의 만족도와 더 밀접하다는 점을 시사하고 있다.

강점이 직업, 인간관계, 여가활동과 어떤 관련성을 지니는지 알아보기 위해서 Peterson과 Seligman(2004)은 응답자들에게 현재의 직업, 친구관계, 연인관계, 취미활동뿐만 아니라 가장 소망하는 직업, 최선의 친구, 진정한 연인, 선호하는 취미활동을 물었다. 분석결과, 응답자들은 현재의 상황이나 일반적인 선택기준(예: 연봉, 지위, 상대의 외모나 재산, 취미활동 자체의 쾌락도)보다 자신의 강점과 일치하는 직업, 인간관계, 취미활동을 선호했다. 예를 들어, 친절성의 점수가 높은 사람은 다른 사람을 돕는 직업을 가장 소망했으며, 호기심의 점수가 높은 사람은 성적 경험이 많은 연인과의 모험적인 연애를 선호했으며, 학구열의 점수가 높은 사람은 정원 가꾸기를 좋아했다.

Peterson(2006; Park, Peterson, & Seligman, 2006)에 따르면, 여러 나라의 다양한 성인집단들을 대상으로 VIA-IS를 사용하여 조사한 결과 24개 강점에 대한 평정에 있어서 상당한 일치도를 나타냈다. 전 세계 54개국을 대상으로 조사한 결과, 가장 빈번하게 보고된 강점('자신에게 해당되는 정도' 를 5점 평정척도로 평가하게 했을 때 가장 높은 평균점수를 보이는 강점)은 이타성이었으며 그다음으로 공정성, 진실성, 감사, 개방성이 뒤를 이었다. 반면에 가장 드물게 보고된 강점은 신중성, 겸손, 자기조절이었다. 성격강점들의 순위에 대한 국가 간 상관이 .80 이상으로서 매우 높은 것으로 보고되고 있다. 이러한 결과는 국가, 문화, 종교, 경제적 수준 등이 다르더라도 강점에 대한 자기평가가 상당히 유사함을 보여 준다.

청소년과 성인은 강점에 대한 자기평가에서 어떤 차이를 보일까? Park, Peterson과 Seligman(2005)에 따르면, 미국의 성인들과 청소년들은 24개 강점의 점수 순위에 있어서 높은 일치도를 나타냈지만, 미국의 성인과 다른 나라의 성인이 나타내는 순위의 일치도보다는 현저하게 낮았다. 특히 미국의 청소년들은 성인에 비해 낙관성, 시민의식, 활력 등을 더 높게 평정한 반면, 성인은 청소년에 비해 진실성, 개방성, 심미안, 리더십 등을 더 높게 보고했다.

Peterson과 Seligman(2004)에 따르면, VIA-IS 자료에 근거하여 탐색적 요인분석을 한 결과 24개 강점들은 다음과 같이 5개의 요인으로 분류될 수 있었다: (1) 억제적 강점(예: 공정성, 겸손, 용서, 신중성), (2) 지적 강점(예: 창의성, 호기심, 학구열, 심미안), (3) 대인관계적 강점(예: 이타성, 사랑, 리더십, 시민의식, 유머감각), (4) 정서적 강점(예: 용감성, 낙관성, 자기조절, 활력), (5) 신학적 강점(예; 감사, 영성). 이러한 요인구조는 VIA 분류체계와 동일하지는 않지만 상당히 유사하다. 즉, 억제적 강점은 대체로 절제와 관련된 강점들에 해당하고, 지적 강점은 지혜 및 지식과 관련된 강점들에, 대인관계적 강점은 인애 또는 정의와 관련된 강점들에, 그리고 정서적 강점은 용기와 관련된 강점들에 해당하며, 신학적 강점은 초월과 관련된 강점을 포함하고 있다.

2) 성격강점검사와 실증적 연구

성격강점검사

최근에 국내에서도 Peterson과 Seligman(2004)이 제시한 24개의 긍정적 성품을 평가하는 성격강점검사(Character Strengths Test: 이하에서 CST로 칭함)가 권석만 등(2010)에 의해서 개발되었다. CST는 VIA 분류체계에 근거하여 국내의 연구진에 의해서 독자적으로 개발된 한국형 강점검사다.

CST는 250개의 문항으로 구성된 자기보고형 검사로서 VIA 분류체계의 24개 성격강점과 더불어 응답자의 긍정왜곡 반응성향을 반영하는 사회적 선희도를 측정하고 있다. CST는 한국인의 성격강점을 평가할 수 있도록 문화적 배경을 고려한 문항들로 구성되어 있으며 각 문항은 Likert 4점 척도('전혀 그렇지 않다' '약간 그렇다' '상당히 그렇다' '매우 그렇다') 상에서 평정된다. CST는 상당히 높은 내적 합치도(Cronbach Alpha=.76~.92)와 검사-재검사 신뢰도(r= .62~.84)를 보였다. 아울러 24개 성격강점을 개별적으로 측정하는 다양한 심리검사와의 상관을 구한 공존 타당도와 더불어 주관적 안녕 및 심리적 안녕을 평가하는 척도들과의 유의미한 상관을 통해서 구성 타당도가 입증되었다. CST의 하위검사들은 [그림 28-1]과 같은 구조를 지니고 있다.

[그림 28-1] 성격강점검사의 기본구조

CST는 성격강점을 자기보고형 질문지로 측정할 경우 검사결과에 영향을 미칠 수 있는 긍정적 반응성향을 보정하는 장치를 갖추고 있을 뿐만 아니라 표준화 자료를 통해서 성격강점의 상대적 수준을 평가할 수 있는 규준이 마련되어 있다. 사회적으로 바람직한 방향으로 응답하려는 응답자의 반응 태도로 인해서 성격강점의 측정결과가 과장되거나 왜곡될 수 있다. 일부 연구자들은 VIA-IS 점수와 사회적 선희도 점수의 상관이 미미할 뿐만 아니라 긍정적 반응성향에 의한 강점 점수가 높은 자기 가치감을 반영하기 때문에 사회적 선희도를 고려할 필요가 없다고 주장한다. 또한 개인 내에서 여러 강점들 중 어떤 강점이 대표강점인지를 발견하고자 하는 경우에는 긍정적 왜곡 성향이 여러 강점에 균등하게 영향을 미치기 때문에 검사결과에 영향을 미치지 않는다고 주장한다. 그러나 검사의 결과를 사용하는 목적에 따라서 긍정적 왜곡 성향을 고려하지 않은 검사결과는 치명적인 한계를 지닐 수 있다. 특히 성격강점에 대한 개인 간 비교를 하고자 하는 연구에서는 긍정적 왜곡 성향이 결과에 심각한 영향을 미칠 수 있다. 예컨대, 자기애 성향이 강한 응답자의 경우에는 성격강점의 점수가 현저하게 과장될 가능성이 높다. 따라서 CST는 응답자의 긍정적 반응태도를 반영하는 사회적 선희도를 고려하여 각 성격강점의 원점수를 보정함으로써 개인 간 비교가 가능하도록 개발되었다.

또한 CST는 표준화를 통해서 개인의 성격강점이 또래집단에 비해서 어느 수준에 해당되는지를 상대적으로 평가할 수 있도록 개발되었다. 성격강점의 측정도구를 개발하는 과정에서 표준화 과정이 필요한지에 대해서는 논란의 여지가 있다. 일부의 긍정 심리학자들은 성격강점을 타인과 비교하는 것이 상대적 우열을 가리는 경쟁적 태도를 초래할 수 있기 때문에 바람직하지 않다고 주장하고 있다. 이러한 주장은 개인의 행복과 성장을 지향하는 긍정 심리학의 기본적 철학에 부합하는 것이다. 그러나 개인의 진정한 강점은 다른 사람들에 비해 좀 더 탁월한 것으로서 그러한 강점의 발휘를 통해서 자신과 타인의 행복에 기여할 수 있는 것이어야 할 것이다. 모든 사람이 공통적으로 지니고 있는 강점은 탁월한 긍정적 결과를 유발하기 어렵기 때문이다.

성격강점의 측정에 있어서 표준화가 필요한 더 중요한 이유가 있다. VIA-IS의 경우, 각각 10개의 문항으로 구성된 24개 강점척도의 원점수(raw score)를 단순 비교함으로써 상대적으로 높은 점수를 얻은 강점들을 대표강점으로 선정하고 있다. 이러한 선정방식은 24개 강점척도의 원점수가 모두 동일한 기준에 의해서 비교될 수 있다는 가정에 근거하고 있다. 그러나 각 성격강점을 측정하는 10개의 문항 내용이 강점마다 제각기 다르기 때문에 24개 강점척도의 원점수가 동일한 기준에 의해서 비교되는 것은 부적절하다. 즉, 24개 강점척도에서 나타난 원점수의 높낮이를 단순 비교함으로써 개인 내에서 우세한 강점을 판정하는 방식은 오류와 왜곡을 초래할 수 있다. 이러한 문제점은 표준화를 통해서 해소될 수 있다. 즉, 24개 강점척도의 T점수를 비교함으로써 우세한 대표강점을 판정하는 방식이 보다 합리적이라고 할 수 있다. CST는 사회적 선희도 척도를 통해서 응답자의 긍정적 왜곡 성향을 측정하고 표준화를 통해서 여러 강점들을 공정하게 비교할 수 있는 규준을 마련함으로써 개인 내에서 우세한 성격강점을 발견할 수 있을 뿐만 아니라 개인 간의 비교가 가능하도록 개발되었다. CST는 사용 목적에 따라 응답자의 강점 분포를 적절히 이해할 수 있도록 다양한 검사결과를 제시한다. 원점수에 근거한 강점점수뿐만 아니라 사회적 선희도를 고려한 보정 원점수, T점수, 사회적 선희도를 고려한 보정 T점수를 제공하고 있다.

중・고등학생의 성격강점을 평가할 수 있는 청소년용 성격강점검사(Character Strengths Test for Adolescents; 권석만, 김지영, 하승수, 2011)도 개발되었다. 이 검사는 청소년의 눈높이에 맞추어 이해하기 쉬운 문장으로 기술된 182개의 문항으로 구성되어 있으며 24개 성격강점과 더불어 주관적 행복도와 사회적 선희도를 측정하고 있다.

성격강점검사를 사용한 실증적 연구

CST를 전국의 4년제 대학에 재학하는 1,957명의 대학생에게 실시하여 수집한 자료를 분석한 결과는 다음과 같이 나타났다(권석만 등, 2010). 성격강점별 평균과

표준편차를 제시한 〈표 28-2〉에서 볼 수 있듯이, 24개의 성격강점 중에서 한국

〈표 28-2〉 한국대학생의 성격강점별 평균과 표준편차

	척도	평균	표준편차
지혜	창의성	16.39	6.77
	호기심	16.48	5.60
	개방성	16.50	5.61
	학구열	12.77	6.04
	지혜	15.49	5.64
인애	사랑	21.29	4.86
	이타성	20.28	5.05
	사회지능	17.26	5.92
용기	용감성	14.64	5.38
	끈기	15.92	5.88
	진실성	18.33	5.05
	활력	16.77	5.49
절제	용서	14.95	5.58
	겸손	16.55	5.51
	신중성	16.08	5.06
	자기조절	15.31	5.43
정의	시민의식	17.05	4.81
	공정성	17.43	4.44
	리더십	15.06	6.24
초월	심미안	17.23	6.05
	감사	19.02	5.99
	낙관성	19.80	5.49
	유머감각	18.28	6.09
	영성	9.59	7.62
사회적 선희도		14.34	3.43

대학생들이 자신에게 해당되는 정도를 가장 높게 평정한 것은 사랑이었으며 점수 범위 0~30점에서 21.29의 평균점수를 나타냈다. 다음으로 이타성, 낙관성, 감사, 진실성, 유머감각 등이 높게 평정되었다. 반면에 가장 낮게 평정한 것은 영성이었으며 학구열, 용감성, 용서 등이 낮은 것으로 나타났다.

성격강점과 사회적 선희도의 관계를 분석한 결과, 사회적 선희도와 가장 높은 상관을 나타낸 강점은 용서(r=.51)였으며 다음으로 겸손, 시민의식, 공정성의 순으로 높았다. 반면에, 사회적 선희도와 가장 낮은 상관을 나타낸 것은 창의성(r=.04)이었으며 호기심, 심미안, 유머감각이 낮은 상관을 보였다.

성격강점이 주관적 안녕과 어떠한 관계를 보이는지 살펴보기 위해 삶의 만족도 척도(Satisfaction with Life Scale; Diener, Emmons, Larson, & Griffin, 1985)와 긍정-부정 정서성 척도(Positive Affect and Negative Affect Scale; Watson, Clark, & Tellegen, 1988)와의 상관관계를 분석하였다.

〈표 28-3〉에서 볼 수 있듯이, 삶의 만족도와 가장 높은 상관을 나타낸 성격강점은 감사(r=.655)였으며 낙관성, 활력, 사랑, 유머감각 순으로 높게 나타났다. 반면에 삶의 만족도와 가장 낮은 상관을 나타낸 강점은 겸손(r=.070)이었으며 학구열, 공정성, 창의성 순으로 낮게 나타났다. 정서적 안녕(긍정 정서-부정 정서)과 가장 높은 상관을 나타낸 것은 활력(r=.563)이었으며 감사, 사랑, 자기조절, 끈기, 호기심 순으로 높게 나타났다. 반면에 가장 낮은 상관을 나타낸 것은 겸손(r=.116)이었으며 학구열, 영성, 창의성 순으로 나타났다.

성격강점검사와 심리적 안녕 척도(Psychological Well-being Scale; Ryff & Singer, 1996)의 상관관계를 분석하였다. 삶의 다양한 측면을 종합적으로 반영하는 심리적 안녕은 자율성(autonomy), 환경에 대한 통제력(environmental mastery), 개인적 성장(personal growth), 삶의 목적(purpose in life), 긍정적 대인관계(positive relations with other), 자아수용(self-acceptance)의 6개 하위차원으로 구성되어 있다. 심리적 안녕과 가장 높은 상관을 나타낸 성격강점은 낙관성(r=.719)이었으며 활력, 사랑, 감사 등의 순으로 높았다. 반면에 겸손(r=.072)은 가장 낮은 상관을 나타냈으며 영성, 공정성, 신중성, 학구열의 순으로 낮았다.

〈표 28-3〉 성격강점과 행복측정치의 상관관계

척도		삶의 만족도	긍정 정서	심리적 안녕
지혜	창의성	.241**	.218**	.344**
	호기심	.407**	.438**	.504**
	개방성	.379**	.388**	.444**
	학구열	.148**	.188**	.229**
	지혜	.458**	.382**	.527**
자애	사랑	.493**	.511**	.596**
	이타성	.318**	.359**	.408**
	사회지능	.416**	.429**	.548**
용기	용감성	.429**	.438**	.572**
	끈기	.379**	.442**	.462**
	진실성	.276**	.330**	.326**
	활력	.527**	.563**	.634**
절제	용서	.244**	.241**	.278**
	겸손	.070	.116*	.072
	신중성	.263**	.271**	.218**
	자기조절	.374**	.472**	.371**
정의	시민의식	.348**	.376**	.348**
	공정성	.214**	.238**	.199**
	리더십	.467**	.429**	.546**
초월	심미안	.346**	.244**	.372**
	감사	.655**	.483**	.581**
	낙관성	.610**	.545**	.719**
	유머감각	.452**	.455**	.510**
	영성	.245**	.206**	.195**

* $p < .05$ ** $p < .01$

2 긍정적 성품에 대한 통합적 이론의 필요성

VIA 분류체계는 인간의 긍정적 성품에 대한 최초의 분류체계로서 매우 소중한 가치를 지니고 있다. 그러나 VIA 분류체계는 여러 가지 한계점을 지니고 있으며 실증적인 연구결과에 근거하여 앞으로 개선되고 보완되어야 할 것이다. VIA 분류체계의 가장 큰 한계점은 성격강점의 분류가 주로 개념적 유사성에 근거하고 있다는 점이다. 앞에서 소개했듯이, 요인분석을 위시한 실증적인 연구결과에 따르면 24개의 강점들은 VIA 분류체계에서 제시한 것과 같은 군집구조를 나타내고 있지 않다. 또한 24개의 성격강점들을 분류하는 이론적 근거가 분명하게 정립되어 있지 않다는 점도 VIA 분류체계의 한계 중 하나다.

비판적으로 평가하면, VIA 분류체계는 다양한 성격강점들을 열거하고 개념적인 유사성에 따라 6개의 군집으로 분류해 놓은 것에 불과하다. 앞으로의 연구에서는 24개의 성격강점을 체계적으로 분류할 수 있는 주요한 차원이나 이론적 모델을 마련하는 노력이 필요하다. 예컨대, 24개 성격강점들의 유사점과 차이점을 설명할 수 있는 주요한 차원은 무엇인가? 성격강점들의 상관관계를 설명할 수 있는 심리적 요인은 무엇인가? 장구한 진화의 관점에서 성격강점들은 각기 어떤 적응적 가치를 지니고 있는가? 성격강점들은 그와 관련된 유전적 또는 생물학적 요인에 있어서 어떻게 유사하고 다른가? 성격강점들이 인간의 삶에 미치는 긍정적 결과는 어떤 측면에서 구분될 수 있는가? 이러한 물음에 답할 수 있는 이론적 또는 실증적 연구가 필요하다. 여기에서는 다양한 성격강점을 체계적으로 분류하고 통합적으로 이해할 수 있는 몇 가지의 가능성을 살펴보고자 한다.

성격강점의 원형모델

VIA 분류체계에서는 24개의 성격강점이 6개의 덕목별 범주에 따라 분류되고 있다. 그러나 여러 실증적인 연구결과에 따르면, 24개의 성격강점들은 서로 밀접한 상관관계를 지니고 있을 뿐만 아니라 다양한 요인구조를 나타내고 있다. 앞으로는 다양한 성격강점들을 좀 더 체계적으로 분류하고 그들의 관계를 설명할 수 있는 이론적 체계를 모색할 필요가 있다.

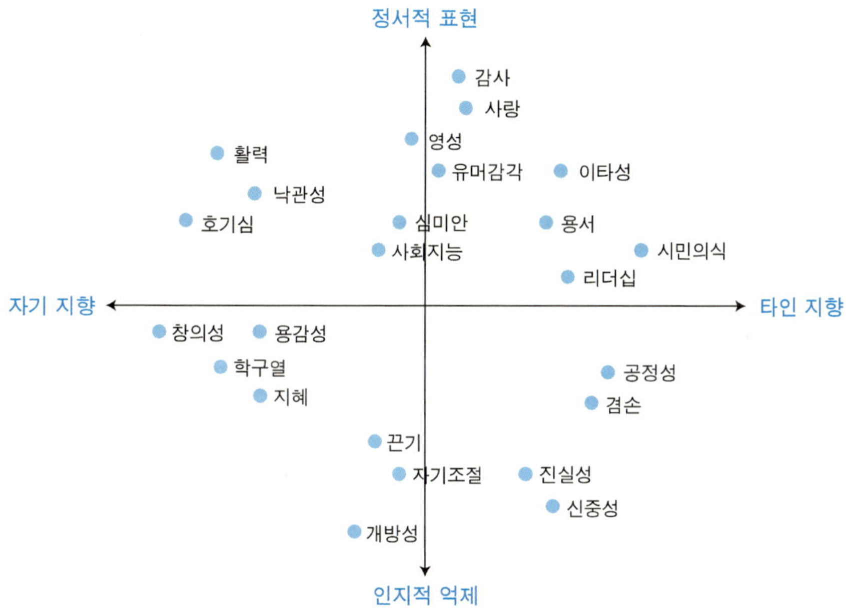

[그림 28-2] 성격강점의 원형모델

최근에 Peterson(2006)은 성격강점의 원형모델(circumplex model)을 제시한 바 있다. 이 모델은 실증적인 자료에 근거하여 구성된 것으로서 성격강점들의 유사성 또는 근접성을 이해할 수 있는 기반을 제공하고 있다. 성격강점의 원형모델은 24개의 성격강점을 두 차원에 따라 배열하고 있다. [그림 28-2]에서 볼 수 있듯이, 원형모델의 X축은 성격강점의 자기지향성-타인지향성의 차원을 반영한다. 즉, 성격강점의 초점이 자신에게 지향된 것인지(예: 창의성, 호기심) 아니면 타인에게 지향된 것인지(예: 시민의식, 공정성)에 대한 것이다. 반면에 Y축은 인지적 억제-정서적 표현의 차원을 의미한다. 성격강점의 심리적 기능이 지적인 억제와 관련된 강점(예: 개방성, 신중성)인지 아니면 정서적 표현과 관련된 강점(예: 사랑, 감사)인지에 대한 것이다. 이 모델에서 근접해 있는 성격강점들은 서로 유사성이 많은 것으로서 개인이 함께 지닐 가능성이 높다고 할 수 있다. 반면에, 거리가 먼 강점들은 유사성이 적은 것으로서 개인이 이러한 강점들을 함께 지닐 가능성이 낮다.

원형모델은 다양한 성격강점이 두 차원 상에서 분류될 수 있음을 시사한다. VIA 분류체계는 24개의 성격강점을 6개 덕목의 범주에 따라 구분하는 범주적 분류(categorical classification)에 근거하고 있다. 그러나 여러 실증적 연구에서 보여주듯이, 다른 덕목의 범주에 속하는 성격강점들도 서로 밀접한 관계를 지니고 있기 때문에 범주적 분류체계로는 이러한 양상을 반영하기 어렵다. 원형모델은 차원적 분류(dimensional classification)에 의해서 다양한 성격강점들이 분류될 수 있을 뿐만 아니라 이들의 관계를 이해할 수 있는 바탕을 제공하고 있다.

진화론적 설명모델

다양한 긍정적 성품들은 진화론적 관점에서 그 발달과정과 적응적 기능을 살펴볼 수 있을 것이다. Millon(1990; Millon & Davis 1996)은 다양한 성격장애를 체계적으로 이해하기 위해서 진화론적인 설명모델을 제시하고 있다. 그에 따르면, 개인의 성격은 개인과 환경의 상호작용에 의한 결과다. 진화론적 관점에서 볼 때, 개인의 성격구조는 생존, 번식, 적응이라는 세 가지의 중요한 진화적 기능과 관련되어 있다.

성격의 첫 번째 진화적 기능은 생존을 위한 것으로서 쾌락추구와 고통회피의 경향성을 의미한다. 쾌락을 추구하고 고통을 회피하는 경향성은 생명의 유지를 위해 필수적인 것이다. 쾌락추구는 생존 가능성을 증진하는 데 도움이 되는 좋은 것, 만족스러운 것, 하고 싶은 것을 얻기 위해서 행동하는 경향성을 의미하는 반면, 고통 회피는 생존을 위협하는 위험이나 혐오적인 것으로 피함으로써 생명을 보호하려는 경향성을 뜻한다. 개인의 성격은 쾌락추구에 초점을 맞추는 정도와 고통회피를 지향하는 정도에 있어서 차이를 나타낸다. Millon에 따르면, 이러한 성향은 성격의 개인차를 이해하는 중요한 차원을 이룬다.

두 번째 기능은 번식을 위한 것으로서 자기지향성과 타인지향성을 뜻한다. 이 차원은 삶을 영위하기 위한 보상의 원천을 자신과 타인 중 어떤 것에 치중하느냐는 방향성을 의미한다. 인간은 자신이 생존하는 동시에 타인과 관계를 맺음으로써 후손을 낳아 유전자를 퍼뜨려야 하는 양방적인 과업을 지닌다. 즉, 인간은 자신의 생명유지를 위한 자기지향성을 지니는 동시에 종족보전을 위한 타인지향성을 지닌다. 자기지향성은 자신에게 초점을 맞추고 독립적으로 자기실현을 이루려는 경향성을 뜻하는 반면, 타인지향성은 자신보다 다른 사람에게 관심을 집중하며 보살피려는 경향성을 의미한다.

마지막 세 번째의 기능은 적응을 위한 것으로서 능동성-수동성의 대처양식으로 의미한다. 인간은 생존과 번식을 위해서 환경과 타인을 자신에게 맞도록 변화시키는 능동적 조작의 대처양식을 지닐 수도 있지만, 환경에 맞추어 자신을 변화시키는 수동적 순응의 대처양식을 지닐 수도 있다. 사람에 따라 이러한 대처양식에 다르다. 어떤 사람들은 주로 능동적인 대처양식을 사용하는 반면, 다른 사람들은 수동적인 대처양식으로 적응해나가기도 한다.

Millon에 따르면, 인간의 다양한 성격은 세 가지의 양극적 성향의 조합에 의해서 설명될 수 있다. 즉, 쾌락추구-고통회피의 생존성향, 자기지향성-타인지향성의 번식성향, 능동성-수동성의 적응성향의 세 차원에서 나타나는 다양한 조합에 의해서 다양한 성격을 이해할 수 있다. 성격장애는 세 차원의 극단적 성향이 조합되어 나타난 경우라고 할 수 있다. 예컨대, 반사회성 성격장애는 자기지향성과 능동성의 극단에 위치하는 경우이며, 의존성 성격장애는 타인지향성과 수동성의 극단에 해당하는 경우다. 이처럼 Millon은 진화론적 관점에서 중요한 세 가지 기능에 근거하여 다양한 성격을 유형별로 분류하고자 했다. 인간의 다양한 성격은 진화과정과 관련성을 지니고 있으며 성격장애는 진화과정이 잘못 전개되어 나타난 것이다. 성격을 구성하는 무의식의 구조, 인지적 양식, 대인관계 양식, 신경호

르몬의 역동적 체계는 인간의 심층적인 내면 속에서 작동하고 있는 진화 과정을 반영하는 것이다. 그는 성격장애를 설명하기 위해서 성격에 영향을 미치는 생물학적, 사회환경적, 그리고 심리적 학습요인을 종합적으로 고려한 이론을 제시하고 있다. 이러한 이유로 그의 이론은 성격장애의 생물사회적 학습이론(bio-social learning theory)이라고 지칭되고 있다.

인간의 긍정적 성품도 진화과정의 산물이라고 볼 수 있다. 인간의 생존과 번영을 돕는 적응적 가치를 지니고 있는 성격특성이라고 할 수 있다. Millon(1990)의 이론은 기본적으로 성격장애를 설명하기 위한 것이지만, 다양한 긍정적 성품의 진화적 기능을 이해하는 이론적 토대로 활용될 수 있다. 앞으로 VIA 분류체계에서 제시하고 있는 다양한 성격강점을 좀 더 거시적인 관점에서 이해하고 설명할 수 있는 이론적 체계가 모색될 필요가 있다.

기질 및 성격이론

개인의 긍정적 성품은 유전적 또는 기질적 특성과의 관계 속에서 이해될 필요가 있다. 인간의 성격은 선천적으로 타고난 기질과 후천적 경험의 상호작용에 의해서 결정된다. 유아기부터 청소년기에 이르는 발달과정을 추적한 Kagan(1989)에 따르면, 선천적으로 타고난 기질은 생애를 통해 안정적으로 유지된다. Beck, Freeman과 Davis(2004)는 청소년기 이후까지 계속되는 선천적인 기질이 과장된 형태로 나타난 것이 성격장애라고 주장하였다.

기질의 개인차는 세상과 환경에 대한 차별적인 개념형성에 기여한다. 기질적 성향의 영향으로 어떤 사람은 세상을 위험한 곳으로 표상하지만, 다른 사람은 세상을 안전한 곳으로 표상한다. 어떤 사람은 환경을 즐거운 것으로 지각하지만, 다른 사람은 환경을 지루한 것으로 지각한다. 또한 기질의 개인차는 자기 자신에 대한 차별적인 개념형성에 기여한다. 선천적 기질의 영향을 받아서 어떤 사람은 자신을 좋은 사람으로 여기지만, 다른 사람은 자신을 나쁜 사람이라 여긴다. 어떤 사람은 자신을 유능한 존재로 표상하지만, 다른 사람은 자신을 무능한 존재로 표상한다.

기질은 선천적으로 각인되어 자동적으로 발현되는 정서적 반응으로서 심리적 적응에 영향을 미친다. 뿐만 아니라 기질은 환경과 역동적으로 상호작용하는 과정에서 타인표상과 자기표상의 형성에 기여함으로써 결국에는 의식적 반응까지도 상당 부분 결정한다(유성진, 권석만, 2009; Cloninger, 2004; Linehan, 1993). 기질의 신경생물학적 기반을 비롯하여 기질과 성격장애 및 심리장애 사이의 관련성을 연구해 온 Cloninger(1986, 2004)에 의하면, 특정한 자극을 접하면 자동적으로 발현되는 정서적 반응성향인 기질(temperament)은 다음의 네 가지 차원으로 구성된다.

그 첫 번째 기질은 새로움 추구(novelty seeking)로서 새로운 자극에 의해 행동이 활성화되는 성향을 의미한다. 이러한 기질은 탐색적 흥분성, 충동성, 무절제, 무질서의 성향으로 구성된다. 두 번째 기질은 위험회피(harm avoidance) 성향이다. 이러한 기질은 위험한 자극에 의해 행동이 억제되는 경향성을 의미하며 예기적 걱정, 불확실성에 대한 공포, 수줍음으로 이루어져 있다. 세 번째 기질은 보상의존성(reward dependence)으로서 사회적 민감성을 뜻한다. 즉, 사회적 보상신호에 대한 민감성을 의미하며 감수성, 따뜻한 의사소통, 애착, 의존성으로 구성되어 있다. 마지막 네 번째 기질은 끈기(persistence)로서 지속적인 보상 없이도 행동을 지속하는 경향성을 뜻한다. 이러한 기질은 인내심, 노력의 적극성, 완고한 작업, 야망성, 완벽주의로 구성되어 있다. 네 가지 기질 차원의 강약에 따른 특성을 제시하면 〈표 28-4〉와 같다.

이러한 네 가지 기질은 유전적 요인에 의해 영향을 받을 뿐만 아니라 신경전달물질의 활동과 밀접한 관련성을 지닌 것으로 알려져 있다(Cloninger, 1986). 새로움 추구 기질은 도파민(dopamin) 활동의 저하와 관련되어 있으며 유전자에 의해서 결정되는 도파민 경로의 특성을 반영한다. 위험회피 기질은 세로토닌(serotonin) 활동의 증대와 관련되어 있으며, 보상 의존성은 아드레날린(noradrenaline) 활동의 저하와 연관되어 있는 것으로 알려져 있다.

Cloninger(1994)는 유전적 영향을 강하게 받는 기질과 달리 후천적인 영향에

〈표 28-4〉 기질차원별 주요 특징(유성진, 2010; Cloninger & Svrakic, 2000)

기질 차원	강함	약함
자극추구	활발히 탐색하는	절제하는
	충동적인	융통성 없는
	씀씀이가 헤픈	검소하고 절약하는
	화를 잘 내는	태연자약한
위험회피	비관적인	낙관적인
	두려움이 많은	위험을 무릅쓰는
	수줍어하는	사교적인
	쉽게 지치는	활력이 넘치는
사회적 민감성	감수성이 예민한	비판적인
	사회적인	혼자 지내는
	따뜻한	거리를 두는
	동정심이 많은	독립적인
인내력	목적달성에 열심인	무관심한
	단호한	자기조절을 못하는
	성취의 야망이 있는	적게 성취하는
	완벽주의적인	실용주의적인

의해서 형성되는 세 가지의 성품(character)을 제시하고 있다. 그 첫째는 자기지향성(self-directedness)으로서 책임감, 목적성, 재치, 자기수용의 속성으로 구성된다. 둘째는 협동성(cooperativeness)으로서 사회적 수용, 공감, 이타성, 연민, 순수한 양심의 속성으로 이루어져 있다. 셋째는 자기초월성(self-transcendence)으로서 무사무욕, 초월적 동일시, 영적 수용을 포함한다. Cloninger(1994)는 네 가지의 기질과 세 가지의 성품을 측정하는 기질 및 성품 검사(Temparament and Character Inventory: TCI)를 개발하였다.

Cloninger(1986, 1994)의 기질 및 성품 이론은 VIA 분류체계에서 제시하고 있는 다양한 성격강점을 이해하는 이론적 토대가 될 수 있다. 유전적 요인에 의해서 결정되는 네 가지 기질과 후천적 경험의 영향을 받는 세 가지 성품이 24개의 성격강점과 어떤 연관성을 지니는지에 대한 이론적, 실증적 연구가 필요하다. 이러한 연구를 통해서 다양한 성격강점이 어떤 기질과 관련되어 있으며 어떤 후천적 경험과의 상호작용을 통해서 발달하게 되는지를 이해할 수 있는 바탕이 마련될 수 있을 것이다.

성격의 5요인 모델

인간의 성격을 특질(trait)이라는 기본단위의 조합으로 설명하려는 연구자들이 있다. 이러한 연구자들은 성격을 기술하는 다양한 단어들을 사용하여 자신이나 타인을 평정하도록 하고, 그 평정치에 대한 요인분석을 통해서 공변하는 특질들을 하나의 성격요인으로 간주하고 있다. 다양한 표본과 측정도구를 사용한 많은 연구를 통해서 5개의 성격요인이 발견되었다(John, 1990). 이러한 연구결과에 근거한 성격의 5요인 모델(five factor model)은 특질의 관점에서 성격의 구조를 설명하는 대표적인 이론으로 여겨지고 있다.

성격의 첫 번째 요인은 외향성(extraversion)으로서 타인과 함께 하는 대인관계적 자극을 추구하는 성향을 뜻한다. 외향성을 지닌 사람들은 사교적이고 활동적이며 자기주장을 잘하는 동시에 긍정 정서를 잘 느끼는 경향이 있다. 두 번째 요인은 경험에 대한 개방성(openness to experience)으로서 호기심이 많고 새로운 다양한 경험을 추구하는 성향을 말한다. 개방성을 지닌 사람들은 모험적이고 미적 감수성이 뛰어날 뿐만 아니라 상상력이 풍부한 경향을 지닌다. 세 번째 요인은 우호성(agreeableness)으로서 타인에 대해서 우호적이고 협동적인 성향을 뜻한다. 이러한 성향을 지닌 사람들은 따뜻하고 부드러우며 공감적이고 이타적인 경향을 나타낸다. 네 번째 요인은 성실성(conscientiousness)으로서 자기조절을 잘하며 책임감이 강한 성취지향적인 성향을 말한다. 성실성이 높은 사람들은 유능하고 계획적이며 신중하고 질서정연한 것을 좋아하는 경향이 있다. 마지막으로 다섯 번째 요인은 신경증 성향(neuroticism)으로서 분노, 불안, 우울과 같은 부정 정서를 잘 느끼는 성향을 뜻한다. 이러한 성향이 높은 사람들은 정서적으로 예민하고 불안정하며 상처를 잘 받는 경향이 있다.

이러한 성격의 5요인은 모두 상당히 높은 신뢰도와 타당도를 지니며 성인기에 이르기까지 안정적인 것으로 보고되고 있다(McCrae & Costa, 1990, 1994). 또한 다양한 문화권에서 일관성 있는 결과가 발견되고 있다. 성격의 5요인은 모두 유전과 환경의 영향을 받는 것으로 알려져 있다. 최근에 이루어진 여러 쌍둥이 연구에서 나타난 유전적 요인의 영향력(heritability)에 대한 평균치는 경험에 대한 개방성이 57%로 가장 높게 나타났으며 다음으로 외향성이 54%, 성실성이 49%, 신경증 성향이 48%, 그리고 우호성은 42%이었다(Bouchard & McGue, 2003).

성격의 5요인은 가치중립적인 관점에서 요인분석을 통해 추출한 성격특질이다. 이러한 성격요인은 VIA 분류체계에서 제시하고 있는 24개의 성격강점과 밀접한 관계를 지닌 것으로 밝혀지고 있다. 이미 여러 연구(예: Plomin & Caspi, 1999; Sackett & Wanek, 1996)에서 개별적인 성격강점과 성격의 5요인 간의 관계가 탐색되었다. 그러나 성격의 5요인과 24개 성격강점의 전체적 관계를 체계적으로 밝히는 연구는 드물다. 인간의 다양한 긍정적 성품을 성격의 5요인 모델의 맥락에서 이해할 수 있는 체계적인 실증적 연구가 필요하다.

인간의 긍정적 성품은 일종의 성격적 특성이라고 할 수 있다. 따라서 심리학에서 제시하고 있는 성격이론의 바탕 위에서 긍정적 성품의 심리적 구조, 유전과 환경의 영향, 발달과정, 관련된 심리적 요인 등을 밝히는 노력이 필요하다. 이러한 노력을 통해서 인간의 다양한 긍정적 성품에 대한 통합적이고 체계적인 이해가 가능해질 것으로 기대된다.

제29장

긍정적 성품의 함양방법

인간의 긍정적 성품에 대한 학술적 관심은 지적인 호기심을 충족시키기 위한 것일 뿐만 아니라 궁극적으로 개인과 사회의 발전을 모색하기 위한 것이다. 긍정 심리학의 주요한 실천적 과제는 긍정적 성품을 함양하고 발휘하도록 지원함으로써 개인의 행복을 증진하고 사회의 번영을 추구하는 것이다.

"행복이 삶의 목표라면, 덕성은 행복의 바탕이다."라는 Thomas Jefferson의 명언이 있듯이, 긍정적 성품은 행복한 삶을 실현하는 바탕이 된다. 긍정 심리학자들이 긍정적 성품과 성격강점에 깊은 관심을 보이는 이유가 여기에 있다. 현대사회의 교육은 직업적 활동을 위한 지식과 기술을 육성하는 데 집중되고 있다. 우리나라의 경우, 중·고등학교의 교육은 입시위주의 지식 주입에 초점이 모아지고 있는 것이 현실이다. 많은 청소년들이 입시의 중압감에 시달리며 청소년기를 고통 속에서 보내고 있다. 우리나라의 1인당 국내총생산(GDP)은 지난 반세기 동안 100배 이상 증가하고 국가의 경제규모는 세계 10위권에 육박하고 있지만, 한국인의 행복도는 OECD 국가 중 중하위권에 속할 뿐만 아니라 자살률, 이혼율 그리고 직장인의 스트레스 수준은 세계의 여러 나라 중 최상위권에 속한다.

우리 사회에서는 인성교육의 중요성이 강조되고 있다. 그러나 인성교육을 위한 학술적 바탕과 실천적 방법론은 거의 부재한 것이 현실이다. 인성교육을 위해 무엇을 어떻게 해야 하는지에 대한 체계적이고 구체적인 논의를 찾아보기 어렵다. 긍정 심리학에서 제시하고 있는 긍정적 성품에 대한 논의는 인성교육을 위한 이론적 근거를 제시하고 있다. 인성교육의 핵심은 긍정적 성품을 육성하고 함양하는 덕육(德育)이기 때문이다.

개인의 행복은 긍정적 성품을 계발하고 발휘함으로써 가능하다. 긍정 심리학의 창시자인 Martin Seligman이 "행복한 삶의 공식은 자신의 대표강점을 발견하여 일상생활 속에서 매일 발휘하며 커다란 만족과 진정한 행복을 경험하는 것이다."라고 주장하고 있듯이, 개인은 자신이 지닌 긍정적 성품을 자각하고 생활 속에서 활용하는 것이 행복의 관건이라고 할 수 있다. 뿐만 아니라 사회와 국가는 구성원의 재능과 긍정적 성품을 발휘하도록 촉진함으로써 발전하고 번영할 수 있다.

1 긍정적 성품은 함양될 수 있는가

동서고금을 막론하고 모든 사회는 긍정적 성품의 육성에 깊은 관심과 노력을 기울여 왔다. 이러한 노력의 바탕에는 긍정적 성품이 후천적인 경험을 통해서 함양될 수 있다는 가정에 근거하고 있다. 과연 긍정적 성품은 함양될 수 있는 것일까? 그렇다면 긍정적 성품을 함양할 수 있는 구체적이고 효과적인 방법은 무엇인가?

1) 성격에 대한 천성 대 양육의 논쟁

인간의 성격은 선천적으로 타고나는 것인가 아니면 후천적으로 형성되는 것인가? 성격 형성에 대한 천성(nature) 대 양육(nurture)의 문제는 심리학의 전통적인 관심사였다. 현대의 심리학자들은 성격이 유전적 요인과 환경적 요인의 상호작용에 의해 결정되는 것으로 여기고 있다. 요즘의 연구 관심사는 어떤 성격적 요인이 얼마나 유전 또는 환경에 의해서 영향을 받느냐는 점이다.

인간의 다양한 속성은 유전자에 의해서 영향을 받는다. 신체적 특성뿐만 아니라 심리적 특성도 유전자에 의해서 영향을 받는다. 인간의 행동적 특성이 유전적 요인에 의해서 영향을 받는 정도와 기제를 연구하는 분야가 행동유전학(behavior genetics)이다. 성격이 유전적 요인에 의해서 영향을 받는 정도는 주로 쌍둥이 연구와 입양 연구에 의해서 밝혀지고 있다. 쌍둥이 연구(twin studies)는 유전적 유사성이 알려진 일란성 쌍둥이와 이란성 쌍둥이의 특성을 비교함으로써 유전과 환경의 영향을 구별할 수 있다. 일란성 쌍둥이는 동일한 유전자를 지니고 태어나는 반면, 이란성 쌍둥이는 50% 정도의 유전자를 공유하고 있다. 어떤 성격적 특성에 있어서 일란성 쌍둥이의 유사성이 이란성 쌍둥이보다 높으면 그러한 특성은 두 사람이 공유하는 유전자 비율의 차이에 기인한 것으로 볼 수 있다.

행동유전학에서는 어떤 성격특성이 유전적 요인에 의해서 영향을 받는 정도를 유전성 추정치(heritability estimate: h2)라는 지표로 제시하고 있다. 유전성 추정치는 어떤 특성에 대해서 측정된 변량 중 유전적 요인에 의해서 설명될 수 있는 변량의 비율을 의미한다. 쌍둥이 연구에서 유전성 추정치를 계산하는 대표적인 공식은 $h^2=2(rM-rD)$이다. 여기에서 rM은 일란성 쌍둥이의 상관계수를 말하며 rD는 이란성 쌍둥이의 상관계수를 뜻한다. 유전성 추정치는 다양한 방식에 의해서 산출될 수 있으며 개인과 측정시점에 따라 달라질 수 있기 때문에 어떤 특성의 유전적 영향력을 반영하는 거친 평가지표로 이해해야 할 것이다. 〈표 29-1〉은 다양한 특성에 대한 유전성 추정치가 제시되어 있다.

그러나 일란성 쌍둥이의 유사성이 반드시 유전자에 의한 것이라고 확신할 수는 없다. 일란성 쌍둥이는 유전자가 동일할 뿐만 아니라 신체적 특성과 양육환경도 유사하기 때문에 두 사람의 유사성은 유전적 동일성과 환경적 동일성이 혼합된 결과라고 볼 수 있기 때문이다. 유전자의 영향을 좀 더 확실하게 밝히기 위해서는 유전자는 동일하되 성장환경이 다른 쌍둥이에 대한 연구가 필요하다. 입양

〈표 29-1〉 다양한 특성의 유전성 추정치(h^2)

신체적 특성	
키	.80
몸무게	.60
지적 특성	
지능지수(IQ)	.50
개별 인지능력	.40
학교 성적	.40
성격의 5요인	
외향성	.36
경험에 대한 개방성	.46
우호성	.28
성실성	.28
신경증 성향	.31
기질	
정서성	.40
활동성	.25
사교성	.25
충동성	.45
성격 전반	.40
태도	
보수성	.30
종교성	.16
인종통합	.00
TV 시청	.20

출처: Pervin(1996), 민경환(2002).

연구(adoption studies)는 어린 시절에 다양한 이유로 다른 환경에서 성장하게 된 쌍둥이의 특성을 비교함으로써 유전과 환경의 영향을 밝히고 있다. 또한 입양 연구는 쌍둥이와 부모의 특성을 비교함으로써 유전과 환경의 영향에 대한 정보를 제공한다. 즉, 생물학적 부모와 쌍둥이의 유사성 정도는 유전적 요인에 기인한 것으로 볼 수 있는 반면, 양부모와 쌍둥이의 유사성 정도는 환경적 요인에 의한 것으로 볼 수 있다.

Bergeman 등(1993)은 쌍둥이 연구와 입양 연구를 결합하여 성격의 유전적 영향을 살펴보았다. 그들은 552명의 일란성 또는 이란성 쌍둥이를 대상으로 성격의 5요인 중 경험에 대한 개방성, 우호성, 성실성을 측정했다. 쌍둥이 집단은 동일한 환경에서 함께 자란 집단과 입양 등의 이유로 다른 환경에서 자란 집단으로 구분되었다. 연구를 위한 성격 측정 시 쌍둥이의 평균 연령은 58.6세였으며 연령 범위는 26~87세였다. 쌍둥이 집단은 모두 네 집단, 즉 동일 환경에서 자란 일란성 쌍둥이 집단과 이란성 쌍둥이 집단, 그리고 다른 환경에서 자란 일란성 쌍둥이 집단과 이란성 쌍둥이 집단으로 구분되어 세 성격특성의 상관관계를 구한 결과가 〈표 29-2〉에 제시되어 있다. 이러한 연구결과는 성격 형성에 유전적 영향이 중요하지만 성격특성에 따라 그 영향이 다름을 보여 주고 있다. 경험에 대한 개방성은 유전적 영향이 상당히 강력함으로 보여 주고 있지만, 우호성과 성실성은 환경의 영향이 더 중요함을 보여 주고 있다.

〈표 29-2〉 동일 환경 또는 다른 환경에서 자란 일란성과 이란성 쌍둥이의 성격 유사성 (상관계수 r)

척도	일란성 쌍둥이 동일 환경 (*N*=132)	일란성 쌍둥이 다른 환경 (*N*=82)	이란성 쌍둥이 동일 환경 (*N*=167)	이란성 쌍둥이 다른 환경 (*N*=171)
경험에 대한 개방성	.51	.43	.14	.23
우호성	.41	.15	.23	−.03
성실성	.47	.19	.10	.10

출처: Bergeman et al. (1993).

2) 성격에 대한 공유 환경과 비공유 환경의 영향

개인의 성격 형성에 영향을 미치는 환경적 요인은 공유 환경과 비공유 환경으로 구분되고 있다. 공유 환경(shared environment)은 자녀들이 동일한 가정환경에서 동일한 부모로부터 양육되는 환경적 요인을 의미하며 가정의 경제수준, 부모의 일반적 양육태도, 중요시하는 가치 등이 해당된다. 비공유 환경(nonshared environment)은 동일한 가정 내에서 양육되더라도 자녀들마다 각기 다른 경험을 하게 되는 환경적 요인을 뜻한다. 이러한 비공유 환경 요인은 자녀의 성(性), 출생순서, 개인적 특성에 따라서 부모로부터 다른 취급을 받은 양육경험뿐만 아니라 삶의 과정에서 개인적으로 겪게 되는 생활경험으로 구성된다. 성격의 환경적 영향에 대한 주요한 연구관심사는 공유 환경과 비공유 환경 중 어떤 것이 성격 형성에 더 큰 영향을 미치는가 하는 물음이다.

앞에서 소개한 Bergeman 등(1993)의 연구에서는 유전적 요인뿐만 아니라 공유 환경과 비공유 환경이 성격에 미치는 영향을 쌍둥이의 성별과 연령대별로 분석하였다. 그 결과가 〈표 29-3〉에 제시되어 있다. 이들의 연구결과에 따르면, 경험에 대한 개방성은 비공유 환경과 유전에 의해서 많은 영향을 받지만 공유 환경의 영향력이 미미했다. 우호성의 경우는 비공유 환경의 영향이 매우 큰 것으로 나타났으며 성별에 따라 유전과 공유 환경의 영향이 다르게 나타났다. 즉, 남자의 경우에는 공유 환경이 중요한 반면, 여자는 유전의 영향을 많이 받는 것으로 나타났다. 성실성의 경우도 비공유 환경이 가장 큰 영향을 미치는 것으로 나타났다. 그러나 성별에 따른 유전과 공유 환경의 영향은 우호성과 반대의 양상을 보였다. 즉, 남자의 경우에는 유전이 중요한 반면, 여자는 공유 환경의 영향을 많이 받는 것으로 나타났다.

Dunn과 Plomin(1990)은 성격에 미치는 유전과 환경의 영향에 대한 여러 연구결과들을 종합하여 다음과 같은 잠정적인 결론을 제시한 바 있다. 성격 전반의 변량 중 40%는 유전적 요인에 의해서 결정되며, 35%는 비공유 환경의 경험에 의해서, 그리고 5%는 공유 환경의 경험에 의해서 결정된다. 나머지 변량 중 20%

〈표 29-3〉 유전적 요인, 공유 환경, 비공유 환경이 성격특성의 변량을 설명하는 비율(%)

	유전적 요인	공유 환경	비공유 환경
경험에 대한 개방성			
남자	48	0	52
여자	41	0	59
60세 미만	47	6	47
60세 이상	39	0	61
우호성			
남자	0	35	65
여자	23	6	71
60세 미만	11	26	63
60세 이상	20	12	68
성실성			
남자	41	0	39
여자	11	15	74
60세 미만	32	1	67
60세 이상	13	17	70

출처: Bergeman et al. (1993).

는 측정오차에 기인하는 것으로 추정된다. 이들의 잠정적 결론에 따르면, 성격에 대한 유전적 요인과 환경적 요인의 영향은 각각 40% 정도로서 비슷하다고 볼 수 있다.

긍정적 성품에 대한 유전과 환경의 영향 역시 이와 유사할 것으로 추정된다. 그러나 Bergeman 등(1993)의 연구에서 볼 수 있듯이, 개별적인 성격이나 긍정적 성품에 따라서 그 영향력은 상당히 다른 양상을 나타낼 것으로 예상된다. VIA 분류체계에서 제시하고 있는 다양한 긍정적 성품에 대한 유전과 환경의 영향을 밝히는 것은 앞으로의 중요한 연구 과제라고 할 수 있다.

2 긍정적 성품의 함양과 인성교육

유전과 환경이 성격형성에 미치는 영향에 대한 연구결과는 긍정적 성품의 함양방법에 대한 여러 가지 시사점을 제공한다. 유전적 요인은 선천적으로 타고나는 것이기 때문에 개인의 노력이나 후천적 경험을 통해서 변화시킬 수 없는 것이다. 그러나 다행히도 대부분의 성격특성은 상당 부분 환경적 요인에 의해서 결정되는 것으로 밝혀지고 있다. 이러한 사실은 긍정적 성품 역시 개인의 노력과 후천적인 경험에 의해서 육성되고 함양될 수 있음을 시사하고 있다.

1) 가정에서의 인성교육과 부모의 양육훈련

긍정적 성품의 함양을 위한 가장 기본적인 방법은 가정교육이다. 대부분의 긍정적 성품은 어린 시절 부모의 양육방식에 의해서 촉진되거나 억제된다. 영아기로부터 청소년기에 이르기까지 인간은 가정 내에서 부모와의 상호작용을 통해서 성격형성에 가장 많은 영향을 받는다. 부모가 중시하는 가치와 신념을 내면화하고 부모의 행동방식을 모방할 뿐만 아니라 부모의 강화에 의해서 특정한 행동방식을 습득하게 된다. 부모는 아동의 긍정적 성품을 육성하는 가장 일차적인 교육자라고 할 수 있다.

미국의 경우에는 건강한 성품을 지닌 자녀를 양육하기 위한 부모교육 프로그램이 개발되어 대대적으로 실시되고 있다. 그 대표적인 프로그램이 STEP과 PET이다. 효과적인 양육을 위한 체계적 훈련(Systematic Training in Effective Parenting: STEP)은 1975년에 Dinkmeyer와 McKay에 의해 개발된 구조화된 부모교육 프로그램이다. 이 프로그램은 자녀를 책임감 있는 사람으로 양육하고 좀 더 적절한 부모의 역할을 수행하기 위해서 필요한 지식과 기술을 부모에게 가르치는 것을 목표로 하고 있다. 좀 더 구체적으로 소개하면, 이 프로그램의 목표는 부모들로 하여금 인간 행동을 잘 이해할 수 있는 실제적인 이론과 지식을 습득하고, 자녀와 효과적인 관계를 형성하는 방식과 더불어 자녀와의 효과적인 의사소통 방법을 훈련하며, 자녀의 긍정적 행동을 강화하는 기술을 배우고, 부모 역할에 대한 자신감을 함양하는 것이다. STEP은 9회기에 걸쳐 실시되며 매 회기는 자녀양육에 관한 강의, 양육기술의 훈련, 양육 지식과 기술의 적용 및 토론, 자녀양육의 어려움에 대한 논의, 양육에 관한 책 읽기와 토론 등의 방식으로 진행된다. 각 회기의 주된 내용은 〈표 29-4〉와 같다.

〈표 29-4〉 STEP의 회기별 내용

회기	회기 내용
1회기	자녀의 긍정적 행동과 부정적 행동을 이해하기
2회기	부모로서의 자신을 이해하기: 자녀의 감정과 자신의 감정을 이해하기
3회기	격려하기: 자녀의 자신감을 배양하기
4회기	자녀의 말에 귀 기울이기
5회기	자녀와 대화하기 및 자녀와의 갈등 해결하기
6회기	자녀의 행동을 훈육하는 방법 배우기
7회기	자녀의 행동을 훈육하는 방법을 적용하기
8회기	가족과 함께하기: 즐거운 활동 계획하기 및 공동 작업하기
9회기	부모로서의 자신감 키우기 및 잠재능력 발휘하기

효과적인 부모역할 훈련(Parental Effectiveness Training: PET)은 1975년에 Thomas Gordon에 의해 개발된 부모교육 프로그램이다. 이 프로그램의 목적은 부모와 자녀 간의 의사소통과 관계 형성을 증진하는 다양한 지식과 기술을 가르침으로써 부모의 역할을 효과적으로 수행하도록 돕는 것이다. PET는 인본주의 심리학자인 Rogers의 긍정적인 인간관에 근거하고 있으며 수용적이고 생산적인 의사소통 기술, 문제해결을 위한 체계적 절차와 단계, 자녀를 격려하기 위한 기술의 습득을 통해서 자녀와의 갈등을 해소하고 부모와 자녀의 관계 향상을 지향하고 있다.

이 프로그램의 핵심적 개념은 적극적 경청, 나-전달법, 패자 없는 갈등해결, 행동의 창문 등이다. 적극적 경청(active listening)은 자녀의 의견과 감정을 경청하고 부모 자신의 언어로 전달함으로써 자녀 스스로 자신이 문제를 이해하고 해결하도록 돕는다. 나-전달법(I-message)은 자녀의 부정적 행동에 대해서 비난이나 판단을 하지 않고 그러한 행동이 부모에게 어떻게 느껴졌는지를 전달함으로써 자녀로 하여금 자신의 잘못을 인식하고 수정하도록 유도하는 소통 방법이다. 패자 없는 갈등해결(No-lose conflict resolution)은 갈등의 당사자들이 모두 합의할 수 있는 해결책을 찾는 방법으로서 John Dewey가 제시한 창조적인 문제해결의 6단계, 즉 (1) 서로의 바람을 확인하기, (2) 가능한 해결책을 제시하기, (3) 각 해결책에 대해서 평가하기, (4) 모두가 동의하는 해결책 찾기, (5) 동의한 해결책을 실행하기, (6) 실행한 해결책에 대해서 평가하기에 근거하고 있다. 마지막으로 행동의 창문(behavior window)은 어떤 문제의 수용 여부에 따라 문제의 소유자를 가리고 그 해결책을 찾는 방법이다. 예컨대, 어떤 행동이 부모에게는 수용될 수 있지만 자녀에게 고통스러운 것이라면, 문제의 소유자는 자녀이며 이 경우에는 적극적 경청을 통해 해결될 수 있다. 반면에 어떤 행동이 부모에게 수용될 수 없다면, 문제의 소유자는 부모로서 이 경우에는 나-전달법을 통해 해결될 수 있다. PET는 이와 같은 다양한 의사소통 방식의 습득을 통해서 부모와 자녀 간의 효율적인 관계 형성을 증진하도록 돕는다.

긍정적 성품의 함양을 위해서는 부모의 역할이 매우 중요하다. 이를 위해서 효과적인 자녀양육을 위한 지식과 기술을 부모에게 전달하고 교육하는 다양한 프로그램이 필요하다. Long(1997)은 앞으로 부모교육의 중요성이 증대될 것으로 예상하면서 좀 더 목표가 구체화된 다양한 프로그램, 프로그램 리더의 훈련 강화, 좀 더 체계적인 설명을 포함하는 프로그램, 쉽게 참가할 수 있는 프로그램, 단기적이면서 집중적인 프로그램, 첨단기술을 활용한 프로그램, 효과가 검증된 프로그램 등이 필요하다는 점을 강조하고 있다.

2) 학교에서의 인성교육

긍정적 성품을 함양하는 두 번째의 방법은 학교에서의 인성교육이다. 현재의 학교교육은 다양한 교과목을 중심으로 지식을 전달하는 데에 초점이 맞추어져 있다. 우리나라의 경우, 입시위주의 교육과 더불어 공교육 기능의 약화로 인하여 학교에서의 인성교육은 거의 부재한 현실이다. 국가청소년위원회와 한국청소년정책연구원(2007)이 6,000여 명의 중·고등학생을 대상으로 조사한 바에 따르면, 응답자의 54.8%가 교사를 존경하지 않은 것으로 나타났다. 뿐만 아니라 64.6%의 학생들은 교사가 학생들에게 차별 대우를 한다고 응답했다. 국가청소년위원회(2007)에 따르면, 15세 이상의 우리나라 학생들은 전반적으로 학교생활에 만족하지 못하고 있다. 이러한 현실 속에서 인성교육의 방향을 모색하는 이론적인 연구들(강선보 등, 2008; 조난심, 2003; 조정호, 2009)이 이루어지고 있다. 조난심(2003)은 인성교육의 기본원리로서 통합적 접근, 지속성, 관계성, 자율성, 체험의 원리를 강조하고 있다. 통합적 접근의 원리는 학교교육의 모든 영역에서 덕목의 학습이 이루어져야 한다는 것이고, 지속성의 원리는 학교생활 속에서 덕목의 학습이 지속적으로 이루어져야 한다는 것을 뜻한다. 관계성의 원리는 교사와 학생 간의 관계 속에서 이루어져야 함을 뜻하고, 자율성의 원리는 지시나 명령에 의해서가 아니라 학생의 자율적 선택과 결정에 의해서 이루어져야 함을 의미하며, 체험의 원리는 학생 스스로 덕목과 관련된 행동을 실천하도록 해야 함을 말한다.

강선보 등(2008)은 동서양의 종교와 철학에서 강조하는 덕목을 개관하고 21세기에 필요한 인성교육의 7가지 요소를 제시한 바 있다. 그 첫째는 관계성을 함양하는 것으로서 개인이 타인, 자연, 우주의 모든 것과 연결되어 있다는 점을 깨닫도록 하는 것이며, 둘째는 도덕적 통합성을 함양하는 것으로서 다양한 가치와 덕목을 활동적이고 체험적인 방식으로 길러주는 것이다. 셋째는 전일성을 함양하는 것으로서 인간의 모든 측면, 즉 지성, 감정, 신체, 상상력, 영성, 창의성, 도덕성, 심미성 등을 골고루 조화롭게 발달시키는 것이며, 넷째는 영성을 함양하는 것으로서 끊임없는 자기성찰을 통해서 자신과 삶의 본질을 통찰해나가도록 유도하는 것이다. 다섯째는 생명성을 촉진하는 것으로서 인간, 자연, 우주의 모든 것이 하나의 생명인 동시에 서로 연결되어 있다는 것을 인식하도록 하는 것이며, 여섯째는 창의성을 함양하는 것으로서 인생의 많은 문제에 대한 창의적인 해결책을 찾을 수 있도록 촉진하는 것이다. 마지막 일곱 번째는 공동체성을 함양하는 것으로서 민주시민으로서 공동체 속에서 살아가는 데 필요한 자질을 육성해야 한다는 것이다.

이처럼 인성교육의 방향과 원리에 대해서 다양한 주장이 제기되고 있으나 그 이론적 기틀과 구체적 방법에 대해서 좀 더 체계적인 논의가 필요하다. 긍정적 성품에 대한 VIA 분류체계와 연구들은 인성교육을 위한 이론적 기초를 제공하고 있다. 인성교육의 방향은 개인의 행복과 사회의 번영을 촉진하는 긍정적 성품을 함양하는 것이기 때문이다. 학교에서의 인성교육을 위해서는 여러 가지의 노력이 필요하다.

첫째, 인성교육의 중요성에 대한 사회적 합의와 실천적 노력이 필요하다. 교육을 담당하는 정부기관과 교육계가 인성교육의 필요성을 절실하게 인식하고 학교에서 인성교육이 이루어질 수 있는 구체적인 방안을 모색해야 할 것이다.

둘째, 인성교육을 위한 교사의 역량을 강화하는 노력이 이루어져야 한다. 교사양성 과정에는 인성교육을 위해 필요한 지식과 기술이 포함되어야 할 것이며 학생들의 덕성을 함양할 수 있는 역량과 리더십을 교사 자신이 함양하도록 노력해야 할 것이다.

셋째, 교사들이 인성교육을 체계적으로 실시할 수 있도록 구체적인 인성교육 프로그램이 개발되어야 할 것이다. 학교에서의 인성교육은 교사와 학생의 접촉을 통해서 자연스럽게 이루어질 수도 있지만, 구체적인 프로그램을 통해서 체계적으로 덕성을 함양하는 노력이 필요하다. 인성교육을 위한 교재를 비롯하여 교사용 지침서와 시청각 자료 등의 개발을 통해서 교사들이 학생들의 덕성 함양을 위해서 좀 더 체계적인 접근을 할 수 있도록 지원하는 노력이 필요하다. 최근에 중·고등학교에서 시행되고 있는 방과 후 교육활동의 일환으로 재미있고 유익한 체험 중심의 다양한 인성교육 프로그램을 실시할 필요가 있다.

마지막으로, 학교교육의 교과목으로서 인성교육이 포함되어야 할 것이다. 현재의 교육 커리큘럼에는 덕성함양을 위한 교과목을 발견할 수 없다. 현재의 학교는 직업인으로 활동하기 위한 생산기술에 초점이 맞추어져 있다. 학교에서는 생산기술뿐만 아니라 생활기술을 가르쳐야 한다(이정전, 2008). 교육 커리큘럼의 변화에는 많은 이해관계자들의 반발과 저항이 있을 수 있지만, 인성교육의 필요성을 인식한다면 교육당국은 교과목의 일부로서 인성교육이 이루어질 수 있는 제도적 장치를 마련해야 할 것이다.

학교는 청소년에게 긍정적 성품을 함양하는 인성교육을 위해 가장 적합한 장소로 평가되고 있다(이재창, 1996; Elias & Tobias, 1996). 학교장면에서 청소년의 긍정적 성품을 촉진할 수 있는 프로그램은 국내외에 다양하게 개발되어 있다. 미국을 비롯한 서구사회의 경우, 학생의 긍정적 성품을 계발하고 적응력을 향상시키기 위한 다양한 프로그램들이 개발되어 있을 뿐만 아니라 정규교육과정에 포함되어 시행하고 있다. 이러한 프로그램들은 자기조절, 스트레스 대처, 문제해결, 의사결정, 타인 배려 등의 능력을 증가시킬 뿐만 아니라 폭력, 약물남용, 정신건강문제를 예방하는 데에도 효과적인 것으로 보고되고 있다(Elias & Tobias, 1996; Elias et al., 1997). 또한 미국의 경우에는 인성교육조직연합체(Character Education Partnership: CEP)와 인격교육평가위원회(Character Education Evaluation Committee: CEEC)가 결성되어 인성교육 또는 품성교육을 위한 다양한 프로그램을 개발하고 평가하는 노력을 지속적으로 기울이고 있다.

국내에서는 김진희, 김은영과 양미진(2000)이 청소년을 위한 품성계발 프로그램을 개발한 바 있다. 이들은 개인생활 영역의 덕목으로 정직과 자기통제를, 사회생활 영역의 덕목으로는 배려를 선정하여 이러한 덕목을 함양하기 위한 프로그램을 개발하였다. 이 프로그램은 직접적 교수방법, 모델학습, 집단토론 및 피드백, 역할극을 활용하는 총 6회(매회 90분)의 집단상담 프로그램으로 구성되어 있으며 주별 프로그램 내용은 〈표 29-5〉와 같다. 김진희, 양미진과 김은영(2000)은 중학생을 대상으로 청소년 품성계발 프로그램을 실시하고 그 효과를 검증하였다. 그 결과, 이 프로그램은 학생의 도덕적 자아개념, 공감능력, 학교생활만족도를 향상시키는 것으로 나타났다.

〈표 29-5〉 청소년 품성계발 프로그램의 주별 내용

차례	내용	프로그램의 세부목표	해당 덕목
1. 만남의 장	자기소개 게임 한마당 1 신기한 문방구 우리의 다짐	• 멋있는 사람이 되기 위해서는 진실한 마음, 더불어 사는 마음, 자신을 다스리는 마음과 같은 마음이 기본 바탕이 되어야 함을 깨닫는다. • 앞으로 함께 할 집단상담이 이러한 마음을 키워가는 과정임을 안다.	정직, 배려, 자기통제
2. 진실의 장	게임 한마당 2 훌훌 터는 기쁨 타임머신 휙~	• 부정직한 행동에 관한 경험을 다 같이 나누는 과정을 통해 그런 행동에 따른 불편한 감정과 결과를 깨닫고, 진실한 행동을 실행하는 기쁨을 깨닫는다.	정직
3. 화목의 장	게임 한마당 3 더불어 사는 마음 마음의 선물	• 집단따돌림(친구문제)에 대한 역할극을 통해 어려움에 처한 사람의 입장을 현실감 있게 느껴보고, 배려 행동에 대한 동기를 형성한다.	배려
4. 지혜의 장	게임 한마당 4, 5 지혜로운 생각 지혜로운 묵찌빠 게임	• 생각유형에 따른 행동, 감정 및 그 결과를 탐색하는 과정을 통해 가치지향적 사고의 필요성을 깨닫는다. • 선택과 결정에 영향을 주는 자기지향적 사고, 외부지향적 사고, 가치지향적 사고유형을 변별하고, 가치지향적 사고에 대한 보다 깊은 이해를 갖게 한다.	정직, 배려
5. 조절의 장	게임 한마당 6 자신을 다스리는 마음 걸림돌과의 승부 걸림돌 다루기	• 진실한 마음, 더불어 사는 마음을 실천할 때 방해가 되는 내적 걸림돌, 외적 걸림돌이 무엇인지 안다. • 걸림돌의 가상적 만남을 통해 걸림돌을 극복하고자 하는 동기가 높아진다. • 사례를 통해 걸림돌을 극복하는 방법을 배운다.	자기통제
6. 결실의 장	인생의 갈림길 게임 한마당 (수호천사) 마무리	• 걸림돌을 극복하거나 극복하지 못한 결과를 함께 경험하여 걸림돌을 극복하려는 의지를 굳힌다. • 집단상담 프로그램 참여경험을 요약하고 집단원들이 서로 긍정적인 피드백을 주고받는다.	정직, 배려, 자기통제

* 출처: 김진희, 양미진, 김은영(2000). 학교현장에서의 청소년 품성계발 프로그램 효과검증 연구(p. 34).

최근에 권석만(2010a)은 청소년의 자기관리 및 인간관계 역량과 건강한 가치관을 증진하기 위해서 〈청소년을 위한 덕성함양 프로그램〉을 개발하였다. 이 프로그램은 중학교 3학년부터 고등학교 2학년 학생을 주된 대상으로 개발되었으며 16개의 회기(회기당 90분)로 구성되어 있다. 이 프로그램은 다음 절에서 소개되고 있는 〈대학생을 위한 덕성함양 프로그램〉을 청소년의 눈높이에 맞추어 시행할 수 있도록 구성한 것이다. 매일 2회기씩 4~8주에 걸쳐 실시되며 회기별 프로그램 내용은 〈표 29-6〉과 같다. 이 프로그램은 20~30명의 소규모 집단으로 실시되며 매 회기는 시청각 자료를 활용한 강의, 조별 활동과 토론, 실습 및 발표, 실천경험의 공유, 심리검사를 통한 자기평가와 같은 다양한 체험 중심적 활동으로 구성되어 있다.

〈표 29-6〉 청소년을 위한 덕성함양 프로그램의 회기별 내용

주차	회기	제 목
1	1	즐겁고 보람찬 청소년기를 위하여
	2	자신감 키우기
2	3	좋은 친구 만들기
	4	집단의 리더역할 익히기
3	5	나만의 성격강점 발견하기
	6	나의 직업적성 및 진로 탐색하기
4	7	내 인생의 비전 세우기
	8	표현력 기르기
5	9	공부 고수들의 비법 배우기
	10	부모와의 대화법 익히기
6	11	소중한 시간 관리하기
	12	발표의 달인 되기
7	13	긍정의 힘 기르기: 스트레스 돌파하기
	14	자리이타 상생정신 키우기: 더불어 함께 살아가기
8	15	우리들의 진한 우정 나누기
	16	우리들의 꿈과 희망 나누기: 비전 소개 및 수료식

3) 대학에서의 인성교육

대학에서도 인성교육 또는 덕성교육이 이루어질 수 있다. 입시위주 지식중심의 교육을 받고 대학에 진학한 많은 학생들이 대학생활에 적응하지 못하고 방황하며 다양한 어려움을 겪고 있다(권석만, 2010b). 자유와 자율성이 많이 주어지는 대학생활에서 자기관리를 하지 못한 채 충동적이고 나태하게 생활하거나 대인관계를 맺지 못하고 고립되거나 이기적인 편협한 가치를 추구하는 학생들이 증가하고 있다. 다양한 체험과 탐색을 통해 인격과 긍정적 성품을 도야해야 할 대학생활에서도 자격시험이나 취업준비에 전전긍긍하며 무미건조한 생활을 하는 경우가 흔하다.

교육인적자원부(2004)에 따르면, 대학교육에 대한 의식조사에서 기업의 CEO들은 인성교육에 대한 대학의 교육효과를 낮게 평가하고 있다. 기업의 CEO들은 대학을 갓 졸업하고 입사한 신입사원들의 긍정적 성품에 대해서 회의적인 태도를 나타내고 있음을 시사한다. 전국경제인연합회(2004)에 따르면, 기업들이 신입사원을 교육할 때 가장 중요시하는 항목은 인성 및 태도(44%), 의식 및 기업문화(22%), 업무 관련 지식 및 기술(22%)의 순으로 나타났다. 직업인으로서의 사회생활에는 지식과 기술 못지않게 긍정적 성품과 태도가 중요하다. 기업은 인성교육을 제대로 받지 못한 신입사원들을 위해서 다른 항목보다 인성 및 태도에 치중하여 사원교육을 하고 있는 것이다. 이러한 현실은 중·고등학교뿐만 아니라 대학에서도 인성교육의 강화가 필요함을 시사한다.

대학은 사회인으로 진출하기 전에 긍정적 성품을 함양할 수 있는 마지막 기회이자 좋은 장이다. 교과과정과 입시준비로 여유가 없는 중·고등학교에 비해서 대학에서는 자유로운 시간과 선택의 기회가 많기 때문이다. 대학은 인생의 다양한 측면을 심도 있게 배울 수 있는 다양한 교육과목과 더불어 긍정적 성품을 함양할 수 있는 다양한 자기개발 프로그램을 제공할 필요가 있다. 최근에는 국내의 여러 대학에서 덕성교육에 대한 관심이 증가하고 있다. 그 일 예로 서울대학교는 대학생의 덕성함양을 위한 자기개발 프로그램을 개발하여 대규모로 실시하고 있을 뿐만 아니라 다양한 자원봉사 프로그램을 운영하고 있다.

서울대학교에서 실시하고 있는 〈대학생을 위한 덕성함양 프로그램〉(권석만, 2008, 2009a; 2009b, 2009c)은 대학생들이 자신의 삶을 효율적으로 관리함으로써 타인과의 관계에서 긍정적인 영향력을 행사할 뿐만 아니라 상생적인 가치를 추구하여 사회적으로 공헌하는 인격적 성품과 역량을 함양하도록 지원하고 있다. 이 프로그램의 구체적인 목표는 자신을 주도적이고 효율적으로 관리하는 자기관리 능력, 타인과 긍정적이고 생산적인 관계를 형성하는 인간관계 능력, 상생적인 가치를 지향하고 실천하는 건강한 가치관을 함양하는 것이다. 즉, 수기(修己) · 인화(人和) · 상생(相生)의 태도를 함양하는 데 그 목적이 있다.

이 프로그램은 〈표 29-7〉에 제시된 9가지의 기본적인 역량을 육성하기 위한 것이다. 참가자로 하여금 각 역량의 의미와 증진방법에 대한 이해를 심화하고 실습을 통해 이러한 역량을 학습함으로써 일상생활 속에서 실천할 수 있도록 체험학습 위주의 교육 프로그램으로 구성되어 있다.

〈표 29-7〉 덕성함양 프로그램의 세 핵심역량과 하위요소들

자기관리 역량	자기이해	성격, 강점, 능력의 이해
	생활관리	시간, 재정, 건강의 관리
	감정관리	감정, 충동, 행동의 조절
인간관계 역량	의사소통	발표, 경청, 반영 능력의 향상
	관계심화	공감, 격려, 신뢰, 갈등해결 역량의 배양
	집단운영	집단역동, 리더역할, 동기강화의 이해
건강한 가치관	비전설정	인생의 의미와 목표 설정
	상생정신	인간존중과 자리이타 정신의 배양
	사회공헌	사회적 기여와 봉사 정신의 함양

이 프로그램은 20개의 회기(회기당 90분)로 구성되어 있으며 매일 2회기(3시간)씩 10주에 걸쳐 실시된다. 회기별 프로그램 내용은 〈표 29-8〉과 같다.

〈표 29-8〉 대학생을 위한 덕성함양 프로그램의 회기별 내용

주차	회기	제 목
1	1	즐겁고 보람찬 대학생활을 위하여
	2	자신감 키우기
2	3	내 인생의 비전 세우기
	4	열정 키우기: 목표 성취전략 배우기
3	5	자기이해 증진하기: 나는 누구인가?
	6	효과적으로 발표하기
4	7	소중한 시간 효과적으로 사용하기
	8	불쾌감정 다스리기: 스트레스 대처하기
5	9	행복하고 충만한 인생을 위하여
	10	긍정적인 인간관계 구축하기
6	11	인간관계 심화하기: 다양한 인간관계 만들기
	12	낭만적 사랑을 위하여
7	13	유연한 생각으로 감정 및 충동 다스리기
	14	자리이타 상생정신 배우기: 더불어 함께 살아가기
8	15	리더 역할과 집단운영방법 배우기
	16	강점활용 보고대회
9	17	지혜로운 리더의 조건: 통합적 안목과 갈등해결
	18	내 안의 위대한 영혼 일깨우기: 사회적 공헌과 봉사
10	19	비전 재설정과 실천공약 나누기
	20	수료식: 우리의 소중한 만남을 위하여

이 프로그램은 30명의 소규모 집단으로 실시되며 매 회기는 시청각 자료를 활용한 강의, 조별 활동과 토론, 실습 및 발표, 실천경험의 공유, 심리검사를 통한 자기평가와 같은 다양한 체험 중심적 활동으로 구성되어 있다. 프로그램의 운영은 소정의 강사교육 과정을 이수한 심리전문가에 의해서 운영되며 매 회기의 진행내용을 구체적으로 기술하고 있는 강사 지침서가 마련되어 있다. 매년 500명 이상의 학생에게 실시하고 있으며, 참가학생을 대상으로 프로그램 전후의 변화

를 평가한 결과, 주관적 행복, 자신감, 다양한 정신건강 지표에서 유의미한 향상이 나타났으며 프로그램에 대한 높은 만족도(5점 만점에 4.20)와 추천도(5점 만점에 4.52)를 보였다(권석만, 2010c).

이주희, 최명선 및 박희현(2009)은 대학생을 위한 인성함양 프로그램을 개발하여 대학의 교양필수 강좌로서 D대학교의 신입생 1,453명에게 실시하고 그 효과를 확인하였다. 프로그램은 대학생들이 건강한 품성과 가치관을 지니고 원만한 인간관계를 갖도록 돕기 위한 것으로서 인성함양의 의미, 자기소개 및 자기이해, 자기표현, 자기개방 및 자기주장, 정서적 안정, 가치관 명료화, 대인관계 증진을 위한 의사소통훈련 등의 내용으로 구성되었다. 20~30명 단위로 분반되어 주당 3시간씩 13회기를 진행하였다. 프로그램 실시 전과 후를 비교한 결과, 참가학생들은 주도성, 친밀성, 학업능력 및 사회적 능력에 대한 자기지각이 유의미하게 향상되었다.

송명자와 이현림(2008)은 인간관계 훈련 프로그램을 교양강좌로 실시하여 자기이해와 자기개방의 경험이 자기효능감, 정서적 안정성, 자아정체감과 같은 심리적 성숙도를 향상시킨다는 것으로 보고한 바 있다. 이밖에도 대학교에서는 대인관계 증진 프로그램, 리더십 향상 프로그램, 가치관 및 진로탐색 프로그램, 멘토링 프로그램, 자원봉사 프로그램 등과 같은 다양한 비교과 프로그램이 실시되고 있다. 대학교는 대학생의 자기계발과 덕성함양을 위한 다양한 교육프로그램을 제공할 필요가 있다. 이를 위해서는 대학당국이 덕육(德育), 즉 덕성교육의 중요성을 인식하고 다양한 덕성함양 프로그램을 개발하는 동시에 이러한 프로그램을 운영할 수 있는 강사진의 양성과 교육이 시급하다.

제30장

개인의 행복과 사회의 번영을 위한 긍정적 성품의 활용

동서고금의 모든 사회가 긍정적 성품에 깊은 관심을 지니는 이유는 그것이 개인의 행복과 사회의 번영을 위한 중요한 조건이기 때문이다. 긍정적 성품은 그 자체로도 가치를 지니는 인격적 자질이지만 개인의 행복과 사회의 번영에 기여하기 때문에 소중한 것이다. Seligman의 주장처럼, 진정한 행복은 개인이 지닌 긍정적 성품을 삶의 중요한 영역에서 발휘하며 만족과 보람을 느낌으로써 얻어지는 것이다. 이런 점에서 긍정적 성품은 개인의 삶을 행복하고 풍요롭게 구현하는 중요한 조건이라고 할 수 있다.

긍정 심리학은 개인의 행복뿐만 아니라 개인의 행복을 촉진하는 조직과 사회에도 깊은 관심을 지닌다. 개인의 행복은 그가 속한 조직이나 사회와 밀접한 관계를 지니기 때문이다. 건강하지 못한 사회에서 살아가는 개인은 행복하기 어려우며, 불행한 구성원으로 유지되는 사회는 발전하기 어렵다. 건강한 육체와 정신이 그러하듯이, 건강한 개인과 사회는 서로의 행복과 발전을 촉진한다. 구성원 개개인을 소중히 여길 뿐만 아니라 그들이 자신의 강점을 충분히 발휘하며 만족스런 삶을 영위하도록 지원하는 조직이나 사회에서 살아가는 사람들은 행복하다. 또한 그러한 조직과 사회는 발전하게 된다.

긍정적 성품은 개인의 행복뿐만 아니라 사회의 번영을 위한 중요한 조건이기도 하다. 사회의 발전과 번영은 구성원의 역량을 효과적으로 결집함으로써 가능하다. 긍정적 성품은 개인의 역량이 최대한 발현하도록 촉진하는 동시에 구성원들의 화합과 공동체 의식을 지원하는 성격적 강점이다. 인류의 역사는 개인적 향락과 이기적인 물질적 풍요만을 추구했던 사회가 쇠락했던 수많은 사례를 보여주고 있다. 법률과 제도적 장치만으로 인간사회의 갈등과 불의를 제어할 수는 없다. 구성원 개개인이 자신의 행복과 더불어 사회의 번영을 소중히 여기는 자발적인 노력 없이는 사회와 국가가 건강하게 번영할 수 없다. 사회적 발전과 번영의 중요한 조건은 구성원 개개인의 재능과 긍정적 성품이 역동적으로 충분히 발휘되도록 촉진하는 것이다.

모든 사회의 핵심적 과제는 구성원 개인의 행복과 더불어 사회의 발전과 번영을 함께 추구하는 것이다. 행복을 추구하는 개인의 노력이 사회의 번영으로 이어지고, 사회의 번영을 통해 구성원의 행복이 증진되도록 하는 것이다. 긍정적 성품의 함양과 발휘는 개인의 행복과 사회의 번영을 함께 이루어나가는 관건이라고 할 수 있다.

1 개인의 행복을 위한 긍정적 성품의 역할

인간은 누구나 행복한 삶을 추구한다. 행복추구권은 생명권과 자유권과 더불어 헌법에 명시되어 있는 3대 기본권 중의 하나다. Thomas Jefferson이 "인생의 목표가 행복이라면, 덕성은 행복의 바탕이다."라고 주장했듯이, 긍정적 성품은 개인의 삶을 행복하고 풍요롭게 구현하는 중요한 조건이다. 개인마다 지니고 있는 긍정적 성품을 일상생활의 중요한 영역에서 발휘함으로써 만족스러운 탁월한 성과를 거둘 수 있기 때문이다.

긍정적 성품은 오랜 세월에 걸쳐 다양한 체험과 통찰 그리고 실천적 노력을 통해 함양되는 인격적 자질이다. 가정과 학교에서 다양한 방법을 통해 학생들의 긍정적 성품을 함양하는 노력은 매우 소중한 것이다. 긍정적 성품의 함양과 더불어 중요한 것은 개인이 이미 잘 갖추고 있는 긍정적 성품을 자각하고 일상생활 속에서 발휘하도록 하는 것이다. 긍정 심리학의 창시자인 Martin Seligman은 "자신의 숨겨진 강점을 발견하여 계발하면 그것이 자신의 참모습이 된다. 행복한 삶의 공식은 자신의 대표강점을 일상생활 속에서 매일 발휘하며 커다란 만족과 진정한 행복을 경험하는 것이다."라고 주장하고 있다.

인간은 누구나 나름대로의 성격적인 강점과 약점을 지니고 있다. 그런데 우리는 자신이든 타인이든 강점보다 약점에 더 주목하는 경향이 있다. 자신의 약점을 인식하여 보완하는 노력은 소중하다. 그러나 성격적인 약점은 쉽게 개선되지 않기 때문에 흔히 자존감을 잠식하여 열등감의 원천이 되기도 한다. 반면에, 많은 사람들이 자신의 강점에 대해서 무지할 뿐만 아니라 그러한 강점을 활용하는 데 무관심하다. 벤저민 프랭클린(Benjamin Franklin)이 웅변으로 강조하고 있듯이, "삶의 진정한 비극은 우리가 충분한 강점을 갖지 못한 데에 있는 것이 아니라 이미 갖고 있는 강점을 충분히 활용하지 못하는 데에 있다."

1) 대표강점의 특성

인간은 누구나 나름대로의 성격적 강점을 지니고 있다. 이러한 성격강점 중에서도 특히 개인의 속성을 잘 반영할 뿐만 아니라 일상생활에서 흔히 사용되는 강점들이 있다. Seligman(2002b)은 이러한 강점을 대표강점(signature strengths)이라고 지칭하면서 누구나 2~5가지의 대표강점을 지니고 있다고 주장한다. Peterson과 Seligman(2004)에 따르면, 대표강점은 다음과 같은 특징을 지닌다. 이러한 특징을 잘 고려하면 누구나 자신의 대표강점을 발견할 수 있다.

① 자신의 진정한 본연의 모습("이게 바로 나야.")이라는 느낌을 준다.

② 그러한 강점을 발휘할 때 (특히 처음에 발휘할 때) 유쾌한 흥분감을 느끼게 된다.
③ 그러한 강점과 관련된 일을 배우거나 연습할 때 빠른 학습 속도가 나타난다.
④ 그러한 강점을 발휘할 수 있는 새로운 방법을 지속적으로 찾게 된다.
⑤ 그러한 강점과 일치되는 방향으로 행동하고 싶은 열망을 느낀다.
⑥ 그러한 강점을 사용할 수밖에 없다는 느낌, 즉 그러한 강점의 표현을 멈추거나 억제할 수 없는 듯한 느낌을 느낀다.
⑦ 그러한 강점은 숨겨져 있던 자신의 능력이 드디어 발현되어 나타나는 것처럼 여겨진다.
⑧ 그러한 강점을 활용할 때는 소진감보다 의욕과 활기가 넘치게 된다.
⑨ 그러한 강점과 관련된 중요한 일들을 만들어내고 추구하게 된다.
⑩ 그러한 강점을 사용하고자 하는 내재적 동기를 지닌다.

대표강점을 찾아내어 활용하는 것은 자아실현에 있어서 매우 중요하다. 이러한 강점은 어떤 일에서 탁월한 결과와 성취를 이루게 만드는 역량인 동시에 그 일을 하면서 의욕과 활기를 느끼게 만드는 동기를 부여한다. Seligman(2002b)과 Peterson(2006)은 우리에게 자신의 대표강점들을 파악하라는 권유한다. 그리고 이러한 강점 중 하나를 택하여 일주일 동안 매일 그러한 강점을 일상생활 속에서 다양한 방식으로 활용해 보라고 권유한다. 그러면 행복해진다는 것이다. 이것은 행복을 증진하는 데 효과적이라고 확인된 방법이다(Seligman et al., 2005).

대표강점을 확인할 수 있는 가장 용이한 방법은 심리검사다. VIA 강점검사는 원점수에 근거하여 24개의 강점 중 가장 높은 점수를 얻은 5개의 대표강점을 제공하고 있다. 국내에서 개발된 성격강점검사(권석만 등, 2010) 역시 VIA 분류체계에서 제시한 24개 성격강점 중 가장 높은 점수를 얻은 5개의 대표강점과 그 특성을 제시하는 결과보고서를 제공하고 있다. 아울러 필요한 경우에는 원점수 또는 사회적 선희도를 고려한 T점수에 근거한 24개 강점 모두의 분포 결과를 제공하고 있다. 이 밖에도 개인이 자신의 성공경험을 분석하여 강점을 추론하거나 부모, 교사, 지인들의 관찰결과에 근거하여 성격강점을 평가할 수도 있다.

2) 대표강점의 활용과 발휘

Seligman(2002b)에 따르면, 진정한 행복(authentic happiness)은 자신의 대표강점을 찾아내어 계발하고 학업이나 직업, 대인관계, 여가활동, 자녀양육과 같은 중요한 삶의 영역에 매일 매일 활용함으로써 발견될 수 있는 것이다. "행복이 삶의 목표라면, 덕성은 행복의 바탕이다." 라는 Thomas Jefferson의 말처럼, 개인의 긍정적 성품을 발견하고 계발하는 것은 행복한 삶을 위한 필수조건이라고 할 수 있다.

행복한 삶이란 어떤 것인가? 행복은 사람마다 각기 다른 관점에서 볼 수 있기 때문에 절대적인 정의가 존재할 수 없다. 그러나 긍정 심리학자들은 행복에 관해 나름대로의 견해를 제시하고 있다. 긍정 심리학의 창시자인 Seligman(2002a; 200b)은 다음과 같은 세 가지 측면에 주목하여 행복한 삶의 조건을 제시하고 있다.

그 첫째는 즐거운 삶(pleasant life)이다. 과거, 현재, 미래에 대해서 긍정적인 감정을 느끼며 살아가는 삶이다. 과거의 삶에 대해서는 수용과 감사를 통해서 만족감과 흡족함을 느끼고, 현재의 삶 속에서는 '지금 이 순간' 의 체험에 대한 적극적 참여와 몰입을 통해서 유쾌함과 즐거움을 경험하며, 미래의 삶에 대해서는 도전의식과 낙관적 기대를 통해서 희망감과 기대감을 느끼며 살아가는 삶이다. 즐거운 삶은 긍정 정서를 최대화하고 부정 정서를 최소화하는 삶으로서 행복에 대한 쾌락주의적 입장을 반영하는 것이라고 할 수 있다.

행복한 삶의 두 번째 측면은 열정적인 삶(engaged life)이다. 매일의 삶에서 자신이 추구하는 활동에 적극적으로 참여하고 몰입함으로써 자신의 잠재력과 성격적 강점을 최대한 발휘하며 자기실현을 이루어나가는 삶이다. 자기실현이란 우리의 잠재능력과 가능성을 삶 속에서 충분히 펼치는 것을 의미한다. 인간은 누구나 자기만의 재능과 강점을 지니고 있다. 이러한 재능과 강점을 삶의 다양한 장면에서 충분히 발휘함으로써 자신의 가능성을 현실화하는 것이 자기실현이다.

씨앗이 아름다운 꽃과 알찬 열매로 자신의 가능성을 펼쳐 보이듯이, 인간 역시 일에서든 인간관계에서든 자신의 잠재능력을 발현하는 것이 행복의 중요한 요소다. 자기실현을 위해서는 소중하게 여기는 활동에서 최선을 다하는 열정과 노력이 필요하다.

행복의 마지막 세 번째 측면은 의미 있는 삶(meaningful life)이다. 우리의 삶과 행위로부터 소중한 의미를 발견하고 부여할 수 있는 삶을 말한다. 즐거움 속에서 열정적인 삶을 영위했지만 의미를 발견할 수 없는 경우에는 진정한 행복감을 느끼기 어렵다. 의미는 그 자체로 존재하는 것이 아니라 다른 것과의 관계 속에서 발견될 수 있는 것이다. 생명의 불꽃은 그 자체로 의미가 있는 것이 아니라 세상을 밝히고 다른 존재에게 온기를 불어넣을 때 의미와 가치를 지니게 된다. 인생의 의미는 '나보다 더 큰 어떤 것'과 연결되어 있다는 것을 깨닫고 그것을 위해 이바지할 때 찾아질 수 있다. 가족이나 직장, 지역사회, 국가, 때로는 신(神)과의 연결감 속에서 그것을 위해 헌신하고 있다는 믿음은 우리의 삶을 가치 있고 의미 있는 것으로 만든다.

Seligman(2002b)은 즐거운 기분을 느끼면서 자신의 일에 열정적으로 몰입하며 삶의 의미를 발견할 수 있을 때 진정한 행복을 누릴 수 있다고 본다. 즐거운 삶, 열정적인 삶, 그리고 의미 있는 삶은 때때로 서로 일치하지 않는 경우도 있지만 밀접한 관련성을 지니며 서로 촉진적인 관계를 지닌다. 즐거운 기분을 느끼게 되면, 삶에 대한 활기와 흥미가 증가하여 자신이 하는 활동에 열정적으로 몰두하게 됨으로써 역량을 잘 발휘하게 되고 그 결과 타인과 사회를 위해 기여한다는 의미감을 느낄 수 있다. 아울러 소중한 의미를 부여하는 활동에 참여하게 될 때, 우리는 즐거운 마음으로 자신의 역량을 최대한 발현할 수 있는 것이다. 행복한 삶의 비결 중 하나는 즐거운 삶, 열정적인 삶, 의미 있는 삶의 선순환 구조를 형성하는 것이다.

행복의 세 가지 요소를 증진할 수 있는 가장 효과적인 방법은 사람마다 나름대로 갖추고 있는 대표강점을 활용하는 것이다. Seligman(2002b)에 따르면, 진정한 행복(authentic happiness)은 이러한 대표 강점을 발견하여 일, 사랑, 자녀양육,

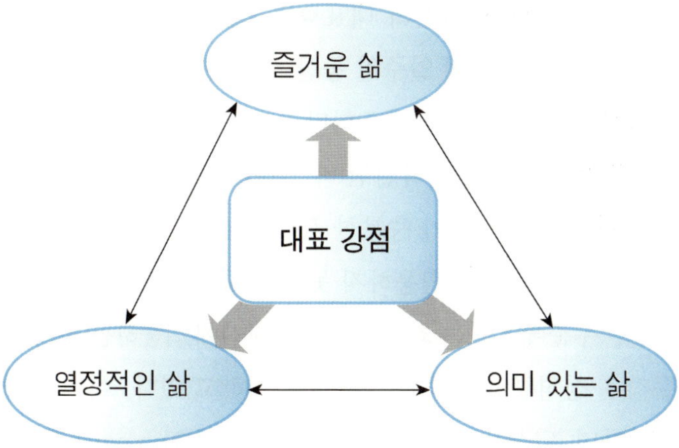

[그림 30-1] 대표강점과 행복한 삶의 관계

여가활동과 같은 일상생활에서 잘 활용하는 가운데 실현될 수 있다고 주장한다. [그림 30-1]에 제시되어 있듯이, 대표 강점을 활용할 때는 '진정한 자기'가 표현되고 있다는 느낌을 갖게 되면서 즐거움과 활기를 느낄 수 있다. 또한 자신이 잘 할 수 있는 대표강점을 활용하여 흥미를 느끼는 활동을 하게 되면, 적극적이고 열정적으로 매진할 수 있으며 긍정적인 결과를 얻을 수 있다. 또한 대표강점을 활용하여 긍정적인 성과를 얻음으로써 다른 삶과 공동체에 기여한다는 인식과 더불어 자기존재의 가치와 의미를 발견할 수 있게 된다. 아울러 대표강점을 반복적으로 활용하게 되면, 그러한 대표강점이 더욱 강화되어 자신만의 특별한 강점으로 발전할 수 있다. 이처럼 자신의 대표강점을 잘 발휘할 수 있는 활동에 열정적으로 몰두하게 되면, 더 많은 즐거움을 느낄 수 있을 뿐만 아니라 이러한 활동을 통해서 좋은 성과를 거둘 수 있기 때문에 사회적 기여를 하고 있다는 인식이 증진된다.

대표강점을 발견하여 활용하는 것은 자아실현에 있어서 매우 중요하다. 이러한 강점은 어떤 일에서 탁월한 결과와 성취를 이루게 만드는 역량인 동시에 그 일을 하면서 의욕과 활기를 느끼게 만드는 동기를 부여한다. Seligman(2002b)과

Peterson(2006)은 우리에게 자신의 대표강점들을 파악하라고 권유한다. 그리고 이러한 강점 중 하나를 택하여 일주일 동안 매일 그러한 강점을 일상생활 속에서 다양한 방식으로 활용해 보라고 권유한다. 대표강점을 인식하여 발휘하는 것은 행복증진의 효과적인 방법으로 확인된 바 있다(Seligman et al., 2005).

"삶의 진정한 비극은 우리가 충분한 강점을 갖지 못한 데에 있는 것이 아니라 이미 갖고 있는 강점을 충분히 활용하지 못하는 데에 있다."는 Benjamin Franlkin의 말과 "탁월한 수준에 이르는 최고의 비결은 강점에 집중하는 것이다."는 Donald Clifton의 주장은 성격강점의 중요성을 잘 제시하고 있다. 이런 점에서 "인생의 목표가 행복이라면, 덕성은 행복의 바탕이다."라는 Thomas Jefferson의 말은 적절하다. 대표강점의 활용을 통해서 즐거운 삶, 적극적인 삶, 의미 있는 삶을 구현할 뿐만 아니라 행복의 세 요소가 서로 촉진하는 선순환구조를 형성하는 것이 행복한 삶의 관건이라고 할 수 있다. 긍정적 성품은 행복한 삶의 바탕이라고 할 수 있다.

2 정신건강을 위한 긍정적 성품의 역할

인류의 물질문명은 눈부시게 발전했지만, 현대인의 행복도는 증가하지 않고 있을 뿐만 아니라 오히려 정신장애 유병률은 증가추세에 있다. 전 세계적으로 우울증은 지난 50여 년간 그 유병률이 감소하지 않고 있으며 청소년의 경우에는 오히려 증가하고 있다(Burke & Regier, 1996). 그동안 많은 국가들이 질병모델에 근거한 예방활동에 막대한 예산을 투여해왔지만, 정신장애는 결코 감소하지 않고 있으며 일부 장애는 오히려 증가하고 있다.

우리나라의 경우, 지난 반세기 동안 개인소득이 100배 이상 증가했으며 경제규모는 세계 10위권에 육박하고 있지만 한국인의 행복수준은 세계의 여러 국가 중

중하위권에 속한다. 여러 나라의 주관적 안녕을 조사한 연구(Kahneman, Diener, & Schwartz, 1999)에 따르면, 한국은 30개국 중에서 25위였다. 세계 10위권에 속하는 경제규모에 비하면, 한국인의 행복수준은 현저하게 낮은 편이다. 더구나 한국인의 자살률, 이혼율, 직장인의 스트레스 수준, 1인당 알코올 소비량, 40대 남성의 돌연사율 등은 OECD 국가 중 최상위권이다. 한국인의 자살률은 세계 1위다. 경찰청(2010)의 자료에 따르면 2009년도에 자살로 사망한 사람은 14,579명이며 이는 하루 평균 40명이 자살을 하고 있는 셈이다. 한국인의 13%가 자살을 시도한 바 있으며 30% 이상을 자살을 생각한 적이 있다고 보도되고 있다(조맹제, 2010). 가정의 파탄을 의미하는 이혼율 역시 OECD 국가 중 최상위권이다. 통계청(2010)의 자료에 의하면, 2009년 한 해 동안 124,000쌍이 이혼을 한 것으로 집계되고 있다. 청소년들은 입시지옥에서 시달리고 있고, 직장인들은 세계 최고의 노동시간에 허덕이며 많은 스트레스에 시달리고 있다. 이밖에도 아동 성추행, 토막살인, 막가파식 폭력 등과 같은 심각한 사건들이 매스컴에 보도되고 있다.

우울증을 비롯한 정신장애는 개인의 불행을 초래하는 주된 원인일 뿐만 아니라 국가의 생산성을 저해하는 주요한 원인으로 알려져 있다. 예컨대, 우울증은 전세계적으로 직업적 부적응을 초래하는 가장 중요한 요인으로 알려져 있다(Lopez & Murray, 1998). 그동안 많은 국가들이 질병모델에 근거한 예방활동에 막대한 예산을 투여해왔지만, 정신장애는 결코 감소하지 않고 있으며 일부 장애는 오히려 증가하고 있다. 지난 세기 동안 정신건강의 치료와 예방을 위한 이론적 기반이었던 질병모델의 한계를 인식하고 새로운 정신건강 모델을 모색해야 할 때가 되었다.

1) 정신건강에 대한 질병모델의 한계

Martin Seligman이 긍정 심리학을 창시한 주된 동기는 정신건강의 질병모델을 극복하기 위한 것이다. 그는 본래 정신건강의 질병모델에 근거한 교육과 훈련을 받은 임상심리학자였다. 1970년대에는 우울증의 연구에 몰두하여 학습된 무기력 이론을 제시한 바 있다. 아울러 예방의 중요성을 인식하고 우울증의 예방 활동에 15여 년 동안 몰두해왔다. 그는 당시에 지배적이었던 정신건강의 질병모델에 근거하여 예방적 활동에 노력했었다. 그러나 15년 이상 정신장애의 예방활동에 참여하고 나서 그가 내린 결론은 질병모델이 정신장애의 예방에 적절하지 않다는 것이다. 왜냐하면 예방은 결함을 교정하는 것이 아니기 때문이다.

Seligman(2002a)에 따르면, 정신건강의 질병모델(disease model) 또는 의료모델(medical model)은 심리적 문제가 신체적 질병과 같은 속성을 지닌다고 가정한다. 즉, 심리적 문제는 어떤 물질적 실체(뇌의 손상, 생화학 물질의 이상, 병원균의 침입 등)에 의한 결함이나 손상에 의해 생겨나는 일종의 질병이라고 간주한다. 따라서 이러한 질병을 초래하는 물질적 실체나 결함을 제거함으로써 심리적 문제가 개선될 수 있다고 여긴다. 이러한 질병모델은 그동안 정신장애를 연구하고 치료하는 이론적 토대가 되어 왔다. 오늘날 널리 사용되고 있는 DSM이나 ICD와 같은 정신장애 분류체계 역시 질병모델의 소산이다. 질병모델은 필연적으로 정신건강 분야를 장애-중심적, 병원-중심적, 의사-중심적, 치료-중심적, 약물-중심적인 방향으로 유도하게 된다.

정신장애의 질병모델은 지난 50여 년간 정신건강 분야를 주도해왔다. 그리고 그동안 커다란 성과를 거두었다. 다양한 정신장애의 원인에 대한 이해가 증대되었으며, 1950년대 초까지 적절한 치료방법이 없었던 주요한 정신장애에 대한 효과적인 치료법들이 다양하게 개발되었다. 요즘에는 정신분열증이나 조울증과 같은 심각한 정신장애를 치료할 수 있는 방법들도 개발되어 있다. 그러나 국가적 입장에서나 개인적인 입장에서 치료보다 더 중요한 것은 예방이다. 매년 막대한 정부예산이 정신장애자의 치료와 보호 그리고 재활에 투여되고 있다. 대형 정신병원이 매년 증가하고 있으며 정신병원 입원환자 수가 증가되고 있다. 국가적 차원에서 깊은 관심을 지니고 노력해야 할 점은 정신장애를 예방하는 것이다. 정신장애가 일단 발생하면 환자는 물론 가족들도 심리적 고통을 겪게 될 뿐만 아니라 재정적 부담을 안게 된다. 또한 정신장애가 재발되고 만성화되는 경우도 드물지 않다. 21세기의 정신건강 분야는 예방 활동에 더 많은 노력이 기울여져야 할 것이다.

그렇다면 질병모델은 정신장애의 예방에 적절한가? 과연 지난 50여 년간 질병모델에 근거하여 우울증, 약물중독, 정신분열증과 같은 심각한 문제들을 얼마나 예방할 수 있었는가? 심리적 문제를 뇌 손상으로 설명하는 입장에서 어떤 예방방법을 제시할 수 있는가? 약물을 주된 치료법으로 사용하는 전문가들은 어떤 예방활동을 할 수 있는가? 증상 제거를 목표로 하는 심리치료가 과연 예방활동에 어떤 기여를 할 수 있는가?

질병모델은 정신장애의 예방에 부적합하다. 이미 많은 학자들과 임상가들이 질병모델로는 예방에 있어서 성과를 거둘 수 없다는 결론에 도달했다(Catalono, Berglund, Ryan, Lonczak, & Hawkins, 1998). 질병모델에 근거한 정신장애 이론이나 치료는 예방활동에 도움을 주지 못한다. 손상과 결함에 대한 이론과 치료기법은 예방활동에 적절하지 않기 때문이다. 그동안 많은 국가들이 질병모델에 근거한 예방활동에 막대한 예산을 투여해왔지만, 정신장애는 결코 감소하지 않고 있으며 일부 장애는 오히려 증가하고 있다. 예를 들어, 우울증은 지난 50여 년간 그 유병률이 감소하지 않고 있으며 청소년의 경우에는 오히려 증가하고 있다(Burke & Regier, 1996). 우리나라의 경우, 1995년에 정신보건법이 시행된 이후 지난 10여 년 동안 정신병원의 병상수나 입원환자가 오히려 증가하였다(오수성, 2007; 이용표, 2007). 이러한 현상은 사회적 변화를 비롯한 여러 요인에 의한 것일 수도 있지만 그 동안 질병모델에 기초한 예방활동이 실효를 거두지 못했음을 입증하는 것이라고 할 수 있다.

나아가서 질병모델은 정신장애의 예방뿐만 아니라 치료에 있어서도 재고될 필요가 있다. 그동안 심리학은 정신장애 증상과 부적응적인 문제행동의 제거하는 데에 집중해왔다. 그러나 증상 제거만으로는 정신장애를 온전하게 치유할 수 없다는 인식이 최근에 확산되고 있다. 증상 제거를 목표로 하는 치료활동은 잦은 재발을 초래하는 불완전한 치료라는 점이 지적되고 있다. 예를 들어, 우울증은 약물치료나 심리치료를 통해서 비교적 쉽게 증상이 완화될 수 있는 장애이지만, 자주 재발한다는 문제점을 지니고 있다(Simons, Murphy, Levine, & Wetzel, 1985). 처음 우울증이 발병하여 치료를 받은 환자들의 약 50~60%가 재발한다. 그리고 이들 중 약 70%가 다시 우울증을 겪게 되며, 그 90% 정도가 재발경험을 하게 된다. 단극성 우울증의 경우, 약물치료를 받고 우울증에서 회복된 환자의 70%가 6개월 이내에 재발한다는 연구결과가 있다(Ramana et al., 1995).

2) 긍정적 정신건강 모델

진정한 정신건강은 부적응 증상의 부재상태를 넘어서 행복하고 자기실현적인 삶을 사는 것이라고 할 수 있다(Ralph & Corrigan, 2005). 소극적 의미의 건강은 질병이나 장애가 없는 상태를 뜻하지만, 적극적 의미의 건강은 개인이 행복하고 자신의 능력과 환경을 활용하여 최선의 번성한 삶을 사는 것이다. 세계보건기구(World Health Organization, 1948)에 따르면, "건강(health)이란 육체적, 정신적 그리고 사회적으로 온전한 웰빙 상태이며, 단순히 질병이나 허약함이 없는 상태가 아니다" (p. 100). 최근에는 건강의 개념이 영적인 안녕, 직업적 만족, 환경적 안전 등을 포함할 뿐만 아니라 이처럼 다양한 구성요소들의 균형과 통합을 아우르는 개념으로 확장되고 있다(Adams, Bezner, & Steinhart, 1997; Owen, 1999).

'육체적으로 건강하다' 는 것이 질병이 없는 상태일 뿐만 아니라 최선의 신체적 기능 상태를 유지하면서 질병에 대한 저항력을 잘 갖춘 상태를 의미하듯이, '정신적으로 건강하다' 는 것은 정신장애가 없음을 넘어서 주관적인 안녕과 더불어 최선의 심리적 기능을 발휘하는 상태를 의미한다. 최근에 세계보건기구(World Health Organization, 2005)는 정신건강(mental health)을 "개인이 자신의 잠재능력을 발휘하고, 삶의 일상적 스트레스에 대처할 수 있으며, 생산적이고 효과적으로 일을 할 수 있고, 공동체에 기여할 수 있는 웰빙 상태" 라고 정의한 바 있다.

긍정 심리학은 질병모델에 근거한 소극적인 정신건강을 넘어서 적극적인 정신건강을 지향할 수 있는 이론적 근거를 제시하고 있다. 정신건강은 결함과 손상의 부재상태가 아니라 개인의 강점과 능력이 최대한 발현되는 상태로 이해되어야 한다. 즉, 긍정적 정신건강(positive mental health)이라는 좀 더 적극적인 개념으로 이해되어야 한다. 긍정적 정신건강은 성장과 행복 증진을 통해서 촉진될 수 있다. 따라서 긍정 심리학은 정신건강에 대해서 심리적 웰빙을 지향하는 성장모델을 질병모델의 대안으로 제시하고 있다.

정신건강의 성장모델(growth model)은 긍정적 정신건강을 지향하며 정신장애의 예방에 초점을 맞추는 '성장-지향적 예방모델'이라고 할 수 있다. 성장모델은 여러 가지 점에서 질병모델과는 다르다. 첫째, 성장모델은 개인의 행복과 자기실현을 지향함으로써 긍정적 정신건강을 추구한다. 부적응적 장애나 증상의 제거라는 소극적인 목표를 추구하기보다 행복과 자기실현이라는 적극적인 목표를 추구한다. 둘째, 성장모델은 인간의 긍정적 성품과 강점에 초점을 맞춘다. 질병모델처럼 인간의 결함과 장애에 초점을 맞추기보다 긍정적 성품과 강점에 초점을 맞춘다. 개인이 지닌 대표 강점과 재능을 발견하고 육성하여 인간관계와 직업활동을 비롯한 다양한 삶의 영역에서 발휘하도록 지원한다. 셋째, 성장모델은 정신장애의 예방에 초점을 맞춘다. 즉, 성장모델은 정신장애를 지닌 일부 사람들에게 적용되는 것이 아니라 모든 사람들에게 적용되어 행복을 지원함으로서 정신장애의 예방 효과를 거두고자 한다. 대표강점을 잘 발휘함으로써 긍정 정서를 경험하며 최고의 기능상태에서 의미 있는 활동에 적극적으로 임하게 될 때, 우리는 행복과 긍정적 정신건강을 이루게 된다. 이러한 긍정적 상태는 정신장애의 취약성을 억제할 뿐만 아니라 스트레스에 대한 저항력을 강화함으로써 정신장애의 발생을 억제하게 된다. 마지막으로, 성장모델은 생물 · 심리 · 사회적 모델이다. 긍정적 정신건강을 위해서는 신체적 건강이 뒷받침되어야 한다. 신체적 질병이나 장애가 없음은 물론 활기차게 최고의 기능을 발휘할 수 있는 육체적 건강을 함양하고 유지할 수 있어야 한다. 또한 개인이 속한 사회적 환경도 매우 중요하다. 가족, 학교, 기업체, 지역사회는 구성원의 행복 증진을 위해서 노력하는 긍정 기관으로 변화해야 한다. 구성원의 긍정적 성품과 강점을 충분히 발휘할 수 있는 사회환경적 지원이 이루어져야 한다. 이처럼 성장모델은 긍정적 정신건강에 영향을 미치는 생물학적, 심리학적, 그리고 사회환경적 요인들을 종합적으로 고려한다.

예방의 주된 초점은 개인의 약점과 결함을 교정하는 것이 아니라 그들의 강점과 능력을 함양하는 데에 모아져야 한다. 긍정 심리학자들은 인간의 강점이 정신장애의 발병을 억제한다는 것을 밝혀내었다(Keyes & Lopez, 2002). 일례로, Seligman은 학습된 낙관주의(learned optimism)를 함양함으로써 우울증의 발병률이 감소했음을 입증하였다. 그와 동료들(Seligman et al., 1995)은 아동과 성인들에게 학습된 낙관주의의 교육프로그램을 실시했다. 이 프로그램은 결함을 교정하는 것이 아니라 낙관주의라는 새로운 삶의 기술을 습득시키는 것이다. 예를 들면, 생활 속에서 일어나는 사건들의 의미를 긍정적인 방향으로 귀인하도록 변화시켰다. 이러한 교육을 받은 아동과 성인 집단은 모두 비교집단에 비해서 우울증의 발병률이 약 50% 정도 감소했다. 즉, 개인의 강점을 개발하고 육성함으로써 우울증의 발병을 억제할 수 있었다. 21세기에는 정신장애의 예방을 위해서 인간의 강점과 능력을 연구하고 함양하는 데에 많은 노력이 집중되어야 한다(Bornstein, Davidson, Keyes, & Moore, 2003).

정신장애의 치료 역시 증상제거를 넘어서 재발방지에 초점이 모아져야 한다. Thunedborg, Black 및 Beck(1995)은 흥미로운 연구결과를 발표한 바 있다. 이들은 우울증 치료를 받고 나서 재발한 사람들과 그렇지 않은 사람들의 차이점을 밝히고자 했다. 그 결과, 우울증이 재발한 사람들은 치료를 받은 후에 우울증상이 사라졌지만 일상생활 속에서 행복감을 느끼지 못하는 사람들이었다. 중립적인 기분상태에서 살아가다가 새로운 좌절이나 실패를 경험하면 다시 우울증상을 나타냈다. 반면에 재발하지 않은 사람들은 즐겁고 행복한 삶을 살고 있었으며 설혹 좌절과 실패를 경험하더라도 이를 잘 극복할 수 있었던 것이다. 즉, 우울증의 재발을 방지하는 것은 증상 제거가 아니라 행복한 삶을 살도록 도움으로써 우울증에 대한 면역력을 길러주는 것이었다. 이러한 연구결과는 다음과 같은 점을 극명하게 보여 주고 있다. 정신장애에 대한 온전한 치료는 증상 제거를 넘어서 적응능력과 행복한 삶의 기술을 길러주는 것이어야 한다.

정신건강은 부적응적인 심리적 증상의 부재 상태가 아니라 개인이 긍정적 성품을 발휘하여 행복과 자기실현을 이루는 상태라고 할 수 있다. Seligman의 말처럼, "심리학은 인간의 약점과 장애에 대한 학문만이 아니라 인간의 강점과 덕성에 대한 학문이기도 해야 한다. 진정한 치료는 손상된 것을 고치는 것만이 아니라 우리 안에 있는 최선의 가능성을 이끌어내는 것이어야 한다." 긍정적 성품을 함양하고 발휘하는 것은 개인의 행복을 증진할 뿐만 아니라 긍정적인 정신건강을 향상시키는 핵심적 요건이라고 할 수 있다.

3 사회의 번영을 위한 긍정적 성품의 역할

긍정적 성품은 개인의 행복뿐만 아니라 사회의 번영을 위한 중요한 자산이기도 하다. 사회의 발전과 번영은 구성원의 역량이 효과적으로 결집될 수 있어야 가능하다. 특히, 우리나라와 같이 자연자원이 부족한 국가는 인적 자원을 소중하게 개발하는 것이 사회적 발전의 관건이라고 할 수 있다. 사회적 번영을 위한 인적 자원은 구성원의 지식과 기술만을 의미하지는 않는다. 사회의 번영은 구성원들이 자신의 지식과 기술을 창의적이고 열정적으로 발휘할 뿐만 아니라 공동체 의식 속에서 화합하며 상부상조해야 가능한 것이다. 개인적으로는 탁월한 구성원들이 이기적인 욕망과 이익을 추구하면서 갈등과 불화 속에서 서로 반목하는 사회는 건강하게 발전할 수 없다. 이런 점에서 긍정적 성품은 생산적이고 성숙한 사회로 발전하는 바탕이라고 할 수 있다.

개인과 사회는 불가분의 관계에 있다. 개인은 사회발전의 원동력이며, 사회는 개인이 행복을 구현하는 현장이다. 개인이 행복감 속에서 열성적으로 자신의 역할을 다할 때 사회가 발전하고, 사회가 번영해야 구성원이 자신의 역량을 발휘하며 행복할 수 있다. 개인은 사회의 발전을 위해 기여해야 하고, 사회는 구성원의 행복을 지원해야 한다. 모든 사회의 궁극적 관심사는 개인의 행복과 더불어 사회의 번영을 함께 추구하는 것이다. 개인의 행복과 사회의 번영이라는 두 마리 토끼를 잡는 방법 중 하나는 구성원의 긍정적 성품에 초점을 맞추는 것이다. 긍정적 성품을 함양하고 발휘하는 것은 개인의 행복과 더불어 사회의 번영을 이루어나가는 관건이라고 할 수 있다.

긍정 심리학은 개인의 행복뿐만 아니라 개인의 행복을 촉진하는 조직과 사회에도 깊은 관심을 지닌다. 개인의 행복은 그가 속한 조직이나 사회와 밀접한 관계를 지니기 때문이다. 건강하지 못한 사회에서 살아가는 개인은 행복하기 어려우며, 불행한 구성원으로 유지되는 사회는 발전하기 어렵다. 건강한 육체와 정신이 그러하듯이, 건강한 개인과 사회는 서로의 행복과 발전을 촉진한다. 구성원 개개인을 소중히 여길 뿐만 아니라 그들이 자신의 강점을 충분히 발휘하며 만족스런 삶을 영위하도록 지원하는 조직이나 사회에서 살아가는 사람들은 행복하다. 또한 그러한 조직과 사회는 발전하게 된다.

인간은 누구나 가족, 학교, 직장, 지역사회, 국가라는 사회적 조직에 속해 살아갈 수밖에 없다. 이러한 조직이 구성원의 행복과 능력발휘를 효과적으로 지원할 수 있어야 개인이 행복할 수 있으며 또한 조직이 발전하게 된다. 과연 가족, 학교, 직장과 같은 기관이 어떤 특성과 조건을 갖추어야 그 구성원들이 자신의 능력을 잘 발휘하며 높은 성과를 나타내는 동시에 행복감을 느끼게 될 것인가? 긍정 심리학자들은 구성원의 행복과 조직의 번영을 조화롭게 이루어나가는 조직을 긍정 기관(positive institution)이라고 지칭하고 있다. 긍정 기관의 특성과 구성요소를 밝히고 긍정 기관을 창출하기 위한 다학문적 노력을 긍정 조직학(positive organizational scholarship)이라고 한다(Cameron, Dutton, & Quinn, 2003). 긍정 조직학은 구성원이 행복감 속에서 자신의 능력을 충분히 발휘하며 생산적으로 일하는 긍정 조직의 특성과 그러한 변화과정에 관심을 지닌다.

1) 긍정 조직의 특성

긍정 심리학자들은 긍정 기관이 갖추어야 할 5가지 조건과 덕목에 대체로 동의하고 있다(Park & Peterson, 2002). 첫째, 좋은 기관은 구성원들이 공유하는 목표를 지닌다. 도덕적 목표와 더불어 공유하는 비전을 지닌다. 둘째, 좋은 기관은 안전을 보장한다. 구성원을 위협, 위험, 착취로부터 보호한다. 셋째, 좋은 기관은 공정성을 지닌다. 구성원의 보상과 처벌에 관한 공평한 규칙을 지닌다. 넷째, 좋은 기관은 자애로운 인애가 넘친다. 구성원들이 서로에 대해서 관심과 보살핌을 나타낸다. 마지막으로, 좋은 기관은 구성원의 존엄성을 중시한다. 모든 구성원은 지위나 역할에 상관없이 소중한 존재로 여겨진다. 요컨대, 긍정 기관이란 구성원의 행복과 자기실현을 촉진하는 긍정적인 조건을 제공하는 조직을 말한다. 아울러 기관의 목표를 달성하기 위해 구성원의 능력과 동기를 최대한 이끌어내는 동시에 국가와 사회에 기여할 수 있는 조직을 말한다. 즉, 긍정 기관은 구성원의 행복, 조직의 생산성, 사회적 기여라는 세 가지 요소를 잘 겸비한 조직이라고 할 수 있다.

긍정 기관의 가장 중요한 특성 중 하나는 구성원의 긍정적 성품과 강점에 주목하여 그것을 발휘하도록 촉진하는 것이다. 성격강점 연구의 개척자인 Don Clifton의 말처럼, "탁월함에 이르는 비결은 강점에 주목하는 것이다." 구성원들이 지니고 있는 긍정적 성품과 강점을 발견하여 그들이 자신의 역량을 발휘할 수 있도록 지원하는 것이 중요하다. 강점을 발휘할 수 있을 때 열성적으로 자신의 역할에 임할 뿐만 아니라 긍정적인 결과를 가져올 수 있다. 그 결과 긍정 정서가 경험되고 조직의 활기와 생산성이 증대된다. 긍정적 성품과 강점에 주목하는 것은 구성원의 행복과 조직의 발전을 함께 이루는 길이라고 할 수 있다.

둘째, 긍정 기관은 밝고 긍정적인 정서적 분위기를 지닌다(Staw, Sutton, & Pellod, 1994; Wright & Staw, 1999). 잘 기능하는 조직에서는 긍정적인 역동이 나타난다. 즉, 긍정 정서가 조직의 인간관계와 생산성을 증진하고 그 결과 긍정 정서가 증대되는 선순환적 역동이 일어난다. 긍정 정서는 여러가지 바람직한 현상을 발현하게 만든다. 조직의 긍정적 변화는 긍정 정서의 발현과 더불어 시작된다. 긍정 조직으로의 변화를 위해서는 조직의 긍정적 역동을 잘 이해하는 것이 중요하다.

셋째, 긍정 기관은 구성원들이 연결감을 느끼도록 지원한다. 조직속의 생활은 다른 구성원과의 만남으로 이루어진다. 조직은 구성원의 연결과 상호작용에 의해서 성과물을 만들어낸다. 구성원 간의 연결과 관계의 질은 조직에서 시간을 보내는 구성원뿐만 아니라 조직의 기능에도 중대한 영향을 미친다. 관계의 질은 구성원 간의 연결이 그들에게 생기를 불어넣는가 아니면 오히려 생기를 박탈하는가에 의해 평가될 수 있다. 사람은 상대방으로부터 관심과 애정을 받을 때 활기와 에너지를 얻게 된다. 관계의 질은 연결감의 강도, 애정의 정서적 비중, 의사소통의 빈도, 상호성, 관계만족도 등에 의해서 영향을 받는다. 건강한 관계는 유연하면서 강력하고 위기에도 잘 와해되지 않는다.

넷째, 긍정 조직은 구성원이 의미를 느낄 수 있도록 지원한다. 자신의 역할에 대한 의미를 발견하는 것은 개인의 행복을 위해서 매우 중요하다. 직업의 의미를 강화하기 위해서는 직장에 대한 소속감과 더불어 개인이 담당하는 직무와 역할의 소중함을 발견하는 것이 필요하다. 이를 위해서 조직은 구성원의 선발, 배치, 훈련을 통해서 개인과 업무의 적합도를 높여야 한다. 아울러 구성원 간의 관계 증진을 위해서 가족과 같이 친밀한 관계구조를 구축하고 개성 있는 조직문화를 형성함으로써 공동체 의식을 진작하는 것이 필요하다. 또한 업무 재설계를 통해서 구성원으로 하여금 자신이 하는 일에서 소중한 의미를 발견할 수 있도록 장려하는 것이 중요하다.

다섯째, 긍정 기관은 조직의 긍정적 변화를 위해서 끊임없이 노력한다. 조직의 문제점과 결함을 극복하기 위해 노력할 뿐만 아니라 조직의 탁월성과 강점을 발견하여 이를 증진하고 확산하기 위한 노력을 기울인다. 이를 위해서는 무엇이 문제인지에 초점을 맞추는 결함 조사가 아니라 무엇이 그처럼 좋은 성과를 유발했는지에 초점을 맞추는 탁월성 조사를 통해서 성취, 강점, 잠재력, 혁신, 모범사례, 소중한 가치를 촉진하는 것이 중요하다.

마지막으로, 긍정 기관의 창출을 위해서는 긍정 리더십(positive leadership)이 필요하다. 리더십은 특정한 목표의 달성을 위해 구성원들을 지휘하는 리더의 행동방식을 의미한다. 긍정 리더십은 위선적인 리더십이 아니라 투명성을 지니며 자신의 이득보다 집단의 이익을 추구하는 도덕성에 기반을 둔 진정한 리더십을 의미한다. Luthans 등(2001)은 리더십에 대한 긍정적 접근(Positive Approach to Leadership: PAL)을 제안하고 있다. 불확실성과 도전이 증대하고 있는 현대사회에서는 구성원의 행복을 중시하는 동시에 현실적 낙관성을 지니는 리더십이 필요하다. 이들은 긍정 심리학에 근거하여 긍정적 조직행동(positive organizational behavior: POB)을 제시하고 있다. 아울러 긍정 리더십의 네 가지 주된 요소(RICH)로서 현실적 낙관주의(Realistic optimism), 정서지능(emotional Intelligence), 자신감(Confidence), 희망(Hope)을 제안하였다.

긍정 리더는 구성원들이 각자 조직에 기여할 수 있는 긍정적인 측면을 지닌다고 믿으며 구성원의 긍정적 역량에 대한 신뢰를 지닌다. 아울러 구성원으로 하여금 그들의 소중한 능력과 강점을 잘 인식하고 발휘하도록 돕는다. 구성원의 자기실현과 역량발휘를 적극적으로 지원한다. 또한 긍정 리더는 자신의 결점을 인식하고 공개함으로써 구성원과의 상호보완적인 관계를 형성하며 투명한 행동을 통해서 자신감, 희망, 낙관주의, 탄력성의 모델이 되어야 한다. 아울러 긍정 리더는 갈등과 분쟁을 지혜롭게 판단할 수 있는 도덕적 역량을 개발해야 한다. 요컨대, 긍정 리더십은 군림하는 권력(power over)이 아니라 공유하는 권력(power with)을 지향한다(Luthans & Avolio, 2003).

2) 긍정 사회로의 변화

한국인의 행복수준은 세계의 여러 국가 중 중하위권에 속한다. 여러 나라의 주관적 안녕을 조사한 연구(Kahneman et al., 1999)에 따르면, 한국은 40개국 중에서 25위였다. 세계 10위권에 속하는 경제규모에 비하면, 한국인의 행복수준은 현저하게 낮은 편이다. 뿐만 아니라 한국인의 자살률, 이혼율, 1인당 알코올 소비량, 40대 남성의 돌연사율 등은 세계에서 가장 높은 수준에 속한다. 한국인의 물질적 생활수준은 현저하게 향상되었지만 행복수준은 그러하지 못하다.

행복은 우리가 살아가는 사회적 환경과 밀접한 관련성을 지닌다. 한국의 가족, 학교, 직장, 지역사회, 국가가 긍정적으로 변화되어야 한국인의 행복도 증진될 수 있다. 또한 국민 개개인의 행복과 능력발휘를 효과적으로 지원할 수 있어야 사회와 국가도 발전하게 된다. 한국사회는 개인의 행복뿐만 아니라 국가적 발전을 위해서 가족, 학교, 직장, 지역사회가 건강하게 긍정적으로 변화되도록 노력해야 한다.

긍정 가족

가족은 모든 사람이 속하게 되는 가장 일차적인 사회적 조직인 동시에 개인의 행복과 성장을 위해 가장 중요한 원천이다. 대부분의 사람들은 가정의 화목을 행복의 가장 중요한 조건으로 여기고 있다. 건강한 가족은 우리 사회의 가장 중요한 사회적 기반시설이다(이정전, 2008). 그러나 불행하게도 한국은 높은 이혼율과 청소년 가출률을 나타내고 있다. 부모는 자녀들에게 과중한 학업부담을 강요하고 부부는 자녀교육을 위해서 엄청난 경제적 부담을 짊어질 뿐만 아니라 자발적인 별거를 하는 기러기 아빠들이 늘어나고 있다. 과연 한국의 가족은 행복한 삶을 위한 베이스캠프가 되고 있는가? 건강하고 행복한 가족이 되기 위해서는 어떤 변화가 필요한가?

가족은 자녀를 낳아 양육함으로써 가문을 이어가는 곳일 뿐만 아니라 한 인간의 기본적인 성격이 형성되는 장이다. 부모는 자녀의 성격형성에 매우 중요한 영향을 미친다. 양육과정에서 부모의 성격특성, 가치관, 도덕적 규범이 자녀에게 학습되어 전달된다. 아울러 사회생활을 위한 기본적인 적응능력이 가족관계 속에서 발달된다. 언어 및 인지 발달, 정서 발달 그리고 사회성 발달이 가족관계 속에서 이루어진다. 아울러 가정은 인간의 가장 기본적인 욕구를 충족하는 곳이다. 생존의 필수조건인 의식주가 해결될 뿐만 아니라 안전한 가운데 편안한 휴식을 누리는 곳이다. 또한 가족은 가장 강력한 정서적 지지원인 동시에 운명공동체로서 가장 강력한 소속감을 제공한다. 이렇듯이 가정은 인간의 가장 기본적인 욕구가 충족되는 곳인 동시에 인간의 인격 발달이 이루어지는 곳이다. 가족은 개인의 행복과 성장을 위한 가장 기본적인 터전이라고 할 수 있다.

그동안 심리학자들은 가족갈등, 가정불화, 부부문제, 이혼 등과 같이 가족의 부정적 측면에 깊은 관심을 지녀왔다. 긍정 심리학에서는 가족 구성원 모두가 좀 더 행복한 동시에 각자의 강점을 발휘하여 자신의 역할을 충실히 수행하는 긍정 가족(positive family)에 대해서 관심을 지닌다. 과연 긍정 가족은 어떤 가족인가? 우리가 지향해야 할 이상적인 가정은 어떤 특성을 지니는가? 긍정 가족은 강조되는 초점에 따라서 건강한 가족(healthy family), 기능적 가족(functional family), 성공적 가족(successful family), 강한 가족(strong family)이라고 불리기도 한다. 이런 가족의 공통적 특징은 가족 구성원의 욕구를 서로 잘 충족시키며 부부관계뿐만 아니라 부모-자녀관계의 만족도가 높다(Stinnett, 1985). 만족도는 개인이 지닌 기대와 실제로 받는 보상의 일치도에 의해서 결정된다. 따라서 개인이 가족관계에서 어떤 기대를 하느냐에 따라 만족도가 달라질 수 있으며, 가족 구성원마다 가족에 대한 만족도가 다를 수 있다. 긍정 가족은 가족 구성원 모두가 골고루 만족하는 가족관계를 이루어가는 가족이라고 할 수 있다.

긍정 가족은 일반적으로 다음과 같은 특징은 지닌다(권석만, 2004). 첫째, 가족 구성원은 가족의 행복과 안녕에 깊은 관심을 가지며 이를 무엇보다도 중요시한다. 많은 일을 처리해야 하는 바쁜 사회생활 속에서도 가족의 행복을 우선시하여 이를 중심으로 자신의 생활을 조정한다. 둘째, 가족 구성원은 서로에 대한 정서적 지지를 아끼지 않는다. 가족 구성원 상호 간에 긍정적인 감정을 지니며 심리적으로 격려하고 지원한다. 상대방의 장점을 부각시키고 존중하는 노력을 기울인다. 셋째, 가족 구성원 간에 효과적인 의사소통이 이루어진다. 가족 구성원이 함께 대화를 나누는 시간이 많으며, 상대방의 견해에 관심을 보이고 적극적으로 경청하며 존중한다. 넷째, 가족 구성원끼리 함께 많은 활동을 공유한다. 가정의 안팎에서 함께 지내는 시간이 많으며 가족과 함께 있는 것을 즐긴다. 가족 구성원들은 많은 생활영역에서 가족이 함께 지낼 수 있도록 자신의 생활을 조정한다. 다섯째, 효율적인 문제해결능력을 지니고 있어 가족이 당면하는 여러 가지 문제나 위기를 잘 해결해 나간다. 이런 문제나 위기에 대처할 때, 가족 간에 갈등을 유발하기보다는 온 가족이 결속하여 서로 협동적으로 대처해 나간다. 마지막으로, 가족 구성원은 자신의 가족역할을 잘 수행한다. 가족 구성원 각자가 담당해야 할 역할이 잘 분담되어 있으며 이러한 역할을 효율적으로 수행한다.

긍정 가족으로 변화하기 위해서는 가족 구성원의 긍정적 성품과 강점에 주목하는 노력이 필요하다. 부부이든 자녀이든 나름대로의 강점과 미덕을 지니고 있다. 서로의 약점과 단점에 초점을 맞추어 불평과 비난을 주고받는 악순환적 행동은 불행한 가정의 특징이다. 한 번의 비난은 다섯 번의 칭찬으로도 회복하기 어려운 심리적 상처를 남긴다(Gottman, 1994, 1998). 가족 구성원의 성격강점을 파악하려는 노력이 중요하다. 성격강점의 인식은 구성원에 대한 긍정적 관점을 형성하게 한다. 알아야 보이고, 보여야 긍정적 피드백을 전달할 수 있다. 부모는 자녀의 기질을 이해하여 그러한 기질을 발휘할 수 있는 성격강점을 함양하도록 지원하는 것이 바람직하다. 동일한 기준으로 자녀들을 평가하고 양육하기보다는 자녀의 기질과 강점을 고려하여 나름대로의 긍정적 성품을 발휘할 수 있도록 양육하는 것이 지혜로운 부모의 조건이다. 강점에 주목하는 것이 탁월함을 이루는 비결이다. 긍정 가족의 부부는 서로의 긍정적 성품을 인식하여 존중하고 인정하며 서로를 보완하면서 애정을 키워나간다. 부모는 자녀의 강점과 재능을 파악하여 발휘하도록 양육하면서 자녀와 부모가 모두 행복할 수 있는 부모-자녀 관계를 형성하도록 노력한다. 서로의 약점에 주목하여 불평과 비난을 주고받는 악순환적 가족관계를 서로의 강점에 주목하여 인정과 칭찬을 주고받는 선순환적 가족관계를 형성하는 것이 긍정 가족을 이루는 관건이라고 할 수 있다.

긍정학교

우리는 아동기부터 청년기에 이르기까지 학교에서 많은 시간을 보낸다. 학교는 사회인으로 성장하는 배움의 터전인 동시에 아동과 청소년의 행복에 지대한 영향을 미치는 중요한 기관이다. 우리나라는 과도한 교육열과 입시경쟁으로 인해 학생들이 과중한 학업부담을 안고 있다. 뿐만 아니라 학교에서는 언어적 폭력, 신체적 폭력, 금품갈취 행위, 괴롭힘과 놀림, 성폭력과 성추행의 문제가 지속적으로 발생하고 있다(김준호, 2006). 왕따현상과 더불어 교사에 의한 폭언과 체벌로 인해 심리적인 상처를 입는 학생들이 늘어나고 있다. 많은 학생들이 학교에 가기를 싫어할 뿐만 아니라 두려워한다.

과연 학생들이 즐거운 마음으로 등교하고 학생의 성장을 효율적으로 돕는 학교는 불가능한가? 과연 학생들의 성장과 행복을 촉진하려면, 학교는 어떠해야 하는가? 교사는 학생들을 어떻게 지도해야 하는가? 학교에서는 학생들에게 무엇을 가르쳐야 하는가? 학생-교사-학부모의 관계는 어떠해야 하는가?

긍정 심리학은 학생의 행복과 성장을 지원하는 긍정 학교(positive school)를 지향한다. 긍정 학교는 다음과 같은 조건을 갖추어야 한다. 첫째, 학교는 육체적으로나 심리적으로 안전한 분위기를 제공해야 한다(Elias & Weissberg, 2000). 육체적 고통과 심리적 상처를 줄 수 있는 교육환경은 제거되어야 한다. 학생들이 편안한 마음으로 학교에 오갈 수 있는 안전한 교육환경을 조성하는 것이 필요하다.

둘째, 교사와 학생의 민주적인 신뢰관계가 형성되어야 한다. 교사는 학생의 성장에 중요한 역할을 하는 멘토로서 학생들이 전공분야를 선택하거나 개인적인 고민의 해결을 돕는 지혜로운 후원자의 역할을 담당해야 한다.

셋째, 학교에서 가르치는 교과목은 학생들의 사회적 적응뿐만 아니라 개인적 행복과 성장을 지원하는 것으로 구성되어야 한다. 학교교육은 교실 안에서의 활동뿐만 아니라 교실 밖에서의 전 인생에 영향을 미친다. 학교는 학생의 시험성적과 진학률을 교육의 윤리적 목적과 혼동해서는 안 된다. 행복하고 성숙한 삶을 이룰 수 있는 긍정적 성품과 생활기술을 가르쳐야 한다. 현재의 학교는 직업인으로 성장하기 위한 생산기술에 초점이 맞추어져 있다. 학교에서는 생산기술뿐 아니라 생활기술을 가르쳐야 한다(이정전, 2008).

아울러 긍정학교는 학생 개개인을 중시하고 그들의 노력과 향상에 대해서 보상을 준다(Anderson & Maehr, 1994). 학교는 학생의 개성과 강점을 존중하고 이를 육성해야 한다. 학생들에게 긍정적 성품과 미덕을 함양하고 향상시키는 구체적인 교육프로그램을 개발하여 시행할 필요가 있다. 좋은 학교는 인생을 통해서 효과적인 학습자가 되도록 준비시킨다. 그러한 학교는 학생들로 하여금 책임감 있고 생산적인 사회 구성원으로 인도할 수 있다. 서구사회의 경우, 학교와 사회는 긍정적 청소년 발달(positive youth development: PYD)을 촉진하는 노력을 기울이고 있다.

긍정학교의 교사는 학생의 긍정적 성품과 강점에 주목하는 노력이 필요하다. 학생마다 나름대로 지니고 있는 재능과 강점을 인식하여 긍정적 성품을 육성하여 발휘하도록 지원해야 한다. 교사는 학생들이 겪는 어려움을 극복하도록 도울 뿐만 아니라 학생의 역량을 최대한 발휘하며 성장하도록 촉진하는 중요한 양육자다. 이러한 역할을 효과적으로 수행하기 위해서 교사는 긍정적 성품에 대한 깊은 이해의 바탕 위에서 학생 개개인의 성격적 강점과 자원을 구체적으로 잘 이해하는 것이 중요하다. 학생으로 하여금 현실적인 문제를 잘 해결하도록 도울 뿐만 아니라 자신의 긍정적 특성과 강점을 잘 이해하여 발휘하도록 지원하는 것이 학생지도의 핵심이기 때문이다.

긍정 직장

직장은 성인의 경우 가장 많은 시간을 보내는 곳이다. 직업만족도는 행복수준을 예측하는 중요한 요인이다. 직장은 생계를 위한 소득을 얻고 경력을 발전시킬 뿐만 아니라 자신의 잠재력을 발휘하고 사회적 공헌을 이루는 자기실현의 장이다. 직장생활이 만족스럽지 못한 사람은 행복하기 어렵다.

우리나라의 경우, IMF 경제위기를 계기로 기업체의 다운사이징이 가속화되면서 고용불안이 심화되고 있다. 세계화로 인한 무한경쟁 시대에는 모든 직장이 치열한 경쟁, 과중한 업무부담, 부서 간 갈등, 고용 불안정성의 문제를 안고 있다. 행복과 자아실현의 장이 되어야 할 직장이 우리 사회에서는 스트레스의 원천으로 여겨지고 있다. 이러한 치열한 경쟁 분위기 속에서 과로와 탈진으로 인한 한국남성 40대의 돌연사율은 세계적으로 가장 높은 수준이다.

긍정 조직학은 개인의 행복과 조직의 성장을 함께 추구하는 '긍정 직장(positive work)'에 초점을 맞추고 있다. 직장은 구성원의 직무환경을 변화시킴으로써 그들의 만족도를 현저하게 증가시킬 수 있다. Turner, Barling과 Zacharatos(2002)에 따르면, 직무환경은 구성원들이 적극적으로 직무에 임할 수 있도록 조성되어야 한다. 이를 위해서 자율성과 도전의식, 그리고 긍정적인 관계형성의 기회가 제공되어야 한다. 직무환경의 변화는 직무 재설계, 직무집단의 재구성, 그리고 새로운 리더십을 통해서 이루어질 수 있다.

직장에서 하는 직무를 너무 단순하고 기계적인 일로부터 다양한 기술과 역량을 사용하는 도전적인 일로 변화시킬 필요가 있다. 업무의 내용과 범위를 좀 더 명료하게 제한하고 자율성과 재량권이 주어지는 상황에서 중요하고 의미 있는 과제를 수행하면서 적절한 피드백을 받게 될 때, 직장인들은 강한 의욕을 느끼며 열성적으로 일하면서 높은 만족감을 느끼게 된다(Hackman & Oldham, 1980; Oldham, 1996). 이처럼 직무환경의 변화를 통해서 직장인의 직무만족도와 생산성을 향상시킬 수 있다.

직무집단의 재구성을 통해서 직업만족도를 향상시킬 수 있다. 소수의 구성원으로 이루어진 팀의 구성을 통해 가족 같은 분위기에서 정서적 친밀감과 유대감을 느낄 수 있다. 구성원 간의 교류를 증진함으로써 지식과 역량의 시너지 효과를 통해 더 생산적인 성과를 나타내게 된다. 구성원 간의 연결감과 정서적 교류를 증진함으로써 조직의 생산성뿐만 아니라 구성원의 긍정 정서가 증대된다.

Pfeffer(1998)는 조직이 사람을 최우선시할 때 직원들의 직무만족도는 물론 조직의 경제적 성과 역시 향상될 수 있다고 주장한다. 사람을 가장 중요하게 여긴다는 것은 직원들에게 직업 안정성을 보장하고 그들의 역량개발에 초점을 맞추며 의사결정 권한을 부여하면서 직원들 간의 교류를 증진하려는 다양한 노력을 의미한다. 그에 따르면, 130개의 현장연구 중 75%가 사람을 중시하는 회사들의 경제적 실적이 향상되었음을 보고하고 있다. 그러나 직무만족에 영향을 미치는 요인들은 충분히 밝혀져 있지 않다. 대부분의 사람들이 직무만족의 중요성을 인정하지만 직무만족은 그 복잡성 때문에 아직 충분히 알려져 있지 않다.

긍정 조직은 구성원의 긍정적 성품과 강점을 잘 파악하여 활용하는 조직이다. 기업체, 정부기관, 군대와 같은 조직에서 인사관리자나 상사가 구성원과 부하직원의 강점을 이해함으로써 그들의 역량을 효과적으로 발휘하며 성장하도록 지원하는 데 활용할 수 있다. 기업체나 정부기관의 경우, 직원의 성격적 강점을 평가하여 그들의 강점을 잘 발휘할 수 있는 부서나 업무에 배치할 수 있다. 상사는 부하직원의 강점을 인식함으로써 그들에 대한 긍정적 이미지와 호감을 지니게 될 뿐만 아니라 부하직원을 적재적소에 배치함으로써 조직의 효율성과 생산성을 극대화할 수 있다. 부하직원 역시 자신의 강점을 발휘할 수 있는 부서나 업무를 담당하게 될 때, 역량을 최대한 발휘할 수 있을 뿐만 아니라 업무에 대한 흥미와 열정을 느낄 수 있게 된다. 조직의 효율성과 구성원의 행복감을 동시에 증진하는 주요한 방법은 구성원의 강점을 파악하여 그들이 흥미를 느끼며 역량을 발휘할 수 있도록 적재적소에 배치하는 것이다. 이것이 긍정조직의 주된 특성이자 긍정조직으로 변환되는 핵심적 요건이다.

4 결어: 긍정적 성품을 통한 개인적 행복과 사회적 번영의 실현

인간은 누구나 생명의 불꽃을 태우며 나름대로의 밝은 빛을 발하고 있다. 각기 색깔과 밝기가 다르지만, 인간은 누구나 자신만의 아름다움과 고귀함을 지니고 있는 보석과 같은 소중한 존재다. 다만 우리는 자신의 고귀한 빛깔을 자각하지 못하고 광채를 충분히 발현하고 있지 못할 뿐이다. 또한 서로의 아름다운 빛깔을 감지하지 못하고 서로의 소중함을 충분히 인식하지 못할 뿐이다.

긍정적 성품은 인간이 발하고 있는 다양한 광채라고 할 수 있다. 행복한 삶은 긍정적 성품이라는 자신만의 광채로 자신과 세상을 밝게 비추는 데서 비롯되는 것일 수 있다. 긍정적 성품과 강점을 함양하여 인생의 중요한 영역에 발휘함으로써 만족감과 보람을 경험하는 것이 행복한 삶의 핵심적 요소라고 할 수 있다.

인간이 밝은 빛만 지니고 있는 것은 아니다. 누구나 나름대로의 어두운 그늘을 지니고 있다. 어둠의 그늘은 우리로 하여금 자신에 대해서 실망하고 열등감을 느끼게 만들 뿐만 아니라 다른 사람과의 갈등과 불화를 초래하여 불행한 삶을 이끈다. 긍정 심리학의 기본정신은 밝은 빛을 키워서 어두운 그늘을 이겨내는 것이다. 인간이 지닌 어둠의 넓이와 깊이를 결코 가볍게 여기는 것이 아니다. 어둠의 그늘이 아무리 넓고 깊다 하더라도 그것을 이겨내는 가장 효과적인, 어쩌면 유일한 방법은 밝은 빛을 드리우는 일이기 때문이다.

긍정적 성품은 개인의 행복과 사회의 번영을 추구하는 바탕이다. 비로소 21세기에 접어들어서 긍정적 성품에 대한 체계적인 학술적 탐구가 시작되었다. 긍정적 성품에 대한 VIA 분류체계는 그동안의 연구 성과이자 앞으로 이루어져야 할 연구의 기틀이다. VIA 분류체계는 인간의 다양한 긍정적 성품을 지혜, 인애, 용기, 절제, 정의, 초월이라는 핵심덕목과 세부적인 성격강점들로 명료하게 제시하고 있다. 이러한 긍정적 성품을 함양하고 발휘하는 것이 개인의 행복과 더불어 사회의 번영을 구현하는 중요한 조건이다.

[그림 30-2]에 제시된 바와 같이, 행복한 삶을 위해서는 자신이 지닌 긍정적 성품을 발견하여 삶의 중요한 영역, 즉 인간관계, 학업 및 직업, 여가활동, 종교생

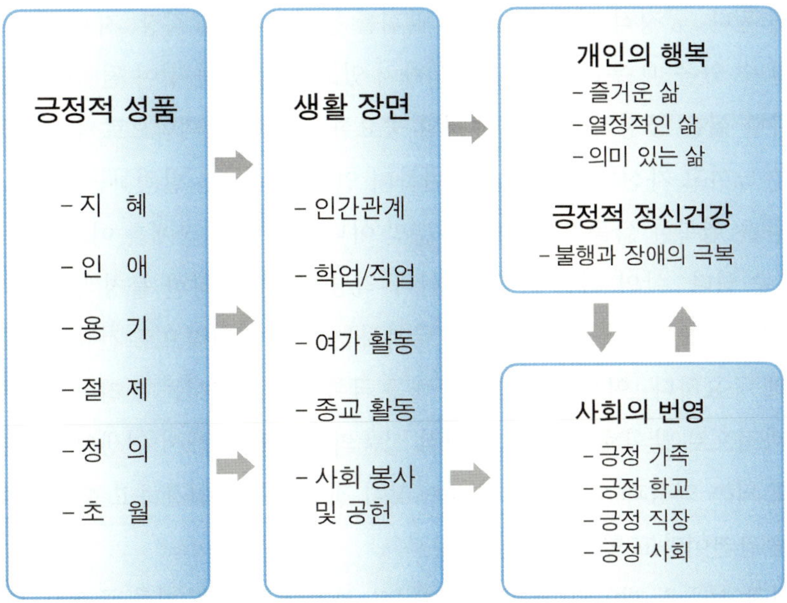

[그림 30-2] 긍정적 성품이 개인의 행복과 사회의 번영에 미치는 영향

활, 봉사활동에 발휘하는 것이 중요하다. 긍정적 성품의 발휘는 행복을 구성하는 세 요소를 증진하기 때문이다. 행복의 첫째 요소는 즐거운 삶이다. 행복한 사람들은 삶속에서 편안함, 만족감, 기쁨, 여유로움과 같은 긍정 정서를 자주 그리고 많이 느낀다. 긍정적 성품을 일상생활에 발휘함으로써 삶을 통해서 릴 수 있는 즐거움과 기쁨을 충분히 음미하고 만끽하며 향유할 수 있다. 행복의 두 번째 요소는 자기실현, 즉 펼치는 삶이다. 자기실현은 개인의 잠재능력과 가능성을 삶속에서 충분히 펼치는 것을 의미한다. 씨앗에 담긴 가능성을 아름다운 꽃과 알찬 열매로 펼쳐보이듯이, 우리의 잠재능력을 직업장면에서든 인간관계에서든 발현하는 것이 행복의 중요한 요소다. 긍정적 성품은 개인이 지닌 재능과 능력을 삶의 다양한 장면에서 발현하도록 돕는 촉매제라고 할 수 있다. 행복의 또 다른 중요한 요소는 의미 있는 삶이다. 의미는 그 자체로 존재하는 것이 아니라 다른 것과의 관계 속에서 발견될 수 있는 것이다. 생명의 불꽃은 그 자체로 의미를 지니는 것이 아니라 세상을 밝히고 다른 존재에게 온기를 불어넣을 때 의미와 가치를 지니게 된다. 긍정적 성품과 능력의 발휘를 통해서 가족, 직장, 지역사회, 국가에 공헌할 수 있을 때 우리의 삶은 더욱 가치 있고 의미 있는 것이 될 수 있다.

행복한 삶은 긍정적 성품을 인생의 중요한 영역에 발휘함으로써 즐거움과 만족감을 느끼고 자신의 가능성을 실현하며 인생의 의미를 발견하는 삶이다. 긍정적 성품은 행복한 삶을 위한 바탕일 뿐만 아니라 불행과 장애를 이겨내는 디딤돌이 될 수 있다. 삶의 여정에서는 고난과 역경이라는 다양한 불청객을 만나게 된다. 이러한 고난과 역경을 지혜롭게 극복하는 것이 정신적으로 건강한 삶을 영위하는 데 중요하다. 인생의 질곡과 장애를 극복하기 위해서는 우리의 긍정적 성품을 효과적으로 발휘해야 한다. 긍정적 성품의 발휘를 통해서 인생의 현장에서 직면하게 되는 역경과 위기를 이겨내는 것이 정신적으로 건강하고 행복한 삶을 구현하는 관건이라고 할 수 있다.

긍정적 성품은 개인의 행복뿐만 아니라 사회의 번영을 위한 중요한 자산이기도 하다. 사회의 발전과 번영은 구성원의 역량이 효과적으로 결집될 수 있어야 가능하다. 개인이 행복감 속에서 열성적으로 자신의 역할을 다할 때 사회가 발전하고, 사회가 번영해야 구성원이 자신의 역량을 발휘하며 행복할 수 있다. 개인은 사회의 발전을 위해 기여해야 하고, 사회는 구성원의 행복을 지원해야 한다. 조직과 사회는 구성원 개개인을 소중히 여길 뿐만 아니라 그들이 지닌 긍정적 성품에 주목하여 강점을 충분히 발휘하도록 촉진하는 노력이 필요하다. 조직이 구성원의 행복과 능력발휘를 효과적으로 지원할 수 있어야 개인이 행복할 수 있으며 또한 조직의 생산성과 효율성이 증대된다. 구성원의 긍정적 성품과 강점을 함양하고 발휘하도록 지원하는 긍정 가족, 긍정 학교, 긍정 직장으로 구성된 긍정 사회는 발전하고 번영하게 된다. 개인의 행복과 사회의 번영은 상호촉진적인 관계에 있다. 긍정적 성품은 개인의 행복과 사회의 번영을 위한 바탕이라고 할 수 있다. 개인의 행복과 사회의 번영을 구현하기 위해서는 인간의 긍정적 성품에 대한 깊은 관심이 필요하다.

참고문헌

강선보, 박의수, 김귀성, 송순재, 정윤경, 김영래, 고미숙(2008). 21세기 인성교육의 방향 설정을 위한 이론적 기초 연구. 교육문제연구, 30, 1-38.

경찰청(2010). 2009년 자살사망자 통계 결과. 서울: 경찰청.

교육인적자원부(2004). 교육에 대한 기업 CEO의 의식조사 연구. 교육인적자원부 정책연구보고서.

국가청소년위원회(2007). 2007년 청소년 백서. 국가청소년 2007-60.

국가청소년위원회, 한국청소년정책연구원(2007). 한국 청소년 가치관 조사연구. 연구보고 07-R44.

권석만(2003). 현대 이상심리학. 서울: 학지사.

권석만(2004). 젊은이를 위한 인간관계의 심리학(개정증보판). 서울: 학지사.

권석만(2006). 위빠사나 명상의 심리치유적 기능. 불교와 심리, 1, 1-49.

권석만(2008a). 긍정 심리학: 행복의 과학적 탐구. 서울: 학지사.

권석만(2008b). 욕망의 자각과 조절. 김종욱 (편). 욕망, 삶의 동력인가 괴로움의 뿌리인가(pp. 243-291). 서울: 운주사.

권석만(2008c). 서울대 리더십 향상 프로그램(SNU Leadership Enhancement Program: SLEP)의 개발(1차 연구). 서울: 서울대학교 기초교육원.

권석만(2009a). 서울대 리더십 향상 프로그램(SNU Leadership Enhancement Program: SLEP)의 개발(2차 연구). 서울: 서울대학교 기초교육원.

권석만(2009b). 서울대학교 리더십 향상 프로그램: 참가자용 지침서. 서울: 서울대학교 대학생활문화원.

권석만(2009c). 서울대학교 리더십 향상 프로그램: 강사용 지침서. 서울: 서울대학교 대학생활문화원.

권석만(2010a). 청소년을 위한 서울대학교 리더십 향상 프로그램: 참가자용 지침서. 서울: 서울대학교 대학생활문화원.

권석만(2010b). 인생의 2막: 대학생활. 서울: 학지사.

권석만(2010c). 덕성함양을 위한 리더십 향상 프로그램의 실시결과. 미발표 보고서.

권석만, 김지영, 하승수(2012). 성격강점검사(Character Strengths Test)-청소년용-전문가 지침서. 서울: 학지사.

권석만, 유성진, 임영진, 김지영(2010). 성격강점검사(Character Strengths Test)-대학생 및 청년용-전문가 지침서. 서울: 학지사.

권선중, 김교헌, 이홍석(2006). 한국판 감사성향 척도(K-GQ-6)의 신뢰도 및 타당도. 한국심리학회지: 건강, 11(1), 177-190.

권성연, 강명희(2003). 자기조절학습의 단계와 구성요인의 규명. 교육학연구, 41, 239-273.

권유경(1996). 삼세대간 지혜와 지능의 발달 비교. 한국심리학회지: 발달, 9(2), 1-19.

김광수(1999). 용서교육 프로그램 개발. 서울대학교 대학원 박사학위논문.

김광수(2007). 용서의 심리와 교육프로그램. 파주: 한국학술정보(주).

김미숙, 유효현, 박효정, 전미란, 박춘성(2008). 청소년 리더십 검사도구의 타당화 및 리더십 특성 분석. 교육심리연구, 22(1), 193-214.

김민희(2008). 한국인의 지혜 개념 탐색과 중노년기 삶에서 지혜의 의미. 서울대학교 대학원 박사학위논문.

김아영(1997). 학구적 실패에 대한 내성의 관련변인 연구. 교육심리연구, 11(2), 1-19.

김아영(2001). 학업적 자기효능감 척도 개발 및 타당화 연구. 교육학 연구, 39(2), 31-42.

김영채(2004). 표준화 창의력 검사(Torrance 창의력 검사) 실시 요강. 대구: 토랜스 창의력 한국 FPSD/현곡 R&D.

김윤희(2010). ADHD 청소년을 위한 목표추구성 중심의 학습코칭 프로그램의 개발. 서울대학교 대학원 박사학위논문.

김주훈, 이흔미, 최고운, 송상헌(1996). 과학영재판별도구 개발연구 (1). 한국교육개발원 수탁연구보고서 CR 96-27.

김준호(2006). 학교폭력의 정의와 현상. 학교폭력의 예방과 상담(pp. 27-46). 서울: 학지사.

김진희, 김은영, 양미진(2000). 청소년 품성계발 프로그램 개발연구. 청소년상담 연구(80), 한국청소년상담원.

김진희, 양미진, 김은영(2000). 학교현장에서의 청소년 품성계발 프로그램 효과 검증연구. 청소년상담연구(79), 한국청소년상담원.

김택호(2004). 희망과 삶의 의미가 청소년의 탄력성에 미치는 영향. 한양대학교 대학원 박사학위논문.

도영임, 윤진(1995). 호기심 동기가 조심성에 미치는 영향-20대와 60대 연령층 간의 비교. 한국심리학회지: 발달, 8(1), 22-37.

문용린(1999). EQ 진단검사. 서울대학교 사범대학 교육학과 도덕심리 발달 연구실.

문은식, 배정희(2010). 학습사 및 사회적, 동기적 변인과 학습된 무기력의 관계: 남고생과 여고생의 비교. 교육심리연구, 24(1), 183-205.

민경환(2002). 성격심리학. 서울: 법문사.

민병배(2000). 강박사고와 걱정: 침투사고 대처과정 및 관련 성격특성에서의 유사점과 차이점. 서울대학교 대학원 박사학위논문.

민병배, 오현숙, 이주영(2007). 기질 및 성격검사(TCI). 서울: (주)마음사랑.

박종효(2006). Enright 용서심리검사(EFI-K)의 타당화 연구. 교육심리연구, 20, 265-282.

배민정(2002). '학습된 무력감' 의 심리구조 분석을 위한 사례연구. 서울대학교 대학원 석사학위논문.

배정은(2006). 성격특성이 용서에 미치는 영향-공감의 매개효과를 중심으로. 아주대학교 대학원 석사학위논문.

서경헌, 전겸구(2004). 영적 안녕, 생활 스트레스 및 대처. 한국심리학회지: 건강, 9(2), 333-350.

서용원, 오동근(1998). 발언의 도구성, 배려성 및 주체와 공정성 지각. 한국심리학회지: 산업 및 조직, 11(1), 137-153.

성승현, 박성현(2008). 한국판 Shapiro 통제척도(K-SCI)의 타당화 연구. 한국심리학회지: 사회 및 성격, 22(4), 111-132.

성은현(2003). 창의성 개념과 이론. 영재와 영재교육, 2(1), 25-54.

송명자, 이현림(2008). 대학의 교양강좌를 이용한 인간관계훈련 프로그램의 개발 및 효과. 한국심리학회지: 상담 및 심리치료, 20(2), 269-291.

송창우(1997). 초등학생의 학습된 무기력에 관한 연구. 연세대학교 대학원 석사학위논문.

신현숙, 김미정(2009). 감사 증진 프로그램이 중학생의 주관적 안녕감과 지각된 사회적 지지에 미치는 영향. 청소년학연구, 16(1), 205-224.

오수성(2007). 지역사회 정신건강의 미래. 한국임상심리학회 춘계학술대회 자료(pp. 3-14).

유성진(2010). 불안증상의 발현에서 위험회피 기질과 체험회피 시도의 역할: 불안감내력 장애의 개념화. 서울대학교 대학원 박사학위논문.

유성진, 권석만(2009). 심리평가 및 심리치료에 있어서 기질-성격 모형의 임상적 시사점. 한국심리학회지: 임상, 28(2), 563-586.

이경렬, 김정희, 김동원(2003). 한국인을 위한 영성척도의 개발. 한국심리학회지: 상담 및 심리치료, 15(4), 711-728.

이병관(2003). 스포츠센터 종사자의 조직시민행동이 서비스 품질에 미치는 영향. 한국스포츠 산업경영학회지, 8(3), 129-148.

이신동(2002). 대학생용 창의적 성격검사의 개발 및 타당화 연구. 교육심리연구, 16(2), 43-61.

이신동, 김기명(2006). 지능과 창의성 수준에 따른 학업성취 및 성격특성 비교. 영재와 영재교육, 6(2), 136-150.

이용표(2007). 지역사회정신보건의 현황 및 미래 정책변화. 한국임상심리학회 춘계학술대회 자료집(pp. 17-27).

이재창(1996). 인성교육을 위한 카운슬러의 역할. 상담과 지도, 31, 41-60.

이정전(2008). 우리는 행복한가-경제학자 이정전의 행복방정식. 서울: 한길사.

이주희, 최명선, 박희현(2009). 대학생을 위한 인성 교육 프로그램의 효과. 인간발달연구, 16(2), 205-220.

이현수(1992). 충동성검사. 서울: 한국가이던스.

임경희(2004). 가정, 학교 및 개인변인과 중학생의 학습된 무기력과의 관계. 한국청소년연구, 15(2), 473-507.

임영진(2010). 성격 강점과 긍정 심리치료가 행복에 미치는 영향. 서울대학교 대학원 박사학위논문.

임한영(1986). 국민학교 아동의 학습성취사가 자아개념과 태도에 미치는 영향. 충남대학교 대학원 석사학위논문.

장재윤, 박지영(2007). 내 모자 밑에 숨어 있는 창의성의 심리학. 서울: GASAN BOOKS.

전국경제인연합회(2004). 기업이 바라는 인재상 및 이의 실현방안. 전국경제인연합회 정책연구보고서.

정수자(1995). 가정변인과 학생변인이 학습된 무기력에 미치는 효과의 경로분석. 경상대학교 대학원 박사학위논문.

정은이, 박용한(2002). 일상적 창의성 척도의 개발과 타당화. 교육문제연구, 17, 155-184.

조긍호(2006). 이상적 인간형론의 동·서 비교. 서울: 지식산업사.

조난심(2003). 인성교육과 도덕과 교육. 조난심, 윤현진, 이명준, 차우규. 도덕교육학신론(pp. 303-336). 서울: 문음사.

조맹제(2010). 한국인의 자살 실태조사. 연구보고서.

조수아(2008). 용서 신념이 용서와 부정적 정서 및 주관적 안녕감에 미치는 영향. 서울대학교 대학원 석사학위논문.

조정호(2009). 청소년 인성교육의 발전방향 탐색: 인성교육의 함의를 지닌 사례를 중심으로. 청소년학연구, 16(9), 249-268.

조현석(2008). 향유하기와 주관적 웰빙의 관계. 서울대학교 대학원 석사학위논문.

조혜진(2010). 자기조절과 폭식행동의 관계. 서울대학교 대학원 석사학위논문.

최대정, 박동권(2006). 조직공정성의 개념과 효과성: 국내 상관연구의 통합분석. 한국심리학회지: 산업 및 조직, 19(2), 193-227.

최선영, 곽금주(2007). 연령에 따른 환상적인 낙관적 믿음의 차이와 학령전기 아동의 심리적 적응. 한국심리학회지: 발달, 20(4), 59-80.

통계청(2010). 2009년 이혼 통계 결과. 서울: 통계청.

황정희, 박준성(2008). 상사-비서 교환관계, 조직 동일시, 조직 기반 자기 존중감 간 관계. 한국심리학회지: 산업 및 조직, 21(4), 607-630.

Abramson, L. Y., Seligman, M. E. P., & Teasdale, J. D. (1978). Learned helplessness in humans: Critique and reformulation. *Journal of Abnormal Psychology, 87,* 32-48.

Adams, T. S. (1963). Toward an understanding of inequity. *Journal of Abnormal and Social Psychology, 67,* 422-436.

Adams, T., Bezner, J., & Steinhart, M. (1997). The conceptualization and measurement of perceived wellness: Integrating balance across and within dimensions. *American Journal of Health Promotion, 11,* 208-281.

Adler, A. (1946). *Understanding human nature.* New York: Greenburg.

Adler, A. (1956). *The individual psychology of Alfred Adler: A systematic presentation in selections from his writings* (H. L. Ansbacher & R. R. Ansbacher, Eds.). New York: Basic Books.

Adler, M. G., & Fagley, N. S. (2005). Appreciation: Individual differences in finding value and meaning as a unique predictor of subjective well-being. *Journal of Personality, 73,* 79-114.

Adorno, T. W., Frenkel-Brunswik, E., Levinson, D. J., & Sanford, R. N. (1950). *The authoritarian personality.* New York: Harper & Row.

Ainsworth, M. D. S., Blehar, M. C., Waters, E., & Wall, S. (1978). *Patterns of attachment:*

Assessed in the strange situation and at home. Hillsdale, NJ: Erlbaum.

Alloy, L. B., & Abramson, L. Y. (1979). Judgement of contigency in depressed and nondepressed college students: Sadder but wiser? *Journal of experimental Psychology: General, 108,* 441-487.

Allport, G. W. (1955). *Becoming.* New Haven: Yale University Press.

Allport, G. W. (1961). *Pattern and growth in personality.* New York: Holt, Rinehart & Winston.

Allport, G. W., & Ross, J. (1967). Personal religious orientation and prejudice. *Journal of Personality and Social Psychology, 5,* 432-443.

Aluja-Fabregat, A. (2000). Personality and curiosity about TV and film violence in adolescents. *Personality and Individual Differences, 29,* 379-392.

Amabile, T. M. (1982). Social psychology of creativity: A consensual assessment technique. *Journal of Personality and Social Psychology, 43,* 997-1013.

Amabile, T. M. (1989). *Growing up creative: Nurturing a lifetime of creativity.* New York: Crown Publishing Group. (전경원 역, 창의성과 동기유발, 서울: 창지사, 1998)

Amabile, T. M. (1997). Enterpreneurial creativity through motivational synergy. *Journal of Creative Behavior, 31*(1), 18-26.

Amabile, T. M., Hill, K. G., Hennessey, B, A., & Tighe, E. M. (1994). The Work Preference Inventory: Assessing intrinsic and extrinsic motivational orientations. *Journal of Personality and Social Psychology, 66,* 950-967.

American Psychiatric Association. (1952). *Diagnostic and Statistical Manual of Mental Disorders.* Washington, DC: Author.

American Psychiatric Association. (2000). *Diagnostic and Statistical Manual of Mental Disorders-4th edition-Text Revision (DSM-IV-TR).* Washington, DC: Author.

Anderson, E. M., & Maehr, M. L. (1994). Motivation and schooling in the middle grades. *Review of Educational Research, 64,* 287-309.

Ano, G. G., & Vasconcelles, E. B. (2005). Religious coping and psychological adjustment to stress: A meta-analysis. *Journal of Clinical Psychology, 61,* 461-480.

Anwar, M., & Child, I. (1972). Personality and aesthetic sensitivity in an Islamic culture. *Journal of Social Psychology, 87,* 21-28.

Apter, M. J. (1982). *The experience of motivation: The theory of psychological reversals.* London: Academic Press.

Apter, M. J. (2001). *Motivational styles in everyday life: A guide to reversal theory.* Washington, DC: American Psychological Association.

Ardelt, M. (1997). Wisdom and life satisfaction in old age. *Journal of Gerontology, 52,* 15–27.

Ardelt, M. (1998). Social crisis and individual growth: The long-term effects of the Great Depression. *Journal of Aging Studies, 12,* 291–314.

Ardelt, M. (2000). Still stable after all these years? Personality stability theory revisited. *Social Psychology Quarterly, 63,* 392–405.

Ardelt, M. (2003). Empirical assessment of a Three-Dimensional Wisdom Scale. *Research on Aging, 25*(3), 275–324.

Arlin, P. K. (1990). Wisdom: The art of problem solving. In R. J. Sternberg (Ed.), *Wisdom: Its nature, origins, and development* (pp. 230–243). New York: Cambridge University Press.

Aron, A., & Westbay, L. (1996). Dimensions of the prototype of love. *Journal of Personality and Social Psychology, 70,* 535–551.

Aronson, E. (1969). A theory of cognitive dissonance: A current perspective. In L. Berkowitz (Ed.). *Advances in experimental social psychology* (pp. 1–34). New York: Academic Press.

Aronson, E., & Carlsmith, J. M. (1962). "Performance expectancy as a determinant of actual performance" . *Journal of Abnormal and Social Psychology, 65*(3), 178–182.

Aseltine, R. H. (1995). A reconsideration of parental and peer influences on adolescent deviance. *Journal of Health and Social Behavior, 36,* 103–121.

Ashforth, B. E., & Mael, F. (1989). Social identity theory and the organization. *Academy of Management Review, 14*(1), 20–39.

Ashton, M. C., Paunonen, S. V., Helmes, E., & Jackson, D. N. (1998). Kin altruism, reciprocal altruism, and the Big Five personality factors. *Evolution and Human Behavior, 19,* 243–255.

Assmann, A. (1994). Wholesome knowledge: Concepts of wisdom in a historical and cross-cultural perspective. In D. L. Featherman, R. M. Lerner, & M. Perlmutter (Eds.), *Life-span development and behavior* (Vol. 12, pp. 188–224). Hillsdale, NJ: Erlbaum.

Avolio, B. J., & Gibbons, T. C. (1988). Developing transformational leaders: A lifespan approach. In J. A. Conger & R. N. Kanungo (Eds.), *Charismatic leadership: The elusive factor in organizational effectiveness* (pp. 276–308). San Francisco: Jossey-Bass.

Avolio, B. J., & Howell, J. M. (1992). The impact of leader behavior and leader personality match on satisfaction and unit performance. In K. E. Clark, M. B. Clark, & D. R. Campbell (Eds.), *Impact of leadership* (pp. 225–235). Greensboro, NC: Center for Creative Leadership.

Babad, E. Y. (1974). A multimethod approach to the assessment of humor: A critical look at humor tests. *Journal of Personality, 42,* 618–631.

Baltes, P. B., & Kunzmann, U. (2004). The two faces of wisdom: Wisdom as a general theory of knowledge and judgment about excellence in mind and virtue vs. wisdom as everyday realization in people and products. *Human Development, 47*(5), 290–299.

Baltes, P. B., & Smith, J. (1990). Toward a psychology of wisdom and its ontogenesis. In R. J. Sternberg (Ed.), *Wisdom: Its nature, origins, and development* (pp. 87–120). New York: Cambridge University Press.

Baltes, P. B., & Staudinger, U. M. (2000). Wisdom: A metaheuristic (pragmatic) to orchestrate mind and virtue toward excellence. *American Psychologist, 55,* 122–136.

Baltes, P. B., Staudinger, U. M. (1993). The search for a psychology of wisdom. *Current Directions in Psychological Science, 2,* 75–80.

Baltes, P. B., Staudinger, U. M., Maercker, A., & Smith, J. (1995). People nominated as wise: A comparative study of wisdom-related knowledge. *Psychology and Aging, 10,* 155–166.

Bandura, A. (1977). Self-efficacy: Toward a unifying theory of behavioral change. *Psychological Review, 84,* 191–215.

Bandura, A. (1986). *Social foundation of thought and action: A social cognitive theory.* Englewood Cliffs, NJ: Prentice-Hall.

Bandura, A. (1991). Social cognitive theory of self-regulation. *Organizational Behavior and Human Decision Processes, 50,* 248–287.

Bar-On, R. (1997). *Bar-On Emotional Quotient Inventory (EQ-i): A test of emotional intelligence.* Toronto, Canada: Multi-Health Systems.

Bar-On, R. (2000). Emotional and social intelligence: Insights from the Emotion

Quotient Inventory. In R. Bar-On & J. Parker (Eds.), *The handbooks of emotional intelligence.* San Fransisco: Jossey-Bass.

Bar-Tal, D. (1982). Sequential development of helping behavior: A cognitive-learning model. *Developmental Review, 2,* 101-124.

Bar-Tal, D., & Raviv, A. (1979). Consistency of helping behavior measures. *Child Development, 50,* 1235-1238.

Barratt, E. S. (1985). Impulsiveness subtraits: Arousal and information processing. In J. T. Spence & C. E. Itard (Eds.), *Motivation, emotion and personality* (pp. 137-146). Amsterdam: Elsvier.

Barrett-Lennard, G. T. (1998). *Carl Rogers' helping system: Journey and substance.* London: Sage.

Barrick, M., & Mount, M. (1991). The Big Five personality dimensions and job performance: A meta-analysis. *Personal Psychology, 44,* 1-26.

Bartholomew, K., & Horowitz, L. M. (1991). Attachment styles among young adults: A test of a four-category model. *Journal of Personality and Social Psychology, 61,* 226-244.

Basadur, M. (1994). Managing the creative process in organization. In M. A. Runco (Ed.), *Problem finding, problem solving, and creativity* (pp. 237-268). Norwood, NJ: Ablex.

Bass, B. M. (1985). *Leadership and performance beyond expectations.* New York: Free Press.

Bass, B. M. (1990). *Bass & Stogdill's handbook of leadership: Theory, research and managerial applications* (3rd ed.). New York: Free press.

Bass, B. M. (1998). *Transformational leadership.* Mahwah, NJ: Erlbaum.

Bass, B. M., & Avolio, B. J. (1990). The implications of transactional and transformational leadership for individual, team, and organizational development. In R. W. Woodman & W. A. Passmore (Eds.), *Research in organizational change and development* (pp. 231-272). Greenwich, CT: JAI Press.

Bateson, M., Nettle, D., & Roberts, G. (2006). Cues of being watched enhance cooperation in a real-world setting. *Biology Letters,* doi:10.1098/rsbl. 2006.0509.

Batson, C. D. (1987). Prosocial motivation: Is it ever truly altruistic? In L. Berkowitz (Ed.), *Advances in experimental social psychology* (Vol. 20, pp. 65-122). New York: Academic Press.

Batson, C. D. (1991) *The altruism question: Towards a social social-psychological answer.* Hillsdale, NJ: Erlbaum.

Baumeister, R. F. (1998). The self. In D. T. Gilbert, S. T. Fiske, & G. Lindzey (Eds.), *The handbook of social psychology* (4th ed., Vol. 2, pp. 680-740). New York: McGraw-Hill.

Baumeister, R. F., Bratslavsky, E., Finkenauer, C., & Vohs, K. D. (2001). Bad is stronger than good. *Review of General Psychology, 5*(4), 323-370.

Baumeister, R. F., Exline, J. J., & Sommer, K. L. (1998). The victim role, grudge theory, and two dimensions of forgiveness. In E. L. Worthington, (Ed.), *Dimensions of forgivensss: Psychological research and theoretical perspectives.* Philadelphia: Templeton Foundation Press.

Baumeister, R. F., Heatherton, T. F., & Tice, D. M. (1993). When ego threats lead to self-regulation failure: Negative consequences of high self-esteem. *Journal of Personality and Social Psychology, 64,* 141-156.

Baumeister, R. F., Heatherton, T. F., & Tice, D. M. (1994). *Losing control: How and why people fail at self-regulation.* San Diego, CA: Academic Press.

Baumgarten-Tramer, F. (1938). "Gratefulness" in children and young people. *Journal of Genetic Psychology, 53,* 53-66.

Beck, A. T. (1976). *Cognitive therapy and emotional disorders.* New York: International Universities Press.

Beck, A. T., & Emery, G. (1985). *Anxiety disorders and phobias: A cognitive perspective.* New York: Basic Books.

Beck, A. T., Freeman, A., & Davis, D. D. (2004). *Cognitive therapy of personality disorders.* New York: The Guilford Press.

Beck, A. T., Rush, A. J., Shaw, B. F., & Emery, G. (1979). *Cognitive therapy of depression.* New York: The Guilford Press.

Becker G. (1968). Crime and Punishment: an economic approach. *Journal of Political Economy, 76,* 169-217.

Bem, D. J., & Allen, A. (1973). On predicting some of the people some of the time: The research for cross-situational consistencies in behavior. *Psychological Review, 81,* 506-520.

Benjamin, J., Ebstein, R. P., & Belmaker, R. H. (1997). Personality genetics. *Israel Journal of Psychiatry and Related Sciences, 34,* 270-280.

Berg, J. H., Stephan, W. G., & Dodson, M. (1981). Attributional modesty in women. *Psychology of Women Quarterly, 5*, 711–727.

Bergeman, C. S., Cipuer, H. M., Plomin, R., Pederson, N. L., McClearn, G. E., Nesselroade, J. R., Costa, P. T., & McCrae, R. R. (1993). Genetic and environmental effects on openness to experience, agreeableness, and conscientiousness: A adoption/twin study. *Journal of Personality, 61*(2), 159–179.

Bering, J. M., McLeod, K., & Shackelford, T. K. (2005). On the possibility of adapted responses to dead agents' "minds." *17th Annual Meeting of the Human Behavior and Evolution Society*. University of Texas at Austin.

Berkowitz, M. W., & Grych, J. H. (1998). Fostering goodness: Teaching parents to facilitate children' s moral development. *Journal of Moral Education, 27*, 371–391.

Berkowitz, M. W., Kahn, J. P., Mulry, G., & Piette, J. (1995). Psychological and philosophical considerations of prudence and morality. In M. Killen & D. Hart (Eds.), *Morality in everyday life: Developmental perspectives* (pp. 201–224). New York: Cambridge University Press.

Berlyne, D. E. (1954). A theory of human curiosity. *British Journal of Psychology, 45*, 180–191.

Berlyne, D. E. (1962). Uncertainty and epistemic curiosity. *Journal of British Psychology, 53*, 27–34.

Berlyne, D. E. (1969). Laughter, humor, and play. In G. Lindzey & F. Aronson (Eds.), *The handbook of social psychology* (2nd ed., Vol. 3, pp. 795–852). Reading, MA: Addison–Wesley.

Berlyne, D. E. (1971). *Aesthetics and psychobiology*. New York: Appleton–Century–Crofts.

Berlyne, D. E. (1972). Humor and its kin. In J. H. Goldstein & P. E. McGhee (Eds.), *The psychology of humor: Theoretical perspectives and empirical issues* (pp. 43–60). New York: Academic Press.

Bernstein, J. H., & Ryan, R. M. (2001). *Nature' s impact on subjective vitality: A first foray*. Unpublished manuscript, University of Rochester, NY.

Berry, J. W., Worthington, E. L., O' Conner, L. E., Parrott, L., & Wade, N. G. (2005). Forgiveness, vengeful rumination, and affective traits. *Journal of Personality, 73*, 183–225.

Berry, J. W., Worthington, E. L., Parrott, L., O' Conner, L. E., & Wade, N. G. (2001). Dispositional forgiveness: Development and construct validity of the Transgression Narrative Test of Forgiveness (TNTF). *Personality abd Social Psychology Bulletin, 27,* 1277–1290.

Beutel, A. M., & Marini, M. M. (1995). Gender and values. *American Sociological Review, 60,* 436–448.

Bierhoff, H. W., Klein, R., & Kramp, P. (1991). Evidence of the altruistic personality from data on accident research. *Journal of Personality, 59,* 263–280.

Bieri, J. (1955). Cognitive complexity-simplicity and predictive behavior. *Journal of Abnormal and Social Psychology, 51,* 263–268.

Bies, R. J., & Moag, J. S. (1986). Interactional justice: Communication criteria of fairness. In R. J. Lewicki, B. H. Sheppard, & B. H. Bazerman (Eds.), *Research on negotiation in organizations* (Vol. 1, pp. 43–55). Greenwich, CT: JAI Press.

Billig, S. H. (2000, May). Research on K-12 school based service learning: The evidence builds. *Phi Delta Kappan*, 658–664.

Binmore, K. (2005). *Natural justice.* New York: Oxford University Press.

Birren, J. E., & Fisher, L. M. (1990). The elements of wisdom: Overview and integration. In R. J. Sternberg (Ed.), *Wisdom: Its nature, origins, and development* (pp. 317–332). New York: Cambridge University Press.

Bjorklund, D. F., & Kipp, K. (1996). Parental investment theory and gender differences in the evolution of inhibition mechanisms. *Psychological Bulletin, 120,* 163–188.

Blanton, B. (2000). *Practicing radical honesty.* Stanley, VA: Sparrowhawk.

Blasi, A. (1980). Bridging moral cognition and moral action: A critical review of the literature. *Psychological Bulletin, 88,* 1–45.

Blasi, A. (1993). The development of identity: Some implications for moral functioning. In T. Wren & G. Noam (Eds.), *The moral self* (pp.99–122). Cambridge, MA: MIT Press.

Blatt, S. J. (1990). Interpersonal relatedness and self-definition: Two personality configurations and their implication for psychopathology and psychotherapy. In J. L. Singer (Ed.), *Repression and dissociation: Implications for personality theory, psychopathology and health* (pp. 299–335). Chicago: University of Chicago Press.

Bleiberg, E. (1984). Narcissistic disorders in children. *Bulletin of the Menninger Clinic, 48,* 501–517.

Block, J., Block, J. H., & Harrington, D. (1974). Some misgivings about the Matching Familiar Figures Test as a measure of reflection–impulsivity. *Developmental Psychology, 10,* 611–632.

Bloom, B. S. (1967). *Human characteristics and school learning.* New York: McGraw–Hill.

Bluck, S., & Gluck, J. (2005). From the inside out: People' s implicit theories of wisdom. To appear in R. J. Sternberg & J. Jordan (Eds.), *A handbook of wisdom: Psychological Perspectives* (pp. 84–109). Cambridge: Cambridge University Press.

Blum, L. (1988). Gilligan and Kohlberg: Implications for moral theory. *Ethics, 98,* 472–491.

Bohlin, H. (2009). Perspective–dependence and critical thinking. *Argumentation, 23,* 189–203.

Bonanno, G. A., & Keltner, D. (1997). Facial expressions of emotion and the course of conjugal bereavement. *Journal of Abnormal Psychology, 106*(1), 126–137.

Bornstein, M. H., Davidson, L., Keyes, C. L. M., & Moore, K. A. (2003). *Well–being: Positive development across the life course.* New York: Lawrence Erlbaum.

Bouchard, T. J., & McGue, M. (2003). Genetic and environmental influences on human psychological differences. *Journal of Neurobiology, 54,* 4–45.

Bourhis, R., Giles, H., & Rosenthal, D. (1981). Notes on the Construction of a 'Subjective Vitality Questionnaire' for Ethnolinguistic Groups. *Journal of Multilingual and Multicultural Development, 2*(2), 145–155.

Bowlby, J. (1969). *Attachment and loss: Vol. 1. Attachment.* New York: Basic Books.

Bowlby, J. (1973). *Attachment and loss: Vol. 2. Separation: Anxiety and anger.* New York: Basic Books.

Bowlby, J. (1980). *Attachment and loss: Vol. 3. Loss, sadness, and depression.* New York: Basic Books.

Boyatzis, R. E. (1994). Stimulating self–directed change: A required MBA course called Managerial Assessment and Development. *Journal of Management Education, 18*(3), 304–323.

Boyatzis, R. E., Cowan, S. S., & Kolb, D. A. (1995). *Innovations in professional education: Steps on a journey to learning.* San Fransisco: Jossey–Bass.

Boyatzis, R. E., Goleman, D., & Rhee, K. (1999). Clustering competence in emotional intelligence: Insights from the Emotional Competence Inventory (ECI). In R. Bar-On & D. A. Parker (Eds.), *Handbook of Emotional Intelligence.* San Francisco: Jossey-Bass.

Brabeck, M. (1984). Ethical characteristics of whistle blowers. *Journal of Research in Personality, 18,* 41-53.

Brackett, M. A., & Mayer, J. D. (2003). Convergent, discriminant, and incremental validity of competing measures of emotional intelligence. *Personality and Social Psychology Bulletin, 29,* 1147-1158.

Bradberry, T., Greaves, J., Emmerling, R., Sanders, Q., Stamm, S., Su, L. D., & West, A. (2003). *Emotional Intelligence Appraisal Technical Manual.* TalentSmart Inc.

Brehm, J., & Rahn, W. M. (1997). Individual level evidence for the causes and consequences of social capital. *American Journal of Political Science, 41,* 999-1023.

Brennan, K. A., Clark, C. L., & Shaver, P. R. (1998). Self-report measurement of adult attachment: An integrative overview. In J. A. Simpson & W. S. Rholes (Eds.), *Attachment theory and close relationships* (pp. 46-76). New York: Guilford Press.

Brody, G., Stoneman, Z., Flor, D., & McCrary, C. (1994). Religion's role in organizing family relationships: Family process in rural, two-parent African American families. *Journal of Marriage and the Family, 56,* 878-888.

Brown, J. D. (1993). Self-esteem and self-evaluation: Feeling is believing. In J. M. Suls (Ed.), *The self in social perspective* (pp. 27-58). Hillsdale, NJ: Erlbaum.

Brown, J. M., Miller, W. R., & Lawendowski, L. A. (1999). The Self-Regulation Questionnaire. In L. VandeCreek & T. L. Jackson (Eds.), *Innovations in clinical practice: A source book* (Vol. 17, pp. 281-289). Sarasota, FL: Professional Resource Press.

Brown, L. M., Debold, E., Teppan, M., & Gilligan, C. (1991). Reading narratives of conflict and choice for self and moral voices: A relational method. In W. M. Kurtines & J. L. Gewirtz (Eds.), *Handbook of moral behavior and development: Vol. 2. Research* (pp. 25-61). Hillsdale, NJ: Erlbaum.

Brown, R. P. (2003). Measuring individual differences in the tendency to forgive: Construct validity and links with depression. *Personality and Social Psychology*

Bulletin, 29, 759-771.

Bryant, F. G. (2003). Savoring Beliefs Inventory(SBI): A scale for measuring beliefs about savoring. *Journal of Mental Health, 12,* 175-196.

Bryant, F. G., & Veroff, J. (2007). *Savoring: A new model of positive experience.* London: Lawrence Erlbaum.

Buchanan, G. M., & Seligman, M. E. P. (Eds.). (1995). *Explanatory style.* Hillsdale, NJ: Erlbaum.

Buhl, M. (2001). Involvement in free time activities and thoughts about society-Correlates and gender differences in seven nations. In A. Ittel & H. P. Kuhn (Cochairs), *Political development and identity: The role of gender.* Biennial meetings of the Society for Research in Child Development, April 19-22, Minneapolis, MN.

Burke, J. D., & Regier, D. A. (1996). Epidemiology of mental disorders. In R. E. Hales & S. C. Yudofsky (Eds.), *The American Psychiatric Press Synopsis of Psychiatry* (pp. 79-102). Washington, DC: American Psychiatric Press.

Burns, J. M. (1978). *Leadership.* New York: Harper & Row.

Bushman, B. J., & Baumeister, R. F. (1998). Threatened egotism, narcissism, self-esteem, and direct and displaced aggression: Does self-love or self-hate lead to violence? *Journal of Personality and Social Psychology, 75,* 219-229.

Bushman, B. J., & Baumeister, R. F. (2002). Does self-love or self-hate lead to violence? *Journal of Research in Personality, 36,* 543-545.

Buss, D. M., Abbott, M., Angleitner, A., Asherian, A., Biaggio, A., Blanco-Villasenor, et al. (1990). International preferences in selecting mates: A study of 37 culture. *Journal of Cross-Cultural Psychology, 21,* 5-47.

Byman, R. (1993). From two-dimensional to three-dimensional curiosity: A reanalysis of depth-breath-factor model. *Australian Journal of Psychology, 45*(3), 155-160.

Cacioppo, J. T., & Petty, R. E. (1982). The need for cognition. *Journal of Personality and Social Psychology, 42,* 116-131.

Cacioppo, J. T., Petty, R. E., Feinstein, J. A., & Jarvis, W. B. G. (1996). Dispositional differences in cognitive motivation: The life and times of individuals varying in need for cognition. *Psychological Bulletin, 119,* 197-253.

Cameron, K. S., Dutton, J. E., & Quinn, R. E. (2003). Foundations of positive organizational scholarship. In K. S. Cameron, J. E. Dutton & R. E. Quinn (Eds.), *Positive organizational scholarship* (pp. 3–13.) San Francisco: Berrett-Koehler.

Candee, D., Graham, R., & Kohlberg, L. (1978). *Moral development and life outcomes* (Report to the National Institute of Education, NIE-6-74-0096). Cambridge, MA.

Cantor, N., & Kihlstrom, J. F. (1987). *Personality and social intelligence.* Englewood Cliffs, NJ: Prentice Hall.

Cantor, N., & Sanderson, C. A. (1999). Life task participation and well-being: The importance of taking part in daily life. In D. Kahnemann, E. Diener, & N. Schwarz (Eds.), *Well-being: The foundation of hedonic psychology* (pp. 230–243). New York: Russell Sage Foundation.

Carlo, G., & Randall, B. A. (2002). The development of a measure of prosocial behaviors for late adolescents. *Journal of Youth and Adolescence, 31*(1), 31–44.

Carlson, M., Charlin, V., & Miller, N. (1988). Positive mood and helping behavior: A test of six hypothesis. *Journal of Personality and Social Behavior, 55,* 211–229.

Carroll, L. (1989). A comparative study of narcissism, gender, and sex-role orientation among bodybuilders, athletes, and psychology students. *Psychological Reports, 64,* 999–1006.

Carter, C. S. (1992). Oxytocin and sexual behavior. *Journal of Biobehavioral Reviews, 16,* 131–144.

Caruso, D. R., Mayer, J. D., & Salovey, P. (2002). Relation of an ability measure of emotional intelligence to personality. *Journal of Personality Assessment, 79,* 306–320.

Carver, C. S. (1997). Adult attachment and personality: Converging evidence and a new measure. *Personality and Social Psychology Bulletin, 23,* 865–883.

Carver, C. S. (2004). Self-regulation of action and affect. In R. F. Baumeister & K. D. Vohs (Eds.), *Handbook of self-regulation: Research, theory, and applications* (pp. 13–39). New York: The Guilford Press.

Carver, C. S., & Scheier, M. F. (1981). *Attention and self-regulation: A control-theory approach to human behavior.* New-York: Springer-Verlag.

Carver, C. S., & Scheier, M. F. (1982). Control theory: A useful conceptual framework for personality-social, clinical, and health psychology. *Psychological Bulletin,*

92, 111–135.

Carver, C. S., & Scheier, M. F. (1990). Origins and functions of positive and negative affect: A control-process view. *Psychological Review, 97,* 19–35.

Carver, C. S., & Scheier, M. F. (2002). The hopeful optimist. *Psychological Inquiry, 13,* 288–290.

Catalono, R. F., Berglund, M. L., Ryan, J. A. M., Lonczak, H. S., & Hawkins, J. D. (1998). Positive youth development in the United States: Research findings on evaluations of positive youth development programs. Retrieved July 5 1999, from http://aspe.hhs.gov/hsp/Positive YouthDev99/

Cattell, R. B. (1943). The measurement of adult intelligence. *Psychological Bulletin, 40,* 153–193.

Cattell, R. B., & Tollefson, D. L. (1966). *The handbook for the IPAT humor test of personality.* Champaign, IL: IPAT.

Cavanagh, G. F., & Moberg, D. J. (1999). The virtue of courage within the organization. *Research in Ethical Issues in Organizations, 1,* 1–25.

Cawley, M. J., Martin, J. E., & Johnson, J. A. (2000). A virtues approach to personality. *Personality and Individual Differences, 28,* 997–1013.

Celso, B. G., Ebener, D. J., & Brkhead, E. J. (2003). Humor, coping, health status, and life satisfaction among older adults residing in assisted living facilities. *Aging and Mental Health, 7,* 438–445.

Chaleff, I. (1996). Effective followership. *Executive Exellence, 13*(4), 16–18.

Child, I. (1965). Personality correlates of aesthetic judgment in college students. *Journal of Personality, 33,* 476–511.

Ciarrochi, J. V., Chan, A. Y. C., & Caputi, P. (2000). A critical evalution of the emotional intelligence construct. *Personality and Individual Differences, 28,* 539–561.

Clark, C., Worthington, E., & Danser, D. (1988). The transmission of religious beliefs and practices from parents to firstborn early adolescent sons. *Journal of Marriage and the Family, 50,* 463–472.

Clayton, V. P., & Birren, J. E. (1980). The development of wisdom across the life span: A reexamination of an ancient topic. In P. B. Baltes & O. G. Brim Jr. (Eds.), *Life-span development and behavior* (pp. 103–135). New York: Academic Press.

Cloninger, C. R. (1986). A unified biosocial theory of personality and its role in the development of anxiety states. *Psychiatric Development, 4*(3), 167–168.

Cloninger, C. R. (2004). *Feeling good: The science of well-being.* New York: Oxford University Press.

Cloninger, C. R. (1994). *The temperament and character inventory(TCI): A guide to its development and use.* St. Louis, MO: Center for Psychology of Personality, Washington University.

Cloninger, C. R., & Svrakic, D. M. (2000). Personality disorders. In B. J. Sadock & V. A. Sadock (Eds.), *Comprehensive textbook of psychiatry* (pp. 1723–1764). New York: Lippincott Williams & wilkins.

Cloninger, C. R., Przybeck, T. R., & Svrakic, D. M. (1991). The Tridimensional Personality Questionnaire: US normative data. *Psychological Reports, 69,* 1047–1057.

Cloninger, C. R., Przybeck, T. R., Svrakic, D. M., & Wetzel, R. D. (1994). *The Temperament and Character Inventory(TCI): A guide to its development and use.* St. Louis, MO: Center for Psychobiology of Personality.

Clopton, N. A., & Sorell, G. T. (1993). Gender differences in moral reasoning: Stable or situational? *Psychology of Women Quarterly, 17,* 85–101.

Clutton-Brock, T. H., & Parker, G. A. (1995). Punishment in animal societies. *Nature, 373,* 209–216.

Cobb, C. D., & Mayer, J. D. (2000). Emotional intelligence: What the research says. *Educational Leadership, 58,* 14–18.

Colby, A., & Damon, W. (1992). *Some do care: Contemporary lives of moral commitment.* New York: Free Press.

Colby, A., & Kohlberg, L. (1987). *The measurement of moral judgement* (Vols. 1 & 2). New York: Cambridge University Press.

Colin, V. L. (1996). *Human attachment.* New York: McGraw-Hill.

Compton, W. C. (2005). *An introduction to positive psychology.* Belmont, CA: Thomson Wadsworth. (서은국, 성민선, 김진주 공역, 긍정 심리학 입문, 서울: 박학사, 2007)

Cooper, M. L., Wood, P. K., Orcutt, H. K., & Albino, A. (2003). Personality and the predisposition to engage in risky or problem behaviors during adolescence. *Journal of Personality and Social Psychology, 84*(2), 390–410.

Cooper, R. K., & Sawaf, A. (1997). *Emotional intelligence in leadership and organizations. Executive EQ.* New York: Grosset/Putnam.

Costa, P. T., & McCrae, R. R. (1990). Personality disorders and the five-factor model of personality. *Journal of Personality Disorders, 4,* 362-371.

Costa, P. T., & McCrae, R. R. (1992). *The revised NEO personality inventory (NEO-PI-R) and NEO five factor inventory (NEO-FFI) professional manual.* Odessa, FL: Psychological Assessment Resources.

Cousins, N. (1981). *The anatomy of an illness.* New York: Norton.

Covington, M. V., & Omelich, C. I. (1979). Effort: The double edged sword in school achievement. *Journal of Educational Psychology, 71,* 169-182.

Cox, C. M. (1926). *Genetic studies of genius: Vol. 2: The early mental traits of three hundred geniuses.* Stanford, CA: Stanford University Press.

Cox, S. P. (2000). *Leader character: A model of personality and moral development.* Doctoral dissertation, University of Tulsa, Oklahoma.

Coyle, D., & Enright, R. D. (1997). Forgiveness interventions with post-abortion men. *Journal of Consulting and Clinical Psychology, 6,* 1042-1046.

Craik, K. H., Lampert, M. D., & Nelson, A. J. (1996). Sense of humor and styles of everyday humorous conduct. *Humor, 9,* 273-302.

Craske, M. L. (1985). Improving persistence through observational learning and attribution training. *British Journal of Educational Psychology, 55,* 138-147.

Crocker, J., & Park, L. E. (2004). The costly pursuit of self-esteem. *Psychological Bulletin, 130*(3), 392-414.

Crocker, J., & Wolfe, C. T. (2001). Contingencies of self-worth. *Psychological Review, 108,* 593-623.

Csikszentmihalyi, M. (1975). Play and intrinsic rewards. *Journal of Humanistic Psychology, 15*(3), 41-63.

Csikszentmihalyi, M. (1988). Society, culture and person: A systems view of creativity. In R. J. Sternberg (Ed.), *The nature of creativity: Contemporary psychological perspective.* Cambridge: Cambridge University Press.

Csikszentmihalyi, M. (1990). *Flow: The psychology of optimal experience.* New York: Harper & Row.

Csikszentmihalyi, M. (1997). *Finding flow: The psychology of engagement with everyday life.* New York: Basic Books.

Cushman, F. A., Young, L., & Hauser, M. D. (2006a). The role of conscious reasoning and intuition in moral judgment: Testing three principles of harm. *Psychological Science, 17*(12), 1082–1089.

Cushman, F. A., Young, L., & Hauser, M. D. (2006b). *The psychology of justice.* unpublished report.

Cutting, J. E. (2003). Gustave Caillebotte, French impressionism, and mere exposure. *Psychonomic Bulletin and Review, 10,* 319–343.

Daft, R. L. (2001). *The leadership experience* (2nd ed.). New York: Harcourt College Publishers.

Damasio, A. (1999). *The feeling of what happens: Body and emotion in the marking of consciousness.* San Diego, CA: Harcourt.

Darby, B. W., & Schlenker, B. R. (1982). Children' s reactions to apologies. *Journal of Personality and Social Psychology, 43,* 742–753.

Darley, J. M., & Latané, B. (1968). Bystander intervention in emergencies: Diffusion of responsibility. *Journal of Personality and Social Psychology, 8,* 377–383.

Davey, L. M., Bobocel, D. R., Son Hing, L. S., & Zanna, M. P. (1999). Preference for the Merit Principle Scale: An individual differences measure of distributive justice preferences. *Social Justice Research, 12*(3), 223–240.

Davidson, R., Jackson, D. C., & Karlin, N. H. (2000). Emotion, plasticity, context and regulation: Perspectives from affective neuroscience. *Psychological Bulletin, 126*(6), 890–909.

Davis, G. A. (1975). In frumious pursuit of the creative person. *Journal of Creative Behavior, 9,* 75–87.

Davis, G. A. (1999). *Creativity is forever.* Dubuqe, LA: Kendall/Hunt.

Dawe, S., & Loxton, N. J. (2004). The role of impulsivity in the development of substance abuse and eating disorders. *Neuroscience and Biobehavioral Reviews, 28,* 343–351.

Dawkins, R. (1976). *The selfish gene.* Oxford: Oxford University Press.

Day, D. V., & Lord, R. G. (1988). Executive leadership and organizational performance: Suggestions for a new theory and methodology. *Journal of Management, 14,* 453–464.

Day, H. I. (1971). The measurement of specific curiosity. In H. I. Day, D. E. Berlyne, & D. E. Hunt (Eds.), *Intrinsic motivation: A new direction in education* (pp. 99–

112). New York: Holt, Rinehart & Winston.

de Quervain, D. J., Fischbacher, U., Treyer, V., Schelthammer, M., Schnyder, U., Buck, A., & Fehr, E. (2004). The neural basis of altruistic punishment. *Science, 305,* 1254–1258.

de Waal, F., & Berger, M. L. (2000). Payment for labour in monkeys. *Nature, 404,* 563.

Deci, E. L., & Ryan, R. M. (1985). *Intrinsic motivation and self-determination in human behavior.* New York: Plenum.

Deci, E. L., & Ryan, R. M. (1995). Human agency: The basis for true self-esteem. In M. H. Kernis (Ed.), *Efficacy, agency, and self-esteem* (pp. 31–50). New York: Plenum.

Deci, E. L., & Ryan, R. M. (2000). The "what" and "why" of goal pursuits: Human needs and the self-determination of behavior. *Psychological Inquiry, 4,* 227–268.

Deci, E. L., Koestner, R., & Ryan, R. M. (1999). A meta-analysis review of experiments examining the effects of extrinsic rewards on intrinsic motivation. *Psychological Bulletin, 125,* 627–668.

Deckers, L. (1998). Influences of mood on humor. In W. Ruch (Ed.), *The sense of humor: Explorations of a personality characteristic* (pp. 309–328). New York: Mouton de Gruyter.

Dember, W. M., Martin, S. H., Hummer, M. K., Howe, S. R., & Melton, R. S. (1989). The measurement of optimism and pessimism. *Current Psychology: Research & Reviews, 8, 102–119.*

Deutsch, M. (1961). Courage as a concept in social psychology. *Journal of Social Psychology, 55,* 49–58.

Deutsch, M. (1975). Equity, equality, and need: What determines which value will be used as the basis of distributive justice. *Journal of Social Issues, 31,* 137–150.

Dewey, J. (1933). *How we think: A restatement of the relation of reflective thinking to the educative process.* Boston: Heath.

Dickman, S. J. (1990). Functional and dysfunctional impulsivity: Personality and cognitive correlates. *Journal of Personality and Social Psychology, 58*(1), 95–102.

Diener, E. (2001, Feb.). *Subjective well-being.* Address presented at the annual meeting of the Society for Personality and Social Psychology, San Antonio, TX.

Diener, E., & Lucas, R. (1999). Personality and subjective well-being. In D. Kahnemann, E. Diener, & N. Schwarz (Eds.), *Well-being: The foundation of hedonic psychology* (pp. 213-229). New York: Russell Sage Foundation.

Diener, E., Emmons, R., Larsen, R., & Griffin, S. (1985). The satisfaction with life scale. *Journal of Personality Assessment, 49,* 71-75.

Diener, E., Suh, E. M., Lucas, R. E., & Smith, H. L. (1999). Subjective well-being: Three decades of progress. *Psychological Bulletin, 125,* 276-302.

Dinkmeyer, D., & McKay, G. D. (1975). *Systematic Training in Effective Parenting.* Circle Pines, MI: American Guidance Service.

Donohew, L., Bardo, M. T., & Zimmerman, R. S. (2004). Personality and risky behavior: Communication and prevention. In R. M. Stelmack (Ed.), *On the psychobiology of personality: Essays in honor of Marvin Zuckerman* (pp. 223-245). Amsterdam: Elsevier.

Donohew, L., Zimmerman, R. S., Cupp, P. S., Novak, S., Colon, S., & Abell, R. (2000). Sensation seeking, impulsive decision-making, and risky sex: Implications for risk-taking and design of interventions. *Personality and Individual Differences, 28,* 1079-1091.

Doyle, D. (1992). Have we looked beyond the physical and psychosocial? *Journal of Pain and Symptom Management, 7,* 302-311.

Draper, T. W. (1981). Praise, reproof and persistence in preadolescent girls. *Journal of Early Adolescence, 1,* 407-411.

Drucker, P. M., Drucker, D. B., Litto, T., & Stevens, R. (1998). Relation of task difficulty to persistence. *Perceptual and Motor Skills, 86,* 787-794.

Dubrin, A. J. (2004). *Leadership: Research findings, practice, and skills* (4th ed.). New York: Houghton Mifflin Company.

Duckworth, A. L., Peterson, C., Matthews, M. D., & Kelly, D. R. (2007). Grit: Perseverance and passion for long-term goals. *Journal of Personality and Social Psychology, 92*(6), 1087-1101.

Dunn, J., & Munn, P. (1986). Siblings and the development of prosocial behavior. *Journal of Behavioral Development, 93,* 265-284.

Dunn, J., & Plomin, R. (1990). *Separate lives: Why siblings are so different.* New York: Basic Books.

Durkheim, É. (1915). *The elementary forms of religious life.* New York: Free Press.

Duska, R., & Whelan, M. (1975). *Moral development: A guide to Piaget and Kohlberg.* New York: Paulist Press.

Dweck, C. S. (1975). The role of expectations and attributions in the alleviation of learned helplessness. *Journal of Personality and Social Psychology, 31,* 674-685.

Dweck, C. S. (1986). Motivational processes affecting learning. *American Psychologist, 41,* 1040-1048.

Eagly, A. H., & Crowley, M. (1986). Gender and helping behavior: A meta-analytic review of the social psychological literature. *Psychological Bulletin, 100,* 282-308.

Eagly, A. H., Karau, S. J., & Makhijani, M. G. (1995). Gender and the effectiveness of leaders: A meta-analysis. *Psychological Bulletin, 117,* 125-145.

Eberle, R. E. (1977). *SCAMPER.* Buffalo, NY: DOK.

Eccles, J. S., & Jacobs, J. E. (2000). Parents, task values, and real-life achievement-related choices. In C. Sansone & J. M. Harackiewicz (Eds.), *Intrinsic and extrinsic motivation: The Search for optimal motivation and performance* (pp. 409-443). New York: Academic Press.

Eisenberg, N. (1986). *Altruistic emotion, cognition, and behavior.* Hillsdale, NJ: Erlbaum.

Eisenberg, N., Guthrie, I. K., Cumberland, A., Murphy, B. C., Shepard, S. A., Zhou, Q., et al. (2002). Prosocial development in early adulthood: A longitudinal study. *Journal of Personality and Social Psychology, 82,* 993-1006.

Eisenberger, R. (1989). *Blue Monday: The loss of the work ethic in America.* New York: Paragon House.

Eisenberger, R. (1992). Learned industriousness. *Psychological Review, 99,* 248-267.

Eisenberger, R., & Selbst, M. (1994). Does reward increase or decrease creativity? *Journal of Personality and Social Psychology, 66,* 1116-1127.

Ekeh, P. P. (1974). *Social exchange theory: The two traditions.* London: Heinemann Educational.

Elias, M. J., & Tobias, S. E. (1996). *Social problem solving: Intervention in the school.* New York: Guilford Press.

Elias, M. J., & Weissberg, R. P. (2000). Wellness in the schools: The grandfather of primary prevention tells a story. In D. Cicchetti, J. R. Rappaport, I. Sandler & R. P. Weissberg (Eds.), *The promotion of wellness in children and adolescents* (pp. 243–269). Washington, DC: CWLA Press.

Elias, M. J., Weissberg, R. P., Greenberg, M. T., Haynes, N. M., Kessler, R., Schwab-Stone, M. E., & Shriver, T. P. (1997). *Promoting social emotional learning: Guideline for educators.* Alexandria, VA: Association for Supervision and Curriculum Development.

Elkins, D. N., Hedstrom, L. J., Hughes, L. L., Leaf, J. A., & Saunders, C. (1988). Toward a humanistic-phenomenological spirituality. *Journal of Humanistic Psychology, 28*(4), 5–18.

Elliot, A. J. (1997). Integrating the "classic" and "contemporary" approaches to achievement motivation: A hierarchical model of approach and avoidance achievement motivation. In M. L. Maehr & P. R. Pintrinch (Eds.), *Advances in motivation and achievement* (Vol. 10, pp. 143–179). Greenwhich, CT: JAI Press.

Ellison, C. (1983). Spiritual well-being: Conceptualization and measurement. *Journal of Psychology and Theology, 11,* 330–340.

Ellison, C. (1992). Are religious people nice people? Evidence from the national survey on Black Americans. *Social Forces, 71,* 411–430.

Ellison, C., Gay, D., & Glass, T. (1989). Does religious commitment contribute to individual life satisfaction? *Social Forces, 68,* 100–123.

Emmerling, R. J., & Goleman, D. (2003). Emotional intelligence: Issues and common misunderstanding. *Consortium for Research on Emotional Intelligence in Organizations.* Retrieved November 17, 2003 from www. eiconsortium.org.

Emmons, R. A. (1984). Factor analysis and construct validity of the Narcissistic Personality Inventory. *Journal of Personality Assessment, 48,* 291–300.

Emmons, R. A. (1997). Motives and goals. In R. Hogan & J. A. Johnson (Eds.), *Handbook of personality psychology* (pp. 485–512). San Diego, CA: Academic Press.

Emmons, R. A. (2004). Gratitude. In M. E. P. Seligman & C. Peterson (Eds.), *Character strengths and virtues* (pp. 553–568). New York: Oxford University Press.

Emmons, R. A., & Crumpler, C. A. (2000). Gratitude as human strength: Appraising the evidence. *Journal of Social and Clinical Psychology, 19,* 56–69.

Emmons, R. A., & Hill, J. (2001). *Words of gratitude for body, mind, and soul.* Radnor, PA: Templeton Foundation Press.

Emmons, R. A., & King, L. A. (1988). Conflict among personal strivings: Immediate and long-term implications for psychological and physical well-being. *Journal of Personality and Social Psychology, 54,* 1040–1048.

Emmons, R. A., & McCullough, M. E. (2003). Counting blessings versus burdens: An experimental investigation of gratitude and subjective well-being in daily life. *Journal of Personality and Social Psychology, 84,* 377–389.

Emmons, R. A., & McCullough, M. E. (2004). *The psychology of gratitude.* Oxford: Oxford University Press.

Emmons, R. A., & Shelton, C. M. (2002). Gratitude and the science of positive psychology. In C. R. Snyder & S. J. Lopez (Eds.), *Handbook of positive psychology* (pp. 459–471). Oxford: Oxford University Press.

Emmons, R. A., Cheung, C., & Tehrani, K. (1998). Assessing spirituality through personal goals: Implications for research on religion and subjective well-being. *Social Indicators Research, 45,* 391–422.

English, H. B., & English, A. C. (1968). *A comprehensive dictionary of psychological and psychoanalytical terms.* New York: McKay.

Enright, R. D. (2001). *Forgiveness is a choice.* Washington, DC: American Psychological Association. (채규만 역, 용서 치유, 서울: 학지사, 2004)

Enright, R. D., & Coyle, C. T. (1998). Researching the process model of forgiveness within psychological interventions. In E. L. Worthington (Ed.), *Dimensions of forgiveness: Psychological research and theological perspectives* (pp. 139–161). Philadelphia: Templeton Foundation Press.

Enright, R. D., & Human Development Study Group. (1994). Piaget on the moral development of forgiveness: Identity or reciprocity? *Journal of Moral Education, 21,* 63–80.

Enright, R. D., Santos, M. D., & Al-Mabuk, R. (1989). The adolescent as forgiver. *Journal of Adolescence, 12,* 99–110.

Ericsson, K. A., Krampe, R. T., & Tesh-Romer, C. (1993). The role of deliberate practice in the acquisition of expert performance. *Psychological Review, 100,* 363–406.

Erikson, E. (1963). *Childhood and society* (2nd ed.). New York: Norton.

Erikson, E. (1968). *Identity: Youth and crisis.* New York: Norton.

Erikson, E. (1982). *The life cycle completed.* New York: Norton.

Evans, P. D., & White, D. G. (1981). Towards as empirical definition of courage. *Behaviour Research and Therapy, 19,* 419-424.

Evenden, J. L. (1999). Varieties of impulsivity. *Psychopharmacology, 146,* 348-361.

Exline, J. J., & Geyer, A. L. (2004). Perceptions of humility: A preliminary study. *Self and Identity, 3,* 95-114.

Exline, J. J., Baumeister, R. F., Faber, J., & Holland, C. (2002). *Can admitting weakness be a strength? Seeing one' s capability for a similar misdeed predicts forgiveness.* Unpublished manuscript, Case Western University, Cleveland, OH.

Exline, J. J., Bushman, B., Faber, J., & Phillips, C. (2000, February). Pride gets in the way: Self-protection works against forgiveness. In J. J. Exline (Chair), *Ouch! Who said forgiveness was easy?* Symposium presented at the annual meeting of the Society for Personality and Social Psychology, Nashville, TN.

Eysenck, H. (1983). A new measure of 'good taste' in visual art. *Leonardo, 16,* 229-231.

Eysenck, H. J., & Eysenck, M. W. (1985). *Personality and individual differences: A natural science approach.* New York: Plenum Press.

Facione, P. A. (1990). *Critical thinking: A statement of expert consensus for purposes of educational assessment and instruction.* Millbrae, CA: The California Academic Press.

Fadiga, L., Fogassi, L., Pavesi, G., & Rizzolatti, G. (1995). Motor facilitation during action observation: A magnetic stimulation study. *Journal of Neurophysiology, 73,* 2603-2611.

Farh, J. L., Dobbins, G. H., & Cheng, B. S. (1991). Cultural relativity in action: A comparison of self-ratings made by Chinese and U.S. workers. *Personnel Psychology, 44,* 129-147.

Farh, P., Christopher, E., & Shu-Chi, L. (1997). Impetus for action: A cultural analysis of justice and organizational citizenship behavior in Chinese society. *Administrative Science Quarterly, 42*(3), 421-444.

Fechner, G. (1876). *Vorschule der Asthetik.* Leipzig: Breitkopf & Hartel.

Feeney, J., & Noller, P. (1996). *Adult attachment.* Thousand Oaks, CA: Sage.

Fehr, R. (1988). Prototype analysis of the concepts of love and commitment. *Journal of Personality and Social Psychology, 55,* 557–579.

Feist, G. J. (1998). A meta-analysis of personality in scientific and artistic creativity. *Personality and Social Psychology Review, 2,* 290–309.

Festinger, L. (1957). *A theory of cognitive dissonance.* Stanford, CA: Stanford University Press.

Fetzer Institute/National Institute on Aging Workgroup. (1999). *Multidimensional measurement of religiousness/spirituality for use in health research.* Kalamazoo, MI: Fetzer Institute.

Fiedler, F. E. (1971). *Leadership.* New York: General Learning Press.

Finfgeld, D. (1999). Courage as a process of pushing beyond the struggle. *Qualitative Health Research, 9,* 803–814.

Finkel, E. J., Rusbult, C. E., Kumashiro, M., & Hannon, P. A. (2002). Dealing with betrayal in close relationships: Does commitment promote forgiveness? *Journal of Personality and Social Psychology, 82,* 956–974.

Fishbein, M. (1963). An investigation of the relationships between beliefs about an object and the attitude toward that object. *Human Relations, 16,* 233–239.

Fisher, S., & Fisher, R. L. (1981). *Pretend the world is funny and forever: A psychological analysis of comedians, clowns, and actors.* Hillsdale, NJ: Erlbaum.

Fitzgerald, P. (1998). Gratitude and justice. *Ethics, 109,* 119–153.

Flanagan, C. A. (2004). Volunteerism, leadership, political socialization, and civic engagement. In R. M. Lerner & L. Steinberg (Eds.), *Handbook of adolescent psychology* (pp. 721–746). New York: Wiley.

Flanagan, C. A., & Tucker, C. J. (1999). Adolescents' explanations for political issues: Concordance with their views of self and society. *Developmental psychology, 35,* 1198–1209.

Flanagan, C. A., Bowes, J., Jonsson, B., Csapo, B., & Sheblanova, E. (1998). Ties that bind: Correlates of male and female adolescents' civic commitments in seven countries. *Journal of Social Issues, 54,* 457–476.

Flanagan, C. A., Gill, S., & Gallay, L. S. (2005). Social participation and social trust in adolescence: The importance of heterogeneous encounters. In A. Omoto (Ed.), *Social participation in processes of community change and social action* (pp. 149–166). Mahwah, NJ: Erlbaum.

Flanagan, O. J., & Jackson, K. (1987). Justice, care, and gender: The Kohlberg–

Gilligan debate revisited. *Ethics, 97*, 622–637.

Fleishman, E. A., Mumford, M. D., Zaccaro, S. J., Levin, K. Y., Korotkin, A. L., & Hein, M. B. (1991). Taxonomic efforts in the description of leader behavior: A synthesis and functional interpretation. *Leadership Quarterly, 2*, 245–287.

Foa, U. G., & Foa, E. B. (1975). *Resource theory of social exchange.* Morrisontown, NJ: General Learning Press.

Formica, S. (1998). *Description of the socio–emotional life space: Life qualities and activities related to emotional intelligence.* Unpublished senior honors thesis, University of New Hampshire, Durham.

Foti, R. J., & Hauenstein, N. M. A. (2007). Pattern and variable approaches in leadership emergence and effectiveness. *Journal of Applied Psychology, 92,* 347–355.

Fowers, B. J. (1998). Psychology and the good marriage: Social Theory as practice. *American Behavioral Scientist, 41,* 516–541.

Fowler, H. (1965). *Curiosity and exploratory behavior.* New York: Macmillan.

Frandsen, K. D. (1967). Haiman's revised open–mindedness scale: A comparative study of response patterns. *Communication Monographs, 34*(3), 389–391.

Fredrickson, B. L. (1998). What good are positive emotions? *Review of General Psychology, 2,* 300–319.

Fredrickson, B. L. (2000). Cultivating positive emotions to optimize health and well–being. *Prevention and Treatment, 3.* Document available at http://journals.apa.org/prevention.

Fredrickson, B. L. (2001). The role of positive emotions in positive psychology: The broaden–and–build theory of positive emotions. *Journal of American Psychological Association, 54,* 218–226.

Freedman, S. R., & Enright, R. D. (1996). Forgiveness as an intervention goal with incest survivors. *Journal of Consulting and Clinical Psychology, 64,* 983–992.

Freud, S. (1905). *Jokes and Their Relation to the Unconsciousness.* London: Hogarth Press.

Freud, S. (1911). *Formulations of the two principles of mental functioning.* London: Hogarth Press.

Freud, S. (1914). *On narcissism: An introduction.* London: Hogarth Press.

Freud, S. (1925). *An autobiographical study.* London: Hogarth Press.

Freud, S. (1927). *The Future of an Illusion.* London: Hogarth Press.

Freud, S. (1930). *Civilization and its discontents.* London: Hogarth Press.

Freud, S. (1938). *Moses and Monotheism.* London: Hogarth Press.

Fried, R. L. (2001). *The passionate learner: How teachers and parents can help children reclaim the joy of discovery.* Boston: Bacon Press.

Friedman, H. S., Tucker, J. S., Schwartz, J. E., et al. (1995). Childhood conscientiousness and longevity: Health behaviors and cause of death. *Journal of Personality and Social Psychology, 68,* 696-703.

Friedman, P. H., & Toussaint, L. (2006). The relationship between forgiveness, gratitude, distress, and well-being. *The International Journal of Healing and Caring, 6*(2), 1-10.

Friese, M., & Hofmann, W. (2009). Control me or I will control you: Impulse, trait self-control, and the guidance of behavior. *Journal of Research in Personality, 43,* 795-805.

Frijda, N. (1989). Aesthetic emotion and reality. *American Psychologist, 44,* 1546-1547.

Frisch, D., & Baron, J. (1988). Ambiguity and rationality. *Journal of Behavioral Decision Making, 1,* 149-157.

Froh, J., Miller, D., & Snyder, S. (2007). Gratitude in children and adolescents: Development, assessment, and school-based intervention. *School Psychology Forum, 2,* 1-13.

Fromm, E. (1947). *Man for himself.* New York: Holt, Rinehart & Winston.

Gailliot, M. T., & Baumeister, R. F. (2007). The psychology of willpower: Linking blood glucose to self-control. *Personality and Social Psychology Review, 11,* 303-327.

Gal, R. (1995). Personality and intelligence in the military. In D. H. Saklofske & M. Zeidner (Eds.), *International handbook of personality and intelligence* (pp. 727-735). New York: Plenum Press.

Gallese, V., & Goldman, A. (1998). Mirror neurons and the simulation theory of mind-reading. *Trends in Cognitive Sciences, 12,* 493-501.

Gallo, L. C., Smith, T. W., & Ruiz, J. M. (2003). An interpersonal analysis of adult attachment style: Circumplex descriptions, recalled development experiences, self-representations and interpersonal functioning in adulthood. *Journal of*

Personality, 71, 141–181.

Gallup News Service. (2000). *American teens say they get along well with their parents.* Document available at http://www.gallup.com/poll/releases/ prooo811b.asp.

Gallup, G., Jr., & Lindsay, D. M. (1999). *Surveying the religious landscape: Trends in U.S. beliefs.* Harrisburg, PA: Morehouse Publishing.

Galotti, K. (1989). Gender differences in self-reported moral reasoning: A review and new evidence. *Journal of Youth and Adolescence, 18,* 475–488.

Galton, F. (1892). *Hereditary Genius: An inquiry into its laws and consequence.* London: Macmillan.

Galway, W. T. (1974). *The inner game of tennis.* New York: Random House.

Gardner, H. (1983). *Fames of mind: The theory of multiple intelligences.* New York: Basic Books.

Gardner, H. (1993). *Multiple intelligence: The theory in practice.* New York: Basic.

George, C., Kaplan, N., & Main, M. (1985). *The adult attachment interview.* Unpublished manuscript, Department of Psychology, University of California, Berkeley.

George, J. M. (1991). State or trait: Effects of positive mood on prosocial behavior at work. *Journal of Applied Psychology, 76,* 299–307.

Germer, C. K. (2005). Mindfulness: What is it? What does it matter? In C. K. Germer, R. D. Siegel, & P. R. Fulton (Eds.), *Mindfulness and psychotherapy* (pp. 3–27). New York: Guilford Press.

Gerstner, C. R., & Day, D. V. (1997). Meta-analytic review of leader-member exchange theory: Correlates and construct issues. *Journal of Applied Psychology, 82,* 827–844.

Gibb, B. E., Alloy, L. B., Abramson, L. Y., Rose, D. T., Whitehouse, W. G., & Hogan, M. E. (2001). Childhood maltreatment and college students' current suicidal ideation: A test of the hopelessness theory. *Suicide and Life-Threatening Behavior, 31,* 405–415.

Gibb, B. E., Alloy, L. B., Walshaw, P. D., Comer, J. S., Shen, G. H. C., & Villari, A. G. (2001). Predictors of attributional style change in children. *Journal of Abnormal Child Psychology, 34*(3), 408–422.

Gillham, J. E. (Ed.). (2000). *The science of optimism and hope: Research essays in honor of Martin E. P. Seligman.* Radnor, PA: Templeton Foundation Press.

Gilligan, C. (1977). In a different voice: Women's conceptions of self and morality.

Harvard Educational Review 47, 481–517.

Gilligan, C. (1987). Moral orientation and moral development. In E. F. Kittary & D. T. Meyers (Eds.), *Women and moral theory* (pp. 19–36). Totowa, NJ: Rowman & Littlefield.

Gilligan, C. (1993). *In a different voice: Psychological theory and women' s development.* Cambridge, MA: Harvard University Press.

Gilligan, C., & Attanucci, J. (1987). Two moral orientations: Gender differences and similarities. *Merrill-Palmer Quarterly, 34*, 223–237.

Girard, M., & Mullet, É. (1997). Propensity to forgive in adolescents, young adults, older adults, and elderly people. *Journal of Adult Development, 4,* 209–220.

Gleason, J. B., & Weintraub, S. (1976). The acquisition of routines in child language. *Language in Society, 5,* 129–136.

Gloria, A. M., Kurpius, S. E. R., Hamilton, K. D., & Willson, M. S. (1999). African American students' persistence at a predominantly white university: Influence of social support, university comfort, and self-beliefs, *Journal of College Student Development, 40,* 257–268.

Godfrey, D. K., Jones, E. E., & Lord, C. G. (1986). Self-promotion is not ingratiating. *Journal of Personality and Social Psychology, 50,* 106–113.

Goldberg, C., & Simon, J. (1982). Toward a psychology of courage: Implications for the change (healing) process. *Journal of Contemporary Psychotherapy, 13,* 107–128.

Goldberg, L. R. (1992). The development of markers for the Big-Five factor structure. *Psychological Assessment, 4,* 26–42.

Goldman, B. M., & Kernis, M. H. (2001). *Development of the Authenticity Inventory.* Unpublished data, University of Georgia.

Goldman, B. M., & Kernis, M. H. (2002). The role of authenticity in healthy functioning and subjective well-being. *Annuals of the American Psychotherapy Association, 5*, 18–20.

Goleman, D. (1972a). The Buddha on meditation and states of consciousness: Part 1. The teaching. *Journal of Transpersonal Psychology, 4,* 1–44.

Goleman, D. (1972b). The Buddha on meditation and states of consciousness: Part 2. A typology of meditation techniques. *Journal of Transpersonal Psychology, 4,* 151–210.

Goleman, D. (1995). *Emotional intelligence.* New York: Bantam Books.

Goleman, D. (1998). *Working with emotional intelligence.* New York: Bantam Books.

Goleman, D. (2001). Emotional intelligence: Issues in paradigm building. In C. Cherniss and D. Goleman (Eds.), *The emotional intelligence workplace.* San Fransisco: Jossey-Bass.

Goleman, D. J., & Schwartz, G. E. (1976). Meditation as an intervention in stress reactivity. *Journal of Consulting and Clinical Psychology, 44*, 456-466.

Goodman, N. (1968). *Languages of art. Indianpolis: Bobbs-Merrill* (2nd ed.). Indianapolis: Hackett.

Goodwin, R., & Tang, D. (1991). Preferences for friends and close relationships partners: A cross-cultural comparison. *Journal of Social Psychology, 131*(4), 579-581.

Gordon, T. (1975). *P. E. T.: Parental effectiveness training.* New York: American Library.

Gorsuch, R., & McPherson, S. (1989). Intrinsic/extrinsic measurement: I/E revised and single-item scales. *Journal for the Scientific Study of Religion, 28,* 348-354.

Gottfredson, M, R., & Hirschi, T. (1990). *A general theory of crime.* Stanford, CA: Stanford University Press.

Gottman, J. M. (1994). *What prodicts divorce? The relationship between marital processes and marital outcomes.* Hillsdale, NJ: Erlbaum.

Gottman, J. M. (1998). Psychology and the study of marital processes. *Annual Review of Psychology, 49,* 169-197.

Gough, H. G. (1979). A creative personality scale for the adhective check list. *Journal of Personality and Social Psychology, 37*, 1398-1405.

Gough, H. G., McClosky, H., & Meehl, P. E. (1952). A personality scale for social responsibility. *Journal of Abnormal and Social Psychology, 47*, 73-80.

Graham, J., Haidt, J., & Nosek, B. (2007). The Moral Foundation Questionnaire. http://faculty.virginia.edu/haidtlab/mfhtml.

Graham, S., & Weiner, B. (1986). From an attributional theory of emotion to developmental psychology: A round trip ticket? *Social Cognition, 4,* 152-179.

Grasmick, J. F., Tittle, C. R., Bursik, R. J., & Arneklev, B. J. (1993). Testing the core empirical implications of Gottfredson and Hirschi's general theory of crime.

Journal of Research in Crime and Delinquency, 30, 5–29.

Greenberg, J. (1977). The Protestant work ethic and reactions to negative performance evaluations on a laboratory task. *Journal of Applied Psychology, 62,* 682–690.

Greenberg, J. (1993). The social side of fairness: interpersonal and informational classes of organizational justice. In R. Cropanzano (Ed.), *Justice in the workplace: approaching fairness in human resource management* (pp. 79–103). Hillsdale, NJ: Erlbaum.

Greenleaf, R. K. (1970). *The servant as a leader.* Indianapolis, IN: Greenleaf Center.

Greenleaf, R. K. (1979). S*ervant leadership: A journey into the nature of legitimate power and greatness.* New York: Paulist Press.

Greenstein, F. (2000). *The presidential difference; Leadership style from FDR to Clinton.* New York: Free Press.

Griffith, R. W., & Hom, P. W. (1988). Locus of control and delay of gratification as moderators of employee turnover. *Journal of Applied Social Psychology, 18,* 1318–1333.

Gruner, C. R. (1978). *Understanding laughter: The workings of wit and humor.* Chicago: Nelson–Hall.

Gruner, C. R. (1997). *The game of humor: A comprehensive theory of why we laugh.* New Brunswick, NJ: Transaction Publishers.

Guilford, J. P. (1950). Creativity. *American Psychologist, 5,* 444–454.

Guilford, J. P. (1967). *The nature of human intelligence.* New York: McGraw–Hill.

Hackman, J. R., & Oldham, G. R. (1980). *Work redesign.* Reading, MA: Addison–Wiley.

Haidt, J., & Algoe, S. (2003). *The elevation–altruism hypothesis: Evidence for a new prosocial emotion.* Unpublished manuscript, University of Virginia, Charlottesville.

Haidt, J., & Baron, J. (1996). Social roles and the moral judgment of acts and omission. *European Journal of Social Psychology, 26,* 201–218.

Haiman, F. S. (1963). Effects of training in group processes on open–mindedness. *Journal of Communication, 13,* 236–245.

Hall, T. A. (1997). Gender differences: Implications for spiritual formation and community life. *Journal of Psychology and Christianity, 16,* 222–232.

Hall, T. W., & Edwards, K. J. (2002). The Spiritual Assessment Inventory: A theistic model and measure for assessing spiritual development. *Journal for the Scientific*

Study of Religion, 41(2), 341–357.

Halpern, D. F. (1989). *Thought and knowledge: An introduction to critical thinking.* Hillsdale, NJ: Lawrence Earlbaum Associates.

Hamilton, W. D. (1964). The genetical evolution of social behaviour. I, II. *Journal of Theoretical Biology, 7,* 1–52.

Hannah, S., Sweeney, P. J., & Lester, P. B. (2007). Toward a courageous mindset: The subjective act and experience of courage. *The Journal of Positive Psychology, 2*(2), 129–135.

Harackiewicz, J. M., Manderlink, G., & Sansone, C. (1984). Rewarding pinball wizardry: Effects of evaluation and cue value on intrinsic interest. *Journal of Personality and Social Psychology, 47*, 287–300.

Hargrave, T. D., & Sells, J. N. (1997). The development of a forgiveness scale. *Journal of Marital and Family Therapy, 23*, 41–62.

Harris, J. R. (1995). Where is the child' s environment? A group socialization theory of development. *Psychological Review, 102*, 458–489.

Hart, K. E., & Huggett, C. (2003). *Lack of humility as a barrier to surrounding to the spiritual aspect of Alcoholics Anonymous.* Unpublished manuscript, University of Windsor, Windsor, Canada.

Hart, P. L., & Joubert, C. E. (1996). Narcissism and hostility. *Psychological Reports, 79,* 161–162.

Harter, S. (2002). Authenticity. In C. R. Snyder & S. J. Lopez (Eds.). *Handbook of positive psychology* (pp. 382–394). Oxford: Oxford University Press.

Harter, S., Bresnick, S., Bouchey, H., & Whitesell, N. R. (1997). The development of multiple role-related selves during adolescence. *Development and Psychopathology, 9,* 835–854.

Harter, S., Waters, P. L., Whitesell, N. R., & Kastelic, D. (1998). Level of voice among female and male high school students: Relational context, support, and gender orientation. *Developmental Psychology, 34*, 892–901.

Hartman, P. S. (2000). *Women developing wisdom: Antecedents and correlates in a longitudinal sample.* Unpublished doctoral dissertation, University of Michigan, Ann Arbor.

Harvey, J. H., & Omarzu, J. (1997). Minding the close relationship. *Personality and Social Psychology Review, 1,* 223–239.

Harvey, J. H., & Omarzu, J. (1999). *Minding the close relationship: A theory of relationship enhancement.* New York: Cambridge University Press.

Harvey, J. H., & Pauwels, B. G. (2004). Modesty, humility, character strength, and positive psychology. *Journal of Social and Clinical Psychology, 23,* 620–623.

Harvey, J. H., Pauwels, B. G., & Zickmund, S. (2002). Relationship connection: The role of minding in the enhancement of closeness. In C. R. Snyder & S. J. Lopez (Eds.), *Handbook of positive psychology* (pp. 423–433). Oxford, England: Oxford University Press.

Harvey, O. J., & Felknor, C. M. (1970). Parent–child relations as an antecedent to conceptual functioning. In R, A. Hoppe, G. A. Milton & E. C. Simmel (Eds.), *Early experience and the process of socialization. New York: Academic Press.*

Hayamizu, T. (1997). Between intrinsic and extrinsic motivation: Examination of reasons for academic study based on the theory of internalization. *Japanese Psychological Research, 39,* 98–108.

Hayes, J. R. (1989). *The complete problem solver* (2nd ed.). Hillsdale, NJ: Erlbaum.

Hazan, C., & Shaver, P. R. (1987). Romantic love conceptualized as an attachment process. *Journal of Personality and Social Psychology, 52,* 511–524.

Hazan, C., & Shaver, P. R. (1990). Love and work: An attachment theoretical perspective. *Journal of Personality and Social Psychology, 59,* 270–280.

Hazan, C., & Zeifman, D. (1994). Sex and the psychological tether. *Advances in Personal Relationships, 5,* 151–177.

Heatherington, L., Burns, A. B., & Gustafson, T. B. (1998). When another stumbles: Gender and self–presentation to vulnerable others. *Sex Roles, 38,* 889–913.

Hebb, D. O. (1955). Drives and the C. N. S. (conceptual nervous system). *Psychological Review, 62,* 243–254.

Hebl, J. H., & Enright, R. D. (1993). Psychotherapy as a psychotherapeutic goal with elderly females. *Psychotherapy, 30,* 658–667.

Hehl, F. J., & Ruch, W. (1985). The location of sense of humor within comprehensive personality spaces: An exploratory study. *Personality and Individual Differences, 6*(6), 703–715.

Heidegger, M. (1927/1962). *Being and time.* New York: Harper & Row.

Heine, S. J., Kitayama, S., Lehman, D. R., Takata, T., IDe, E., Leung, C., et al. (2001). Divergent consequences of success and failure in Japan and North America: An investigation of self-improving motivations and melleable selves. *Journal of Personality and Social Psychology, 81,* 599–615.

Heine, S. J., Lehman, D. R., Markus, H. R., & Kitayama, S. (1999). Is there a universal need for positive self-regard? *Psychological Review, 106,* 766–794.

Helson, R., & Srivastava, S. (2001). Three paths of adult development: Conservers, seekers, and achievers. *Journal of Personality and Social Psychology, 80,* 995–1010.

Helson, R., & Wink, P. (1997). Practical and transcendent wisdom: Their nature and some longitudinal findings. *Journal of Adult Development, 4*(1), 1–15.

Hemphill, J. K., & Coons, A. E. (1957). Development of the leader behavior description questionnaire. In R. M. Stogdill & A. E. Coons (Eds.), *Leader Behavior: Its Description and Measurement.* Columbus, OH: Bureau of Business Research of Ohio State University.

Henderson, J. E., & Hoy, W. K. (1983). Leader authenticity: The development and test of an operational measure. *Educational and Psychological Research, 3,* 63–75.

Hendrick, C., & Hendrick, S. S. (1986). A theory and method of love. *Journal of Personality and Social Psychology, 50*(2), 392–402.

Hendrick, C., Hendrick, S. S., & Dicke, A. (1998). "The Love Attitudes Scale: Short form" . *Journal of Personality and Social Psychology, 15,* 147–159.

Herek, G. M., Janis, I. L., & Huth, P. (1987). Decision making during international crises. Is quality of process related to outcome? *Journal of Conflict Resolution, 31,* 203–226.

Hersey, P., & Blanchard, H. (1988). *Management of organizational behavior* (5th ed.). New York: Prentice-Hall.

Higgins, E. T. (1987). Self-discrepancy: A theory relating self and affect. *Psychological Review, 94,* 319–340.

Hodges, S. A., & Wegner, D. M. (1997). Automatic and controlled empathy. In W. Ickes (Ed.), *Empathic Accuracy* (pp. 311–339). New York: Guilford Press.

Hodgkinson, V. A., & Weitzman, M. S. (1992). *Giving and volunteering in the United State.* Washington, DC: Independent Sector.

Hoffman, M. L. (1981). Is altruism part of human nature? *Journal of Personality and Social Psychology, 40*(1), 121–137.

Hofstede, G. (1980). *Culture's consequences: International differences in work-related values.* Beverley Hills, CA: Sage.

Hofstede, G. (1991). *Cultures and organization: Software of the mind.* London: McGrow-Hill. (차재호, 나은영 공역, 세계의 문화와 조직, 서울: 학지사, 1995)

Hogan, R. (1973). Moral conduct and moral character: A psychological perspective. *Psychological Bulletin, 79,* 217-232.

Hogan, R., & Hogan, J. (1992). *Hogan Personality Inventory manual.* Tulsa, OK: Hogan Assessment System.

Holahan, C. K. (1998). Change in psychosocial functioning and health from age 70 to age 80: Findings from the Terman sample. *Journal of Mental Health and Aging, 4,* 335-345.

Holland, J. L. (1966). *The psychology of vocational choice: A theory of personality types and model environments.* Waltham, MA: Blaisdell.

Holland, J. L. (1985). *Making vocational choices: A theory of vocational personalities and work environment* (2nd ed.). Englewood Cliffs, NJ: Prentice-Hall.

Holliday, S. G., & Chandler, M. J. (1986). *Wisdom: explorations in adult competence.* Switzerland: Kargel.

Holmes, F. L. (1996). Expert performance and the history of secience. In K. A. Ericsson (Ed.), *The road to excellence: The acquisition of expert performance in the arts and science, sports, and games* (pp. 313-319). Mahwah, NJ: Erlbaum.

Houf, H. (1945). *What religion is and does: An introduction to the study of its problems and values.* New York: Harper and Brothers.

Hough, L. M. (1992). The "Big Five" personality variable-construct confusion: Description versus prediction. *Human Performance, 5*(1-2), 139-155.

House, R. J. (1977). A theory of charismatic leadership. In J. G. Hunt & L. L. Larson (Eds.), *Leadership: The cutting edge.* Carbondale, IL: Southern Illinois University.

House, R. J., Hanges, P. J., Ruiz-Quintanilla, S. A., Dorfman, P. W., Javidan, M., Dickson, M., & Associates. (1999). Cultural influences on leadership and organizations: Project GLOBE. In W. H. Mobleym., M. J. Gessner & V. Arnold (Eds.), *Advances in global leadership* (pp. 171-233). London: Elsevier.

Howden, J. W. (1992). *Development and psychometric characteristics of the spirituality assessment scale.* Doctoral dissertation, Texas Woman's University.

Howe, M. J. A. (1999). *Genius explained.* New York: Cambridge University Press.

Hsee, C. K., & Abelson, R. P. (1991). Velocity relation: Satisfaction as a function of the first derivative of outcome over time. *Journal of Personality and Social Psychology, 60,* 341–347.

Huizinga, J. (1938/1971). *Homo Ludens.* Boston, MA: Beacon Press.

Hunt, J. M. (1963). Motivation inherent in information processing and action. In O. J. Harvey (Ed.), *Motivation and social interaction* (pp. 35–94). New York: Ronald Press.

Ickes, W. (1996). *Empathic accuracy.* New York: Guilford.

Ickes, W. (2003). *Everyday mind reading.* New York: Prometheus Books.

Independent Sector. (1999). *Giving and volunteering in the United States: Findings from a national survey.* Document available at http://independentsector.org/GrandV/s_keyf.htm.

Independent Sector. (2002). *Faith and philanthropy: The connection between charitable giving behavior and giving to religion.* Washington, DC: Independent Sector.

Inglehart, R., & Klingemann, H. D. (2000). Genes, culture, democracy, and happiness. In E. Diener and E. M. Suh (Eds.), *Culture and subjective well-being* (pp. 163–184). Cambridge, MA: Bradford.

Irving, L. M., Snyder, C. R., Cheavens, J., Gravel, L., Hanke, J., Hilberg, P., & Nelson, N. (2004). The relationship between hope and optimism in the pre-treatment, beginning, and later phases of psychotherapy. *Journal of Psychotherapy Integration, 14,* 419–443.

Isaac, J., Sansone, C., & Smith, J. L. (1999). Other people as a source of interest in and activity. *Journal of Experimental Social Psychology, 35,* 239–265.

Izard, C. E. (1977). *Human emotions.* New York: Plenum Press.

Jacobs, J. (2000). The spiritual self-relation: Empathy and the construction of spirituality among modern descendants of the Spanish Crypto-Jews. *Journal for the Scientific Study of Religion, 39,* 53–63.

Jaffee, S., & Hyde, J. S. (2000). Gender differences in moral orientation: A meta-analysis. *Psychological Bulletin, 126,* 703–726.

Jahangir, N., Akbar, M. M., & Haq, M. (2004). Organizational citizenship behavior: Its nature and antecedents. *BRAC University Journal, 1*(2), 75–85.

Jahoda, M. (1958). *Current concepts of positive mental health.* New York: Basic Books.

James, W. (1902/1958). *The varieties of religious experience.* New York: Mentor.

James, W. (1907). *Principles of psychology.* New York: Holt.

Janis, I. L. (1982). *Groupthink: Psychological studies of policy decisions and fiascos.* Boston: Houghton Mifflin.

Janis, I. L., & Mann, L. (1977). *Decision making: A psychological analysis of conflict, choice, and commitment.* New York: Free Press.

Janus, S. S. (1975). The great comedians: Personality and other factors. *American Journal of Psychoanalysis, 35*(2), 169–174.

Janus, S. S., Bess, B. E., & Janus, B. R. (1978). The great comedians: Personality and other factors. *American Journal of Psychoanalysis, 38*(4), 367–372.

Jaynes, J. (1976). *The origin of consciousness in the breakdown of the bicameral mind.* Boston: Houghton Mifflin.

Jellen, H., & Urban, K. (1986). The CTP–DP: An instrument that can be applied to most age and ability groups. *Creative Child and Adult Quarterly, 3,* 138–155.

Jenkins, R. A., & Pargament, K. I. (1988). Cognitive appraisals in cancer patients. *Social Science and Medicine, 26,* 625–633.

Jennings, H. H. (1943). *Leadership and isolation.* New York: Longmans, Green.

Jennings, M. K. (1991). Thinking about social injustice. *Political Psychology, 12,* 187–204.

John, O. P. (1990). The "Big Five" factor taxonomy: Dimensions of personality in the natural language and in questionnaire. In L. A. Pervin (Ed.), *Handbook of Personality: Theory and Research* (pp. 66–100). New York: The Guilford Press.

John, O. P., & Srivastava, S. (1999). The Big Five trait taxonomy: History, measurement, and theoretical perspectives. In L. A. Pervin & O. P. Hoyn (Eds.), *Handbook of personality: Theory and research* (2nd ed., pp. 102–138). New York: Guilford Press.

John, O. P., Caspi, A., Robins, R. W., Moffitt, T. E., & Stouthamer–Loeber, M. (1994). The "little five" : Exploring the nomological network of the five–factor model of personality in adolescent boys. *Child Development, 65,* 160–178.

Johnson, B., Larson, D., Li, S., & Jang, S. (2000). Escaping from the crime of the inner cities: Church attendance and religious salience among disadvantaged youth. *Justice Quarterly, 17,* 377–391.

Johnson, P. E. (1959). *Psychology of religion.* Nashville, TN: Abingdon.

Johnson, R. C., Danko, G. P., Darvill, T. J., Bochner, S., Bowers, J. K., Huang, Y. H., et al., (1989). Cross-cultural assessment of altruism and its correlates. *Personality and Individual Differences, 10,* 855-868.

Johnson, S. M. (1996). *The practice of emotionally focused couples therapy.* New York: Brunner/Mazel.

Johnson, S., & Greenberg, L. (1985). Emotionally focused couples therapy: An outcome study. *Journal of Marital and Family Therapy, 11,* 313-317.

Johnson, S., Hunsley, J., Greenberg, L., & Schindler, D. (1999). Emotionally focused couples therapy: Status and challenges. *Clinical Psychology: Science and Practice, 6,* 67-79.

Jones, K., & Day, J. D. (1997). Discrimination of two aspects of cognitive-social intelligence from academic intelligence. *Journal of Educational Psychology, 89,* 486-497.

Judge, T. A., Bono, J. E., Ilies, R., & Gerhardt, M. W. (2002). Personality and leadership: A qualitative and quantitative review. *Journal of Applied Psychology, 87,* 765-780.

Jung, C. G. (1947, revised 1954). *On the nature of the psyche.* London: Ark Paperbacks.

Kabat-Zinn, J. (1982). An outpatient program in behavioral medicine for chronic pain patients based on the practice of mindfulness meditation: Theoretical considerations and preliminary results. *General Hospital Psychiatry, 4,* 33-47.

Kabat-Zinn, J. (1990). *Full catastrophe living: Using the wisdom of your body and mind to face stress, pain, and illness.* New York: Dell.

Kagan, J. (1966). Reflection-impulsivity: The generality and dynamics of conceptual tempo. *Journal of Abnormal Psychology, 71,* 17-24.

Kagan, J. (1972). Motives and development. *Journal of Personality and Social Psychology, 22,* 51-66.

Kagan, J. (1989). Temperamental contributions to social behavior. *American Psychologist, 44,* 668-674.

Kahneman, D., Diener, E., & Schwartz, N. (Eds.). (1999). *Well-being: The foundations of hedonic psychology.* New York: Russell Sage Foundation.

Kanfer, F. H. (1970). Self-regulation: Research, issue, and spectulation. In C. Neuringer & J. L. Michael (Eds.), *Behavior modification in clinical psychology* (pp. 178-220). New York: Appleton-Century-Crofts.

Karnes, F., & Chauvin, J. (2000). *Leadership Development Program.* Scottsdale, AZ: Gifted Psychology Press, Inc.

Kashdan, T. B., & Breen, W. E. (2007). Materialism and diminished well-being: Experiential avoidance as a mediating mechanism. *Journal of Social and Clinical Psychology, 26,* 521–539.

Kashdan, T. B., & Fincham, F. D. (2004). Facilitating curiosity: A social and self-regulatory perspective for scientifically based intervention. In P. S. Linley & S. Joseph (Eds.), *Positive psychology in practice* (pp. 482–503). New York: Wiley.

Kashdan, T. B., & Roberts, J. E. (2002). *Individual differences in interpersonally-generated positive and negative affect.* Unpublished manuscript, University at Buffalo, State University of New York.

Kashdan, T. B., Mishra, A., Breen, W. E., & Froh, J. J. (2009). Gender differences in gratitude: Examining appraisals, narratives, the willingness to express emotions, and change in psychological needs. *Journal of Personality, 77*(3), 691–730.

Kashdan, T. B., Rose, P., & Fincham, F. D. (2002). *Curiosity and exploration: Facilitating positive subjective experiences and personal growth opportunities.* Unpublished manuscript, State University of New York at Buffalo.

Kasser, T., & Ryan, R. M. (1993). A dark side of the American dream: Correlates of financial success as a life aspiration. *Journal of Personality and Social Psychology, 65,* 410–422.

Kasser, V. G., & Ryan, R. M. (1999). The relation of psychological needs for autonomy and relatedness to vitality, well-being, and morality in a nursing home. *Journal of Applied Social Psychology, 29,* 935–954.

Kelley, S. A., Brownell, C. A., & Campbell, S. B. (2000). Mastery motivation and self-evaluative affect in toddlers: Longitudinal relations with maternal behavior. *Child Development, 71,* 1061–1071.

Kenny, D. A., & Zaccaro, S. J. (1983). An estimate of variance due to traits in leadership. *Journal of Applied Psychology, 68,* 678–685.

Kernberg, O. F. (1975). *Borderline conditions and pathological narcissism.* New York: Jason Aronson.

Kernis, M. H., Paradise, A. W., Whitaker, D., Wheatman, S., & Goldman, B. (2000). Master of one's psychological domain?: Not likely if one's self-esteem is unstable. *Personality and Social Psychology Bulletin, 26,* 1297–1305.

Keyes, C. L. M., & Lopez, S. J. (2002). Toward a science of mental health: Positive directions in diagnosis and intervention. In C. R. Syner, & S. J. Lopez (Eds.), *Handbook of positive psychology* (pp. 45–59). New York: Oxford University Press.

Kihlstrom, J. F. (1987). The cognitive unconsciousness. *Science, 237,* 1445–1452.

Kirkpatrick, L. (1999, November/December). Giving thanks: Thirteen creative ways to encourage gratefulness this Thanksgiving. *Christian Parenting Today, 12,* 54.

Kirschenbaum, D. S. (1987). Self-regulatory failure: A review with clinical implications. *Clinical Psychology Review, 7,* 77–104.

Klein, M. (1957). *Envy and gratitude.* New York: Basic Books.

Kobak, R. R., & Hazan, C. (1991). Attachment in marriage: The effects of security and accuracy of working models. *Journal of Personality and Social Psychology, 60,* 861–869.

Koestler, A. (1964). *The act of creation.* London: Hutchinson.

Kohlberg, L. (1976). Moral stages and moralization: The cognitive-developmental approach. In T. Lickona (Ed.), *Moral development and behavior: Theory, research and social issues* (pp. 31–53). New York: Holt, Rinehart & Winston.

Kohlberg, L. (1984). *Essay on moral development: Vol. 2. The psychology of moral development.* San Francisco: Harper & Row.

Kohut, H. (1968). The psychoanalytic treatment of narcissistic personality disorder. *Psychoanalytic Study of the Child, 23,* 86–113.

Kohut, H. (1971). *The analysis of the self: A systematic approach to the psychoanalytic treatment of narcissistic personality disorders.* New York: International Universities Press.

Konecni, V. J., & Sargent-Pollok, D. (1977). Arousal, positive and negative affect, and preference for renaissance and 20th century paintings. *Motivation and Emotion, 1,* 75–93.

Kouzes, J., & Posner, B. (1988). *The leadership practices inventory.* San Diego, CA: Pfeifer & Co.

Kramer, D. A. (1990). Conceptualizing wisdom: The primacy of affect-cognition relations. In R. J. Sternberg (Ed.), *Wisdom: Its nature, origins, and development* (pp. 279–313). New York: Cambridge University Press.

Krapp, D. A. (2000). Interest and human development during adolescence: An educational-psychological approach. In J. Heckhausen (Ed.), *Motivational psychology of human development: Developing motivation and motivating development* (pp. 109–129). New York: Elsevier.

Krapp, A., & Lewalter, D. (2001). Development of interests and interest-based motivational orientations: A longitudinal study in vocational school and work settings. In S. Volet & S. Järvela (Eds.), *Motivation in learning contexts: Theoretical and methodological implication* (pp. 201–232). London: Elsevier.

Krause, N. (1997). Religion, aging, and health: Current status and future prospects. *Journals of Gerontology, 52B,* S291–S293.

Kruger, A. C. (1992). The effect of peer and adult-child transactive discussions on moral reasoning. *Merrill-Palmer Quarterly, 38,* 191–211.

Kruglanski, A. W., Freund, T., & Bar, T. D. (1996). Motivational effects in the mere-exposure paradigam. *European Journal of Social Psychology, 26*(3), 479–499.

Kuhn, D. (1991). *The skills of argument.* New York: Cambridge University Press.

Kuhn, D., Amsel, E., & O' Loughlin, M. (1988). *The development of scientific thinking skills.* New York: Academic Press.

Kuiper, N. A., Martin, R. A., Olinger, L. J., Kazarian, S. S., & Jette, J. (1998). Sense of humor, self-concept, and psychological well-being in psychiatric inpatients. *Humor: International Journal of Humor Research, 11*(4), 357–381.

Kunzmann, U., & Baltes, P. B. (2003). Wisdom-related knowledge: Affective, motivational, and interpersonal correlates. *Personality and Social Psychology Bulletin, 29,* 1104–1119.

Kweon, B. S., Sullivan, W. C., & Wiley, A. R. (1998). Green common spaces and the social integration of inner-city older adults. *Environment and Behavior, 30,* 832–858.

Lajoie, D. H., & Shapiro, S. I. (1992). Definitions of transpersonal psychology: The first twenty-three years. *Journal of Transpersonal Psychology, 24,* 79–98.

Lam, L. T., & Kirby, S. L. (2002). Is emotional intelligence an advantage? An exploration of the impact of emotional and general intelligence on individual performance. *The Journal of Social Psychology, 142*(1), 133–143.

Lampert, M., & Ervin-Tripp, S. M. (1998). Exploring paradigms: The study of gender and sense of humor at the end of the 20th century. In W. Ruch (Ed.), *The sense of humor: Explorations of a personality characteristic* (pp. 231–270). New York:

Mouton de Gruyter.

Langer, S. (1942). *Philosophy in a new key.* Cambridge: Harvard University Press.

Laurenceau, J., Barret, L. F., & Pietromonaco, P. R. (1998). Intimacy as an interpersonal process: The importance of self-disclosure, partner disclosure, and perceived partner responsiveness in interpersonal exchange. *Journal of Personality and Social Psychology, 75*(5), 1238-1251.

Lawler-Row, K. A., & Piferi, R. L. (2006). The forgiving personality: Describing a life well lived? *Personality and Individual Differences, 41,* 1009-1020.

Leary, M. R., & Baumeister, R. F. (2000). The nature and function of self-esteem: sociometer theory. In M. P. Zanna (Ed.), *Advances in experimental social psychology* (Vol. 32, pp. 1-62). San Diego, CA: Academic Press.

Leder, H. (2001). Determinants of preference: When do we like what we know? *Empirical Studies of the Arts, 19*(2), 201-211.

Leder, H., Belke, B., Oeberst, A., & Augustin, D. (2004). A model of aesthetic appreciation and aesthetic judgments. *British Journal of Psychology, 95,* 489-508.

Lee, J. A. (1977). A typology of styles of love. *Personality and Social Psychology Bulletin, 3,* 173-182.

Lee, J. E., Wong, C. M., T., Day, J. D., Maxwell, S. E., & Thorpe, P. (2000). Social and academic intelligence: A multi-trait-multimethod study of their crystallized and fluid characteristics. *Personality and Individual Differences, 29,* 539-553.

Leherissey, B. L. (1972). Validation of a measure of state epistemic curiosity in a computer-assisted learning situation. *Proceedings of the 80th Annual Convention of the American Psychological Association, 7,* 523-524.

Lepper, M., & Greene, D. (1978). *The hidden costs of reward.* Hillsdale, NJ: Lawrence Erlbaum Associates.

Lepper, M., Greene, D., & Nesbitt, R. (1973). Undermining children's intrinsic interest with extrinsic rewards: A test of the "overjustification" hypothesis. *Journal of Personality and Social Psychology, 28,* 129-137.

Lerner, H. G. (1993). *The dance of deception.* New York: Harper Collins.

Leventhal, G. S. (1976). The distribution of rewards and resources in groups and organizations. In L. Berkowitz & E. Walster (Eds.), *Advances in Experimental Social Psychology* (Vol. 9, pp. 91-131). New York: Academic Press.

Leventhal, G. S. (1980). What should be done with equity theory? New approaches to the study of fairness in social relationships. In K. Gergen, M. Greenberg & R. Willis (Eds.), *Social exchange: Advances in theory and research* (pp. 27–55). New York: Plenum Press.

Levin, J. (1997). Religious research in gerontology, 1980–1994: A systematic review. *Journal of Religious Gerontology, 10,* 3–31.

Lewinsohn, P. M., Rohde, P., & Seeley, J. R. (1996). Adolescent suicidal ideation and attempts: Prevalence, risk factors, and clinical implications. *Journal of Clinical Psychology, 3,* 25–46.

Liddell, D. L., Halpin, G., & Halpin, W. G. (1992). The measure of moral orientation: Measuring the ethics of care and justice. *Journal of College Student Development, 33,* 325–330.

Lifton, R. J. (1993). *The protean self.* New York: Basic Books.

Lin, W-F., Mack, D., Enright, R. D., Krahn, D., & Baskin, T. W. (2004). Effects of forgiveness therapy on anger, mood, and vulnerability to substance use among inpatient substance-dependent clients. *Journal of Consulting and Clinical Psychology, 72,* 1114–1121.

Linehan, M. (1993). *Cognitive-behavioral treatment of borderline personality disorder.* New York: Guilford Press.

Litman, J. A., & Spielberger, C. D. (2003). Measuring epistemic curiosity and its diversive and specific components. *Journal of Personality Assessment, 80,* 75–86.

Locke, E. A. (1997). The motivation to work: What we know. In M. Maehr & P. Pintrich (Eds.), *Advances in motivation and achievement* (Vol. 10, pp. 375–412). Greenwich, CT: JAI Press.

Locke, E. A., Kirkpatrick, S., Wheeler, J. K., Schneider, J., Niles, K., Goldstein, H., Welsh, K., & Chah, D. O. (1991). *The essence of leadership.* New York: Lexington Books.

Lockenhoff, C. E., Ironson, G. H., O' Cleirigh, C., & Costa, P. T. (2009). Five-factor model personality traits, spirituality/religiousness, and mental health among people living with HIV. *Journal of Personality, 77*(5), 1411–1436.

Lockhart, K., Chang, B., & Story, T. (2002). Young children' s beliefs about the stability of traits: Protective optimism? *Child Development, 73,* 1408–1430.

Loehlin, J. C. (1992). *Genes and environment in personality development.* Newbury

Park, CA: Sage.

Loewenstein, G. (1994). The psychology of curiosity: A review and reinterpretation. *Psychological Bulletin, 116,* 75–98.

Logan, F. A. (1960). *Incentive.* New Haven, CT: Yale University Press.

Londerville, S., & Main, M. (1981). Security of attachment, compliance, and maternal training methods in the second year of life. *Developmental Psychology, 17,* 289–299.

Long, N. (1997). Parent education/training in the USA: Current status and future trends. *Clinical Child Psychology and Psychiatry, 2*(4), 501–515.

Lopes, P. N., Salovey, P., Cote, S., & Beers, M. (2005). Emotional regulation abilities and the quality of social interaction. *Emotion, 5*(1), 113–118.

Lopez, A. D., & Murray, C. J. I. (1998). The global burden of disease, 1990–2020. *Nature Medicine, 4,* 1241–1243.

Lord, R. G., De Vader, C. L., & Alliger, G. M. (1986). A meta-analysis of the relation between personality traits and leader perception: An application of validity generalization procedure. *Journal of Applied Psychology, 71,* 402–410.

Lowe, K. B., Kroeck, K. G., & Sivasubramaniam, N. (1996). Effectiveness correlates of transformational and transactional leadership: A meta-analytic review of the MLQ literature. *Leadership Quarterly, 7,* 385–425.

Lowenthal, K., MacLeod, A., & Cinnirella, M. (2002). Are women more religious than man? Gender differences in religious activity among different religious group in the UK. *Personality and Individual Differences, 32,* 133–139.

Lufi, D., & Cohen, A. (1987). A scale for measuring persistence in children. *Journal of Personality Assessment, 51,* 178–185.

Luthans, F., & Avolio, B. (2003). Authentic leadership development. In K. S. Cameron, J. E. Dutton & R. E. Quinn (Eds.), *Positive organizational scholarship* (pp. 241–258.) San Francisco: Berrett-Koehler.

Luthans, F., Luthans, K. W., Hodgetts, R. M., & Luthans, B. C. (2001). Positive approach to leadership (PAL) implications for today ’ s organizations. *Journal of Leadership Studies, 8,* 3–20.

Maciel, A. G., Sowarka, D., Smith, J., & Baltes, P. B. (1992). *Features of wisdom: Prototypical attributes of wise people.* Poster presented at the 100th Meeting of the American Psychological Association, Washington, DC.

Mahler, M. (1968). *On human symbiosis and the vicissitudes to individuation.* New York: International Universities Press.

Mahoney, A., Pargament, K. I., Jewell, T., Swank, A. B., Scott, E., Emery, E., & Rye, M. (1999). Marriage and the spiritual realm: The role of proximal and distal religious constructs in marital functioning. *Journal of Family Psychology, 13,* 321–338.

Main, M., & Solomon, J. (1990). Procedures for identifying infants as disorganized/disoriented during the Ainsworth Strange Situation. In M. Greenberg, D. Cicchetti, & M. Cummings (Eds.), *Attachment in the preschool years: Theory, research, and intervention* (pp. 121–160). Chicago: University of Chicago Press.

Malcolm, W. M., & Greenberg, L. S. (2000). Forgiveness as a process of change in individual psychotherapy. In M. E. McCullough, K. I. Pargament, & C. E. Thoresen (Eds.), *Forgiveness: Theory, research, and practice.* New York: The Guilford Press.

Malinowski, B. (1926). *Myth in primitive psychology.* London: Kegan Paul, Trench, Trunber.

Maltby, J., Macaskill, A., & Day, L. (2001). Failure to forgive self and others: A replication and extension of the relationship between forgiveness, personality, social desirability and general health. *Personality and Individual Differences, 30,* 881–885.

Manke, B. (1998). Genetic and environmental contributions to children' s interpersonal humor. In W. Ruch (Ed.), *The sense of humor: Explorations of a personality characteristic* (pp. 361–384). New York: Mouton de Gruyter.

Manz, C. C., & Sims, H. P. Jr. (1989). SuperLeadership: Leading others to lead themselves. New York: Prentice-Hall.

Markus, H. R., & Kitayama, S. (1991). Culture and the self: Implications for cognition, emotion, and motivations. *Psychological Review, 98,* 224–253.

Marlatt, G. A., & Kristeller, J. L. (1999). Mindfulness and meditation. In W. R. Miller (Ed.), *Integrating spirituality into treatment: Resources for practitioners* (pp. 67–84). Washington, DC: American Psychological Association.

Marsland, K. W., & Likavec, S. C. (2003). *Maternal emotional intelligence, infant attachment and child socio-emotional competence.* Paper presented at the 15th Annual Meeting of the American Psychological Society, Atlanta, GA.

Martin, R. A. (2007). *The psychology of humor: An integrative approach.* Burlington,

MA: Elsevier. (신현정 역, 유머심리학: 통합적 접근, 서울: 박학사, 2008)

Martin, R. A., & Lefcourt, H. M. (1983). Sense of humor as a moderator of the relation between stressors and moods. *Journal of personality and Social Psychology, 45,* 1313–1324.

Martin, R. A., & Lefcourt, H. M. (1984). Situational Humor Response Questionnaire: Quantitative measure of humor. *Journal of personality and Social Psychology, 47,* 145–155.

Martin, R. A., Puhlik-Doris, P., Larsen, G., Gray, J., & Weir, K. (2003). Individual differences in interpersonal and intrapersonal functions of humor: Development of the Humor Styles Questionnaire. *Journal of Research in Personality, 37,* 48–75.

Marx, K. (1990). Religion, the opium of the people. In J. Pelikan (Ed.), *The world treasury of modern religious thought* (pp. 79–91). Boston: Little, Brown.

Maslow, A. H. (1954). *Motivation and Personality.* New York: Harper and Row.

Maslow, A. H. (1962). *Toward a psychology of being.* New York: John Wiley & Sons.

Maslow, A. H. (1970). *Religion, values and peak experiences.* New York: Viking.

Maslow, A. H. (1971). *The farther reaches of human nature.* New York: Viking.

Masters, J. C., & Santrock, J. W. (1976). Studies in the self-regulation of behavior: Effects of contingent cognitive and affective events. *Developmental Psychology, 12,* 334–348.

Masters, K. S., & Spielmans, G. I. (2007). Prayer and health: Review, meta-analysis, and research agenda. *Journal of Behavioral Medicine, 30,* 329–338.

Masterson, J. F. (1988). *The search for the real self.* New York: Free Press.

Maton, K. I., & Wells, E. A. (1995). Religion as a community resource for well-being: Prevention, healing, and empowerment pathways. *Journal of Social Issues, 51,* 177–193.

Mattis, J. (2000). African American women's definitions of spirituality: A qualitative analysis. *Journal of Black Psychology, 26,* 101–122.

Mattis, J. (2001). Religiosity and African American political life. *Political Psychology, 22,* 263–278.

Mattis, J. (2002). Religion and spirituality in the meaning making and coping experiences of African American women: A qualitative analysis. *Psychology of Women Quarterly, 26,* 308–320.

Mauger, P. A., Perry, J. E., Freeman, T., Grove, D. C., McBride, A. G., & McKinney, K. E. (1992). The measurement of forgiveness: Preliminary research. *Journal of Psychology and Christianity, 11,* 170–180.

Mauritzen, J. (1988). Pastoral care for the dying and bereaved. *Death Studies, 12,* 111–122.

May, R. (1950). *The meaning of anxiety.* New York: Norton.

May, R. (1981). *Freedom and destiny.* New York: Norton.

Mayer, J. D. (2001). A field guide for emotional intelligence, In J. Ciarrochi, J. P. Forgas, & J. D. Mayer (Eds.), *Emotional intelligence and everyday life* (pp. 3–24). New York: Psychology Press.

Mayer, J. D., & Cobb, C. D. (2000). Educational policy on emotional intelligence: Does it make sense? *Educational Psychology Review, 12,* 163–183.

Mayer, J. D., & Geher, G. (1996). Emotional intelligence and the identification of emotion. *Intelligence, 17,* 89–113.

Mayer, J. D., & Mitchell, D. C. (1998). Intelligence as a subsystem of personality: From Spearman's g to contemporary models of hot processing. In W. Tomic & J. Kingma (Eds.), *Advances in cognition and educational practice* (Vol. 5, pp. 43–75). Greenwich, CT: JAI Press.

Mayer, J. D., & Salovey, P. (1997). What is emotional intelligence? In P. Salovey & D. Sluyter (Eds.), *Emotional development and emotional intelligence: Educational implications.* New York: Basic Books.

Mayer, J. D., Caruso, D. R., & Salovey, P. (1999). Emotional intelligence meets traditional standards for an intelligence. *Intelligence, 27,* 267–298.

Mayer, J. D., Salovey, P., & Caruso, D. R. (2002). *Mayer-Salovey-Caruso Emotional Intelligence Test (MSCEIT) users manual.* Toronto, Ontario, Canada: Multi-Health Systems.

Mazar, N., Amir, O., & Ariely, D. (2007). The dishonesty of honest people: A theory of self-concept maintenance. Social Science Research Network: Available at http://ssrn.com/abstract=979648.

McAdams, D. P., & Bauer, J. J. (2004). Gratitude in modern life: Its manifestations and development. In R. A. Emmons & M. E. McCullough (Eds.), *The psychology of gratitude* (pp. 81–99). New York: Oxford University Press.

McAdams, D. P., & de St. Aubin, E. (1992). A theory of generativity and its assessment through self-report, behavioral acts, and narrative themes in autobiography. *Journal of Personality and Social Psychology, 62*, 1003–1015.

McAllister, C. L., & Tochkov, K. (2009). The effects of delayed rewards on problem solving perseverance. *European Journal of Social Science, 11*(4), 544–550.

McCall, M. W. Jr. (1998). *High flyers: Developing the next generation of leader.* Boston: Harvard Business School Press.

McCallum, M., & Piper, W. E. (1987). *The psychological mindedness assessment procedure.* Unpublished manual and videotape. Department of Psychiatry, University of Alberta, Edmonton, Canada.

McCann, J. T., & Biaggo, M. K. (1989). Narcissistic personality features and self-reported anger. *Psychological Reports, 64,* 55–58.

McCombs, B. L. (1991). Motivation and lifelong learning. *Educational Psychologist, 19,* 211–222.

McCown, W., & Johnson, A. (1989). *Nonstudent evaluation of an adult inventory of procrastination.* Paper presented at the annual conference of American Psychological Association, New Orleans, LA.

McCrae, R. R. (1996). Social consequences of experiential openness. *Psychological Bulletin, 120,* 323–337.

McCrae, R. R. (2000). Emotional intelligence from the perspective of the five-factor model of personality. In R. Bar-On & J. D. A. Parker (Eds.), *The Handbook of Emotional Intelligence* (pp. 263–276). New York, USA: Jossey-Bass.

McCrae, R. R., & Costa, P. T. (1990). *Personality in adulthood.* New York: The Guilford Press.

McCrae, R. R., & Costa, P. T. (1994). The stability of personality: Observations and evaluations. *Current Directions in Psychological Science, 3,* 173–175.

McCrae, R. R., & Costa, P. T. (1997). Conceptions and correlates of openness to experience. In R. Hogan, J. Johnson, & S. Briggs (Eds.), *Handbook of personality psychology* (pp. 825–847). San Diego, CA: Academic Press.

McCraty, R., Atkinson, M., Tiller, W., Rein, G., & Watkins, A. D. (1995). The effects of emotions on short-term power spectrum analysis of heart rate variability. *American Journal of Cardiology, 76,* 1089–1093.

McCullough, M. E., & Hoyt, W. T. (2002). Transgression-related motivational dispositions: Personality substrates of forgiveness and their links to the Big Five. *Personality and Social Psychology Bulletin, 28,* 1556–1573.

McCullough, M. E., & Witvliet, C. V. (2001). The psychology of forgiveness. In C. R. Snyder & S. Lopez (Eds.), *Handbook of positive psychology* (pp. 446–458). New York: Oxford University Press.

McCullough, M. E., Bellah, C. G., Kilpatrick, S. D., & Johnson, J. L. (2001). Vengefulness: Relationships with forgiveness, rumination, well-being, and the Big Five. *Personality and Social Psychology Bulletin, 27,* 601–610.

McCullough, M. E., Emmons, R. A., & Tsang, J. A. (2002). The grateful disposition: A conceptual and empirical topography. *Journal of Personality and Social Psychology, 82,* 112–127.

McCullough, M. E., Fincham, F. D., & Tsang, J. (2003). Forgiveness, forbearance, and time: The temporal unfolding of transgression-related interpersonal motivation. *Journal of Personality and Social Psychology, 84,* 540–557.

McCullough, M. E., Kilpatrick, S., Emmons, R. A., & Larson, D. (2001). Gratitude as moral affect. *Psychological Bulletin, 127,* 249–266.

McCullough, M. E., Rachal, K. C., Sandage, S. J., Worthington, E. L., Jr., Brown, S., W., & Hight, T. L. (1998). Interpersonal forgiving in close relationships II: Theoretical elaboration and measurement. *Journal of Personality and Social Psychology, 75,* 1586–1603.

McDermott, D., & Hastings, S. (2000). Children: Raising future hopes. In C. R. Snyder (Ed.), *Handbook of hope: Theory, measures, and applications* (pp. 185–199). San Diego, CA: Academic Press.

McDougall, W. (1918). *An introduction to social psychology.* Boston: Luce.

McGhee, P. E. (1979). *Humor: Its origin and development.* San Francisco: Freeman.

McGhee, P. E. (1999). Humor, health and the amuse system. Dubuque, IA: Kendall/Hunt.

McMillan, T. M., & Rachman, S. J. (1988). Fearlessness and courage in paratroops undergoing training. *Personality and Individual Differences, 9*(2), 373–378.

McNair, D. M., Lorr, M., & Droppleman, L. (1971). *Profile of Mood States manual.* San Diego, CA: Educational and Industrial Testing Service.

Meacham, J. A. (1990). The loss of wisdom. In R. J. Sternberg (Ed.), *Wisdom: Its nature, origins, and development* (pp. 181–211). New York: Cambridge University Press.

Means, J. R., Wilson, G. L., Sturm, C., Biron, J. E., & Bach, P. J. (1990). Humility as a psychotherapeutic formulation. *Counseling Psychology Quarterly, 3,* 211–215.

Mednick, S. A. (1962). The associative basis of the creative process. *Psychological Review, 69,* 220–232.

Meyer, J. P., & Allen, N. J. (1984). Testing the "side-bet theory" of organizational commitment: Some methodological considerations. *Journal of Applied Psychology, 69,* 372–378.

Mikulincer, M. (1997). Adult attachment style and information processing: Individual differences in curiosity and cognitive closure. *Journal of Personality and Social Psychology, 72,* 1217–1230.

Miller, A., & Hom, H. L. (1990). Influence of extrinsic and ego incentive value on persistence after failure and continuing motivation. *Journal of Educational Psychology, 82,* 539–545.

Miller, P. A., Eisenberg, H., Shell, R., & Fabes, R. A. (1996). Relations of moral reasoning and vicarious emotion to young children's prosocial behavior toward peers and adults. *Developmental Psychology, 32,* 210–219.

Miller, R., & Schlenker, B. (1985). Egotism in group members: Public and private attributions of responsibility for group performance. *Social Psychology Quarterly, 48,* 85–89.

Miller, T. (1995). *How to want what you have.* New York: Avon.

Miller, W. I. (2000). *The mystery of courage.* Cambridge, MA: Harvard University Press.

Miller, W. R., & Brown, J. M. (1991). Self-regulation as a conceptual basis of the prevention and treatment of addictive behaviours. In N. Heather, W. R. Miller & J. Greeley (Eds.), *Self-control and the addictive behaviours.* (pp. 3–79). Sydney: Maxwell Macmillan Publishing Australia.

Millon, T. (1990). *Toward a new personology: An evolutionary model.* New York: Wiley.

Millon, T., & Davis, R. D. (1996). *Disorders of personality: DSM-IV and beyond* (2nd ed.). New York: Wiley.

Mischel, W. (1974). Process in delay of gratification. In L. Berkowitz (Ed.), *Advances in experimental social psychology* (Vol. 7, pp. 249–292). San Diego, CA: Academic Press.

Mischel, W. (1996). From good intention to willpower. In. P. Gollwitzer & J. Bargh (Eds.), *The psychology of action* (pp. 197–218). New York: Guilford Press.

Mischel, W., & Metzner, R. (1962). Preference for delayed reward as a function of age, intelligence, and the length of delay interval. *Journal of Abnormal and Social Psychology, 64,* 425–431.

Mischel, W., Shoda, Y., & Peake, P. K. (1988). The nature of adolescent competencies predicted by preschool delay of gratification. *Journal of Personality and Social Psychology, 34,* 687–696.

Mischel, W., Shoda, Y., & Rodriguez, M. L. (1989). Delay of gratification in children. *Science, 244,* 933–938.

Moneta, G. B., & Csikszentmihalyi, M. (1996). The effect of perceived challenges and skills on the quality of subjective experience. *Journal of Personality, 64,* 275–310.

Montford, S. D. (1999). *Moral dilemma discussions: The role of moral judgement in their human leadership and the viability of their computer facilitation.* Unpublished doctoral dissertation, University of Birmingham, England.

Moran, C. C. (1996). Short-term mood change, perceived funniness, and the effect of humor stimuli. *Behavioral Medicine, 22*(1), 32–38.

Morgan, V. G. (2001). Humility and the transcendent. *Faith and Philosophy, 18,* 307–322.

Mowrer, O. H. (1960). *Learning theory and behavior.* New York: Wiley.

Mullet, É., Houdbine, A., Laumonier, S., & Girard, M. (1998). "Forgivingness" : Factor structure in a sample of young, middle-aged, and elderly adults. *European Psychologist, 3,* 289–297.

Muraven, M., & Baumeister, R. F. (2000). Self-regulation and depletion of limited resources: Does self-control resemble a muscle? *Psychological Bulletin, 126,* 247–259.

Muraven, M., Baumeister, R. F., & Tice, D. M. (1999). Longitudinal improvement of self-regulation through practice: Building self-control strength through repeated exercise. *Journal of Social Psychology, 139,* 446–457.

Muraven, M., Tice, D. M., & Baumeister, R. F. (1998). Self-control as limited resource: Regulatory depletion patterns. *Journal of Personality and Social Psychology, 74,* 774–789.

Murray, A. (2001). *Humility: The journey toward holiness.* Bloomington, MN: Bethany House.

Musick, M. A., & Wilson, J. (2003). Volunteering and depression: The role of psychological and social resources in different age groups. *Social Science and Medicine, 56,* 259–269.

Myer, A. M., Malott, O. W., Gay, E., Tudor-Locke, C., Ecclestone, N. A., Cousins, S. O., et al. (1999). Measuring accumulated health-related benefits of exercise participation for older adults: The Vitality Plus Scale. *Journal of Gerontology, 54,* M456–M466.

Myers, S. (1996). An interactive model of religiosity inheritance: The importance of family context. *American Sociological Review, 61,* 858–866.

Myers, S., & Diener, E. (1995). Who is happy? *Psychological Science, 6,* 10–19.

Nakamura, J. (1995, May). *The presence and absence of unifying themes in creative lives.* Paper presented at the Wallace National Research Symposium on Talent Development, Iowa City, IA.

Nakamura, J., & Csikszentmihalyi, M. (2002). The concept of flow. In C. R. Snyder & S. J. Lopez (Eds.), *Handbook of positive psychology* (pp. 89–105). New York: Oxford University Press.

Nation, J. R., Cooney, J. B., & Gartrell, K. E. (1979). Durability and generalizability of persistence training. *Journal of Abnormal Psychology, 88,* 121–136.

Naylor, F. D. (1981). A state-trait curiosity inventory. *Australian Psychologist, 16,* 172–183.

Nelson, K. (1989). *Narratives from the crib.* Cambridge, MA: Harvard University Press.

Nevo, O., Aharonson, H., & Klingman, A. (1998). The development and evaluation of a systematic program for improving sense of humor. In W. Ruch (Ed.), *The sense of humor: Explorations of a personality characteristic* (pp. 385–404). New York: Mouton de Gruyter.

Newman, S., Vasudev, J., & Onawola, R. (1985). Older volunteers' s perceptions of impacts of volunteering on their psychological well-being. *Journal of Applied Gerontology, 4,* 123–127.

Nicholson, N. (1997). Evolutionary psychology: Towards a new view of human nature and organizational society, *Human Relations, 50,* 1053–1079.

Nickerson, R. S. (1999). Enhancing creativity. In R. J. Sternberg (Eds.), *Handbook of creativity* (pp. 392–430). New York: Cambridge University Press.

Niemi, R. G., Hepburn, M., & Chapman, C. (2000). Community service by high school students: A cure for civic ills? *Political Behavior, 21*, 45–69.

Nisbett, R. E., Peng, K., Choi, I., & Norenzayan, A. (2001). Culture and systems of thought: Holistic vs. analytic cognition. *Psychological Review*, 108, 291–310.

Noftle, E. E., & Shaver, P. R. (2006). Attachment dimensions and the big five personality traits: Associations and comparative ability to predict relationship quality. *Journal of Research in Personality, 40*, 179–208.

Norcross, J. C., & Prochaska, J .O. (1982). A national survey of clinical psychologists: Affiliations and orientations. *The Clinical Psychologist, 35*(3), 1–6.

Norman, P. J., & Weiss, B. J. (2009). The role of courage on behavioral approach in a fear-eliciting situation: A proof-of-concept pilot study. *Journal of Anxiety Disorders, 23*, 212–217.

Norman, R. M. G., & Watson, R. D. (1976). Extraversion and reactions to cognitive inconsistency. *Journal of Research in Personality, 10*, 446–456.

Norman, W. T. (1963). Toward an adequate taxonomy of personality attributes: Replicated factor structure in peer nomination personality ratings. *Journal of Abnormal and Social Psychology, 66*, 574–583.

Northouse, P. (2007). *Leadership: Theory and practice* (4th ed.). Thousand Oaks, CA: Sage Publications.

Norton, P. J., & Weiss, B. J. (2009). The role of courage on behavioral approach in a fear-eliciting situation: A proof-of-concept pilot study. *Journal of Anxiety Disorders, 23*, 212–217.

Nozick, R. (1974). *Anarchy, state, and utopia*. New York: Basic.

Nucci, L. (2001). *Education in the moral domain*. New York: Cambridge University Press.

Nygard, R. (1977). *Personality, situation, and persistence: A study with emphasis on achievement motivation*. Oslo, Norway: Universitetsforlaget.

O' Sullivan, M., Guilford, J. P., & deMille, R. (1965). *Reports from the Psychological Laboratory, University of Southern California* (No. 34). Los Angeles: University of Southern California.

Oaten, M., & Cheng, K. (2006). Longitudinal gains in self-regulation from regular physical exercise. *British Journal of Health Psychology, 11,* 717–733.

Oaten, M., & Cheng, K. (2007). Improvements in self-control from financial monitoring. *Journal of Economic Psychology, 28,* 487–501.

Ohbuchi, K., Kameda, M., & Agarie, N. (1989). Apology as aggression control: Its role in mediating appraisal of and response to harm. *Journal of Personality and Social Psychology, 56,* 219–227.

Oldham, G. R. (1996). Job design. In C. L. Cooper & I. T. Robertson (Eds.), *International review of industrial and organizational psychology* (Vol. 11, pp. 33–60). Chichester, England: Wiley.

Omoto, A. M., & Snyder, M. (1995). Sustained helping without obligation: Motivation, longevity of service, and perceived attitude change among AIDS volunteers. *Journal of Personality and Social Psychology, 68,* 671–686.

Organ, D. W. (1988). *Organizational citizenship behavior–The Good Soldier Syndrome.* Lexington, Massachusetts/Toronto: D.C. Heath and Company.

Organ, D. W., & Konovsky, M. (1989). Cognitive versus affective determinants of organizational citizenship behavior. *Journal of Applied Psychology, 74,* 157–164.

Ortony, A., Clore, G. L., & Collins, A. (1987). *The cognitive structure of emotions.* New York: Cambridge University Press.

Orwoll, L., & Perlmutter, M. (1990). The study of wise persons: Integrating a personality perspective. In R. J. Sternberg (Ed.), *Wisdom: Its nature, origins, and development* (pp. 160–177). New York: Cambridge University Press.

Osborn, A. (1953). *Applied imagination: Principles and procedures of creative problem solving.* New York: Charles Scribner's Sons.

Owen, T. R. (1999). The reliability and validity of a wellness inventory. *American Journal of Health Promotion, 13,* 180–182.

Palfai, T. P., & Salovey, P. (1993). The influence of depressed and elated mood on deductive and inductive reasoning. *Imagination, Cognition and Personality, 13,* 57–71.

Pancer, S. M., Pratt, M., & Hunsberger, B. E. (2000, July). *The roots of community and political involvement in Canadian youth.* Paper presented at the biennial meeting of the International Society for the Study of Behavioral Development, Beijing, China.

Pargament, K. I. (1997). *The psychology of religion and coping: Theory, research, practice.* New York: Guilford Press.

Pargament, K. I. (1999). The psychology of religion and spirituality? Yes and no. *International Journal of the Psychology of Religion, 9*, 3-16.

Pargament, K. I., & Mahoney, A. (2002). Spirituality: Discovering and conserving the sacred. In C. R. Snyder & S. J. Lopez (Eds.), *Handbook of positive psychology* (pp. 646-659). Oxford, England: Oxford University Press.

Park, N., & Peterson, C. (2005). The Values in Action Inventory of Character Strengths for Youth. In K. A. Moore & L. H. Lippman (Eds.), *What do children need to flourish? Conceptualizing and measuring indicators of positive development* (pp. 13-23). New York: Springer.

Park, N., & Peterson, C. (2006). Moral competence and character strengths among adolescents: The development and validation of the Values in Action Inventory of Strengths for Youth. *Journal of Adolescence, 29,* 891-909.

Park, N., & Peterson, C. M. (2003). Virtures and organization. In K. S. Cameron, J. E. Dutton & R. E. Quinn (Eds.), *Positive organizational scholarship* (pp. 33-47.) San Francisco: Berrett-Koehler.

Park, N., Peterson, C., & Seligman, M. E. P. (2004). Strengths of character and well-being. *Journal of Social and Clinical Psychology, 23,* 603-619.

Park, N., Peterson, C., & Seligman, M. E. P. (2005). *Strengths of character and well-being among youth.* Unpublished manuscript, University of Rhode Island.

Park, N., Peterson, C., & Seligman, M. E. P. (2006). Character strengths in fifty-four nations and all 50 U.S. states. *Journal of Positive Psychology, 1,* 118-129.

Parker, J. D. A., Taylor, G. J., & Bagby, R. M. (2001). The relationship between alexithymia and emotional intelligence. *Personality and Individual Differences, 30,* 107-115.

Parnes, S. J. (1963). The deferment of judgment principle: Clarification of the literature. *Psychological Reports, 12*, 521-522.

Parnes, S. J. (1967). *Creative behavior guidebook.* New York: Charles Scribner' s Sons.

Parnes, S. J. (1981). *The magic of your mind.* Buffalor, NY: Bearly Limited.

Pasupathi, M., Staudinger, U. M., & Baltes, P. B. (2001). Seeds of wisdom: Adolescents' knowledge and judgment about difficult life problems. *Developmental Psychology, 37,* 351-361.

Paulus, D. L. (1998). Interpersonal and intrapsychic adaptiveness of trait self-enhancement: A mixed blessing? *Journal of Personality and Social Psychology, 74,* 1197–1208.

Paulus, P. B., & Konicki, K. P. (1973). Effect of positive and negative evaluations on perseverance on a simple task. *Psychological Reports, 32,* 711–714.

Peel, E. (1946). A new method for analyzing aesthetic preferences: Some theoretical considerations. *Psychometrika, 11,* 129–137.

Pelletteri, J. (1999). The relationship between emotional intelligence, cognitive reasoning, and defense mechanisms. *Dissertation Abstracts International: Section B: The Sciences & Engineering, 60,* 403. (UMI No. AAM 9917182)

Pennebaker, J. W., & Beall, S. (1986). Confronting a traumatic event: Toward an understanding of inhibition and disease. *Journal of Abnormal Psychology, 95,* 274–281.

Penninx, B. W. J. H., Guralnik, J. M., Bandeen-Roche, K., Kasper, J. D., Simonsick, E. M., Ferrucci, L., et al. (2000). The protective effects of emotional vitality on adverse health outcomes in disabled older women. *Journal of the American Gerontological Society, 48,* 1359–1366.

Penninx, B. W. J. H., Guralnik, J. M., Simonsick, E. M., Kasper, J. D., Ferrucci, L., & Fried, L. P. (1998). Emotional vitality among disabled older women: The women's health and aging study. *Journal of the American Gerontological Society, 46,* 807–815.

Perkins, D. N., Bushey, B., & Faraday, M. (1986). *Learning to reason.* Unpublished manuscript, Harvard Graduate School of Education, Cambridge, MA.

Pervin, L. A. (1996). *The science of personality.* New York: Wiley.

Peterson C., & Seligman, M. E. P. (2004). *Character strengths and virtues: A handbook and classification.* New York: Oxford University Press/Washington, DC: American Psychological Association.

Peterson, C. (2006). *A primer in positive psychology.* New York: Oxford University Press.

Peterson, C., & Steen, T. A. (2002). Optimistic explanatory style. In C. R. Snyder & S. J. Lopez (Eds.), *Handbook of positive psychology* (pp. 244–256). New York: Oxford University Press.

Peterson, C., & Vaidya, R. S. (2001). Explanatory style, expectations, and depressive symptoms. *Personality and Individual Differences, 31,* 1217–1223.

Peterson, C., Maier, S. F., & Seligman, M. E. P. (1993). *Learned helplessness: A theory for the age of personal control.* New York: Oxford University Press.

Peterson, C., Park, N., & Seligman, M. E. P. (2005). Assessment of character strengths. In G. P. Koocher, J. C. Norcross & S. S. Hill (Eds.), *Psychologists desk reference* (pp. 93–98). New York: Oxford University Press.

Peterson, C., Semmel, A., von Baeyer, C., Abramson, L. Y., Metalsky, G. I., & Seligman, M. E. P. (1982). The Attributional Style Questionnaire. *Cognitive Therapy and Research, 6,* 287–299.

Pfeffer, J. (1998). *The human equation: Building profits by putting people first.* Cambridge, MA: Harvard Business School Press.

Piaget, J. (1932). *The moral judgement of the child.* London: Kegan Paul, Trench, Trubner and Co.

Piaget, J. (1962). *Play, Dreams and Imitation in Childhood.* New York: Norton.

Piaget, J. (1969). *Psychology and intelligence.* New York: Littlefield, Adams.

Piedmont, R. L. (1999). Does spirituality represent the sixth factor of personality? Spiritual transcendence and the five-factor model. *Journal of Personality, 67,* 985–1013.

Pierce, J. L., Gardner, D. G., Cummings, L. L., & Dunham, R. B. (1989). Organization-based self-esteem: Construct definition, measurement and validation. *Academy of Management Journal, 32,* 622–648.

Pierce, J. L., Gardner, D. G., Dunham, R. B., & Cummings, L. L. (1993). The moderating effects of organization-based self-esteem on role condition-employee response relationships. *Academy of Management Journal, 36,* 271–288.

Pierrehumbert, B., Iannotti, R. J., Cummings, E. M., & Zahn-Waxler, C. (1989). Social functioning with mother and peers at 2 and 5 years: The influence of attachment. *International Journal of Behavioral Development, 12,* 85–100.

Pinker, S. (1997). *How the mind works.* New York: Norton.

Pintrich, P. R., & De Groot, E. V. (1990). Motivational and self-regulated learning components of classroom academic performance. *Journal of Educational Psychology, 82,* 33–40.

Piper, W. E., McCallum, M., Joyce, A. S., Azim, H. F., & Ogrodniczuk, J. S. (1999). Follow-up findings for interpretive and supportive forms of psychotherapy and patient personality variables. *Journal of Consulting and Clinical Psychology, 67,* 267–273.

Plomin, R., & Caspi, A. (1999). Behavior genetics and personality. In L. A. Pervin & O. P. John (Eds.), *Handbook of personality* (2nd ed., pp. 251–276). New York: Guilford Press.

Plomin, R., Scheier, M. F., Bergeman, C. S., & Pedersen, N. L. (1992). Optimism, pessimism, and mental health: A twin/adoption analysis. *Personality and Individual Differences, 13,* 921–930.

Poloma, M. M., & Gallup, G. H., Jr. (1991). *Varieties of prayer: A survey report.* Philadelphia: Trinity Press International.

Pond, S. B., Nacoste, R. W., Mohr, M. F., & Rodriguez, C. M. (1997). The measurement of organizational citizenship behavior: Are we assuming too much. *Journal of Applied Social Psychology, 27,* 1527–1544.

Pratt, M. G. (1998). To be or not to be? Central questions in organizational identification. In D. A. Whetten, & P. C. Godfrey (Eds.), *Identity in organizations: Building theory through conversations.* Thousand Oakes, CA: Sage.

Putnam, D. (1997). Psychological courage. *Philosophy, Psychiatry and Psychology, 4,* 1–11.

Putnam, R. D. (2000). *Bowling alone: The collapse and revival of American community.* New York: Simon & Schuster.

Quinn, E. P., Brandon, T. H., & Copeland, A. L. (1996). Is task persistence related to smoking and substance abuse? The application of learned industriousness theory to addictive behaviors. *Experimental and Clinical Psychopharmacology, 4,* 186–190.

Quinn, K. (1988). Children and deception. In R. Rogers (Ed.), *Clinical assessment of malingering and deception* (pp. 105–119). New York: Guilford Press.

Rachman, S. (1978). *Fear and courage.* San Fransisco: Freeman.

Ralph, R. O., & Corrigan, P. W. (Eds.). (2005). *Recovery in mental illness: Broadening our understanding of wellness.* Washington, DC: American Psychological Association.

Ramana, R., Paykel, E. S., Cooper, Z., Hayburst, H., Saxty, M., & Surtees, P. G. (1995). Remission and relapse in major depression. *Psychological Medicine, 25,* 1161–1170.

Rashid, T., & Anjum, A. (2005). *340 ways to use VIA character strengths.* Unpublished manuscript, University of Pennsylvania.

Rasinski, K. A. (1987). What' s fair of is fair-or is it? Value difference underlying public views about social justice. *Journal of Personality of Social Psychology, 53,* 201-211.

Rate, C. R., Clarke, J. A., Lindsay, D. R., & Sternberg, R. J. (2007). Implicit theories of courage. *The Journal of Positive Psychology, 2*(2), 80-98.

Rathus, S. A. (1973). A 30-item schedule for assessing assertive behavior. *Behavior Therapy, 4*(3), 398-406.

Rawls, J. (1971). *A theory of justice.* Cambridge: Harvard University Press.

Reed, G. L., & Enright, R. D. (2006). The effects of forgiveness therapy on depression, anxiety, and posttraumatic stress for women after spousal emotional abuse. *Journal of consulting and Clinical Psychology, 74,* 920-929.

Reeve, J., Bolt, E., & Cai, Y. (1999). Autonomy-supportive teachers: How they teach and motivate students. *Journal of Educational Psychology, 91*(3), 537-548.

Reis, H. T., & Gable, S. L. (2003). Toward a positive psychology of relationship. In C. L. M. Keyes, & J. Haidt (Eds.), *Flourishing: Positive psychology and the life well-lived* (pp. 129-159). Washington, DC: American Psychological Association.

Reis, H. T., & Patrick, B. C. (1996). Attachment and intimacy: Component processes. In A. Kruglanski & E. T. Higgins (Eds.), *Social psychology: Handbook of basic principles* (pp. 523-563). New York: Guilford Press.

Reis, H. T., & Shaver, P. (1988). Intimacy as an interpersonal process. In S. Duck (Ed.), *Handbook of personal relationships* (pp. 367-389). Chichester, UK: John Wiley and Sons.

Reis, H. T., Sheldon, K. M., Gable, S. L., Roscoe, J., & Ryan, R. M. (2000). Daily well-being: The role of autonomy, competence, and relatedness. *Personality and Social Psychology Bulletin, 26,* 419-435.

Reiss, S., & Haverkamp, S. (1998). Toward a comprehensive assessment of fundamental motivations: Factor structures of the Reiss profiles. *Psychological Assessment, 10*(2), 97-106.

Renninger, K. A. (1990). Children' s play interests, representation, and activity. In R. Fivush & K. Hudson (Eds.), *Knowing and remembering in young children* (pp. 127-165). New York: Cambridge University Press.

Renninger, K. A. (2000). Individual interest and its implications for understanding intrinsic motivation. In C. Sansone & J. M. Harackiewicz (Eds.), *Intrinsic and extrinsic motivation: The search for optimal motivation and performance* (pp. 375–409). New York: Academic.

Renninger, K. A., & Shumar, W. (2002). Community building with and for teachers: The Math Forum as a resource for teacher professional development. In K. A. Renninger & W. Shumar (Eds.), *Building virtual communities: Learning and change in cyberspace* (pp. 60–95). New York: Cambridge University Press.

Rest, J. R. (1979). *Development in judging moral issues.* Minneapolis: University of Minnesota Press.

Reynolds, D. K. (1989). *Flowing bridges, quite waters: Japanese psychotherapies, Morita and Naikan.* Albany: State University of New York Press.

Reznick, J. S., Kagan, J., Snidman, N., Gersten, M., Bask, K., & Rosenberg, A. (1986). Inhibited and uninhibited children: A follow-up study. *Child Development, 57,* 660–680.

Rice, C. L. (1999). *A quantitative study of emotional intelligence and its impact on team performance.* Unpublished master's thesis, Pepperdine University Malibu, CA.

Richards, D., & Engle, S. (1986). After the vision: Suggestions to corporate visionaries and vision champions. In J. D. Adams (Ed.), *Transforming leadership* (pp. 199–215). Alexandria, VA: Miles River Press.

Richards, R., Kinney, D. K., Lunde, I., Benet, M., & Merzel, A. P. C. (1988). Assessing everyday creativity: Characteristics of the Lifetime Creativity Scales and validation with three large samples. *Journal of Personality and Social Psychology, 54,* 476–485.

Riemann, R., Angleitner, A., & Strelau, J. (1997). Genetic and environmental influences on personality: A study of twins reared together using the self-and peer-report NEO-FFI scales. *Journal of Personality, 65,* 449–476.

Robinson, D. N. (1989). *Aristotle's psychology.* New York: Columbia University Press.

Robinson, M. D., Johnson, J. T., & Shields, S. A. (1995). On the advantages of modesty: The benefits of the balanced self-presentation. *Communication Research, 22,* 575–591.

Rodrigue, J. R., Olson, K. R., & Markley, R. P. (1987). Induced mood and curiosity.

Cognitive Therapy and Research, 11, 101–106.

Rogers, C. R. (1951). *Client-centered therapy.* Boston: Houghton Mifflin.

Rogers, C. R. (1957). The necessary and sufficient conditions of therapeutic personality change. *Journal of Consulting Psychology, 21,* 95–103.

Rogers, C. R. (1961). *On becoming a person.* Boston: Houghton Mifflin.

Rogers, C. R. (1971). Interview with Carl Rogers. In W. B. Frick (Ed.), *Humanistic psychology: Interviews with Maslow, Murphy and Rogers* (pp. 24–47). Columbus, OH: Merrill.

Rogers, C. R. (1980). *A way of being.* Boston: Houghton Mifflin.

Rokeach, M. (1960). *The open and closed mind.* New York: Basic Books.

Rosenberg, J. (1964). *On quality in art: Criteria of excellence, past and present.* Princeton: Princeton University Press.

Ross, M., & Sicoly, F. (1979). Egocentric biases in availability and attribution. *Journal of Personality and Social Psychology, 37,* 322–336.

Rothbaum, F., Weisz, J. R., & Snyder, S. S. (1982). Changing the world and changing the self: A two-process model of perceived control. *Journal of Personality and Social Psychology, 42,* 5–27.

Rothschild, J., & Miethe, T. D. (1999). Whistle-blower disclosures and management retaliation: The battle to control information about organization corruption. *Work and Occupations, 26,* 107–128.

Rotton, J., & Shats, M. (1996). Effects of state humor, expectancies, and choice on postsurgical mood and self-medication: A field experiment. *Journal of Applied Social Psychology, 26*(20), 1775–1794.

Rubin, M. M. (1999). *Emotional intelligence and its role in mitigating aggression: A correlational study of the relationship between emotional intelligence and aggression in urban adolescents.* Unpublished doctoral dissertation, Immaculata College, Immaculata, PA.

Rubin, Z., & Peplau, L. A. (1975). Who believes in a just world? *Journal of Social Issues, 31*(3), 65–89.

Ruch, W. (1992). Assessment of appreciation of humor: Studies with the 3 WD humor test. In C. D. Spielberger & J. N. Butcher (Eds.), *Advances in personality assessment* (Vol. 9, pp. 27–75). Hillsdale, NJ: Erlbaum.

Ruch, W. (1994). Temperament, Eysenck’s PEN system, and humor-related traits.

Humor, 7, 209–244.

Ruch, W. (1997). State and trait cheerfulness and the induction of exhilaration: A FACS study. European *Journal of Humor Research, 7*(3), 209–244.

Ruch, W., & Carrell, A. (1998). Trait cheerfulness and the sense of humor. *Personality and Individual Differences, 24,* 551–558.

Ruch, W., & Köhler, G. (1998). A temperament approach to humor. In W. Ruch (Ed.), *The sense of humor: Explorations of a personality characteristic* (pp. 203–230). New York: Mouton de Gruyter.

Rusbult, C. E., Verette, J., Whitney, G. A., Slovik, L. F., & Lipkus, I. (1991). Accommodation processes in close relationships: Theory and preliminary empirical evidence. *Journal of Personality and Social Psychology, 60,* 53–78.

Rushton, J. P. (1980). *Altruism, socialization, and society.* Englewood Cliffs, NJ: Prentice Hall.

Rushton, J. P. (1985). Altruism. In A. Kuper & J. Kuper (Eds.), *The social science encyclopedia* (pp. 22–24). London: Routledge & Kegan Paul.

Rushton, J. P., Chrisjohn, R. D., & Fekken, G. C. (1981). The altruistic personality and the self-report altruism scale. *Personality and Individual Differences, 2,* 293–302.

Rushton, J. P., Fulker, D. W., Neale, M. C., Nias, D. K. B., & Eysenck, H. J. (1986). Altruism and aggression: The heritability of individual differences. *Journal of Personality and Social Psychology, 50,* 1192–1198.

Ryan, R. M., & Connell, J. P. (1989). Perceived locus of causality and internalization: Examining reasons for acting in two domains. *Journal of Personality and Social Psychology, 57,* 749–761.

Ryan, R. M., & Deci, E. L. (2000). Self-determination theory and the facilitation of intrinsic motivation, social development, and well-being. *American Psychologist, 55,* 68–78.

Ryan, R. M., & Frederick, C. (1997). On energy, personality, and health: Subjective vitality as a dynamic reflection of well-being. *Journal of Personality, 65,* 529–565.

Ryan, R. M., & La Guardia, J. G. (2000). What is being optimized over development?: A self-determination theory perspective on basic psychological needs across the life span. In S. Qualls & N. Abeles (Eds.), *Psychology and the aging revolution* (pp. 145–172). Washington, DC: APA Books.

Rye, M. S., Loiacono, D. M., Folck, C. D., Olszewski, B. T., Heim, T. A., & Madia, B. (2001). Evaluation of the psychometric properties of two forgiveness scales. *Current Psychology: Developmental, Learning, Personality, Social, 20,* 260–277.

Ryff, C. D. (1989). Happiness is everything, or is it? Explarations on the meaning of psychological well-being. *Journal of Personality and Social Psychology, 57,* 1069–1081.

Ryff, C. D. (1995). Psychological well-being in adult life. *Current Direction in Psychological Science, 4*(4), 99–104.

Ryff, C. D., & Keyes, C. L. M. (1995). The structure of psychological well-being revised. *Journal of Personality and Social Psychology, 69,* 719–727.

Ryff, C. D., & Singer, B. (1996). Psychological well-being: Meaning, measurement, and implications for psychotherapy research. *Psychotherapy and Psychosomatics, 65,* 14–23.

Ryff, C. D., & Singer, B. (1998). The contours of positive human health. *Psychological Inquiry, 9*(1), 1–28.

Saarni, C. (1999). *The development of emotional competence.* New York: Guilford Press.

Saarni, C. (2001). Emotional competence: A developmental perspective. In R. Bar-On & J. D. A. Parker (Eds.), *The handbook of emotional intelligence* (pp. 68–91). San Francisco: Jossey-Bass.

Sackett, P., & Wanek, J. (1996). New developments in the use of measures of honesty, integrity, conscientiousness, dependability, trustworthiness, and reliability for personnel selection. *Personnel Psychology, 49,* 787–829.

Sala, F. (2002). *Emotional Competence Inventory(ECI): Technical Mannual.* Hay Acquisition Company Inc.

Salovey, P., & Mayer, J. D. (1990). Emotional Intelligence. *Imagination, Cognition, and Personality, 9,* 185–211.

Salovey, P., Caruso, D., & Mayer, J. D. (2004). Emotional intelligence in practice. In P. A. Linley & S. Joseph (Eds.), *Positive psychology in practice* (pp. 447–463). New York: John Wiley & Sons.

Sandage, S. J., Worthington, E. L., Hight, T. L., & Berry, J. W. (2000). Seeking forgiveness: Theoretical context and an initial empirical study. *Journal of Psychology and Theology, 28,* 21–35.

Sansone, C., & Morgan, C. (1992). Intrinsic motivation and education: Competence in context. *Motivation and Emotion, 16,* 249–270.

Sansone, C., & Smith, J. L. (2000). Interest and self-regulation: The relation between having to and wanting to. In C. Sansone & J. M. Harackiewicz (Eds.), *Intrinsic and extrinsic motivation: The research for optimal motivation and performance* (pp. 341–372). New York: Academic Press.

Sansone, C., Weir, C., Harpster, L., & Morgan, C. (1992). Once a boring task always a boring task? Interest as a self-regulatory mechanism. *Journal of Personality and Social Psychology, 63,* 379–390.

Sansone, C., Wiebe, D., & Morgan, C. (1999). Self-regulating interest: The moderating role of hardiness and conscientiousness. *Journal of Personality, 67,* 701–733.

Sawyer, J. (1966). The altruism scale: A measure of cooperative, individualistic and competitive interpersonal orientation. *American Journal of Sociology, 71,* 407–416.

Scheier, M. F., & Carver, C. S. (1982). Self-consciousness, outcome expectancy, and persistence. *Journal of Research in Personality, 16,* 409–418.

Scheier, M. F., & Carver, C. S. (1985). Optimism, coping, and health: Assessment and implications of generalized outcome expectancies. *Health Psychology, 4,* 219–247.

Scheier, M. F., & Carver, C. S. (1993). On the power of positive thinking: The benefits of being optimistic. *Current Directions in Psychological Science, 2,* 26–30.

Scheier, M. F., Carver, C. S., & Bridges, M. W. (1994). Distinguishing optimism from neuroticism (and trait anxiety, self-mastery, and self-esteem): A reevaluation of the Life Orientation Test. *Journal of Personality and Social Psychology, 67,* 1063–1078.

Schimmel, S. (1997). *The seven deadly sins: Jewish, Christian and classical reflections on human psychology,* Oxford: Oxford University Press.

Schommer, A, M., & Hutter, R. (2002). Epistemological beliefs and thinking about everyday controversial issues. *The Journal of Psychology, 136,* 5–29.

Schriesheim, C. A., Neider, L. L., Scandura, T. A., & Tepper, B. J. (1992). Development and preliminary validation of a new scale (LMX-6) to measure leader-member exchange in organizations. *Educational and Psychological Measurement,*

52, 135-147.

Schulman, P., Keith, D., & Seligman, M. E. P. (1993). Is optimism heritable? A study of twins. *Behaviour Research and Therapy, 31,* 569-574.

Schultz, T. R. (1972). The role of incongruity and resolution in children' s appreciation of cartoon humor. *Journal of Experimental Child Psychology, 13,* 456-477.

Schunk, D. H. (1990). Goal setting and self-efficacy during self-regulated learning. *Educational Psychology, 25,* 71-86.

Schunk, D. H. (2001). Self-regulation through goal setting. *ERIC Document Reproduction Service, 4.*

Schutle, M. J., Ree, M. J., & Carretta, T. R. (2004). Emotional intelligence: Not much more than g and personality. *Personality and Individual Differences, 37,* 1059-1068.

Schutte, N. S., Malouff, J. M., Hall, L. E., Haggerty, D. J., Cooper, J. T., Golden, C. J., et al. (1998). Development and validation of a measure of emotional intelligence. *Personality and Individual Differences, 25,* 167-177.

Schwarz, N. (1990). Feelings as information: Informational and motivational functions of affective states. In E. T. Higgins & E. M. Sorrentino (Eds.), *Handbook of motivation and cognition* (Vol. 2. pp. 527-561). New York: Guilford.

Seligman, M. E. P. (1975). *Helplessness: On depression, development, and death.* San Francisco: W. H. Freeman.

Seligman, M. E. P. (1991). *Learned optimism.* New York: Knopf.

Seligman, M. E. P. (1999). The president' s address. *American Psychologist, 54,* 559-562.

Seligman, M. E. P. (2002a). Positive psychology, positive prevention, and positive therapy. In C. R. Snyder & S. J. Lopez (Eds.), *Handbook of positive psychology* (p. 3-9). London: Oxford University Press.

Seligman, M. E. P. (2002b). *Authentic happiness.* New York: Free Press. (김인자 역, 긍정 심리학, 서울: 물푸레, 2006)

Seligman, M. E. P., & Csikszentmihalyi, M. (2000). Positive psychology: An introduction. *American Psychologist, 55,* 5-14.

Seligman, M. E. P., Reivich, K., Jaycox, L., & Gillham, J. (1995). *The optimistic child.* Boston: Houghton Mifflin.

Seligman, M. E. P., Steen, T. A., Park, N., & Peterson, C. (2005). Positive psychology progress: Empirical validation of interventions. *American Psychologist, 60,* 410-421.

Seligman. M. E. P. (2000, October). *Positive psychology: A progress report.* Paper presented at the Positive Psychology Summit 2000. Washington, DC.

Shackelford, T. K., & Buss, D. M. (1996). Betrayal in mateships, friendships, and coalitions. *Personality and Social Psychology Bulletin, 22,* 1151-1164.

Shamir, B., House, R. J., & Arthur, M. B. (1993). The motivational effects of charismatic leadership: A self-concept based theory. *Organizational Science, 4,* 577-594.

Shapiro, A. F. (1994). *Manual for the Shapiro Control Inventory.* Behaviordata, Inc.

Shaver, P. R., & Brennan, K. A. (1992). Attachment style and the big five personality traits: Their connection with romantic relationship outcomes. *Journal of Research in Personality Bulletin, 18,* 536-545.

Sheldon, K. M. (2002). The self-concordance model of healthy goal-striving: When personal goals correctly represent the person. In E. L. Deci & R. M. Ryan (Eds.), *Handbook of self-determination research* (pp. 65-86). Rochester, NY: University of Rochester Press.

Sheldon, K. M., & Elliot, A. J. (1999). Goal striving, need-satisfaction, and longitudinal well-being: The self-concordance model. *Journal of Personality and Social Psychology, 76,* 482-497.

Sheldon, K. M., & Kasser, T. (1995). Coherence and congruence: Two aspects of personality integration. *Journal of Personality and Social Psychology, 68,* 531-543.

Sheldon, K. M., & King, L. (2001). Why positive psychology is necessary. *American Psychologist, 56,* 216-217.

Sheldon, K. M., Frederickson, B., Rathunde, K., Csikszentmihalyi, M., & Haidt, J. (2000). *A positive psychology manifesto.* Retrieved October 1, 2002, from http://www.positivepsychology.org/akumalmanifestor.htm.

Sheldon, K. M., Ryan, R. M., Rawsthorne, L., & Ilardi, B. (1997). "True" self and "trait" self: Cross-role variation in the Big Five traits and its relations with authenticity and well-being. *Journal of Personality and Social Psychology, 73,* 1380-1393.

Shepela, S. T., Cook, J., Horlitz, E., Leal, R., Luciano, S., Lutfy, E., et al. (1999). Courageous resistence: A special case of altruism. *Theory and Psychology, 9,* 787-805.

Sherman, R., & Dinkmeyer, D. C. (1987). *Systems of family therapy.* New York: Brunner/Mazel.

Shrauger, S. J., & Sorman, D. B. (1977). Self-evaluations, initial success and failure and improvement as determinants of persistence. *Journal of Consulting and Clinical Psychology, 45,* 784-795.

Shultz, T. M., & Veschio, J. P. (2001). *Humanity: A consistent self-rating across private and public conditions.* Unpublished manuscript, Grove City College, PA.

Silvia, P. J. (2006). *Exploring the psychology of interest.* New York: Oxford University Press.

Simons, A. D., Murphy, G. E., Levine, J. L., & Wetzel, R. D. (1985). Sustained improvement one year after cognitive and/or pharmacotherapy of depression. *Archives of General Psychiatry, 43,* 43-48.

Simonton, D. K. (1999). Creativity and genius. In L. Pervin & O. John (Eds.), *Handbook of personality theory and research* (2nd ed., pp. 629-652). New York: Guilford Press.

Simonton, D. K. (2000). Creativity: Cognitive, developmental, personal, and social aspects. *American Psychologist, 55,* 151-158.

Simonton, D. K. (2002). Creativity. In C. R. Snyder & S. J. Lopez (Eds.), *The handbook of positive psychology* (pp. 189-201). New York: Oxford University Press.

Singer, J. L., & Antrobus, J. S. (1970). *Manual for the Imaginal Processes Inventory.* Princeton, NJ: Educational Testing Service.

Singh, S. L. (1967). *Untitled*[On-line]. Available: www.humboldt1.com/~jiva/humility.html.

Smart, J. C. (1982). Faculty teaching goals: A test of Holland's theory. *Journal of Educational Psychology, 74,* 180-188.

Smart, N. (1998). *The world religions* (2nd ed.). London: Laurence King Publishing. (윤원철 역, 세계의 종교, 도서출판 예경, 2004)

Smith, C. A., Organ, D. W., & Near, J. P. (1983). Organizational citizenship behavior: Its nature and antecedents. *Journal of Applied Psychology, 68,* 653-663.

Snow, K. (1990). Building memories: The ontogeny of autobiography. In D. Cicchetti & M. Beegley (Eds.), *The self in transition: Infancy to childhood* (pp. 213-242). Chicago: University of Chicago Press.

Snowdon, D. (2001). *Aging with grace: What the nun study teaches us about leading longer, healthier, and more meaningful lives.* New York: Bantam.

Snyder, C. R. (1994). *The psychology of hope: You can get there from here.* New York: Free Press.

Snyder, C. R. (2002). Hope theory: Rainbows of the mind. *Psychological Inquiry, 13,* 249–275.

Snyder, C. R. (Ed.). (2000). *Handbook of hope: Theory, measures, and applications.* San Diego, CA: Academic Press.

Snyder, C. R., Harris, C., Anderson, J. R., Holleran, S. A., Irving, L. M., Sigmon, S. T., et al. (1991). The will and the ways: Development and validation of an individual differences measure of hope. *Journal of Personality and Social Psychology, 60,* 570–585.

Snyder, C. R., Hoza, B., Pelham, W. E., Rapoff, J., Ware, L., Danovsky, M., Highberger, L., Rubinstein, H., & Stahl, K. (1997). The development and validation of the children' s hope scale. *Journal of Pediatric Psychology, 22,* 399–421.

Snyder, C. R., Irving, L. M., & Anderson, J. R. (1991). Hope and health. In C. R. Snyder & D. R. Forsyth (Eds.), *Handbook of social and clinical psychology: The health perspective* (pp. 285–305). Elmsford, NY: Pergamon Press.

Snyder, C. R., Rand, K. L., & Sigmon, D. R. (2002). Hope theory: A member of the positive psychology family. In C. R. Snyder & S. J. Lopez (Eds.), *Handbook of positive psychology* (pp. 257–276). Oxford, England: Oxford University Press.

Spears, L. C. (Ed.). (1998). *Insights on leadership: Service, stewardship, spirit and servant-leadership.* New York: John Wiley & Sons.

Spielberger, C. D. (1979). *Preliminary manual for the State-Trait Personality Inventory (STPI).* Unpublished manuscript, University of South Florida, Tampa.

Spielberger, C. D., & Starr, L. M. (1994). Curiosity and exploratory behavior. In H. F. O' Neil & M. Drillings (Eds.), *Motivation: Theory and research* (pp. 221–243). Hillsdale, NJ: Erlbaum.

Spilka, B., Hood, R. W. J., & Gorsuch, R. L. (1985). *The psychology of religion: An empirical approach.* Englewood Cliffs, NJ: Prentice Hall.

Sprecher, S., & Regan, P. C. (2002). Liking some things (in some people) more than others: Partner preferences in romantic relationships and friendships. *Journal of Social & Personal Relations, 19*(4), 463–481.

Spreitzer, G. M., McCall, M. W., & Mahoney, J. D. (1997). Early identification of international executive potential. *Journal of Applied Psychology, 82,* 6–29.

Sroufe, L. A. (1983). Infant–caregiver attachmant and patterns of adaptation in preschool: The roots of maladaptation and competence. In M. Perlmutter (Ed.), *Minnesota Symposium in Child Psychology, 16,* 41–81.

Stanley, S. (1980). The family and moral education. In R. L. Mosher (Ed.), *Moral education: A first generation of research* (pp. 341–355). New York: Praeger.

Stanovich, K. E., & West, R. F. (1997). Reasoning independently of prior belief and individual differences in actively open–minded thinking. *Journal of Educational Psychology, 89,* 342–357.

Stanovich, K. E., & West, R. F. (1998). Individual differences in rational thought. *Journal of Experimental Psychology: General, 127,* 161–188.

Starett, R. H. (1996). Assessment of global social responsibility. *Psychological Reports, 78,* 535–554.

Staub, E. (1978). *Positive social behavior and morality.* New York: Academic Press.

Staudinger, U. M., & Baltes, P. B. (1996). Interactive minds: A facilitative setting for wisdom–related performance? *Journal of Personality and Social Psychology, 71,* 746–762.

Staudinger, U. M., Lopez, D. F., & Baltes, P. B. (1997). The psychometric location of wisdom–related performance: Intelligence, personality, and more? *Personality and Social Psychological Bulletin, 23,* 1200–1214.

Staudinger, U. M., Maciel, A. G., Smith, J., & Baltes, P. B. (1998). What predicts wisdom–related performance? A first look at personality, intelligence, and facilitative experiential contexts. *European Journal of Personality, 12,* 1–17.

Staudinger, U. M., Smith, J., & Baltes, P. B. (1992). Wisdom–related knowledge in a life review task: Age differences and the role of professional specialization. *Psychology and Aging, 7,* 271–281.

Staw, B. M., Sutton, R. I., & Pellod, L. H. (1994). Employee positive emotion and favorable outcomes at the workplace. *Organizational Science, 5,* 51–71.

Steele, C. M. (1997). A threat in the air: How stereotypes shape intellectual identity and performance. *American Psychologist, 52,* 613–629.

Sternberg, R. J. (1980). Sketch of a componential subtheory of human intelligence. *Behavioral and Brain Sciences, 3,* 573–614.

Sternberg, R. J. (1985). Implicit theories of intelligence, creativity, and wisdom. *Journal of Personality and Social Psychology, 49,* 607–627.

Sternberg, R. J. (1986). A triangular theory of love. *Psychological Review, 93,* 119–135.

Sternberg, R. J. (1988). *The nature of creativity: Contemporary psychological perspective.* Cambridge: Cambridge University Press.

Sternberg, R. J. (1990). *A triangular theory of love scale.* Department of Psychology, Yale University, New Haven. Manuscript.

Sternberg, R. J. (1998). A balance theory of wisdom. *Review of General Psychology, 2,* 347–365.

Sternberg, R. J. (1999). Schools should nurture wisdom. In B. Z. Presseisen (Ed.), *Teaching for intelligence* (pp. 55–82). Arlington Heights, IL: Skylight Training and Publishing.

Sternberg, R. J. (2000). Intelligence and wisdom. In R. J. Sternberg (Ed.), *Handbook of intelligence* (pp. 631–649). Cambridge, England: Cambridge University Press.

Sternberg, R. J. (2001). Why schools should teach for wisdom: The balance theory of wisdom in educational settings. *Educational Psychologist, 36,* 227–245.

Sternberg, R. J., & Grajek, S. (1984). The nature of love. *Journal of Personality of Social Psychology, 47,* 312–329.

Sternberg, R. J., & Lubart, T. I. (1995). *Defying the crowd: Cultivating creativity in a culture of conformity.* New York: Free Press.

Stevens, J. R., Cushman, F. A., & Hauser, M. D. (2005). Evolving the psychological mechanisms for cooperation. *Annual Review of Ecology, Evolution, and Systematics, 36,* 499–518.

Stevenson, H. (1997). Managing anger: Protective, proactive, or adaptive racial socialization identity profiles and African American manhood development. *Journal of Prevention and Intervention in the Community, 16,* 35–61.

Stinnett, N. (1985). Strong family. In J. M. Henslin (Ed.), *Marriage and family in a changing society.* New York: The Free Press.

Stipek, D. J., Lamb, M. E., & Zigler, E. F. (1981). OPTI: A measure of children' s optimism. *Educational and Psychological measurement, 41,* 131–143.

Stogdill, R. M. (1963). *Manual for the Leader Behavior Description Questionnaire Form XII.* Columbus: Bureau of Business Research, Ohio State University.

Stogdill, R. M. (1974). *Handbook of leadership: A survey of theory and research.* New York: Free Press.

Subkoviak, M. J., Enright, R. D., Wu, C., Gassin, E. A., et al. (1995). Measuring interpersonal forgiveness in late adolescence and middle adulthood. *Journal of Adolescence, 18,* 641–655.

Suedfeld, P., & Piedrahita, L. E. (1984). Intimations of morality: Integrative simplification as a precursor of death. *Journal of Personality and Social Psychology, 47,* 848–852.

Suedfeld, P., & Tetlock, P. E. (1977). Integrative complexity of communications in international crises. *Journal of Conflict Resolution, 21,* 169–184.

Suedfeld, P., Tetlock, P., & Streufert, S. (1992). Conceptual/integrative complexity. In C. P. Smith (Ed.), *Handbook of thematic content analysis* (pp. 393–400). New York: Cambridge University Press.

Suls, J. (1983). Cognitive processes in humor appreciation. In P. E. McGhee & J. H. Goldstein (Eds.), *Handbook of Humor research* (pp. 39–57). New York: Springer-Verlag.

Suls, J. M. (1972). A two-stage model for the appreciation of jokes and cartoons: an information-processing analysis. In J. Goldstein & P. McGhee (Eds.), *The psychology of humor: theoretical perspectives and empirical issues* (pp. 81–100). New York: Academic Press.

Summers, C. H. (2000). *The war against boys: How misguided feminism is harming our young men.* New York: Simon & Schuster.

Svebak, S. (1974). Revised questionnaire on the sense of humor. *Scandinavian Journal of Psychology, 15,* 328–331.

Swann, W. B. (1997). The trouble with change: Self-verification and allegiance to the self. *Psychological Science, 8,* 177–180.

Szagun, G. (1992). Age-related changes in children' s understanding of courage. *Journal of Genetic Psychology, 153,* 405–420.

Szagun, G., & Schauble, M. (1997). Children' s and adults' understanding of the feeling experience of courage. *Cognition and Emotion, 11,* 291–306.

Tabibnia, G., Satpute, A. B., & Lieberman, M. D. (2008). The sunny side of fairness. *Psychological Science, 19*(4), 339–347.

Tajfel, H., & Turner, J. C. (1986). An integrative theory of intergroup conflict. In S.

Worchel & W. Austin (Eds.), *Psychology of intergroup relations* (pp. 2–24). Chicago: Nelson–Hall.

Takaku, S., Weiner, B., & Ohbuchi, K. (2001). A cross–cultural examination of the effects of a apology and perspective–taking on forgiveness. *Journal of Language and Social Psychology, 20,* 144–166.

Tangney, J. P. (2000). Humility: Theoretical perspectives, empirical findings and directions for future research. *Journal of Social and Clinical Psychology, 19,* 70–82.

Tangney, J. P. (2002). Humility. In C. R. Snyder & S. J. Lopez (Eds.), *Handbook of positive psychology* (pp. 411–419). New York: Oxford University Press.

Tangney, J. P., Baumeister, R. F., & Boone, A. R. (2004). High self–control predicts good adjustment, less pathology, better grade, and interpersonal success. *Journal of Personality, 72,* 272–324.

Taylor, G. J., & Bagby, M. (2000). An overview of the alexithymia concept. In R. Bar–On & J. Parker (Eds.), *The handbook of emotional intelligence.* San Fransisco: Jossey–Bass.

Taylor, S. (1989). *Positive illusions: Creative self–deception and the healthy mind.* New York: Basic Books.

Taylor, S., & Brown, J. (1988). Illusion and well–being: A social psychological perspective on mental health. *Psychological Bulletin, 103,* 193–210.

Taylor, S., & Brown, J. (1994). Positive illusion and well–being revisited: Separating fact from fiction. *Psychological Bulletin, 116,* 21–27.

Teasdale, J. (1999). Metacognition, mindfulness and the modification of mood disorders. *Clinical Psychology and Psychotherapy, 6,* 146–155.

Tesser, A., Gatewood, R., & Driver, M. (1968). Some determinants of gratitude. *Journal of Personality and Social Psychology, 9,* 233–236.

Tetlock, P. E., (1986). A value pluralism model of ideological reasoning. *Journal of Personality and Social Psychology, 50,* 819–827.

Thayer, R. E. (1987). Energy, tiredness, and tension effects of a sugar snack versus moderate exercise. *Journal of Personality and Social Psychology, 52,* 119–125.

Thayer, R. E. (1996). *The origin of everyday moods: Managing energy, tension and stress.* New York: Oxford University Press.

Thayer, R. E. (2001). *Calm energy.* New York: Oxford University Press.

Thompson, J. (2000, Winter). Calling all change agents. *Momentum: Positive Coaching Alliance Newsletter*, 2–3.

Thompson, Y. L., Snyder, C. R., Hoffman, L., et al. (2005). Dispositional forgiveness of self, others, and situations. *Journal of Personality, 73,* 313–359.

Thorndike, E. L. (1920). Intelligence and its use. *Harper' s Magazine, 140,* 227–235.

Thunedborg, K., Black, C. H., & Beck, P. (1995). Beyond the Hamilton depression scores in long-term treatment of manic-melancholic patients: Prediction of recurrence of depression by quality of life measurement. *Psychotherapy and Psychosomatics, 64,* 131–140.

Tiger, L. (1979). *Optimism: the biology of hope.* New York: Simon & Schuster.

Tortia, E. C. (2008). Worker well-being and perceived fairnss: Survey-based finding from Italy. *The Journal of Socio-Emonomics, 37,* 2080–2094.

Travers, R. M. W. (1978). *Children' s interests.* Kalamazoo: Western Michigan University College of Education.

Trinidad, D. R., & Johnson, C. A. (2002). The association between emotional intelligence and early adolescent tobacco and alcohol use. *Personality and Individual Differences, 28,* 539–561.

Trivers, R. L. (1971). The evolution of reciprocal altruism. *The Quarterly Review of Biology, 46*(1), 35–57.

Troy, M., & Sroufe, L. A. (1987). Victimization among preschoolers: Role of attachment relationship history. *Journal of American Academy of Child and Adolescent Psychiatry, 26,* 166–172.

Turner, N., Barling, J., & Zacharatos, A. (2002). Positive psychology at work. In C. R. Snyder & S. J. Lopez (Eds.), *Handbook of positive psychology* (pp. 715–728). Oxford, England: Oxford University Press.

Turner, P. J. (1991). Relations between attachment, gender, and behavior with peers in preschool. *Child Development, 62,* 1475–1488.

Twerski, A. J. (1998). *Twerski on spirituality.* Brooklyn, NY: Shaar Press.

Uggen, C., & Janikula, J. (1999). Volunteerism and arrest in the transition to adulthood. *Social Forces, 78*, 331–362.

Underwood, L. G. (1999). Daily spiritual experience. In *Multidimensional measurement of religiousness/spirituality for use in health research: A report of the Fetzer Institute/National Institute on Ageing Working Group* (pp. 11–17). Kalamazoo,

MI: Fetzer Institute.

Unger, L. S., & Thumuluri, L. K. (1997). Trait empathy and continuous helping: The case of voluntarism. *Journal of Social Behavior and Personality, 12,* 785–800.

Unsworth (2001). Unpacking creativity. *Academy of Management Review, 26,* 289–297.

Urban, K. K. (1995). *Creativity–A componential approach.* Post conference China meeting of the 11th world conference on gifted and talented children. Beijing, China, August, 5–8.

Uslaner, E. M. (2002). *The moral foundations of trust.* Cambridge, England: Cambridge University Press.

Vaillant, G. E. (1971). Theoretical hierarchy of adaptive ego mechanism. *Archives of General Psychiatry, 24,* 107–118.

Vaillant, G. E. (1977). *Adaptation to life.* Boston: Little, Brown.

Vaillant, G. E. (1993). *The wisdom of the ego.* Cambridge, MA: Harvard University Press.

Vaillant, G. E. (2000). Adaptive mental mechanisms: Their role in a positive psychology. *American Psychologist, 55,* 89–98.

Valera, F. J. (1999). *Ethical know–how: Action, wisdom, and cognition.* Stanford, CA: Stanford University Press.

Vallerand, R. J., & Houlfort, N. (2003). Passion at work: Toward a new conceptualization. In D. Skarlicki, S. Gilliland, & D. Steiner (Eds.), *Social issues in management* (Vol. 3, pp. 175–204). Greenwich, CT: Information Age Publishing.

Vallerand, R. J., & Reid, G. (1984). On the causal effects of perceived competence on intrinsic motivation: A test of cognitive evaluation theory. *Journal of Sport Psychology, 6,* 94–102.

Vallerand, R. J., Blanchard, C. M., Mageau, G. A., Koestner, R., Ratelle, C., Léonard, M., Gagné, M., & Marsolais, J. (2003). Les passions de l' ame: On obsessive and harmonious passion. *Journal of Personality and Social Psychology, 85,* 756–767.

Vallerand, R. J., Pelletier, L. G., Blais, M. R., Briere, N. M., Senecal, C., & Vallieres, E. F. (1992). The academic motivation scale: a measure of intrinsic, extrinsic, and amotivation in education. *Educational and Psychological Measurement, 52,* 1003–1017.

Vallerand, R. J., Rousseau, F. L., Grouzet, F. M. E., Dumais, A., & Grenier, S. (2006). Passion in sport: A look at determinants and outcomes. *Journal of Sport & Exercise Psychology, 28,* 545–478.

Vallerand, R. J., Salvy, S., Mageau, G. A., Elliot, A. J., Denis, P. L., Grouzet, F. M. E., & Blanchard, C. (2007). On the role of passion in performance. *Journal of Personality, 75*(3), 505–533.

van Baaren, R. B., Holland, R. W., Kawakami, K., & van Knippenberg, A. (2004). Mimicry and prosocial behavior. *Psychological Science, 15*(1), 71–74.

van den Boom, D. C. (1994). The influence of temperament and mothering on attachment and exploration: An experimental manipulation of sensitive responsiveness among lower-class mothers with irritable infants. *Child Development, 65,* 1449–1469.

van den Boom, D. C. (1995). Do first-year intervention effects endure? Follow-up during toddlerhood of a sample of Dutch irritable infants. *Child Development, 66,* 1798–1816.

Van Eynde, D. F. (1998). A case for courage in organizations. *Management Review, 87,* 62.

Van Ijzendoorn, M. H. (1992). Intergenerational transmission of parenting: A review of studies in non-clinical populations. *Developmental Review, 12,* 76–99.

Vaughn, B. E., Lefever, G. B., Seifer, R., & Barglow, P. (1989). Attachment behavior, attachment security, and temperament during infancy. *Child Development, 60,* 728–737.

Verba, S., Schlozman, K. L., & Brady, H. E. (1995). *Voice and equality: Civic Volunteerism in American politics.* Cambridge, MA: Harvard University Press.

Vigil-Colet, A., & Morales-Vives, F. (2005). How impulsivity is related to intelligence and academic achievement. *Spanish Journal of Psychology, 8*(2), 199–204.

Vincent, A. S., Brian, P. D., & Mumford, M. D. (2002). Divergent thinking, intelligence, and expertise: A test of alternative models. *Creative Research Journal, 14*(2), 163–178.

Vohs, K. D., & Heatherton, T. F. (2000). Self-regulatory failure: A resource-depletion approach. *Psychological Science, 11,* 249–254.

Wadsworth, T. (2000). Labor markets, delinquency, and social control theory: An empirical assessment of the mediating process. *Social Forces, 78,* 1041–1066.

Walker, L. J. (1984). Sex differences in the development of moral reasoning: A critical review. *Child Development, 55*, 677–691.

Walker, L. J. (1991). Sex differences in moral reasoning. In W. Kurtines & J. L. Gewirtz (Eds.), *Handbook of moral behavior* (pp. 333–364). Hillsdale, NJ: Erlbaum.

Walker, L. J., & Richards, B. S. (1979). Stimulating transitions in moral reasoning as function of stage of cognitive development. *Developmental Psychology, 15*, 95–103.

Walker, L. J., de Vries, B., & Trevethan, S. D. (1987). Moral stages and moral orientations in real-life and hypothetical dilemmas. *Child Development, 58*, 842–858.

Wallace, R. K., & Benson, H. (1972). The physiology of meditation. *Scientific American, 226*, 84–90.

Wallas, G. (1926). *The art of thought.* New York: Harcourt, Brace and Company.

Walling, J., & Keltner, D. (2003). *The epiphanic person.* Unpublished manuscript, University of California-Berkeley.

Walters, K. S. (1994). *Rethinking reason: New perspective in critical thinking.* New York: State University of New York Press.

Waters, E., Wippman, J., & Sroufe, L. A. (1979). Attachment, positive affect, and competence in the peer group: Two studies in construct validation. *Child Development, 50,* 821–829.

Watkin, C. (2002). Developing emotional intelligence. *International Journal of Selection and Assessment, 8,* 89–92.

Watkins, P. C., Woodward, K., Stone, T., & Kolts, R. L. (2003). Gratitude and happiness: Development of a measure of gratitude, and relationships with subjective well-being. *Social Behavior and Personality, 31,* 431–452.

Watson, D., & Clark, L. A. (1992). On traits and temperament: General and specific factors of emotional experience and their relation to the five factor model. *Journal of Personality,* 60, 441–476.

Watson, D., Clark, L., & Tellegen, A. (1988). Development and validation of brief measures of positive and negative affect: The PANAS scales. *Journal of Personality and Social Psychology, 54,* 1063–1070.

Watson, J. B. (1930/1970). *Behaviorism.* New York: Norton.

Watson, P. J., Morris, R. J., & Miller, L. (1997). Narcissism and the self as continuum: Correlations with assertiveness and hypercompetitiveness. *Imagination, Cognition, and Personality, 17,* 249–259.

Watts, A. (1960). *This is it and other essays on Zen and spiritual experience.* New York: Pantheon.

Way, N. (1998). *Everyday courage: The lives and stories of urban teenagers.* New York: New York University Press.

Weiner, B. (1985). An attributional theory of achievement motivation and emotion. *Psychological Review, 92,* 548–573.

Weiner, B., & Graham, S. (1988). Understanding the motivational role of affect: Life-span research from an attributional perspective. *Cognition and Emotion, 3,* 401–419.

Weiner, N., & Mahoney, T. A. (1981). A model of corporate performance as a function of environmental, organizational, and leadership influences. *Academy of Management Journal, 24,* 453–470.

Weinstein, N. D. (1989). Optimistic biases about personal risks. *Science, 246,* 1232–1233.

Weiss, H. M., & Knight, P. A. (1980). The utility of humility: Self-esteem, information search, and problem-solving efficiency. *Organizational Behavior and Human Decision Process, 25,* 216–223.

Weiss, R. F., Boyer, J. L., Lombardo, J. P., & Strich, M. H. (1973). Altruistic drive and altruistic reinforcement. *Journal of Personality and Social Psychology, 25,* 390–400.

White. R. W. (1959). Motivation reconsidered: The concept of competence. *Psychological Review, 66,* 297–333.

Whiteside, S. P., & Lynam, D. R. (2001). The Five Factor Model and impulsivity: Using a structural model of personality to understand impulsivity. *Personality and Individual Differences, 30,* 669–689.

Wiebe, D. J. (1991). Hardiness and stress moderation: A test of proposed mechanisms. *Journal of Personality and Social Psychology, 60,* 89–99.

Wiggins, J. S., & Pincus, A. (1989). Conceptions of personality disorders and dimensions of personality. *Psychological Assessment: A Journal of Consulting and Clinical Psychology, 1,* 305–316.

Wilber, K. (1977). *The Spectrum of Consciousness*, Wheaton, IL: The Theosophical Publishing House.

Wilber, K. (1980). *The Atman project.* Wheaton, IL: Quest.

Wilber, K. (1981). *Up from Eden: A transpersonal view of human evolution.* Garded Citty, NY: Doubleday/Anchor Press.

Williams, L. J., & Anderson, S. E. (1991). Job satisfaction and organizational commitment as predictors of organizational citizenship and in-role behaviors. *Journal of Management, 17*, 601-617.

Wills, T. A., Ainette, M. G., Mendoza, D., Gibbons, F. X., & Brody, G. H. (2007). Self-control, symptomatology, and substance use precursors: Test of a theoretical model in a community sample of 9-year-old children. *Psychology of Addictive Behaviors, 21,* 205-215.

Wilson, W. (1998). Religion and psychoses. In H. Koenig (Ed.), *Handbook of religion and mental health* (pp. 161-173). New York: Academic Press.

Wink, P., & Helson, R. (1997). Practical and transcendent wisdom: Their nature and some longitudinal findings. *Journal of Adult Development, 4*, 1-15.

Winner, E. (1982). *Invented worlds: The psychology of the arts.* Cambridge, MA: Harvard University Press. (이모영, 이재준 공역, 예술심리학, 서울: 학지사, 2004)

Winner, E. (1996). The rage to master: The decisive role of talent in visual arts. In K. A. Ericsson (Ed.), *The road to excellence: The acquisition of expert performance in the arts and science, sports, and games* (pp. 271-301). Mahwah, NJ: Erlbaum.

Winnicott, D. W. (1965). *The maturational processes and the facilitating environment.* New York: International Universities Press.

Winter, D. G. (1996). *Personality: Analysis and interpretation of lives.* New York: McGraw-Hill.

Witvliet, C. V., Ludwig, T. E., & Vander Laan, K. L. (2001). Granting forgiveness or harboring grudges: Implications for emotion, physiology, and health. *Psychological Science, 12,* 117-123.

Wolfe, R. N., & Johnson, S. D. (1995). Personality as a predictor of college performance. *Educational and Psychological Measurement, 55,* 177-185.

Wood, A. M., Linley, P. A., Maltby, J., Baliousis, M., & Joseph, S. (2008). The authentic personality: A theoretical and empirical conceptualization and the development of the Authenticity Scale. *Journal of Counseling Psychology, 55*(3),

385–399.

Woodard, C. (2004). Hardiness and the concept of courage. *Consulting Psychology Journal: Practice and Research, 56,* 173–185.

Woodard, C., & Pury, C. (2007). The construct of courage: Categorization and measurement. *Consulting Psychology Journal: Practice and Research, 59,* 135–147.

World Health Organization. (1948). *Constitution of the World Health Organization.* Geneva, Switzerland: Author.

World Health Organization. (2005). *Promoting mental health: Concepts, emerging evidence, and practice.* Geneva, Switzerland: Author.

Worthington, E. L., & Wade, N. G. (1999). The psychology of unforgiveness and forgiveness and implications for clinical practice. *Journal of Social and Clinical Psychology, 18,* 385–418.

Worthington, E. L., Witvliet, C. V. O., Pietrini, P., & Miller, A. J. (2007). Forgiveness, health, and well-being: A review of evidence for emotional versus decisional forgiveness, dispositional forgiveness, and reduced unforgiveness. *Journal of Behavioral Medicine, 30,* 291–302.

Wright, R. (1994). *The moral animal.* New York: Vintage Books.

Wright, T. A., & Staw, B. M. (1999). Affect and favorable work outcomes: Two longitudinal tests of the happy–productive worker thesis. *Journal of Organizational Behavior, 20,* 1–23.

Wuthnow, R. (1991). *Acts of compassion: Caring for others and helping ourselves.* Princeton, NJ: Princeton University Press.

Yalom, I. D. (1980). *Existential psychotherapy.* New York: Basic Books.

Yammarino, F. J., & Bass, B. M. (1990). Long–term forecasting of transformational leadership and its effects among naval officers. In K. E. Clark & M. B. Clark (Eds.), *Measures of leadership* (pp. 151–169). West Orange, NJ: Leadership Library of America.

Youniss, J., & Yates, M. (1999). Promoting identity development: Ten ideals for school–based service learning programs. In J. Claus & C. Ogden (Eds.), *Service learning for youth empowerment and social change* (pp. 43–68). New York: Peter Lang.

Yu, J., & Murphy, K. R. (1993). Modesty bias in self–ratings of performance: A test of the cultural relativity hypothesis. *Personnel Psychology, 46,* 357–363.

Yukl, G. (2002). *Leadership in organizations* (4th ed.). Englewood Cliffs, NJ: Prentice Hall.

Yukl, G. A., Wall, S., & Lepsinger, R. (1990). Preliminary report on the validation of the management practices survey. In K. E. Clark & M. B. Clark (Eds.), *Measures of leadership* (pp. 223–237). West Orange, NJ: Leadership Library of America.

Zaleski, Z. (1988). Close relationships and acting for self-set goals. *European journal of Social Psychology, 18,* 191–194.

Zimmerman, B., & Schunk, D. (2001). *Self-regulated learning and academic achievement: Theoretical perspective.* New York: Lawrence Erlbaum.

Zuckerman, M. (1994). *Behavioral expressions and biosocial bases of sensation seeking.* New York: Cambridge University Press.

Zuckerman, M., & Kuhlman, D. M. (2000). Personality and risk taking: Common biosocial factors. *Journal of Personality, 68*(6), 999–1029.

Zuckerman, M., Eysenck, S., & Eysenck, H. J. (1978). Sensation seeking in England and America: Cross-cultural, age, and sex comparison. *Journal of Consulting and Clinical Psychology, 46,* 139–149.

찾아보기

인명

내용

저자 소개

권석만(權錫萬)

1958년 경기도 포천 출생

서울대학교 심리학과 학부 및 대학원 졸업(임상심리학 전공)

서울대학교병원 신경정신과 임상심리연수원 과정 수료

호주 Queensland 대학교 심리학과 대학원 졸업(철학박사, 임상심리학 전공)

서울대학교 사회과학대학 학생부학장 역임

서울대학교 대학생활문화원장 역임

한국임상심리학회장 역임

현재 서울대학교 사회과학대학 심리학과 교수

저서

『긍정 심리학: 행복의 과학적 탐구』『현대 이상심리학』『젊은이를 위한 인간관계의 심리학』『인생의 2막 대학생활』『우울증』『자기애성 성격장애』(공저), 『성격강점검사-전문가 지침서』(공저) 등

역서

『마음읽기: 공감과 이해의 심리학』『인지치료의 창시자: 아론 벡』『심리도식치료』(공역), 『정신분석적 사례이해』(공역), 『정신분석적 심리치료』(공역), 『인생을 향유하기』(공역), 『인간의 강점 발견하기』(공역), 『정서적 경험 활용하기』(공역), 『역경을 통해 성장하기』(공역), 『인간의 번영 추구하기』(공역) 등

인간의 긍정적 성품

-긍정 심리학의 관점-

2011년 9월 30일 1판 1쇄 발행
2023년 9월 20일 1판 8쇄 발행

지은이 • 권석만
펴낸이 • 김진환
펴낸곳 • (주) 학지사

121-837 서울특별시 마포구 서교동 352-29 마인드월드빌딩 5층
대표전화 • 02)330-5114　　　팩스 • 02)324-2345
등록번호 • 제313-2006-000265호

홈페이지 • http://www.hakjisa.co.kr
커뮤니티 • http://cafe.naver.com/hakjisa

ISBN 978-89-6330-735-0 93180

정가 23,000원